인성교육 만세

인성교육 만세

초판 1쇄 인쇄 | 2015년 11월 10일
초판 1쇄 발행 | 2015년 11월 15일

지은이 | 윤문원
펴낸이 | 옥남조
본문디자인 | 최은숙
표지디자인 | 행복한물고기
삽화 | 신혁

펴낸곳 | 씽크파워
출판등록 | 2005년 10월 21일 제393-2005-15호
주소 | 서울특별시 동작구 현충로 22길 44-6, 201호
전화 | 02-817-8046
팩스 | 02-817-8047
이메일 | mwyoon21@hanmail.net

ISBN 979-11-85161-14-3 (03190)

이 도서의 국립중앙도서관 출판예정도서목록(CIP)은 서지정보유통지원시스템 홈페이지
(http://seoji.nl.go.kr)와 국가자료공동목록시스템(http://www.nl.go.kr/kolisnet)에서
이용하실 수 있습니다.(CIP제어번호 : CIP2015027376)

인성교육 만세

지은이 윤문원
감수자 송희연 김도형 신성호 차광진
정순영 서원동 안희동 김기호

씽크파워
THINK POWER

≪인성교육 만세≫를 쓰고 나서

인성교육의 필요성과 강조를 재삼 거론하기보다는 "인성이 바로 서야 인간이 바로 서며, 인성이 운명이 된다."는 말로 대신하겠습니다.

≪인성교육 만세≫를 탈고하고 나니 뿌듯하고 시원한 느낌과 함께 여러 생각이 떠오릅니다. 1년여 동안 하루 15시간이 넘도록 책상 앞에 앉아 필력을 다하기 위해 최선을 다했습니다. 오래 묵은 독서 파일을 다시 꺼내 보았고 수많은 책과 심지어 〈초등학교 도덕〉 교과서, 여러 종의 〈중학교 도덕〉 검정 교과서·고등학교 〈생활과 윤리〉 〈윤리와 사상〉 검정 교과서까지 섭렵했습니다. 그리고 내가 원고를 쓰는 동안 '이 책을 쓰기 위해 20년 동안 글 감옥에 갇혀 35권의 저서와 수많은 칼럼을 쓰는 고통을 감내했구나.' 하는 생각이 머리를 맴돌았습니다. 아마도 이전에 다양한 글을 쓰지 않았다면 불가능한 작업이었다는 생각이 듭니다. 이 책에는 그동안에 쓴 인성·논술·영화·가족 관련 저서와 번역 저서의 내용이 녹여져 있고 읽기 자료에 게재되어 있습니다.

≪인성교육 만세≫에는 고전적인 인성덕목과 함께 현대 사회에서 갖추어야 할 인성덕목을 망라했습니다. 책을 쓸 때 주안을 둔 것은 자칫 딱딱하고 교조적이기 쉬운 인성교육에 흥미와 재미를 주면서, 위대하고 훌륭한 선인들의 삶을 자연스럽게 본받게 하자는 것이었습니다. 그러기 위해 선인들의 말씀 인용과 동서양 고전을 게재하였고 훌륭한 삶을 이야기로 엮었으며 덕목과 관련된 영화 내용을 실었고, 사진 삽화를 넣었습니다. 특히 인성교육을 배우는 목적은 인성을 이해하는 데 그치는 것이 아니라 몸에 배어 실천하는 데 있습니다. 그러므로 실천해야 할 항목인 '실천하기'와 생각하고 토론할 수 있는 주제인 '생각하기'를 넣었습니다. 내용과 문장은 군더더기를 없애고 가능한 한 간결하게 썼습니다.

≪인성교육 만세≫는 인성교재이자 삶의 지침서입니다. 인성교육을 지도하시는 분, 학교 선생님과 예비 선생님, 입사시험에서의 인성 에세이와 면접에 대비하는 분, 자녀에게 인성을 가르치는 부모, 바른 인성으로 성공하는 직장인이 되고자 하는 분, 인성덕목에 대한 올바른 이해로 몸에 배게 하여 성공적인 삶을 살고자 하는 분에게 도움이 되었으면 합니다. 그리고 책 내용에 있는 다양한 동서양 고전과 저자, 역사적 사실과 인물 그리고 영화와 그림 등을 통해 자연스럽게 인문학과 문화적 소양을 기를 수 있었으면 합니다.

≪인성교육 만세≫를 정성을 다해 감수해 주신 송희연 이사장님, 김도형 교수님, 신성호 박사님, 차광진 박사님, 정순영 박사님, 서원동 대표님, 안희동 대표님, 김기호 원장님과 조언과 격려를 아끼지 않으신 여러분께 감사드립니다. 그리고 다양한 내용 편집을 여러 번에 걸친 재수정에도 불구하고 정성을 다해 본문을 디자인해 주신 최은숙 님, 최고의 아이디어를 발휘해 표지를 디자인해 주신 행복한물고기 님, 스토리를 빛나게 만든 삽화를 그린 신혁에게 고맙다는 말을 전합니다.

저자 윤문원

| 차례 |

왜 **인성**인가

인간이란 무엇인가?

•• 인간의 본질과 특성

인간은 동물의 일종으로 동물과 같이 식욕, 성욕, 수면
욕 등 본능적인 욕구를 가지고 있다. 하지만 동물과 달리
직립 보행을 하고 언어를 사용하면서 만물의 영장이라고
할 정도로 우수한 두뇌를 가지고 있다. 이와 같은 생물학
적 특성뿐만 아니라 고유한 인간의 특성이 있다.

인간은 이성적 존재로서 사고 능력을 갖추고 의식적으
로 판단하고 선택하고 행동하면서 가치를 창출한다. 이

〈호모사피엔스〉

러한 이성적 능력으로 삶에 필요한 컴퓨터, 자동차, 비행기 등과 같은 유형의 도구와 언어, 법률, 사상,
제도 등과 같은 무형의 도구를 만들어 생활하는 도구적 존재이다. 또한, 인간은 공동체를 구성하여 함
께 살면서 정치 활동과 종교 활동을 하는 사회적 존재이며 언어, 지식, 기술 등 수준이 높은 문화를
창조하고 계승하는 문화적 존재이고 스포츠, 예술, 놀이를 즐기는 유희적 존재이다.

특히 인간을 동물과 구별하는 중요한 특성은 정신적 가치를 중시하고 자기 삶의 행위에 대해 성찰하
고 반성하면서 삶을 영위하는 윤리적 존재라는 점이다. 동물은 본능에 따라 행동하지만, 인간은 이성
을 가지고 행동한다.

윤리는 인간다움의 핵심적 특성으로 가장 중요한 인간 본질이다. 오직 인간만이 자신의 행위를 성
찰하면서 해야 할 일과 해서는 안 되는 일, 좋음과 나쁨, 옳음과 그름, 덕과 악덕에 대한 구분을 체계
적으로 사유할 수 있다. 이를 통해 올바름과 선, 훌륭함과 성스러움, 아름다움, 바람직함 등과 같은 인
간다운 삶의 가치를 추구하는 것이다.

•• 인간은 선한 존재인가, 악한 존재인가?

성선설性善說과 성악설性惡說은 인간의 본성에 대한 논쟁의 출발점이다. 인간의 본성이 선하거나 악하
기만 한다면 인성교육은 아무런 소용이 없을 것이다.

인간은 과연 선한 존재인가? 현대 사회에서 벌어지고 있는 엽기적인 연쇄 살인이나, 파렴치하거나 반
인륜적인 범죄를 보면 인간의 본성이 선한가에 대한 의문을 갖지 않을 수 없다. 그렇다고 악만을 가진
존재인가? 세상에서 무수한 사람이 이타심을 발휘하면서 사는 모습을 보면 인간의 본성을 악으로 보

는 것도 문제가 있다. 이런 상황에서 맹자와 고자의 인간 본성에 대한 논쟁에서 어느 정도 해답을 찾을 수 있을 것 같다.

고자告子가 맹자孟子에게 말하였다. "본성을 버드나무에 비유한다면 의義는 버들 그릇에 비유할 수 있다. 사람의 본성을 인의仁義롭게 만드는 것은 마치 버드나무로 그릇을 만드는 것과 같다."

맹자가 대답하였다. "그대는 버드나무의 본성을 살려서 그릇을 만들 수 있다는 말인가? 버드나무를 상하게 한 연후라야 그릇을 만들 수 있을 터이다. 버들을 상하게 하여 그릇을 만드는 것이라면 또한 사람을 상하게 하여 인의仁義롭게 만드는 셈이니, 천하 사람들을 오도하여 인의를 해치는 것이 분명 그대의 말이로다."

맹자

고자告子가 말하였다. "본성이란 비유컨대 물과 같은 것이다. 동쪽을 트면 동쪽으로 흐르고 서쪽을 트면 서쪽으로 흐른다. 사람의 본성에 선善과 악惡의 구분이 없는 것은 마치 물에 동서東西의 구분이 없는 것과 같다."

맹자가 대답하였다. "물에는 정말 동서東西의 구분이 없지만, 상하上下의 구분이야 없겠는가? 사람의 본성이 선한 것은 마치 물이 아래로 내려가는 것과 같다. 사람은 선하지 않음이 없고, 물은 아래로 내려가지 않음이 없다. 이제 물을

고자

쳐서 튀어 오르게 하면 이마를 넘길 수 있고 억지로 보내면 산으로 가게 할 수 있지만, 이것이 어찌 물의 본성이겠는가? 형세가 그렇게 된 것일 뿐일세. 사람을 악하게 만들 수 있는 것도 이치가 이와 같네."

맹자의 제자 공도자公都子가 맹자에게 물었다. "고자告子는 '본성은 선한 것도 없고 악한 것도 없다.'라고 하였으며, 어떤 이는 '본성은 선할 수도 있고 악할 수도 있으니, 이런 까닭에 문왕文王과 무왕武王이 재위했을 때는 백성이 선한 것을 좋아하였고 유왕幽王과 여왕厲王이 재위했을 때는 백성이 포악한 것을 좋아하였다.'라고 하였습니다. 어떤 이는 '본성이 선한 이도 있고 선하지 않은 이도 있으니, 이런 까닭에 성군인 요堯 임금 때에도 상象 같은 신하가 있었고, 고수瞽瞍 같은 아비에 성군인 순舜임금이 태어났으며, 주紂가 임금이 되었을 때 성현인 숙부 미자微子와 비간比干이 있었다.'라고 하였습니다. 그런데 이제 본성이 선하다고 하니, 그렇다면 그들이 모두 틀린 것입니까?"

맹자가 대답하였다. "성정性情을 따르면 선하게 될 수 있으므로 선善이라 한 것이다. 대개 악하게 되는 것은 본성의 죄가 아니다. 사람은 누구나 남을 불쌍하게 여기는 측은지심惻隱之心을 지니고 있고 옳지 못한 일을 부끄러워하고 미워하는 마음인 수오지심羞惡之心, 남을 받들고 존경하는 마음인 공경지심恭敬之心, 옳고 그름을 분별하는 마음인 시비지

* 문왕, 무왕, 요 임금, 순임금, 미자, 비간은 선인(善人)으로 평가되는 이들이고, 유왕과 여왕, 상, 고수, 주 임금 등은 악인(惡人)으로 평가되는 이들이다.

심是非之心을 또한 다 지니고 있다. 측은지심은 인仁이고 수오지심은 의義이며, 공경지심은 예禮이고, 시비지심은 지智이다. 인의예지仁義禮智는 밖에서 나에게 주입된 것이 아니다. 내가 본래 가지고 있는 것인데, 다만 이를 생각하지 못하는 것뿐이다. 그러므로 '구하면 얻고 버려두면 잃게 된다.'라고 하는 것이다."

●● 과연 인간의 본성은 무엇인가?

인간은 선천적으로 선한 본성을 가지고 태어났다는 주장과 인간은 본래부터 동물과 같은 본성을 지녔기 때문에 교육을 통해 새롭게 변해야 한다는 주장이 오래전부터 맞서 왔다. 한편으로는 인간의 본성이란 마치 물을 동쪽으로 터놓으면 동쪽으로, 서쪽으로 터놓으면 서쪽으로 흐르는 것과 같이 선한 쪽으로 이끌면 선한 인간이 되고 악한 쪽으로 이끌면 악한 인간이 된다는 주장도 있다. 인간의 본성은 선한 것인가, 악한 것인가, 그렇지 않으면 선한 것도 없고 악한 것도 없이 성장하면서 외부적인 환경에 영향을 받아 가치관과 도덕성이 형성되어 행위가 발현되는 것인가?

맹자는 인간의 본성 속에는 인의仁義 같은 착한 도덕적 성품이 내재해 있다는 성선설을 주장하였다. 반면에 순자는 인간의 본성을 자신의 욕구 충족만을 추구하는 성품을 가지고 태어났다는 성악설을 주장했다. 고자는 인간의 도덕적인 인仁이나 의義는 후천적인 교육이나 학습을 통해 만들어지는 것이지, 결코 인간이 본래부터 타고나는 것이 아니라고 하면서 '본성은 선한 것도 없고 악한 것도 없다.'라는 성무선악설性無善惡說을 주장하였다.

맹자가 주장하는 성선설은 인간이 다른 동물과 마찬가지로 가지고 있는 생리적 본능을 본성으로 생각하지 않는다. 이것이 맹자의 주장이 가진 가장 큰 맹점이다. 인간은 동물과 마찬가지로 배고프면 먹으려 하고, 추우면 따뜻한 곳을 찾으며, 피로하면 쉬고자 하고, 이익을 좋아하며 손해를 싫어한다. 이러한 인간의 본능과 욕망이 충족되지 않으면 인간은 살아가기 힘들다. 이러한 생리적 본능을 억제하고 살만큼 인간은 완벽하지 못하다.

고자는 맹자의 이런 허점을 파고들어 논지를 전개하고 있다. 고자는 인간이 타고난 모든 것을 본성이라고 가정했다. 따라서 생리적 본능이라고 생각하는 부분도 본성에 속할 수밖에 없게 된다. 여기서 고자의 주장이 성무선악설이 아닌 인간의 본성을 악하게 보는 쪽으로 기울어진 사실을 발견할 수 있다. 이것이 인간의 본성을 설명할 수 있는 실마리를 제공해 준다.

성선설은 근본적으로 인간의 본성을 믿는다. 사람들의 관념과 말에서는 성선설이 이긴 듯 보이지만 현실에서 이 사회를 지배하고 있는 것은 성악설이다. 인간의 본성에 대한 불신과 그에 기초한 인간을 바르게 이끌기 위한 수많은 이념과 제도, 법 등은 그 증거일 것이다.

하지만 성선설의 장점은 잘못을 저지른 사람이 본성까지 악하다고 하면 새로 착한 사람으로 변하기가 힘든데, 원래 본성이 착하다고 하면 본성을 회복할 수 있다는 즉 재기할 수 있다는 희망을 준다는 점에서 설득력이 있다.

인간은 태어나 점차 성장하면서 가족, 교육, 문화 등 외부 환경의 영향을 받아 가치관과 도덕성 등을 형성하게 된다. 이처럼 형성된 가치관은 본성처럼 불변하는 것이 아니라 새로운 학습으로 바뀔 수 있다. 이처럼 인간은 무한한 가능성을 지니고 태어난다.

고자의 주장대로 본성은 선한 것도 없고 악한 것도 없다. 선한 쪽으로 이끌면 선한 인간이 되고, 악한 쪽으로 이끌면 악한 인간이 된다. 이것이 인간과 동물이 다른 점이다. 이처럼 인간에게 있어 동물적 본능을 인정하는 가운데 선한 방향으로 인간을 교육한다면, 선한 인간으로 자리 잡을 수 있는 존재이다.

맹자(孟子, 기원전 372~기원전 289)
전국 시대 추나라에서 태어났고 공자의 사상을 계승하였다. 인간은 누구나 예외 없이 '차마 어찌하지 못하는 마음'과 사단(四端)을 가지고 태어나므로 선한 존재라는 성선설(性善說)과 백성들과 더불어 소통하며 기쁨과 슬픔을 함께 나눌 수 있는 정치를 강조한 왕도정치(王道政治)와 군주가 덕을 잃고 폭정을 하면 군주를 하늘의 뜻에 따라 교체할 수 있다는 역성혁명(易姓革命)을 주장하였다.

순자(荀子, 기원전 298~기원전 238)
전국 시대 말에 활동하였기 때문에 제자백가 대부분 사상을 섭렵할 수 있었으며, 다른 사상가의 사상에 대해 비판적 입장을 견지하였다. 인간이란 자신의 욕구 충족만을 추구하는 바람직하지 못한 성품을 지니고 태어났다는 성악설(性惡說)과 타고난 악한 본성을 옛 성현의 가르침이나 예법으로 교화하여 바로잡음으로써 선한 존재가 된다는 화성기위(化性起僞)를 주장하였다.

고자(告子, 맹자와 같은 시대 추정)
중국 전국시대 제(齊)나라의 사상가이며 맹자, 순자와는 다르게 인간의 본성은 선함도 없고 악함도 없다는 성무선악설(性無善惡說)을 주장하면서 사방으로 뻗치는 물로 비유하였다. 물은 위에서 아래로 흐르기 마련이지만 흐르다 보면 오른쪽으로도 흐르고 왼쪽으로도 흐르는데 이는 곧 인간이 선과 악의 구분이 있는 것이 아니라 자기 생각과 의지에 따라 선택하는 것과 같다고 본 것이다.

실천하기

- 본능이 아니라 이성을 가지고 행동한다.
- 인간의 본성을 이해하고 좋은 인성을 갖추도록 노력한다.
- 선한 본성을 발휘한다.

생각하기

- 인간의 특성에 대하여 생각해 보자.
- 현대 사회의 관점에서 인간의 본성에 대한 견해는?

≪부분과 전체≫
책 표지

　알프스 영양羚羊들이 잘 피할 수 있었던 것은 아마도 그들이 사람들처럼 생각하거나 말을 할 수 없었기 때문일 것입니다. 그들의 모든 기능은 산악지대에서 어떠한 공격을 만나도 몸을 안전하게 피할 수 있도록 특수화되어 있습니다. 어떤 동물종動物種은 자연도태의 결과로 어떤 특정한 육체적 기능을 거의 완벽에 가까울 정도로 발달시키고 있습니다. 그럼으로써 동물종은 생존 경쟁에서 살아남기 위하여 바로 이러한 특수화된 기능에 의존하고 있는 것입니다. 그런 까닭에 외계의 조건이 심하게 변하면 이들은 변화된 환경에 순응하지 못하고 죽고 맙니다.

　유독 사람의 경우에만 이 특수화가 다른 방식으로 일어나고 있는 것입니다. 인간의 신경계는 사람이 생각하게 하고 말할 수 있게 하는데, 사람들은 이를 통해 동물보다 훨씬 큰 규모의 공간과 시간을 가질 수 있게 되었습니다. 사람은 과거에 무엇이 있었는지를 기억할 수 있고, 미래에 무엇이 일어날 것인가를 예측할 수도 있습니다. 공간적으로 먼 곳에서 일어나는 것을 상상할 수도 있으며, 다른 사람들의 경험을 이용할 수도 있습니다. 따라서 인간은 어떤 의미로는 동물보다 훨씬 더 융통성이 많고 환경에 잘 순응할 수 있습니다. 그러므로 인간은 이와 같은 융통성의 면에서 특수화되었다고 말할 수 있습니다.

　그러나 사고와 언어가 이렇게 우선하여 발달함에 따라, 더 일반적으로 말한다면, 지능이 과도하게 발달함에 따라 개체의 목적에 봉사하는 본능적인 동작 능력은 오히려 위축되었습니다. 이런 점에서 인간은 동물보다 열등한 존재입니다. 인간은 동물처럼 예민한 후각을 갖지 못하고 있으며, 저 알프스 영양들처럼 마음대로 산을 뛰어 오르내릴 수도 없습니다. 하지만 사람은 공간적, 시간상으로 광범위한 영역을 지배함으로써 이와 같은 결점을 보충하고 있다고 볼 수 있습니다. 언어와 사고의 능력은 아마 결정적인 제 일보였을 것임이 틀림없습니다.

* 인간과 동물의 공통점은 자신이 지닌 어떤 기능을 특수화, 고도화한다는 것이고 차이점은 동물이 특정한 육체적 기능을 고도화한다면 인간은 언어와 사고의 능력을 고도화한다는 것이다.

≪부분과 전체≫ (1969)
하이젠베르크가 새로운 과학의 발전에 참여한 자신에게 영향을 미친 인물들과의 교류를 20편의 대화로 구성하고 있다.

베르너 하이젠베르크(Werner Heisenberg, 1901~1976)
독일의 물리학자. 불확정성의 원리를 발견하여 양자역학을 창시한 업적으로 1932년 노벨물리학상을 받았다.

인간 본성의 이중성을 잘 나타낸 소설로 영국 작가 로버트 루이스 스티븐슨 Robert Louis Stevenson, 1850~1894이 쓴 ≪지킬 박사와 하이드≫가 있다. 주인공 지킬 박사는 유명한 과학자이며 존경받는 신사이지만 그의 과학 지식으로 자신을 하이드라는 이름을 가진 전혀 다른 성격의 인물로 만든다.

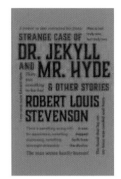

≪지킬 박사와 하이드≫ 책 표지

그는 낮에는 존경받는 신사로서 행동하고 밤에는 야수와 같은 괴물 하이드가 되어 온갖 일을 저지르고 다니다가 새벽이 되면 다시 지킬 박사로 돌아오는 것이다. 이런 생활을 즐기던 어느 날 새벽에 그는 거울에 비친 자신의 모습에 놀란다. 몸의 다른 부분은 다 지킬 박사로 돌아갔는데 한쪽 손만은 하이드로 남아 있었다. 한쪽 손은 곱고 깨끗한 지킬 박사의 손인데 다른 쪽은 흉하게 털이 잔뜩 난 짐승 같은 손이었다. 너무도 당황한 지킬 박사는 하이드의 손을 지킬의 손으로 돌아오게 하려고 온갖 노력을 다했지만, 손은 원상으로 돌아오지 않았다. 시간이 지날수록 손에서 점점 퍼져서 팔, 가슴, 다리로 번져갔으며 나중에는 온몸 전체가 괴물 하이드로 변하여 비참한 운명을 맞게 된다.

지킬 박사는 소설에서 이렇게 독백한다. "처음에는 선한 지킬의 요소를 제거하는 연구에 몰두하여 마침내 하이드의 악한 요소가 내 몸속에 들어오게 되고 점점 연구를 진행하여 완전히 지킬의 요소를 제거하고 하이드의 요소로 바꾸는 데 성공했다. 하지만 시간이 지나면서 이러면 안 되겠다는 생각을 하고 다시 지킬로 되돌아가야겠다고 생각했다. 하지만 이미 내 몸속에는 선한 지킬의 요소가 다 없어지고 악한 하이드의 요소만 자리를 잡고 있어 돌이킬 수 없었다."

작가 스티븐슨은 ≪지킬 박사와 하이드≫를 통해서 인간 본성의 이중성을 폭로하고 있다. 인간의 본성은 지킬박사와 같은 선한 요소도 있으나 하이드 같은 악한 요소를 가지고 있다. 이 두 가지는 서로 다르므로 항상 충돌하며 서로 싸운다. 선한 요소를 계속 발현시키면 선한 사람이 되지만 악한 요소를 발현시키면 악한 사람이 되며 나중에는 악행을 저지르는 것이 자연스러워지면서 다시는 선한 사람으로 돌아올 수 없다. 악한 요소가 선한 요소를 지배하게 해서는 안 된다. 지속적인 인성교육을 통해 착한 인성을 길러서 악한 요소를 몰아내야 한다.

로버트 루이스 스티븐슨

삶과 인성

●● 이상과 현실

삶에 대해 올바른 기준과 가치관을 정립하고 살아가는 것은 인성의 기본이다. 인성도 살아있는 동안에 긴요한 것이다. 삶이란 태어나서 죽음에 이르는 동안 행하거나 겪는 의미 있는 일 전체를 뜻한다. 햇빛이 비치는 곳이면 그늘이 있듯이 삶에는 서로 반대되는 것들로 가득하다. 행복과 기쁨 뒤에는 불행과 슬픔이 있고, 태어남이 있는 곳에 죽음이 있다. 극복하는 길은 원리를 받아들이고 열심히 살아가는 것이다. 삶은 어떤 일이 생기느냐에 따라 결정되는 것이 아니라 어떤 태도를 보이느냐에 따라 결정된다.

사람은 이상理想을 위하여 산다. 이상을 위하여 산다는 것은 오직 인간만이 누릴 수 있는 특권이다. 인간은 자신이 가지고 있는 이상을 실현하기 위하여 끊임없이 노력하는 존재이다. 이상을 실현하면 또다시 더 높은 이상을 추구하면서 살아간다.

이상은 실현 가능성을 수반하는 사고 작용이다. 이상의 추구가 공상적이냐, 아니면 현실에 입각해 있느냐에 따라 전혀 다른 결과를 끌어낸다. 현실 감각이 없는 이상 추구는 성공하기 힘들다. 인간으로서 이상을 가지고 있지 않은 자는 없겠지만, 이상의 실현이라는 것은 쉬운 일이 아니다. 진정으로 '이상'이라는 이름에 값하기 위해서는 능력과 계획과 실천이 요구된다.

이상이 크다고 가치 있는 것은 아니다. 역사가 한꺼번에 진보하지 않듯이, 이상은 갑자기 이루어지지 않는다. 더구나 때와 여건은 언제라도 기대와 어긋날 수 있다. 굳은 땅을 뚫고 오르는 이상의 새싹을 소중히 여겨서 가꾸고 키워 실현해야 한다. 현실은 이상의 터전이다.

〈우리는 어디서 왔는가? 우리는 누구인가? 우리는 어디로 갈 것인가?〉 폴 고갱(Paul Gauguin, 1848~1903)

●● 도전하는 삶과 안주하는 삶

삶에 있어서 안주하지 않고 익숙해 있던 삶을 과감히 박차고 나와 새로운 세계로 도전하는 태도가 있는 반면에 주어진 조건에 안주하는 현실 적응의 태도가 있다. 주어진 삶의 조건 속에서 무엇이 의미 있는 삶의 길인가를 두고 생각해야 한다.

이 중 도전적인 삶의 태도가 더욱 가치 있는 것으로 여겨진다. 주어진 틀 속에서 머무는 삶을 통해서는 진정한 발전을 기대하기 어렵다. 틀을 깨고 새로운 가능성을 열어나가는 '도전적 이상 추구형'의 삶의 태도가 개인뿐만 아니라 공동체의 변화와 발전을 이룰 수 있다. 그에 비하여 '적극적 현실 적응형'의 삶의 태도는 일견 행복하고 의미 있는 것으로 보이지만, 본질에서 자기 최면 식의 현실 안주에 해당하는 것이라고 할 수 있다.

'도전적 이상 추구형'이 가져야 할 삶의 자세는 어려움을 무릅쓰고 적극적으로 새로운 삶을 열어야 한다는 것이다. 이러한 과정에서 좌절을 두려워하지 말고 개척하는 과정에서의 자유를 느끼면서 정진하여야 한다. 이러한 자세가 성공을 담보하는 지름길이 될 수 있다. 틀을 깨는 새로운 도전이란 좌절과 아픔을 가져오기도 하지만 그것 때문에 도전하는 삶의 가치가 부정될 수는 없다. 좌절을 성공의 거름으로 삼는 도전적 태도를 통해 개인과 공동체가 혁신될 수 있다. 도전하는 행위는 그 자체로 아름답다.

●● 삶의 부조리

삶의 부조리란 소원이나 기대와 어긋나는 삶의 현실이 전개되는 상황이다. 인간이 삶의 부조리를 느끼는 까닭은 다른 동물과는 달리 생각하는 능력을 갖추고 있기 때문이다. 자신이 예측할 수도, 알 수도 없는 우연에 의해 자신의 삶과 자신이 믿고 있던 가치가 흔들릴 때 사람은 인생이 무의미하다고 느낀다.

카뮈의 시론 「시지포스의 신화」가 보여주는 것처럼 애써서 산꼭대기까지 밀어 올린 바위가 다시 굴러서 떨어지는 상황에서 삶의 허망함을, 그러면서도 다시 바위를 밀어 올려야 하는 운명에서 삶의 부조리를 느낀다. 이처럼 인간이 자신의 삶을 영위하면서 자신의 의도나 바람대로 되지 않고 자신이 힘들게 노력한 것이 물거품이 될 때 삶의 허무함과 부조리를 마주하게 된다.

파스칼은 "인간은 생각하는 갈대"라고 했다. 인간은 사유할 수 있기에 삶의 부조리를 느낄 수 있으나, 갈대처럼 나약하기에 때로는 그 부조리한 상황을 용감하게 받아들이지 못한다는 말이다. 삶의 무의미함에서 벗어나는 방법은 부조리를 인간이 지닌 한계로 인식하고 주어진 상황으로 받아들여야 한다. 인간은 부조리에 절망하여 삶을 포기하거나 주어진 현실을 회피하거

파스칼

나 무조건 견디며 살아가서도 안 된다. 회피하지 않고 맞서는 태도야말로 '인간다움'의 전형이다.

●● 성찰하는 삶

기술 문명의 발달은 인간의 삶을 편리하고 풍요롭게 만들어 주었다. 삶은 기술 문명의 영향력을 벗어나서는 영위되기 힘들 정도로 기술 문명이 삶을 지배하고 있다. 오늘날 누리는 생활의 편리함은 거의 과학 기술에 힘입은 바가 크다. 하지만 기술 문명의 발달은 인간의 기계화나 인간의 존엄성 상실 등 부정적인 측면도 가지고 있다.

현대인들은 새롭고 실용적인 것에 이끌리는 태도를 지니고 있다. 기술 문명의 발달로 몸이 편해질수록 마음은 건조해지고 인간관계는 더욱 삭막해지고 있다. 인간과 삶의 근본 문제들에 대한 성찰 없이 편리함과 효용성에 매달리는 것은 가치있는 삶이 아니다. 보람 있는 삶을 영위하기 위해서는 기술적 효용성에서 벗어나 내면의 가치를 중시하는 자기 성찰의 태도를 가져야 할 것이다.

물질적 풍요와 생활의 안정을 목적으로 하는 세속적인 삶이 지배하고 있는 현대 사회에서 자아를 발견하고 깨달음을 통하여 주관적인 행복을 추구하면서 개인의 발전과 함께 공동체 발전에 이바지해야 한다.

소크라테스

소크라테스는 '너 자신을 알라!'는 말로 자아의 발견을 강조하면서 '나는 무엇을 원하며, 무엇을 할 수 있고, 또 해야 하는가?'라는 질문으로 나누어 접근하였다. 이 것을 그는 소망과 능력과 의무라는 세 변으로 이루어진 하나의 삼각형으로 보았다. 자기의 능력이나 의무에 비해서 지나치게 많은 소망을 가져서는 안 된다. 이때는 자제력을 발휘하여 소망이라는 변을 줄이든지 능력이라는 변을 부단히 늘림으로써 소망을 이루는 적극적인 방법을 택해야 하며 무엇보다도 공동체에서 규정되는 나의 위치를 찾아 의무를 다하는 일에 최선을 다해야 한다.

●● 이타적인 삶

경쟁과 속도를 추구하는 현대 사회에서 이기심에 젖어 남에 대해 배려를 하지 않고 편법을 앞세워 앞 만 보고 달리는 인간이 많다. 다른 사람들을 생각하지 않고 그들을 인격적으로 대하지 못하는 것이 현실이다.

이런 현실에서 이타적인 삶의 자세는 커다란 의미를 지닌다. 인간의 마음속에 내재해 있는 이타심과 양심은 누구나 발휘할 수 있는 심성이다. 눈에 보이지 않는 선의 힘과 자기 안에 있는 인간성이 작용하고 발휘되어야 한다. 그래야 비인간화의 방향으로 나아가는 현대 사회가 진정한 인간성 회복과 함께 바람직한 방향으로 나아갈 것이다.

현대 사회가 더 나은 삶이 펼쳐지는 사회가 되기 위해서는 사회 구성원들이 자기 자신만을 생각하는 이기적인 삶이 아니라 타인을 배려하는 이타적인 삶의 자세를 가져야 한다. 남에게 보여주기 위한 봉사가 아닌 자신만의 인간성을 발휘하고 다른 사람들을 인격체로 대우하며 도울 때 진정한 봉사가 되는 것이다.

파스칼(Blaise Pascal, 1623~1662)
프랑스의 수학자 · 물리학자 · 철학자. 근대 확률이론을 창시했고, 압력에 관한 원리(파스칼의 원리)를 체계화했다. 물리학자나 수학자로뿐만 아니라 또한 활발한 철학적 · 문학적 활동을 하였으며, 유고집 ≪팡세 Pensees≫가 있다.

소크라테스(Socrates, 기원전 470~기원전 399)
고대 그리스의 철학자. 서구 문화의 철학적 기초를 마련한 고대 그리스의 위대한 세 인물인 소크라테스 · 플라톤 · 아리스토텔레스 가운데 첫째 인물이다. "너 자신을 알라"는 질문으로 인간의 본질에 대해 탐구했다. 문답을 통하여 상대에게 스스로 무지를 깨닫고 참다운 지식을 탐구하도록 하였으며, 시민의 도덕의식을 개혁하는 일에 힘썼다. 신을 모독하고 청년을 타락시켰다는 이유로 사형을 선고받고 독배를 마시고 죽었다. 그는 글을 남기지 않았는데, 그의 인격이나 이론은 제자 플라톤의 ≪대화편≫에 근거한 것이다.

실천하기

- 삶의 목적을 분명하게 인식한다.
- 정신적 가치를 중시하면서 자아를 실현하는 삶을 산다.
- 선한 삶을 살면서 인격을 가꾼다.
- '소유양식의 삶'이 아니라 절제하면서 '존재양식의 삶'을 추구한다.
- 삶의 질을 높이도록 노력한다.
- 삶의 부조리를 인식하면서 열심히 삶을 영위한다.
- 기술문명에 묻히지 않는 삶의 태도를 가진다.
- 현실을 인식하면서 이상을 품고 산다.

생각하기

- 나는 바람직한 삶의 자세를 가지고 있는가?

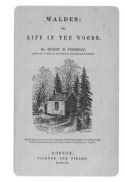

≪월든≫ 책 표지

19세기 미국의 뛰어난 저술가인 헨리 데이비드 소로Henry D. Thoreau, 1817~1862의 ≪월든 Walden≫은 헨리 데이비드 소로가 스물여덟 살이던 1845년 7월 4일 문명의 도시를 떠나 매사추세츠 주 콩코드 부근의 월든 호숫가에서 직접 오두막을 짓고 계절에 따른 호수와 숲의 변화를 관찰하며 진정 가치 있는 인생과 진리에 관해 사색한 책으로 그의 자아 여행의 기행문이라고 할 수 있다. 물질문명에 찌들고 물든 현대인의 삶에서 많은 것을 생각하게 하는 작품이다.

미국이 미친 듯 산업화의 길로 내닫고 있던 시절, 하버드대를 나온 전도양양한 청년은 시대의 흐름을 정면으로 거슬렀다. 헨리 데이비드 소로는 자본주의의 거대한 톱니바퀴에서 스스로 나왔다. 혼자 힘으로 한 칸의 오두막집을 지은 후 로빈슨 크루소처럼 자신을 유폐했다. "내가 숲으로 들어간 이유는 신중한 삶을 영위하기 위해서, 인생의 본질적인 사실들만을 직면하기 위해서, 그리고 죽음의 순간에 이르렀을 때 제대로 살지 못했다는 사실을 깨닫지 않도록 하기 위해서였다."

호수에서 낚시로 물고기를 잡고 스스로 밀을 반죽해서 만든 빵으로 배를 채웠다. 꼭 필요한 만큼만 노동했다. 남은 시간은 관찰과 사색으로 채웠다. '직업적 산책가'로 자처할 정도였다. 밤중에 들리는 짐승 울음소리와 겨울 호수의 얼음 깨지는 소리에 '온몸이 하나의 감각이 되는 듯한 무한한 행복'을 느꼈다.

서른 살이 되던 1847년 가을, 숲을 2년 2개월 2일 만에 나왔다. "나는 숲에 처음 들어갈 때만큼 확실한 이유가 있어서 숲을 떠났다. 그때 내게는 아직 살아야 할 몇 개의 삶이 더 있는 것처럼 보였기에, 하나의 삶에 그 이상 많은 시간을 내줄 수 없었다."

헨리 데이비드 소로

≪월든≫의 제2장에는 '나는 어디서, 무엇을 하며 살았는가?'라는 무거운 제목이 붙어있다. 소로는 이렇게 대답한다. "나는 주도면밀하게 살고 싶었다. 군더더기를 다 떼어낸 삶의 정수만을 대면하고 삶이 가르쳐 주는 바를 배우고 죽을 때가 되어 내가 진정으로 살았구나, 하는 느낌이 들고 싶어 나는 숲으로 들어갔다. 나는 월든에서 삶의 골수까지 빨아내는 방법을 터득하고 새로운 영혼이 태어났다."

신들은 시지포스고대 희랍 코린트의 왕에게 바위를 산꼭대기로 쉬지 않고 밀어 올리는 벌을 내렸다. 산꼭대기에 올려놓은 바위는 자체 무게 때문에 저절로 굴러 내려온다. 신들은 아무 희망도 가치도 없는 노동을 하게 하는 것이 어떤 처벌보다도 무서운 처벌이라고 생각한 것이다. 이와 같은 시지포스의 행동이 바로 삶의 부조리를 상징하는 것이다.

이 시지포스의 신화에는 온 힘을 다해서 큰 바위를 수백 번이나 비탈길을 밀고 올라가는 이야기만 나올 뿐이다. 흙 묻은 돌덩이를 어깨로 떠받치고 바위에 뺨을 찰싹 붙여 안간힘을 쓰는 얼굴, 발은 바위를 버티면서 두 팔은 바위를 위로 밀어 올리기 위해 한껏 내뻗고 있고 양손은 흙투성이가 되어 온갖 노력 끝에 마침내 목적이 이루어진다.

하지만 시지포스는 순식간에 바위가 저 아래로 굴러떨어지는 것을 목격한다. 그는 또다시 저 돌을 산꼭대기로 밀어 올려야 한다. 그는 터덜터덜 바위가 떨어져 있는 평지로 내려간다. 바위를 밀어 올리는 일을 잠시 멈추고 내려가는 시지포스의 모습이 관심을 끈다. 그렇게도 바위를 밀어 올리기 위해 바위와 함께하며 애쓴 얼굴은 이미 바위 그 자체이다. 결코, 끝을 알 수 없는 고통을 향해 무겁지만 단호한 걸음걸이로 내려가는 시지포스를 보라. 휴식 시간과도 같은 저 시간은 의식의 시간이다. 고지를 떠나서 바위를 다시 밀어 올리기 위해 차츰차츰 내려오는 저 모든 순간에 자신의 운명을 넘어선다.

시지포스는 바위보다도 단단하다. 이 신화가 비극이라면 그것은 이 신화의 영웅인 시지포스에게 의식이 있기 때문이다. 만약에 그의 걸음걸이마다 성공으로만 채워진다면 어디서 그의 고뇌를 찾을 것인가?

*「시지포스의 신화」(1942)는 「부조리에 관한 시론」이란 부제로 발표한 평론으로 인생의 모든 것이 기대와는 달리 무의미하다고 느끼면서도 주어진 그대로 하루하루를 살아가는 삶의 부조리한 모습을 나타내고 있다.

알베르 카뮈 (Albert Camus, 1913~1960)
프랑스의 소설가·수필가·극작가이며 ≪이방인≫ ≪페스트≫ ≪전락≫ 등의 저서가 있으며 1957년 노벨문학상을 받았다.

공동체와 인성

●● 개인과 공동체의 관계

'인간은 사회적 동물이다.'라는 정의에서 보듯이 인간은 혼자서 살 수 없는 존재이다. 인간이 공동체와는 아무런 상관없이 혼자서 살아가는 존재라면 인성을 강조할 필요 없이 본능대로 살아가면 될 것이다. 하지만 인간은 공동체를 떠나서는 살 수 없으며 그 속에서 살아가야만 하므로 공동체를 의식하고 영향을 받는 것은 당연한 일이다.

인간은 태어남과 동시에 공동체와는 불가분의 관계를 맺으면서 서로 떨어질 수 없는 관계가 된다. 인간은 독자적인 개인이면서 소속된 공동체의 일원이다. 동시에 개인이라는 구성원이 없는 공동체는 생각할 수 없다. 이처럼 개인으로 사는 삶을 영위하는 한편 가족, 지역 공동체, 국가와 같은 공동체의 구성원으로 살면서 진정한 인간다움을 실현하고 있다.

장 자크 루소는 ≪사회 계약론≫에서 "자연 상태에 있는 인간은 사회 계약을 통해 사회와 국가를 형성하고 시민적 신분을 갖게 된다. 사람들은 계약을 통해 모두를 평등하게 대하고 자유롭게 행동할 수 있도록 보호해주는 조직체로서 국가를 구성한다. 주권은 사회의 모든 구성원이 가지는 보편적 의지로서 공공선을 실현하는 국가 의지인 '일반 의지'의 행사이므로 결코 양도될 수 없다."라고 했다.

≪사회 계약론
Du contrat social≫
(1762)

개인은 공동체 구성원으로서 공동체가 작동되는 메커니즘을 학습하고 활동하면서도 개별적 독자성과 창의성을 가지고 공동체의 원리를 창조하는 이중적 속성을 지니고 있다. 따라서 개인은 다른 구성원들과 상호 조화 속에서 공동체 발전을 위해 이바지해야 하며 공동체는 개인 간의 갈등을 최대한 억제해 공동의 발전을 끌어낼 수 있는 구심점이 되어야 한다. 공동체의 발전이 개인의 발전과 병행되어야 하며 개인 발전의 총합이 공동체 발전으로 이루어질 수 있는 원리가 작동되어야 한다.

●● 개인과 공동체, 어디가 우선인가?

개인과 공동체의 관계를 어디에 우선순위를 두느냐 하는 것은 어려운 문제다. 지나치게 개인을 중시하는 관점은 공동체의 혼란을 일으킬 수 있고, 공동체를 중시하는 관점은 개인의 희생이나 손해를 감수하게 하는 단점이 있다.

개인보다 공동체를 우선하는 관점에는 개인과 사회의 관계를 단순히 부분과 전체의 관계로 파악하는 근대 자연과학의 패러다임인 기계론적 세계관이 바탕을 이루고 있다. 이 관점은 개인은 공동체를 이루는 단순한 부분, 즉 공동체라는 전체에 필요한 기계의 부품과 같은 요소에 불과한 것으로 보기 때문에, 공동체의 원리에 의해 개인은 언제든지 구속되어 희생될 수 있다는 논리가 성립된다.

공동체보다 개인을 우선하는 관점에는 중세 사회의 붕괴와 더불어 발생한 개인주의가 바탕을 이루고 있다. 이 관점은 공동체는 그 공동체를 구성하고 있는 개인의 집합체로 그 구성원인 개인의 독자성을 최대한 보장한 상태에서, 개인이 최대한의 역량을 발휘할 수 있을 때 공동체도 발전할 수 있다고 본다. 그러나 개인의 도덕성이 이기심을 억제하지 못하는 상태에서는 필연적으로 개인 간의 갈등이 분출되어 공동체의 혼란을 일으키는 것을 막을 수 없다.

개인이 지나치게 자유와 권리를 추구하여 공동체에 피해를 주는 일이 없도록 해야 한다. 또한, 공동체는 개인에게 부당한 요구를 하거나 자유를 억압해서는 안 된다. 지나친 개인주의나 이기주의는 문제가 있지만, 공익만을 앞세우는 것도 위험하다. 개인과 공동체가 갈등 상황에 놓인다면 대화와 타협을 통해 해결해야 한다.

개인은 공동체의 발전이 개인의 발전과 행복으로 이어짐을 인식하고 공동체를 위해 일정 부분 양보해야 하며 공동체도 공동체의 궁극적인 목적이 구성원 개개인의 행복임을 인식하고 그에 따른 자세를 취해야 한다. 개인과 공동체는 어디에 우선순위를 두는 것이 아니라 개인선과 공동선이 조화를 이루도록 해야 한다.

개인들이 공동체 내에서 공정한 규칙에 따라 저마다의 능력을 발휘할 때 공동체도 함께 발전하는 것이다. 이처럼 공동체가 발전해야 구성원인 개인도 더 자유롭고 행복해질 수 있다. 이처럼 개인과 공동체는 서로 의존하면서 돕고 조화를 이룰 때 함께 발전해 나갈 수 있다.

●● 공동체에서 개인의 자세와 역할

공동체라는 틀이 존재하지 않는다면 개인의 삶은 유지되지 않는다. 개인의 오만한 태도는 공동체의 통일성을 무너뜨리는 요소이므로 공동체는 내적 통일성을 유지하기 위해 통제 메커니즘을 이용해서 개인을 통제한다. 개인은 이런 통제를 수용하여 타인과의 관계를 맺고 공동체를 유지한다. 왜냐하면, 인간은 자신이 공동체에 속해 있지 않을 때 실존적 불안을 일으키기 때문이다. 그래서 인간은 자기가 속한 공동체에 보편적 존재로 인정받기 위하여 질서를 유지하는 통제 메커니즘을 존중하면서 맞추어 간다.

인간은 사회적 존재이므로 공동체를 의식하고 공동체와의 관계를 형성하면서 살아가야 하지만 공동체를 지나치게 의식하여 자기 존재에 대한 인식이 없어진다면 그 삶은 무의미하다. 그러므로 공동체와의 건전한 관계를 형성하면서 '자아 정체성'을 가진 행동을 해야 한다. 이것이 개인과 공동체가 모두 행복한 바람직한 관계이다.

인간은 오랜 역사를 거치면서 언제나 개인으로서가 아닌 공동체의 구성원으로 존재해 왔다. 과거 어느 시대를 살펴보더라도 인간이 공동체라고 하는 집단을 형성하고, 그 속에서 안정과 행복을 추구하며 삶을 영위해 왔음을 알 수 있다. 그렇다면 개인에게 안정감과 행복을 누릴 수 있게 하는 공동체의 기능을 가능하게 하는 요인은 무엇인가?

시간과 공간을 초월하여 모든 공동체에는 나름의 도덕적 덕목과 그것이 강제화 된 규범과 제도가 존재하기 마련이다. 이러한 도덕, 규범 체계는 각 공동체의 고유한 환경과 맥락에 따라 차이를 보이기도 하지만, 그 내용 면에서 정의로움이나 성실, 정직과 같은 덕목을 공통으로 요구한다. 공동체에 이러한 보편적인 도덕규범 체계가 있고, 구성원이 이를 준수하기 때문에 개개인의 인간다운 삶이 가능하고 공동체가 안정되고, 발전해 나갈 수 있다.

장 자크 루소(Jean Jacques Rousseau, 1712~1778)
스위스에서 태어난 프랑스의 사회계약론자 · 직접민주주의자 · 공화주의자 · 계몽주의 철학자. 근대 철학, 교육, 정치사상 등에 뛰어난 업적을 남겼다. ≪사회계약론≫ ≪에밀≫ 등의 저서가 있다.

실천하기

- 공동체에 이바지하겠다는 사명감과 공익 정신을 가진다.
- 내가 속한 공동체에서 일어나는 일에 관심을 가지고 해결을 위해 노력한다.
- 공동체 의식을 가지고 서로 돕고 협력하는 자세를 가진다.
- 공동체를 소중하게 생각하는 주인의식을 가진다.
- 개별선과 공동선의 조화를 이루는 행동을 한다.
- 내가 추구하는 자유와 권리가 공동체에 피해를 주지 않도록 한다.
- 공동체에 미치는 영향을 충분히 생각하면서 행동한다.
- 공동체가 도덕적이고 정의로운 방향으로 발전해 갈 수 있도록 노력한다.

생각하기

- 개인과 공동체는 어떤 관계인가?
- 개인 이익과 공익과의 관계에 대하여 생각해 보자.

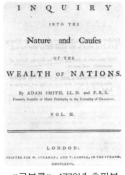

≪국부론≫ 1776년 초판본

각 개인이 자신의 생산 활동에 도움이 되도록 자본을 투자하고 운영하는 데 최대한 노력을 기울이고, 이를 통해 자신이 만드는 제품이 최대의 가치를 확보하도록 생산 활동을 운용한다면, 결국에는 사회 전체의 이익을 늘리는 데 크게 이바지하는 것이다. 하지만 사실은 개인이 공공의 이익을 증진하겠다고 의도한 것이 아니며, 또한 얼마나 공익 증대에 이바지하고 있는지도 모른다.

타인이 아니라 자기 삶의 안정과 윤택을 위해 생산 활동에 노력을 기울이면 바로 이것이 '보이지 않는 손invisible hand'이 되어 자신이 전혀 의도하지 않은 공익 증진에 이바지하는 결과를 낳는 것이다. 개인은 의도적으로 공익 증진을 목표로 삼을 때보다 자신만의 이익을 추구할 때 더 효과적으로 사회 전체의 이익을 가져온다.

자신의 자본을 가지고 어떻게 투자하여 최대의 가치를 가지는 제품을 만들어 이익을 창출할 수 있는가에 대해서는 누구보다도 개인인 자신이 최상의 판단을 내릴 수 있다. 자본을 투자하고 운영하는 문제에서 공동체 지도자가 시민 개개인을 조정하고 감독하는 것은 그러한 능력도 없을 뿐만 아니라 불필요한 일이며 해서도 안 되는 해로운 규제에 지나지 않는 일이다.

> * '개인의 이익추구가 사회 전체의 이익을 가져온다'는 명제를 제시하면서 주요 논거로 '보이지 않는 손' 즉 시장의 자동 조절 기능을 주장하고 있다.

≪국부론 An Inquiry into the Nature and Causes of the Wealth of Nations≫
자유 시장 경제 체제를 옹호하는 최초의 저작이다. 부의 원천은 노동이며, 생산성의 향상은 분업을 통해 이루어지고, 이러한 생산성 향상의 이익을 통해 국부가 증진한다고 설명하면서 이처럼 국부를 늘리려면 시장의 크기가 커져야 하고 개인의 자유로운 선택이 가능한 체제가 뒷받침되어야 한다고 강조하고 있다. 그리고 수요자와 공급자가 만나서 가격을 통해 재화가 자유롭게 거래되면서도 사회 전체적으로는 자원이 적절히 배분되는 과정을 신학적인 비유를 통해 '보이지 않는 손'이라고 표현하고 있다.

애덤 스미스(Adam Smith, 1723~1790)
스코틀랜드 출신의 정치·경제학자이자 윤리철학자. 고전경제학의 대표적인 이론가로 자본주의와 자유무역에 대한 이론적 심화를 제공했다. 저서로 ≪도덕 감정론≫ ≪국부론≫이 있다.

〈보리밭을 흔드는 바람〉

　영화 '보리밭을 흔드는 바람'은 1920년대 아일랜드의 독립 투쟁을 소재로 하여 운명의 갈림길에 마주 선 형과 동생의 이야기이다. 제목인 '보리밭을 흔드는 바람'은 로버트 조이스Robert Dwyer Joyce·1830~1883의 시에 붙인 아일랜드 민요이다. '보리밭'은 아일랜드를, '바람'은 외세를 의미한다.

　1920년의 아일랜드. 젊은 의사 데이미언킬리언 머피 분은 런던의 일류 병원에 취직하여 떠날 예정이지만 연인인 시네이드올라 피츠제럴드 분의 동생 미하일이 영국군에게 맞아 죽는 사건과 런던행 기차역에서 목격한 영국군의 만행에 충격을 받는다. 그는 의사의 꿈을 접고 형 테디패드레익 딜레이니 분가 이끄는 IRA아일랜드 공화군에 가입해 반영 무장 투쟁을 벌인다. 그러던 중 영국군의 협박을 견디지 못한 IRA의 어린 대원 크리스의 자백으로 체포된 테디는 손톱이 뽑히는 모진 고문을 당한다. 아일랜드계 아버지를 둔 보초병의 도움으로 탈출에 성공하지만 세 명의 대원들은 미처 탈출하지 못하고 처형당한다.

영화 '보리밭을 흔드는 바람'

　데이미언은 밀고자를 처형하라는 명령에 따라 같은 마을에서 자란 동생 크리스를 끌고 산으로 올라간다. 데이미언은 권총에 총알을 장전하면서 선배에게 "조국이란 게 정말 이렇게 할 가치가 있는 거겠죠."라고 말한 뒤 "신의 가호가 있기를…"이라고 외치면서 방아쇠를 당겨 크리스를 처형한다. 이제 돌아올 수 없는 선을 넘었다고 생각한 데이미언은 투쟁에 몰입한다.

　그러던 중 휴전이 선언되고 평화 조약 조인으로 새로운 아일랜드 자유국이 탄생하지만, 이 조약이 아일랜드의 일부 자치를 허용한다는 것뿐임을 알게 되면서 IRA 내부는 혼란에 휩싸인다. 테디를 비롯한 현실주의자들은 조약을 받아들이고 점진적 개선을 주장하면서 새로 창설하는 아일랜드 자치 군대에 입대한다. 데이미언을 비롯한 이상주의자들은 완전한 독립을 주장하면서 무장 투쟁을 재개하여 자치 군대를 상대로 무기를 탈취하지만 끝내 체포된다.

　형 테디가 체포되어온 동생 데이미언에게 "무기 있는 곳을 말하지 않으면 넌 새벽에 처형 된다"고 간절히 호소하지만, 단호히 거절하고 연인 시네이드를 향한 유서를 써 내려간다. '무엇에 반대하는지 아는 건 쉽지만 뭘 원하는지 아는 건 어려워…'

　데이미언은 형장에 끌려 나와 형 테디의 사형 집행 명령에 따라 처형된다. 홀로 남겨진 시네이드의 처절한 흐느낌 속에 그들이 영국군과의 전투를 위해 행군할 때 부르던 노래와 함께 영화는 끝난다.

홍익인간과 인성

●● 홍익인간이란?

인성이 추구하는 궁극적인 목표는 홍익인간弘益人間이다. 홍익인간이란 인간을 널리 이롭게 한다는 뜻으로 우리나라의 건국이념이자 교육이념이다. 홍익인간이란 말은 원래 '홍익인간 이화세계'라는 말에서 나왔는데 '널리 인간을 이롭게 하고, 이치로써 세상을 다스린다'는 뜻이다. 여기에서 '인간'은 오늘날처럼 '사람'을 뜻하지 않고, '사람들이 사는 세상'을 뜻하는 것으로 오늘날의 공동체 의식을 나타내고 있다.

홍익인간은 한민족의 문화유산 가운데 최초로 자랑스러운 무형의 정신이며 사상이자 이념으로서 민족정신의 핵심을 요약한 말이다. 홍익인간의 이념은 현대 사회가 추구하는 핵심가치와 추구해야 할 덕목을 포괄하고 있으므로 인성을 길러 홍익인간을 지향해야 한다.

홍익인간의 정신은 기원전 2333년에 우리나라 최초의 국가인 고조선이 건국된 이래 우리 민족이 간직하고 있는 민족적 신념이다. 한민족의 정체성을 가지고 우리의 민족적 이상을 추구하는 구심점으로 오늘날까지 이어지는 정치·교육의 최고 이념이다.

홍익인간 정신은 현대 자유민주주의의 정신적 바탕이라고 할 수 있으며 한민족으로서 남과 북이 공동으로 추구할 수 있는 통일철학이다. 자만이나 독선이나 배타를 의미하는 협소한 민족주의가 아니며 지구촌의 상생과 평화를 강조하고 있으므로 전 인류가 지향해야 할 이념이자 가치이다.

●● 삼국유사에 기록된 단군신화

홍익인간의 근원이 되는 단군신화를 기록한 책 가운데 가장 오래된 책은 고려 충렬왕 때 스님 일연一然이 찬술한 삼국유사三國遺事의 고조선조古朝鮮條에 인용된 고기古記이며 다음과 같이 서술되어 있다.

『고기』에 이르기를, '옛날에 환인의 서자인 환웅이 천하에 자주 뜻을 두어, 인간 세상을 구하고자 하였다. 아버지가 아들의 뜻을 알고 삼위태백을 내려다보니 인간을 널리 이롭게 할 만하여 천부인 세 개를 주며 가서 다스리게 하였다. 환웅이 무리 삼천을 거느리고 태백산 정상 신단수 밑에 내려와 신시라 하고 이에 환웅천왕이라 하였다. 풍백·우사·운사를 거느리고 곡·명·병·형·선악 등 무릇 인간의 삼백육십여 가지의 일을 주관하며 세상을 다스리고 교화하였다. …잉태하여 아들을 낳으니 단군왕검이라 하였다. 단군왕검은 요임금이 즉위한 지 50년인 경인년에 평양성에 도읍하여 비로소 조선이라 불렀다. 또 도읍을 백악산 아사달로 옮겼는데, … [후략]

古記云昔有桓因也庶子桓雄數意天下貪求人世父知子意下視三危太伯
可以弘益人間乃授天符印三箇遣往理之雄率徒三千降於太伯山頂神壇樹下謂之神市
是謂桓雄天王也將風伯雨師雲師而主穀主命主病主刑主善惡凡主人間三百六十餘事
在世理化 … 孕生子號曰檀君王儉….
以唐高卽位五十年庚寅都平壤城始稱朝鮮又移都於白岳山阿斯達 … [후략]

●● 홍익인간의 정신과 이념

환웅天과 웅녀地 사이 단군人의 탄생天人合—에서 보여주는 것은 인간 자체를 그 존재의 근거인 자연과 동일시하여 파악한 자연 친화적 사상이다. 자연과 더불어 살면서 자연을 사랑하고 자연과 인간과의 조화를 이루는 조화 정신과 우리 민족의 농경문화 속성과 결합하여 대립보다는 조화와 어울림을 추구하는 평화 지향성을 내포하고 있다.

단군신화의 사상적 의의는 민족의식의 원형이며 윤리의식의 바탕으로서의 상징성을 내포하고 있다. 홍익인간의 정신과 이념은 신화로서 그치는 것이 아니라 현대 사회가 추구하는 목표와 핵심가치와 일맥상통한다.

삼국유사에 기록되어 있는 인간세상을 구하고자 한다는 뜻인 탐구인세貪求人世, 널리 인간을 위한다는 홍익인간弘益人間은 인간 중심의 인본주의 정신을 나타내고 있다. 인본주의 정신은 인간을 위한 복지와 정의와 평화와 도덕적 가치의 실현을 추구하는 것이다. 이를 위한 조건으로 정제된 사회 규범인 고조선의 8조 법금을 마련하여 사회의 평화와 도덕성 확보를 기하였다. 오늘날의 법질서 의식을 보여주고 있다.

홍익인간의 실천적 목표로 곡·명·병·형·선악主穀主命主病主刑主善惡을 추구하고 있는데 곡식은 삶의 기본 조건인 경제적 가치, 생명은 인간에게 가장 소중한 생명의 가치, 질병은 사회 복지, 형벌은 사회 정의, 선악은 윤리와 도덕을 뜻하는 것으로 추상적 이념이 아닌 현실적으로 삶의 이상적인 완성을 도모하고 있다.

홍익인간의 이념은 개인이나 공동체가 지향해야 할 행동 기준으로 더 이상 관념이 아니라 이미 현실로 다가왔다. 인종, 종교, 지역 사상 등을 초월하여 모든 인간에게 보편타당한 행위를 해야 한다. 개인은 상대방을 이롭게 하는 배려 정신을 발휘해야 하며 기업은 모든 인간이 공감할 수 있는 제품이나 서비스를 생산해야 하며 국가는 모든 국민들이 이롭게 하는 정책을 시행하고 국제관계에 있어서는 전 인류의 공영과 평화를 위한 외교를 펼쳐야 할 것이다.

실천하기

- 인성을 길러 홍익인간을 지향한다.
- 홍익인간의 정신과 이념을 숙지한다.

생각하기

- 나는 홍익인간을 지향하고 있는가?

홍익인간과 교육이념

홍익인간은 《삼국유사》의 단군신화에 처음 나오는데 '옛날 환인桓因의 서자 환웅桓雄이 자주 천하에 뜻을 두고 인간세상을 갈망했다. 아버지가 아들의 뜻을 알고 아래로 삼위태백三危太伯을 굽어보니 인간을 널리 이롭게弘益人間 할 만한 곳이었다. 그리하여 천부인天符印 세 개를 주어 그곳에 내려가 다스리게 하였다. 환웅은 부하 3천 명을 거느리고 태백산 꼭대기의 신단수 아래로 내려와 신시神市라 이름 하였다. 그가 바로 환웅천왕이다.' 이 환웅천왕과 곰이 사람으로 화化한 웅녀熊女 사이에서 태어난 아들이 우리의 시조 단군왕검檀君王儉이다.

〈단군상〉
충청남도 온양시
온양민속박물관 소장

환웅이 땅으로 내려올 때 환인이 준 천부인에는 홍익인간 정신이 깃들어 있다. 천부인 중 하나인 거울은 태양을 가리키며 왕이 거울에 자신을 비추어 반성하고 둥근 모양처럼 둥글고 어진 성품으로 백성을 다스리라는 의미이다. 칼은 힘의 근원으로 함부로 휘둘러서는 안 되며 외적으로부터 백성을 지키는 데 써야 한다는 것이다. 마지막 방울은 왕이 하는 말을 뜻하며 백성을 감동시킬 수 있는 훌륭한 말이어야 한다는 것이다.

홍익인간은 우리나라의 건국이념이 되었고, 대한민국 정부 수립 이후에는 교육법의 기본 정신이 되었다. 1949년 12월 31일 제정·공포된 교육법 제1조에 '교육은 홍익인간의 이념 아래 모든 국민으로 하여금 인격을 완성하고, 자주적 생활 능력과 공민으로서의 자질을 구유하게 하여, 민주국가 발전에 봉사하며 인류 공영의 이상 실현에 이바지하게 함을 목적으로 한다.'라고 천명함으로써 대한민국의 교육 이념을 대표하였다. 또한, 홍익인간은 '고루한 민족주의 이념의 표현이 아니라 인류공영이라는 뜻으로 민주주의 기본정신과 완전히 부합되는 이념이며, 민족정신의 정수로 일면 기독교의 박애정신, 유교의 인, 불교의 자비심과도 상통하는 전 인류의 이상'으로 보아 교육이념으로 삼았다고 설명하였다.

또한 이러한 이념을 관철시키기 위하여 '① 민족적 독립자존 기풍과 국제 우호협조의 정신이 구전具全한 국민의 품성을 도야함. ② 실천궁행實踐躬行과 근로역작勤勞力作의 정신을 강조하고, 충실한 책임감과 상호애조의 공덕심公德心을 발휘하게 함. ③ 고유문화를 순화앙양하고 과학 기술의 독창적 창의로써 인류 문화에 공헌을 기함. ④ 국민 체위의 향상을 도圖하며, 견인불발의 기백을 함양하게 함. ⑤ 숭고한 예술의 감상과 창작성을 고조하여 순후(醇厚) 원만한 인격을 양성함'이라는 교육 방침을 수립하였다.

《삼국유사 三國遺事》(1281) 고려 후기의 승려 일연(一然)이 편찬한 사서(史書).

인간으로서의 인성

자아 | 자율 | 자제력 | 인격 | 양심 | 정직 | 정의
공정 | 원칙 | 지혜 | 직관 | 생각 | 사색 | 망각
평정 | 희망 | 감사 | 행복 | 문화 | 휴식 | 죽음

자아

자아의 의미

자아를 잃어가고 있는 현대인의 삶에서 자아의 확립은 핵심가치이며 주요한 인성덕목이다. 자아는 '나는 누구인가?'에 대해 알고자 하는 과정에서 확인하게 되는 자신의 모습을 말한다. 내가 누구인지를 안다는 것은 개인적 존재로서의 자신의 모습과 사회적 존재로서의 자신의 모습을 제대로 이해하는 것을 의미한다.

자아는 내가 나로서 존재한다는 '나의 자기 동일성' 원리를 기초로 한다. 내가 나의 주인으로 사는 것, 나의 나됨을 온전히 확보해 충실히 실현하는 것이 바로 자아이다. 자신이 사회의 어떤 위치에 서 있으며, 사회가 자신에게 어떤 역할을 기대하는지, 그리고 어떻게 살아야 하며, 누구인지 깨닫는 것이다.

삶에서 인간의 취약함을 벗어나 인간의 진정한 가치를 찾기 위해서는 '인간이란 무엇인가?', '인생에는 어떤 목적이 있는 것인가?', '인간답게 산다는 것은 어떤 것인가?' 등의 질문을 스스로 하면서 살아가야 한다. 이런 의문에 대한 근본적인 해답을 얻으려고 노력하는 가운데, 이를 통한 정체성 확립으로 삶과 죽음, 인간과 세계, 현실과 이상에 대해 깊고 올바른 삶의 방향을 확립해 나갈 것이다.

인간이란 끊임없이 자기 자신의 존재 의미를 확인하며 살아가는 존재이지만 현대인들은 심각한 경쟁과 물질주의 속에서 자아의 혼란을 겪으며 인간의 가치와 존엄성을 상실하고 있다. 현대인의 정체성 위기는 건전한 자아의식을 마비시킴으로써 자신의 삶을 주관적으로 이끌어가는 것이 아니라 수동적인 삶에 머물게 하는 데 있다. 자신의 목표가 아니라 사회가 요구하는 물결에 따라서 반복적인 생활을 거듭하고 있으며, 독자성을 잃어버리고 남의 시선을 의식하고 유행을 좇는 삶을 살아가고 있다.

나는 실존으로서의 나, 절대로 남과 바꿀 수 없는 독자성을 지닌 인간으로서의 내가 되어야 한다. 내 인생은 내가 사는 것이지 남이 절대로 대신할 수 없다. 남에게 보이기 위한 삶을 살아서는 안 되며 자신이 진정으로 원하는 가치 있는 삶을 살아야 한다.

자아를 발휘하는 삶

키케로는 ≪의무론≫에서 "사랑하는 아들아! 모든 사람은 자신의 본성에 어긋나는 것이 아니라 자신에게 고유한 데코룸decorum을 유지하게 해주는 특성이 있어야 한다. 그렇게 함으로써 자신이 지닌 고유한 본성의 보편적인 법칙을 따르게 되는 거야. 심지어 다른 어떤 더 중대하고 좋은 것이 있다 해도, 추구하는

키케로

《의무론》

바를 자신의 본성이 명하는 규범에 따라 판단하게 되는 것이다. 왜냐하면, 인간 본성에 대항하여 싸운다든가, 네가 도달할 수 없는 목적지를 가보려고 하는 것은 소용이 없기 때문이다. 네가 지니고 있는 고유한 특성이 무엇인가를 꿰뚫어보고 이를 잘 발휘해야지, 공연히 다른 사람의 특성이 자신에게 얼마나 맞는지 시험해 보려고 해서는 안 될 것이다. 왜냐하면, 가장 고유한 것이 각자에게 가장 특성이 있기 때문이다. 그러므로 너는 자신의 고유한 재능과 특성을 날카롭게 통찰하고, 자신의 장점과 결점들에 대해 정확한 판단을 내리도록 해야 한다."라고 했다.

올바른 자아 정체성을 확립하기 위해서는 인생관을 정립해야 한다. 인생관이란 인생의 의미나 가치 등에 대한 전반적인 견해로서 '나는 어떻게 살아가야 하는가?' '바람직한 삶이란 무엇인가?'에 대한 생각이다. 인생관이 뚜렷한 사람은 삶의 목적과 방향을 명확히 하고 개성을 가지고 주체적이고 능동적으로 살아간다.

자아를 회복하여 나답게 살아가는 것은 남의 입장에서 벗어나는 일이다. 자아를 가지고 진정한 '나'를 실현하겠다는 확고하고 강한 목표 의식이 있어야 한다. 시시각각으로 변하는 목표가 아니라 일관된 삶의 방향을 가져야 한다. 자신의 삶을 개척하는 신중하고도 진취적인 정신이 있어야 한다.

순간의 쾌락이나 허영에 자신을 맡기지 않도록 가치 있는 행동을 해야 한다. 정체성을 회복한 자아에 돌아오는 것은 자신이 자신을 결정하는 '자유'이다. 자아는 외부로부터 주어진 기성품이 아니라 나 자신에 의해 형성되어야 할 '존재'이며 '목적'이다.

●● 자신을 아는 것

톨스토이는 "우리는 많은 것을 알고 있고 매 순간 많은 일을 하고 있지만 가장 중요한 것을 빠뜨렸다. 우리는 쓸모없는 것은 너무도 많이 알고 있지만 정작 가장 중요한 우리 자신은 알지 못한다. 우리 안에 사는 영혼을 기억할 수만 있다면 우리의 삶은 완전히 달라질 것이다."라고 했다.

톨스토이

자기 자신에서부터 출발해야 한다. 자아 발견을 통해 자신이 진정으로 좋아하는 일을 선택하고 최선을 다해 능력을 발휘해야 한다. 그래야 그 과정에서 삶의 보람과 즐거움을 얻을 수 있으며 더 나아가 공동체에 이바지하는 삶으로 이어질 수 있다. 개인적 존재로서의 자아와 사회적 존재로서의 자아가 조화를 이룰 수 있도록 해야 한다.

자아 발견을 위해서는 다른 사람에게는 없는 자신만의 독특한 특성이 무엇인지 찾으려고 노력해야 한다. 이를 통해 자신의 소망, 가치관, 능력 등을 발견하고 자신을 보다 명확하게 이해함으로써 자신에 대한 정체성을 확립해야 한다.

자신을 아는 일이 가장 어렵다. 자신을 알기 전에는 자신의 주인이 될 수 없으므로 자신을 철저히 알아야 한다. 자신을 알기 위해서는 내적 성찰에 귀를 기울여야 한다. 스스로 자기를 돌이켜보아야 하며 남이 평한 것을 들어보고 자신을 객관적으로 평가해야 한다.

꿈을 실현하기 위해서는 자신이 어떤 면에서 뛰어난지 분별력을 발휘해야 한다. 그 어떤 일에서 탁월함을 보이는 사람은 자신의 재능을 알고 발휘하고 있다. 많은 사람은 자신의 타고난 능력을 내버려두어 재능을 살리지 못하고 탁월함을 발휘하지 못한다. 어떤 재능을 알게 되면 발휘하고 더욱 육성하고 보완해야 한다. 더 나아가 자신을 비판의 대상으로 할 줄 알아야 한다. 뛰어난 장점에 맞먹는 결점을 가지고 있지 않은 사람은 없다. 결점이 조장되면 어려움을 겪게 되므로 자신의 주요 결점을 확실하게 알고 고쳐야 한다.

마르쿠스 툴리우스 키케로(Marcus Tullius Cicero, 기원전 106~기원전 43)
고대 로마의 정치가, 철학자, 문학가이다. 웅변가로 이름을 날렸으며 국가 전복 음모 사건을 사전에 발각하여 분쇄함으로써 로마의 '국부'로 추앙받았다. 공화주의자로서 삼두 정치의 한 사람인 안토니우스를 탄핵하여 원한을 사게 되어 그 부하에게 암살당했다. 저서에 ≪의무론≫ ≪국가론≫ ≪법률론≫ 등이 있다.

≪의무론 De officiis≫
키케로가 아테네로 유학 간 그의 아들에게 보낸 편지를 모은 것으로 인간으로서 해야 할 도리와 인간이 참되게 사는 길을 제시하고 있다.

톨스토이(Tolstoy, 1828~1910)
러시아의 소설가·사상가. 저서로 ≪전쟁과 평화≫ ≪부활≫ ≪안나 카레니나≫ 등이 있다.

실천하기

- 나의 정체성을 살려 독창성과 차별성을 가지고 나답게 살아간다.
- 공동체의 일원으로 나의 역할을 소중히 여기고 수행을 위해 노력한다.
- 나에 대해 명확히 알고 나만의 독특한 특성을 찾으려고 노력한다.
- 나의 신체적 특징, 가치관, 소망, 성격, 적성, 능력 등 개인적 특성을 파악한다.
- 나를 둘러싸고 있는 현실적 여건을 파악하고 적극적으로 삶을 영위한다.
- 개인적 존재로서의 자아와 사회적 존재로서의 자아가 조화를 이루도록 한다.
- 유행을 좇는 행위를 하지 않고 쾌락적인 소비를 하지 않는다.

생각하기

- 남들과 다른 나만의 고유함에 어떤 것이 있는가?
- 현대 사회의 삶에 있어서 자아 정체성은 어떤 의미가 있는가?

≪죽음에 이르는 병≫

키르케고르

인간이란 정신이다. 정신이란 자기이다. 자기란 자기 자신과 관계하는 관계이다. 여기에서 자기란 단순한 관계가 아니고, 관계가 자기 자신과 관계하는 것을 의미한다. 인간은 유한함과 무한함, 시간성과 영원성, 자유와 필연의 종합이다. 종합이란 양자 사이의 관계이며 이것만으로는 인간은 아직 아무런 자기가 아니다. 양자 사이의 관계에서 관계 그 자체는 정반합의 변증법적 과정으로서의 종합을 의미하는 부정적 통일이다.

≪죽음에 이르는 병≫ 키르케고르 육필 원고

양자는 관계에 대해 관계하는 것이며, 그것도 관계 속에서 관계에 대해 관계하는 것이다. 예를 들면 인간이 정신이라고 할 경우, 정신과 육체의 관계는 그와 같은 관계이다. 이에 반해 관계가 그 자신에 대해 관계한다면, 이 관계야말로 적극적인 제삼자이며, 그리고 이것이 자기이다.

자기 자신과의 관계는 자기를 스스로 정립한 것이거나 아니면 다른 사람에 의해 정립된 것이거나 이 둘 중 하나이다. 그런데 자기 자신과 관계하는 관계가 다른 사람에 의해 정립될 경우에 그 관계는 제삼자인 셈이지만 그 제삼자는 다시 또 모든 관계를 정립한 것과 관계하는 관계이기도 하다.

이와 같은 과정을 거쳐 도출되어 정립된 관계가 바로 인간인 자기이다. 그것은 인간이 자기 자신과 관계하는 것이요, 동시에 자기 자신과 관계하는 것과 같이 타자와 관계하는 관계이다.

* 인간이란 관계에 의해 그 정체성을 파악할 수 있다고 주장하고 있다. 인간이란 자기 자신과 관계하는 것이며, 동시에 타자와 관계하는 존재라는 것이다.

쇠렌 키르케고르(Sören Kierkegaard, 1813~1855)
덴마크의 사상가로 실존주의 선구자. 그는 근대사상이 인간의 본질을 이성에 한정하고 그것을 기준으로 진리를 합리적 객관성으로 본 것에 반발하고, 자유로운 삶의 방식에 인간다움을 인정하고, 이를 '실존'이라고 부른다.

잃어버린 자아를 찾아서

〈카게무샤〉

'카게무샤'는 일본의 전국시대戰國時代 '가히' 지역을 지배했던 다케다 신켄과 관련하여 전해오는 이야기를 토대로 만든 영화로 자아를 잃고 살아가는 인간의 전형을 보여주고 있다.

카게무샤는 그림자 무사라는 뜻으로 일본의 전국시대 영주들이 전쟁에 나갈 때 자신과 비슷한 외모의 가짜 무사를 데리고 나가는 위장 전술을 사용하였는데 이 가짜 무사를 지칭한 것이다.

16세기 중엽, 천황은 상징적 존재였고, 그 밑에 영주들이 실질적 정부인 막부를 다스렸다. 당시 전국의 각 지방에서 영주들은 천하를 제패하기 위해 피비린내 나는 전쟁을 계속했다. 가장 강력한 영주 중 하나인 다케다 신켄은 천황이 거처하는 교토를 점령하고 일본을 통일하려는 야심을 가졌으나 노다 성 점령을 앞두고 적 저격병의 총탄을 맞고 죽는다. 중신들은 적뿐만이 아니라 아군까지 속이는 완벽한 카게무샤가 긴요하여 사형수에게 신켄의 대역을 맡기고 철저히 연습을 시킨다. 신켄의 죽음을 아는 자는 중신들과 신켄을 모시던 시종과 경호하던 무사에 불과하다. 중신들은 카게무샤에게 회의가 끝나면 "수고들 했소. 그렇게 하도록 하시오."라고 한마디 말만 하라고 시킨다.

다케다 군대는 전쟁터에 출전하여 언덕 위에 카게무샤를 앉히고 그대로 움직이지 말라고 한다. 카게무샤는 총알이 날아오는 전쟁터에서 신켄과 같은 근엄함을 보인다. 다케다 군대의 뒤에서 산처럼 앉아 있는 신켄의 깃발을 확인한 오다 노부나가와 도쿠가와 이에야스의 연합군은 물러간다.

3년이 지난 후, 적군도 속이고 아군도 속였지만 신켄의 애마愛馬만은 카게무샤에게 속지 않는다. 신켄만이 탈 수 있었던 흑마를 탄 카게무샤가 말에서 떨어진다. 카게무샤를 간호하러 온 소실들이 윗도리를 벗기자 신켄의 몸에 있어야 할 전쟁터에서 다친 칼자국이 없는 것이 밝혀지고 카게무샤는 쫓겨나 부랑자 신세가 된다.

다케다 가문은 신켄의 죽음을 밝히고 신켄의 아들 가츠요리가 후계자가 되어 정예부대 2만5천 명을 이끌고 오다 노부나가와 도쿠가와 이에야스의 연합군과의 전쟁을 펼쳤지만 처참하게 패배한다. 이때 카게무샤는 쫓겨나 갈대숲에서 지켜보다 창을 들고 돌진하다가 총에 맞아 비틀거리면서 피로 물든 강으로 간다. 그는 그곳에 처참하게 넘어져 있는 다케다 군대의 깃발 앞에서 쓰러지고 물결 속으로 깃발과 함께 사라지면서 영화는 끝난다.

자율

자율성의 의미와 조건

자주성을 가지고 해야 할 일을 스스로 찾아서 실천하는 자율은 주요한 인성 덕목이다. 자율은 자기 생각이나 의지에 따라 행동하는 것이다. 스스로 선택하고 결정하는 것으로 자유 의지를 갖추고 자신의 능력으로 어떤 일을 이루고자 함이다.

인간은 이성적 판단에 따라 자신의 행동을 선택할 수 있는 자율적 존재이다. 개인은 자신이 자신을 결정하는 자율성을 보장받을 때 적극적인 자세를 취하게 된다. 그러한 자세로 각 개인이 여러 공동체 활동에 참여할 때 공동체는 더욱 활발하고 진취적인 방향으로 나아갈 수 있다. 각 개인의 자율성 총합이 공동체 발전의 원동력이 되는 것이다.

스스로 편리하게 살고자 하는 노력이 우리 사회를 첨단 사회로 발전시켰다. 이는 누구의 강요도 아닌 개인의 자율 의지가 탄생시킨 열매이다. 공산주의 사회가 왜 몰락했는지 그 이유를 생각해 본다면 인간의 자율성이 인간 사회를 얼마나 발전시킬 수 있는가를 쉽게 떠올릴 수 있을 것이다.

자율성의 필요성을 주장한 대표적인 예로 애덤 스미스의 자유방임주의를 들 수 있다. 그는 사회를 구성하는 각 개인이 서로 자신의 이익만을 추구하는 경쟁 관계 속에 있다고 했다. 이 속에서 사회는 경제적으로 점차 풍요로워지고, 또한 각자의 이익을 위한 교류를 통해 문화적으로도 진보의 길을 걷게 된다는 것이다.

자율성을 가지려면 뚜렷한 주관과 강한 추진력, 그리고 명철한 생각을 하고 견해와 행동이 일치해야 한다. 만약 이 중에서 하나라도 빠져있거나 일관성이 없다면 자율성을 가질 수 없고, 가지고 있다고 하더라도 제대로 발휘할 수 없다. 꿈을 실현한 사람은 겸손한 태도로 독창적인 개성을 발휘하면서 사람들로부터 인정을 받은 사람이다.

자율성과 타율성의 조화

현대 사회에서의 진정한 자유는 법과 규범의 한도 내에서의 자율성의 발휘이다. 현대 사회는 개인의 자율성을 최대한 존중해 주어 사회 전체의 발전을 끌어낸다. 그러나 개인에게 무작정 자율성을 허용해 주는 것이 아니라 법이나 제도를 통해 개인이 자율성을 발휘할 수 있는 범위를 제한하기도 한다. 이처럼 현대 사회에는 자율성과 타율성이 동시에 작동하고 있다.

현대 사회의 발전이 인간의 자율성에만 기인한다고 볼 수는 없다. 인간의 자율성의 과도한 표출은 각 개인의 욕구가 어긋나 갈등을 일으키기 마련이다. 이와 같은 갈등이 원만히 자율적으로 해결된다면 사회 안정을 기할 수 있겠지만, 그렇지 못할 경우 사회는 불안정 속에 발전의 속도는 뒷걸음칠 수밖에 없다.

자율성의 조건 없는 보장은 순기능만 가지고 있는 것이 아니라 갈등이 야기되어 사회적 불안정을 가져오기 마련이다. 개인의 욕구가 난무하여 사회가 어지럽혀지는 것을 막기 위해 법과 규범을 통하여 타율적인 제재를 가하고 있는데, 법과 규범을 준수해야 하는 타율성은 사회의 안정과 발전에 커다란 몫을 해내고 있다.

타율성은 제한 없는 자율성이 지니는 한계를 극복하게 해준다. 법에 규정된 규범을 지켜야 함은 개인의 자율이 아닌 타율에 의한 것이기는 하지만 모두가 지켜야 할 규범을 지키지 않을 때 공동체가 정상적으로 운영되어 나갈 수 없을 것이다.

개인의 자율성 없이 공동체가 나아갈 수 없고, 공동체가 요구하는 타율성 없이 공동체가 안정될 수 없다. 공동체가 발전할 수 있는 것은 안정의 토대 위에 나아가고자 힘쓰기 때문이다. 이는 공동체의 안정 속에 개인의 자율 의지가 성취될 수 있음과 상통한다. 공동체 발전에 자율과 타율은 물과 불의 관계가 아닌 함께 지향해야 할 공존 관계이며 보완 관계이다. 그러므로 자율성과 타율성의 조화를 통하여 사회 발전을 이루어나가는 개방적인 자세를 견지해야 할 것이다.

실천하기

- 뚜렷한 주관과 명철한 사고와 추진력으로 자율성을 가지고 살아간다.
- 주체적인 의사 결정을 한다.
- 자율적인 자세로 신중하게 선택하고 그 선택에 책임진다.
- 올바르지 못한 관습이나 잘못된 의견에 당당하게 맞선다.
- 내가 원하지 않음에도 강요나 분위기 때문에 타율적인 행동을 하지 않는다.
- 다른 사람의 의견이나 관습을 생각 없이 받아들이지 않는다.
- 합리적인 타율성의 경우에 자율성과 조화를 이루며 살아간다.

생각하기

- 나는 자율적인 인간인가?

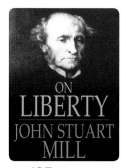

≪자유론≫

존 스튜어트 밀

《자유론 On Liberty》
(1859)

공동체와 개인이 오직 제각기 관계되어 있는 부분만을 취득한다면, 양자는 다 같이 자기의 정당한 몫을 받게 될 것이다. 인간의 삶에서 이해 당사자가 개인으로 되어 있는 부분은 개인에게 귀속되어야 할 것이며, 공동체로 되어 있는 부분은 공동체에 귀속되어야 할 것이다.

공동체는 계약으로 만들어지는 것이 아니다. 공동체에 대한 의무의 근거로서 계약 이론을 제시하더라도 별로 유효한 것이 아니다. 무릇 공동체에 소속되어 보호를 받는 개인은 누구나 그에 따른 의무가 있다. 공동체의 구성원이라는 사실 자체만으로도 개인들 각자는 어떤 일정한 행위의 원칙을 준수해야만 한다.

이러한 행위는 첫째, 상호 간에 이익을 해치지 않는 행위이다. 바꾸어 말하면 법률의 명문이나 관습이나 상식에 의해서 당연히 보호되어야 할 권리를 해치지 않는 행위라 할 수 있다. 둘째, 공동체나 그 구성원인 개인을 위험이나 간섭으로부터 방어해 주는 데 필요한 노동과 희생을 각자의 몫만큼 부담하는 행위이다. 이러한 의무의 이행을 거부하는 개인에 대해서는 공동체는 마땅히 수행을 강제해야 한다.

공동체에 허용되는 것은 이것만이 아니라 개인의 행위가 법으로 정해진 다른 사람의 권리를 침해하는 정도에까지 이르지 않더라도, 다른 사람들에게 해를 끼치거나 다른 사람의 행복에 방해를 하는 경우이다. 이러한 반칙을 한 개인에 대하여는 법률에 의하지 않더라도 여론에 의해서 당연히 제재를 받아야 할 것이다. 어떤 사람의 행위 중에 어떤 부분이 다른 사람의 이익에 해로운 영향을 미치게 되면, 공동체는 법률로써 이와 같은 행위를 제재할 수 있는 권리를 가지게 된다.

그러나 어떤 사람의 행위가, 그 자신을 제외한 다른 사람들의 이익에 아무런 영향도 미치지 않거나, 다른 사람들이 원하지 않는 한 그들의 이익에 간섭할 필요가 없는 경우에는 공동체의 간섭이라는 문제는 거론될 필요가 없으며 무엇이든지 할 수 있다. 행위의 결과에 대해서 책임을 지는 완전한 자유가 법적으로나 사회적으로 존재하지 않으면 안 된다.

* 사람들 각자가 준수해야만 하는 행위의 원칙을 제시하면서 이러한 행위를 거부하는 사람들에 대해서 사회가 개인의 자유를 제한할 수 있는 근거를 다루고 있다.

존 스튜어트 밀(John Stuart Mill, 1806~1873)
영국의 철학자 · 경제학자. 자유주의적 정치경제 사상을 펼쳤다.

자제력

●● 자제력의 의미

자제해야 할 때 자제하지 못해 패가망신을 당하는 경우가 비일비재한 현대사회에서 자제력은 주요한 인성덕목이다. 자제력은 자신의 감정이나 욕망을 스스로 억제하는 힘이며 굴복하지 않고 단호히 버텨낼 힘을 제공하는 다른 형태의 용기이다. 신중하고 분별 있는 자제력을 길러 의지를 단련시켜야 한다.

인간이 겪는 대부분의 불행은 자제력의 부족에서 온다. 꿈을 실현하고 행복으로 가는 지름길은 자신의 마음을 다스리는 데 있다. 마음에 따라 행동이 결정되므로 자신의 마음을 통제할 수 있어야 한다. 자제력을 발휘하기 위해서는 내적 성찰에 귀를 기울여야 한다.

인간에게는 누구나 다섯 가지의 공통된 마음이 있다. 이익을 보면 달려들고, 미인을 보면 애정을 느끼며, 음식을 보면 탐욕을 내고, 안일을 보면 몸을 눕히고. 어리석은 사람이나 약자를 보면 속이는 것은 자제력 부족 때문으로 스스로 제어하고 조정해야 하며 그렇지 않으면 남에게 욕을 먹거나 낭패를 당한다.

인간은 전후를 살피는 존재로 자제는 인간을 동물과 차별화하는 덕목 가운데 하나이다. 동물보다 나은 존재가 되려면 본능적 충동에 저항해야 한다. 자제력을 잃으면 인간은 정신적 자유를 상실하게 된다. 세상의 흐름에 휩쓸려 다니게 되고 욕망의 노예가 되어 유혹을 뿌리치지 못하고 무릎을 꿇는다. 명예롭고 평화롭게 인생을 살고 싶다면 자제해야 한다.

●● 자제력 발휘

피타고라스는 "자제력을 발휘하지 못해 자신을 스스로 다스릴 수 없는 사람은 자유로울 수 없다."고 했다. 개인이나 공동체가 자제력을 발휘하지 않는다면 심각한 문제를 일으키며 온갖 종류의 비극이나 불행으로 이어진다.

삶을 영위하면서 정신적인 귀마개를 가지고 다녀야 한다. 쓸데없거나 유혹하는 이야기를 들을 때는 이 정신적인 귀마개를 사용해야 한다. 듣기 싫은 소리를 들었다고 해서 자제하지 못하면 낭패를 당한다. 증오·질투·시기·두려움·원한 등의 파괴적인 감정에 휘말리지 않아야 한다. 흥분하지 않으며, 사물이나 인간

피타고라스

에 대해 무절제하게 열광하지 않으며 냉소적인 사람이나 비관적인 사람의 영향을 받지 않아야 한다.

오스카 와일드는 "자기 자신을 자제하는 사람은 그가 즐거움을 찾아낼 수 있는 만큼 쉽게 슬픔을

이겨낼 수 있다."고 했다.

자제력이 있는 사람은 자기 기분에 끌려다니지 않는다. 갖가지 감정들을 한데 모아 놓고 경중을 따져 결정을 내린다. 어떠한 행동이든 행동하기에 앞서 침착하게 결정한다. 자제력을 잃지 말고 자기의 마음을 제어할 수 있어야 한다. 자기 절제를 하는 사람은 자제력을 발휘하여 자신을 통제할 수 있다. 자제는 체계적인 훈련과 반복적인 연습으로 성취할 수 있으며 완벽한 자제는 정신 교육을 통해 달성하고자 애써야 한다.

오스카 와일드

자제력을 갖춘 사람은 상상력과 정열을 자극하여 행동을 불러일으킨다. 자신의 의지가 그 행동을 지배하는 것이지, 그 행동이 자신을 지배하도록 내버려두지는 않는다. 어떠한 상황에서도 남을 모욕하지 않으며, 어떤 이유로도 원한을 품지 않으며, 다른 사람에게 원한을 사지도 않는다. 자기에게 동의하지 않는 사람을 증오하지 않고 동의하지 않는 이유를 이해하려고 애쓴다.

이상적인 인간의 요소 가운데 한 가지는 완벽한 자제이다. 충동적이지 않고 균형감각을 유지하고 자기감정을 조절하면서 냉정함과 조심성 유지와, 잘못된 습관에도 빠지지 않는다.

정확한 자기 분석과 능력 평가를 넘어서는 탐욕과 이기심과 자만은 자제력의 결여가 초래할 수 있는 가장 위험스런 형태이므로 자신을 자제할 줄 알아야 한다.

피타고라스(Pythagoras, 기원전 580경~기원전 490경)
고대 그리스 철학자. 피타고라스학파를 형성하여 수학과 서구 합리 철학의 발달에 이바지했다.

오스카 와일드(Oscar Wilde, 1854~1900)
아일랜드 작가. 19세기 말 '예술을 위한 예술'을 주창한 유미주의 운동의 대표자. 그의 최고작인 ≪진지함의 중요성≫에서 빅토리아 여왕 시대의 위선을 가차 없이 폭로했다. 이 밖에도 ≪행복한 왕자≫ ≪도리언 그레이의 초상≫ ≪리딩 감옥의 노래≫ 등 많은 저서가 있다. 동성연애로 고소되어 유죄판결을 받고 2년간 복역했다.

실천하기

- 내 감정을 잘 조절한다.
- 양심에 반하거나 문제를 일으킬 일을 하지 않는다.
- 분노를 자제한다.
- 충동적인 소비를 하지 않는다.
- 다른 사람의 험담을 하지 않는다.
- 유혹에 휩쓸리지 않는다.

생각하기

- 나는 자제력이 있는 사람인가?

히틀러의 자제력 부족

히틀러가 제2차 세계 대전 때 패망한 근본적인 원인은 자제력 부족 때문이었다. 그는 예리한 판단력과 통찰력으로 카리스마를 가지고 리더십을 발휘했지만, 마음을 다스리지 못하고 기분 나쁜 일이 있으면 화를 내고 좌충우돌하는 행동을 해서 부하들은 히틀러에게 될 수 있으면 기분 나쁜 사실은 제대로 보고하지 않으려고 했다.

그는 제2차 세계 대전에서 주력 부대를 빼돌려 소련을 침공했는데 이것이 돌이킬 수 없는 실수가 되었다. 연합군이 노르망디 상륙작전을 개시했을 때에 히틀러는 깊은 잠에 빠져 있었다. 평소 그는 부관에게 잠을 자는 동안에는 깨우지 말라고 명령했기 때문에 부관은 매우 급한 상황인데도 불구하고 연합군의 상륙 작전을 보고할 수 없었다.

히틀러가 잠을 자고 일어났을 때는 이미 연합군이 노르망디에 완전히 상륙해 진지를 구축한 뒤였으며 결국 독일은 패망하게 되었다. 평소 부하들에게 보여준 자제력 부족이 패망이라는 결과를 낳은 것이다.

아돌프 히틀러(Adolf Hitler, 1889~1945)
독일의 나치 지도자이자 정치가이다. 그는 1914년 제1차 세계 대전이 발발한 뒤 독일군에 자원입대하였다. 열렬한 독일 민족주의자, 반유대주의자였던 그는 전쟁에서 패배하자 크게 낙담하였고, 이후 정치 활동에 적극적으로 참여하였다. 그는 독일노동당(이후의 나치당)에 입당하여 뛰어난 웅변술로 당세를 넓혀나가 1921년에는 나치당 총서기가 되었다. 1933년 1월 총리직에 올랐고, 군부와 자본가의 지지로 이듬해 절대 권력자인 총통에 취임하였다. 이미 전쟁을 결심했던 그는 1939년 9월 폴란드를 침공함으로써 제2차 세계 대전을 일으켰다. 그의 가혹한 점령 정책과 유대인에 대한 반인륜적인 범죄는 전 세계에 나치 저항 운동을 불러일으켰다. 결국, 연합군에 패망했고, 1945년 4월 30일 베를린의 총통 관저 지하에서 음독자살했다.

정조 대왕의 자제력

정조 대왕1752~1800(재위 1777~1800)은 당쟁으로 말미암아 죽임을 당한 사도세자의 아들로 평생 암살 위험 속에서 산 조선의 제22대 임금이었다. 그는 왕위에 올라 사도세자의 죽음에 대하여 분노를 표출하거나 복수하지 않고 탕평책으로 용서하면서 왕권 강화와 인재 육성, 신분 차별 철폐에 앞장서 조선 역사상 가장 뛰어난 개혁 군주로 꼽히고 있다.

정조 대왕

하루는 정조 대왕이 신하들에게 "사람이 하기는 쉬우면서 참기는 어려운 것이 무언지 아느냐?"고 물었다. 신하들이 머뭇거리자 정조 대왕은 "화를 내는 일이다. 화를 낼 때 앞뒤 상황을 살피지 않고 화를 폭발하면 일을 그르치게 된다. 그리고 화가 가라앉은 뒤에는 '왜 그렇게까지 화를 냈지? 화를 내지 않을걸.'하면서 후회하게 된다. 나는 항상 이런 점을 생각하면서 경계하고 있다. 화가 나는 일이 생기면 반드시 화를 가라앉히고 하룻밤을 보낸 뒤에 상황을 잘 살피면서 일을 처리하고 있다. 이는 마음을 다스리면서 정사를 보는 데 큰 도움이 되고 있다."고 했다.

그런 다음에 정조 대왕이 "기쁨, 사랑, 미움, 슬픔, 노여움, 두려움, 욕심 중에 어느 것이 가장 다스리기 어려운가?"라고 묻자, 신하 중 한 명이 "노여움이 가장 어렵습니다."라고 대답하자 정조 대왕은 "그 말이 참으로 맞다. 하지만 욕심을 다스리면 다른 것은 모두 좋은 방향으로 나아갈 수 있으므로 나는 욕심을 다스리는 것이 가장 어렵고 반드시 다스려야 할 것으로 생각한다."라고 하였다.

정조 대왕은 창경궁 춘당대에서 활쏘기를 자주 했다. 41세가 되던 해인 정조 16년(1792) 10월, 춘당대에서 10순(50발)을 쏘아 12일에 41발, 17일 32발, 18일 41발, 20일 41발, 22일 46발, 26일 47발, 28일 41발, 29일 45발을 맞혔고 30일에는 49발을 맞혔다. 붉은 칠을 한 과녁의 중심부인 '홍심'에 23발, 그 외의 과녁 부분인 '변'에 26발을 맞혔다.

마지막 오십 번째 화살은 과녁을 벗어나 소나무에 꽂혔다. 신하들이 아쉬워하자 정조 대왕은 "무엇이든 가득 차면 못 쓰는 것이다. 어떤 일이든 만족할 줄 알아야 한다."라고 했다. 완벽한 최고에 도달하려는 욕망을 절제하고 자만에 빠지지 않기 위해 마지막 한 발은 일부러 여백의 미로 남겨둔 것이다.

인격

●● 인격을 갖춘 사람

인성이 궁극적으로 추구하는 목표가 바로 인격이다. 인격은 고결한 재산으로 인간으로서의 존중이며 '참 인간 되기'이다. 인생에서 중요한 것은 지성이나 천재성이 아니라 인격이다. 인격을 갖춘 사람은 깊이가 있는 사람이다. 겉만 번지르르하고 깊이가 없는 사람은 속이 텅 빈 마네킹과 같다. 내면이 빈 사람은 허세를 부리지만 곧 말문이 막히고 만다. 생각의 샘이 깊이가 없이 얕아서 바닥이 드러나기 때문이다.

물은 그 깊이와 넓이만큼 배를 띄울 수가 있다. 얕은 물 위에는 종이배를 띄우고 호수에는 유람선을 띄우고 넓은 대양에는 큰 배를 띄운다. 사람도 마찬가지로 내면의 깊이에 따라 품을 수 있는 크기가 달라진다. 내면이 옹달샘 같으면 많은 사람을 품을 수 없지만, 대양 같으면 수많은 사람을 품을 수 있다. 겉모습보다 속이 꽉 찬 내면을 키워야 한다. 깊이를 결정하는 것은 외적 조건이 아니라 당당함, 자부심, 자제력 같은 인성에서 나온다.

인격의 그릇을 키우는 것은 자신에게 달려있다. 사람은 완성된 채로 태어나는 것이 아니므로 날마다 마음을 가다듬고 행동을 신중하게 하면서 조금씩 인격을 완성해 나아가야 한다. 인격을 한 단계 끌어올리려는 노력은 삶에 필수적이며 성실히 노력할 경우 인격적인 발전을 이룰 수 있다.

미국 남북전쟁 때 북군의 맥클란 장군은 혁혁한 공을 세운 뛰어난 지휘관이었다. 하루는 링컨 대통령이 국방장관을 대동하고 그를 격려하기 위해 예고 없이 야전사령부를 방문했지만 맥클란은 전장에 있었다.

링컨은 몇 시간을 기다려 맥클란을 만났는데 그는 링컨 대통령에게 의례적인 인사만 하고 자신의 방으로 올라가 버렸다. 곧이어 맥클란의 부관이 내려와 대통령에게 "장군은 지금 너무 피곤해서 잠자리에 들었습니다. 대통령께 죄송하다고 말씀하셨습니다."라고 말했다. 국방장관은 화를 참지 못하고 "각하! 이런 무례한 장군은 당장 직위해제 시켜야 합니다."

에이브러햄 링컨

그러나 링컨은 고개를 저으며 "지금 맥클란 장군에게 가장 필요한 것은 휴식이오. 저런 소신 있는 장군이 진정 이 나라를 지킬 것이오. 저 장군의 능력으로 이 유혈의 전투가 한 시간이라도 단축될 수 있다면 나는 기꺼이 그의 말고삐를 잡아주고 그의 군화도 닦아줄 것이오."라고 하면서 장관을 타일렀다. 이처럼 링컨은 관용과 포용력을 갖춘 높은 인격의 소유자였다.

인격을 갖추고 있다는 것은 많은 것을 품고 있다는 것이며 큰 것을 받아들일 수 있다는 것이며 거친 물결과 험한 파도까지 다 겪은 뒤 여유를 잃지 않고 넉넉해질 수 있다는 것이다. 삶을 영위하면서 감정이 출렁거릴 때 어떻게 표출하고 사느냐에 따라 인격의 성숙도가 드러나는 것이다.

●● 인격의 조건

인격을 갖춘 사람은 폭넓은 지식과 사물에 대한 식견이 있고, 태도 역시 훌륭한 사람을 말한다. 하지만 아무리 지식과 식견을 가지고 있다고 하더라도 올바른 태도로 행동하지 않으면 인격적인 사람이 아니다.

보복이나 성급한 행동, 야비한 행동, 지각없는 행동, 상처를 입힐 수 있는 행동을 하지 말고 도덕적인 자세를 취해야 한다. 유혹에 흔들리지 않아야 하며 항상 정직하며 양심에 거리낌 없는 선량한 행동을 해야 한다. 상대방이 불쾌하게 하거나 인격적인 모독을 할 때 분노로 인해 심한 욕설로 앙갚음을 해주고 싶겠지만, 그 상황에서도 도덕적인 자세를 견지해야 한다.

인격자는 마음이 넓은 사람으로 깨진 유리처럼 날카로운 말이 들어와도, 다듬지 않은 돌처럼 상처 주는 말이 들어와도 스펀지처럼 흡수해서 감싸 안는다. 남을 너그럽게 받아들이는 사람은 사람들의 마음을 얻게 되고, 위엄과 무력으로 엄하게 다스리는 자는 노여움을 사게 된다. 인격을 갖춘 태도를 지니고 상대방의 실수에 관대함을 보여 고상한 품위를 유지해야 한다.

●● 인격을 갖추기 위한 노력

안창호 선생은 "우리 가운데 인물이 없는 것은, 인물이 되려고 마음먹고 힘쓰는 사람이 없기 때문이다. 인물이 없다고 한탄하는 그 사람이 왜 인물이 될 공부를 하지 않는가. 그대는 나라를 사랑하는가. 그렇다면 먼저 그대가 건전한 인격자가 되라."고 했다.

도산 안창호

인간이 가진 인격의 크기는 시간이 지날수록 변화한다. 인격이 더욱 나은 방향으로 변하여 발전할 수 있고 더 나쁜 방향으로 변하여 퇴보할 수도 있다. 인격은 훈련의 산물이다. 스포츠맨이 매일 근육을 단련해야 몸매를 유지할 수 있듯이 마음을 다잡지 않으면 깜짝할 사이에 타락하고 만다. 어떻게 인격을 갖추고 유지할 것인지를 늘 스스로 물으면서 연마해야 한다. 노력 없이는 인격을 훌륭하게 다듬을 수 없으므로 지속해서 자신을 가다듬는 노력이 있어야 한다.

벤저민 디즈레일리는 "우리가 살아가면서 쌓은 모든 것들은 인간 됨됨이의 바탕이 된다. 그러므로 사람은 자신의 인격과 능력을 계발하는 데 많은 시간을 투자해야만 한다."라고 말했다.

자아를 관찰하고 단련하며, 조절하는 훈련이 필요하다. 근면, 덕행, 선행이라는 훌륭한 자질을 키워야 하며 옳다고 생각하는 규칙을 지켜야 한다. 인격을 갖추면 존경과 명성이라는 응분의 보상을 받게 되므로 바르게 살아가는 법을 반복 학습해야 한다.

인격은 삶에 있어서 매우 효과적인 무기로써 눈물과 비극을 처리하는 그릇이다. 슬픔과 불행과 실패를 이겨내는 마음의 크기가 바로 인격이다. 궤도를 이탈하지 않도록 도와주고, 힘과 자양분을 공급하며, 단호하게 행동하도록 독려한다. 강한 정신과 올바른 마음을 갖고 인격 향상을 이루어야 한다.

벤저민 디즈레일리

안창호(安昌浩, 1878~1938)
호는 도산(島山)이며 독립운동가 · 교육자. 애국계몽 활동을 펼쳤으며 독립협회, 신민회, 흥사단 등을 조직해 활발한 구국운동을 전개했다.

벤저민 디즈레일리(Benjamin Disraeli, 1804~1881)
영국의 정치가이자 작가이다. ≪비비안 그레이≫를 발표하여 문인으로 이름을 날렸으며 여러 저서가 있다. 하원의원에 당선되었고 재무장관을 거쳐 수상을 지내면서 영국의 세력 확장에 힘썼고 백작 작위를 받았다.

실천하기

- 언제나 도덕적인 자세를 견지한다.
- 어떤 자극이나 유혹에도 흔들리지 않는다.
- 항상 정직하고 윤리에 어긋나지 않게 행동한다.
- 항상 선량하고 예의가 바르고 도덕적으로 흠잡을 데 없이 행동한다.
- 마음이 들떠서 내키는 대로 말하거나 행동하지 않는다.
- 권위를 앞세워 관대함을 저버리지 않는다.
- 타인의 마음에 상처를 주는 행위를 하지 않는다.
- 모든 사람을 동등하게 대하고 존중해 준다.
- 정중함과 친절함을 발휘한다.
- 다른 사람의 험담을 절대로 하지 않는다.

생각하기

- 나는 인격적인 사람인가?

공자

공자께서 말씀하시기를 "배우고 때때로 익히면 또한 기쁘시 않겠느냐? 벗이 있어 먼 곳으로부터 찾아오면, 또한 즐겁지 않겠느냐? 사람들이 알아주지 않더라도 성내지 아니하면, 그 또한 군자가 아니겠는가?"

공자께서 말씀하시기를 "말을 교묘하게 하며 얼굴빛을 좋게 하는 자는 어진 사람이 드물다."

공자께서 말씀하시기를 "천승千乘의 나라를 다스리려면 일을 공경하고, 믿음으로 하며, 쓰기를 절제하고, 사람을 사랑하며, 백성 부리기를 때에 맞추어 할 것이다."

공자께서 말씀하시기를 "아버지가 계시면 그 뜻을 보고, 아버지가 돌아간 뒤에는 그 행실을 볼 것이로되, 아버지의 잘못이 없다면 삼 년을 아버지의 도를 고치지 말아야 효도라고 이를 것이다."

공자께서 말씀하시기를 "군자는 먹는데 배부르기를 구하지 아니하고, 거처하는 데 편안한 것을 구하지 아니하며, 일에 민첩하고 말을 삼가며, 도가 있는 곳에 나아가 자기의 잘못을 바르게 하면 배움을 좋아한다고 할 것이다."

공자께서 말씀하시기를 "남이 자기를 알아주지 않을 것을 근심치 말고, 내가 남을 알지 못하는 것을 근심할 것이다."

* ≪논어≫ 학이(學而)편의 일부 내용으로 군자의 미덕을 강조하면서 학습, 벗, 효, 인성, 리더십 등 유학의 핵심 사상적 요체들을 두루 열거하고 있다.

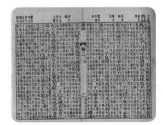

≪논어 論語≫
기원전 450년경에 만들어진 책으로 공자의 언행록이다. 공자를 중심으로 그의 제자들과 제후와의 문답 등을 기록했다. 이 책은 공자가 세상을 떠난 후 그의 제자들이 서로의 기록을 모아 논찬했기 때문에 이름 붙여진 것이다.

공자(孔子, 기원전 551~기원전 476)
중국 춘추 시대 노(魯)나라의 교육자 · 철학자 · 정치사상가. 타인을 사랑하는 정신을 발휘하여 사회적으로 완성된 인격체를 지향하는 인(仁)과 자신의 욕구나 감정을 조절하는 외면적인 사회 규범인 예(禮)와 사회 각 분야의 사람들이 자신의 직분과 역할에 걸맞게 행동해야 한다는 정명(正名) 사상을 주장하였다.

벤저민 프랭클린의 13가지 덕목과 실천 사항?

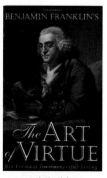

《덕의 기술》

벤저민 프랭클린은 저서 《덕의 기술The Art of Virtue》에서 자신이 지켜야 할 13가지 덕목을 정하고 습관화하기 위하여 수첩을 매일 항목마다 확인했다. 그리고 매주 지킬 조항도 정하여 지키기 위해 노력했다. 이런 노력의 결과 자연스럽게 인격자의 성품이 형성되었다.

미국 역사상 가장 존경받는 사람 중 하나인 벤저민 프랭클린은 가난으로 정규학교는 1년밖에 다니지 못했으나 건전한 생활을 체득하여 당대의 지도자가 될 수 있었다.

1. **절제**Temperance 과식과 과음을 하지 않는다.

2. **침묵**Silence 말을 삼가고 쓸데없는 대화는 피한다.

3. **질서**Order 모든 물건을 제자리에 정돈하고, 주어진 일은 정해진 시간을 지킨다.

4. **결단**Resolution 해야 할 일은 하기로 하고 반드시 실천한다.

5. **절약**Frugality 타인이나 자신에게 유익한 것 외에는 지출을 삼가고, 낭비하지 않는다.

6. **근면**Industry 시간을 헛되이 보내지 않고, 유익한 일만 하며 불필요한 행동을 삼간다.

7. **진실**Sincerity 남을 속이지 않고 순수하고 정당하게 생각하며 말과 행동이 일치하게 한다.

8. **정의**Justine 남에게 피해를 주거나 응당 돌아갈 이익을 주지 않거나 하지 않고 나의 유익함도 놓치지 않는다.

9. **중용**Moderation 극단을 피하고, 원망할 만한 일을 한 사람조차 원망하지 않는다.

10. **청결**Cleanliness 몸과 의복, 생활을 깨끗이 한다.

11. **평온**Tranquility 사소한 일이나 일상적인 사고에 마음을 흩뜨리지 않는다.

12. **순결**Chastity 건강이나 후손을 두는 목적 이외의 성생활은 절제하며 자신과 상대방의 인격을 해치지 않는 범위에서 유지한다.

13. **겸손**Humility 성인들의 삶을 본받는다.

벤저민 프랭클린(Benjamin Franklin, 1706-1790)
미국의 과학자이며 외교관이자 정치가로 18세기 미국인 가운데 조지 워싱턴 다음으로 저명한 인물이다. 피뢰침과 다초점 렌즈 등을 발명했으며 미국 독립에 크게 이바지하는 업적을 남겨 100 달러화에 초상화가 실려 있다.

양심

•• 양심의 의미

양심은 인간의 가장 기본적이면서 반드시 갖추어야 할 필수불가결한 인성덕목이다. 양심은 무엇이 옳은지 그른지를 말해 주는 마음의 소리이며 도덕의 심판관으로 옳은 것을 실천하게 하는 마음이다. 양심이 있으므로 동물적 본능에 따라 살아가지 않고 스스로 옳다고 생각하는 것을 선택하고 실천하는 도덕적인 삶을 사는 것이다. 양심은 정신의 지배자이자 올바른 행동과 사고, 믿음, 생활의 지배자이다. 양심이 지배력을 발휘할 때만 고결하고 올바른 인격을 온전히 발전시킬 수 있다.

≪성학십도≫ 중 「태극도」

퇴계 이황은 ≪성학십도≫에서 "어머니 뱃속에서 갓 태어난 어린 아기의 마음이 적자심赤子心이다. 그 마음이 가장 순수하고 청렴결백하니 양심良心이며 그 근원에는 사단四端인 인의예지仁義禮智가 있다. 그러나 사람마다 희喜, 노怒, 애哀, 구懼, 애愛, 오惡, 욕欲이라는 칠정七情의 기질에 따라서 마음이 변한다. 그렇기 때문에 욕심을 막고 천리공부를 해야 한다.알인욕존천리지공부 遏人慾存天理之工夫"고 했다. 양심은 사람의 본질이며 스스로 자기규제를 하여 유혹에 대항할 힘을 준다.

퇴계 이황

또 퇴계 이황은 마음을 거울에 빗대었다. "마음을 닦는 것은 거울을 닦는 것과 같다. 거울은 본래 맑은 것이지만 먼지와 때가 겹겹이 쌓이면 닦아서 맑고 깨끗하게 해야 한다. 처음에 닦을 때는 힘이 들지만 두 번 세 번 계속 닦는다면 점점 힘이 적게 들고 거울도 맑고 깨끗함을 유지할 것이다."

거울이 맑아지면 사물을 잘 비추듯이 마음이 맑은 양심을 가지면 바르게 행동하게 된다. 바른 행동은 자신과 다른 사람에게 기쁨과 행복을 안겨준다.

인간은 자신의 자질을 개발하고 올바른 삶의 길을 찾아 걸어가야 한다. 인간에게는 그럴 수 있는 의지가 있으며 저급한 본성과 시류에 휘말리지 않을 힘이 있다. 양심으로부터 자기규제를 통해 저급한 본성을 보다 고상한 품성으로 전환하는 능력이 나온다. 종합적이고 지속적인 자기규제의 훈련은 양심을 중시하고 선한 일을 수행함으로써 가능하다.

양심이 있는 사람은 자신이 잘못했거나 누군가를 실망하게 했거나 일을 망쳤을 때 부끄러움과 죄책감을 느낀다. 부끄러움과 죄책감을 느끼는 것은 선량한 사람이라는 것을 증명하는 것이다. 하지만 부

*끄*러움과 죄책감을 느끼는 것으로 끝나서는 안 되며 책임감을 느끼고 잘못을 바로잡을 수 있도록 조치를 해야 하며, 조치할 수 없는 상황이라면 철저한 반성을 통해 다시는 그와 같은 잘못을 저지르지 말아야 한다.

●● 양심의 역할

《명심보감》

　　《명심보감》에 양심에 관해 이런 글이 있다. '양심을 가지고 선한 일을 행하는 사람은 봄 동산의 풀과 같아서 자라나는 것이 보이지 않으나 날로 더하는 바가 있지만, 비양심적으로 악을 행하는 사람은 칼을 가는 숫돌과 같아서 갈리어 닳아 없어지는 것이 보이지 않아도 날로 이지러진다. 양심을 가지고 행하는 행동은 인간으로서 마땅히 해야 할 일을 하는 인간의 의무이다. 미덕에는 보답이 따르듯이 악덕에는 징벌이 따른다. 양심으로 행하는 자에게는 하늘이 복을 주고 생명이 함께 하며 양심을 저버린 자에게는 재앙을 내리며 오래 살지 못하게 한다.' '남이 볼 수 없는 곳에 있다 하더라도 마치 네거리에 앉아 있는 것처럼 조심해야 한다.'

　양심으로 영위된 삶은 내적으로나 외적으로 오래간다. 남이 보기 때문에 양심을 행하는 것이 아니고 자신을 위해 양심을 지켜야 한다. 남을 의식해서 행동하기보다는 스스로 양심에 따르는 행동을 해야 한다. 양심의 거울에 비추어 행동하는 것이 가장 바람직하고 값진 태도이다.

　양심을 지킬 의지만 있으면 얼마든지 행할 수 있다. 양심을 지킬 가장 좋은 방법은 양심적인 행동을 반복하는 것이다. 양심을 지키고 버리는 것은 오직 자신에게 달려있다. 양심을 지키면서 경건하고 고상한 인격을 갖추기 위해 최선을 다해야 한다.

●● 양심적인 삶

　칸트는 "도덕적인 행동을 해야 하는 이유는 그것이 바로 양심의 명령이며, 양심에 따라 행동하는 것이 당연한 의무이기 때문이다. 인간이 동물과 같이 욕구를 따르는 존재이지만 양심의 명령에 따라 도덕적 의무를 실천해야 한다."고 했다.

칸트

　양심적인 행동은 인간답게 살기 위해 당연히 따라야 하는 도리이자 의무이다. 양심은 커다란 목소리로 말하는 법이 없으며 강력한 의지가 없다면 양심이 무슨 말을 해도 소용없다. 양심의 소리를 무시하고 계속 나쁜 일을 저지르면 양심이 무감각해져서 비도덕적인 행동을 아무런 가책 없이 계속하게 된다.

　마음속의 법인 양심이 법전보다 소중하다. 법률에 저촉되는 죄를 저지르는 것보다 양심에 어긋나는 죄를 저지르면 훨씬 더 괴롭다. 왜냐하면, 양심이 자신을 용서하지 않기 때문이다.

양심에 상처를 받지 않으려면 만약 공개된다면 부끄러운 일에는 관여하지 말아야 하며 거짓말을 하거나 속이지 말고 불행히도 잘못을 저질렀을 때는 정직하게 시인해야 한다. 성숙한 양심은 차원 높은 행복을 안겨주는 일을 하게하고, 자신을 불행하게 할 일을 참고 견디게 한다.

이황(李滉, 1501~1570)

호는 퇴계(退溪)이며 조선 중기의 문신·학자. 저서로 ≪성학십도≫ ≪자성록≫ ≪송원이학통록≫ 등이 있다.

≪성학십도 聖學十圖≫(1568)

조선 중기의 성리학자 퇴계 이황이 대제학으로 있을 당시 새로 즉위한 선조에게 올린 상소문으로 성학 즉 유학의 개요를 10폭의 도식으로 그린 것이다. 서론의 내용이 담긴 <진성학십도차>에서 시작해 10개의 도표와 그 해설로 되어 있다. 도표는 태극도(太極圖)·서명도(西銘圖)·소학도(小學圖)·대학도(大學圖)·백록동규도(白鹿洞規圖)·심통성정도(心統性情圖)·인설도(仁說圖)·심학도(心學圖)·경재잠도(敬齋箴圖)·숙흥야매잠도(夙興夜寐箴圖)이다.
제1도에서 제5도까지는 천도(天道)에 근원해 성학을 설명한 것이고, 제6도에서 제10도까지는 심성(心性)에 근원해 성학을 설명한 것으로 선조에게 성왕(聖王)이 되게 하여 백성들에게 선정을 베풀도록 간절히 바라는 우국충정에서 저술된 것이다.

≪명심보감 明心寶鑑≫

고려 때 어린이들의 학습을 위하여 중국 고전에 나온 선현들의 금언(金言)·명구(名句)를 편집하여 만든 책이다.

이마누엘 칸트(Immanuel Kant, 1724~1804)

독일의 계몽주의 사상가이며 근대 계몽주의를 정점에 올려놓았고 독일 관념철학의 기초를 놓은 철학자이다.

실천하기

- 양심에 거리끼거나 미래에 문제를 일으킬 일은 하지 않는다.
- 행동을 투명하게 하고, 공개된다면 부끄러워할 일은 아예 하지 않는다.
- 자신의 이익을 위해서 다른 사람을 속이거나 이용하지 않는다.
- 도덕적 문제 상황에 부딪힐 때 무엇이 옳은지 판단한다.
- 사람 대부분이 바람직하다고 여기는 보편적 가치를 행동 기준으로 삼는다.
- 내가 불이익을 받더라도 잘못을 솔직하게 인정한다.
- 끊임없는 반성을 통해 양심을 유지하고 기른다..
- 스스로 늘 양심의 소리에 귀 기울이면서 양심에 어긋나지 않도록 한다.
- 자신의 양심적 판단이 옳은지 다른 사람들의 생각과 비교해 본다.
- 다른 사람의 양심적인 행동을 본받고 실천한다.

생각하기

- 양심에 가책을 느낀 적이 없는지 생각해 보자.

나는 지금도 그 일을 잊을 수 없다. 그것은 1917년 겨울, 심한 북풍이 몰아치던 날의 일이었다. 나는 생계를 위한 일로 아침 일찍 외출하지 않으면 안 되었다. 간신히 인력거 한 대를 붙들어 S문까지 가자고 하였다. 이윽고 S문에 거의 다다른 지점에서 갑자기 인력거 채에 누군가가 걸려 천천히 넘어졌다.

넘어진 것은 한 할머니였다. 머리에는 백발이 희끗희끗하였고, 옷은 남루하였다. 그녀는 길가에서 갑자기 인력거 앞을 가로질러 가려 했다. 인력거꾼이 얼른 걸음을 늦추었기에 망정이지 그렇지 않았더라면 그녀는 틀림없이 거꾸로 넘어져서 머리를 다쳐 피를 흘렸을지도 몰랐다.

그녀는 땅바닥에 엎드린 채 있었다. 인력거꾼은 인력거를 멈추었다. 나는 그 할머니가 별로 다치지 않았으리라고 생각하였다. 게다가 아무도 보고 있는 사람이 없었다. 그래서 나는 인력거꾼을 쓸데없는 짓을 하는 녀석이라 생각하였다. 일부러 그가 일을 만들어 나까지 예정을 어긋나게 하다니…. 그래서 나는 그에게 말했다. "아무 일도 아니야. 그냥 가."

인력거꾼은 들은 척도 하지 않고 인력거 채를 내려놓고 노파에게 손을 내밀어 천천히 부축해 일어서게 해 주었다. 그리고 할머니에게 물었다. "어찌 됐어요?"

할머니가 대답했다. "부딪혀서 넘어졌단 말이야."

나는 속으로 생각하였다. '할머니가 천천히 넘어지는 걸 내 눈으로 똑똑히 보았소. 다치기는 어디를 다쳐요. 거짓 수작임이 틀림없어. 인력거꾼은 왜 쓸데없이 스스로 난처한 꼴을 당하려고 그래.'

인력거꾼은 할머니의 말을 듣자, 조금도 주저하지 않고 그 팔을 부축한 채로 한 발 한 발 맞은편 쪽으로 걷기 시작하였다. 내가 이상히 생각하여 그쪽을 보니 거기에는 파출소가 있었다. 세찬 바람이 분 뒤라 파출소 문밖에는 아무도 서 있지 않았다. 인력거꾼은 할머니를 부축하면서 그 파출소 정문을 향하여 걸어가는 것이었다.

나는 이 순간 갑자기 일종의 야릇한 감정에 사로잡혔다. 먼지투성이의 그의 뒷모습이 갑자기 커다랗게 느껴졌다. 그리고 멀어져감에 따라 더욱더 커져서 우러러보지 않으면 보이지 않을 것같이 느껴졌다.

이 작은 사건은 언제나 나의 뇌리에서 사라지지 않고, 때로는 전보다 더욱 선명하게 나타나, 나를 부끄럽게 만들고, 나를 격려하며, 나아가서 나의 용기와 희망을 북돋워 주는 것이었다.

* 아무도 보지 않는 곳임에도 불구하고 자신의 이익을 포기하면서 인력거꾼은 할머니를 부축하여 파출소로 가는 행동에서, 양심적인 삶의 자세를 엿볼 수 있다.

루쉰(魯迅, 1881~1936)
중국의 소설가이자 사상가. 저서에 ≪아Q정전 阿Q正傳≫ ≪광인 일기 狂人日記≫ 등이 있다.

한번 양심의 선을 넘으면 계속 넘을 수 있다

〈레인메이커〉

'레인메이커'는 거대 보험회사와 맞서 싸우는 양심을 가진 신출내기 변호사가 양심도 없는 여러 사람을 상대로 외로운 법정투쟁을 벌이는 이야기이다. '레인메이커'는 수입을 많이 올리는 스타 변호사를 일컫는 말이다.

갓 변호사가 된 루디 베일러^{맷 데이먼 분}는 백혈병 환자 도니^{조니 휘트니스 분}로부터 대형 보험회사를 상대로 보험금 청구 소송을 위임받는다. 도니는 보험회사가 골수이식에 필요한 보험금 지급을 거절하는 바람에 집에서 죽을 날만 기다리고 있다. 보험회사는 노련한 중견 변호사 레오 드루먼드^{존 보이트 분}를 내세운다.

첫 재판이 시작되기 전에 루디는 사무장의 도움으로 증거를 확보하고, 사건 당사자들의 증언을 채록하면서 많은 사실을 알게 된다. 보험회사는 상습적으로 보험가입자가 보험금을 청구하면 처음에는 무조건 거절하고, 일 년 동안 계속해서 거절한다는 것이다. 보험사의 속셈은 '보험가입자가 변호사를 선임해서 소송을 제기할 확률이 낮으며, 재판 과정에서 합의할 경우에는 보험금 청구 금액보다 낮게 지급할 수도 있고, 소송에서 패하더라도 보험금 청구 금액만 지급하면 된다.'라는 악의적이고 파렴치한 계산을 하고 있다는 것을 알게 된다.

보험회사 측 변호사는 도청과 회유를 병행하면서 낮은 합의금을 제시하고 이에 동조하는 판사는 "재판 거리도 아니다."라며 노골적으로 보험회사 편을 들면서 재판 기각의 위협을 가하고 합의를 종용한다. 죽음을 앞둔 도니는 합의를 단호히 거부하고 법원에서 해야 할 증언을 영상으로 남긴다. 보험회사 편에 섰던 판사가 심장마비로 급사하고 민권변호사 출신의 흑인 판사^{대니 글로버 분}가 사건을 맡으면서 재판의 분위기는 급반전한다.

보험회사와의 재판에서 배심원들은 원고 승소를 평결하고 15만 달러의 실질적 손해배상에다 5천만 달러라는 천문학적인 액수의 징벌적 손해^{Punitive Damage} 배상을 명한다.

루디는 자신이 수임한 첫 재판에서 거대한 공룡인 보험회사를 상대로 승소하여 언론의 조명을 받는다. 하지만 그는 계속 법조계에 머물러 있으면 수임이 밀려들어 많은 돈을 벌 수 있는 것이 분명한데도 자신의 이상주의를 현실에서 실천할 방법이 없음을 깨닫는다. 그는 변호사 생활을 그만두고 연인과 함께 멤피스를 떠나 이상주의의 원칙을 지킬 수 있는 미지의 영토로 향한다. 다음과 같은 말을 남기면서….

"어느 순간 한 번쯤 양심의 선을 넘을 수 있다. 그다음엔 계속 선을 넘을 것이며, 그러다 보면 더러운 물에 사는 상어가 될 것이다."

정직

●● 정직의 의미와 역할

정직은 동서고금을 막론하고 개인 생활 영역에서 대표적인 도덕적 덕목이다. 긴밀하고 깊이 있는 인간관계의 기반으로 가장 기본적이면서도 중요한 인성덕목이다. 정직은 거짓이 없고 꾸밈이 없이 매우 솔직하고 바르고 곧은 것을 말한다. 정직은 모든 인간에게 요구되는 덕목으로 말과 행동의 일치이며 상대방을 기만하지 않는 것을 의미한다.

정직은 원리원칙과 성실성과 독립성의 본질이며 개인이 가지고 있는 우수함의 토대이다. 정직을 토대로 하지 않는 재능은 쓸모없는 껍데기다. 나쁜 짓 가운데 가장 비열한 짓은 거짓이다. 거짓은 사악함과 부도덕의 결과인 경우도 있지만, 정신적 비겁함의 결과이다.

요즘 세상에 정직을 내세우는 사람에게 융통성 없이 앞뒤가 꽉 막힌 사람이라고 말을 하는 경우가 있는데 이건 잘못된 말이다. 험난하고 복잡다단한 현대 사회에서 삶을 영위하기 위해서는 속임수도 필요하다고 생각한다면 이는 모래 위에 집을 짓는 것이다. 집을 지을 수 있을지는 몰라도 곧 무너지게 되어있다. 그러기에 사람은 모름지기 항상 정직해야 한다.

벤저민 프랭클린은 "정직을 벗으로 삼아라! 남의 믿음을 잃었을 때 사람은 가장 비참해진다. 정직한 마음이 사람을 움직인다."고 했다.

정직은 모든 인간관계에서 주체가 되어야 한다. 정직하면 손해를 볼 수도 있지만, 정직이 내뿜는 향기와 파동은 손해에 비할 데 없는 믿음과 신뢰로 돌아오며 믿을만한 사람으로 평가받아 영향력이 생긴다. 행복한 사람의 무기는 정직함이며 말과 행동의 일치를 통해 빛을 발한다. 정직은 자신감에서 비롯되어 겸손함으로 이어져 신뢰를 얻고 존경과 경의를 불러일으키므로 정직함이 가장 큰

벤저민 프랭클린

재산으로 삶의 보람을 얻을 수 있다.

●● 정직해야 하는 이유

세르반테스는 "정직함은 진실을 사랑하는 마음에서 나온다. 정직함은 최고의 처세술이다. 정직만큼 풍요로운 재산은 없다. 정직은 사회생활에서 지켜야 할 최소한의 도덕률이다. 하늘은 정직한 사람을 도울 수밖에 없다. 정직한 사람은 신이 만든 것 중 최상의 작품이기 때문이다."라고 했다.

세르반테스

어떤 상황에서나 정직이 최상의 방책이다. 정직을 희생시키는 어떤 변명도 정당화될 수 없다. 잘못을 저지른 경우에 잘못된 행위보다는 잘못을 은폐하려고 거짓말을 하다가 낭패를 당하고 더 깊은 나락으로 떨어지기도 한다. 잘못을 저지른 경우에는 정직하게 시인해야 한다.

정직해야 떳떳할 수 있다. 거짓말은 죄이며 비겁한 행위이며 바보스러운 짓이다. 거짓말은 적대하는 마음이나 두려움, 허영심에서 비롯된 것으로 탄로가 나기 마련이므로 목적을 달성할 수 없다. 거짓말을 하면 가장 괴로운 것은 자기 자신이다. 거짓말이 탄로 날까 봐 불안에 떨어야 하며 탄로 났을 때 가장 상처를 입는 사람이기 때문이다.

자신의 언동에 대해 거짓 변명을 하거나 명예가 훼손될 것이 두려워 거짓말을 했다면 언동이나 명예를 훼손시킬 내용 때문이 아니라 거짓말한 것 자체 때문에 저급하고 비겁한 자라는 낙인이 찍히고 삶의 나락으로 떨어진다.

만약 어쩔 수 없이 잘못을 저질렀을 때는 거짓말을 하거나 숨기려고 하기보다는 정직하게 인정해야 한다. 그렇게 하는 것이 최소한 양심에 가책을 받지 않는 태도이며 용서를 구하는 유일한 방법이다. 잘못을 숨기려고 얼버무리거나, 변명하거나, 속이려고 하는 것은 결코 좋은 방법이 아니다. 오히려 그 사람이 무엇을 두려워하고 있는지 사람들에게 알려주는 꼴이 된다. 양심이나 명예에 상처를 입지 않고, 삶을 영위하고 싶다면 거짓말을 하거나 속이지 말고 정직해야 한다. 그렇게 하는 것이 인간의 의무이며, 자신에 대한 자부심을 느끼게 하고 평안을 주는 방법이다.

세르반테스(Cervantes, 1547~616)
에스파냐의 소설가 · 극작가 · 시인. 전쟁에서 부상을 당해 왼손이 불구가 되었다. 1605년에 장편 ≪돈키호테≫를 발표하여 세계적인 작가가 되었다.

실천하기

- 매사에 정직하기로 마음먹고 실천한다.
- 말과 행동을 일치시킨다.
- 거짓말이나 거짓 행동을 하지 않는다.
- 잘못을 저질렀을 때는 솔직히 시인한다.

생각하기

- 나는 정직한 사람인가?

고대 중국 포나라 왕이 주 왕실에 중죄를 지어 나라에서 제일 예쁜 미녀를 바치고 죄를 용서받게 되었는데 그 미녀 이름이 포사였다. 주나라 12대 유왕은 포사에게 처음부터 빠져버렸지만, 포사는 웃음이 없었다. 유왕은 포사를 웃기고 싶었지만 잘 웃지를 않으니 마음이 답답해져서 "어떻게 해야 그대가 웃을 수 있겠소?" 하고 물었다.

그러자 "비단 찢는 소리를 들으면 기분이 좋을 듯하옵니다."라는 대답을 듣고 비단을 무더기로 가져다가 힘이 센 궁녀를 시켜 찢게 하자 빙그레 웃는 정도였다. 유왕은 매우 기뻐서 계속해서 비단을 찢게 했다. 이렇게 하다 보니 궁중의 비단이 모두 바닥이 나자 신하들에게서 징발해 계속 찢었다.

그러던 어느 날, 실수로 봉화대에 봉화가 올랐다. 봉화를 올리는 것은 군사를 왕궁으로 모으는 신호였다. 릴레이식으로 봉화가 올라가자 지방 영주들이 전쟁이 터진 줄 알고 군사들을 이끌고 왕궁으로 모였다.

사람과 말이 뒤엉키고, 수레는 서로 부딪히고 앞서온 군사들이 뒤에 온 군사들에게 고함치고 아수라장이 벌어졌지만, 전쟁이 일어난 것도 아니고 아무런 일도 없었다. 영주들은 맥이 빠졌고 군사들은 투구를 땅바닥에 집어 던지면서 흥분하기도 하였다.

이러한 웃지 못할 광경을 보고 포사는 박장대소하였다. 웃는 포사의 모습을 보고 유왕은 너무나 기뻐서 열흘이 멀다 하고 봉화를 올리게 했다. 몇 번은 군사들이 부리나케 달려왔다. 가쁜 숨을 몰아쉬며 달려와 보면 궁궐의 망루에서 유왕과 포사가 내려 보며 웃고 있었다. 영주들은 몇 번 속고 나서는 봉화가 올라도 움직이지 않았다.

그러던 중 서북쪽에서 견융족이 쳐들어 왔다. 유왕은 다급하여 봉화를 올리게 하였으나 영주들은 또 유왕의 장난인 줄 알고 군사들을 거느리고 오지 않았다. 유왕과 포사는 궁정을 빠져나가 도망쳤으나 붙잡혀서 유왕은 단칼에 베이어졌으며 포사는 견융족 추장의 아내가 되었으나 얼마 후 밤중에 도망쳐서 스스로 목숨을 끊었다.

결국, 반복되는 거짓말로 인하여 주나라는 멸망하고 왕은 죽임을 당하고 만 것이다.

어떤 임금이 신하들의 정직성을 시험해보려고 삶은 씨앗을 비단 주머니에 담아 나누어주며 말했다. "비단 주머니 안에는 아름다운 꽃의 씨앗이 들어있으니 각자 최선을 다해 꽃을 피워 화분에 담아오너라. 가장 아름답게 꽃을 피운 사람에게 상을 내리겠노라."

신하들은 모두 정성을 다해 씨앗을 심고 가꾸었지만 삶은 씨앗이었기 때문에 아무리 좋은 비료를 주며 정성 들여 가꾸어도 꽃은커녕 싹조차 날 리 없었다.

어느덧 왕이 정한 기한이 되자 신하들은 아름다운 꽃이 핀 화분을 가져왔다. 그런데 그중에서 오직 한 신하만이 빈 화분을 들고 왔다.

왕은 빈 화분을 들고 온 신하에게 물었다. "다른 사람은 아름답게 꽃을 피운 화분을 들고 왔는데 어떻게 그대는 빈 화분을 가져왔느냐?"

그러자 신하가 대답했다. "저는 이 씨앗을 심고 정성을 다해 보살폈습니다만 어쩐 일인지 꽃은커녕 싹조차 나지 않았습니다."

임금은 껄껄 웃으며 "그대가 진정 정직한 신하이니라."라고 하면서 더욱 높은 벼슬을 내렸다.

정의

●● 정의의 의미와 조건

정의란 공동체를 위한 옳고 바른 도리로서 공동체에서 함께 살아가야 하는 인간이 가져야 할 핵심적이고 기본적인 인성덕목이다. 정의는 공동체에서 옳고 그름을 판단하는 규칙을 정할 때 무엇을 최우선으로 해야 하는지를 말해준다. 정의에는 권위와 힘이 있어야 공동체 갈등을 효과적으로 해결할 수 있다. 권위와 힘이 있으려면 정의는 모든 이해관계를 초월하여 어느 한쪽으로 치우치지 말아야 한다.

정의는 시대의 차이를 넘어 높이 평가되는 인성으로 사회를 구성하고 유지하기 위해 사회 구성원들이 공정하고 올바른 상태를 추구해야 하는 가치이자 이념이다. 공정한 분배와 질서를 정립하고 특히 인간과 인간 사이에서 균형을 이루고 유지하는 기능을 가진 원리이다.

정의는 선행의 표준으로서 행동의 지침이며 사고의 기준이다. 정의를 통해 진리를 찾을 수 있고 진정한 평화를 얻을 수 있다. 정의는 인간으로서 마땅히 가야 할 길이며 자신과 타인을 위한 실천이다. 무엇이 정의로운 일인가를 생각하고 그에 따라 행동하는 것이 인간다운 삶의 원천이며 함께 더불어 사는 공동체로 나아가는 길이다.

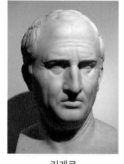
키케로

키케로는 ≪의무론≫에서 "공정한 권리는 사람들에 의해 지속적으로 추구되어 왔다. 타인에게 해를 끼치지 않도록 해야 하고, 공공 이익에 따르도록 해야 한다. 힘이 약한 자들을 보호해 주고 지위가 높고 낮음을 떠나 사람들을 공정하게 대해야 한다. 모든 방법을 써서 정의로움을 갖추어야 하고 정의가 유지되도록 해야 한다."고 했다.

인간은 공동체 구성원으로 '사회'라는 집단을 형성하고, 안정과 행복을 추구하며 삶을 영위하는 데 안정감과 행복을 누릴 수 있게 하는 사회의 기능 요인은 정의이다. 사회는 구성원에게 정의로움을 요구하며 그것이 지닌 미덕과 지켜야 할 당위성을 제시한다.

정의가 실현되기 위해서는 먼저 공동체 구성원에게 자유권, 평등권, 행복추구권 등 기본적인 권리를 동등하게 보장해야 한다. 그리고 공정한 분배가 이루어져야 한다. 공정한 분배란 무조건 똑같이 나누자는 것이 아니라 일이나 노력을 많이 한 사람에게 그만큼 더 분배하는 것이 공정한 것이다. 하지만 공동체 구성원이 인간다운 삶을 살 수 있는 최소한의 분배는 이루어져야 한다. 또한, 공동체 구성원이 절차를 합의하는 과정에 동등하게 참여하고 합의한 절차를 준수해야 한다.

●● 정의의 가치

아리스토텔레스는 "정의는 사회의 질서"라고 하였다. 정의가 있는 곳에 질서와 평화, 발전과 번영이 있다는 뜻이다.

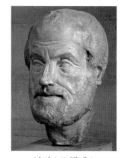

아리스토텔레스

정의는 공동체 구성원에게 자유와 행복한 인간다운 삶을 보장하기 위한 것이다. 정의가 실현되지 않는다면 공동체 구성원 간의 갈등과 분쟁을 조화롭게 해결할 수가 없어서 개인과 공동체 발전을 이룰 수 없을 것이다.

정의의 가치는 사회적인 질서의 관점에서 접근할 수 있다. 모든 인간이 정의로울 수는 없다. 만약 모든 공동체 구성원이 정의롭다면 개인 간에 갈등과 분쟁이 생기지 않을 것이고, 애초에 법규범이나 국가라는 것 자체가 생길 필요가 없었을 것이다. 공동체에는 불의를 저지를 수 있는 사람들이 있어 공동체 유지와 발전에 저해되므로 정의로움이 요구되는 것이다. 공동체가 혼란해지는 것을 미리 방지하기 위해 인간은 법규범이나 제도를 만들어 자신들의 삶을 통제하게 된 것이다.

정의는 공동체 유지와 발전을 위한 수단으로 인간의 필요에 의한 사회적 산물이다. 그래서 인간은 사회화라는 과정을 통해 정의로움을 지켜야 함을 배우고 불의를 저지를 경우 제재를 받게 된다. 정의는 구성원 최대 다수의 행복을 보장하고 인간다운 삶을 살아가게 하는 기초로서 개인과 사회를 무질서와 파멸로부터 지켜주는 울타리이다.

정의로움의 가치는 그것이 개인을 위해 추구하지 않고, 이타심에 바탕을 둔 희생적인 행동으로 구현될 때 더욱 높이 평가된다. 자신의 목숨을 담보로 하는 희생적인 정의의 실현은 단순히 일회적 사건으로 의미를 소진하게 되는 것이 아니라, 많은 이에게 본보기가 되어 새로운 가치를 재창출해 나가게 된다. 그래서 우리가 사는 사회는 더욱 평화롭고 밝은 사회로 발전·유지할 수 있다. 따라서 정의로움이란 시대의 조류에 휩쓸려 사라져버리는 가치가 아니라, '살만한 세상'을 만들고 그것을 지속해 나가기 위해 반드시 지켜야 할 윤리적 지향점이라는 가치를 지니게 되는 것이다.

정의로움은 인간의 내면에 본래 갖춰져 있는 것은 아니지만, 필요 때문에 정의의 가치에 의미를 부여하면서 사회를 유지하고 인간관계를 원만히 발전시켜왔다. 사회에서 불의를 저지르는 사람을 내버려둘 경우에 사회라는 공동체가 존속될 수 없으므로 정의로움을 지켜야 하며 불의를 저지를 경우 제재를 받게 된다. 사회의 유지가 계속 필요하다고 믿는 한 정의의 가치는 지속할 것이다.

●● 정의로운 사회

정의로운 사회는 '사람이 사람답게 살 수 있는 사회'이다. 공동선을 추구하면서도 인간의 존엄성이 지켜지는 사회이다. 이성을 통한 합리성과 양심이 일치하는 사회이다. 정의는 사람들이 마땅히 받아야 할 것을 주는 것이다. 정의로운 사회는 소득과 부, 의무와 권리, 권력과 기회, 공직과 영광 등이 올바르게 분배되는 사회이다. 개인의 자유를 존중하여 좋은 삶을 선택할 수 있어야 하며 공동선을 증진하기 위해서 사회 구성원들이 인간다운 삶을 누릴 수 있는 사회 안전망을 확보해야 한다.

가난한 사람들의 삶은 곤궁과 고통의 삶이다. 그들은 자신들에게는 충분한 기회가 없어 빈곤에 갇혀 있으며 때로는 정의롭지 못한 사회 제도 때문에 자신들이 빈곤한 상태에 머물러 있다고 생각한다. 공정한 분배 구조를 통한 소득 불평등을 완화하고 부익부 빈익빈이라는 사회 양극화를 극복하기 위해서는 교육 및 노동 기회 균등화, 학력 차별 타파, 기본 생활비의 사회 보장, 조세 정책 민주화 등 여러 과제를 다각적으로 해결해야 한다.

정의로운 사회를 저해하는 큰 요인은 부정부패이다. 부정부패란 정당하지 못한 방법과 수단을 통해 자신의 이익을 챙기는 행위이다. 부정부패는 '다르게 하여야 하거나 하지 말아야 할 것을 하거나 부당한 이유로 재량을 취한 대가로 금전 및 여타의 반대급부를 주고받는 것'이다. 즉 권력이나 뇌물이나 친분 등을 이용하여 공정하지 않은 유리한 기회나 이익을 얻는 것이다. 이처럼 부정부패는 타인의 권리와 이익을 침해하는 행위이다.

부정부패는 공동체 구성원 사이에 신뢰를 무너뜨리고 위화감을 조성하여 통합을 가로막아 공동체의 유지와 발전을 이루기가 어렵다. 부정부패의 근본적인 청산을 위해서는 그 원인에 대한 접근과 구조를 개선해야 한다. 부정부패를 막는 기본은 '공개·공평·공정' 등 3개 원칙을 적용하는 것이다. 모든 사안을 공개하고, 기회를 공평하게 주고 평가를 공정하게 하는 것이다.

●● 정의를 지키기 위한 제도적 장치

시간과 공간을 초월하여 사회에는 정의라는 덕목을 요구하는 강제화 된 규범과 제도와 도덕이 존재하며 구성원이 준수하기 때문에 인간다운 삶과 사회 안정이 가능하다. 사회가 혼란해지는 것을 미리 방지하기 위해 인간은 규범이나 제도를 만들어 자신들의 삶을 통제하게 된 것이다. 사회 구성원의 계약에 따른 규범이 정의의 준수를 강제하고 있지만, 정의로움의 진정한 가치는 강제적 이행에 있는 것이 아니라 자발적인 실천 의지에서 비롯되어야 한다.

정의로움이란 단순히 머릿속에서 생각되는 관념적인 개념이 아니라, 실천 의지에 따라 행동으로 발현되어야 가치가 있는 것이다. 가장 기본적인 정의의 실현은 사회 성원들끼리 약속한 법규범을 올바로 이행하는 것에서 시작된다. 그러나 단지 이것뿐이라면 강제적인 속성이 강하다. 또한, 법규범에 대한 무지를 이유 삼아 정의롭지 못함을 정당화시킬 수 있는 여지가 있다. 실제로 정의롭지 못한 행위는 무지에 의해서가 아니라 실천 의지의 부재에서 비롯된다. 사회구성원의 계약에 따른 법규범이 정의의 준수를 강제하고 있지만, 정의로움의 진정한 가치는 강제적 이행에 있는 것이 아니라 자발적인 실천 의지에서 비롯되는 것이다.

수동적으로 사회의 정의에 대한 요구를 따를 것이 아니라, 스스로 불의가 가져올 폐해를 인식하고 능동적으로 정의의 덕목을 준수하려고 노력해야 한다. 이성과 자유의지를 가지고 있어야 한다. 이성을 가지고 상황을 예측하고 대치할 능력을 발휘 해야 한다. 자유의지에 따른 자율성을 지녀야 하며 이성과 자유의지로 정 의를 추구해야 한다.

정의의 여신상 〈디케 Dike〉
그리스 신화에 등장하는 정의의 여신이다. 불편 부당성을 지키고자 두 눈을 가리고 있 으며 왼손에는 공정한 배분을 위해 저울을 들고 있고 오른손에는 불법행위를 단호히 응징함을 상징하는 칼을 들고 있다.

실천하기

- 정의롭게 생각하고 행동한다.
- 불의한 일을 저지르지 않는다.
- 남에게 응당 주어야 할 이익을 준다.
- 각종 규범과 질서를 지킨다.
- 남에게 피해를 주지 않는다.
- 사회적 약자를 위한 기부 운동에 적극적으로 참여한다.
- 자신의 재능, 부, 지위 등을 사회적 자산으로 여기고 사회 구성원과 함께 나눈다.
- 청렴 의식을 가지고 뇌물을 주거나 받거나, 청탁 등 부정부패를 저지르지 않는다.

생각하기

- 나는 정의로운 사람인가?
- 정의로운 사회를 구현하는 방안에 대해 생각해 보자.

존 롤스John Rawls, 1921~2002는 미국의 정치철학자 겸 윤리철학자로서 ≪정의론≫에서 사회 정의에 대한 평등적 자유주의를 주장한 것으로 유명하다. 그의 정의관은 절차적 공정성으로 이를 실현하기 위해서는 원초적 입장에 있어야 한다고 했다.

존 롤스

원초적 입장이란 '무지의 장막'을 쓴 상태로서 공정한 절차에 대한 합의가 이루어지기 위해서는 서로 간에 자신의 재능, 신분, 가치관 등 사회적 조건을 알 수 없는 상황이 되어야 한다는 것이다. 이러한 무지의 장막을 통해 모든 사람이 자신의 이익을 위해 유리한 조건을 악용하지 않아야 한다는 것이다. 이러한 롤스의 절차적 정의는 합의의 공정성을 바탕으로 사회 정의를 이룩하려는 주장으로 다음과 같은 '정의의 원칙'을 제시하였다.

제1원칙은 모든 사람은 기본적 자유에서 평등한 권리를 가져야 한다. 이는 평등한 자유의 원칙으로서 자유주의가 내세우는 가장 기본적인 자유를 보장하는 원리이다. 이런 기본적인 자유는 언론 및 결사의 자유, 양심의 자유와 사상의 자유, 인신의 자유, 사유 재산 소유의 자유, 체포와 구금으로부터의 자유, 공직을 가질 자유 등이다. 자유주의 신념의 핵심을 보여주는 원칙으로, 평등한 시민의 기본적 자유를 희생할 수 없다는 정신을 나타내고 있다.

제2원칙은 사회적·경제적 불평등은 모든 사람의 이익이 되리라는 것이 합당하게 기대되어야 한다는 차등의 원칙을 제시하면서, 불평등의 계기가 되는 직위와 직책은 기회균등의 원칙에 따라 누구에게나 개방되어야 한다고 했다. 단순히 기회만을 보장하는 것만이 아니라 삶의 기회마저도 평등하게 보장되어야 한다는 것이다. 이러한 점에서 능력이 있으면 출세할 수 있다는 자유주의 체제의 기회 보장과는 다르다.

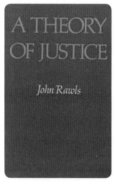

≪정의론 A Theory of Justice≫ (1971)

평등한 자유의 원칙인 제1원칙은 제2원칙에 항상 우선한다. 제2원칙은 제1원칙에 의한 기본적 자유 실현을 현실적으로 보장하기 위한 것이다. 사회적으로 불리한 처지에 있는 사람들은 기본적 자유의 권리 행사에 제약을 받을 수 있는데, 이들의 자유 행사가 유명무실하게 되지 않게 하기 위한 것이기 때문이다. 즉 많은 이익을 준다고 해도 기본적 자유에 대한 침해가 정당화될 수는 없다.

소득도 기회도 공정하게 주어지면 어떨까요

〈천국의 아이들〉

'천국의 아이들'은 가난한 생활 속에서 여동생의 신발을 잃어버리자 남매가 번갈아 신는 과정의 이야기이다. 순수한 동심의 세계와 남매의 따뜻한 정에 초점을 맞추면서 빈부 격차가 심한 이란의 사회상을 비추고 있다.

테헤란 남쪽의 찢어지게 가난한 가정에 사는 초등학생 알리^{미르 파로크 하스미안 분}는 여동생 자라^{바하레 시디키 분}의 하나뿐인 구두를 수선해 오다가 식료품 가게에서 잃어버린다. 남매는 가난한 형편 때문에 새 신발을 사달라는 말을 하지 못하고 이어달리기 식으로 신발을 바꿔 신으면서 번갈아 학교에 간다. 오전반인 여동생이 오빠의 다 떨어진 헐렁한 신발을 신고 학교에 간다. 오후반인 오빠는 슬리퍼를 신고 동네 어귀에서 기다리다가 수업이 끝나자마자 달려온 여동생과 신발을 바꿔 신고 지각을 하지 않으려고 숨 가쁘게 뛰어간다.

일용직인 아버지는 아들 알리를 자전거에 태우고 부잣집 정원에 소독약을 치는 일감을 찾아 나선다. 지금까지 알리가 사는 동네의 가난한 모습에서 으리으리한 저택이 들어선 동네를 보여주면서 화면은 이란 사회의 극심한 빈부 격차의 모습을 비치고 있다.

다음날 알리는 학교에서 '1등: 2주 캠프·운동복 한 벌, 2등: 2주 캠프·학용품, 3등: 1주 캠프·운동화'라고 적힌 어린이 마라톤 대회 공고문을 본다. 알리는 1등도 2등도 아닌, 3등을 해서 동생에게 운동화를 마련해 주기 위해 출전한다. 출발 신호가 울리자 알리는 운동화 때문에 벌어진 그동안의 여동생과의 사연을 떠올리면서 이를 악물고 달려 1등을 차지하지만, 전혀 기뻐하지 않는다. 1등 시상을 받고 기념사진을 찍으며 울먹거린다. 다른 사람들은 기쁨의 눈물로 알고 있지만, 여동생에게 운동화를 선물할 수 없게 된 알리는 속 상해한다.

얼마 후 아버지가 시장에서 알리와 자라의 운동화를 사는 모습이 비친다. 수돗가에 있던 자라는 풀이 죽은 모습으로 다가온 오빠 알리가 여전히 신고 있는 낡은 운동화를 물끄러미 바라본다. 수돗물로 목을 축인 알리가 운동화를 벗자 밑창이 드러나고, 양말을 벗자 마라톤으로 상처가 나고 물집이 생긴 발이 드러난다. 수돗가의 조그마한 인공 연못에 알리가 아픈 발을 담그자 금붕어들이 물집 잡힌 발등을 치료하듯이 감싸주는 모습을 보여주면서 영화는 끝난다.

공정

●● 경쟁의 기능

삶을 영위하면서 경쟁은 있게 마련이므로 공정한 경쟁과 일을 추진하면서 선입견이나 편견 없이 상대방을 대하는 공정은 주요한 인성덕목이다. 인간은 사회적 동물로서 다른 인간과 함께 살아가지 않으면 안 되는 존재이지만 재화는 한정되어 있어 경쟁은 불가피하게 일어나고 있다. 현대 사회의 근본적인 작동 원리인 경쟁을 올바르게 받아들이는 행동양식을 정립해야 한다.

경쟁을 통해 개인의 욕망을 추구하면서 사회가 발전하고 유지된다. 경쟁은 학습과 업무 효율을 끌어올려 생산력과 부를 증대시키고 효율적인 분배를 가능하게 하는 메커니즘이다. 경쟁은 발전의 원동력이며 견인차로서 지나치게 과열되지 않는다면 선한 결과를 얻게 해준다. 경쟁은 현실의 목표를 추구하는 데 동기를 부여하여 최고의 기량을 발휘하게 한다. 경쟁이 있어야 활력이 있고 발전도 있다는 것을 인식하고 경쟁을 긍정적으로 받아들여야 한다.

그러나 경쟁 원리는 부정적인 면도 만만치 않다. 경쟁은 승자와 패자가 있어 사회적 위화감이 조성되며 독점과 불평등은 단순한 개인의 문제를 벗어나 공동체의 양극화를 불러온다. 또한, 경쟁 사회는 어떤 기준에 따라 사람들을 평가하기 마련이므로 개개인이 가지고 있는 다양한 잠재적 능력과 소질을 사장할 위험이 있으며 빈부 격차, 인간소외, 환경오염 등의 문제를 발생시킨다.

●● 경쟁의 공정성

삶에서 남과 경쟁하는 것은 불가피하지만, 경쟁은 공정해야 한다. 공정한 경쟁이란 조건이 같아야 한다. 경쟁의 공정성을 갖추기 위해서는 경쟁 과정뿐 아니라 능력의 차이를 고려하여 합리적으로 조정되어야 한다. 규칙이 없거나 규칙이 무너진 경쟁은 착한 경쟁이 아니다. 경쟁자들이 결과를 합당하게 받아들일 수 있는 규칙이 있어야 한다. 공정한 경쟁이 될 수 있도록 경쟁의 규칙을 만들어 작동되어야 한다.

경쟁이 지나치게 치열해지면 공정한 경쟁을 하겠다는 마음보다는 경쟁 논리에 휩싸인다. 과정은 무시하고 결과를 두고 승자를 가리는 경쟁은 정당한 경쟁이 아니라 막가파식 경쟁이며 강자만이 살아남는 힘의 논리다. 아무리 현대 사회가 결과를 중요시한다고 해도 무조건 이기고 보자는 식의 경쟁을 해서는 안 된다.

경쟁이란 상대방을 밟고 올라서는 게 아니라 안고 올라가는 것이다. '경쟁'이 '함께 추구한다'는 뜻을 내포하는 어원처럼 경쟁을 통해 함께 발전하고 상호 협력의 원리가 보조적으로 작동되어야 함을 명심하고 '착한 경쟁'을 펼쳐야 한다.

인간은 사회적 동물로서 다른 인간과 함께 살아가지 않으면 안 되는 존재다. 경쟁의 궁극적인 목적은 개인의 행복과 사회 발전의 추구이므로 더불어 사는 공동체 사회에서 개인의 행복이 이루어지도록 노력해야 한다.

•• 공정의 조건

마음속에 선입견이나 편견이 있으면 만사에 대처할 때 잘못 생각하여 공정한 처사를 할 수 없다. 선입견이나 편견은 특정 대상에 대하여 갖는 주관적 가치판단으로 변화하기 어려운 평가 및 견해이며 무비판적이고 감정적이다. 생각에 침입한 선입견이나 편견은 세균이 몸의 저항력을 무력화시키듯이 정신적 저항력을 무력화하여 불합리한 주관을 내세우고 반대 의견을 무시하는 '편향'이 생긴다. 상대방의 과거, 전해 들은 말, 신체적인 특성 등에 의한 선입견이나 편견을 가지지 말고 지금 현재의 상대방을 보려고 노력해야 한다.

마음에 공간을 마련해야 한다. 올바른 판단은 마음에 공간이 있어야 가능하다. 그래야 진실한 소통으로 생각을 받아들이고, 새로운 지식과 지혜가 들어올 수 있다. 열린 생각을 하지 않으면 선입견이나 편견의 틀에 속박되어 경쟁력이 쇠퇴한다. '열린 생각'은 자신이 걸어가는 인생길을 열어주지만 '닫힌 생각'은 닫아버린다. 생각의 틀이 자신의 미래를 결정한다. 열린 생각의 틀을 만들도록 노력해야 한다.

실천하기

- 공정한 경쟁을 한다.
- 남을 대하고 나를 대하는 일에 공정을 기한다.
- 나이와 성별, 학벌 등으로 차별을 두지 않고 능력을 중요시한다.
- '너는 누구보다 못하다'는 식으로 다른 사람끼리 비교하지 않는다.
- 열린 사고를 하고 사심 없이 대하고 정에 이끌리지 않는다.
- 학연, 혈연, 지연에 따른 특혜를 기대하거나 주지 않는다.
- 상대방을 대할 때 선입견이나 편견을 갖지 않고 공정하게 대한다.

생각하기

- 나는 매사에 공정한 자세를 취하는가?
- 삶에 있어서 경쟁의 기능은?

19세기 초 미국 세인트루이스 지방법원의 제임스 허킨스 판사는 독특한 행위를 했다. 재판을 시작할 때 헝겊으로 눈을 가리고 경비원을 따라서 법정으로 들어가 앉아서 재판이 끝날 때까지 헝겊을 풀지 않았다.

처음에 그가 눈을 가리고 법정에 들어섰을 때 사람들은 판사가 시각장애인으로 생각하고 제대로 재판을 진행할 수 있을까 하는 걱정스러운 표정을 지었다. 하지만 그는 재판에서 많은 사람이 이해할만한 공정한 판결을 내렸고 판결을 끝내고 법정을 나갈 때는 헝겊을 풀고 혼자 걸어나갔다.

그는 시각장애인이 아닌 멀쩡한 눈을 가지고 있음에도 불구하고 법정에 들어설 때마다 눈을 가리는 이유에 대해서 다음과 같이 말했다.

"내가 법정에 들어설 때마다 눈을 가리는 이유는 사람들을 보지 않기 위해서입니다. 원고나 피고, 참관인 중의 한 명이라도 내가 아는 사람이 있다면 행여나 판결에 영향을 미칠 수도 있다고 생각하기 때문입니다."

판사로 14년 동안 재직했던 제임스 허킨스는 공정한 판결을 하는 판사로 유명했다.

본 것이 적은 사람은 해오라기를 가지고 까마귀를 비웃고 물오리를 늘어서 학의 자태를 위태롭게 여긴다. 그 사물 자체는 전혀 괴이하다 생각하지 않는데 자기 혼자 성을 내어 꾸짖으며 한 가지라도 제 소견과 다르면 천하 만물을 다 부정하려고 덤벼든다. 아아! 저 까마귀를 보자. 그 날개보다 더 검은 색깔도 없는 것이 사실이지만 햇빛이 언뜻 흐릿하게 비치면 옅은 황금빛이 돌고, 다시 햇빛이 빛나면 연한 녹색으로도 되며, 햇빛에 비추어 보면 자줏빛으로 솟구치기도 하고, 눈이 아물아물해지면서는 비취색으로 변하기도 한다. 그렇다면 푸른 까마귀라고 불러도 옳으며 붉은 까마귀라고 불러도 역시 옳을 것이다.

사물에는 애초부터 정해진 색깔이 없건만 그것을 보는 내가 색깔을 먼저 결정하고 있다. 어찌 눈으로 색을 결정하는 것뿐이랴. 심지어 보지도 않고 미리 마음속으로 결정해 버리기도 한다. 아아! 까마귀를 검은 색깔에다 봉쇄시키는 것쯤이야 그래도 괜찮다. 이제는 천하의 모든 빛깔을 까마귀의 검은색 하나에 봉쇄시키려 한다. 까마귀가 과연 검은색으로 보이긴 하지만 소위 푸른빛, 붉은빛을 띤다는 것은 바로 검은색 가운데서 푸르고 붉은 빛이 난다는 사실을 의미함을 그 누가 알고 있으랴? 검은색을 어둡다고 보는 사람은 까마귀만 모를 뿐 아니라 검은색조차 알지 못하는 사람이다. ……

아름다운 여인을 관찰할 수 있다면 시詩를 알 수 있을 것이다. 여인의 고개 숙인 모습에서 그녀가 부끄러워하고 있음을 보고, 턱을 괸 모습에서 그녀가 원망하고 있음을 보고, 혼자 서 있는 모습에서 그녀가 그리워하고 있음을 보고, 눈썹을 찡그린 모습에서 그녀가 수심에 가득 차 있음을 보고, 난간 아래 서 있는 모습을 보고 그녀가 누구를 기다리고 있음을 알고, 파초 잎사귀 아래 서 있는 모습을 보고 그녀가 누구를 바라보고 있음을 알아야 한다. 만약 그녀가 재齋를 올리는 스님처럼 가만히 서 있지 않고 진흙 소상塑像처럼 우두커니 앉아 있지 않는다고 책망한다면 이는 양귀비楊貴妃에게 치통을 앓는다고 꾸짖고 전국 시대의 미인 번희樊姬에게 쪽을 찌는 걸 금하는 꼴이며, 미인의 맵시 있는 걸음걸이를 요망하다고 나무라고 춤추는 자태를 경망하다고 질책하는 격이다. …… 세속의 무식한 사람들은 재를 올리는 스님이나 진흙 소상처럼 미인을 가만히 고정시키려 하겠지만, 미인의 춤사위와 걸음걸이는 하루가 다르게 더욱 경쾌하고 맵시 있게 되고, 앓는 이와 쪽진 머리는 다 나름대로 자태가 있는 법이다.

* 선입견이나 편견에서 벗어나 대상의 다양한 측면을 다각도로 살피려는 태도가 중요하고, 그러한 태도가 견지될 때 대상의 참모습을 올바르게 파악할 수 있다는 생각을 제시하고 있다.

박지원(朴趾源, 1737~1805)

호는 연암(燕巖)이며 조선 후기의 문신·실학자·사상가·외교관·소설가이다. 저서에 ≪거농소초≫ ≪열하일기≫ ≪양반전≫ 등이 있다.

원칙

원칙이 무시되는 현대 사회에서 원칙을 지키는 것은 주요한 인성덕목이다. 원칙은 어떤 일이나 행동이나 이론을 일관되게 지켜야 하는 기본적이고 보편적인 규칙이나 법칙이다. 원칙은 인간이 스스로 지켜야 하고 지켜내야 할 핵심가치이다. 삶에서 원칙을 세우고 실천해야 한다.

원칙은 올바르게 살아가는 사람에게는 든든한 원군이지만 위선적인 사람들에게는 적군이다. 왜냐하면, 원칙을 적용하면 올바른 사람에게는 편리함과 이득을 주지만 그렇지 않은 사람에게는 불편함과 불이익을 주기 때문이다.

원칙은 보편타당한 것으로 타협의 대상이 아니지만, 원칙을 실천하는 과정에서 방향이나 방법에서는 상황에 따라서 융통성을 발휘해야 한다. 원칙을 위한 원칙을 고수하는 것은 자칫하면 독선이나 아집으로 흐를 수 있다. 변화하는 상황에 원칙은 지키되 방향이나 방법이 잘못되었을 때는 더는 고집을 부리지 말고 바꿔야 한다. 하지만 오락가락해서는 안 된다.

●● 원칙 준수

개인이나 공동체는 원칙에 의해 움직여야 한다. 급변하는 환경 속에서 원칙이라는 기본을 지키는 것이 장기적인 관점에서 합목적적이다. 조금 느리더라도 올바른 방향으로 움직이는 것이 중요하며 끊임없이 원칙을 지키고 있는지 스스로 확인해야 한다.

자신이 원칙을 정해 놓고 정작 자신에게 그 원칙을 적용하면 불리한 상황이 올 때 융통성이란 이름으로 변칙을 해서는 안 된다. 그렇게 되면 주위로부터 신뢰감이 상실되면서 존재 의미조차 상실하게 될 것이다. 원칙 고수가 신뢰를 결정하기 때문이다. 원칙이 있어야 신뢰감을 줄 수 있으며 원칙이 없으면 신뢰도 없다.

끊임없이 앞으로 나아가야 하는 삶 속에서 방향을 바꿔 전진할 수는 있지만, 원칙이 흔들려서는 안 된다. 사소한 일에도 원칙을 지키는 것은 중요하다. 왜냐하면, 사소한 일에 원칙을 지키지 않으면 원칙 자체가 무너지는 것으로 큰일에도 원칙을 지킬 수 없기 때문이다.

원칙이라는 것은 단순해 보이지만 지키기 어려운 것이다. 하지만 원칙을 지키면 어떤 풍파에도 흔들리지 않는 강력한 도구가 될 수 있다. 원칙을 지키기 위해서는 인내와 용기가 필요하다. 주위가 힘들고 어려운 상황에서 원칙을 지키는 것이 바보처럼 느껴져서 한두 번 원칙에서 벗어난다면 그것은 진정한

70 인성교육 만세

원칙이 아니다. 약간의 타협에도 원칙은 손상을 입고 신뢰는 바닥으로 떨어진다. 복잡하고 어려운 상황일수록 원칙에 충실해야 한다. 원칙이 수시로 변경된다면 그건 원칙이 아니다. 원칙은 어떤 상황에서든 스스로 타협하지 않고 지켜야 할 가치이다.

●● 원칙의 실천

제갈량

읍참마속泣斬馬謖은 아무리 아끼고 친한 사람이라도 원칙을 어겼을 때는 공정하게 심판하는 것을 말한다. 그 유래는 삼국지에서 제갈량이 위나라를 공략하기 위해 가장 아끼는 부하인 마속을 사령관으로 임명하고 평지에 진을 치라고 명령하였으나 마속은 자기 생각대로 산에 진지를 쳐서 대패를 당하고 말았다. 제갈량은 지시를 어기면 처벌한다는 원칙을 지키기 위해 참수했다.

리더의 경우 구성원들에게 원칙 중심의 지도력을 발휘하면 리더가 추진하고자 하는 바가 보편타당한 것이므로 신봉하면서

마속

따른다. 구성원들은 리더가 목표로 하는 것이 원칙에 입각하고 있으므로 충분한 대의 명분이 있다고 판단하고 목표를 이루는 데 이바지한다. 그것은 맹목적인 추종이 아니며 상식적인 판단으로 마음으로부터 우러나온 선택의 결과다.

제갈량(諸葛亮, 181~234)
중국 삼국시대 촉한의 정치가 · 전략가이며 자는 공명(孔明)이다. 207년 유비(劉備:玄德)로부터 '삼고초려(三顧草廬)'의 예로써 초빙되어 수많은 전공(戰功)을 세웠다.

마속(馬謖, 190~228)
중국 촉한의 장수로 제갈량의 신임을 받았으나 가정 전투에서 참패하면서 참수당했다. 여기서 사랑하는 신하라도 원칙에 따라 처단한다는 읍참마속(泣斬馬謖)이 유래하였다.

실천하기

- 삶에 원칙을 가지고 준수하고 실천한다.
- 당장 눈앞의 이익이 있다고 해서 원칙을 포기하지 않는다.
- 원칙을 지키면서 실행하는 방법에서는 융통성을 발휘한다.

생각하기

- 나는 삶에 원칙을 가지고 있으며 지키고 있는가?

미국의 16대 대통령 에이브러햄 링컨은 원칙을 지켜 남북전쟁을 완전한 승리로 이끌었다. 그는 원칙을 지켜 연방 분열의 위기에서 미국을 재통합시켜 미합중국을 지켜냈다. '연방이 한 번 붕괴하면 다시는 원상복구가 어렵다'는 분명한 원칙을 가지고 일관성 있게 지켜냈다. 사실 인도주의적 위업이라고 칭송되는 노예제도 폐지는 링컨에게는 다음의 문제였다. 링컨이 지금껏 미국의 수호신이 된 것은 합중국을 지켜낸 위대함 때문이다.

링컨은 전쟁 대통령이다. 1861년 3월 그의 대통령 취임 전에 미국은 남부와 북부로 쪼개졌고, 취임 한 달 뒤 남북전쟁이 시작되었다. 링컨은 처음에 전쟁을 6개월 만에 끝낼 수 있을 것으로 오판했다. 내전은 4년 동안이나 계속되었고 외적과의 싸움보다 참혹했다.

링컨

1864년 링컨은 대통령 재선거에 나섰다. 그 무렵 북군은 남군의 전략에 말려 참혹한 희생을 치르고 있었다. 버지니아 전선에서 한 시간에 수천 명이 죽는 유혈의 참극 속에 유권자들이 평화 협상에 나서자고 주장하는 야당 후보에 기울면서 낙선의 불길한 기운이 감돌았다. 그런데도 링컨은 "어떤 주도 연방을 탈퇴할 권한이 없다"는 원칙을 내세우면서 남부 연합을 반란 세력으로 규정하고 휴전을 거절했다. 링컨은 협상으로 얻은 평화는 위선이며 분쟁의 불씨를 남긴다고 판단하고 완전한 승리를 추구했다. 완벽한 승리가 정의로운 평화를 보장한다는 게 그의 신념이자 원칙이었다.

그때 북군이 남부의 심장부 조지아 주 애틀랜타를 점령했다는 승전보가 날아왔다. 전황이 점점 좋아지면서 링컨은 재선에 성공했다. 1865년 4월에 남군은 버지니아 주 애포머톡스에서 전쟁을 포기하고 항복했다. 원칙을 지킨 일관성이 반전의 기회를 마련하고 전쟁을 승리로 이끈 것이었다.

에이브러햄 링컨(Abraham Lincoln, 1809~1865)
미국의 제16대 대통령(1861~1865). 남북전쟁에서 승리해 연방제와 민주주의의 전통을 수호하고 노예를 해방했다. 게티즈버그 연설에서 '국민의, 국민에 의한, 국민을 위한 정부'라는 유명한 말을 남겼다.

남북전쟁의 게티즈버그 전투

지혜

지혜의 의미

지혜는 삶의 길을 밝혀주는 등불로 반드시 갖추어야 할 기본적인 인성이다. 지혜는 사물의 이치를 깨닫고 처리하는 정신적 능력으로 인생의 난관을 슬기롭게 헤쳐 나가게 해주며 삶에 깊이와 안정을 가져다준다. 지혜에 의지하여 삶을 영위하고 인생을 환히 밝혀야 한다. 빛에 따라 풍경이 다양한 모습의 아름다움을 보여주는 것처럼 지혜를 통해 인생을 다양한 각도로 보면서 교훈을 얻어야 한다.

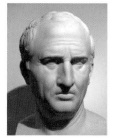

키케로는 《의무론》에서 "지혜는 어떤 주어진 사물에서 원인은 무엇이며 그것에서 생기는 결과는 무엇인지 인과관계를 인식하고, 진실하고 순수한 것이 무엇이고 공감이 가는 것은 무엇인지 인식하고 파악하는 능력이다. 생각을 깊이 하고 미래를 예견하여, 언제 어디서나 길한 일이든 흉한 일이든 일이 터지면 그 결과가 어떻게 되리라는 것을 미리 알아 이에 대한 만반의 준비를 하는 지혜가 필요하다."라고 했다.

키케로

지혜란 생각을 딛고 솟아나는 것으로 삶의 과정을 체험하면서 안으로 가꾸어진 열매이다. 끊임없이 이어지는 내면의 중얼거림에서 벗어나 실제적인 목적을 위해서 사용할 수 있다. 지혜의 문은 누구에게나 열려있으나 그 문으로 들어가는 사람은 소수이다. 게으른 자나 어리석은 자의 눈에는 보이지 않으며 부지런한 자만이 얻을 수 있는 선물이므로 열심히 노력하면 얻을 수 있다.

지혜를 얻는 방법

정보와 지식을 실생활에서 살려야 비로소 지혜가 된다. 지혜는 정보와 지식만 있다고 해서 얻어지지 않으며 자기 생각을 정제하는 과정을 거쳐야만 얻을 수 있다. 정보와 지식을 가진 사람은 많지만, 모두가 지혜롭지는 않다. 지혜를 가진 사람은 정보와 지식에 집착하는 사람이 아니라, 생각할 거리를 얻어내고 현실을 통해 재확인하는 사람이다. 정보와 지식을 뛰어넘어 의미 있는 것으로 재조합시켜 지혜로 만들어가야 한다.

날마다 변화무쌍하게 돌아가는 현대 사회에서 순간마다 선택과 의사 결정을 요구받는 상황에서 지혜를 발휘하기 위해서는 분별력과 성찰능력, 통찰력이 절실히 요구된다.

분별력은 양식 있는 판단을 토대로 타당함, 정당함을 식별하는 실용적인 지혜이다. 모든 일에는 양면성이 있으며 매사에는 좋은 점과 나쁜 점이 있으므로 예리한 분별력을 지니고 발휘해야 한다.

성찰능력은 자신을 인식하고 생각과 감정을 잘 조절하여 자신과 관련된 문제를 잘 풀어내는 데 필요한 능력이다. 성찰능력이 높은 사람은 자신에 대한 깊은 반성을 수시로 한다. 비둘기의 걸음처럼 살금살금 깃드는 생각이 지혜의 원천이므로 사색과 관찰을 통해 자신에 대해 냉정하게 객관적으로 보는 성찰능력을 키워야 한다.

통찰력은 사안의 핵심을 꿰뚫어보는 능력이며 사물이나 현상에 대하여 핵심적인 내용을 파악하여 문제를 해결하는 능력이다. 예리한 관찰력으로 사물을 바라보아야 하며 열린 사고와 새로운 시각을 가져야 한다.

●● 지혜의 활용

관중管仲이라면 고대 중국의 대표적 명재상이다. 그가 군대를 인솔하고 숲 속을 행군하다가 길을 잃고 말았다. 관중은 곧 자신이 타고 있던 말을 풀어주고 그 뒤를 따라가 보니 과연 길을 찾을 수 있었다. 한 번은 산속에서 물이 떨어져 갈증을 면치 못했다. 그러자 '개미는 겨울에는 산의 남쪽, 여름에는 산의 북쪽에 자리하고, 개밋둑이 한 치 되면 그 바로 아래 8척 밑에 물이 있다'는 옛말을 상기하고 땅을 파보니 과연 물길을 발견할 수 있었다. 한비韓非는 "관중과 같은 현명한 사람도 자기가 모르는 것에 관해서는 말과 개미의 슬기를 통해 지혜를 발휘하는데, 어리석은 사람들은 지혜를 배우지 않으려고 하니 한심한 일이다."라고 했다.

한비

지혜는 사용되어야 한다. 지혜를 가진 것만으로는 소용없다. 머릿속에 아무리 지혜를 가지고 있다고 하더라도 현실에서 문제를 해결하는 데 사용되지 않는다면 소용없는 일이다. 게다가 세상은 변한다. 어제의 지혜가 오늘은 폐기되어야 하는 경우도 얼마든지 있다. 변화하는 세상에는 거기에 적용될 수 있는 지혜로 계발되고 변화되어야 한다. 지혜는 현실을 통해 재확인되고 검증되고 혹은 수정되고 변화되면서 새로운 지혜로 업그레이드되어야 한다. 그래야 살아 있는 지혜이다.

한비(韓非, 기원전 280~기원전 233)
중국 전국 시대의 정치철학자, 사상가, 작가이다. ≪한비자≫를 저술하여 법가 이론을 집대성하였다.

실천하기

- 독서와 경험, 사색을 통해 지혜를 얻기 위해 노력한다.
- 만나는 사람마다 배움의 기회로 삼는다.
- 예리한 관찰력을 발휘한다.
- 열린 사고와 새로운 시각을 가지고 사안을 바라본다.

생각하기

- 나는 지혜로운 사람인가?

옛날 욕심 많은 부자가 실고 있있는데 하루는 실수로 천 냥이 들어있는 보따리를 잃어버렸나. 부사는 보따리를 돌려주는 사람에게는 절반을 주겠다고 벽보를 붙였다. 오백 냥을 받겠다고 천 냥을 돌려주는 사람이 있을 리는 만무했지만, 보따리를 주웠던 순박한 농부는 부자에게 보따리를 돌려주었다.

그러나 막상 오백 냥을 농부에게 주려니 아까웠던 부자가 말했다.

"사실은 이 보따리에 이천 냥이 들어있었네. 이미 자네가 절반을 가졌나 보군?"

농부는 보따리 채로 가져왔다고 했지만, 부자는 막무가내였다. 결국, 농부는 고을 원님을 찾아가 사정을 말했다. 자초지종을 들은 원님은 판결을 내렸다.

"부자가 잃어버린 것은 이천 냥이 든 보따리이고, 농부가 주운 것은 천 냥이 든 보따리이니 서로 다른 것이 틀림없다. 농부가 주운 보따리는 진짜 주인이 나타나지 않았으므로 농부가 사용을 해라."

직관

●● 직관의 필요성

복잡다단한 현대 사회에서 일어나는 일은 이성과 논리성만으로 판단되지 않으므로 직관은 삶을 영위하는 주요한 인성덕목이다. 직관은 대상이나 현상을 보고 즉각적으로 느끼는 깨달음으로 오랜 기간에 걸쳐 관찰된 많은 경험과 사실을 조직화하고 통합함으로써 빠르게 이해하는 능력이다.

인간은 사소한 일부터 인생의 행로를 바꿔 놓을 만큼 중요한 문제까지 평생 수천, 수만 가지 결정을 내리며 살아간다. 이때마다 올바른 선택, 좋은 결과를 얻기 위해서 객관적이고 과학적인 근거에 의한 의사 결정을 내리면 좋겠지만, 근거가 마련되지 않을 경우가 많으며, 심지어는 그 근거가 전혀 통하지 않는 경우도 비일비재하다.

꿈의 실현은 '합리성'이라고 일컬어지는 그 좁은 개념에만 있는 것이 아니라 명쾌한 논리와 강한 직관이 만나는 곳에 있다. 큰 꿈을 실현하는 사람은 직관과 혜안을 믿고 이용했다. 삶의 도전에 응할 때 직관이 필요하다. 감추어진 것들을 보며, 문제만 보는 것이 아니라 기회를 보며, 현실만 보는 것이 아니라 그 너머에 있는 미래를 본다. 직관을 발휘하여 앞날을 내다보는 사람은 쉽게 불운을 겪지 않으며 곤경에 빠지지 않는다.

스티브 잡스

●● 직관을 발휘하는 사람

직관을 발휘하는 사람은 아이디어를 떠올리고 바람직한 결정을 내릴 수 있는 능력을 갖추고 있다. 스티브 잡스는 "직관을 따르는 일이 중요하다. 직관이야말로 자신이 진정으로 원하는 것을 잘 알고 있다."고 했다. 누구도 예상하거나 생각해내지 못한 결정으로 커다란 일을 성사시키는 사람을 보고 단순히 운이 좋은 사람이라고만 말할 수 없다. 그는 무엇을 해야 할 것인가에 대한 직관을 개발해 온 사람이다. 그는 자신의 직관으로, 가시적인 것을 뛰어넘어 참신하고 혁명적인 가능성을 만들어 냈다.

성공한 정치가, 사업가, 예술가, 운동선수들은 자신의 직관을 믿고 발휘한 사람들이다. 직관으로 아이디어를 떠올리고 즉각적인 결정을 내릴 수 있는 능력은 내면적 자아를 가꾸어 온 사람들의 특징이다. 소크라테스, 모차르트, 아인슈타인, 에디슨, 퀴리 부인, 헨리 포드 등도 자신의 내면에서의 목소리에 의한 직관이 자신을 이끌어 주었다고 했다.

●● 직관과 영감

아이작 뉴턴

아이작 뉴턴은 사과가 떨어지는 것을 보고 만유인력을 발견했다. 사과를 보는 순간 사과에서 연상되는 어떤 딴 것을 생각했는데 이것이 바로 영감이다. 어떤 한 가지 일에 골몰하다 보면 문득 영감이 떠오를 때가 있다. 직관이란 영감에서 비롯된 '이것인 것 같다'는 느낌이다.

순식간에 지나가는 생각이나 심상을 포착하기란 쉽지 않다. 잠재된 무의식의 세계에서 의식의 세계로 어느 순간 빛처럼 솟아 나오는 것이 직관이다. 꿈을 꾸거나 책을 읽거나 산책, 여행, 명상 중에도 직관은 활발히 작동한다.

직관의 통로를 거쳐 숲 속 새소리를 들으면서 생명력이 넘치는 아름다운 악상을 떠올려 훌륭한 작곡을 할 수 있고, 길 위의 들꽃을 보고 예술성이 넘치는 그림을 그릴 수 있고, 한 사람을 보는 순간 사랑이 시작되어 결실을 볼 수 있다.

바닷가에 나가 수평선을 바라보거나, 그늘과 신선한 공기를 찾아 산으로 나가보거나, 늘 하는 일을 다시 한 번 생각해 보고 미래를 생각해 보면 이 순간 일생을 좌우하는 어떤 영감이 떠오를 수 있다.

●● 직관을 얻는 방법

직관은 면밀한 의도나 계획에서 오는 것이 아니라 가슴으로부터 나오며 때때로 느낌이 결정적인 역할을 한다. 직관의 힘은 삶의 경험에서 나오며 창의적으로, 긍정적으로, 바르게 열심히 살아온 사람에게 섬광처럼 주어지는 것이다. 직관은 경험을 먹고 자라는데 삶은 경험의 연속이다. 직관은 하루아침에 길러지지

않으며 오랜 경험을 통해 조금씩 쌓이는 것이다. 삶의 경험을 반복하면서 내면적 자아를 가꾸면 직관이 발휘된다.

잠재의식은 단순한 과거의 저장고가 아니라 미래의 심리적 상황과 생각이 담겨 있는 곳이므로 직관을 잠재의식에서 찾아낼 수 있다. 자신의 잠재의식에 어떤 것이 깔렸는지 잘 살펴서 직관을 발휘할 수 있도록 한다.

직관에는 세 가지 유형이 있다. 평범한 직관, 전문가 직관, 전략적 직관이다. 평범한 직관은 본능적 육감이며, 전문가 직관은 과거의 경험을 바탕으로 한순간의 판단력이며, 전략적 직관은 오랫동안 고민하고 있던 문제를 한순간에 해결해 주는 섬광 같은 통찰력을 말한다.

통찰력은 매 순간 선택과 의사 결정을 요구받고 있는 현대 사회에서 필수불가결한 능력이며, 다가올 일이나 결과에 대해 정확히 예측할 수 있는 능력이다. 통념을 버려야 통찰력을 얻을 수 있으며 세세한

부분을 세심하게 관찰하는 일이 반복되고 쌓여야 한다. 견見하지만 말고 관觀해야 한다. 시야를 넓혀서 사안의 표면만 보지 말고 내면의 의미를 꿰뚫어 보아야 한다.

스티브 잡스(Steve Jobs, 1955~2011)

1976년 고등학교 친구 스티브 워즈니악과 공동으로 애플을 창업하여, 매킨토시 개인용 컴퓨터를 개발해 혁신적인 기술과 디자인으로 선풍을 일으켰다. 1985년 경영 분쟁으로 애플에서 나온 이후 넥스트를 창업하여 새로운 개념의 컴퓨터 운영 체제를 개발했으며 컴퓨터 애니메이션 제작사인 픽사를 경영하여 〈인크레더블〉〈토이 스토리〉 등으로 큰 성공을 거두었다. 1996년 애플이 넥스트를 인수하게 되면서 애플 경영에 복귀하여 혁신적인 경영으로 성공을 이끌었다. 2001년 아이팟과 아이튠스를 출시했고 2007년 아이폰을 출시하며 스마트폰의 새 시대를 열었고 2010년 아이패드를 출시함으로써 포스트PC 시대를 열었다. IT분야의 혁신의 아이콘으로 꼽힌 그는 췌장암으로 2011년 10월 5일 사망하였다.

아이작 뉴턴(Isaac Newton, 1642~1727)

영국 출신의 물리학자이자 수학자. 《자연철학의 수학적 원리》를 저술하여 고전역학과 만유인력의 기본 바탕을 제시하였다. 중력 이론으로 지구와 천체 위의 물체들 운동을 증명하면서 과학에 혁명을 일으켰다. 반사 망원경을 제작했고, 프리즘이 흰빛을 가시광선으로 분해하는 스펙트럼을 관찰한 결과를 바탕으로 빛에 대한 이론도 발달시켰다. 또한, 냉각 법칙과 음속에 대해서 연구했으며 유체의 개념을 고안하였다. 수학적 업적으로 미적분학의 발달과 이항정리 증명, 연속 함수를 푸는 방법, 거듭제곱 급수의 연구에 이바지했다.

실천하기

- 많은 다양한 경험을 쌓기 위해 노력한다.
- 통찰력을 기른다.
- 사색하는 시간을 많이 갖는다.
- 잠재의식을 발휘한다.

생각하기

- 나는 직관력을 가지고 있는가?

아르키메데스의 직관

아르키메데스는 기원전 3세기 무렵에 살았던 철학자이자 수학자이자 과학자이다. 원주율이 3.14라는 사실을 계산해서 처음 밝혀냈으며 '부력의 원리'를 이용해 황금 왕관이 순금으로 만든 것인지 아닌지를 밝혀냈다.

아르키메데스

새로 왕위에 오른 시라쿠사의 히에로 2세는 순금으로 된 황금 왕관을 만들어 왕실의 위엄을 보여줘야겠다고 생각하고 금 세공사에게 순금을 주어 만들게 하여 완성된 금관을 받고 은이 섞인 것이 아닌지 의심했다. 하지만 확인할 방도가 없자 아르키메데스에게 사흘의 시간을 주면서 이 문제를 해결하라고 했다.

아르키메데스는 이틀 동안 머리를 싸매고 고민했지만 좋은 방법이 떠오르지 않자 머리를 식힐 겸 목욕탕에 가서 탕에 몸을 담그자 물이 탕 밖으로 흘러넘쳤다. 그때 아르키메데스의 머릿속에 무언가가 번뜩 스치고 지나갔다. 문제의 해결 방법이 떠올랐다. 아르키메데스는 벌떡 일어나 벌거벗은 채 거리를 달리며 "유레카! 유레카! 알아냈다! 알아냈다! 드디어 왕관의 비밀을 풀 방법을 알아냈다!"라고 외쳤다.

이때 발견된 것이 '아르키메데스의 원리'이며 '부력의 원리'라고도 한다. 아르키메데스는 탕에 들어갔을 때, 자기 몸이 들어간 만큼 탕에 있던 물이 흘러넘친 양이 자신의 부피와 같다는 것을 깨달은 것이다.

인류 역사가 시작된 이래 수천, 수만, 아니 수억의 사람들이 목욕을 했지만, 비중의 원리를 발견한 이는 아르키메데스뿐이었다. 이는 평소의 지식과 경험으로 무장된 직관 덕분이었다.

아르키메데스 〈지레의 원리〉
지레에 올린 두 물체가 받침점에서 떨어진 거리와 무게의 곱이 같을 때 지레는 정적 평형 상태가 된다.

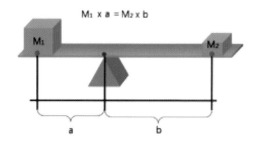

$$M_1 \times a = M_2 \times b$$

아르키메데스(기원전 287~기원전 212)
고대 그리스의 철학자 · 수학자 · 천문학자 · 물리학자 · 공학자이다. 고대의 대표적인 과학자로 손꼽히고 있으며 정역학과 유체정역학을 연구했으며 지레의 원리를 설명했으며 나선형 양수기, 해상에 있는 배를 공격하기 위한 거울 등의 기계를 제작했고 포물선으로 둘러싸인 넓이와 주율을 계산하였다.

생각

●● 생각과 삶

삶은 생각대로 결정되고 이루어지므로 마음대로 쓸 수 있는 무한한 힘인 생각을 관리하는 능력은 필요불가결한 인성덕목이다. 누구도 무엇을 어떻게 생각해야 하는지 가르쳐 주지 않으며 혼자서 무슨 생각을 할 것인지 결정해야 한다. 생각은 매우 중요하다. 행동은 생각으로부터 나오기 때문에 좋은 생각이 선행되어야 좋은 행동이 나온다.

아우렐리우스

마르쿠스 아우렐리우스 로마 황제는 "사람의 일생은 그 사람이 무슨 생각을 했는지를 말해준다."고 했다. 생각 관리가 바로 인생 관리이므로 생각을 고치면 인생을 고칠 수 있다. 생각의 메커니즘은 보이지 않지만, 모든 방면에 걸쳐 대단한 위력을 떨치며 운명을 좌우하므로 생각을 다스려야 한다.

세상에 절대적인 것은 없으며 생각이 그렇게 만들 뿐이다. 생각은 살아 움직이는 세계에 커다란 영향을 미치며 미래를 결정한다. 오늘은 어제 생각한 결과이며 내일은 오늘 무슨 생각을 하느냐에 달려 있다. 좋은 것이건 나쁜 것이건 현재 소유하고 있거나 앞으로 소유하게 될 모든 것은 '생각'이라는 매개체를 통해 이루어진 것이다.

삶 전체는 상상해 왔던 모습 그대로이며 현실이란 곧 생각의 그림자에 불과하다. 가진 모든 것, 갖지 못한 모든 것, 삶의 모든 상황과 환경은 그럴 거라고 상상해 온 그대로이다. 원하는 것을 상상하고 느끼는 대로 이루어질 수 있다. 아무리 커다란 건물이라 할지라도 인간의 머릿속에서 그 형체가 그려진 다음에 건물을 짓는다.

삶은 자신이 품어온 생각의 직접적 결과이다. 생각이 방향을 결정하고 행동을 낳는다. 오늘의 자신의 모습은 지금껏 품은 생각과 느낀 감정에 따른 행동의 산물이다. 그리고 오늘 생각하는 것과 느끼는 감정에 따라 취하는 행동은 내일의 자신의 모습을 결정한다. 자신이 궁극적으로 어떤 존재가 되기를 원하는지, 어떤 일을 하고 싶고 어떤 경험을 하고 싶은지, 거기에 상응하는 긍정적인 방식으로 생각하고 느끼고 행하는 법을 배우는 것이야말로 자신이 원하는 인생을 살 수 있는 지름길이다.

●● 인생에서 가져야 할 기본적인 생각

18세기 독일의 철학자 임마누엘 칸트는 저서 ≪순수이성비판≫에서 "사람은 세 가지를 생각하며 살아야 한다. 첫째, 지혜로운 사람은 '내가 누구인가?'를 늘 생각한다. '나는 누구이며, 무엇을 하기 위해 존재하며, 세상에서 어떤 의미를 지니는가?'를 생각해야 한다. 둘째, 나의 한계를 생각해야 한다. 사람에게는 여러 가지 한계가 있지만 죽음을 향해 달려가는 세월에 대한 한계를 막을 수는 없다. 한계를 깨닫고 삶에서 열심히 사는 것이 지혜의 길이라는 것을 생각해야 한다. 셋째, '나의 영원한 궁극성은 무엇일까?'를 생각해야 한다. 궁극적으로 나는 무엇이 될 것인지를 생각하며 살아야 한다."고 했다.

《순수이성비판》

　인생에서 가져야 할 기본적인 생각과 올바른 생각, 좋은 생각, 긍정적인 생각을 하면서 사는 것이 삶을 지혜롭고 풍요롭게 살아가는 길이다.

●● 생각하는 힘

　생각이 없으면 살아있어도 살아있다고 할 수 없다. 마음이란 생각이 쌓여 이루어진다. 마음속으로 무엇인가를 결정했다면 감정도 그 결정에 따른다. 마음을 점령하고 감정을 변화시키려고 한다면 마음을 지배하고 있던 생각을 바꾸어야 한다.

　좋은 생각이든 나쁜 생각이든 생각은 뇌에 배선을 까는 것이다. 생각 하나하나가 뇌 구조를 쉬지 않고 바꾸며 아주 사소한 생각조차 영향을 미쳐 뇌 구조를 바꾼다. 같은 생각을 여러 번 반복하면 습관으로 굳어버린다. 성격도 생각하는 방향으로 바뀐다. 생각을 원하는 방향으로 바꾸고 그 상태를 단단히 유지해 새로운 습관을 들여야 뇌 구조가 거기에 맞춰서 변경될 것이다.

　마음으로 원하는 것을 생각하고 그 생각이 마음에 가득하게 되면 바로 그것이 인생에 나타날 것이다. 희망적 사고는 자신이 원하는 것이 일어날 것으로 생각하는 것이고, 절망적 사고는 자신이 원하는 것이 잘 이루어지지 않을 것이라는 생각이다. 같은 상황에서도 희망적인 생각을 하면 좋은 방향으로 흘러 희망과 행복을 낳지만, 절망적인 생각을 하면 나쁜 방향으로 흘러가서 절망과 불행을 낳는다. 마음은 마음이 생각하는 대상을 반영한다. 행복한 생각을 하면 행복해지고 사랑을 생각하면 따뜻한 사랑을 느낀다. 행복과 불행, 사랑과 미움, 긍정과 부정은 마음에 달려 있다.

　열린 사고는 사람 사이를 소통시키고 자신이 걸어가는 인생길을 열어주지만 닫힌 사고는 삶을 꽉 막히게 닫아버린다. 지금 현재의 삶은 바로 지금까지 형성된 생각의 틀에 기인하며 미래의 삶을 결정한다. 지금과 미래의 삶을 바꾸고 싶다면 생각의 틀을 바꾸어야 한다.

　생각과 마음은 스스로 통제할 수 있으므로 열린 생각, 긍정적인 생각, 이타심 등 좋은 생각을 하는 습관을 지녀야 한다. 좋은 생각을 품고 살면 좋은 삶을 살게 된다. 좋은 생각의 틀을 가지고 좋은 말씨를 쓰고 거짓말을 하지 말며 바르고 선한 행동을 해야 하며 이로운 일을 해야 한다.

좋은 생각의 틀은 근육과 마찬가지로 키울 수 있다. 좋은 생각을 꾸준히 하면 좋은 생각하는 힘이 향상되고 새로운 능력을 갖출 수 있으므로 좋은 생각을 하는 습관을 개발하고 길러야 한다. 이것이 인생의 큰 즐거움이며 자신의 잠재력을 개발하는 것이다.

〈생각하는 사람〉
로댕(Auguste Rodin, 1840~19170

마르쿠스 아우렐리우스(Marcus Aurelius, 121~180)
로마 제국의 제16대 황제 (재위 161~180). '철인 황제(哲人 皇帝)'로 불리며 로마의 황금시대를 상징한 인물이다. 스토아 철학이 담긴 《명상록》의 저자이다.

《순수이성비판 Kritik der reinen Vernunft》(1781)
이마누엘 칸트(Immanuel Kant)의 저서로 독일 관념론을 대표하면서 현대 철학의 기초인 고전으로 철학 역사에서 가장 영향력 있는 책 중의 하나이다. 칸트가 저술한 《순수이성비판》 《실천이성비판》 《판단력비판》 세 권의 비판 철학서 가운데 첫 번째 비판서이다.

실천하기

- 생각의 중요성을 인식한다.
- 좋은 생각을 하는 습관을 들인다,
- 열린 사고를 하도록 노력한다.
- 긍정적인 생각을 하는 습관을 들인다.
- 항상 희망적인 사고를 한다.
- 유쾌한 생각을 한다.
- 상상력을 발휘하여 창의적인 생각을 한다.
- 생각에서 나아가 유추한다.
- 관습적 사고에서 나아가 변형적 사고를 한다.
- 단순한 사고에서 나아가 통합적 사고를 한다.

생각하기

- 나는 열린 사고와 좋은 생각을 하는 사람인가?

≪격몽요결 擊蒙要訣≫ 지신장(持身章) 중에서

율곡 이이

지혜를 더하게 하는 아홉 가지 생각인 구사(九思)

시사명視思明 볼 때는 분명히 볼 것을 생각하고

청사총聽思聰 들을 때는 분명히 들을 것을 생각하고

색사온色思溫 얼굴빛은 온화하게 할 것을 생각하고

모사공貌思恭 용모는 공손하게 가질 것을 생각하고

언사충言思忠 말을 할 때는 충실하게 할 것을 생각하고

사사경事思敬 일을 할 때는 성실할 것을 생각하고

의사문疑思問 의심스러운 것은 물어볼 것을 생각하고

분사난忿思難 분노할 때는 환난을 겪을 것을 생각하고

견득사의見得思義 이득을 얻으면 그것이 의로운지를 생각하라

≪격몽요결 擊蒙要訣≫

율곡 이이가 붕당론으로 탄핵을 받아 해주로 낙향하여 후학을 가르치며 저술하였다. 이 책은 일반 학생들에게 학문의 길을 열어주기 위하여 지은 책이다.

이이(李珥, 1536~1584)

호는 율곡(栗谷)이며 조선 중기의 문신·성리학자. 어머니는 현모양처의 사표로 추앙받는 사임당신씨(師任堂申氏)이다. 저서로 ≪동호문답≫ ≪성학집요≫ 등이 있다.

사색

사색의 의미

삶을 영위하면서 사색하는 것은 좋은 습관이자 필요한 인성덕목이다. 마음의 운동이 사색이다. 사람들은 운동으로 몸을 단련하고 건강을 지키는 일을 중요하게 생각하지만, 마음에도 운동이 필요하다는 사실을 간과한다. 사색은 참된 인식에 도달하기 위해 꼭 필요한 것으로 사색의 통로를 거쳐야 삶의 지혜를 얻는다. 삶의 질주를 잠시 멈추고 고요히 주의를 기울이며 자신에게 질문하고 자신과 대화하면서 머무는 법을 배워야 한다.

사색은 잠시 멈춰서 영혼의 우물을 깊이 파는 것이다. 일상과 동떨어진 피안의 세계가 아니라 실생활의 연장선에서 '마음 쓰는 법'의 훈련으로 침묵의 예술이다. 침묵은 고요한 기다림을 요구하는 데 밭을 갈고 씨앗을 뿌린 후에 새싹이 돋아나기를 기다리는 농부의 기다림과 같다. 사색은 변화를 가져다준다. 사색을 통해 사물 전체를 보면서 창의적인 아이디어를 떠올릴 수 있다.

사색은 혼자서 하는 창조적 고독으로 삶에 없어서는 안 될 강력한 도구이다. 나를 재충전하는 기회로써 생각을 녹여 순수 의식 속에 녹아들게 하며 고갈된 뇌리와 마음에 창조성과 기운을 불어넣는다. 마음은 신문 지면의 기사처럼 잡다한 것들로 채워져 있다. 마음을 정화하기 위해서는 고요히 사색에 잠겨봐야 한다. 내면을 들여다보게 되고 미묘한 직관적인 충동과 통찰력, 아이디어, 감정, 영감을 더 잘 의식하게 될 것이다. 사색은 정신이 발달해 나가는 상태로서 사색의 기쁨을 알지 못하는 사람은 참된 인생을 시작할 수 없는 사람이다. 사색 없이는 정신적 성장도 불가능하고 인생의 향상도 불가능하다. 인간은 사색하면서 삶을 살아가는 것이다.

사색의 효과

사색은 삶을 이해하게 하고 깨달음과 힘을 키워준다. 마음이 경직되면 쉽게 반발하고 쉽게 분노하기 때문에 중요한 것들을 그르치게 된다. 사색하면 마음이 부드러워지고 내면의 유연성이 커져 여유를 가지고 문제점을 관조하게 된다. 마음이 고래고래 소리를 지르고 있을 때는 내면의 '고요하고 작은 목소리'를 들을 수 없으므로 사색은 마음의 요란한 소음을 가라앉히기 위한 것이다. 시간이 흐른 뒤 이 소음이 깨끗이 사라졌을 때 내부에 흐르고 있던 침묵의 소리를 들을 수 있다.

사색은 마음의 연금술이다. 뇌파를 변화시켜 근심 걱정과 온갖 부정적인 생각을 비우도록 도와주고 행복을 느끼게 해준다. 사색은 마음을 잠잠하게 하고, 생각을 평화롭게 하는 데에도 이로우며, 몸에 생기를 불어넣어 준다. 마음을 지배하는 한 가지 길은 마음을 고요하게 하는 법을 배우는 것이다. 삶의 주체가 되기 위해서는 마음을 다스리는 법을 배워야 한다.

자신 속에 자신이 너무 많으면 안 된다. 삶에 여백이 필요하듯 사색을 통해 자신을 비워야 한다. 일상에서 벗어남을 얻으려면 자신을 내려놓고 비워야 한다. 가끔은 '나는 누구인가, 어디서 왔나, 어디로 가나, 내가 올바로 살아가고 있나?' 하고 마음의 눈으로, 마음의 가슴으로 자신을 바라보면 조급함이 사라지고 삶에 대해 여유로움이 생길 것이다.

●● 사색의 조건

사색은 조용한 시간을 요구하므로 어둠 속에서 고요함을 맛보아야 한다. 고독과 침묵 속에서 활동력을 찾아내며 그 활동력 속에서 고독과 침묵을 인식해야 한다. 자신의 힘으로 마음속에서 실존의 진리를 발견해야 한다. 때로는 조용하고 어두운 곳이 아니라 발상의 벽에 부닥칠 때 미련 없이 떨치고 푸르게 잎을 틔우는 나무를 보거나 해변이나 강가로 나가 낚싯줄을 드리우면 푸른 잎  사귀와 파도와 바람 그리고 햇볕으로부터 아이디어를 낚을 수 있을 것이다.

마음의 건강을 위해 사색을 해야 한다. 마음이 분주하거나 꽉 막힌 듯 답답하면 삶에 여백이 필요하듯 가끔 사색을 통해 자신을 비워내는 시간을 가져야 한다. 때때로 혼자서 신중하게 생각하면서 자기 자신과 회의하는 시간을 가져야 한다. 문제의 단편들을 모으고, 해결책을 마련하기 위해 노력하고, 계획하고, 자신 내부에서 우러나오는 생각에 귀를 기울여야 한다.

실천하기

- 가끔 사색을 통해 자신을 비운다.
- 마음을 안정시키는 음악을 듣는다.
- 여행과 휴식하는 시간을 가진다.
- 명상하는 시간을 가진다.

생각하기

- 가끔 사색하는 시간을 갖는가?

상대성 이론을 증명한 아인슈타인에게 제자가 물었다. "선생님께서는 그동안 천재적인 이론들을 정착시키면서 수많은 사람으로부터 찬사와 존경을 받고 계십니다. 선생님의 성공 비결을 듣고 싶습니다." 아인슈타인은 한동안 침묵한 다음에 'A=X+Y+Z'라는 간단한 공식 하나를 적어 보여주면서 설명했다.

"A가 인생의 성공이라면 A=X+Y+Z이다. X는 일, Y는 놀이, Z는 입을 다물고 있는 것이야. (If A is success in life, then A equals x plus y plus z.Work is x; y is play; and z is keeping your mouth shut.)"

그러면서 아인슈타인은 말을 이어갔다. "A라는 성공을 도출하기 위해서는 열심히 일하는 X와 인생을 즐기는 Y와 고요히 침묵하면서 내면의 자신과 대화를 나누는 Z라는 사색하는 시간이 필요해."

그러자 제자가 물었다. "선생님, 성공에 왜 사색의 시간이 필요하죠?"

아인슈타인이 미소를 띠며 대답했다.

"고요히 자기를 들여다볼 시간을 갖지 않으면 목표가 빗나가기 때문이야."

아인슈타인은 미치도록 창의적인 일에 몰두했고, 그 와중에서도 바이올린 연주를 즐겼다. 그는 어머니로부터 음악적 소양을 물려받아 여섯 살부터 바이올린 교습을 받아 연주 실력이 프로급 연주가였다. 강연을 위해 유럽의 여러 도시를 다니면서도 항상 바이올린을 가지고 다녔다. 또한, 틈틈이 사색하는 시간을 가지면서 자신을 뒤돌아보는 일을 게을리하지 않았다.

알베르트 아인슈타인(Albert Einstein, 1879~1955)
독일의 물리학자. 그의 일반상대성이론은 현대 물리학에 혁명적인 지대한 영향을 끼쳤다. 1921년 노벨물리학상을 받았다.

1. 현재 상황에 관한 것을 택한다

방해받지 않는 조용한 곳에서 허리를 곧게 펴고 지나치게 경직되지 않도록 편안하게 앉는다. 깊이 숨을 들이쉬고 내쉬면서 마음을 편히 가진다. 과거와 미래에 대해 생각을 하지 않도록 최선을 다하면서 지금 현재의 순간에만 초점을 맞춘다. 이와 관련된 명언이나 잠언 우화 등 감명을 주는 것 중에서 하나를 택한다. 때로는 현재 상황에서 간절히 원하는 내용을 발원문 형식으로 생각한다.

2. 몰두해 깊이 생각한다

숨을 쉼에 따라 숨결과 함께 느끼는 공기의 감각과 아랫배가 부풀었다가 꺼지는 것에 주의를 기울이면서 그 내용에 집중하여 몰두한다. 그 내용이 무엇을 의미하는지, 품고 있는 뜻은 무엇인지, 그것이 현재의 나에게 어떤 영향을 끼치며 내가 어떻게 나에게 이롭게 작용할 수 있도록 할 것인지를 생각한다.

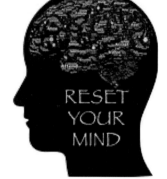

3. 주제로 돌아오게 한다

명상 도중에 하고자 하는 주제나 내용과 전혀 상관없는 생각들이 마음속에 떠오를지 모른다. 과거의 일들, 미래에 해야 할 일, 욕망, 걱정, 환상 등이 마음속으로 들어오는 것이다. 이런 생각이 떠오르면 억지로 뿌리치려고도 억누르려고도 하지 말고 숨 쉬고 있는 숨결에 다시 집중하여 쓸데없는 생각들을 멈추게 한다. 그런 다음 조용하면서도 강하게 다시 명상하고 있는 주제로 돌아오게 한다. 그리고 꼬리를 물고 일어나는 생각을 따라 움직이면서 깨달음을 얻는 것이다. 이때 떠오르는 생각들을 즉시 기록해 두어야 한다.

4. 정해놓은 시간에 마무리한다

주제에 몰두하여 명상하는 것이 잘되지 않았다고 하더라도 정해놓은 시간에 마무리한다. 조용히 앉아서 생각과 의식을 서서히 주변의 현실로 돌아오도록 한다. 천천히 자리에서 일어나서 한두 차례 기지개를 켜고 이제 재충전된 상태에서 정상적인 일과로 돌아갈 준비를 한다.

망각

●● 과거를 잊어야 하는 이유

복잡다단한 현대 사회에서 잊어야 할 것을 잊는 망각은 주요한 인성덕목이다. 망각은 거울에서 먼지를 털어내는 것과 같이 머릿속에 잊어야 할 것을 잊고 깨끗이 정화하는 것이다. 과거의 상처와 허물을 지우면 새로운 사랑과 희망의 싹이 다시 돋아난다.

인생의 여정에서 과거에 집착하면 새로운 것이 들어설 자리는 없으며 내일을 향한 추진력을 얻을 수 없다. 과거는 다시 오지 않으므로 어느 것도 바꿀 수는 없으며 기억해 낼 때만 존재하는 것이다. 과거가 현재를 가두는 감옥이어서는 안 된다. 자신을 과거에서 놓아주어야 한다. 놓아줌은 자신에 대한 사랑이며 자신의 인생에 자유를 주는 것이다.

홈런왕을 수상한 프로야구 선수가 슬럼프에 빠져서 오랫동안 타격 부진이 계속되자 예전보다 맹훈련했지만 별다른 효과가 없었다. 그즈음에 유명한 타격 코치가 부임하여 "홈런을 잘 치던 과거를 다 잊어버리고 처음부터 다시 시작해야 한다. 타격의 기본자세부터 다시 시작해야 한다. 홈런왕을 수상했던 기억도 다 잊어버려야 한다. 예전의 그 영광을 떠올리고 거기에 집착하다 보니 타격이 부진한 것이다."라고 했다. 그는 타격 코치의 조언에 따라 과거를 잊어버리고 새로운 마음으로 맹훈련을 거듭하여 다시금 홈런왕의 영광을 차지했다.

과거가 어떠했든 이미 지나가 버린 일이다. 어떤 수단과 방법을 모두 동원하더라도 되돌릴 수 없으므로 과거와 작별하고 지금 현재 펼쳐지고 있는 삶에 충실해야 한다. 만약 과거에 열중한다면 후일 왜 그때 아무 소용없는 짓에 소중한 시간과 마음을 허비했는지 후회하게 될 것이다. 과거가 아닌 현재를 살아야 한다.

●● 과거에 얽매이지 않기

발타자르 그라시안은 "잊을 줄 아는 것은 기술이라기보다는 축복이다. 하지만 많은 사람들이 가장 잊어버려야 할 기억을 가장 뚜렷이 기억하며 산다. 기억은 가장 필요로 할 때 떠올리지 못하고 가장 원하지 않을 때 떠올린다. 고통스럽게 하는 일은 세세히 기억하면서도 기뻐할 만한 일은 게으르게 떠올린다."라고 했다.

과거를 '좋은 기억'과 '나쁜 기억'으로 나누지 말고 어떤 일이 있었던지 다 놓아버

발타자르 그라시안

려야 한다.

과거에 저지른 잘못 때문에 계속 자책한다면 그건 자신을 괴롭히면서 망가뜨리는 일이다. 가령, 순간적인 말실수로 고통을 겪고 있는 것을 아무리 후회해본들 없던 일로 되돌릴 수는 없다. 지금 할 수 있는 최상의 방법은 다시는 그런 실수를 저지르지 않겠다고 결심하고 실천하는 것이다. 반면에 과거에 영광스런 시절을 아무리 그리워해 봤자 되돌릴 수는 없으므로 지금 할 수 있는 것은 그 시절보다 더 영광스런 시절을 맞이하기 위해 노력하는 것이다.

지난 일은 지난 일일 뿐이라고 홀홀 털어버리고 항상 새로운 마음으로 살아가야 새로운 성장이 가능하다. 묵은 수렁에 갇혀 새날을 등지지 않기 위해 지나간 일을 던져버려야 한다. 마음속으로 과거의 어두운 면을 바라보면서 계속 곱씹는 것은 앞으로도 비슷한 불행과 실망이 찾아와달라고 기도하는 것이다. 과거를 돌아보며 지난날의 어려움에 집중하면, 지금 자신에게 어려움이 더 많이 찾아오게 될 뿐이다.

과거의 실수나 잘못에 발목이 잡혀서는 안 된다. 과거를 붙잡고 과거에 얽매여 상처받고 아프지 않기 위해 비우고 버리면서 기쁨을 주는 일을 찾아 나아가야 한다. '지금 뭘 하려고 하며 할 수 있는가?'에 집중해야 원하는 일이 다가오기 마련이다. 원하는 것에 의도적으로 집중하고 좋은 감정을 발산해야 한다.

가장 빨리 잊어야 할 일을 가장 잘 기억하는 경향이 있는데 기억은 필요로 할 때 버리고, 필요치 않을 때에 달려온다. 받은 상처와 남의 허물은 기억하지만 받은 은혜는 잊어버린다. 잘못을 바로잡기 위해, 실패를 되풀이하지 않기 위해, 받은 은혜에 감사하고 보답하기 위한 경우를 제외하고는 과거를 되돌아보아서는 아무런 이득도 없다. 과거를 그리워하거나 원망하지 말고 잊어야 한다.

●● 현재에 중심을 두는 삶

졸업을 앞둔 대학생들을 위한 특강에서 강사가 "나무를 톱으로 켜본 사람은 손을 들어보세요."라고 묻자 상당수 학생이 손을 들었다. "그러면 톱밥을 켜본 사람이 있습니까?" 하고 다시 묻자 아무도 대답하지 않았다. 그러자 강사는 "톱밥은 이미 켜졌기 때문에 켤 수 없습니다. 과거의 일로 후회하는 것은 톱밥을 켜려는 것처럼 아무런 소용이 없습니다."라고 말했다.

누구에게나 후회스러운 일들이 꽤 있겠지만 후회하지 말아야 한다. 하지만 막상 과거의 일로 후회하지 않기는 쉽지 않다. 후회는 언제나 불쑥불쑥 머리에 떠오르는데 그럴 때는 '생각을 멈추는 것'이 효과적이다. 단 후회하는 일을 교훈으로 삼아 다시는 후회하는 일을 저지르지 않겠다고 결심하는 유익한 후회는 괜찮다.

문제를 마음속에서 곱씹고, 누가 비난받아 마땅한지를 생각하고, '이렇게 할 수 있었는데, 저렇게 해야 했는데' 식으로 자책하지 않고 '문제의 해결책은 무엇일까? 다음에는 무엇을 할까?'를 생각해야 한다. '그렇게 해야 했는데…'라고 후회하기보다는 지금이라도 그렇게 할 수 있는 일이면 실천하면 되는 것이다.

과거에 아무리 커다란 성공을 하였든 실패를 하였든 중요하지 않다. 지나간 영광이나 후회, 오래된 죄책감, 해묵은 원망을 되씹으면 현재의 문은 열리지 않는다. 어제는 역사이고, 내일은 미스터리이며, 그리고 오늘은 선물이다. 그렇기에 현재^{Present}를 선물^{Present}이라고 말한다. 과거는 부도난 수표이며, 미래는 약속어음에 불과하고 살아있는 바로 오늘이 현금이다.

과거의 일로 후회하거나 미래의 문제로 근심하지 않고 최선을 다해서 현재를 살아가면 밝은 미래를 만들 수 있다. 과거는 현재로부터 기인하는 것이며 미래도 현재로부터 비롯되는 것이므로 항상 현재에 중심을 두고 미래를 생각해야 한다. 미래에 대한 꿈과 비전은 긍정적이고 희망적이므로 이제껏 걸어온 길보다는 앞으로 걸어갈 길을 바라보면서 현재에 충실해야 한다.

오늘과 내일의 행복은 지금 이 순간인 현재를 어떻게 보내느냐에 달렸다. 삶이란 끊임없이 새로워지는 것이므로 과거로부터 배우고 미래를 바라보며 현재에 최선을 다해 살아가야 한다. 살아 있는 현재에 행동하면서 현재의 삶, 지금 이 순간의 삶에 충실해야 한다.

발타자르 그라시안(Balthasar Gracian, 1601~1658)
스페인을 대표하는 작가이자 철학자. 그의 사상은 니체와 쇼펜하우어에게 커다란 영향을 끼쳤다. 저서 ≪세상을 보는 지혜≫ ≪지성인의 위트와 기술≫ ≪나를 아는 지혜≫ ≪사랑을 얻는 지혜≫ 등으로 삶의 지혜와 양심 그리고 미덕의 모습이 어떤 것인지를 제시하고 있다.

실천하기

- 과거는 바꿀 수 없으므로 무조건 잊는다.
- 지난 과거를 후회하지 않고 현재에 할 수 있는 일을 실천한다.
- 목표를 생각함으로써 과거의 부정적인 생각을 무력화시킨다.
- 부정적 사고를 하지 않고 긍정적인 사고를 한다.
- "했더라면…", "…때문에"라고 말하지 않는다.
- 미래를 바라보면서 현재에 충실히 한다.

생각하기

- 나는 과거에 연연한 사람은 아닌가?

알렉산더

알렉산더 왕이 군대를 이끌고 페르시아 원정을 떠나던 길이었다. 연전연승하던 알렉산더의 군대였지만 어느 날부터 갑자기 행군 속도가 느려지기 시작했다. 사기충천하던 군사들의 복무 자세는 흐트러져 있었다.

알렉산더 왕은 군사들에게 무슨 문제가 생겼는지를 여러모로 알아본 후 그 이유를 파악하고 모든 군사에게 "전투를 치르는 데 필요한 것을 제외하고 지금 가지고 있는 포획물을 불태우라"고 명령했다. 군사들은 그동안 전투의 승리로 챙긴 포획물이 생기자 고향에 돌아가 사용하고 싶은 마음으로 위험을 회피하려고 하여 몸을 사리는 것이었다.

군사들은 크게 실망했지만, 왕의 명령을 어길 수는 없었다. 결국, 포획물을 버림으로써 과거의 전투에서의 승리를 잊고 페르시아와의 전투에서 용맹하게 싸워 이길 수 있었고 최후의 승리를 거둔 뒤에는 훨씬 많은 포획물을 얻게 되었다.

알렉산더(Alexander, 기원전 356~기원전 323)
마케도니아의 왕 (재위 기원전 336~기원전 323). 그리스, 페르시아, 인도에 이르는 대제국을 건설하였으며, 그 정복지에 다수의 도시를 건설하여 동서 교통과 경제 발전에 이바지하였고, 정복한 곳마다 그리스 사람을 옮겨 살게 하여, 그리스 문화와 오리엔트 문화를 융합한 헬레니즘 문화를 이룩하였다.

〈페르시아 전쟁〉
마케도니아의 알렉산더와 페르시아의 다리우스는 가우가멜라 전투에 앞서 이수스에서 전쟁을 벌인다. 이수스 전투의 장면을 묘사한 모자이크 벽화의 왼쪽 말을 탄 사람이 알렉산더, 오른쪽 수레에 탄 사람이 다리우스이다. 이 벽화는 베수비오 화산의 폭발로 잿더미에 파묻혔던 폼페이의 한 주택에서 발견됐다. 이어 벌어진 가우가멜라 전투에서 알렉산더는 대승을 거뒀다. (이탈리아 국립 고고학박물관 소장)

평정

●● 평정의 의미

복잡다단한 현대 사회에서 마음을 다스리는 평정은 필요불가결한 인성덕목이다. 평정이란 마음이 맑고 생생한 움직임이 들어차 있으며 들뜨지 않고 태도에 여유가 있는 상태이다. 깊은 바다는 파도가 없으며 늘 고요하고 잔잔하다. 마음의 평정도 마찬가지로 고요함을 유지하는 것이다.

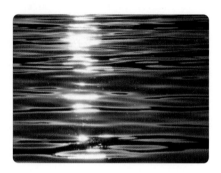

평정은 마음이 평화로운 상태로서 자신에게 줄 수 있는 선물이며 다른 사람이 대신할 수 없다. 마음의 평화는 삶에서 부딪히는 도전적인 문제들로부터 한발 뒤로 물러나겠다는 의미가 아니라 내면이 평화로운 상태를 최우선 순위에 두겠다는 것이다.

구겨진 종이에 그림을 제대로 그릴 수 없듯이 마음이 상해 있거나 화가 났거나 흥분 상태에서는 어떤 판단을 하거나 다른 사람을 만나지 않아야 한다. 평정심을 잃고 엉뚱한 결과를 초래할 수 있으므로 어느 정도 침착함을 되찾아 마음이 평정한 상태에서 행해야 한다. 마음이 평정해야 일에 대하여 예리하게 판단할 수가 있으며 평정을 유지할수록 행복하고 즐거운 삶을 누릴 수 있기 때문이다.

마음의 평정은 마음공부의 최고 단계로 어떤 상황에 부닥쳐 있건 자신의 삶을 사랑하는 것에서 시작된다. 상황이나 조건에 따라 마음이 흔들리고 출렁이는 것이 아니라 가라앉아 있어야 하며 자기 성찰과 수련으로 마음의 평정을 유지해야 한다.

●● 평정을 잃지 않는 사람

마음은 수천 개의 채널이 달린 텔레비전과 같아서 선택하는 채널대로 순간순간의 자신이 존재한다. 분노를 켜면 분노하는 자신이 되고, 평화와 기쁨을 켜면 평화롭고 기뻐하는 자신이 된다. 원망이나 분노가 치밀어 오를 때, 변명이나 주장을 하고 싶을 때, 기쁨이나 놀람으로 마음이 흔들릴 때, 평정을 유지하기란 절대로 쉽지가 않다.

평정을 잃지 않는 사람은 마음이 크고 중심이 있는 사람이다. 큰 인물이 되기 위해서는 마음의 평정을 유지할 수 있어야 한다, 어떤 일이 일어나도 무슨 말을 들어도 마음이 동요하지 않고 고요하고 평온한 상태를 지니고 있어야 한다.

삶에는 곳곳에 고통이란 지뢰가 숨어 있다. 증오, 자만, 잘못된 견해 등 고통의 뇌관을 제거하면 삶은 한결 편안해진다. 고통을 끌어안고 있지 말고 과감하게 내려놓아야 한다. 평정을 위해서는 내면의 평온을 찾아야 하며 흥분을 가라앉힐수록 평온한 기운이 온몸으로 퍼져나간다. 모든 행동이 내적인 평온함에서 흘러나오는 까닭에 마음이 평온해지면 어떤 상황에서든 침착하게 행동하게 된다.

●● 마음의 평화를 얻는 방법

인간이 누릴 수 있는 최상의 행복은 마음의 평화이다. 평정은 평범한 인간이 지니기 힘든 성정이다. 인간은 일희일비하고, 흥분하기 쉽고, 역경에서 인내하지 못하고, 혼란에 빠지면 평정심을 잃기에 십상이다. 평정을 유지하여 사안을 객관적으로 보아야 한다. 평정은 꿈의 실현을 위한 필수 덕목이다. 꿈을 실현한 사람은 일이 잘 돌아갈 때나, 어려울 때 일희일비하지 않고 평정심을 유지한다.

평정은 훈련이 요구되고 체험이 필요하다. 마음이 평온해졌던 경험을 떠올려보고 그러한 경험이 반복될수록 더욱 깊은 평온을 체험할 수 있다. 평정을 유지하기 위해서는 문제가 생겼을 때 인생을 단편적이 아니라 전체적 시각으로 보면 문제는 심각한 것이 아니라 삶의 한 과정임을 깨닫게 될 것이다.

삶의 주체가 되기 위해서는 마음 다스리는 법을 배워야 한다. 마음의 찌꺼기를 가라앉혀 평정을 유지해야 한다. 마음속에는 분노와 욕심, 이기심과 개인주의, 열등감과 패배의식과 같은 찌꺼기가 있으며 찌꺼기를 거르는 정화 과정이 필요하다. 삶에서 잡동사니를 제거하는 데 마음의 동요를 불러일으키는 기억이나 상황이 있다면 결별해야 한다.

실천하기

- 자기 수양을 통해 마음을 다스린다.
- 편안한 마음을 유지하려고 노력한다.
- 분노와 격정과 같은 격렬한 감정의 혼란을 피한다.
- 정신적인 긴장이 계속되지 않도록 주의한다.
- 어떤 상황 속에서도 나를 조절하는 의지와 지혜를 발휘한다.
- 사사롭고 헛된 욕심을 버린다.
- 남에게 베풀고 봉사하는 삶을 살면서 참된 기쁨을 얻도록 한다.
- 극단을 피한다.

생각하기

- 마음이 안정되지 않을 때 어떻게 하는가?

옛날에 한 왕이 사소한 일에도 마음이 몹시 흔들렸다. 때로는 갈팡질팡하면서 안정되지 않는 경우가 많아 사리를 판단하는 데 많은 어려움이 있었다. 그래서 왕은 나라 안에 깨달음을 얻은 것으로 소문난 현자를 불러 "어떻게 하면 내 마음에 평정을 가져올 수 있겠소?"라고 묻자 "이것은 매우 값이 비싸지만, 마음에 들어 하신다면 그냥 선물로 드리겠습니다."라고 대답했다. 왕은 그렇게 하겠다고 약속했고, 현자는 떠났다.

얼마 후 현자가 다시 나타나 왕에게 선물이 담긴 상자를 건넸다. 그 안에는 붓글씨가 쓰여 있는 족자가 있었다. 그 글귀는 '이것 또한 지나가리라'였다. 왕이 "이 글씨의 의미가 무엇이오?"라고 묻자 현자는 "이 족자를 거처하시는 곳에 걸어두고 어떤 일이 일어나 마음이 흔들리면 새겨진 글귀를 읽으십시오. 그렇게 하면 언제나 마음이 평화로움 속에 있게 될 것입니다."

'이것 또한 지나가리라'는 이 단순한 말은 모든 상황의 덧없음을 자각하라는 뜻이다. 이 덧없음은 좋은 것이든 나쁜 것이든 모든 형상이 가진 무상함의 속성이다. 그러므로 모든 것이 덧없으니 되는 대로 살라는 뜻이 아니며 삶의 좋은 것들에 즐거워해서는 안 된다고 말하는 것도 아니다. 또한, 단순히 고통의 시간에 약간의 위안을 제공하는 의미도 아니며 꿈을 실현하기 위한 노력을 하지 말라는 뜻도 아니다. 모든 형상의 무상함을 자각하여, 집착을 줄이고, 자신을 동일시하는 것을 어느 정도 피한 마음 상태로 세상에 임하라는 뜻이다.

집착하지 않는다고 해서 세상이 제공하는 좋은 것들을 누려서는 안 된다는 의미가 아니다. 사실 더 많이 누릴 수 있게 된다. 무상함을 알고 변화의 필연성을 받아들이면 세상의 즐거움이 이어지는 동안 상실의 두려움이나 미래에 대한 불안감 없이 그것을 즐길 수가 있다. 집착하지 않을 때, 삶에 일어나는 일들에 갇히지 않고 편안한 마음으로 내려다볼 수 있는 유리한 위치를 갖게 된다.

≪활인심방 活人心方≫ 중화탕 中和湯

퇴계 이황

퇴계 이황

퇴계退溪 이황李滉(1501~1570)은 어릴 때 몸이 쇠약하였으나 당시 30세 정도였던 평균수명을 훨씬 뛰어넘어 70세까지 장수했다. 그의 장수 비결은 ≪활인심방 活人心方≫이라는 건강서에 있었다. 이 책은 중국 명나라 태조 주원장의 아들 주권(朱權)이 쓴 ≪활인심 活人心≫에 퇴계 자신의 생각을 더 해 새롭게 방方자를 붙인 것으로 건강과 장수의 비법이 담겨있다.

이 책 내용 중에는 만병의 근원은 마음에 있다고 하면서 몸과 마음을 다스리기 위해 중화탕中和湯 복용을 권하고 있다. 이 중화탕에 들어가는 재료는 물질적인 한약 재료가 아닌 30가지의 생활 덕목이다. 즉, 실제적인 약이 아니라 마음 수련을 통한 치료법인 것이다.

30가지의 덕목은 사무사(思無邪, 생각을 간사하게 하지 마라), 행호사(行好事, 좋은 일을 해라), 막기심(莫欺心, 마음을 속이지 마라), 행방편(行方便, 편안하게 행동하라), 수본분(守本分, 자기 본분을 지켜라), 막질투(莫嫉妬, 시기하고 질투하지 마라), 제교사(除狡詐, 교활하고 간사함을 버려라), 무성실(務誠實, 성실히 의무를 다하라), 순천도(順天道, 하늘의 이치에 따르라), 지명한(知命限, 타고난 수명의 한계를 알라), 청심(淸心, 마음을 맑고 깨끗이 해라), 과욕(寡慾, 욕심을 적게 하라), 인내(忍耐, 참고 견디어라), 유순(柔順, 부드럽고 순하게 하라), 겸화(謙和, 겸손하고 화목해라), 지족(知足, 만족할 줄 알라), 염근(廉勤, 청렴하고 조심해라), 존인(存仁, 어진 마음을 간직하라), 절검(節儉, 아끼고 검소하라), 처중(處中, 한쪽에 치우치지 마라), 계살(戒殺, 살생을 경계하라), 계노(戒怒, 성냄을 경계하라), 계폭(戒暴, 포악하지 마라), 계탐(戒貪, 탐욕을 경계하라), 신독(愼獨, 남이 보지 않는 곳에서도 신중해라), 지기(知機, 때를 잘 알아서 하라), 보애(保愛, 사랑을 지녀라), 염퇴(恬退, 물러나야 할 때를 알고 물러나라), 수정(守靜, 고요함을 지녀라), 음즐(陰騭, 드러나지 않게 도와라)이다.

중화탕에서 제시한 30가지의 덕목 중에서 추구해야 할 마음가짐은 21가지이며, 버리거나 경계해야 할 마음가짐이 9가지이다. 추구해야 할 마음가짐에는 정신적인 안정을 통해서 몸 안의 기氣가 바르게 흐르고 심신이 건강해지는 것을 유도하고 있으며, 버리거나 경계해야 할 마음가짐을 통해서 화火가 오르는 것을 배제하는데 초점이 맞춰져 있다.

≪활인심방 活人心方≫(1547)

활인심서(活人諶序), 활인심상(活人心上), 중화탕, 화기환(和氣丸), 양생지법(養生之法), 치심(治心), 도인법(導引法), 거병연수육자결(去病延壽六字決), 사계양생가(四季養生歌), 수양지도(修養之道), 보양정신(補養精神), 보양음식(補養飮食) 등으로 구성돼 있다.

≪활인심방 活人心方≫

희망

●● 희망을 품어야 하는 이유

삶을 영위하면서 희망을 품어야 하며 희망이 삶을 이끌므로 희망은 주요한 인성덕목이다. 희망은 좋은 결과를 기대하는 마음이거나 밝은 전망이다. 어떤 일을 이루거나 얻고자 기대하는 바람이며 아직 성취되지 않은 미래의 어느 날에 대한 소망이다.

희망은 아직 성취되지 않은 미래의 일이지만 현재에 주어져 있으며 현재를 혁신하는 원동력이다. 왜냐하면, 희망이 있으므로 희망을 이루기 위해 노력하기 때문이다. 내 과거가 지금의 나를 만든다는 말도 맞지만, 사실상 나의 희망이 무엇이냐에 따라 현재의 내가 정해진다.

희망은 삶의 근거이고 원리다. 희망이 있기에 희망을 이루기 위해 열심히 노력하는 것이 삶이다. 인간은 목적을 가지고 살아간다. 달리 말하면 희망을 품고 살아간다. 바라는 학교에 진학하고 싶다거나, 좋은 회사에 취직하고 싶다거나, 좀 더 편안한 삶을 누리고 싶다거나 등등 수많은 희망을 품고 있다.

희망을 품고 도전하는 사람이 인생의 승자이다. 희망을 품는 것이 성취할 수 있는 첫걸음이며 지름길이다. '희망을 그리는 사람은 마침내 그 희망을 닮아간다'는 말이 있듯이 희망을 품고 도전하는 사람만이 인생의 진정한 승자가 될 수 있다.

●● 판도라의 상자

그리스 신화를 보면 프로메테우스와 에피메테우스 형제가 신의 불을 훔쳐 인간에게 줌으로써 인간이 독립성을 가지게 된다. 그러자 이를 보복하기 위해서 제우스는 판도라를 내려보내 에피메테우스와 결혼을 시킨다. 제우스는 판도라에게 상자 하나를 들려 보내면서, 절대로 열어보아서는 안 된다고 말했다. 하지만 에덴동산에서 이브가 했던 것처럼 호기심을 억누르지 못하고 상자를 열어보고 말았다. 뚜껑을 여는 순간, 상자에 있던 온갖 불행이 쏟아져 나와 온 세상에 퍼졌다. 그때 상자 속에 단 한 가지 남은 것이 있었는데, 그것이 바로 희망이었다. 이렇게 해서 희망은 세상에 퍼져나간 불행과 맞서 싸울 단 하나의 무기가되었다.

인간만이 희망을 품는다는 것은 축복이다. 인간은 누구나 삶을 영위하면서 일이 마음대로 잘되지 않거나, 일이 이루어지지 않는 이유를 모르거나, 사람들에게 좋지 못한 평가를 받을 때 포기하고 싶고, 쓰러지고 싶은 절망적인 상황을 맞이한다. 절망이란, 어리석은 사람의 결론이다. 절망적인 상황에서 희망이 없다면 바로 죽음과 같은 삶이다. 절망이 희망을 점령하게 해서는 안 된다.

●● 희망이냐 절망이냐

정신의학자였던 빅토르 프랑클 박사는 제2차 세계 대전 당시 수만 명이 학살당한 아우슈비츠 유대인 수용소에서 몇 안 되는 생존자 중 한 사람이다. 나치에 의해 강제로 학살당하기도 했지만, 지옥과 같은 환경을 견디지 못해 죽음을 맞이한 사람도 많았다. 전쟁이 끝난 후 석방된 그는 자신이 어떻게 지옥과 같은 그곳에서 살아났는가에 대한 경험을 연구한 ≪인간 의미 추구≫라는 유명한 책을 지었는데 희망을 품는 놀라운 힘에 대해 다음과 같이 기록하고 있다.

빅토르 프랑클

'마음 자세가 얼마나 중요한지를 나는 알고 있었다. 절망을 선택할 수도 있었고 희망을 선택할 수도 있었다. 나는 희망을 선택하고 내가 간절히 원하는 어떤 것에 희망을 집중했다. 나는 내 아내의 손을 한 번만 더 잡아보고 싶고 한 번만 더 아내의 눈을 바라보고 싶고, 한 번만 더 껴안고 싶다는 희망에 집중했다. 그것이 지옥과 같은 상황에서 나를 견디게 한 힘이었다. 수용소 안에서 희망을 포기한 사람은 심신이 쇠약해져 죽고 말았지만, 끝까지 희망을 잃지 않았던 사람은 살아남았다.'

그는 죽음의 공포가 드리워진 극도의 절망적 상황에서 희망을 품고, 살아남아야 할 이유 한 가지에 희망의 목표를 집중함으로써 살아남을 수 있었다.

사람은 절망과 희망이라는 반대되는 두 가지 마음을 동시에 가질 수는 없으므로 마음속에 희망을 자리 잡게 해야 한다. 희망은 마음만 먹으면 되므로 언제나 아주 가까운 곳에 있다. 절망의 나락에 떨어지지 말고 희망을 붙잡아야 한다.

희망은 현재의 시련을 극복하고 삶을 변화하게 하는 가장 중요한 정신적 엔진이다. 희망은 절망적인 상황에서도 인내와 용기를 가질 수 있게 만드는 힘이다. 칠흑같이 컴컴한 방에 스위치 하나만 올려준다면 환하게 빛나듯이 사람의 마음도 똑같다. 어둠을 몰아내는 것이 빛이듯이, 절망을 몰아내는 것은 바로 희망이다. 절망의 끝자락에 붙어있는 것이 희망이므로 인생에서 부닥치는 무수한 절망과 포기하고 싶은 바로 그 순간에 희망의 스위치를 올려야 한다.

●● 희망을 품고 바라보는 삶

어떤 미술가가 희망을 나타내는 그림을 완성했다. 그림에는 어두운 밤을 배경으로 파도가 치는 바다를 건너는 작은 배 안에 있는 한 청년이 밤하늘에 빛나는 별을 바라보고 있다. 배가 파도에 심하게 흔들리는지 청년은 선미를 붙잡고 몸을 의지하면서도 그 별을 놓치지 않으려고 바라보고 있었다. 그리고 그림 밑에 다음과 같은 글이 적혀 있다.

'언제나 그 자리에 있는 희망을 바라보며 항해하면 언젠가 도달하지만, 희망을 바라보지 않는다면 희망은 사라지고 말 것이다.'

내일 일은 모르지만, 희망을 품고 사는 사람과 절망을 품고 사는 사람의 차이는 삶과 죽음의 차이다. 몸은 심장이 멈출 때 죽지만 영혼은 희망을 잃을 때 죽으므로 절망의 순간에 희망이 없는 삶은 바로 죽음과 같은 삶이다. 희망을 외면하는 것은 자살 행위로 희망을 품지 않는 것은 어리석으며 버리는 것은 죄악이다. 절망적인 상황에서 버틸 수 있게 하는 힘은 바로 희망이므로 삶에서 부딪치는 절망이라는 암벽을 담쟁이가 타고 오르듯이 희망이 절망을 정복해야 한다.

희망은 삶의 근거이자 원리로 힘든 상황을 견디게 하는 힘을 주면서 기대감으로 마음에 꽃이 피게 하는 원동력이다. 왜냐하면, 희망은 성취되지 않은 미래에 대한 소망이지만 이루려고 노력하기 때문이다. 희망이 잠재적 능력을 발휘하게 하고 기회를 맞이하게 하면서 삶이 정해진다.

내일은 더 나아질 것이라는 기대보다 약효가 강한 자극제는 없듯이 세상에 희망만 한 명약은 없다. 지금의 고통이 언젠가는 사라지리라는 희망, 누군가 어둠 속에서 손을 뻗어 주리라는 희망, 내일은 내게 빛과 생명을 주리라는 희망이 있어야 투혼도 빛난다.

희망은 늘 괴로운 언덕길 너머에 기다리고 있다. 희망이 없다고 생각하면 보이지 않고 있다고 믿으면 보이면서 마침내 그 희망을 닮아간다. 희망이 이루어질 것을 믿고 노력해야 한다.

빅토르 프랑클(Viktor Frankl, 1905~1997)
오스트리아에서 태어난 유대인 정신과 의사. 제2차 세계 대전 때 유대인 강제수용소인 아우슈비츠에 갇혔다가 살아났다. 저서로 ≪죽음의 수용소에서≫ ≪심리의 발견≫ 등이 있다.

실천하기

- 희망을 품고 도전하는 삶을 영위한다.
- 아무리 힘들어도 절망이 아니라 희망을 선택한다.
- 절망적인 상황에서도 희망을 말한다.

생각하기

- 나는 희망을 품고 살아가고 있는가?

네 살짜리 아이가 갑자기 쓰러져 혼수상태에 빠져 병원에 실려 왔다. 뇌 깊숙이 커다란 종양이 자라고 있는 것이 원인이었다. 섣부르게 수술을 할 상황은 아니었지만, 뇌압을 낮추어야만 했기에 위험을 무릅쓰고 수술을 할 수밖에 없었다. 검사 결과 응급 수술이 성공한다고 해도 종양이 워낙 크고 깊숙이 자리 잡고 있어서 앞으로도 한두 번 더 뇌수술을 해야만 했다. 하지만 수술 후 어떤 치명적인 합병증이 생길지 알 수 없는 상황이었다.

무사히 응급 수술을 마친 천진난만한 어린아이는 얼마 지나지 않아 또다시 고된 수술을 받은 후, 의식을 회복한 다음에 붕대를 칭칭 감은 채 초롱초롱한 눈빛을 반짝이며 가족과 의사 등 주위 사람들에게 이렇게 말했다.

"내가 다섯 살이 되면 두발자전거 타는 법을 배울 거예요."

의사들은 속으로 연민의 정을 느꼈다. 그 아이의 머릿속의 종양은 기적을 바라도 모자랄 정도로 절망적인 상황이라 다섯 살까지 살 가망은 없다고 판단하고 있었기 때문이다. 하지만 아이는 하루하루가 지날 때마다 다섯 살이 되면 하고 싶은 목록을 늘려나갔다. "오빠처럼 뒤로 줄넘기하겠다. 만화책을 술술 읽겠다. 신발 끈을 매는 방법을 배우겠다." 순수한 아이다운 소박한 내일의 꿈을 차곡차곡 마음에 담아두고 있었다.

그렇다. 이것이 바로 희망이다. 무슨 거창한 것이 아니라도 주어진 상황에서 조그마한 희망의 불꽃이 삶을 지탱시키고 살아갈 힘을 불어넣는 기폭제가 되는 것이다

자유에 대한 희망으로 견디다

〈쇼생크 탈출〉

'쇼생크 탈출'은 자유와 희망이 삶의 원동력임을 보여주는 영화다.

1947년, 앤디 듀프레인팀 로빈스 분은 간통을 한 아내와 그녀의 정부情夫였던 골프 코치를 살해했다는 누명을 쓰고 종신형을 선고받아 쇼생크 교도소에 갇힌다. 그리고 교도소에서 종신형을 받아 20년째 복역 중인 레드모건 프리먼 분를 만난다. 앤디는 그를 통해 작은 돌을 깨는 망치와 유명 여배우들의 포스터를 산다. 2년 뒤, 앤디는 은행에서 일했던 경험을 살려 교도소장이 부정하게 모은 재산 관리를 해주는 대가로 교도소 도서관에 근무하면서 편안한 생활을 한다.

어느덧 19년이라는 긴 세월이 흘렀다. 앤디는 여전히 교도소 도서관을 관리하면서 복역하고 있다. 그러던 중 절도범인 토미가 쇼생크 교도소에 들어와 앤디의 억울하게 누명을 쓴 이야기를 듣고 깜짝 놀라며 자신이 다른 교도소에서 복역할 때 같은 방을 썼던 죄수가 앤디가 누명을 쓴 범행을 자신이 저질렀다고 자랑스럽게 말했다고 알려주었다.

앤디는 교도소장에게 사정을 말하고 재심을 요청하지만, 완강히 거절당한다. 며칠 후 교도소 점호 시간에 앤디가 방에서 나오지 않는다. 간수들이 앤디의 방으로 달려갔지만, 어디에도 그의 모습은 보이지 않았다. 벽에 붙어있는 여배우의 포스터를 떼어내자 뒤에 터널이 뚫려 있다. 앤디가 쇼생크 교도소를 탈옥한 것이다. 그가 무려 20여 년에 걸쳐 작은 망치 하나로 쇼생크 감옥 벽을 뚫었다는 사실에 모두 놀라워한다.

탈옥에 성공한 뒤, 비 오는 하늘을 바라보며 두 팔을 벌리고 서 있는 앤디…. 앤디가 탈옥한 뒤 레드는 이렇게 그를 회상한다. "새장 안에 갇혀 살 수 없는 새들이 있다. 그 깃털은 너무나 찬란했다. 새들이 비상하는 그 기쁨을 빼앗는 것은 죄악이다."

얼마 후 레드는 가석방되어 쇼생크 교도소를 나온다. 앤디가 말했던 장소를 찾아가서 바위를 들어내자 돈과 함께 편지가 들어있다. '친애하는 레드, 당신이 이걸 읽는다면 이제 자유의 몸이겠죠. 멕시코 마을 기억해요? 체스판을 준비하고, 당신을 기다릴게요. 희망은 좋은 거죠. 가장 소중한 것이죠. 좋은 것은 절대 사라지지 않아요. - 당신의 친구 앤디'

마침내 앤디와 레드가 멕시코 해변에서 만나 뜨거운 포옹을 나눈다. 자유와 희망을 상징하는 시원하고 푸른 태평양의 정경을 비추면서 영화는 끝난다.

감사

●● 감사의 선택

삶을 영위하면서 감사할 줄 아는 것은 주요한 인성덕목이다. 감사하는 마음은 삶을 풍요롭게 해주는 확실한 방법이며 삶이 지속하도록 해 주는 최고의 원동력이다. 감사하는 마음을 가지면 기쁜 마음으로 삶을 즐기게 되므로 감사라는 말은 삶의 윤활유와 같다. 감사할 줄 알아야 발전할 수 있다. 감사하는 마음은 꿈의 실현에 더욱 다가가게 한다.

인생에는 항상 두 가지 측면이 있다. 삶에서 '즐거움을 끄집어내느냐?', '고통을 끄집어내느냐?'이다. 매사는 마음먹기에 달려있다. 환경이 바뀌길 기다릴 것이 아니라 주어진 상황에 감사하는 긍정적 사고를 해야 한다.

수도원과 감옥은 공통점과 차이점이 있다. 공통점은 세상과 고립되어 있다는 점이다. 차이점은 감사가 있는 곳인가 없는 곳인가의 차이다. 수도원도 갇혀서 살고 감옥도 갇혀서 산다. 수도원은 스스로 결단해서 갇혀서 살고 감옥은 강제로 갇혀서 산다. 수도원 사람들은 갇히고 열악한 환경에 대해서 감사하지만, 감옥에 있는 사람은 갇혀있는 생활에 불평한다.

갇힌 죄수가 수도자와 같은 '감사의 마음'을 가지면 그 죄수에게는 감옥이 수도원이 될 것이고, 반면에 수도자가 죄수와 같은 '불평의 마음'을 가지면 그 수도자에게는 수도원이 감옥이 될 것이다. 마음에 감옥을 두고 사느냐, 마음에 수도원을 두고 사느냐는 스스로 선택의 몫이다. 감사하는 마음을 가지면 세상은 천국이 되고 불평하는 마음을 가지면 세상은 지옥이 된다.

●● 감사하는 마음

괴테는 "은혜를 모르는 것은 인간으로서의 근본적인 결함으로 삶에서 무능한 사람이다. 타인의 은혜에 감사할 줄 아는 마음은 건실한 인간의 첫 번째 조건이다."라고 했다.

괴테

인간은 주위로부터 많은 도움을 받으면서 살아가고 있는데 감사하는 마음을 가져야 한다. 감사해야 할 일에 눈을 감거나 외면하거나 아무런 반응을 보이지 않아서는 안 된다. 감사한 마음을 표현해야 한다.

어떠한 상황에서도 좋은 면을 보려고 한다면 삶이 감사로 가득 넘침을 알게 된다. 극한적인 상황에 있다고 상상해보면 일상적인 것, 아무렇지도 않게 여기는 것들까지도 소중함을 깨닫게 될 것이다. 평소에는 당연한 것처럼 여겨지던 것을 잃고 나면 그것에 얼마나 감사해야 했는지를 비로소 깨닫게 된다. 건강을 잃고 나면 건강함에 얼마나 감사해야 했는지를, 돈을 완전히 잃고 나면 비록 조그마한 돈이라도 가지고 있었던 것을 감사해야 했는지를 깨닫게 된다.

소소한 일상에도 감사할 줄 알아야 한다. 맛있는 식사를 하는 것, '하루를 무사히 마친 것, 지저귀는 새소리를 들을 수 있는 것, 아름다운 꽃 한 송이를 볼 수 있는 것, 싱그러운 아침 햇살과 맑은 공기를 접할 수 있는 것, 그리고 새로운 하루를 살아갈 건강한 몸이야말로 감사해야 할 놀라운 선물이다.

평소에 가진 소중한 것에 대해 감사할 줄 알아야 하지만 안타깝게도 소중한 것을 잃고 나서야 그 소중함을 깨닫게 되는 경우가 너무나 많다. "자신이 가지고 있는 것들에 감사하는 법을 배울 때까지 자신이 원하는 것을 얻지 못할 것이다."라는 말처럼 자신이 가진 것에 감사할 줄 알아야 한다.

감사하는 마음으로 살아간다면 감사해야 할 일은 끊임없이 꼬리를 물고 이어질 것이다. 더 많은 기쁨, 더 많은 건강, 더 많은 돈, 더 놀라운 경험, 더 많은 멋진 인간관계, 더 많은 기회를 돌려받게 된다. 감사하는 태도를 통해 더욱 사려 깊은 사람으로 거듭나야 한다.

감사해야 할 일들의 목록을 작성해 보면 놀랍게도 가지고 있는 것에 대해 감사해야 할 일이 많다는 것을 알게 될 것이다. 가지고 있지 않은 상황에 대하여 아무리 불평해도 소용이 없으므로 지금 가지고 있는 것들에 감사하면서 선용하지 않으면 좋은 일이 일어날 수 없다. 이미 가진 것들 가운데 감사할 일에 집중해야 한다.

괴테(Johann Wolfgang von Goethe, 1749~1832)
독일의 작가이자 철학자, 과학자이다. 저서에 ≪젊은 베르테르의 슬픔≫ ≪파우스트≫ 등이 있다.

실천하기

- 은혜를 입은 사람에게 감사한 마음을 표시한다.
- 협조와 우정, 사랑을 베풀어 준 사람에게 감사한다.
- 나의 현재 상황에 대하여 감사한다.
- 소소한 일에도 감사함을 느낀다.

생각하기

- 나는 현재 상황이나 가지고 있는 것에 대하여 감사하고 있는가?

≪로빈슨 크루소≫의 감사

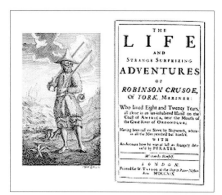

≪로빈슨 크루소≫ 초판본 첫 페이지

영국 작가 다니엘 디포가 쓴 ≪로빈슨 크루소 Robinson Crusoe≫의 내용을 보면 주인공 로빈슨 크루소는 난파된 배에서 무인도로 살아 나와 홀로 생활하면서 "왜 하필 내게 이런 일이 생겼단 말인가!" 하며 원망하거나 낙심하지 않았다. 오히려 그는 그 배에 탔던 사람 중 유일한 생존자가 자기 자신이라는 사실에 감사한 마음을 가졌다.

무인도이지만 먹을 것이 있음에 감사했고, 입을 옷을 구할 수는 없었지만, 옷이 필요 없을 만큼 따뜻한 기온에 감사했고, 자기 자신을 지킬 무기가 없었지만 자기를 해할 만한 짐승도 없다는 사실에 감사했다.

그래서 로빈슨 크루소는 귀중한 깨달음을 얻고 이렇게 말했다. "나는 무인도라는 이 참담한 상황 속에 있으면서, 무인도 이전의 타락한 삶보다 지금이 얼마나 더 행복한지를 이제야 깨달았다. 이 세상에서 제일 비참한 사람은 아무것도 없는 무인도에 홀로 남은 사람이 아니라 어디서든 감사하지 않고 불만에 사로잡힌 사람이다."

≪로빈슨 크루소≫

한 사나이의 파란만장한 무인도 표류기로 진취적인 용기와 독립심, 청교도주의 등 당시 영국 시민의 생활 태도가 반영되어 있다.

다니엘 디포(Daniel Defoe, 1659~1731)

영국의 소설가 · 언론인. 1719년 ≪로빈슨 크루소≫를 발표하여 명성을 얻었다. 주요 저서로 ≪선장 싱글턴의 모험≫ 등이 있다.

행복

●● 행복의 의미와 조건

삶이 추구하는 궁극적인 목표는 행복이므로 행복에 대한 생각을 정립하고 행복하기 위해 노력하는 것은 인생의 핵심 가치인 인성덕목이다. 행복은 삶의 목적이다. 행복은 생활 속에서 충분한 만족감이나 기쁨을 느끼는 상태이다. 찰랑대는 느낌으로 평온하게 가슴 가득 스미는 잔잔한 빗물 같은 것이다. 행복은 보이지도 않고 잡히지도 않지만, 행복해지고 싶다  면 삶의 기쁨이 무엇인지, 무엇을 위해 사는지, 삶을 가치 있게 하는 것이 무엇인지를 생각해보아야 한다.

행복은 깊이 느낄 줄 알고, 단순하고 자유롭게 생각할 줄 알고, 삶에 도전할 줄 알고, 남에게 필요한 삶이 될 줄 아는 것이다. 행복한 사람은 일하는 사람, 사랑하는 사람, 희망이 있는 사람이다.

행복은 산의 정상에 도달하는 것이 아니고 정상을 향해 올라가는 과정에서 느끼고 얻어지는 것이다. 행복의 비결은 자신이 하고자 하는 일이나 방향에 대하여 폭넓은 관심을 가지고 노력하는 과정에서 느끼고 얻어지는 것이다.

성공과 행복을 구분해야 하며 만족과 행복도 구분해야 한다. 추구하는 걸 이루는 것은 성공이지 행복이 아니며 추구하면서 좋아하는 것이 행복이다. 편하다는 것은 만족이지 행복이 아니며 자신이 이루고자 하는 걸 이루기 위해 극복하는 절차와 과정이 행복이다. 즉 행복은 성공 여부를 떠나 자신이 하고 싶은 일에 몰두하는 과정에서 느끼는 것이다. 행복의 원칙은 어떤 일을 하고, 어떤 것에 희망을 품고, 어떤 사람을 사랑하는 데 있다. 지금 현재 하는 일, 지금 현재 가지고 있는 것, 지금 현재 사랑하는 사람에 대하여 행복한 마음으로 받아들여야 한다.

행복하기 위한 요소로는 물질적 경제적 형편, 직업, 사회적 지위 등 객관적 요소와 지적 만족, 사랑받고 존경받고 있다는 느낌 등 주관적 요소가 있다. 어느 것에 더 중점을 두고 행복을 느끼는가는 어디에 더 가치를 두는 것과 관계된다. 의복, 음식, 주택, 자동차, 전자제품 등과 같은 물질적 가치를 중시하느냐, 지혜, 사랑, 선함, 성스러움, 아름다움을 중시하느냐이다. 물질은 한도가 없으며 더 많은 물질을 가진 사람과 비교하면 불행하게 느낄 수 있으므로 행복의 조건과 기준을 물질적 가치보다는 정신적 가치에 더욱더 중점을 두어야 할 것이다.

●● 행복을 바라보는 시각

행복에 조건을 달아서는 안 된다. '공부를 잘한다면…' '경제적 여유를 가진다면…' '예뻐진다면…' '좋은 직업을 가진다면…' '좋은 사람과 결혼한다면…' '명예를 가진다면…' '영향력을 가진다면…' 하면서 행복에 조건을 달고 행복을 미래로 미루어서는 안 된다. 왜냐하면, 그러한 모든 조건이 이루어질 리도 없겠지만, 설령 이루어진다고 해도 '좀 더 가진다면…' 하면서 또 다른 행복의 조건을 내세워 행복을 계속 미룰 것이기 때문이다.

'이것을 성취하면 그때는 행복할 것이다.'라고 믿는 사람에게 행복은 단지 이루어지지 않을 미래의 꿈에 지나지 않는다. 그것은 한두 걸음 앞에 있는 무지개와 같지만, 결코 손에 잡을 수가 없다. 행복은 먼 훗날의 목표가 아니라, 이 순간 존재하는 것이다. 지금 이 순간이 행복해야 할 때이며 행복은 현재에 있다.

행복을 바라보는 시각과 마음을 바꾸어야 한다. 지금 가지고 있는 것을 소중하게 생각하고 감사하면서 지금 현재 이 순간을 행복하게 보내야 한다. 현재 상황에 감사하면서 산다는 것이 현재에 만족하고 안주하여 자신이 꿈꾸는 행복의 조건을 이루기 위해 노력하지 말라는 뜻이 아니다. 현재를 소중하게 생각하고 행동하면서 지금 이 순간의 삶을 음미하고 지금 바로 이곳, 바로 이 순간을 위해 노력하면서 살아가는 것을 의미한다.

행복은 자신을 둘러싼 환경이나 조건이 아니라 주관적 가치이며 주어지는 것이 아니라 선택하는 것이다. 행복하다고 생각하면 행복해지는 것이다. 행복은 행복하다고 마음먹은 만큼 행복해지므로 지금 이 순간 행복하기로 마음먹었다면 행복할 수 있다.

●● 행복과 감사

김수환 추기경

니체

김수환 추기경은 "아침이면 태양을 볼 수 있고 저녁이면 별을 볼 수 있고 잠들면 다음 날 깨어날 수 있고 기쁨과 슬픔과 사랑을 느낄 수 있고, 남의 아픔을 같이 아파해 줄 수 있는 따뜻한 가슴을 가지고 있으니 행복할 수 있다."라고 했다.

철학자 니체도 ≪자라투스트라는 이렇게 말했다≫에서 이렇게 썼다.

'행복을 위해서는 얼마나 작은 것으로도 충분한가! 정확히 말해 최소한의 것, 가장 부드러운 것, 가장 가벼운 것, 도마뱀의 살랑거리는 소리, 하나의 숨소리, 하나의 날갯짓, 하나의 눈짓. 작은 것들이 최고의 행복을 이루고 있다. 침묵하라.'

행복이란 거창한 것에서 얻는 것이 아니라 아주 작은 것에서부터 행복을 찾아내는 자기 생각이다. 행복은 소박한 기쁨을 맛보고 그런 기쁨과 조화를 이루는 능력, 그런 기쁨을 자주 만들어내는 능력에서 오는 것이다.

감사가 바로 행복의 문을 여는 열쇠다. 감사하는 사람이 행복하므로 행복해지려면 감사에 눈을 떠야 한다. 행복은 소유의 크기가 아니라 감사의 크기에 비례한다. 자신의 삶에 자족해야 행복한 사람이다. 덕 있는 삶, 스스로 만족하는 삶을 살 때만 행복하다.

●● 비교하지 않기

버트런드 러셀은 "현명한 사람은 다른 사람이 가지고 있는 어떤 것과 자신이 가진 것을 비교하면서 자신의 즐거움을 망치지 않는다."고 말했다.

비교는 불행으로 가는 지름길이다. 자신과 남을 비교하고, 자신이 가진 것과 자신이 원하는 것을 비교하고, 현재의 자신을 과거와 미래와 비교하는 것은 불행의 씨앗이다. 비교하는 순간 삶의 리듬은 헝클어지고 자신의 모습과 목표가 초라해 보이고 허황하여 보이기 시작한다. 비교하면 다름이 보이는데 다름은 틀림이나 모자람이 아닌데도 그렇게 생각하면서 불행의 싹을 키운다. 비교한다면

버트런드 러셀

결코 행복해질 수 없다. 비교해야 한다면 '어제의 나'와 '오늘의 나'를 비교하여 자신의 발전과 성장에만 활용해야 한다.

행복을 원한다면 남과 비교하지 말아야 한다. 남과 비교한다는 것은 마음이 불안정하고 불편하다는 증거이다. 정체성과 자아를 잃고 자신이 가지고 있는 향기를 감추는 것과 같다. 자신을 확실하게 이해하고 파악한 데서 행복의 모양새를 스스로 갖출 수 있다. 행복의 기준을 남에게 두지 말고 자신의 삶을 살아야 현재의 삶에 감사하게 된다. 위를 비교하면 자신이 비천해지고 아래와 비교하면 교만해질 수 있다. 비교하여 남의 삶을 복사하려고 하지 말아야 한다. 남의 생활과 비교하지 말고 자신의 생활을 즐겨야 한다.

김수환(金壽煥, 1922~2009)
신부 추기경. 한국인 최초로 추기경으로 서임되었다. 가난하고 힘든 사람들의 편에 선 참 신앙인의 모습을 보여주었다.

니체(Friedrich Nietzsche, 1844~1900)
독일의 철학자이자 시인. 그의 사상은 20세기의 실존 철학으로 이어져 근대 사상에 큰 영향을 주었다. 저서로 ≪비극의 탄생≫ ≪자라투스트라는 이렇게 말했다≫ 등이 있다.

버트런드 러셀(Bertrand Russell, 1872~1970)
영국의 수학자, 철학자, 수리논리학자, 역사가, 사회 비평가. 20세기를 대표하는 천재이자 지성인으로 여겨진다. 노벨문학상을 받았다.

- 삶에 만족하는 자세로 현재의 삶이 행복하다고 마음먹는다.
- 다른 사람의 평가에 연연하지 않고 자신을 남과 비교하지 않는다.
- 자아실현을 위해 노력한다.
- 주변 사람의 행복에 대하여 관심을 가진다.
- 일상적인 소소한 일에 감사를 느끼면서 행복한 생각을 가진다.
- 도덕적인 행위의 실천을 통해 진정한 행복을 추구한다.
- 몸과 마음이 건강하도록 한다.
- 의식주 생활이 부족함이 없도록 한다.
- 원만한 인간관계를 가진다.

생각하기

- 나는 행복한가?
- 내가 생각하는 행복의 기준은 무엇인가?

어느 중학생이 원하는 고등학교에 입학하면 행복할 것으로 생각했다. 그 후 그는 원하는 고등학교에 입학했다. 그러자 이제는 원하는 대학에 입학하면 행복할 것으로 생각했다. 그는 일류대학에 입학하여 좋은 학점을 받고 졸업하여 원하는 직장에 취직했다. 그는 중요한 목표를 차를 가지는 것으로 정하고 근검절약으로 저축하면서 친구에게 말했다. "차 살 만큼 충분한 돈을 모으게 되면, 그때는 아주 행복하게 될 거야." 얼마 후 그의 말대로 돈을 모아 생애 처음으로 자신의 차를 갖게 되었지만, 그는 차를 살 당시에 순간적인 뿌듯함은 느꼈지만, 여전히 행복하지 않았다.

이제 그는 새로운 목표를 정하고 열심히 일했다. 그것만 이루면 행복해질 것 같았다. 그는 평생을 함께할 배우자를 찾고 있었다. 그는 친구에게 말했다. "결혼해서 안정을 취하게 되면, 그때는 행복해질 거야." 하지만 결혼한 뒤에도 그는 여전히 행복하지 않았다. 아파트나 작은 주택을 살 자금을 모으기 위해 별도의 직업을 가지면서까지 훨씬 더 힘들게 일해야만 했다.

그는 말했다. "내 소유의 집을 한 채 갖게 되면 그때는 정말 행복할 수 있을 거야." 막상 집을 샀지만 집을 사느라 빌린 은행 대출금을 다달이 갚아나가면서 행복하지는 않았다. 그러다가 은행 대출금을 다 갚아나가자, 아이들의 교육 문제에 난리를 피웠다. 아이들 때문에 밤늦게까지 깨어 있어야만 했으며, 그가 돈을 벌어오는 족족 교육비로 충당해야만 했다.

이제 그는 원하는 것을 얻을 수 있기까지는 20년이나 남아 있다고 생각했다. 그래서 그는 말했다. "아이들이 다 자라 안정적인 직장을 갖고 독립해서 나가면, 그때는 행복할 거야." 자녀들이 독립해서 집을 떠날 때쯤에 그는 정년퇴직을 눈앞에 두고 있었다. 그래서 그는 계속해서 행복을 뒤로 미루며 노후생활을 대비하기 위해 더 열심히 일했다. 그는 말했다. "정년퇴직하고 나면, 그때는 행복할 거야." 정년퇴직을 하고 나서 말한다. "죽은 뒤에 행복한 내세가 기다리고 있을지 모르겠어."

≪행복한 왕자≫

오스카 와일드

어느 도시의 높은 기둥에 서 있는 금과 보석으로 둘러싸인 행복한 왕자의 동상과 겨울을 나기 위해 이집트로 가던 제비가 도중에 동상 발밑에서 지내며 나누는 우정과 사랑의 이야기이다. 조각품 '행복한 왕자'는 자신에게 날아온 제비에게 이렇게 말한다.

≪행복한 왕자≫
초판본(1888년) 표지

"내가 인간의 심장을 가지고 살고 있을 땐, 나는 눈물이라는 것이 무엇인가를 몰랐단다. 근심 걱정이라고는 없는 커다란 궁전에서 살고 있었는데, 거기에서는 낮에는 친구들과 꽃밭에서 놀고, 밤에는 무도회가 벌어졌고 나는 제일 앞에서 춤을 추었단다. 나의 주위의 것은 무엇이든지 아름다웠고 뜰 안의 둘레에는 아주 높은 벽이 있어서 그 바깥에는 무엇이 있는지도 몰랐단다. 궁전에서 일하는 사람들 모두가 나를 '행복한 왕자'라고 불러주었어. 어쨌든 나는 그렇게 행복하게 살았고 그 행복 그대로 죽었던 거야."

행복한 왕자는 한숨을 내쉬고는 나지막한 소리로 계속 이야기했다. "그런데 내가 죽고 난 뒤에, 사람들이 나를 이렇게 높은 곳에 올려놓는 바람에 나는 이 도시의 슬픔을 하나도 빠짐없이 볼 수 있게 되었단다. 내 심장이 납으로 되어있긴 하지만 난 울지 않고서는 견딜 수가 없단다."

제비는 아무 말도 없이 왕자님의 이야기에 귀를 기울이고 있었다. "제비야, 저길 좀 봐. 저기 좁은 골목길에 한 채의 가난한 집이 있어. 열린 창문으로 아주머니 한 분이 앉아 있는 것이 내게는 보여. 바느질하는 집이거든. 얼굴은 여위고 온몸은 지쳐있고 손은 온통 바늘에 찔린 자국으로 빨갛게 거칠어져 있어. 그리고 방구석에는 조그만 사내아이가 병으로 누워있어. 열 때문에 갈증이 나서 오렌지를 먹고 싶다는 거야. 하지만 어머니는 그 아이에게 물밖에 먹여줄 것이 없거든. 아이는 아파서 계속 울고 있고. 제비야 내 칼자루의 루비를 뽑아서 저 어머니에게 갖다 줄 수 없겠니? 나는 이 기둥 위에서 한 발짝도 움직일 수가 없단다."

오스카 와일드

그 후 행복한 왕자는 제비에게 부탁하여 가난한 사람들에게 자신의 몸인 금과 보석을 차례로 보내게 한다. 그 결과 초라하게 된 왕자의 동상은 파괴되고 제비는 얼어 죽지만 왕자와 제비의 영혼은 천국으로 가게 된다.

* 아일랜드 작가 오스카 와일드 Oscar Wilde, 1854~1900 가 1888년 발표한 작품인 ≪행복한 왕자 The Happy Prince and Other Tales≫는 사랑과 희생의 존귀함을 호소하는 이상주의가 간결하고 아름다운 문체로 그려졌다.

문화

소프트 파워와 드림 소사이어티

현대 사회는 문화가 힘인 소프트 파워 시대이므로 문화적인 소양은 주요한 인성덕목이다. 경쟁력 있는 문화 콘텐츠가 현대 사회를 주름잡는 상황에서 미래 사회를 이끌어 갈 주체적이고 보편적인 성향은 소프트 파워 즉 문화의 힘이다.

'소프트 파워'는 경제력이나 군사력인 '하드 파워'와 대비되는 개념이다. 소프트 파워는 제품, 기술, 정보와 구분되는 고품질의 '문화 콘텐츠'를 가리킨다. 국가의 수준은 하드가 아닌 소프트에 좌우된다. 국민 수준도 개개인의 '소프트 마인드'에 달려있다. 문화의 힘이 국가와 기업, 국민을 먹여 살리는 시대이다.

현대 사회는 감성을 중시하는 '드림 소사이어티'로 소프트 파워가 하드 파워에 비해 먼저 고려된다. 기술 사회에서는 기술과 제품에 디자인을 첨부하지만, 드림 소사이어티에서는 디자인을 먼저 만든 후에 기술을 적용한다. 창의적이고 파격적인 디자인이 상상이 되고 설계되면 기술력을 거기에 맞춘다.

뛰어난 아이디어와 기획은 높은 부가 가치를 가지는 상품 생산의 진정한 출발점이다. 같은 기술력을 가진 제품이라도 매혹적인 디자인이나 주제를 가지고 있느냐의 여부에 따라 부가 가치 창출에 엄청난 차이를 보인다.

문화의 다양성

현대 사회는 세계화 사회로 자국의 문화만을 고집할 수도 없고 고집해서도 안 된다. 문화는 살아 움직이는 생명체와 같으므로 하나의 문화가 다른 문화와 접촉하여 때로는 충돌하고 때로는 공존한다.

문화는 다른 나라의 문화와 끊임없이 서로 접촉하며 영향을 주고받을 때 더욱 바람직한 방향으로 발전해 나아간다. 세계화 시대는 상호 이질적인 문화 간의 접촉 기회가 더욱 활발하게 이루어지고 있으며 서로 접촉할 때 충돌하여 마찰을 일으키는 경우가 많다.

문화의 공존은 이러한 충돌 과정을 통하여 변증법적으로 정리돼야 할 것이며 문화 상대주의 관점에서 이해되어야 한다. 나의 문화가 나에게 이해되는 것처럼 상대의 문화도 인정하고 이해하려는 노력을 기울이는 문화상대주의 태도를 보일 때 문화는 더욱 발전해 나아갈 것이다.

●● 예술적 감성과 사회적 환경의 반영

예술이란 아름다움의 창조로서 미적 완성을 추구하면서 시대를 포괄하는 종합적인 산물이다. 예술은 삶 일부분을 차지하면서 음악, 미술, 문학, 연극 등 다양한 매체를 통해 접하고 있다. 예술에서 중요한 것은 수용자의 입장이다. 작가의 시각과 의도에 의해 만들어진 작품이지만 수용자에게 어떻게 받아들여지느냐가 중요하다. 예술은 삶의 반영이다. 추상적인 개념의 예술이든 간단한 생필품의 디자인이든 삶이 반영된 모습이어야 한다.

예술은 다른 모든 인간의 활동처럼 사회적 상황의 소산이고, 예술가는 자신이 사는 사회의 영향력에서 벗어날 수 없다. 문화의 한 분야인 예술은 사회 구성원, 즉 대중의 삶과 생활에 깊숙이 내재해 있다.

예를 들어 음악은 가장 내면적이고 주관적이며 자유로운 삶의 내용을 가진 것이다. 모차르트나 베토벤의 여러 음악이 각기 다른 사회적 상황에서 탄생한 것임에도 감동을 주는 까닭은 진한 예술성이 있기 때문이다. 그런데 음악은 예술로 독립해 존재하는 것이 아니라 사회적 환경의 소산所産임을 부인할 수 없다.

베토벤

베토벤은 프랑스 혁명에서 영감을 얻어 교향곡 〈영웅〉을 작곡했다. 〈영웅〉에서 장송 행진곡은 특정한 의미가 없는 추상적인 비탄이 아니라 혁명적인 감정으로 가득 찬 영웅의 비탄이다. 이처럼 예술은 사회적 환경과 떼려야 뗄 수 없는 사회성에서 비롯된다.

우리는 음악의 양면성을 이해해야 한다. 음악은 인간의 근원적 상실감, 영혼의 갈구, 인생의 무상함 등 인간의 감성적인 내면을 표현하는 실존의 소리인 동시에, 공동체의 감정 전달 수단이라는 사실을 명심해야 한다. 또한, 음악의 정신적 깊이와 전달의 넓이를 인정해야 한다. 음악은 감정의 표출과 사회적 공정성 사이에 균형을 이뤄야 한다. 음악이 감상적으로 치우쳐 사회적 정의감에 대한 무관심을 은연중에 조장해서는 안 된다. 또한, 사회적 메시지를 강조함으로써 인간 심성의 불변적인 요인인 감정을 표현하는 데 소홀해서도 안 될 것이다.

파블로 피카소

미술의 경우에 사회적 환경의 영향을 받는 그림으로 피카소의 〈게르니카〉를 예로 들 수 있다. 스페인 내전 당시 작은 마을 게르니카가 폭격을 받았을 때 피카소는 이 그림을 그렸다. 그림의 색채는 폭격을 맞은 마을처럼 어둡고 그림의 형태는 산 사람의 신체를 찢는 대검처럼 날카롭다. 예술적 감성은 사회를 평가하는 척도들 가운데 하나로 작용한다. 피카소는 학살을 그림으로써 학살을 부정하고 있다.

미술은 형태와 색채를 구성하는 예술이다. 그림 속에서 형태는 형태끼리 접근하고 이탈하면서 움직이고 있으며, 색채는 색채끼리 침투하고 저항하고 있다. 그림을 볼 때마다 우리는 언제나 우리 자신의 몸을 원근법의 중심에 두고 형태들의 상호작용과 색채들의 상호작용, 그리고 형태와 색채의 상호작용을 파악한다. 그림 속의 형태와 색채 속에는 화가의 시선과 우리의 시선이 만나는 지점이 있다. 미술에는 시대와 사회를 넘어서 아름답게 느껴지는 구조가 있다. 그러나 사회적 환경에 대하여 깊이 생각함으로써만 미술을 제대로 감상할 수 있다.

●● 대중문화의 역할

오늘날 대중문화의 위력은 엄청나다. 대중문화는 이제 우리 주위를 둘러싸고 있는 중요한 문화 환경이 되었다. 아침에 눈을 떠 저녁에 잠들 때까지 우리는 대중문화의 홍수에 눈과 귀를 내맡기고 있다.

대중문화는 근대 대중 사회를 기반으로 형성된 문화를 말한다. 근대 이전의 문화란 한정된 계층만이 즐기는 엘리트 문화와 기층 세력들이 즐기는 문화로 나뉘어 있었다. 그러나 경제가 발전되고 생활수준이 높아짐에 따라 전반적인 교육 수준이 높아졌고 문화 수용 능력도 향상되었다. 특히 대중매체의 발달은 더 많은 사람이 문화를 접할 기회를 확대했기 때문에 대중문화 성립의 기반이 되었다. 또한, 영화나 방송, 음반처럼 대중매체를 통해 생산되는 문화적 산물들이 대중문화의 중요한 부분을 구성한다.

대중문화는 일상생활과 밀접한 관계를 맺으면서 생성되고 발전한다. 스트레스를 주는 일상의 고루함을 깨뜨리고 다양한 감성을 표출시키고 문화적 욕구를 실현하는 분출구 역할을 한다. 쉽고 편하게 즐길 수 있는 문화로써 그 영향력이 막강하다. 따라서 대중문화에 대해 고전 문화와 비교해 우열의 가치를 말할 것이 아니라 여가의 한 방법으로서 그 가치를 인정해야 한다.

대중문화의 진정한 발전은 대중 스스로 문화 활동의 주인이 되는 것이다. 대중이 문화 활동의 적극적 주체가 될 때 전반적인 문화 수준이 향상될 수 있다. 이는 문화의 일상적 생활화를 통해서만 가능하다. 또한, 대중문화는 사회의 공적 소유물이라는 인식이 정립되어야 한다. 대중문화가 상업주의의 논리에 완전히 함몰될 때 그 폐해는 심각한 것이기 때문에 상업적 이윤 추구에 매달리지 않도록 조건을 마련해 주어야 한다.

베토벤(Ludwig van Beethoven, 1770~1827)

독일의 서양 고전 음악 작곡가이다. 주요 작품으로 〈교향곡 3번〉〈교향곡 5번〉〈교향곡 6번〉〈교향곡 9번〉 피아노곡 〈엘리제를 위하여〉〈비창 소나타〉〈월광 소나타〉 등이 있다.

파블로 피카소(Pablo Ruiz Picasso, 1881~1973)

스페인 출신으로 프랑스에서 활동한 20세기의 대표적 서양화가이자 조각가. 큐비즘 작품으로 널리 알려졌으며, 대표작으로 〈아비뇽의 처녀들〉〈게르니카〉 등이 있다.

소프트 파워(Soft Power)

하버드 대학교 케네디 스쿨의 조지프 나이(Joseph S. Nye) 교수가 처음 사용한 용어로 물리적인 힘보다는 문화 등 보이지 않는 가치를 중심으로 드러나는 힘을 말한다.

드림 소사이어티(Dream Society)

덴마크의 미래학자 롤프 옌센(Rolf Jensen)이 미래 사회의 특성을 '드림 소사이어티'(Dream Society)라고 규정하면서 '문화'의 중요성을 강조한 데서 나온 용어이다. 미래는 신체의 전쟁이 아닌 문화와 이야기의 전쟁인 드림 소사이어티 전쟁이라고 했다.

실천하기

- 다양한 문화를 접하면서 교양을 높이고 인성을 기른다.
- 현대 사회에서 문화의 힘을 인식하고 문화에 대한 깊은 관심을 가진다.
- 문화의 다양성을 인정한다.
- 문화에 우열을 두지 않고 받아들인다.
- 이질적인 문화 자체를 존중한다.

생각하기

- 나는 문화생활을 얼마나 자주 하고 있는가?

나는 오늘날의 인류 문화가 불완전함을 안다. 나라마다 안으로는 정치상, 경제상, 사회상으로 불평등, 불합리가 있고, 밖으로는 나라와 나라의, 민족과 민족의 시기, 알력, 침략, 그리고 그 침략에 대한 보복으로 작고 큰 전쟁이 끊일 사이가 없다. 도덕의 타락은 갈수록 더하고 전쟁은 끊일 날이 없어 인류는 마침내 멸망하고 말 것이다. 그러므로 인류 세계에는 새로운 생활 원리의 발견과 실천이 필요하게 되었다. 이야말로 우리 민족이 담당한 천직이라고 믿는다.

이러하므로 우리 민족의 독립이란 결코 삼천리 삼천만만의 일이 아니라, 진실로 세계 전체의 운명에 관한 일이다. 그러므로 우리나라의 독립을 위하여 일하는 것이 곧 인류를 위하여 일하는 것이다.

나는 우리나라가 세계에서 가장 아름다운 나라가 되기를 원한다. 가장 부강한 나라가 되기를 원하는 것은 아니다. 내가 남의 침략에 가슴이 아팠으니, 내 나라가 남을 침략하는 것을 원치 아니한다. 우리의 부력富力은 우리의 생활을 풍족히 할 만하고, 우리의 강력強力은 남의 침략을 막을 만하면 족하다. 오직 한없이 가지고 싶은 것은 높은 문화의 힘이다. 문화의 힘은 우리 자신을 행복하게 하고, 나아가서 남에게 행복을 주기 때문이다.

지금 인류에게 부족한 것은 무력도 아니고 경제력도 아니다. 자연 과학의 힘은 아무리 많아도 좋으나 인류 전체로 보면 현재의 자연 과학만 가지고도 편안히 살아가기에 넉넉하다. 인류가 현재 불행한 근본 이유는 인의가 부족하고 자비가 부족하고 사랑이 부족하기 때문이다. 이 마음만 발달이 되면 현재 지닌 물질로도 모든 인류가 편안히 살아갈 수 있을 것이다.

인류의 이 정신을 배양하는 것은 오직 문화이다. 나는 우리나라가 남의 것을 모방하는 나라가 되지 말고 이러한 높고 새로운 문화의 근원이 되고 목표가 되고 모범이 되기를 원한다. 그래서 진정한 세계의 평화가 우리나라에서, 우리나라로 말미암아서 세계에 실현되기를 원한다.

김구(金九 1876~1949)
호는 백범(白凡)이며 항일독립운동가·정치가. 평생을 나라의 독립운동과 통일 민족국가 건설을 위해 싸우다 간 인물이다. 일제의 탄압에 맞서 애국계몽운동을 전개했으며 1919년 3·1운동이 일어나자 상해로 망명했다. 이때부터 대한민국의 임시정부를 실질적으로 이끌었다. 광복 후 하나된 통일조국을 염원하다가 집무실인 경교장에서 안두희가 쏜 총탄을 맞고 서거했다.

인간의 삶에서 예술은 어떤 의미가 있는가

〈아마데우스〉

영화 '아마데우스'

영화 '아마데우스'는 모차르트 교향곡 25번 1악장의 장중한 선율로 시작된다. 영화 전반에 걸쳐 모차르트의 음악이 흐르며 주옥같은 그의 작품들이 어떤 동기로 만들어졌는지를 보여주고 있다. 모차르트의 일생을 그린 평범한 전기 영화가 아니라 동시대의 작곡가 안토니오 살리에르와의 갈등 속에서 모차르트가 밟은 삶의 궤적을 들여다볼 수 있는 대작이다.

살리에르F. 머레이 에이브라함 분는 음악 애호가인 오스트리아 황제 요세프 2세제퍼리 존스 분의 음악장이다. 그는 천재 음악가 모차르트톰 헐스 분가 오스트리아 빈으로 활동 무대를 옮기면서 비교되자 모차르트를 시기하며 모함하기 시작한다.

살리에르는 모차르트가 작곡한 오페라 〈피가로의 결혼〉이 계급을 부정하는 내용이 담겨 있다고 황실 음악 관계자에게 알린다. 황제 앞으로 불려간 모차르트는 내용을 설명해 마침내 공연 허락을 받지만 살리에르의 교묘한 음모로 오페라 〈피가로의 결혼〉 공연은 단 9회로 막을 내린다. 이 작품에서 귀족이 지배하던 당시에 평민 출신인 피가로가 백작과 1대 1로 맞서는 장면이 등장하는데 프랑스 혁명의 전조를 알린 작품으로 평가받고 있다.

모차르트는 아내와의 사이가 불편했던 아버지의 죽음으로 자책감에 시달리면서 오페라 〈돈 조반니〉에서 죽은 기사장을 무대에 등장시켜 아버지의 모습을 작품에 담아낸다. 그러던 중에 죽은 사람을 위한 진혼곡 작곡을 의뢰받는다. 진혼곡을 쓰면서 아버지 생각에 술에 빠져 지내면서 몸져눕는다. 그는 침대에 누워 진혼곡 작곡을 구술하고 이를 받아 적어 미완성 상태인 진혼곡 작곡을 완성하고 죽는다.

모차르트의 장례식. 모차르트의 유해가 구덩이로 던져지고 그 위로 횟가루가 뿌려진다. 이때 모차르트가 작곡한 진혼곡 〈레퀴엠 Requiem〉이 흘러나온다. '안식'을 뜻하는 라틴어인 '레퀴엠'은 죽은 자의 명복을 비는 로마 가톨릭의 장송 미사에서 유래된 음악이다.

영화 '아마데우스'는 이 밖에도 오페라 〈후궁으로부터의 탈출〉〈아이네 클라이네 나흐트 무지크〉 등 모차르트 음악의 현란한 선율을 선사하고 있다.

모차르트(Wolfgang Amadeus Mozart, 1756~1791)
오스트리아의 서양 고전 음악 작곡가이다. 주요 작품으로는 〈교향곡 41번〉〈피가로의 결혼〉〈돈 조반니〉〈마술 피리〉 등과 최후의 작품인 〈진혼곡〉이 있다.

휴식

●● 휴식이 필요한 이유

인간은 일만 하면서 살 수는 없으므로 휴식에 대해 올바른 인식을 하는 것은 주요한 인성덕목이다. 휴식이란 단순히 쉬는 것만은 아니다. 휴식은 가장 편안한 상태로 쉬는 것으로 육체와 정신을 관리하는 것이다.

학교나 사회의 삶의 현장은 쉬지 말고 길을 가라고 재촉하지만, 멈추어 쉬는 시간이 필요하다. 공부나 일이라는 삶의 심각성으로부터 때때로 벗어나야 한다. 휴식이 쫓기는 일상에 여유와 평화를 가져다주므로 바쁜 일상 속에서 가끔 자신을 풀어주면서 충분히 쉬어야 한다.

가장 위험한 자동차는 브레이크가 고장 난 차이며 멈춰야 할 때 멈추지 못하면 사고가 난다. 휴식은 어느 날 갑자기 멈춰서는 위기의 순간을 막을 수 있는 인생의 브레이크이다. 이처럼 일만 알고 휴식을 모르는 사람은 브레이크 없는 자동차처럼 위험하지만 쉬기만 하고 일하지 않는 사람은 엔진 없는 자동차처럼 아무 쓸모가 없는 것이다. 휴식은 열심히 일한 사람이 취해야 하는 행동이다.

휴식은 멈춤이 아니라 더 멀리 뛰기 위한 재충전이며 진정한 휴식은 회복하게 해주는 것이다. 휴식을 통해 얻는 활력, 편안함, 개운함을 통해 집중할 수 있고 창의성을 발휘할 수 있다. 휴식이 없는 인생은 숨이 차서 멀리 가지 못한다. 쉬지 않고 계속 공부나 일을 하면 판단력을 잃게 된다. 휴식해야 공부나 일이 재미있고 좋은 성과도 올린다. 공부나 일 전체가 한눈에 들어오면서 어디에 조화나 균형이 부족한지 자세하게 보이면서 최상의 결과를 만들어낸다. 휴식은 낭비나 소비가 아니라 생산성을 높이고 더 많은 아이디어를 창출하는 것이다.

●● 휴식하는 방법

휴식은 제대로 취해야 하며 얼마나 쉬느냐가 아니라 어떻게 쉬느냐가 중요하다. 몸은 편히 쉴 수는 있어도 마음의 휴식을 취하기는 쉽지 않다. 마음을 쉬는 것도 연습이 필요한데 무슨 생각이건 이어가려 하지 말고 마음을 쉬게 하는 연습이 쌓이다 보면 삶에 여유가 생긴다. 가만히 자신의 내면을 들여다보면 내면의 찌꺼기는 가라앉고 마음의 평화가 올 것이다. 무슨 행동이건 계속하려는 마음을 순간적으로 멈추며, '잠깐만' 하고 자신에게 동작 정지 명령을 내려야 한다. 이를 위해 아무 생각도 하지 않고, 아무 일도 하지 않고, 근심이나 잡생각도 전혀 하지 않고 매일 10분 정도 그냥 가만히 앉아 있는 것도 한 방법이다.

푸른 초원에 앉아 나뭇잎 흔들리는 소리, 새가 지저귀는 소리, 시냇물 흘러가는 소리, 좋아하는 음악을 들어보고, 파란 하늘에 유유히 떠가는 구름을 바라보고, 발상의 벽에 부딪히면 바다나 강가로 나가 낚싯줄을 드리우면서 파도와 바람 그리고 햇볕으로부터 아이디어를 낚아보자.

자연은 휴식하는 사람에게 "몸의 소리를 들어라", "맑은 눈을 뜨라", "아름다움을 배우라"고 말해준다. 지친 몸과 영혼도 씻어내고, 잃어버린 나를 다시 찾게 된다. 지친 영혼은 생기를 얻고 맑고 따뜻한 시선으로 세상을 바라보게 된다. 가끔은 멈춰 서서 주위를 살펴 보면 지금까지 인식하지 못했던 사물을 발견할 수 있으므로 가끔 혼자서 전혀 가보지 않았던 곳을 찾아가 보면 좋다.

〈휴식〉
빈센트 반 고흐(Vincent Van Gogh, 1853~1890)

●●● 여행의 의미

여행은 움직이는 것이며 새로움을 시도하는 것으로 낯선 것과의 만남이다. 새로운 인연으로 사람을 만나고 새롭고 신기한 뜻밖의 것들과의 조우를 통해 예상치 못한 기쁨을 준다. 삶을 풍요롭고 여유 있게 만들고 행복으로 이끌어주면서 일과 생존 투쟁에서 벗어난 삶이 어떤 것인지 보여준다.

여행은 길 위의 움직이는 학교로 새로운 시각과 넓은 시야로 삶을 배우게 한다. 마음의 눈을 뜨게 하고 가슴을 열게 하면서 자신의 삶을 생각하는 여유를 갖게 한다. 정신을 다시금 맑고 젊어지게 하여 인생을 설계하는 시간을 주고 창조적 영감을 얻게 한다.

여행은 휴식이어야 한다. 어디를 가서 무엇을 보든 휴식이 없는 여행은 또 다른 형태의 노동이다. 여행은 새롭고 낯선 일상 속에서의 게으름이어야 한다.

●●● 놀이의 의미

인간은 놀이할 때에 가장 인간적이다. 인간은 놀이를 갈망하면서도 충동을 억제하면서 놀이를 잊은 채 살아가고 있다. 성공이라는 사다리를 올라타기 위해 놀이를 통한 즐거움을 느끼는 법을 잊어버리고 있다. 놀이는 어린 시절의 소일거리가 아니라 일평생 동안 즐겨야 할 자연스러운 인간의 본능이다. 인간은 세상에 태어나면서 놀이를 접하게 되며 일생을 마감하는 순간까지도 끊임없이 놀이한다.

놀이는 삶을 충만하게 하는 도우미이다. 논다는 것은 인생에 흥취를 더해 주는 것이다. 놀이는 삶을 더 의미 있고 즐겁게 하며 생활에 활기가 넘치게 하고 인간관계를 돈독하게 만들어준다. 놀이를 통해 타인과 더 친밀한 관계로 발전할 수 있다. 놀이는 삶의 균형을 잡아주며 정신을 맑게 해주어 병이 끼어들 여지가 없도록 하는 데 도움을 준다. 피로를 풀고 스트레스를 해소하여 기분 전환과 생활 의욕을 높이는 데 효용이 높다. 놀이를 통해 즐거움과 만족감을 느끼고 더욱 좋아하는 놀이를 추구하면서 확장된 놀이 활동으로 나아가야 한다.

놀이에도 격이 있다. 어떻게 노는가를 보면 그 사람의 삶의 수준을 알 수 있다. 놀이에 어떻게 다가가는지, 무엇을 선택하는지 다양하게 드러나는 놀이에 대한 태도는 삶에 대한 태도라고 볼 수 있을 것이다.

일만 열심히 하는 것은 삶을 균형 잃은 지루한 것으로 만든다. 일하는 법도 알고 노는 법도 알아야 한다. 삶을 너무 심각하게 살지 말고 삶에 순수한 놀이의 시간을 끌어들여야 한다. 일에 몰두하여 일에서 기쁨을 느낄 수 있는 사람만이 놀이에서도 기쁨을 느낄 수가 있다. 진지하게 일에 종사하기 때문에 마음도 몸도 놀이를 철저하게 즐길 수 있다. 일할 때와 마찬가지로 놀 때도 빈둥빈둥하면 안 된다. 놀 때는 노는 데 온 정신을 집중시켜야 한다.

즐거운 듯이 보이는 놀이가 아니라 자신이 정말로 즐거워하는 놀이를 해야 한다. 자신의 놀이를 찾아내어 맘껏 즐겨야 한다. 놀이할 때는 어린아이가 되어야 한다. 어린아이는 놀이를 통해 무엇인가를 달성하려고 하지 않는다. 놀이를 놀이로 즐길 뿐이다. 놀이에서 목적을 추구하면 놀이 자체의 즐거움조차 잃는다. 놀이할 때 무엇인가를 달성하겠다는 생각을 버려야 한다.

실천하기

- 휴식에 대한 올바른 개념을 가진다.
- 정기적으로 휴식을 취한다.
- 공부나 일할 의욕이 나지 않을 때는 휴식한다.
- 매일 10분 정도 그냥 숨만 쉬면서 앉아있는다.
- 매일 일곱 시간은 잠을 깊이 잔다.
- 일주일에 하루는 완전히 휴식한다.
- 기분을 고양해주는 취미를 가진다.
- 휴가 갈 때는 기간, 동반자, 비용 등 구체적인 계획을 세운다.
- 꾸준한 운동을 통한 심신 수련을 한다.

생각하기

- 나는 휴식 없는 삶을 살고 있지는 않은가?

방송사 기자로 취직한 대학 동기가 있었다. 특파원까지 마치고 국장으로 근무하다가 직급 정년에 이르러 한직에 근무하면서 퇴직을 준비하고 있었다. 대학 동기들과 등산을 하는 도중에 나에게 퇴직 후 시골 고향으로 내려가 글이나 쓰면서 노후 생활을 해야겠다고 말하면서 책 출간에 관해서 묻기도 했다.

그런데 예전의 상사가 방송사 사장으로 취임하면서 방송사의 기획·예산·인사를 총괄하는 본부장으로 승진되었다. 퇴직을 예상하는 차에 요직을 맡게 되었으니 그 기쁨은 말할 수 없었을 것이다. 그는 열심히 근무했다. 특히 노사 문제까지 담당하는지라 방송사 노조원들과 어울려 자주 술을 마시면서 대화를 나누는데 상당히 신경을 썼다. 그는 대학 다닐 때부터 술을 좋아했다.

그는 3년 임기를 마친 후 본부장에서 물러나 계열사 감사로 내정되었다. 감사로 부임 준비를 하던 차에 갑자기 병원으로 실려 갔는데 간암 말기 판정을 받고 병원에 입원한 지 2주일 만에 세상을 떠났다.

문상을 간 친구들끼리 "방송사에서 매년 건강검진을 했을 텐데 어떻게 간암 말기에 이르도록 몰랐던 것일까?" 하는 대화가 주류를 이루자, 사망한 동기와 절친한 대학 동기가 "그는 자신이 간암에 걸린 것을 알고 있었고, 그동안 술도 끊고 등산도 자주 하면서 나름대로 건강관리를 했어. 퇴직하면 공기 좋은 시골 고향에 가서 요양하겠다고 했는데 요직인 본부장에 임명되자 건강을 돌보지 않고 업무에 매달리다가 이렇게 됐어."라고 말했다.

어쩌면 그의 이른 죽음은 병을 숨기면서 건강을 돌보지 않고 사회에서 인정받고 출세하는 것에 우선순위를 두고 일에 몰두하면서 삶을 채찍질한 결과라는 생각이 들었다.

죽음

●● 죽음의 의미

사람은 반드시 죽음을 맞이하게 되어 있으므로 죽음을 의식하면서 삶을 영위하는 자세는 갖추어야할 주요한 인성덕목이다. 인생의 시계는 단 한 번 멈추며 언제 어느 시간에 멈출지는 아무도 모른다. 인생이란 모래시계의 모래처럼 끊임없이 빠져나가고 있으며 언젠가는 마지막 모래알이 떨어지는 것처럼 인생의 마지막 날을 맞이하게 된다. 인생의 '세상 소풍'을 모두 마쳤을 때 지나온 이야기들은 영원의 세계에 묻는다.

퀴블러 로스

정신과 의사로 아름다운 죽음에 대한 많은 저서를 남겼던 엘리자베스 퀴블러 로스는 "죽음을 두려워할 이유는 없다. 죽음이란 오랫동안 늦춰진 친구와의 만남과 같은 것이며 인간의 몸이 나비가 누에를 벗고 날아오르는 것처럼 영혼이 육체로부터 해방되어 은하수로 춤추러 가는 것이다."라고 했다. 죽음은 인생의 최종 단계이며 인생행로의 자연적인 귀결점으로 불가항력의 방문이요 필연의 손짓이므로 죽음을 두려워할 이유는 없다. 죽음을 인식하면서 살아가는 것은 삶에 의미를 부여하고 삶의 가치를 깊이 성찰하게 하여 더욱 의미 있고 가치 있는 삶을 영위하게한다.

인간은 죽음에 대해 세 가지의 기본적인 감정이 있다. 어느 것을 더 느끼고 덜 느끼느냐의 차이는 있겠지만 무섭다는 감정, 슬프다는 감정, 허무하다는 감정으로써 죽음에 따른 완전한 이별과 소멸과 단절에 기인하는 것이다.

죽음을 앞두고 '더 일했어야 했는데…'라고 말하는 사람은 없다. "베풀 걸, 사랑할 걸, 재미있게 살걸"이다. 언제나 죽음을 대비하면서 좀 더 베풀고, 더 많이 사랑하고, 더 재미있게 살아야 한다. 삶의 마지막 순간에 바다와 하늘과 별 또는 사랑하는 사람들을 한 번만 더 볼 수 있게 해달라고 기도하는 상황을 만들지 말아야 한다. 생의 마지막 순간에 무엇을 간절히 원하게 될 것인지를 생각하고 살아있는 지금 그것을 해야 한다.

●● 죽음을 의식한 삶

스티브 잡스

생전에 스티브 잡스는 2005년 6월 스탠퍼드 대학 졸업식에서 죽음에 대하여 이렇게 연설했다. "인생의 중요한 순간마다 '곧 죽을지도 모른다'는 사실을 명심하는 것이 저에게는 인생의 큰 선택을 할 수 있게 도와준 가장 중요한 도구가 됩니다. 외부의 기대, 각종 자부심과 자만심, 수치스러움과 실패에 대한 두려움들은 '죽음' 앞에서는 모두 밑으로 가라앉고, 오직 진실만이 남기 때문입니다. 죽음을 생각하는 것은 무엇을 잃을지도 모른다는 두려움에서 벗어나는 최고의 길입니다."

하이데거는 ≪존재와 시간≫에서 "인간은 늘 죽음과 함께하고 있다. 죽음은 자기에게 필연이라는 사실을 인식하고 자각하면서 살아가야 한다."라고 했다. 언젠가는 죽는다는 사실을 받아들일 때 삶이 얼마나 의미가 있는지를 깨닫게 된다. 삶의 유한함에 대하여 깊이 깨달으면 깨달을수록 살아있음의 소중함과 기쁨은 더욱 커질 것이다. 삶의 배후에 죽음이 받쳐주고 있으므로 삶이 빛난다.

하이데거

죽음은 삶의 가장 큰 상실이 아니다. 가장 큰 상실은 살아 있는 동안 자신 안에서 어떤 것이 죽어가는 것이다. 영원히 죽지 않을 듯 살다가 살아보지도 못한 것처럼 죽어가서는 안 된다. 죽음 앞에서 후회하지 않도록 삶에서 가장 중요한 것을 까맣게 잊고 살지는 않는지 돌아보아야 한다. 충실하게 보낸 하루가 행복한 잠을 가져다주듯이 충실하게 보낸 인생은 행복한 죽음을 가져다줄 것이다. 죽음에 대한 준비는 적극적으로 의미 있는 삶을 사는 것으로 의미 있는 삶을 살면 살수록 죽음은 무의미한 것이 된다.

●●● 죽음을 앞둔 삶의 가치

공동묘지에 가지런히 줄을 지어 서 있는 묘비를 둘러보던 한 사람이 발걸음을 멈추었다. 묘비의 글은 단 세 줄이었는데 내용이 재미있었기 때문이다. 첫 번째 줄은 '나도 전에는 당신처럼 그 자리에 그렇게 서 있었소' 글을 읽는 순간 웃음이 터져 나왔다. 두 번째 줄이 이어졌다. '나도 전에는 당신처럼 그곳에 서서 그렇게 웃고 있었소' 이 글을 읽고 난 다음에 진지한 마음으로 세 번째 줄을 읽었다. '이제 당신도 나처럼 죽을 준비를 하시오'

죽는다는 것을 알면서도 죽음을 잊고 살아가고 있지는 않은가? 죽음을 망각한 생활과 죽음이 시시각각으로 다가옴을 의식한 생활은 완전히 다른 상태이다. 인생은 유한한데 영원히 살 것처럼 하루를 살아가면 안 된다. 매 순간 죽음을 인식하고 살아감으로써 욕망을 줄일 수 있으며 세상과 타인에 대해 더욱 자비롭고 관대해질 수 있다.

죽음은 만인을 동등하게 만드는 동시에 고귀하게 만든다. 죽음의 갈림길에 서 있다면 한층 인생의 무게가 더해질 것이다. 인생의 마지막 순간에 어떤 평가를 받고 싶은가? 죽으면 주위에서 "남긴 재산이 얼마나 된답니까?"라고 묻지만, 하늘의 심판은 "어떤 좋은 일을 했느냐?"라고 묻는다. 죽음에 맞닥뜨렸을 때, 각박한 현대 사회가 추구하는 삶의 가치와 전혀 다른 가족, 사랑, 우정, 헌신, 공감과 같은 가치를 목말라 하는 것이야말로 진정 인생에서 추구해야 할 진정한 가치다.

살날이 딱 하루밖에 남지 않았다면 그 마지막 날이 얼마나 소중하다는 걸 깨닫게 될 것이다. 오늘이 생의 마지막 날처럼 여기고 하루하루를 열심히 후회 없는 삶을 영위해야 한다. 오늘이 남아 있는 날 가운데 가장 젊은 날이다. 오늘이 인생에서 남아 있는 날의 첫 번째 날이다. 인생이란 하루하루가 모여서 이루어진 것인 만큼 그 하루하루를 의미 있게 사는 것이 인생을 잘 사는 것이다.

자신이 이미 죽었다고 생각하고 세상을 바라보면 아무리 작은 것일지라도 세상의 모든 것이 얼마나 소중한지, 얼마나 감사해야 할 것이 많은지, 자신의 삶이 다른 사람들의 노고에 얼마나 의존하고 있는지, 주변 사람들에게 잘해 주기 위해 얼마나 노력해야 하는지를 깨닫게 될 것이다. 때때로 죽음을 생각하면서 삶을 영위해야 한다.

사람이 태어났을 때 울음을 터뜨리지만, 주위 사람들은 기뻐한다. 사람이 죽으면 주위 사람들은 울음을 터뜨리지만, 자신은 기뻐할 수 있도록 살아야 한다. 다른 사람의 진정한 애도 속에 죽기도 쉽지 않지만, 자신이 진정 기쁜 마음으로 죽음을 맞이하기는 더 쉽지 않다. 죽음에 대한 준비만큼 엄숙한 것은 없다. 그 준비는 바로 지금 이 순간을 헛되이 살지 않는 것이다.

엘리자베스 퀴블러 로스(Elisabeth Kubler Ross, 1926~2004)
스위스 출신으로 미국에서 활동한 정신과 의사. 인간의 죽음에 대한 연구에 일생을 바쳐 미국 시사 주간지 〈타임〉이 '20세기 100대 사상가' 중 한 명으로 선정하였다. 저서에 ≪죽음과 죽어감 On Death and Dying≫ ≪생의 수레바퀴 The Wheel of Life≫ ≪인생 수업 Life Lessons≫ 등이 있다.

마르틴 하이데거(Martin Heidegger, 1889~1976)
독일의 철학자로 20세기 실존주의의 대표적인 사상가이다.

실천하기

- 죽음을 의식하면서 삶의 소중함과 가치를 깨닫는다.
- 삶의 유한함을 깨닫고 후회하지 않도록 최선을 다한다.
- 평소에 소중한 사람에게 감사와 사랑을 표현한다.
- 남에게 미안함과 용서를 구할 일이 있으면 마음을 전한다.

생각하기

- 죽음에 대하여 어떤 태도를 가지고 있는가?
- 죽음을 앞에 둔 상황이라면 어떤 기분이 들겠는지 상상해 보자.

마지막 인사

라틴 아메리카 콜롬비아 출신의 1982년 노벨문학상 수상자인 세계적인 작가 가
브리엘 가르시아 마르케스Gabriel Garcia Marquez, 1927~2014가 암 악화로 죽음을 앞둔 상
황에서 친지에게 보낸 편지이다.

마르케스

혹시 신이 잠시의 실수로 다시 생명을 주신다면, 나는 최선을 다해 그 삶을 기회
로 삼아 살아갈 것입니다. 내가 생각하는 것 그 모든 것 말하지 아니할 것이며 당
연히 하는 말들은 생각할 것입니다. 가치는 가격에 두지 아니하며 그 의미에 둘 것입니다.

1분간 눈을 감는 동안 60초의 빛을 잃어버리므로 수면은 줄이고 더 많은 꿈을 꿀 것입니다. 남들과
같이 잠시 쉬곤 하지만 남들이 잠들어 누울 때 나는 일어날 것입니다.

나에게 한 조각의 생명이 다시 한 번 주어진다면 옷을 가볍게 입을 것이며, 내 육신만이 아니라 내
영혼마저 모두 벗어버린 채 햇빛 아래 뒹굴어 볼 것입니다. 노년이 되면 사랑에 빠질 수 없다는 생각이
얼마나 잘못인가를 증명할 것입니다. 사실은 사랑에 빠질 수 없을 때 늙기 시작하는 것이지요.

나는 아이들에게 날개를 달아 줄 것입니다. 그러나 간섭은 아니 할 것입니다. 아이는 언젠가 혼자서
날아야 할 방법을 배워야 할 테니까요.

죽음이란 나이로 오는 것이 아니고 기억 상실에서 오는 것임을 보여 줄 것입니다. 그대들로부터 많은
것을 배웠습니다. 갓난아이가 아빠의 손가락을 잡을 때 아가는 아빠를 영원히 잡고 있다는 사실과 사
람은 누구나 다른 사람을 아래로 내려다볼 권리가 있으나 다만 그를 도와 일으켜 세울 때만 할 수 있
다는 것 등 너무나 많은 것들을 그대들로부터 배웠습니다.

어찌 느끼시는지, 무엇을 생각하시는지, 언제나 말씀하십시오. 오늘이 그대를 마지막 볼 수 있는 날
이라면 그대를 힘 있게 껴안을 것입니다. 만일 이 순간이 그대와의 마지막이라면 "나는 그대를 영원히
사랑한다"고 말할 것입니다.

언제나 아침이 오면, 좋은 것들을 만들어 볼 수 있는 또 다른 기회가 찾아옵니다. 그대에게 소중한
이들을 항상 가까이하며, 얼마나 필요한지 얼마나 사랑하는지 말하세요. 애써서 "미안해" "용서해" "고
마워" 하면서 그대가 알고 있는 사랑과 겸손의 말을 표현하세요. 마음속에만 담아 두시면 아무도 그대
를 기억할 수 없습니다. 억지로라도 표현하도록 노력하세요. 이 메시지도 그대가 사랑하는 이들과 친구
에게 표현해보세요. 이 메시지를 그대 사랑하는 이들과 친구에게 보내주세요. 오늘 표현하지 않는다면
내일은 오늘과 똑같은 날이 될 것입니다.

노자가 죽었을 때 진일은 문상을 가서 형식적인 곡哭을 세 번만 하고 나와 버렸다. 제자가 이상하게 생각하고 물었다. "그분은 선생의 벗이 아닙니까?"

진일은 대답했다. "그렇지."

"그렇다면 그런 문상으로 괜찮을까요?"

"괜찮아. 처음 나는 그를 인물이라고 보았네만 지금은 달라. 아까 내가 들어가 문상할 때, 늙은이는 제 자식을 잃은 듯이 곡을 하고 있고, 젊은이는 제 어버이를 잃은 듯이 곡을 하고 있더군. 사람들이 모인 것은 그가 반드시 요구하지는 않았더라도 슬픔을 말하고 곡을 하도록 은연중 시킨 바가 있기 때문이지. 이것은 생사生死라는 자연의 도리에서 벗어나 진실을 거역하고 하늘로부터 받은 본분을 잊음이야. 옛날 사람은 이것을 '하늘에서 도피한 벌'이라고 했지. 그가 어쩌다 이 세상에 태어난 것은 태어날 때를 만났기 때문이며, 그가 어쩌다 이 세상을 떠난 것도 죽을 운명을 따랐을 뿐이야. 그때를 편안히 여기고 자연의 도리를 따라간다면 기쁨이나 슬픔 따위 감정이 끼어들 여지가 없을 걸세. 이런 경지를 옛날 사람은 '하늘의 속박에서 벗어남'이라고 불렀다네."

장자의 아내가 죽어서 혜자가 문상을 갔다. 장자는 마침 두 다리를 뻗고 앉아 질그릇을 두들기며 노래를 부르고 있었다. 혜자가 "아내와 함께 살고 자식을 키워 함께 늙은 처지에 이제 그 아내가 죽었는데 곡조차 하지 않는다면 그것도 무정하다 하겠는데, 하물며 질그릇을 두들기고 노래를 하다니 이거 심하지 않소!" 하고 말했다.

그러자 장자가 대답했다. "아니, 그렇지가 않소. 아내가 죽은 애초에는 나라고 어찌 슬퍼하는 마음이 없었겠소. 그러나 그 태어나기 이전의 근원을 살펴보면 본래 삶이란 없었던 거요. 그저 삶이란 없었을 뿐만 아니라 본래 형체도 없었소. 비단 형체가 없었을 뿐만 아니라 본시 기氣도 없었소. 그저 흐릿하고 어두운 속에 섞여 있다가 변해서 기가 생기고, 기가 변해서 형체가 생기며, 형체가 변해서 삶을 갖추게 된 거요. 이제 다시 변해서 죽어 가는 거요. 이는 춘하추동이 되풀이하여 운행함과 같소. 아내는 지금 천지라는 커다란 방에 편안히 누워 있소. 그런데 내가 소리를 질러 따라 울고불고한다면 하늘의 운명을 모르는 거라 생각되어 곡哭을 그쳤단 말이오."

갑자기 이번에는 자래가 병이 났다. 숨이 차서 헐떡거리며 곧 죽을 것 같았다. 그 아내와 자식들이 둘러싸고 울고 있었다. 자려가 문병을 가서 그 꼴을 보고 말했다. "쉬이, 저리들 가요. 죽는 사람을 놀라게 하지 마요." 가족을 물리치자 그는 문가에 기대서 자래에게 말했다. "위대하구나, 조화造化의 힘은 또 자네를 무엇으로 만들고 어디로 데려가려는 것일까. 자네를 쥐의 간(肝)으로 만들려나, 아니면 벌레의 팔뚝으로 만들려는가."

자래가 대답했다. "부모는 자식에 대해 동서남북 어디든 그 명령을 따르게 하지. 자연의 변화가 사람을 따르게 함은 부모가 자식을 대하는 정도의 것이 아닐세. 조화가 내 죽음을 바라는데 내가 듣지 않으면 나는 곧 순종하지 않는 셈이 되네. 그러니 그 조화에 무슨 죄가 있겠는가. 자연은 내게 형체를 주었지. 그리고 삶으로 나를 수고롭게 하고, 늙음으로 나를 편하게 하며, 죽음으로 나를 쉬게 해 주네. 그러므로 삶과 죽음이란 이렇듯 하나로 이어진 것이니, 내 삶을 좋다 함은 바로 내 죽음도 좋다고 하는 게 된다네."

> * 죽음은 삶과 다른 것이 아니라 자연의 삶에 순응하는 사건으로 받아들이고 있다.

≪장자 莊子≫

기원전 290년경에 만들어진 책. 전국 시대의 사상가인 장주(莊周)의 저서로 도가 사상이 집대성되어 있다. 도가의 시조인 노자가 쓴 것으로 알려진 ≪도덕경≫보다 더 분명하며 이해하기 쉽다

장주(莊周, 기원전 4세기경 활동)
중국 도가 초기의 가장 중요한 사상가. 그의 사상은 중국 불교의 발전에도 영향을 주었으며, 중국의 산수화와 시가(詩歌)에도 많은 영향을 미쳤다.

PART

III

관계로서의 인성

배려 | 이타심 | 존중 | 신뢰 | 사랑 | 용서
겸손 | 친절 | 예절 | 용모 | 소통 | 공감
말 | 경청 | 인간관계 | 리더십 | 가족
스승 | 친구 | 칭찬 | 웃음

배려

●● 배려의 의미

현대 사회에서 개인주의가 팽배하면서 배려심이 퇴색되고 있는 상황에서 배려를 실천하는 것은 주요한 인성덕목이다. 배려는 인간만이 나눌 수 있는 아름다운 미덕으로 상대방의 처지나 형편을 헤아려 기쁘게 하고 보살펴 주려는 마음을 가지고 행동하는 것이다. 해야 할 의무를 지닌 것이 아니지만, 의무보다 한 단계 높은 마음 씀씀이다. 나와 함께 존재하는 다른 사람을 위해 가만히 손을 내미는 것이며, 나를 향한 다른 몸짓에 배인 의미를 충분히 아는 것이며, 덧붙여 그 따스함을 오래오래 기억하는 것으로 참으로 인간적인 몸짓이다. 아주 사소하고 단순한 것이라도 배려는 아름다운 행위이다.

파스칼

파스칼은 "자기에게 이로울 때만 남에게 친절하고 어질게 대하지 마라. 지혜로운 사람은 이해관계를 떠나서 누구에게나 친절하고 어진 마음으로 대한다. 왜냐하면, 어진 마음 자체가 나에게 따스한 체온이 되기 때문이다."라고 했다.

배려하는 사람은 따뜻한 마음씨의 소유자로 그 마음은 즐거움의 원천이다. 배려의 좋은 점은 남을 즐겁게 하지만 자신이 선해지는 마음이 들면서 행복과 기쁨이 온다. 배려하는 사람은 아름다우며 그 마음은 즐거움의 원천이다. 배려함으로써 그 사람에게 준 유쾌함은 자신에게 돌아오며 베푸는 배려에 비례하여 자신에게 기쁨이 쌓인다.

배려는 인간관계의 윤활유로 사람의 마음을 열게 하는 열쇠다. 배려하는 행위가 상대방에게 호의를 갖게 하고 감동을 주어 받아들이게 한다. 인간이란 원래 조그마한 것에 감동하게 마련이므로 사소한 배려가 호의를 갖게 하고 받아들이게 한다. 서로 배려하며 사는 삶이 진정한 상생과 공존의 길이다.

배려하는 사람이야말로 성공적인 삶을 사는 사람이다. 손님이 많은 음식점에 가보면 음식 맛뿐만 아니라 친절한 말씨 등 꼼꼼하게 작은 배려를 실천한다. 번창하는 기업의 경우도 물건을 판매하는 데 그치는 것이 아니라 사후 서비스 등 소비자를 극진히 배려한다. 이처럼 배려를 하면 자신에게 돌아오는 것이므로 배려받기를 원한다면 먼저 배려를 베풀어야 한다.

빌 게이츠

●● 배려하는 방법

빌 게이츠는 "가는 말을 곱게 했다고 오는 말도 곱기를 바라지 마라. 주는 만큼 받아야 한다고 생각지 마라. 다른 사람이 나를 이해해주길 바라지도 마라. 항상 먼저 다가가고 먼저 배려하고 먼저 이해하라."고 했다.

배려는 상대방의 입장을 먼저 헤아리는 것에서 출발한다. 남에게 이롭거나 기쁨을 주는 행위뿐만 아니라 자신의 행동이 남에게 폐를 끼치지 않는 것도 배려이다. 자신의 행동이 다른 사람에게 피해를 주거나 불편하게 하거나 불쾌하게 하는 것은 아닌지 주의를 기울여 먼저 살펴보고 바로잡아야 한다.

예를 들어 상대방이 시끄럽다고 생각하지 않는지, 무겁다고 느끼지 않는지, 춥지는 않은지, 다리가 아픈 것은 아닌지 등을 살피고 조용히 대화하거나 전화를 하고, 짐을 나누어 들고, 창문을 닫고, 자리를 양보하는 등 작은 행동이 훈훈한 사회로 만드는 첩경이다.

무언가 도움이 필요한 사람에게 적절한 도움을 주고자 한다면 어떤 도움을 베풀 수 있는지를 생각해야 한다. 친구와 주변의 이웃에 관심을 가지고 살펴보면 도움이 필요한 사람이 있을 것이다. 경제적으로 어렵다면 내가 도움을 줄 수 있는 것은 무엇인지, 슬픔에 젖어있다면 어떤 위로를 할 것인지 등을 살피고 자신의 능력껏 도와주어야 한다.

●● 배려하는 사회

바바 하리 다스가 쓴 ≪산다는 것과 초월한다는 것≫에 다음과 같은 이야기가 나온다.

바바 하리 다스

'앞을 못 보는 시각장애인 한 사람이 어두컴컴한 밤에 머리에 물동이를 이고 한 손에는 등불을 들고 길을 걸어오고 있었다. 그때 그와 마주친 마을 사람이 그에게 "당신은 정말 어리석은 사람이군요! 앞도 못 보면서 등불은 왜 들고 다닙니까?"라고 말하자 "당신이 나와 부딪히지 않게 하려고 그럽니다. 이 등불은 나를 위하는 것이 아니라 당신을 위하는 것이지요."라고 대답했다.'

배려는 많은 사람에게 큰 행복을 가져다줄 수 있는 따뜻하고 아름다운 마음 씀씀이이다. 서로서로 배려하는 마음을 가지고 행동할 때 삶을 풍요롭게 만들고 정이 넘치는 더불어 사는 공동체가 된다. 배려라는 작은 몸짓이 세상을 훈훈하게 하며 살맛이 나게 한다. 서로를 존중하고 서로에게 친절하고 예의 바르게 행동하도록 노력해야 한다. 한 사람의 배려가 또 다른 사람의 배려로 이어지면서 공동체 전체로 퍼져나가야 한다.

상대방을 기쁘게 하고 싶고, 상대방으로부터 칭찬이나 사랑을 받고 싶다면 상대방을 배려해야 한다. 배려하는 일은 크게 힘든 일이 아니며 조금만 신경 쓰면 된다. 누구나 취미, 기호, 버릇이 있으므로 이를 잘 관찰하여 좋아하는 것, 마음에 드는 것을 내놓으면 기뻐하고 감사한 마음을 가지면서 호감을 느끼게 된다. 반면에 좋아하지 않는 것, 싫어하는 것을 내놓으면 기분이 좋을 리가 없으며 나쁜 감정을 가질 수 있다.

아주 사소한 배려가 큰 감동을 불러일으킬 수 있으므로 세심한 주의를 기울여 작은 것에까지 신경을 써야 한다. 상대방이 뭘 좋아하는지를 모를 때는 자신이 좋아하는 것, 자신이 상대방으로부터 배려를 받고 싶어 하는 것을 해주어야 한다. 자신이 어떤 대접을 받았을 때 기뻤는지를 떠올리고 그때처럼 하면 되는 것이다.

바바 하리 다스(Baba Hari Dass, 1923~)
인도의 성자로 영적 스승이다. '침묵의 수행자'인 그는 말을 하는 대신 허리춤에 매단 작은 칠판에 글을 써서 사람들과 인생에 대한 이야기를 나누는 것으로 유명해졌다. 홀로 있는 시간에 글을 쓰며 ≪성자가 된 청소부≫ ≪명상≫ 등 깊은 성찰이 담긴 저서가 있다.

실천하기

- 상대방을 배려하는 행동을 한다.
- 어떤 대접을 받았을 때 기뻤는지를 떠올리고 실천한다.
- 항상 상대방을 친절하게 대한다.
- 상대방의 이야기에 귀 기울여 준다.
- 사회적 약자가 사회에 적응할 수 있도록 도와준다.
- 공공장소에서 눈살 찌푸리게 하는 행동을 하지 않는다.
- 대중교통을 이용할 때 노약자나 어린아이가 먼저 타도록 하고 앉도록 한다.
- 주차장에서 차선을 지켜 주차한다.
- 문을 닫을 때 큰소리가 나지 않도록 살며시 닫는다.
- 밤늦은 시간에 세탁기를 돌리지 않는다.
- 가족이나 손님이 집에 들어올 때 벗어놓은 신발을 신기 편하게 방향을 돌려놓는다.
- 식사 후에 그릇을 개수대에 갖다 놓는다.
- 가족의 휴대전화를 충전해준다.
- 가족이 평소 복용하는 약을 시간에 맞춰 챙겨준다.

생각하기

- 나는 배려하는 사람인가?
- 다른 사람이 필요로 하는 것을 얼마나 배려하는가?

간디가 인도에서 지방으로 강연하기 위해 출발하려는 기차에 겨우 올라탔다. 그 순간 그의 신발 한 짝이 벗겨져 플랫폼 바닥에 떨어졌다.

기차는 이미 움직이고 있었기 때문에 간디는 그 신발을 주울 수가 없었다. 이때 간디는 재빨리 나머지 신발 한 짝을 벗어서 신발이 떨어진 곳으로 던졌다.

이 광경을 본 동행하던 사람이 그 이유를 묻자 간디는 미소를 지으며 대답했다.

"어떤 사람이 바닥에 떨어진 신발 한 짝을 주웠을 때 한 짝만 있다면 아무런 쓸모가 없을 것입니다. 그러니 나머지 한 짝도 있어야 신을 수 있을 것입니다."

간디(Mohandas Karamchand Gandhi, 1869~1948)

20세기 인도의 위대한 민족주의 지도자. 비폭력주의를 제창하면서 영국의 식민지였던 인도의 독립을 주도했다. 그는 영국에서 법률 공부를 하면서 많은 이상주의자의 영향을 받았다. 남아프리카공화국에서부터 인종 차별과 불의에 맞서기 시작했고, 영국에 대한 불복종 운동을 일으켜 민족주의자의 길에 들어섰으며, 이후 인도뿐만 아니라 세계 평화운동에 많은 영향을 주었다.

　　오드리 헵번Audrey Hepburn, 1929~1993은 20세기 가장 아름다운 배우로 〈로마의 휴일〉〈티파니에서 아침을〉〈사브리나〉 등 수많은 영화에 출연한 명배우이다. 1988년부터 배우 은퇴 후 유니세프 친선대사로 활동하면서 전 세계의 굶주리고 고통받는 어린이를 위해 사랑을 실천했다.

　　아래 시는 대장암으로 임종 1개월 전, 크리스마스이브에 두 아들에게 읽어 준 샘 레븐슨Sam Levenson의 〈아름다움의 비결〉이라는 시이다. 그녀의 두 아들은 '오드리 헵번 어린이 재단'에서 세계 평화와 기아 방지 등 어머니의 유언을 착실히 실천하고 있다.

아름다운 입술을 가지고 싶다면 친절하게 말하세요

사랑스러운 눈을 가지고 싶다면 사람들의 좋은 점을 보도록 하세요

날씬한 몸매를 가지고 싶다면 배고픈 사람과 음식을 나누세요

아름다운 머릿결을 가지고 싶다면 아이에게 하루에 한 번 그 머릿결을 어루만지게 하세요

균형 있게 걷고 싶다면 당신이 결코 혼자 걷는 것이 아님을 명심하세요

물건뿐만 아니라 사람도 새로워져야 하고, 발견해야 하며, 활기를 불어넣어야 합니다

어떤 사람도 무시되어서는 안 됩니다

당신이 도움의 손길이 필요할 때 당신 역시 팔 끝에 손을 갖고 있음을 기억하세요

나이를 먹으면서 알게 될 것입니다

한 손은 당신 자신을 위해 다른 한 손은 다른 사람을 돕기 위해 있음을

이타심

●● 이타심과 공동체

타인을 신뢰하고 배려하는 이타심은 가장 기본적으로 갖추어야 할 인성덕목이다. 현대인들은 자신이나 가족들에 대하여는 관심이나 물질을 베풀면서도 이해관계가 없는 이웃이나 남에 대한 기부나 봉사는 쉽지 않다. 이렇듯 현대 사회는 많은 이기적인 면모를 보여주고 있다. 이기적인 삶이 활개를 치는 현대 사회에서 이타적인 삶의 자세는 커다란 의미를 지닌다.

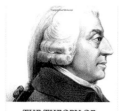

≪도덕감정론≫

애덤 스미스는 ≪도덕감정론≫에서 "인간이 아무리 이기적이라고 할지라도 인간의 본성에는 분명히 연민憐憫과 동정同情의 원리가 존재한다. 이 원리들로 인해 우리는 인간의 운명에 관심을 두게 되며 자기에게는 별 이익이 없어도 타인이 행복하기를 바란다. 타인의 비참함을 목격할 때 우리는 이러한 연민과 동정을 느낀다. 도덕적이거나 인간미가 풍부한 사람은 물론이고, 무도한 폭한暴漢이나 사회의 법률을 극렬하게 위반하는 사람도 이러한 감정을 가지고 있다."라고 하면서 인간의 이기심은 동정과 연민에 의하여 절제될 수 있다고 보았다.

만약 모든 사람이 이기적인 행동으로 일관한다면 공동체는 유지되지 못하고 몰락하고 말 것이다. 인간의 마음속에 내재해 있는 이타심이 발휘될 때 비인간화의 방향에서 인간성 회복의 방향으로 나아간다. 공동체에서 함께 살며 서로 의존하고 있음을 깨닫고 이타심을 발휘하며 상부상조해야 한다. 현대 사회가 더욱 나은 더불어 사는 공동체가 되기 위해서는 타인에게 베푸는 이타적인 삶의 자세를 가져야 한다.

●● 이기적인 사람과 이타적인 사람

인도의 성자 썬다 싱은 눈보라가 몰아치는 겨울날, 네팔 지방의 외딴 마을을 찾아가기 위해 산길을 걷고 있었다. 길을 가던 도중 방향이 같은 여행자를 만나 함께 눈발을 헤치며 고된 발걸음을 재촉했다. 얼마쯤 갔을까, 인적이라고는 없는 산비탈에 이르렀을 때 눈 위에 쓰러져 있는 사람을 발견했다. 그 사람은 곧 죽을 것처럼 가느다랗게 숨을 내쉬고 있었다. 썬다 싱은 여행자에게 말했다. "우리 이 사람을 데리고 갑시다. 그냥 두면 분명 죽고 말 것이오." 그러자 여행자는 얼굴을 잔뜩 찌푸리며 반대했다. "안 됩니다. 우리도 죽을지 살지 모르는 판국에 한가하

썬다 싱(Sunder Singh, 1889~1929)
인도의 성자.

게 누굴 도와준단 말이오?" 그는 오히려 화까지 내면서 서둘러 먼저 가버리는 것이었다.

썬다 싱은 쓰러진 사람을 일으켜 등에 업고 있는 힘을 다해 발걸음을 옮겼다. 눈보라는 갈수록 더욱 거세졌다. 썬다 싱은 헉헉 숨을 몰아쉬며 한 발 한 발 앞으로 나아갔다. 점점 눈앞이 흐려져 오면서 걷기조차 힘들었다. 하지만 등에 업은 사람을 내려놓고 갈 수는 없었다. 무거움을 참고 견디다 보니 온몸에서는 땀이 흐르기 시작했다. 그러자 등에 업힌 사람의 얼었던 몸이 썬다 싱의 더운 체온으로 점점 녹아 의식을 회복하게 되었다. 마침내 마을 가까이 왔을 때, 저쪽에 쓰러진 사람이 눈에 들어왔다. 그 사람은 안타깝게도 이미 얼어 죽어있었다. 그는 먼저 가버렸던 바로 그 여행자였다. 먼저 혼자 가버렸던 여행자는 얼어 죽었고, 죽어가던 사람을 업고 간 썬다 싱은 서로의 체온으로 살아남을 수 있었다.

이타심을 발휘하는 사람은 넘어진 자를 일으켜 세워 좋은 일이 일어나게 하며 타인에게 좋은 일이 일어나면 상호의존의 원리가 작동하여 자신에게도 좋은 일이 생긴다. 베풀면 가난해진다는 생각은 착각이다. 진정한 부자는 많이 베푸는 사람이며, 바로 그 때문에 많이 받는 것이다. 결국, 큰 욕심을 가진 사람은 이타심이 큰 사람일 수밖에 없다.

인간의 이기적인 행동은 자신을 타인과 별개의 존재로 여기는 시각에서 비롯된다. 자신만을 중심에 두고 모든 일을 판단한다면 작은 도움조차 실천하기 어렵다. 이기심으로 자신만 생각하고 타인을 잊어버린다면 마음은 매우 좁은 공간만을 차지할 것이고, 그 작은 공간 안에서는 작은 문제조차 크게 보이면서 올바른 판단을 하지 못한다.

이타심은 남을 생각하고 배려하므로 자연히 자신의 마음은 편안해지고 마음은 넓어져 열린 사고로 세상을 바라보면서 올바른 판단을 하게 된다.

이기적인 사람은 다른 사람들의 협력과 응원을 얻을 수 없다. 응원과 협조 없이 꿈을 실현하기 어려우며 설령 꿈을 이루었다고 해도 오래갈 수 없다. 반면에 이타적인 사람은 다른 사람의 따뜻한 협조 속에 꿈을 실현할 수 있으며 모두가 함께 기뻐하는 가운데 꿈의 실현을 지속시킬 수 있다.

● ● 이타심을 발휘하는 방법

한 정치인이 마더 테레사 수녀에게 물었다. "수녀님의 임무가 커다란 영향을 미치지 못하는 것에 대해 가끔은 좌절하거나 실망하지는 않습니까?" 그러자 마더 테레사 수녀가 대답했다. "아닙니다. 전혀 실망하지 않습니다. 하느님은 저에게 큰 임무나 능력을 주신 것이 아니라 자선의 임무를 주셨습니다."

마더 테레사 수녀는 가난의 원인이나 사회 환경을 바꾸는 데에 관심을 기울이는 것이 아니라 슬픔에 빠진 사람을 위로하고 눈먼 사람에게 책을 읽어주고

마더 테레사 수녀

굶주림을 겪고 있는 사람에게는 밥을 제공하는 사랑을 베풀었다. 자신이 받은 노벨평화상 상금은 가난한 사람들을 위한 집을 짓는 데 기부했다. 마더 테레사 수녀가 87세 임종 직전에 남긴 말에서 진정한 이타심이란 어떤 것인가를 알 수 있다.

"나는 결코 대중을 구원하려 하지 않으며 그렇게 할 능력도 없습니다. 나는 한 번에 단지 한 사람만 사랑할 수 있습니다. 한 번에 단지 한 사람만 껴안을 수 있습니다."

조그마한 자영업을 하면서 돈을 벌어 사회 기부 활동을 펼치는 사람이 "내 인생에서 금전적으로 가장 행복했던 순간은 큰 거래를 성사시켜 엄청난 수익을 올려 흥분했을 때가 아니라 도움이 필요한 사람들을 도와줄 수 있을 때 찾아왔다. 하나를 더 주면 그만큼 행복해진다. 그리고 행복해질수록 베풀기는 더 쉬워진다."라고 고백했다.

●● 이타심과 행복

아프리카 가봉의 랑바레네에서 슈바이처가 운영하는 병원에서 보조간호사로 궂은일을 도맡아 처리하는 마리안 프레밍거 Marian Preminger, 1913~1979 라는 젊은 여성이 있었다. 헝가리 귀족의 딸로 태어난 그녀는 모든 악기의 연주에 능했으며 비엔나에서 유명한 연극배우로 명성을 떨치기도 했다. 1948년 그녀가 아무런 부족함이 없이 파리에서 살고 있을 때, 슈바이처가 아프리카에서 잠시 돌아와 오르간 독주를 한다는 기사를 보고 찾아가 연주를 듣고 '지금까지 내 인생은 허상일 뿐이었다. 남을 위한 삶에 진정한 가치가 있다.'라고 크게 깨닫고 아프리카 슈바이처 병원의 간호사로 지원하여 빨래나 부엌일 등 흑인 병자들을 위해 사랑을 베풀었다. 나이가 들어 몸이 움직이지 않을 때까지 20년 동안 봉사한 후 은퇴하여 뉴욕에서 살다가 1979년에 세상을 떠나면서 그녀가 남긴 말은 "남을 위한 삶이 이렇게 행복한 것을…"이었다.

인생에서 자신이 가진 것을 의미 있고 가치 있게 베풀며 사느냐가 중요하다. 이타심을 발휘하는 방법은 돈이나 물질만이 아니라 재능기부, 심지어 시간을 내어 마음을 나누는 등 방법은 다양하다. 이타심을 키우기 위해서는 이타적인 행위를 통해서 희열을 느끼면서 계속해서 이어가야 한다. 이를 위해서는 순간순간 겪게 되는 작은 봉사의 기회에서라도 베풂을 실천하는 습관을 들여야 한다.

하루를 시작하면서 만나는 사람들에게 가능한 한 즐거움을 선사하려는 마음을 가지고 집을 나서야 하며 평소에 주변 사람들에게 친절을 베푸는 것이 습관화되어야 한다. 누군가로부터 도움을 부탁받았을 때 자신의 능력으로 도와줄 수 있고 도와줘도 괜찮은 일이라면 도움을 주어야 한다.

가장 행복한 사람으로 찬양받을 만한 사람은 가장 많은 사람을 행복하게 해준 사람이다. 인간의 행복은 베풂에서 나오므로 자신이 행복해지기 위해서는 먼저 남이 행복해지도록 도와야 한다. 대개는 자신을 위해 돈을 쓴 사람이 더 행복하리라 생각하지만, 사실은 도움이 필요한 사람을 도울 때 더 행복감을 느낀다고 하며 이것은 '베풂의 따뜻한 빛'이며 '돕는 사람의 희열'이다.

에리히 프롬도 ≪사랑의 기술≫에서 "베풂을 무엇인가 빼앗기는 것, 희생하는 것이라는 생각은 오해다. 주는 것은 잠재적 능력의 최고의 표현이다. 준다고 하는 행위 자체에서 힘과 부와 능력을 경험한다. 고양된 생명력과 잠재력을 경험하고 매우 큰 환희를 느낀다."라고 했다.

이타심 발휘는 자신을 희생하는 것이 아니라 자신을 위한 것이다. 왜냐하면, 남에게 베풀면 남의 행복에 도움이 되지만 자신도 행복을 느껴 덕을 보기 때문이다.

에리히 프롬

≪도덕감정론 The Theory of Moral Sentiments≫(1759)
경제학의 아버지 애덤 스미스(Adam Smith, 1723~1790)가 ≪국부론≫(1776)에서 자본주의의 물적 측면을 조명하고 있다면 훨씬 이전에 쓴 ≪도덕감정론≫은 자본주의의 정신적 측면을 조명하고 있다. 사회 속에서 발현되는 〈인간의 본성〉, 〈개인의 자유와 사회적 질서가 양립할 수 있는 원리〉, 〈자본주의가 성립하기 위한 전제〉, 〈자본주의 체제가 제대로 작동하기 위한 원칙〉 등을 설명하고 있는 고전이다.

마더 테레사(Mother Teresa, 1910~1997)
인도의 로마 가톨릭교회 수녀. 1950년 인도 콜카타에서 〈사랑의 선교회〉를 설립하고 빈민과 병자, 고아, 그리고 죽어가는 이들을 위해 헌신하면서 세계적으로 가난한 이들을 대변하는 인도주의자로 널리 알려졌다. 1979년 노벨평화상을 받았다.

에리히 프롬(Erich Fromm, 1900~1980)
심리학자, 대학교수. 독일 출신으로 사회심리학을 개척했으며, 미국으로 옮겨 교수를 역임했다. 주요 저서로 ≪소유냐 존재냐≫, ≪자유로부터의 도피≫, ≪건전한 사회≫ 등이 있다.

실천하기

- 나는 남을 도울 수 있는 사람임을 인식하고 더불어 사는 삶을 산다.
- 사회적 약자를 위해 기부와 봉사 활동을 한다.
- 곤란에 처한 사람을 능력껏 도와준다.
- 가족이나 친구를 위해 좋은 일을 실천한다.
- 재능 기부로 돕는다.
- 내가 가진 장점을 동원해 다른 사람을 돕는다.

생각하기

- 나는 이타적인 사람인가?
- 현대 사회에서의 이타적인 삶의 자세에 대하여 생각해 보자.

진실한 의인의 참모습, 장기려

장기려 의학박사는 한국의 슈바이처로 불릴 정도로 평생을 이타심을 발휘하다가 세상을 떠난 분이다.

한국전쟁이 일어난 후 4개월 만인 1950년 10월 유엔군과 국군은 평양을 탈환했다. 외과 의사인 장기려 박사는 평양 병원에서 국군 부상병을 치료하고 있었다. 그해 12월 중공군이 개입하면서 국군은 평양을 철수하게 되고 이때 장기려를 남으로 데려가기 위해 그를 야전병원 환자 수송용 버스에 태웠다. 황급히 떠나는 바람에 아내와 다섯 자녀를 두고 둘째 아들과 부산으로 피난했다. 그 후 그는 늘 빛바랜 가족사진 한 장을 가슴에 품고 평생 독신으로 지냈다.

장기려(張起呂, 1911~1995)

그는 부산에서 병원을 열고 가난한 환자들을 돌보는 데 평생을 바쳤다. 병원비가 없는 환자를 위해서 무료 진료를 거듭하여 급기야 병원 운영이 어렵게 되자 병원 간부회의에서 아예 장 박사는 무료 진료에 관여하지 못하게 했다. 그러자 그는 입원 후 치료를 마친 가난한 환자들에게 말했다.

"내가 밤에 살그머니 나가서 병원 뒷문을 열어 놓을 테니 나가세요."

그는 평생 자기 집 한 칸 갖지 않고 병원 옥상의 24평 사택에서 살면서 가난하고 소외당하는 이웃들의 벗이었다. 한국전쟁 후의 '천막 무료 진료'부터 미래를 내다본 의료 복지 정책인 '청십자 의료조합'까지, 그것은 그의 박애 정신의 발로였다.

1995년 죽음을 맞이하기까지 북한에 두고 온 가족에 대한 그리움을 가난한 환자에 대한 사랑으로 승화한 장기려 박사의 삶은 진실한 의인의 참모습이었다.

하나의 생명을 구하는 자는 세상을 구하는 것

〈쉰들러 리스트〉

'쉰들러 리스트'에서는 제2차 세계 대전 중에 1,100명의 유대인을 구한 체코슬로바키아 출신의 독일 나치 당원 오스카 쉰들러^{1908~1974}의 업적이 다큐멘터리처럼 이어진다.

1939년 9월, 독일군은 폴란드를 점령하고 폴란드 내의 모든 유대인을 대도시인 크라코프로 이주시 킨다. 이곳에 도착한 유대인들은 별 표시의 완장을 차야 했으며, 모든 가족을 등록하고 집과 사유재 산을 약탈당한다.

오스카 쉰들러^{리암 니슨 분}는 폴란드 주둔 나치로부터 식기류를 납품할 수 있는 허가를 받고 법랑 공 장을 운영한다. 전직 회계사인 유대인 이작 스턴^{벤 킹슬리 분}을 공장장으로 임명하고, 많은 유대인을 노 동자로 고용한다. 고용된 유대인에게는 나치가 전쟁에 필요한 일꾼이라는 표시의 파란 카드를 발급해 준다.

1943년 3월 13일, 수용소장 아몬 커트^{랄프 파인즈 분}의 지휘 아래 유대인 대량 학살의 서곡이 시작된다. 나치는 거주지에 있는 유대인을 집결시키고, 무조건 현장에서 사살한다.

1944년 8월, 아몬 커트는 쉰들러에게 "40일 뒤에는 수용소에 살아남아 있는 유대인들도 죽음의 아 우슈비츠로 보낼 것이오."라고 말한다. 쉰들러는 또다시 아몬 커트와 커다란 거래를 통해 고향인 체코 에 탄피 공장을 운영한다는 명목으로 유대인 한 사람당 돈을 주기로 하고 죽음의 수렁에서 벗어날 명 단을 작성하여 그들을 데리고 간다.

1945년 8월, 독일은 연합군에 항복한다. 공장의 유대인들은 금니를 뽑아 녹여 쉰들러에게 전달할 감사의 반지를 만든다. 유대인들이 늘어서 있는 가운데 쉰들러 부부가 떠나려 하고 있다. 전범으로 몰 릴 경우 쉰들러가 제시할 수 있도록 이들 모두가 서명한 그동안의 경위가 담긴 진정서와 감사의 금반 지를 이작 스턴이 전달하면서 말한다. "반지에는 '하나의 생명을 구하는 자는 세상을 구하는 것

Whoever saves one life, saves the world entire'이라는 탈무드 에 나오는 글귀가 쓰여 있습니다."

차에 올라타고 떠나는 쉰들러 부부를 바라보는 쉰들러 리스트로 목숨을 건진 유대인들. 가슴이 찡한 이스라엘 민속 음악이 잔잔히 흐르는 가운 데 유대인의 행진이 이어지면서 영화는 끝난다.

존중

●● 자기 존중과 타인 존중

자신에 대한 자긍심을 가지고 타인의 개성과 다양성을 인정하여 배려하는 마음인 존중은 주요한 인성덕목이다. 존중이란 높이 받들고 소중하게 여기는 것으로 공동체 유지와 발전을 위해 사람이 갖추어야 할 도덕적 요건이다. 사람이 살면서 가족 간에, 친구 간에, 이웃 간에, 생활에서의 모든 인간관계에서 서로를 이해하고 존중하는 마음을 가져야 한다.

독일의 철학자 칸트는 "너 자신에게나 다른 사람에게나 인간을 언제나 목적으로 대우하고 결코 수단으로 대우하지 말아야 한다."라고 말했다. 나를 포함한 모든 인간을 한 인격체로 존중하는 것은 인간의 마땅한 의무라는 것이다. 인간이 존엄하다는 것은 다른 어떤 것과도 비교할 수 없을 정도로 소중한 가치를 지니고 있다.

칸트

존중은 자기 존중과 타인 존중으로 분류할 수 있다. 자기 존중은 자신의 특성에 대해 긍정적인 가치를 부여하는 것으로 자신을 있는 그대로 받아들이고 소중하게 여기는 것이다. 자기 존중은 모든 도덕적 행위의 출발점으로 자신의 도덕적 권리와 자신의 도덕적 의무에 대해 올바르게 인식하는 것이다. 자기를 존중하는 사람은 자신 있게 꿈의 실현을 향해 앞으로 나아간다. 자신의 부족한 부분이 무엇인지 살피면서 매사에 긍정적인 자세로 다른 사람의 평가에 개의치 않고 노력한다.

타인 존중은 인간 존엄의 정신을 발현하는 것으로 다른 사람의 개성, 습관, 생각, 가치관, 감정, 사생활 등에 관심을 가지는 것이며 이해하고 받아들이는 것이다. 다른 사람을 대할 때의 태도 원리로서 상대방에게 감사하는 것이며, 상대방을 믿는 것이며, 상대방의 입장에서 사안을 바라보는 것이다. 상대방과의 생각을 같이하는 것이 아니라 비록 생각이 다르더라도 상대방의 생각을 무시하거나 자의적으로 판단하지 않고 인정하는 것이다. 진정한 타인 존중은 다른 사람 그 자체를 존중하는 것으로 존엄성과 권리를 가진 사람으로 대우하는 것이다.

자기 존중은 타인 존중의 첫걸음이다. 자신을 소중하게 여기지 않는 데 타인을 소중하게 여길 수 없다. 자신을 소중하게 여길 때, 타인도 소중한 존재라는 것을 깨닫게 되는 것이다. 자신을 존중하면서 자신이 부족하거나 잘못할 수도 있다는 것을 인식할 때, 타인도 역시 부족할 수도 있고 잘못할 수도 있다는 점을 이해하면서 존중하게 되는 것이다.

미국의 부부 커뮤니케이션 전문가인 조나단 로빈슨은 "상대방을 존중하는 것이 무조건 상대방 의견에 동의하거나 자신은 틀리고 상대방은 옳다는 것을 뜻하는 것은 아니다. 상대방의 말과 행동을 인격적으로 존중해 주는 것으로 상대방의 입장과 상대방이 옳다고 믿고 있는 사실을 당연히 그럴 수 있다고 귀 기울이고 받아들이는 것이다."라고 했다.

존중은 상대방에게 다가가기 위한 최소한의 노력으로 인간관계의 바탕이며 출발점이다. 자기 생각만을 고집하는 편협한 태도를 가진다면 바람직한 인간관계는 형성되지 못할 것이다. 존중하는 마음이 없다면 관계는 불편해지고 감정이 상한다. 서로의 견해가 다른 경우에 상대방의 의견을 이해하고 존중하는 마음을 가진다면 원만한 관계를 유지하고 발전시킬 수 있다. 상대방에 대한 존중을 생각뿐만 아니라 행동에서도 실질적으로 보여주어야 한다.

존중은 지지와 수용을 촉진하는 매력의 한 형태이다. 존중하는 사람에 대하여 매력을 느끼고 그 사람이 말하거나 주장하는 것에 대하여 지지하고 받아들이는 것이다. 따라서 사람은 존중을 느끼는 사람을 좋아하고 만나기를 원한다.

벤저민 프랭클린은 "상대방이 귀에 거슬리는 말을 할지라도 도리어 그것을 적극적으로 받아들이고 조금이라도 상대방의 의견을 존중하고 있다고 표현하는 것이다. 그러면 상대방도 나의 의견을 존중해 준다."고 했다.

타인 존중은 자신에게 돌아온다. 가는 말이 고와야 오는 말이 곱듯이 상대방을 존중하면 존중하는 마음이 돌아오는 것이다. 상대방을 낮추고 자신을 올리려고 해서는 안 된다. 상대방을 무시하면 자신도 무시당하게 되어 있다. 내가

벤저민 프랭클린

다른 사람을 이해하고 인정하면 그 사람도 나를 이해하고 인정해 줄 것이다. 타인 존중을 발휘하여 자신도 상대방으로부터 존중을 받아 인격을 높여야 한다.

●● 존중하는 방법

상호 존중을 하기 위해서는 세상에는 저마다 다른 성격을 가진 사람들의 다양한 삶이 있다는 것을 전제하고 이해해야 한다. 한 사람이 살아오면서 축적한 경험과 지식이 다르기 마련이다. 서로의 다름을 받아들이면서 때로는 각자가 가지고 있는 상식조차 다를 수도 있다는 유연한 사고방식을 가져야 한다.

'나는 옳고 너는 틀렸다'는 일방적인 단정을 경계하면서 독선과 아집을 부려서는 안 된다. 상대방의 의견을 존중하지 않고 나만의 시각이나 그릇의 크기로만 판단해서는 안 된다. 자기 생각과 다른, 때로

는 반대되는 생각을 이해하고 받아들이겠다는 마음과 태도를 가져야 하며 자신의 입장과 상대방의 입장에서 동시에 사물을 바라볼 수 있어야 한다. 그러면 서로 간에 신뢰가 쌓이면서 상호 존중하는 관계가 되는 것이다.

건전한 인간관계는 상호 존중이 바탕이 되어야 한다. 상호 존중을 해야 인간관계가 유지되고 발전한다. 자신이 상대방으로부터 존중을 받으려면 인격적인 사람이 되어야 한다. 존중은 존경심의 발로이므로 존경을 받을 수 있는 마음씨를 가지고 행동해야 한다. 도와줄 때는 따뜻한 마음으로, 지적할 때는 진실한 마음으로, 가르칠 때는 이해하는 마음으로 해야 한다.

상대방에게 관심을 가지고 배려해야 하며 예의를 갖추어야 한다. 관심과 배려는 타인 존중의 기본적인 자세이며 예의는 존중하는 마음의 표현이다. 상대방의 말을 경청해야 하며 관용의 자세를 가져야 한다. 경청은 상대방에 다가가는 것이며 관용은 상대방의 생각과 가치를 존중하면서 너그럽게 받아들이는 것이다.

실천하기

- 나를 존중하면서 타인의 개성과 다양성도 인정하고 존중한다.
- 나와 다른 사람이 생각과 가치관이 다르더라도 관용의 자세를 가진다.
- 다른 사람의 처지에서 생각해 본다.
- 내 스타일을 고집하지 않고 다른 사람의 삶의 방식을 존중한다.
- 내가 성장할 때의 문화적 환경이 다른 사람과 다르다는 것을 인식한다.
- 상대방이 무엇을 필요로 하는지 관심을 가지고 배려한다.
- 상대방의 의견을 경청하고 나의 의견을 말한다.
- 상대방에게 상황에 알맞은 예의를 갖춘다.
- 상대방을 존중하는 말씨를 쓴다.
- 다른 사람에 대해 험담을 하지 않는다.
- 다른 사람의 잘못에 대하여 화를 잘 내지 않는다.

생각하기

- 나는 다른 사람을 존중하는 마음과 행동을 하고 있는가?
- 존중하는 태도와 행동에는 어떤 것이 있는가?
- 만약 상대방이 나를 존중하지 않는다면 나는 어떻게 해야 하는가?

비록 보잘것없는 일에서도, 우리는 도움이 필요한 사람들을 인격체로 대하지 않으면 안 된다. 여기에서 우리는 진정한 인간이 되는 것이다. 이러한 기회를 놓치지 않을 때, 우리는 직업 생활과는 다른 인간 생활을 누릴 수 있게 된다. 이처럼 할 때 인간은 정신적이고 선한 것에 봉사하게 된다. 여하한 운명에 처한 사람이라도 이러한 봉사라면 누구나 부업으로 해낼 수 있다. 그런데도 이런 일들이 실제로 많이 실현되지 못하고 있는 것은 사람들이 그 기회를 소홀히 하고 있기 때문이다. 어떠한 환경에 처하여 있더라도 모두가 인간을 진정한 인간성으로 대하려고 노력하는 것, 바로 여기에 인류의 장래가 달려 있다.

　　큰 가치가 순간순간 우리들의 소홀함으로 말미암아 나타나지 못하고 있다. 그런 가운데서도 의지나 행위로 나타나는 것은 결코 가볍게 봐서는 안 될 재산이다. 우리의 인간성이란, 사람들이 어리석게 늘 떠드는 것처럼 그렇게 물질적인 것은 아니다. 나는 인간의 마음속에는 표면에 나타나는 것보다는 훨씬 더 많은 이상적인 의욕이 있다고 확신한다. 땅속을 흘러가는 물이 눈에 보이는 흐름보다 많은 것처럼, 인간의 마음속에 갇혀 있거나 간신히 해방된 이상적인 의욕은 세상에 나타나 보이는 것보다 훨씬 더 많은 것이다. 이처럼 인간의 마음속에 갇혀 있는 이상적인 의욕을 해방하는 일, 땅속 깊이 있는 물을 표면으로 끌어내는 일, 이 일을 해낼 수 있는 사람을 인류는 갈망하고 있다.

　*　슈바이처의 자서전 ≪슈바이처의 생애≫에서 발췌한 것으로 우리가 모두 서로의 인격을 존중하고 진정한 인간성으로 사람을 대하려고 노력해야 한다고 주장하고 있다.

알베르트 슈바이처(Albert Schweitzer, 1875~1965)
독일의 의사, 신학자, 철학자, 오르간 연주자. 1905년 박애 사업에 헌신하기 위해 선교 의사가 되겠다는 결심을 하고 1913년 의학박사가 되었다. 그를 돕기 위해 간호사 훈련을 받은 아내 헬레네 브레슬라우와 함께 프랑스령 적도 아프리카의 가봉에 있는 랑바레네로 가서 평생을 봉사했다. 1952년 노벨평화상을 받아 상금을 모두 병원을 위해 사용했다. 성자의 칭호를 받을 만큼 숭고한 삶을 살았다.

신뢰

●● 신뢰가 경쟁력

서로서로 믿지 못하는 불신 사회에서 신뢰는 핵심가치이며 주요한 인성덕목이다. 신뢰는 타인에 대해 좋은 감정을 갖는 데서 생기는 것으로 좋은 감정을 가지도록 행동을 했기에 거둬들이는 성과물이다. 타인에게 나에 대한 믿음을 심어주고 그 대가로 얻는 신뢰는 타인의 마음을 사로잡는 일종의 인과관계에 있는 감정이다.

공자

공자는 한 국가가 안정하게 존속하려면, 충분한 군사력足兵, 충분한 먹을거리足食, 그리고 백성의 신임과 마음民信을 모두 얻어야 한다고 보았다. 만약 부득이하게 이들 중 하나를 버려야 한다면 먼저 군사를 버려야 하고, 다음은 먹는 것을 버리라고 했다. 그러나 마지막까지 버리지 말아야 할 것은 백성의 신뢰임을 강조했다.

세종대왕

세종은 "고려왕조가 망한 원인은 이성계가 위화도에서 회군했기 때문이 아니라, 고려왕조가 백성들의 마음을 얻지 못했기 때문에 스스로 무너진 것이다."라고 보았다. 그는 신하들과 백성의 신뢰를 얻지 못하면 누리고 있는 왕위도 사상누각이라는 사실을 잘 알고 있었다. 세종은 백성들과의 마음의 화합이 더 본질적이요 더 우선한다고 보았다.

이처럼 위정자와 백성의 관계뿐만 아니라 인간관계에는 상호 신뢰가 전제되어야 한다. 신뢰가 없으면 인간관계의 기반이 지탱될 수 없으며 무너지고 만다. 신뢰는 인간관계에 있어서 매우 중요하며 좋은 인간관계의 원동력이다. 신뢰하는 사람에게 매력을 느끼고 그 사람이 말하거나 주장하는 것에 대하여 지지하고 받아들인다. 신뢰는 인간관계의 생명과도 같은 것이므로 신뢰의 축적이야말로 인간관계 발전을 측정하는 기준이 된다. 서로에게 믿음을 주면서 신뢰를 쌓아가야 한다.

미래정치학자 프랜시스 후쿠야마는 "한 사회의 경쟁력은 신뢰가 결정한다."라고 말했다. 우리는 지금 서로를 믿지 못하는 불신 사회에서 살고 있다. 이제 낮은 신뢰 사회에서 높은 신뢰 사회로 나가야 한다. 건전한 사회는 신뢰가 바탕이 되어야 한다. 신뢰는 공동체 구성원을 함께 묶어주는 감성적인 접착제다. 신뢰가 없다면 건전한 사회는 될 수 없고 지탱하기도 어려울 뿐만 아니라 개인의 삶도 견뎌내기가 어려울 것이다. 왜냐하면, 남을 신뢰할 수 없다면 결국 믿을 수 있는 사람은 자신밖에 없어 고립할 수밖에 없기 때문이다.

●● 신뢰받는 방법

남을 신뢰하기 전에 먼저 자신을 신뢰해야 한다. 자신을 신뢰하지 않는 사람에게 남의 신뢰를 바라서도 안 되고 남들로부터 신뢰를 받을 수도 없다. 자신이 스스로 생각하기에 신뢰받을만하다고 생각되어야 남도 나를 신뢰할 것이다. 자신을 믿어야 하며 자신의 능력을 신뢰해야 한다. 스스로 생각하기에 신뢰할만한 자질을 갖춘 합리적인 신뢰를 해야 꿈도 실현할 수 있고 행복할 수 있다.

남을 신뢰하면 남도 나를 신뢰할 것이다. 나를 믿게 하려면 먼저 남을 믿어야 한다. 자신을 믿어주지 않는 사람을 믿어줄 리 만무하기 때문이다. 남을 잘 믿지 못하는 사람은 자기 자신 역시 다른 사람으로부터 신뢰받지 못하고 있다는 사실을 잘 알아야 한다. 아무도 신뢰하지 않는 자는 누구의 신뢰도 받지 못한다.

신뢰할만한 사람이 되기 위한 기본은 일상생활의 아주 작은 일에서부터 바른 생각을 가지고 성실하게 살아야 한다. 말과 행동이 일치해야 하며 거짓말을 하지 않고 진실성과 진정성을 가지고 있어야 한다. 즉 약속을 잘 지키고 정직해야 한다. 지키지 못할 약속은 아예 하지 않아야 하며 거짓말은 절대로 해서는 안 된다. 독선과 아집을 부리지 말고 사과해야 할 때 진정한 마음으로 사과해야 한다.

사람은 다른 사람으로부터 신뢰를 잃으면 비참해진다. 말을 해놓고 행동을 하지 않거나 말과 행동이 다르다면 신뢰감은 무너지고 믿을 수 없는 사람으로 취급되면서 불신을 받게 되고 주위 사람들로부터 외면당하게 된다. 신뢰를 잃어버리면 설 땅이 없게 되어 죽은 사람과 같다. 신뢰는 유리와 같아서 한 번 금이 가면 다시는 회복되지 않으며 종잇장과 같아서 한번 구겨지면 다시는 완벽해지지 않는다. 그러니 여하한 일이 있더라도 신뢰를 잃지 않도록 해야 한다.

실천하기

- 먼저 나 자신을 신뢰한다.
- 성실하고 정직한 자세로 도덕성을 갖춘다.
- 말과 행동이 일치하게 한다.
- 작은 약속이라도 잘 지킨다.
- 독선과 아집을 부리지 않는다.

생각하기

- 나는 신뢰 받는 사람인가?
- 나는 주위 사람을 신뢰하고 있는가?

한국전쟁 때 우리나라를 도왔던 미국의 맥아더 장군이 육군사관학교 교장 시절의 일이다.

하루는 미국 상원의 국방위원들이 시찰을 나왔다. 맥아더는 국방위원들에게 브리핑한 뒤에 그들을 자기 방으로 안내했다. 방 안에는 가구도 없이 달랑 야전침대 하나만이 놓여 있었다. 맥아더는 자신이 부대원들과 함께 동고동락한다는 것을 강조하는 말을 했다.

"여기가 제가 자는 방입니다. 이곳에서 한 주일 지내고 주말에 집으로 갑니다."

국방위원들이 학교 시설 여기저기 시찰을 마친 후 만찬이 열렸다. 맛있는 요리들이 금 접시에 담겨 나왔다. 만찬이 끝나고 모두 돌아간 뒤에, 금 접시 하나가 없어졌다는 보고를 맥아더가 받았다.

먼저 국방위원들을 의심한 맥아더는 편지를 보내 금 접시의 행방을 물었고 며칠 뒤 다음과 같은 내용의 답장 편지 한 통을 받았다.

"만일 장군께서 그날 밤 야전침대에서 주무셨더라면 그 금 접시를 찾으셨을 것입니다. 금 접시는 제가 야전침대 모포 밑에 넣어두었습니다."

그는 답장 편지를 받고 나서 자신을 부끄럽게 생각하고 깊이 뉘우쳤다. 언행일치를 좌우명으로 삼고 실천하여 신뢰받는 군인으로서 훗날 미국의 원수가 되었다.

더글라스 맥아더(Douglas MacArthur, 1880~1964)
미국의 군인. 제2차 세계 대전 때 연합군 남서 태평양방면 사령관이 되어 일본의 항복을 받아냈다. 한국전쟁 때는 국제연합군 최고사령관으로 인천 상륙 작전을 지휘하였다. 지혜와 용기를 함께 갖춘 전략가로 미국 국민의 신망을 받았다.

사랑

●● 사랑의 의미

사랑하는 마음은 인간에게 있어 필수불가결한 아름다운 인성덕목이다. 사랑은 시대와 공간을 초월하는 주제이다. 사랑은 빛나는 삶의 언어이며 영원한 주제로서 행복을 바라보며 쾌활한 분위기 속에 존재한다. 인간의 영원한 멜로디이며 세상을 새롭고 생기 넘치게 하는 신성한 열정이다. 사랑의 빛은 현재를 아름답게 미화하고 미래를 환히 밝혀준다. 사랑은 존경과 찬미의 결과로 마음을 정화하고 앙양시킨다.

사랑은 상대방에 대한 희망적이고 너그러운 생각으로 인간관계에서 신뢰를 구축하는 최선의 실천 행위이다. 자비롭고 온유하며 진실하며 존중과 배려로 이루어지는데 상대방의 가장 밝은 면에 관심을 기울이며 마음을 표현할 때 비로소 성숙한다.

삶을 영위하면서 남을 미워하지 않을 수 있으며, 남한테 미움받지 않을 수 있다고 생각해서는 안 된다. 남을 미워하지 않고 살기를 바라는 것은 교만일 수 있으며 자신을 미워하지 않기를 바라는 것은 오만일 수 있다.

미움은 강인함이 아닌 나약함의 다른 모습으로 미움은 삶의 일상적인 감정이지만 미움으로 미움을 이길 수는 없다. 남을 미워하면 자신의 마음이 미워지므로 미운 생각을 지니고 살아가면 피해자는 바로 자신이다. 그렇게 하루하루를 살아가면 삶 자체가 얼룩지고 만다. 미워하는 것도 사랑하는 것도 마음에 달린 일이니 마음을 돌이켜 삶의 의미를 심화시켜야 한다. 미움을 통해서는 행복해 질 수 없으므로 미움의 감정을 제거하고 사랑의 감정을 키워야 한다.

괴테는 "사랑하는 것이 인생이다. 기쁨이 있는 곳에, 사람과 사람 사이의 결합이 있는 곳에 사랑이 있다."라고 했다.

사람은 누구나 살면서 사랑을 한다. 그 사랑이 신에 대한 사랑이건, 부모에 대한 사랑이건 혹은 이성에 대한 사랑이건 관계없이 그 누구라도 사랑을 하지 않고 생을 마치는 이는 없을 것이다. 심지어 자신에 대한 사랑일지라도 말이다. 이처럼 사랑이란 말은 그 의미가 매우 넓다.

괴테

●● 남녀 간의 사랑

남녀 간의 사랑에서 사랑하는 사람을 만난다는 것은 신이 맺어준 인연이다. 사랑은 여행이며 나를 떠나 황홀한 꿈을 꾸면서 사랑하는 사람의 세상으로, 영혼으로 들어가는 것이다. 사랑은 명사가 아닌 동사로서 행동하는 것이며, 움직이는 것이며, 감동하게 하는 것이며, 감동되는 것이며, 변화시키는 것이며, 변화되는 것이다.

사랑은 주고받는 것이라고 말하지만 진정한 사랑은 도움을 주고받는 것이 아니라 흐르는 물과 같아서 깊은 사랑이 존재하는 곳에서 자연스럽게 흘러나오는 것이다. 사랑은 다른 대가를 바라지 않으며 사랑만을 바랄 뿐이다. 기뻐할 때는 기쁨을 나누고, 서러움, 번민, 고통의 상태에 있을 때는 함께 나눈다. 마음이 불편하고 흔들려도 한결같은 믿음과 사랑으로 가꾸고 다듬어 나가야 한다.

생텍쥐페리는 "사랑이란 서로 마주 보는 것이 아니라 둘이서 똑같은 방향을 내다보는 것이다."라고 말했다.

사랑이란 자신과는 다른 환경과 상황에서 사는 사람을 이해하면서 함께 기쁨의 다리를 건너는 것이며 차이를 부정하는 것이 아니라 차이를 인정하는 것이다. 차이는 사랑의 대상이다. 사랑하는 사이에 무수한 차이가 있다는 사실을 깨닫고, 상호 간의 차이를 사랑할 수 있다면 상대방의 전부를 바라볼 수 있을 것이다.

생텍쥐페리

'서로 사랑하라. 그러나 사랑으로 구속하지는 마라. 그보다 너희 혼과 혼의 두 언덕 사이에 출렁이는 바다를 놓아두라.' 칼릴 지브란의 〈사랑과 결혼의 시〉에 나오는 구절이다. 진정한 사랑은 차이를 인정하면서 자신의 길을 가도록 인정하고 격려하면서 발전할 수 있도록 도움을 주는 것이다.

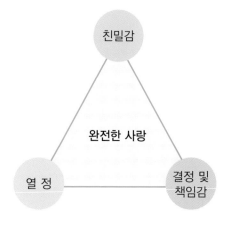

스텐버그(Sternberg)의 사랑의 삼각형

집착과 사랑을 혼동해서는 안 된다. 자신 옆에 붙잡아 두려는 것은 잘못된 집착이다. 사랑한다는 이유로 집착하여 사랑하는 사람이 가려는 길에 걸림돌이 되어서는 안 된다. 서로의 꿈이 이루어지도록 응원하고 성장을 축복하고, 힘들 때 서로에게 의지하는 든든한 버팀목이 되어야 한다.

●● 사랑의 요소

사랑이란, 상대방의 생활과 성장에 대한 적극적인 관심이며, 상대의 욕구를 충족시켜주기 위한 자발적 반응이고, 상대방을 있는 그대로 보며 상대방의 개성을 존중할 줄 아는 태도, 그리고 서로가 무엇을 느끼고 바라는지를 아는 이심전심以心傳心이다.

스텐버그는 사랑은 친밀감, 열정, 결정 및 책임감이라는 세 가지 요소가 모두 충족되어 서로 균형을 이룰 때 사랑이 이루어진다고 했다. 친밀감은 정서적 속성으로서 서로 가깝고, 연관되어 있으며, 맺어져 있다고 느끼는 것이다. 열정은 로맨스의 감정이나 신체적 매력, 성적 욕구를 느끼게 해 주는 것이다. 결정 및 책임감은 인지적 속성으로써 누구를 사랑하겠다고 결정하며, 그 사랑을 지키겠다는 책임감을 뜻한다. 이 세 가지 요소 중 열정 부분이 빠진 관계가 바로 우정이다.

이처럼 남녀 간의 사랑은 감정에 충실한 자발적 반응이고 친밀감과 열정이다. 남녀 사이의 사랑에는 동물적인 감성이나 호기심이 전제되거나 개입되어 있다. 사랑은 서로의 감정 표현을 통해서 확인된다. 결국, 감정이 빠져 버린 관계는 이성의 사랑으로 이해될 수 없다. 하지만 사랑은 감정만이 전부가 아니며 사랑에 수반된 의무를 고려해야 한다. 상대방에 대한 적극적 관심과 개성을 존중하는 태도, 사랑을 지키겠다는 책임감 등이 따라야 한다. 사랑은 순수한 감정과 아울러 상대방을 배려하고 사회적 책임을 수행하겠다는 의무가 자연스럽게 따라와야 한다.

인격의 성숙 과정에서 감정이 우위를 차지하는 시기가 있기는 하지만 인간은 인격적 성숙을 위해 부단히 자신을 채찍질해서 감정의 동물로 전락하는 것을 막아낼 때 비로소 그 존재 의미를 가진다.

실천하기

- 사랑하는 마음을 가지고 베푼다.
- 상대방을 있는 그대로 인정하고 개성을 존중한다.
- 상대방의 생활과 성장에 관해 관심을 둔다.
- 사랑하는 사람에게 자신을 맞추도록 노력한다.
- 상대방이 바라는 것을 알도록 노력한다.
- 사랑에 수반된 의무를 다한다.
- "사랑한다"는 말을 자주 한다.
- 사랑할 때 감정을 너무 내세우지 않는다.

생각하기

- 인간에게 있어 사랑은 어떤 의미가 있는가?

위대한 인물도 어린 시절을 평범하게 보낸 경우가 많다. 인도의 위대한 영혼으로 불리는 간디 역시 열두 살 때 집에서 처음 동전을 훔치고 형의 팔찌에서 금 한 조각을 훔쳤다. 그런 후 간디는 도둑질했다는 죄책감 때문에 도저히 견딜 수가 없었다.

간디는 오랫동안 고민하다가 다시는 도둑질을 하지 않겠다고 다짐한 후 아버지에게 잘못을 고백하는 편지를 썼다. 깨끗한 자백 없이는 결코 자신의 영혼이 순결해질 수 없다고 생각했기 때문이다.

간디는 고백이 담긴 편지를 써서 아버지에게 드렸다. 아버지에게 고백서를 바치고 나서 벌벌 떨었다. 그때 아버지는 병을 앓고 있었기 때문에 편편한 나무 침대에 앉아 있었다.

아버지가 편지를 읽는 동안 간디는 점점 더 초조해졌다. 아버지가 편지를 다 읽었을 때 간디는 무슨 벌이든 달게 받을 각오를 하고 있었다. 하지만 아버지의 반응은 너무나 뜻밖이었다. 편지를 다 읽은 아버지의 눈에서 구슬 같은 눈물방울이 흘러내려 편지를 적셨다. 아버지는 한동안 눈을 감고 생각에 잠겨 있다가 이내 그 편지를 찢어 버렸다. 그러고 나서 아버지는 편지를 읽기 위해 일으켰던 몸을 다시 침대에 뉘었다.

문득 어린 간디의 눈에서도 눈물이 흘러나왔다. 아버지가 흘린 사랑의 눈물방울들이 간디의 양심을 정화했고 그가 지은 죄를 씻어주었다.

간디는 그때의 감격스러운 순간을 이렇게 표현했다.

"사랑을 경험한 사람만이 그것이 어떤 것인지를 알 수 있을 것이다. 사랑의 화살을 맞아본 자만이 그 힘을 아는 것이다."

이때의 경험은 간디에게 사랑의 힘이 얼마나 위대한 것인지를 깨닫게 해 주었다. 훗날 그는 이때의 경험이 '사랑'정신의 바탕이 되었다고 고백했다.

간디는 영국에서 유학한 후 남아프리카의 요하네스버그에서 변호사로 일했다. 그 무렵 간디는 톨스토이의 제안에 따라 농업 공동체를 만들었다.

어느 날 그는 공동체에서 함께 머물고 있던 학생 두 명이 도덕적으로 타락했다는 사실을 알았다. 그 소식은 간디에게 청천벽력 같았다. 고민 끝에 간디는 단식을 결심했다. 죄를 지은 아이들에게 잘못의 깊이를 깨닫게 하기 위한 유일한 길은 참회하는 모습을 보여 주는 것뿐이라고 생각했다.

마침내 간디는 일주일의 단식과 넉 달 반 동안 하루 한 끼만 먹는 참회의 단식에 돌입했다. 함께 있던 동료 한 사람이 간디를 말리다가 마침내는 자신도 그 고행에 동참하겠다고 선언했다. 단식하는 동안 간디는 오히려 마음이 편해졌다. 그렇게 함으로써 그동안 마음을 짓누르고 있던 무거운 짐을 벗어 던질 수 있었다.

잘못을 저지른 아이들에 대한 분노가 가라앉고 대신 그 자리엔 아이들에 대한 순수한 연민의 정이 생겨났다. 그의 단식은 많

간디

은 이들의 가슴을 아프게 했지만, 공동체의 분위기는 바뀌었다. 죄를 짓는 것이 얼마나 비참한 것인지를 학생들이 깨닫게 된 것이다. 그리고 간디와 학생들 간의 유대는 더욱 깊어지고 참되어졌다.

간디는 그 후 그의 자서전에서 이렇게 적고 있다.

'가만히 지켜보는 것만으로도 사랑을 표현할 수 있다. 잘못을 지적해 주는 것보다 침묵으로 용서하는 것이 아름다울 때가 있다. 그의 고백에 눈물을 흘려주는 것. 타락한 이를 위해 기도하는 것. 그리고 그의 잘못에 동참하여 함께 참회하는 것. 그것이 참다운 사랑이다.'

드넓은 하늘 아래, 의지할 데 없는 외로운 두 남녀가 만났다. 고아로 자란 남자는 길러주신 할머니마저 세상을 뜨자 할머니의 손녀딸을 친동생처럼 아끼며 사랑을 키워왔다. 핏줄에 대한 애절한 그리움으로 가정을 꾸렸다. 그리고 자신들을 닮은 두 아이를 낳아 처음으로 따뜻한 가족의 품을 느꼈다.

고아나 다름없는 이들은 고향을 찾고 싶은 마음에 아내가 살던 바닷가 도시로 내려갔다. 부부는 마을 어른들의 도움으로 집을 마련하고 아이들과 함께 행복한 나날을 보냈다. 그러던 중 갑자기 아내가 쓰러졌다. 병원으로부터 췌장암 말기로 이미 늦었다는 말을 들은 부부는 충격에 휩싸였다. 20대의 젊은 나이에 암에 걸릴 것이라는 생각은 상상조차 하지 못했다. 하지만 젊은 나이이기에 암세포의 전이가 더욱 빨랐다.

남편은 아내와의 행복했던 시절을 떠올리며 하늘을 쳐다보며 눈물을 흘렸다. 핏줄 하나 없는 세상에서 생애 처음으로 느낀 가족의 따스함이 짧게만 느껴졌다. 낫기만 한다면 어떤 방법이든 써보고 싶었다. 지푸라기라도 잡는 심정으로 아내와 아이들을 데리고 서울의 암 전문병원을 찾았다. 하지만 아내의 상태는 수술조차 불가능한 상태였다. 진통제가 없으면 한 시간도 버티기 힘든 아내지만 한결같은 남편의 사랑과 천진난만한 아이들의 웃음을 대할 때마다 자신을 추스를 수 있도록 기도를 한다. 날이 갈수록 아내의 통증은 심해졌다. 할 수만 있다면 남편은 아내의 고통을 대신하고 싶었다. 아내를 곁에 둘 수 있다면 더 바랄 것이 없다.

남편은 형편이 어려워 웨딩드레스도 못 입어본 아내를 위해 일차 항암 치료가 끝나자 고향으로 내려갔다. 그리고 아이들이 지켜보는 가운데 결혼식을 올렸다. 가정을 꾸린지 6년 만의 결혼식이었다. 내일을 알 수 없는 신부의 병환에 결혼식장은 눈물바다를 이루었다. 그리고 다음 날, 신혼여행이 아니라 응급실로 향해야 했다. 아내가 하혈하며 쓰러졌기 때문이다.

병마와 싸우는 아내를 돌보는 일도 어린아이들을 챙기는 일도 남편의 몫이다. 아내는 한시라도 눈을 뗄 수 없는 위급한 상태이다. 시도 때도 없이 통증이 찾아오고, 고통에 몸부림치는 아내를 혼자 둘 수 없다. 병간호를 위해 처음 병원에 왔을 때는 임시방편으로 아이들을 보호시설에 맡기려고 했다. 그러나 고아로서의 뼈저린 외로움과 아픔을 가진 아버지는 아이들에게 잠시라도 가족과 생이별하는 고통을 겪게 할 수는 없다. 암과의 힘든 싸움에 지쳤음에도 부부는 아이들을 병원으로 데려와 같이 지낸다. 엄마를 볼 수 있을 수 있는 동안만이라도 같이 있게 하고 싶은 것이 부부의 작은 바람이다.

병실 한쪽은 서로 떨어지지 않으려는 네 식구의 새로운 보금자리가 되고 엄마의 침대는 엄마 품을 떠나지 않으려는 두 아들의 놀이터가 되었다. 밤이면 간이침대에서 새우잠을 자며 아내와 아이들의 든든한 울타리가 되어주는 아버지.

남편이 결혼식 앨범을 찾아와 아내와 같이 펼쳐보았다. 남편은 고아로 외롭게 자라온 그에게 힘이 되어준 소중한 아내를 곧 떠나보낼 것 같은 예감에 참았던 울음을 터뜨렸다. 아내도 목 놓아 울고 영문을 모르는 아이들도 울어 병실은 울음바다가 되었다.

어린이날이 왔다. 아내는 아픈 와중에도 아이들이 기가 죽을까 봐 남편에게 아이들을 데리고 놀이공원에 가기를 권한다. 아내의 권유에 남편은 아이들을 데리고 놀이공원에 간다. 병원으로 돌아온 남편이 아이들과 찍은 사진을 보여주자 아내는 자신의 빈자리를 보며 아쉬워한다.

따뜻한 햇볕을 받으며 남편은 아내를 휠체어 태운 채 산책한다. 한결같은 사랑으로 자신을 지켜주는 남편이 있기에 아내는 행복하다. 내일을 알 수 없는 아내의 상태지만 외롭던 삶에 활기를 불어넣어 준 또 다른 자신의 분신이기에 남편은 절대 포기하지 않는다. 그는 언제 끝날지 모르는 아내에게 기적이 꼭 일어날 거라 믿고 있다.

〈사랑은 자유 하는 삶입니다〉

칼릴 지브란

레바논 출신의 신비주의 시인이자 화가, 예언자인 칼릴 지브란Kahlil Gibran, 1883~1931이 연인 메리 헤스켈에게 쓴 편지에 나오는 글이다.

사랑하는 이여, 우리 둘 사이에는 이름 모를 신神이 존재합니다. 그의 두 다리는 굳건하고 눈은 언제나 열려 있으며 마음은 변함이 없습니다. 그대는 나의 이 말을 다시 듣게 될 날이 올 것입니다. 지금보다 더욱 태양에 가까워진 세상에서.

그대여 무엇보다도 멋진 일은 타인들이 알지 못하는 경이롭고 아름다운 세계 속을, 그대와 내가 함께 손잡고 거닐고 있다는 것입니다. 우리는 잡지 않은 다른 한 손을 둘 다 뻗어 그 손을 통해 삶을 빨아들일 것입니다.

그대를 처음 본 순간, 깊은 떨림과 벅찬 깨달음, 그토록 익숙하고 가까운 느낌이 시작되었습니다. 지금껏 그 순간의 느낌은 생생합니다. 단지, 천 배나 깊고 천 배나 애틋해졌을 뿐입니다. 나는 그대를 영원토록 사랑하겠습니다. 내가 태어나 그대를 만나기 훨씬 전부터 나는 그대를 사랑하고 있었나 봅니다. 그대를 처음 본 순간 운명임을 알아버렸습니다. 우리는 하나이므로 그 무엇도 우리를 갈라놓을 수는 없습니다.

보여줄 수 있는 사랑은 그 뒤에 숨어있는 보이지 않는 사랑에 견주어 보면 아주 작습니다. 그대의 행복 안에 나는 지극히 행복합니다. 그대에게 행복은 일종의 자유이며, 내가 아는 모든 이들 중에서 그대는 가장 자유로운 사람입니다. 삶이 그대에게 늘 감미롭고 친절하기만 했을 리 없거늘. 그대야말로 그대의 삶에 그토록 부드럽고 다정했던 까닭에 이 행복과 자유는 그대 스스로 얻어낸 것입니다.

어떠한 인간관계에서도 상대에 대한 소유는 인정하지 않습니다. 어떠한 두 개의 영혼도 절대적으로 다른 까닭입니다. 사랑이나 우정을 통해서 두 사람은 단지 나란히 서서 혼자서는 도달하기 어려운 곳을 찾아내기 위해 한 방향을 바라보는 것입니다.

용서

●● 용서를 해야 하는 이유

삶을 살다 보면 용서하고 용서받아야 할 일이 많으므로 용서에 대한 가치관을 정립하는 것은 주요한 인성덕목이다. 용서는 곧 사랑이며 고결하고 아름다운 사랑의 형태로 평화와 행복을 그 보답으로 주지만 사랑이 없는 사람은 쉽게 용서하지 못한다.

용서는 삶 속에서 실천하는 큰 수행으로 마음의 문을 닫아걸고 있던 걸쇠를 푸는 일이며 상처 준 사람을 받아들이면서 양심의 쇠사슬에 묶여있던 가해자를 안심시키는 일이다. 용서의 실천은 자신과 가해자를 치료하면서 갇힌 에너지를 내보내어 선한 일에 쓸 수 있게 한다.

용서는 상대방을 위한 것이기도 하지만 자신 안에 내재하여 있는 분노와 불평으로부터 자유로워지는 것으로 자신에게 베푸는 은혜이며 사랑이다. 자신을 위해 상처를 떨쳐버리는 것으로 세상과 타인에 대한 원망과 집착에서 벗어나면서 화가 녹아내리고 상처가 아물어 평온을 되찾는다. 용서해야 하는 이유는 다음과 같다.

첫째, 용서하지 않으면 타인도 무거운 짐을 지고 살아가지만, 자신도 마찬가지다. 용서하지 않으면 상처를 준 사람은 '죄'의 무거운 짐을, 상처를 받은 사람은 '원망'의 무거운 짐을 지게 된다. 용서는 두 사람 모두에게 무거운 짐을 내려놓고 자유롭게 한다.

둘째, 용서하지 않으면 현재는 과거에 얽매이게 된다. 상처받았던 과거에 삶을 얽어매놓고는 자신의 존재를 규정하고 갉아먹도록 내버려두는 것과 같다. 상처를 끌어안고 틈만 나면 골몰한다. 용서는 과거에 갇힌 에너지를 내보내 당신이 하고자 하는 일에 쓸 수 있게 한다.

셋째, 용서는 자신을 위한 것이다. 용서하지 않으면 분노를 되새김질하게 되어 마음의 평화가 깨져 자신을 불행하게 만든다. 용서는 자신을 위해 상처를 떨쳐버리는 것이다. 용서하여 맺힌 것을 풀고 자유로워지면 세상 문도 활짝 열린다. 용서는 세상의 모든 존재를 향해 나아갈 수 있게 한다.

●● 용서의 선택

어느 해 성탄절 TV에서 손양원 목사의 일대기를 다룬 특집 프로그램을 보았다. 평생 나병 환자들을 돌보면서 목회 활동을 하다가 한국전쟁 중에 공산군에 체포되어 총살을 당해 순교한 내용이었다. 그중에서 특히 감동적인 내용은 1948년 10월 여순반란사건이 발생했을 때 순천에서 학교에 다니던 두 아들이 좌우 이념 갈등 속에서 공산 분자의 총에 맞아 살해되고 살해범을 국군이 체포하여 처형하려 하자 구명 운동을 통해 목숨을 구해주고 자신의 양아들로 삼은 감동적인 내용이었다. '아들을 죽인 원수를 양자는커녕 용서조차 할 수 없는 것 아닌가?' 하는 생각이 들면서도 일대기를 보면서 프로그램의 제목처럼 진정한 용서를 통한 '죽음보다 강한 사랑'의 실천을 느낄 수 있었다.

손양원 목사
(孫良源, 1902~1950)

일제 강점기 독립운동가인 이상재 선생이 밤늦도록 책을 읽고 있는데 도둑이 들었다. 도둑이 이 방, 저 방 다니며 물건을 챙기다가 이상재 선생이 있는 방문을

이상재 선생

열고는 깜짝 놀라자 이상재 선생은 태연하게 "안녕하십니까? 어쩐 일이십니까?" 하고 인사를 했다. 그리고는 안절부절못하는 도둑에게 필요한 물건이 있으면 가져가라고 했다. 도둑은 어리둥절하면서 고맙다는 인사를 하고 나가다가 그만 순찰하던 순사에게 붙잡혔다. 순사는 도둑을 끌고 이상재 선생 집으로 와서 "도둑을 잡았습니다. 도둑맞은 물건을 받으십시오."라고 했다. 그러자 이상재 선생은 "내가 가지고 가라고 주었는데 도둑이 아니라 우리 집에 온 손님이오."라고 말하며 도둑을 용서해 주었다.

상대방이 잘못을 저질렀거나 상처를 주었을 때 분통을 터뜨리고 복수심을 가지기는 아주 쉽고 자연스럽지만, 진심으로 용서한다는 것은 말처럼 쉬운 일이 아니다. 원한에 맺힌 상처를 안겨 준 사람에 대한 감정의 골은 쉽게 지워지지 않으며 살아가는 모습을 상상하는 것만으로도 용서가 아닌 미움과 복수의 감정이 앞선다. 복수는 일시적인 쾌감을 줄지는 몰라도 타인도 파괴하지만, 죄의식을 남겨 자신도 파괴하면서 더 큰 불행을 낳는다.

삶을 영위하다 보면 지울 수 없는 상처를 준 사람을 용서할 수 없다는 마음이 들 경우가 있겠지만, 이때 '내가 저런 상황이었으면 어땠을까?' 하는 역지사지易地思之의 자세로 상대방의 입장과 관점에서 바라보고 관용을 베풀려고 노력할 필요가 있다. 왜냐하면, 그런 상처와 분노가 자신에게 주어진 삶을 망가뜨리기 때문이다. 용서하지 않고 과거의 기억과 상처에 매달리면 원한과 분노가 독이 되어 건강을 해치지만 용서는 과거의 상황이 현재를 지배하지 않도록 하면서 마음의 상처를 치료하여 건강해지므로 용서를 선택해야 한다.

●● 용서의 동기와 방법

다른 사람을 용서할 수 있는 가장 큰 동기는 자신이 먼저 누군가로부터 용서를 받았던 경험 때문이다. 자신이 알게 모르게 타인에게 저지른 잘못에 대해 스스로 얼마나 용서가 필요했으며 용서를 받았는지를 깨닫는다면 사랑과 연민으로 다른 사람을 용서하게 될 것이다.

어리석은 사람은 용서하지도 않고 잊지도 않는다. 평범한 사람은 용서하고 잊는다. 현명한 사람은 용서는 하지만 잊지는 않는다. 용서는 과거를 잊어버리는 것이 아니라 오히려 기억하는 것으로 과거를 인식하면서 미래로 나아가는 징검다리로 삼아야 한다.

용서를 통해 맺힌 것을 풀고 자유로워지면 세상 문도 활짝 열려 세상의 모든 존재를 향해 나아갈 수 있게 한다. 용서는 인간관계의 아름다운 마무리로 용서를 통해 새로운 인간관계가 이루어진다. 과거를 털어내고 맺히고 막힌 관계를 풀고 새로운 미래를 향해 어깨동무하며 함께 가야 한다.

용서는 상처받은 사람이 일방적으로 할 수 있지만, 서로가 해야 할 경우가 많다. 정도와 내용의 차이는 있을 수 있지만 어쩌면 서로가 가해자이자 피해자일 수 있으므로 용서는 서로에게 하는 것이다. 삶의 지혜를 알고 있는 사람은 다툼의 원인이나 내용에 상관없이 다툰 자체에 대해 자신에게 잘못이 있다고 생각하고 용서를 구하고 사과하는 것이다.

다툼이 일어나면 먼저 "미안하다"고 말하는 게 좋다. 먼저 사과하는 것이 자존심을 굽히는 것이 아니라 오히려 용기 있는 행동이다. 먼저 사과하는 것이 쉬운 일은 아니지만, 사과하고 나면 마음이 편안해질 것이다. "미안하다"는 한마디 말의 효과는 매우 크다. 그 말 한마디에 긴장감이나 나쁜 감정이 말끔히 씻겨나가면서 사이가 한결 좋아지며 상대방도 자세를 낮추고 사과하게 될 것이다. 그런 다음에 차분한 분위기에서 자신의 의사나 느낌을 분명히 밝히면 되는 것이다.

자신이 잘못을 저질러 상대방에게 상처를 주거나 피해를 줬을 때는 진실한 마음으로 용서를 구하거나 사과해야 한다. 때로는 자신을 용서하고 화해해야 하는 경우도 있다. 자신을 용서하지 않으면 자신의 내면과 논쟁하면서 자책과 상실감에 빠지게 된다. 그러므로 스스로 마음의 쇠사슬에서 벗어나 앞으로 나아가기 위해서 자신을 용서하고 화해해야 한다.

이상재(李商在, 1850~1927)
일제 강점기 조선의 교육자, 청년운동가, 독립운동가, 정치인, 언론인이다. 독립협회, 만민공동회에서 민중 계몽운동을 하였다.

실천하기

- 자신에게 잘못을 저지르거나 상처 준 사람을 용서하기 위해 노력한다.
- 원망할 만한 일에 관용을 베푼다.
- 잘못했을 때는 잘못을 시인하고 용서를 구한다.
- 나 자신을 용서해야 할 일이 있으면 용서한다.

생각하기

- 나는 다른 사람의 잘못에 대해 관대한 편인가?
- 내가 잘못을 저질러 용서를 구한 적이 있는가?

✎ 스토리텔링 메디치 가문의 용서

이탈리아 메디치 가문의 피에로 데 메디치는 이탈리아 국부로 불렸던 코시모 데 메디치의 맏아들이며 훌륭한 아들인 로렌초 데 메디치를 두었지만 정작 자신은 고질병인 통풍으로 병상에서 생활해야 했다.

아버지 코시모가 임종한 지 2년이 지난 시점에 반란 사건이 일어났다. 메디치 가문의 임시 수장인 피에로를 제거하려는 음모가 추진된 것이다. 그러나 발 빠른 대응으로 반란은 얼마 못 가 진압되고 반란자들은 모두 체포되었다. 반란을 일으키면 사형을 시키게 되어 있지만, 피에로 메디치는 반란자들에게 이렇게 말했다.

피에로 데 메디치의 흉상
1453년 미노 작품.
피렌체 바르젤로 국립박물관 소장.

"나는 여러분을 모두 사면하려고 합니다. 내가 보복을 위해 여러분을 죽이면 누군가 다시 나에게 보복하려 할 것입니다. 저는 이런 악순환을 원치 않습니다. 여러분 모두 사면할 테니 이제부터 조국에 도움을 주는 새로운 인생을 살아주기 바랍니다."

피에로 메디치의 관용에 큰 감동을 한 반란자들은 용서를 구하고 메디치 가문의 신하가 되어 평생 충성을 바쳐 일했다.

피에로 메디치의 아들 로렌초 메디치도 아버지가 내린 사면 조치에 대해 친구들에게 이렇게 설명했다. "용서할 줄 아는 사람만이 정복할 줄 안다."

메디치 가문(House of Medici)
이탈리아의 중부 지방 피렌체 공화국의 평범한 중산층 가문이었으나 은행업으로 상당한 부를 축적하면서 유럽 최고의 귀족 가문이 되었다. 300여 년간 피렌체를 통치했으며 로마 교황 두 사람과 프랑스 왕비 두 사람을 배출했다. 미켈란젤로, 마키아벨리, 갈릴레오 갈릴레이 등 수많은 예술가와 인문학자, 과학자를 후원하여 르네상스 시대를 열게 했다.

겸손

겸손은 인간관계에 있어서 주요한 인성덕목이다. 벼는 익을수록 머리를 숙인다. 겸손은 자신을 낮추는 것이 아니라 자신을 세우는 것이다. 용기와 힘을 함께 갖춘 사람은 절대 교만하지 않다. 진정한 힘이 있는 사람의 겸손은 진심이며, 약한 사람의 겸손은 비굴함으로 비쳐질 수 있다. 겸손은 결코 비굴함이 아니다. 힘이 있는 사람만이 겸손할 자격을 가진다.

겸손에 대하여 《역경》에서는 '하늘의 도는 가득 채운 자에게서 덜어내어 겸손한 자에게 더하고, 땅의 도는 가득 찬 것을 바꾸어 겸손한 곳으로 흐르게 하며, 신은 가득 채운 자를 해치고 겸손한 자에게 복을 주고, 사람의 도는 가득 찬 것을 싫어하며 겸손한 자를 좋아한다'고 했다.

《역경》

물이 바다로 모이는 것은 바다가 낮은 곳에 있으며 모든 물을 수용할 수 있는 역량이 되기 때문이다. 스스로 높아지려 한다고 해서 높아지는 것이 아니다. 자기 스스로 높은 곳에 앉은 사람을 신은 아래로 밀어내고 스스로 겸손한 사람을 부축해 올린다.

겸손은 교만 반대편에 선 덕목이다. 교만은 극단적인 자기중심의 죄악이며 인간관계에 벽을 쌓는 것이며 자신을 속이는 것으로 패망의 선봉이요 넘어짐의 앞잡이다. 교만의 병에 걸리면 회복하기 어려우며 삶의 나락으로 떨어지게 되어 있다. 인간은 누구나 교만해지기 쉬운 존재이므로 교만하지 않고 겸손하려고 노력해야 한다.

●● 겸손과 교만

노자

노자老子는 《도덕경 道德經》에서 "대도大道는 광대무변廣大無邊하여 다 존재한다. 대도는 만물이 믿고 살며 또 덮어 기르지만 다스리지는 않는다. 공功을 이루더라도 무지무욕無知無慾으로 자기 것으로만 주장하지 않아서 마침내 능히 그 위대함을 이룰 수 있다."라고 했다. 하루는 자신보다 나이가 적은 공자를 만났다. 공자가 과거의 사상을 인용하며 자랑스럽게 자신의 의견을 피력하자 세상일에 초연해 있던 노자는 조용히 다 듣고 나서 "아무리 지식이 많고 힘센 군사같이 보여도 때를 얻지 못하고 쑥대같이 바람에 쓰러지는 사람이 있는가 하면, 어떤 사람은 바보같이 보여도 안에 큰 덕과 인을 지닌 군자일 수 있다네. 사람은 무릇 교만과 내세움을 버려야 하네." 하면서 겸손을 강조하였다.

겸손은 인간관계의 덧셈 법칙이고 교만은 인간관계의 뺄셈 법칙이다. 겸손 없이 원만한 인간관계는 불가능하다. 인간관계는 교만한 자를 싫어하고 겸손한 자를 좋아하게 되어 있다. 특히 자기과시는 미움을 사며 시기심을 유발한다. 과시하는 지위나 위엄이 상대방의 감정을 상하게 한다. 친구를 얻고 싶다면 겸손한 자세로 상대방이 나보다 뛰어나다고 느끼게 해주어야 하며, 적을 만들고 싶다면 교만한 자세로 상대방보다 내가 잘났다고 느끼게 하면 된다.

겸손한 사람이 하는 일은 공감하지만 교만한 사람이 하는 일은 시기하기 쉽다. 겸손은 남이 시기해 진로를 방해하지 않도록 도와주므로 겸손 없이는 장기적 성공을 이룰 수 없다. 겸손은 인생에서 성공하기 위한 열쇠이며 교만은 성공의 독이며 해독제는 겸손이다.

겸손하지 못한 과장은 호기심을 일깨우고 욕망을 자극하지만, 거짓말과 가깝다. 나중에는 과장한 내용에 대한 기대가 이루어지지 않았을 경우에 배반당한 기대는 그 과장한 자를 하찮게 여긴다. 과장하지 말아야 진리를 손상하지 않고 분별력도 지킬 수 있다. 과장으로 인해 실없는 사람으로 취급받지 말아야 한다.

사회적 신분이나 지위가 높은 사람에게는 환심을 사기 위하여 겸손한 태도로 예의를 지키면서, 낮은 사람에게는 교만한 태도로 무시하거나 자존심을 상하게 해서는 안 된다. 명령조나 권위를 나타내는 단정적인 말투는 건방지다거나 교만하다고 느끼게 할 수 있다. 겸손한 말투는 중요하다.

≪서경≫

≪서경 書經≫에 '교만하면 손해를 보고 겸손하면 이익을 보는 것은 하늘의 도이다.'라는 경구처럼 세상은 교만한 자를 싫어하며 그런 사람은 반드시 좌절을 맛보게 되어 있음을 명심하고 겸손이 몸에 배도록 해야 한다.

●● 겸손한 자세

≪채근담≫에 '매의 서 있는 모습은 조는 것 같고, 범의 걸음은 병든 듯하다. 이것이 바로 이들이 사냥하는 수단이니라. 그러므로 군자는 총명을 나타내지 말며 재능을 뚜렷하게 하지 말지니, 그렇게 함으로써 큰일을 맡을 역량이 되느니라.'라고 했다.

공자도 유사한 가르침으로 "총명하고 생각이 뛰어나도 어리석은 것처럼 하여 지켜야 하며 공덕이 천하를 덮더라도 겸용하는 마음으로 지켜야 한다. 용맹이 세상을 진동하더라도 겁내는 것처럼 하여 지켜나가며, 부유함이 사해를 차지한다

≪채근담≫

하더라도 겸손함으로 지켜야 한다."라고 했다.

뛰어난 재능은 인물을 돋보이게 하지만 적을 만들기도 한다. 재능이 있는 사람이 성과를 창출하지 못하거나 창출하더라도 지속해서 유지하지 못하는 경우는 겸손하지 못하고 교만함에 많은 원인이 있다. 재능이 칼이라면 겸손은 그 재능을 보호하는 칼집이다.

남이 반갑게 인사한다고 해서 자기를 훌륭하게 여기기 때문이라고 생각하지 말아야 하며, 남이 자기의 말에 참으며 반대하지 않고 따른다고 해서 존경하기 때문이라고 생각하지 말아야 하며, 남이 은혜를 베풀어주는 것을 사랑하기 때문이라고 생각하지 말아야 하며, 남이 겸손해하는 것을 경의를 표하기 때문이라고 생각하지 말아야 한다.

≪역경 易經≫
중국의 유학 경전이며 오경(五經) 중의 하나로 ≪주역 周易≫이라고도 한다. 천지 만물이 끊임없이 변화하는 자연 현상의 원리를 설명하고 풀이한 책이다.

≪서경 書經≫
중국의 유학 경전이며 오경(五經) 중의 하나로, 중국 상고시대(上古時代)의 정치를 기록한 책이다.

≪채근담 菜根譚≫
1644년경 중국 명나라 때 홍응명(洪應明)이 만든 처세에 관한 책으로서 359개의 단문으로 구성되어 있다.

실천하기

- 상황에 따르지 않고 언제나 겸손한 삶을 산다.
- 낮은 자세를 취한다.
- 재능을 뽐내거나 자기과시를 하지 않는다.
- 공손하고 친절하게 행동한다.
- 오늘 하루 더욱 겸손하기 위해 노력한다.
- 잘못을 저질렀을 때는 진정한 마음으로 사과한다.

생각하기

- 나는 겸손한 사람인가?

읽기자료 나폴레옹의 교만

나폴레옹이 패망하게 된 워털루 전투에 관해 빅토르 위고는 다음과 같은 기록을 남겼다.

'그 격전이 있던 날 아침, 작달막한 키의 전제군주 나폴레옹은 싸움이 벌어질 벌판을 바라보며 군사령관에게 그날의 작전을 설명하고 있었다. "우리는 여기에 보병을 배치하고 저쪽에는 기병을 그리고 이쪽에는 포병을 배치할 것이오. 날이 저물 때쯤에는 영국은 프랑스에 항복할 것이며, 웰링턴 장군은 나폴레옹의 포로가 될 것이오."

이 말을 듣던 사령관 네이 장군이 조심스럽게 말했다. "각하! 계획은 사람이 세우지만, 성패는 하늘에 달렸다는 걸 잊어서는 안 될 것입니다."

이 말을 들은 나폴레옹은 작달막한 그의 몸을 쭉 펴서 늘이며 자신만만하게 말했다. "장군은 나 나폴레옹이 친히 계획을 세웠다는 것과 바로 나 나폴레옹이 성패를 주장한다는 사실을 명심하시오."

그 순간부터 이미 워털루 전투는 패배한 것이나 다름없었다. 하늘에서 비와 우박을 퍼부었으므로 나폴레옹의 군대는 계획한 작전을 하나도 펼 수가 없었다. 그리하여 전투가 벌어진 그 날 밤에 나폴레옹은 영국 웰링턴 장군의 포로가 되었고 프랑스는 영국에 굴복하고 말았다.'

워털루 전투는 단순한 전투가 아니라 세계의 얼굴을 바꾸었다. 운명을 건 전투에서 패배한 나폴레옹은 역사의 뒤안길로 사라졌고, 전투 후 유럽의 주도권은 영국이 쥐었다.

나폴레옹 보나파르트(Napoléon Bonaparte, 1769~1821)

프랑스의 장군 · 제1통령(1799~1804) · 황제(1804~1815). 많은 개혁을 이루어냈고 프랑스의 군사적 팽창에 가장 큰 열정을 쏟아 역사상 가장 위대한 영웅으로서 존경받았다. 코르시카 출신으로, 입대 후 영국군과의 전투에서 공을 세워 장군이 되었다. 주변국과의 계속된 전투의 와중에서 쿠데타로 집권하고, 통령정부를 세워 실권을 장악했다. 이후 오스트리아와 독일, 영국군과 싸워 승리하면서 유럽에 평화를 가져왔다. 이후 종신통령제를 거쳐 제정을 수립하고 황제가 되었다. 하지만 러시아 원정에서 참패하고, 동맹국들에 의해 공격받으면서 퇴위했다. 엘바 섬 귀양 후 잠시 백일천하를 도모했으나 곧 망명했고, 세인트헬레나에서 죽었다.

워털루 전투

벤저민 프랭클린이 젊은 시절에 이웃에 사는 선배 집에 놀러 갔다. 선배와 함께 즐겁게 놀다가 집을 나오다가 그만 높이가 낮은 쪽문에 머리를 부딪치고 말았다. 큰 부상은 아니었지만, 너무 아파서 그 자리에 주저앉고 말았다. 부딪치는 소리를 듣고 선배가 뛰쳐나와서 아픈 부위를 만져주면서 자상하게 말했다.

"자네가 오늘 쪽문에 머리를 부딪친 것을 삶에 가르침을 주었다고 생각하게. 쪽문에 부딪히지 않으려면 고개를 숙여야 하듯이 세상 살아갈 때 겸손할수록 부딪히는 일은 줄어든다는 것을 명심하게."

프랭클린은 머리가 부딪치는 것에서 얻은 교훈을 가슴에 새기면서 삶에서 겸손한 자세를 잃지 않았다. 그가 훗날 다양한 분야에서 뛰어난 업적을 이룰 수 있었던 것은 평생에 걸쳐 실천했던 겸손함 덕분이었다.

정치가로서 그는 겸손한 자세로 아메리카 식민지의 자치에 대해 영국의 관리들과 토론을 벌일 때 식민지의 대변인으로 활약했고, 독립선언서 작성에 참여했으며, 미국 독립전쟁 때 프랑스의 경제적·군사적 원조를 얻어냈다.

벤저민 프랭클린(Benjamin Franklin, 1706-1790)
미국의 과학자이며 외교관이자 정치가로 18세기 미국인 가운데 조지 워싱턴 다음으로 저명한 인물이다. 피뢰침과 다초점 렌즈 등을 발명했으며 미국 독립에 크게 이바지하는 업적을 남겨 100 달러화에 초상화가 실려 있다.

친절

●● 친절의 의미

친절해야 한다고 귀가 따갑도록 듣지만 친절함이 부족한 바쁜 현대 사회에서 친절은 주요한 인성덕목이다. 친절이란 남을 대하는 태도가 성의가 있으며, 친근하고 다정한 태도를 말하며 상냥한 말씨나 관대한 행위로 나타난다.

친절은 남에게 베푸는 따뜻한 체온이며, 한 말은 봄볕과 같이 따사롭다. 배려를 실천하는 기본은 친절이다. 친절은 아부와는 다르다. 친절은 나약함이 아니고 힘 있는 따뜻한 마음의 표현이다. 인격을 갖춘 사람은 친절하다. 남에게 친절한 것은 그 자신의 인격을 높이는 것이다.

고대 로마 시인으로 '라틴문학의 아버지'로 통하는 엔니우스의 시에 '길 잃고 방황하는 자에게 / 친절하게 길을 가르쳐주는 사람은 / 마치 자신의 등불로 다른 사람의 등에 / 불을 붙여 주는 것과 같도다 / 그런데 남에게 불을 붙여 줬다고 해서 / 자신의 불빛이 덜 빛나는 것이 아니니라.'가 있다. 친절은 친절을 불러일으키고 기쁨이 증대된다. 친절함을 실천하는 작은 노력이 행복한 세상으로 바뀌게 하는 것이다.

엔니우스

●● 친절의 미덕

플라톤은 "다른 사람에게 친절하고 관대한 것이 자기 마음의 평화를 유지하는 길이다. 남을 행복하게 할 수 있는 사람만이 행복을 얻을 수 있다."고 했다.

남에게 친절을 베푸는 것은 자신의 기쁨이다. 남에게 친절을 베풀어 행복한 모습을 보면 자신의 마음이 편안해지고 행복한 마음이 든다. 친절은 남을 위한 것이기도 하지만 자신을 위한 것이기도 하다. 친절을 베푸는 사람은 그만큼의 친절을 되돌려 받게 된다. 상대방에게 친절함으로써 그 사람에게 준 유쾌함은 자신에게 돌아오는 것이다. 다른 사람에게 베푸는 친절에 비례해 자신의 기쁨

플라톤

이 쌓인다.

친절의 미덕이 인간관계를 부드럽게 한다. 친절한 한마디 말과 조그마한 친절 행위가 좋은 인간관계의 실마리가 된다. 친절한 사람은 사람들로부터 호감을 얻어 꿈을 실현하는 데 큰 도움을 얻을 수 있다. 대개 사람의 호감이란 먼저 남이 베풀어준 것에 대한 반응으로 나타나는 것이다. 친절해 주기를 기다릴 것이 아니라 먼저 친절해야 한다. 호감을 얻고 싶다면 남다른 친절을 먼저 베풀면 될 것이다.

●● 친절의 방법

친절은 일상생활의 사소한 배려에서 나타나는 일이다. 친절은 도덕이나 윤리에 부합되기 때문에 행하는 것이 아니라 타인을 생각한 배려이기 때문에 행하는 것이다. 다른 사람의 마음을 얻는 일이 거창하고 어려운 일이 아닐 수도 있다. 친절한 말 한마디가 결정적인 역할을 할 수도 있다. 배려하는 마음으로 친절함을 더해야 한다.

완벽한 친절은 자신이 친절한 행위를 하고 있다는 것을 의식하지 못할 정도로 할 때 나타난다. 하지만 지나친 친절은 상대방에게 가식으로 비칠 수 있으므로 실례가 되는 행위이며 금물이다. 상황에 따라 적절하게 최선을 다해 친절하면 된다.

자기에게 이해관계가 있을 때만 친절하게 대하지 말고 이해관계를 떠나서 누구에게나 친절하게 대해야 한다. 겉보기에 친절한 사람이 아니라 진실로 마음을 다하는 친절한 사람이 되어야 한다. 그렇게 하려면 친절이 몸에 배어 습관화되어야 한다.

어떻게 친절을 베풀까에 대해서는 남이 나에게 해주기를 바라는 바를 남에게 해주면 되는 것이며 남에게 받은 친절에 대해 같은 친절로 보답하는 것은 아름다운 행위이다. 따뜻한 마음으로 너그럽고 상냥한 태도를 보여야 한다. 예의 바르고, 붙임성 있고, 친밀함을 보여야 한다.

퀸투스 엔니우스(Quintus Ennius, 기원전 239~기원전 169)
고대 로마 초기의 가장 영향력 있는 시인이자 극작가로 로마 문학의 창시자이다. 로마 역사를 담은 대서사시 〈연대기 Annales〉는 국민적인 서사시였다.

플라톤(Platon, 기원전 427경~기원전 347경)
고대 그리스의 위대한 철학자. 논리학, 인식론, 형이상학 등에 걸친 광범위하고 심오한 철학체계를 전개했다. 그는 소크라테스의 제자이었으며, 아리스토텔레스의 스승이었다. 아테네의 근교에 학원 아카데메이아(Akademeia)를 열고 각지의 청년들을 모아 80세까지 연구와 교육의 생활에 전념하였다.

실천하기

- 누구를 만나든 친절하게 대한다.
- 공손한 말씨와 행동을 한다.
- 미소 짓고 잘 웃는다.
- 감사나 찬사의 뜻을 표해 기분을 즐겁게 만든다.
- 이마의 주름을 펴고 상대방을 대한다.

생각하기

- 나는 친절한 사람인가?
- 상대방이 나의 친절을 무시한다면 어떻게 해야 하는가?

중국의 사상가 노자는 죽음을 앞둔 스승을 찾아가 마지막 부탁을 했다.

"스승님 마지막으로 한 가지만 더 가르쳐주십시오."

그러자 스승은 아무 말도 하지 않고 입을 크게 벌리면서 물었다.

"내 입속에 남아있는 것이 무엇이냐?"

노자는 어리둥절한 표정을 지으며 대답했다.

"스승님께서 연세가 드셔서 이는 없고 혀만 남아 있습니다."

스승은 "세상의 이치는 이와 같으니라. 딱딱한 것보다 부드러운 것이 훨씬 오래가는 법이니라."라고 했다.

노자는 스승의 정신을 이어받아 '유약겸양부쟁柔弱謙讓不爭'의 덕을 설파했다. 이것은 비굴함과는 전혀 관계가 없는 '부드러움은 강한 것을 이긴다'는 필승의 방책이다. 버드나무 가지가 눈사태에도 부러지지 않듯 노자는 유연함을 생명의 상징으로 보았고 부드러운 물이 가장 강할 수 있다고 하면서 다음과 같이 말했다.

"천하에 물보다 더 부드럽고 약한 것은 없다. 그러나 굳고 센 것을 꺾는 데 물보다 더 뛰어난 것 또한 없다. 이는 물이 철저하게 약하기 때문이다. 천하에서 가장 부드럽고 약한 물이 천하에서 가장 단단한 쇠와 돌을 마음대로 부린다. 형태가 없는 것은 도저히 파고들 틈도 없는 그 어떤 곳이라도 파고들 수 있기 때문이다."

노자(老子, 기원전 6세기경)
중국 제자백가 가운데 하나인 도가(道家)의 창시자. 천지 만물을 창조하고 운행하며 발전시키는 실체인 도(道)와 덕(德)의 중요성과 사람의 힘이 더해지지 않은 자연 그대로의 상태인 무위자연(無爲自然)과 작은 공동체 안에서 문명을 멀리하고 소박하게 살아가는 삶을 이상 사회로 추구하는 소국과민(小國寡民)을 주장하였다.

예절

●● 예절의 본질

예절은 인간관계에 있어서 가장 기본적인 인성덕목으로 사람을 대하는 방법이며 지켜야 할 마땅한 도리이며 질서이다. 예절은 예의범절禮儀凡節의 준말로, 예의는 '격식을 갖춘 행동'이며 범절은 '행동의 정해진 꼴'이다. 예절은 공동체에서 원만한 인간관계를 위해 오랫동안 함께 살아오면서 형성된 행위 양식이나 생활 방식이다. 예절은 상대방을 존중하는 정신을 표현하는 형식으로 이루어진다.

예절의 본질은 다른 사람을 공경하는 마음가짐이며 형식은 말과 행동과 몸가짐에서 나타난다. 타인을 공경하는 마음이 있으면 말과 행동과 몸가짐에 예를 갖추어 하지만 타인을 무시하는 마음이 있으면 함부로 한다.

인간에게 인간의 본질인 예절이 없다면 인간이라고 말하기 어려우며 동물과 다를 바가 없다. 내 마음대로 행동하고 내 마음대로 말하는 것이 자유이고 개성이라면 그것은 자제력과 이성을 상실한 인간이지 인간다운 인간은 아니다.

개인의 자유를 중시하는 현대인에게 개인의 행동은 고유한 권한으로 인식되지만 모든 사람이 자신의 자유만을 생각하며 마음대로 행동한다면 질서도 없고 혼란에 빠질 것이다. 혼자 살면서 아무런 인간관계도 맺지 않고 지낸다면 어떤 예절도 필요하지 않겠지만, 인간은 사회적 존재로 더불어 살아가야 하므로 예의가 필요한 것이다.

사회학 이론에 '상징적 상호작용론'이 있다. 사람은 사회에서 상호 작용의 관계 속에 존재한다. 다른 사람과의 사회관계는 서로가 상대방의 행동에 대해 어떠한 행동을 취해야 하는지 생각하게 하며, 서로가 수용할 수 있는 행동의 한계를 설정해 준다는 것이다. 그러므로 좋은 관계는 상호 기대하는 행동이 부합될 때 가능한 것인데 이것이 바로 예절이다.

예절은 자신을 조금 억제하고 상대방에게 맞추려고 하는 분별과 양식 있는 행위로 정중함과 상냥함이다. 예절은 내면의 인격이다. 인간은 예절을 통해서 자신을 드러내게 되고, 타인은 그것을 통해서 그 사람을 측정하고 인격을 판단하게 된다.

예절이 바르면 좋은 평가를 받는다. 예절은 자신과 공동체를 위해서 필요한 것이다. 예절은 자신을 보호하는 틀이며 공동체의 조화와 유지를 위한 약속이다. 개인에게 있어서는 자제력을 발휘하여 참다운 인간을 만들어주고 공동체 안에서는 타인에 대한 배려와 조화로운 삶을 영위하도록 만든다.

●● 예절의 효과

타인에게 예절을 실천하는 것은 궁극적으로 자신에게 예절을 실천하는 것이다. 왜냐하면, 상대방에게 예절을 다하면 상대방도 예절을 다하기 때문이다. 내가 남을 정성스레 대하면 타인도 나를 정성스럽게 대하지만 내가 타인을 함부로 대하면 타인도 나를 함부로 대할 것이다.

사람을 끌어당길 수 있는 것은 지식이나 식견이 아니라 예절이다. 예절은 인간관계를 부드럽고 편안하게 만들어주면서 다른 사람의 마음으로 들어갈 수 있는 출입증이다. 무례하고 거친 태도는 마음의 문을 닫게 하지만 예절 바른 행동은 마음을 쉽게 열게 한다. 인간관계에서 예절을 지키도록 노력해야 한다. 예절을 지키면 사람들에게 기쁨을 주면서 호감을 얻게 된다.

예절은 사회적 관계에서 꿈을 실현하는 데 커다란 보탬이 된다. 정중함과 공손함이 꿈의 실현을 결정할 수 있으며 많은 경우 예절 바른 태도가 부족하여 실패하고 만다. 꿈의 실현은 자신의 재능만이 아니라 인간관계에서 오는 경우가 많으므로 예절로 자신을 지키고 꿈에 다가가야 한다.

●● 예절 바른 사람이 되는 방법

인간이란 본래 완벽한 존재가 아니다. 다이아몬드도 연마 과정을 거쳐야 빛나는 보석이 되는 것처럼 사람도 부단히 갈고닦아야 예절 바른 사람이 된다. 예절은 결심하고 길들이면 익힐 수 있다. 예절은 평소의 습관이 쌓이고 쌓여 만들어진다. 공손하게 말하고 겸손하게 행동하고 단정한 몸가짐을 하는 습관이 몸에 배면 자연스럽게 실천하게 된다. 말과 행동과 몸가짐은 습관처럼 굳어지기 때문에 어렸을 때부터 가르치고 배워서 몸에 배도록 해야 한다. 수시로 예절이 바른 사람의 좋은 본보기를 관찰하고 실제로 본받아 몸에 익혀야 한다.

수많은 상황에서 어떻게 예절을 실천해야 하는지에 대해서는 건전한 상식을 가지고 스스로 판단하여 행하면 된다. 스스로 판단할 능력이 있는 사람은 누가 가르칠 필요도 없이 실천할 수 있으며 누가 자신에게 해주기를 바라는 대로 행하면 된다.

예절을 지키는 가장 기본적인 행동은 인사를 잘하는 것이다. 인사는 단순한 형식이 아니라 상대방에게 자신을 나타내는 가장 간단한 방법이며 상대방에 대한 인정이자 존중의 표현이다. 전류가 흐르면 불이 환히 밝혀지듯이 인사가 사람사이에 흐르면 인간관계도 환히 밝혀진다. "안녕하세요?"라는 인사 한마디가 좋은 인간관계를 유지하고 발전시킨다. 인사성 하나가 얼마나 교양이 있는지를 나타낸다. 인사는 어떠한 경우라도 모자란 것보다는 지나친 것이 낫다.

●● 예절을 지키는 방법

가족이나 친한 사이에서 스스럼없이 편안하게 느끼는 것은 좋지만 가까운 사이일수록 침범해서는 안 되는 영역이 있으며 지켜야 할 예절이 있다. 상대방의 입장이나 기분은 아랑곳하지 않고 멋대로 말하고 행동하고 아무렇게나 몸가짐을 해서는 안 된다. 그러면 아무리 가깝고 친한 사이라도 금이 가면서 멀어진다.

대등한 관계에서는 긴장도 풀어지고 행동이 자유로워지면서 예절을 소홀히 하기 쉽다. 주의가 산만하거나 무관심하여 지켜야 할 최소한의 예절마저 지키지 않는 것은 실례 정도가 아니라 무례이다. 윗사람에게는 지나치게 긴장하지 말고 자연스럽게 예의를 다해야 한다.

예절은 시대의 변천과 상황에 따라 융통성을 발휘해야 한다. 예절을 고정된 형식으로 치부하고 무조건 지키는 것은 바람직하지 않다. 시대에 따라 문화가 달라지듯 예절도 때에 맞춰서 달라져야 한다. 또한, 글로벌 시대에 예절을 표현하는 방법은 인종과 지역, 환경 등에 따라 커다란 차이가 있으므로 상황에 따라 필요한 예절을 알아두면 좋을 것이다. 이처럼 예절의 형식은 변할 수 있지만, 자신을 낮추고 겸손한 마음을 가지는 예의의 본질은 영원불변한 것이다.

실천하기

- 언제나 좋은 언어로 언어 예절을 지키고 행동은 경건하고 조심스럽게 한다.
- 가족, 친구, 이웃 등 가까운 사이일수록 예절에 더욱 신경을 쓴다.
- 정중한 태도를 유지하려고 노력한다.
- 상황에 알맞은 형식으로 예의를 표현한다.
- 약속은 반드시 지킨다.
- 항상 상냥하고 친절하게 행동한다.
- 누군가 친절을 베풀면 바로 고마움을 표시한다.
- 쓸데없이 남의 일에 참견하지 않는다.
- 전화예절, 식사예절, 운전예절을 지킨다.
- 공공장소에서 새치기하거나 남을 밀치는 행동을 하지 않는다.
- 도서관에서는 조용히 하고 책과 시설물을 아끼고 깨끗이 사용한다.
- 음악회에 참석할 때는 정장이나 깨끗한 복장을 한다.
- 행사장에 참석하거나 사람을 만날 때는 휴대전화는 꺼두거나 진동으로 해놓는다.
- 문을 조용히 여닫는다.
- 손님이 집을 떠날 때는 문 앞까지 따라 나가 배웅한다.
- 사이버 공간에서의 예절을 지킨다.
- 다른 문화권의 사람들을 만나면 그들의 문화를 존중한다.

생각하기

- 나는 예절 바른 사람인가?

공자가 말씀하시기를, "예의 바른 것이 아니면 보지 말며, 예의 바른 것이 아니면 듣지 말며, 예의 바른 것이 아니면 말하지 말며, 예의 바른 것이 아니면 행동하지 말라."고 하셨다.

"문밖에 나가서는 큰 손님을 뵙듯이 하고 백성을 부릴 때는 큰 제사를 받들 듯이 하며 자기가 원하지 않는 것을 남에게 베풀지 말아야 한다."

≪소학≫

≪예기≫ 〈관의〉 편에 이르기를, "무릇 사람이 사람다운 까닭은 예의가 있기 때문이다. 예의의 시작은 얼굴과 몸을 바르게 하고, 낯빛을 온화하게 하며, 말씨를 순하게 하는 데 있다. 얼굴과 몸이 바르고 낯빛이 온화하며 말씨가 순하게 된 뒤에라야 예의가 갖추어진다. 그러함으로써 임금과 신하의 도리를 바르게 할 수 있고, 부자 사이가 친하게 되며, 어른과 어린이의 사이를 화순하게 만들 수가 있을 것이다. 임금과 신하의 도리가 바르게 되고, 부자 사이가 친해지며, 어른과 어린이 사이가 화순하게 된 뒤에라야 예의가 확립되는 것이다."라고 하였다.

≪예기≫ 〈곡례〉 편에 이르기를, "예禮는 절도를 넘지 않으며, 남을 침해하거나 업신여기지 않으며, 함부로 친하기를 좋아하지 않으니, 몸가짐을 닦고 말을 실천하는 것을 선행이라고 한다." "엿듣지 말며, 고함쳐 응답하지 말며, 곁눈질하지 말며, 게으르고 방종하지 말며, 다닐 때 거만하지 말며, 설 때 한쪽 발에 의지하지 말며, 앉을 때 두 다리를 뻗어 키처럼 하지 말며, 잘 때 엎드리지 말며, 머리털을 싸맬 때 가발 모양으로 하지 말며, 관을 벗지 말며, 수고로워도 웃통을 벗지 말며, 더워도 아랫도리를 걷지 말아야 한다."라고 하였다.

"무릇 시선은 상대방의 얼굴 위로 올라가면 교만하고, 띠 아래로 내려가면 근심스럽게 되고, (머리를) 기울려 (곁눈질하면) 간사하게 된다." "앉아있을 때는 시동尸童처럼 바른 자세로 하고, 서 있을 때는 재계하듯이 (조심하고 공경하는 태도로) 하여야 한다."라고 하였다.

≪소학 小學≫

유학을 가르치기 위하여 만든 수신서(修身書)로 일상생활의 예의범절, 수양을 위한 격언, 충신·효자의 사적 등을 모아 놓았다. 송나라 주희(朱熹)가 엮은 것이라고 씌어 있으나 실은 그의 제자 유자징(劉子澄)이 주자의 지시에 따라 편찬한 것이다.

주희(朱熹, 1130~1200)
중국 남송(南宋) 때의 유학자. 주자학을 집대성하여 중국 사상계에 큰 영향을 미쳤다.

용모

●● 용모의 중요성

복장, 동작, 표정, 얼굴, 말투와 머리 모양 등 용모는 공동체 구성원에 대한 예의이므로 용모에 세심하게 신경을 쓰는 것은 기본적인 인성덕목이다. 자신이 혼자 산다면 어떤 용모를 하건 아무 상관이 없겠지만, 인간은 사회적 동물이므로 공동체의 일원으로서 사람들에게 좋은 인상을 주도록 용모를 갖추어야 한다. 용모는 하나의 풍경이며 한 권의 책이다. 용모는 결코 거짓말을 하지 않고 그 사람의 됨됨이를 나타낸다.

옷차림을 보면 그 사람의 됨됨이를 헤아릴 수 있다. 옷차림은 그 사람의 인격을 말해준다. 복장은 사회에서 지위나 품격의 상징으로 타인에게 인식되며 옷을 입은 당사자의 마음에도 영향을 준다. 타인의 평가뿐만 아니라 자기 관리에도 영향을 주어 인간관계와 꿈의 실현에 중대한 영향을 미친다.

자신이 편하게 느낀다고 하면서 하고 싶은 대로 해서는 안 된다. 옷차림은 단순히 아름답거나 깨끗함을 넘어 수준과 취향까지 나타낸다. 정성스레 차려입은 옷차림은 매사에 준비성을 가시적으로 나타내는 척도다. 아무런 정성을 들이지 않고 대충 상대방을 만나는 사람은 대인관계에 실패하기로 작정한 것과 마찬가지이다.

●● 복장의 효과

복장은 타인의 평가뿐만 아니라 자기 관리에도 영향을 준다. 자신의 이미지에 어울리는 복장을 해야 한다. 편한 것만 추구하거나 무작정 유행을 따르기보다는 이미지에 맞는 복장으로 가꾸고 표현하여 중요한 경쟁력으로 삼아야 한다. 그러면 상대하는 사람들의 태도도 달라지고 자신의 기분도 좋아져서 상대방을 대하게 된다. 인간관계는 상승곡선을 그리며 꿈을 향한 긍정적인 효과를 나타내게 된다.

학생들의 경우에는 아무리 같은 교복이라고 하더라도 자신을 깔끔하고 단정하게 가꾸어야 한다. 속옷도 깨끗하게 갖추어 입고 교복은 다려서 맵시 있게 입어야 하며 거기서 멈추지 말고 평소 머리 모양과 말투, 표정에도 관심을 기울여 산뜻하고 활력 넘치는 모습을 하고 다녀야 한다.

●● 자세와 신체 관리

보기 좋고 세련된 동작은 상대방에 대한 예의일 뿐만 아니라 마음을 끌어당기므로 생활화되고 습관화 되어야 한다. 사소한 동작을 가볍게 여기면 안 된다. 물 한 잔을 마셔도 컵을 이상하게 쥐어서 물을 쏟는 일이 없어야 한다.

올바른 자세로 일어서고, 걷고, 앉아야 한다. 올바른 자세는 자신의 신체 발달뿐만 아니라 상대방에게도 공손한 인상을 주어 호감을 느끼게 한다. 일어서고 걷는 것은 자신만의 행동이지만 앉는 것은 상대방과 마주하는 행동이므로 보기 좋게 앉는 것은 중요하다. 의자에 온몸의 체중을 맡겨 비스듬히 기대어 앉는 것은 거만해 보이므로 그렇게 해서는 안 된다. 딱딱한 부동자세가 아니라 온몸의 체중을 의자에 기대지 말고 편안하게 보일 수 있도록 자연스러운 자세로 여유 있게 앉아야 한다.

표정은 365일 하루도 빠짐없이 사람들 눈에 드러난다. 사람의 마음을 사로잡는 요인 중에서도 효과적인 것은 표정이다. 표정이 나쁘면 아무리 좋은 옷을 입어도 소용없다. 표정은 마음을 얼굴에 나타내는 것이므로 표정을 연마하면 자연히 마음도 연마된다. 미소를 머금고 눈가에는 상냥하고 온화한 표정을 지어야 한다. 표정이 인간관계에서 얼마나 큰 영향을 발휘하는지를 인식하고 거울을 보면서 표정을 연습해야 한다.

사람들에게 좋은 인상을 주기 위해서는 무엇보다 청결이 중요하다. 손과 손톱을 항상 깨끗하게 해야 한다. 치아관리는 대단히 중요하므로 식사 후에는 이를 닦아야 한다. 충치가 생기면 고약한 냄새가 나서 사람들에게 불쾌감을 주므로 치료해야 한다.

실천하기

- 용모에 정성을 기울이면서 단정히 한다.
- 상황과 분위기에 맞는 옷차림을 한다.
- 신체와 옷차림을 청결하게 한다.
- 옷가지 수는 반으로 줄이고, 그만큼 질이 좋은 옷을 산다.
- 밝은 표정을 하고 세련된 동작과 올바른 걸음걸이를 한다.
- 용모에 걸맞은 머리 모양을 한다.
- 양말을 흘러내리지 않게 한다.
- 신발을 구기지 않고 신발 끈을 제대로 맨다.

생각하기

- 용모를 단정히 하기 위해 평소 어떤 노력을 기울이고 있는가?

몸과 마음을 바르게 하는 아홉 가지 용모인 구용(九容)

족용중足容重 걸음걸이는 신중하고 무겁게 하고

수용공手容恭 손 모양은 단정하고 공손하게 하며

목용단目容端 눈으로 볼 때는 시선을 흘겨보지 말고 바르게 하고

구용지口容止 입 모양은 다문 채 있으며

성용정聲容靜 목소리는 조용하게 내고

두용직頭容直 머리는 곧고 바르게 유지하며

기용숙氣容肅 숨 쉬는 모양은 엄숙하게 하고

입용덕立容德 서있을 때는 덕스럽게 보여야 하며

색용장色容莊 얼굴빛은 씩씩하게 가져야 한다

미국의 이미지 전문가 존 몰로이는 복장의 중요함을 증명하는 실험을 했다. 먼저 실험 참가자를 두 그룹으로 나누어 한 그룹은 고급스러운 양복을 입히고, 다른 그룹은 평범하고 편한 옷을 입혔다. 그는 참가자들에게 한 호텔로 들어가서 일반인들이 호텔로 들어가려고 할 때에 같이 들어가도록 했다.

그 결과, 동시에 문에서 마주쳤던 일반인들의 94%가 고급스러운 옷을 입은 참가자에게 먼저 길을 양보했다. 그러나 평범한 옷을 입고 똑같은 행동을 했을 때는 82%의 사람들이 길을 양보하지 않았고, 심지어 5%의 사람들은 욕을 하기도 했다.

참가자들이 위급 상황을 꾸며 처음 보는 사람에게 돈을 빌리는 실험에서도, 고급스러운 옷을 입은 참가자는 한 시간 동안 평균 34달러 6센트로 돈을 얻을 수 있었지만, 평범한 차림의 참가자는 평균 8달러 42센트로 4분의 1에 그쳤다.

또한, 평상복을 입힌 참가자들에게 타자와 복사를 부탁했을 때, 과제를 모두 수행하는데 평균 20분 이상 소요됐지만, 고급스러운 양복을 입힌 참가자들에게 같은 양의 타자와 복사를 부탁했을 땐 약 84%가 10분 이내에 과제를 끝냈다. 옷차림에 따라 개인의 행동과 역량이 달라진 것이다.

소통

●● 삶과 소통

빌 게이츠

삶을 영위하는 모든 활동은 소통 행위로 이루어지므로 소통은 필수불가결한 인성덕목이다. 모든 관계는 소통으로 이루어진다. 소통은 말을 유창하게 하거나 자신의 의사를 정확하게 전달하는 것만이 아니라 상대방의 의사를 경청하고 파악하여 서로 공감하는 것이다.

빌 게이츠는 "나는 의사소통을 진작시키는 모든 도구가 사람들이 서로 배우는 방식, 누리고자 하는 자유를 얻어내는 방식에 지대한 영향을 미친다고 굳게 믿는다."고 했다.

현대 사회에서 소통이 없는 생활은 상상조차 할 수 없다. 소통이 없는 삶은 인간의 삶이 아니다. 개인, 가족, 학교, 직장, 사회 등에서 소통 부재로 인한 불협화음은 개인과 공동체에 중대한 장애 요소다. 인간은 자기 나름대로 성격과 말하는 방법, 행동이 서로 다르므로 소통에 문제가 생긴다. 소통 능력을 키우기 위한 전제는 상대방이 나의 상식과 사용하는 말의 뜻이 다를 수 있다는 점을 인정해야 한다.

≪어린 왕자≫

생텍쥐페리는 ≪어린 왕자≫에서 이렇게 썼다. '세상에서 가장 어려운 일은 사람이 사람의 마음을 얻는 일이란다. 각자의 얼굴만큼 다양한 각양각색의 마음에서 순간순간에도 수만 가지의 생각이 떠오르는데 그 바람 같은 마음을 머물게 한다는 건 정말 어려운 거란다.' 이처럼 서로 마음이 통하기는 쉬운 일이 아니다.

●● 소통의 본질

소통의 본질과 관건은 설득이 아니라 공감에 있다. 열린 마음으로 상대방의 입장에서 사안을 바라보고 상대방의 생각을 이해하는 데서 출발해야 한다. 먼저 사안에 대한 인식과 관점이 공유되어야 한다. 그러려면 자기 생각과 다른, 때로는 반대되는 생각을 들어야 폭넓게 소통할 수 있다. 이와 달리 자기 생각을 고집하고 듣지 않는다면 편협할 수밖에 없어 공감을 불러일으킬 수 없다.

소통에서 범할 수 있는 최대 실수는 자신의 견해와 감정 표현에 최우선 순위를 두는 것이다. 자신의 이야기를 하기보다는 상대방이 말하는 것을 경청해야 한다. 자기 생각과 감정을 표현하려고만 해서는 안 되며 먼저 상대방을 존중하고 이해하려고 해야 한다. 자신의 논리를 전달하기 위해 고민하기보다는 상대방의 의견을 들어주고 이해하고 존중해주어야 한다.

경청 능력이 중요하다. 열린 마음으로 상대방의 말을 들어야 한다. '총명聰明하다'는 말에서 총은 '귀 밝은 총' 자이다. 즉 똑똑하고 현명하다는 것은 자신의 말과 의견을 내세우기 전에, 남의 얘기를 잘 들을 줄 알아야 한다는 것을 의미한다. 공감은 일방적이 아니라 쌍방향이어야 한다.

●● 소통하는 방법

진실성과 진정성을 가지고 마음에 와 닿는 말을 해야 한다. 감정이나 체면을 경계해야 하며 정직하고 솔직해야 한다. 단순하고 이해하기 쉬우며 때로는 이성이 아니라 감성에 호소하면서 깊은 공감을 끌어낼 수 있어야 한다. 사람은 논리보다는 감성을 자극할 때 더욱 감동을 한다.

성공적인 화법에 '1:2:3의 법칙'이 있다. 하나를 말하고 둘을 듣고 셋을 맞장구치라는 뜻이다. 맞장구는 대화의 하이파이브로 상대방의 말에 귀를 기울이면서 동조함을 나타내어 깊은 유대감과 공감을 형성한다. '맞장구'도 상황에 맞게 해야 하며 과장하거나 건성이 아니라 진심을 담아서 해야 한다.

소통 능력을 키우려면 다양한 경험과 독서를 통한 식견과 포용력을 길러야 한다. 논리적이고 적절한 비유, 감성적 언어, 유머를 융합한 언어 구사가 필요하다. 말에 진실성과 진정성을 담으면서 정곡을 찌르는 촌철살인의 언어를 구사한다면 단순한 소통 능력을 넘은 공감 능력을 보여주는 것이다.

실천하기

- 자신의 견해와 감정 표현보다는 상대방의 말을 경청한다.
- 상대방이 자신과 상식이나 사용하는 말의 뜻이 다를 수 있다는 점을 인식한다.
- 자신의 논리를 전달하기보다는 상대방을 이해하고 존중해 준다.
- 내가 하고 싶은 말만 하는 불통의 습성을 들이지 않는다.
- 공통된 화제를 만든다.
- 편안하게 이야기할 수 있는 분위기를 만든다.
- 내가 말하고자 하는 내용과 상대방이 말하고자 하는 내용을 구분하여 생각한다.
- 말하기 전에 상대방이 듣고 싶어 하는 것이 무엇인지를 생각한다.
- 독서를 통해 좋은 표현 문구를 메모하고 익힌다.

생각하기

- 나는 소통 능력을 갖추고 있는가?

국민의, 국민에 의한, 국민을 위한

링컨은 언어가 가진 소통의 힘을 알았다. 그 상징은 남북전쟁에서 5만 명의 사상자가 난 펜실베이니아 주 게티즈버그에서 국립묘지 개관식 날인 1863년 11월 19일에 했던 연설이다. 272개의 짧은 단어로 구성된 불후의 명연설은 참담한 전투의 희생자를 추모하면서 인권 평등과 민주주의 이념을 명쾌하게 농축했다.

"87년 전 우리 선조들은 자유 이념과 인간은 모두 평등하다는 신념을 지니고 새로운 나라를 세웠습니다. 지금 우리는 엄청난 내전에 휩싸여 자유와 평등을 바탕으로 세운 이 나라가 존립할 수 있느냐 없느냐의 갈림길에 서 있습니다.

우리는 내전의 격전지였던 바로 이곳에 모였습니다. 우리는 격전지의 한 부분을 자유와 평등의 나라를 위해 목숨을 바친 이들에게 영원한 안식처로 마련해주기 위해 모인 것입니다. 이 일은 우리가 마땅히 해야 할 일입니다.

그러나 넓은 의미에서 우리는 이곳을 신성화하는 데 이바지할 수 없습니다. 죽기를 무릅쓰고 여기서 싸웠던 용사들이 이미 우리의 미약한 힘으로는 더는 어떻게 할 수 없을 정도로 이곳을 신성화했기 때문입니다.

오늘 이 자리에서 우리가 하는 말은 별로 오래 기억에 남지 않겠지만, 그분들의 희생은 절대로 잊히지 않을 것입니다. 그러므로 살아 있는 우리는 그분들이 고귀하게 이루려다 못다 한 일을 완수하는 데 전념해야 합니다.

우리는 여기서 우리에게 남겨진 위대한 과제, 즉 명예롭게 죽어간 용사들이 죽음을 두려워하지 않고 헌신했던 대의를 위해 우리도 더욱 헌신해야 한다는 것, 그들의 희생이 절대 헛되지 않도록 우리의 결의를 굳건히 다지는 것, 하느님의 가호 아래 이 나라가 자유롭게 다시 탄생하리라는 것, 그리고 국민의, 국민에 의한, 국민을 위한of the people, by the people, for the people 정부는 이 세상에서 절대로 사라지지 않으리라는 것을 다짐해야 합니다."

링컨의 불과 2분짜리 게티즈버그 연설은 단순한 연설이 아니었다. 그것은 평생 고난을 통해 고양되고 위대해진 훌륭한 정신에서 나온 신성한 표현이었다. 마음 깊숙한 곳에서 솟아 나온 산문시였으며, 위엄 있는 아름다움 그 자체였고, 심오한 서사시의 낭랑한 울림이었다. 링컨의 위대함은 국가위기에서 언어와 의지로 국민과의 소통으로 나라를 통합하고 바꾼 것이다.

게티즈버그 연설문

공감

공감의 의미

공감은 현대 사회에서 강조되는 주요한 인성덕목이다. 현대 사회에서 공감이 인간을 이해하는 새로운 패러다임으로 떠오르고 있다. 인간은 적대적 경쟁보다는 유대감을 가장 고차원적 욕구로 지향하는 존재라는 것이다. 공감은 서로를 연결해주는 감정적 연결고리로서 건전한 인격의 중요한 정서적 토대이다.

공감은 다른 사람과 의견, 감정, 생각, 처지에 대하여 서로 같다고 느끼는 것으로 마음과 마음이 서로 통한 상태이다. 같이 느끼는 것만이 아니라 상대방의 느낌까지도 알아차리는 것이다. 상대방의 느낌을 그대로 인정해 주면서 나의 것으로 받아들이는 것이다.

공감이 있어야 마음에서 동조가 우러난다. 공감대를 높이려면 상대방의 심정과 감정을 진심으로 이해하고, 필요를 파악하는 능력, 즉 '마음의 시력'을 가지고 진실한 마음으로 대해야 한다. 그래야 거기에서 친근감을 느끼면서 동조가 일어나는 것이다.

하버마스

하버마스는 "의사소통이 가능한 공동체를 이루기 위해서는 구성원들이 자신의 견해를 발언할 수 있는 자유를 가지고 있어야 하며, 다른 사람의 의견에 공감하여 자신의 관점을 극복할 가능성도 함께 가지고 있어야 한다. 이것이 각 개인이 서로의 논변을 이해하고 담론 과정을 거쳐 여러 사람이 공감하는 '보편적 동의'에 이르는 과정이다."라고 했다.

공동체에서 함께 한다는 것은 공감이 근간이다. 서로 간의 공감이 공감을 낳고 이해와 사랑의 파동을 일으킨다. 공감 없는 인간관계는 모래성과 같아서 언제 무너질지 모른다. 공감하기 위해서는 마음의 문을 열고 더 가까이 다가가야 하고, 귀 기울여야 하고, 따뜻한 시선으로 집중해서 바라보아야 한다. 이것이 공감의 시작이다.

공감대 형성

공감을 하기 위해서는 공감대가 형성되어야 한다. 공감대 형성이란 두 사람 사이나 집단 간에 상호 신뢰를 나타내는 심리이다. 이것은 서로 마음이 통하고, 무슨 말이라도 털어놓고 말할 수 있고, 말하는 것이 충분히 이해가 되는 관계로 느껴지는 상태를 말한다.

모든 관계에서 가장 중요한 것 중의 하나가 바로 공감대 형성이다. 선생님과 학생과의 관계, 경영자와 근로자와의 관계, 위정자와 국민과의 관계는 공감대를 얼마나 잘 형성하는가에 성패가 달려있다고 해도 과언이 아니다. 선생님이나 경영자나 위정자가 아무리 설득해도 공감하지 못하면 아무 소용이 없다. 서로 간에 공감대가 형성되어야 제대로 된 관계를 맺으면서 진정한 의사소통이 이루어지는 것이다.

좋은 인간관계를 맺거나 친구 사이가 되는 것은 서로의 위치나 입장이나 처지, 취미, 대화에서 공감대가 형성되기 때문에 관계가 이루어지고 유지되고 발전하는 것이다.

공감대 형성은 미리 마련된 계획에 따라 이루어지는 것이 아니며 논리적인 접근에 맡기기도 어렵다. 쌍방이 모두 성실하고 서로 존중하는 분위기에서 이루어지며 자비심, 인내심, 신념까지도 소진해야 하는 어려운 과정이다.

●● 공감대를 형성하는 방법

로버트 케네디

1962년 로버트 케네디가 일본 와세다대학교를 방문하여 강당에서 강연했을 때의 일이다. 당시 일본에서는 반미 감정이 매우 높았는데 케네디는 그 사실을 알고 있었기에 말 한마디 한마디를 매우 조심스럽게 했다. 냉담한 분위기에서 강연을 마친 케네디가 강단을 내려오자 일부 학생들이 욕설을 퍼부으며 "양키 고 홈! 양키 고 홈!"을 외쳤다. 하지만 케네디는 당황하지 않고 잠시 생각에 잠기더니 다시 강단에 올라갔다. 마이크를 잡은 케네디는 학생들을 향해 "내가 아는 노래가 하나 있는데 한 곡 부르겠으니 양해해 달라"고 말했다. 그의 예상치 못한 행동에 학생들은 당황스러워했다. 케네디의 낮지만 진중하게 부르는 노래 한 소절이 흘러나오자 갑자기 분위기가 숙연해지고 야유를 퍼붓던 학생들은 어느새 하나둘 그의 노래를 따라 부르기 시작했다. 강당은 이내 한 목소리가 되어 부르는 노랫소리로 가득 찼다. 케네디가 부른 것은 바로 와세다대학교 교가였다. 와세다대학교 학생들을 위해 준비한 노래는 그의 백 마디 연설보다도 강했고, 학생들의 가슴에 공감을 일으켰다.

공감대를 형성하기 위해서는 먼저 상대방을 알고 이해해야 한다. 상대방에 관심을 가지고 어떤 사람인지, 어떤 상황에 놓여 있는지, 무슨 생각을 하고 있는지, 무엇을 원하는지, 어떤 가치관을 따르고 있는지, 문화나 취미가 무엇인지, 어떤 습관을 지니고 있는지를 알아야 한다. 그러기 위해서는 상대방의 말을 경청하고 질문해야 한다.

다음으로는 서로 믿어야 한다. 서로를 믿지 못하는 상태에서는 공감대가 형성될 리 없다. 신뢰는 상대방에 비치는 삶의 태도, 말이나 행동, 마음씨가 결정한다. 약속을 지켜야 하고 공정하고 따뜻한 행동으로 믿을 만해야 공감대가 형성되는 것이다.

상대방에 대한 이해와 신뢰의 바탕 위에서 상호 솔직해야 한다. 상대방이 솔직하지 않다고 느끼는 상황에서는 공감대가 형성되지 않으므로 솔직하게 대화해야 한다. 먼저 상대방의 의견을 경청하고 의도를 분명하게 인지해야 한다. 그런 다음에 자신의 의견을 숨기지 말고 구체적으로 말하고 이해했는지를 확인한다. 이렇게 자신이 마음의 문을 열면 상대방도 마음의 문을 열어 공감대가 형성되는 것이다.

공감대 형성은 내용을 떠나 태도가 결정적인 영향을 미치기도 한다. 겸손한 자세로 상대방의 입장이 되어 정서를 이해하고 문화나 취미에 대해 배려하면 금방 공감대가 형성되기도 한다. 상대방에 대하여 진정으로 관심이 있다는 사실을 깨닫게 해주면서 감동을 주기 때문이다. 누군가와 공감하려면 먼저 그의 진실한 친구라는 것을 느끼게 해야 한다. 그래야 사람의 마음을 사로잡을 수 있다.

위르겐 하버마스(Jürgen Habermas, 1929~)
독일의 철학자이자 사회학자, 심리학자이며 언론인이다. 사회 이론의 기초와 인식론을 중심으로 연구한 사회학자로 유명하다. 소통 행위의 이론에서 공공 영역의 개념으로 잘 알려졌다. 저서로 ≪의사소통행위이론≫ ≪의사소통의 철학≫ ≪사실성과 타당성≫ 등이 있다.

로버트 케네디(Robert Francis Kennedy, 1925~1968)
그의 형 존 F. 케네디 행정부에서 법무부 장관과 대통령 고문을 지냈다. 후에 연방 상원의원으로 대통령 후보 지명을 위한 선거 유세 중 암살당했다.

실천하기

- 상황을 상대방의 입장에서 바라보려고 노력한다.
- 감정이나 체면을 경계한다.
- 정직하고 솔직하게 소통한다.
- 내 주장을 강력하게 펼치기보다는 상대방의 말을 먼저 경청한다.
- 나도 상대방과 생각이 같을 수 있다는 인상을 준다.
- 상대방의 특성을 제대로 이해하고 감성에 호소한다.
- 나를 그대로 드러낸다.

생각하기

- 나는 공감대 형성을 위해 어떤 노력을 기울이고 있는가?

2015년 6월 17일 미국 사우스캐롤라이나 주에서 백인 청년이 '인종 전쟁'을 시작하겠다며 벌인 비극적인 총기 난사 사건에서 아홉 명이 목숨을 잃었다. 6월 26일 오바마 대통령은 총기 난사 희생자 장례식에 참석하여 40여 분의 추모연설이 끝날 무렵에 말을 멈추고 고개를 숙였다. 한동안 침묵하던 그의 입에서 흘러나온 것은 찬송가 '어메이징 그레이스놀라운 은총'였다. 누구도 예상하지 못했던 '깜짝 이벤트'였다.

웃음과 박수 환호가 터져 나왔고 단상에 앉아있던 내빈들도 차례로 일제히 일어섰고, 오르간은 반주를 시작했고, 성가대와 6천여 명에 달하는 추모객이 오바마와 함께 '어메이징 그레이스'를 합창했다. '어메이징 그레이스' 찬송가가 어우러지며 추모식장은 순식간에 커다란 감동의 무대로 변했다.

합창이 끝나자 오바마는 테러로 숨진 아홉 명의 이름을 각각 부르며 그레이스를 붙여 소리 높여 외치면서 추모하고 유족을 위로했다. 그러면서 열정을 담은 몇 마디의 말로 연설을 마쳤다. 추모객들은 박수를 보내고 오바마는 유족들과 포용하면서 위로했다.

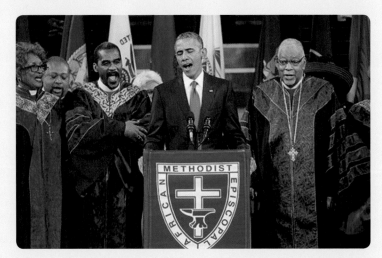

생방송으로 중계된 연설에서 오바마가 부른 '어메이징 그레이스'는 말로만 외치는 통상의 연설을 뛰어넘어 추모객들과 전 세계 수많은 사람들에게 슬픔과 은총이 뒤섞인 감동어린 공감을 불러 일으켰다.

버락 오바마(Barack Obama, 1961〜)
미국의 제44대 대통령(2008〜2016). 미국 최초로 당선된 아프리카계 미국인 대통령이다.

어메이징 그레이스(Amazing Grace)
영국 성공회 사제인 존 뉴턴 신부가 자전적 삶을 가사로 쓴 가스펠이다. 뉴턴 신부가 흑인 노예무역에 관여했던 자신의 과거를 후회하고 이런 죄를 사해준 신의 은총에 감사한다는 내용을 담았다.

말

●● 말의 효용성

삶을 영위하면서 주된 소통 도구는 말이므로 말을 다스리는 것은 주요한 인성덕목이다. 말은 기본적으로 의사소통을 위한 도구로서 개인의 감정이나 사상을 표현한다. 인간이 공동 사회를 이루어 더불어 살 수 있게 된 것은 언어라는 도구가 있기에 가능하다. 언어를 사용하는 사람들이 공유하는 기준과 규칙이 있기에 소통할 수 있다.

말은 행복의 문을 여는 중요한 열쇠다. 말은 생각을 형성하고 생각은 행동을 결정하며 인생을 만들어 간다. 꿈을 실현한 사람은 긍정적이고 적극적인 말을 한다. 부정적인 말투를 긍정적인 말투로 바꾸지 않고서는 부정적인 사고방식에서 긍정적인 사고방식으로 변하기 어렵다. 꿈을 실현하고 싶다면 '할 수 있다'는 긍정의 말을 입에 달고 살아야 한다.

말을 잘한다는 것은 거침없이 매끄럽게 하는 것이 아니라 말의 표현과 내용이 품위 있고 알차야 한다. 책이나 강의를 통해 좋은 표현을 배우고, 생각을 문장으로 정리하는 훈련으로 표현력을 갈고닦아 자신만의 개성 있는 스타일을 만들어야 한다.

입 '구口' 3개가 모이면 '품品' 자가 된다. 사람의 품격은 입에서 나온다는 뜻이다. 적절한 단어와 내용, 화술로 말을 해야 품격 있는 사람이 된다. 말을 어떤 내용으로 어떤 방식으로 하는가는 중요하다. 그러므로 말을 다스리는 능력을 갖춰야 사람을 움직일 수 있고 꿈을 실현할 수 있다.

●● 말의 절제

조선 시대 서당에서 ≪천자문≫ 다음으로 아이들에게 가르치던 필수 교재인 ≪격몽요결≫에 나오는 아홉 가지 사람이 마땅히 지녀야 할 바른 용모 중에서 '구용지口容止'가 있다. 이는 입을 함부로 놀려 말을 잘못하면 화를 자초한다는 뜻이다. '혀'를 다스리는 것은 나지만, 내뱉어진 '말'은 나를 다스린다. 말 한마디 때문에 일순간에 나락으로 떨어지므로 사소한 말도 신중하게 해야 한다.

귀는 닫도록 만들어지지 않았지만 입은 입술의 움직임으로 언제나 닫을 수 있게 되어 있으므로 말하지 않아야 할 때는 입을 닫고 말하지 않아야 한다. 말을 너무 적게 해서가 아니라 너무 많이 해서 문제가 생긴다. 때로는 침묵이 가장 좋은 대답이 될 수도 있으므로 아무 말할 필요가 없을 때는 입을 다물어야 한다.

키케로는 ≪의무론≫에서 "대화할 때는 혼자 떠벌여 다른 사람들의 입을 꽉 다 물게 해서는 안 된다. 대화를 나눌 때는 자기 차례가 오면 말하는 것이 공평하다. 그리고 대화의 주제가 무엇인지 가장 먼저 파악해야 한다. 중요한 대화라면 진지 하게 말해야 하며, 유머라면 재치가 있어야 한다. 특히 대화할 때 분노나 탐욕, 무 례나 나태한 태도 등 성격상의 결점이 표출되지 않도록 조심해야 한다. 가장 주의 해야 할 것은 대화를 나누는 사람을 존중하고 있음이 드러나야 한다."고 했다.

키케로

마땅히 말해야 할 때는 말해야 하며 말하지 않는 사람은 전진할 수 없는 사람이다. 말을 해야 할 때 는 흥분하지 말고 겸손하고 부드러운 자세로 요령 있게 해야 한다. 화를 내면서 하는 말은 상대방의 감정을 건드리고 부드러운 말은 상대방을 수긍하게 한다. 주장해야 할 때는 한마디 한마디에 힘을 줘 서 분명하게 말해야 상대방에게 확신을 줄 수 있다.

잘못을 지적하는 말을 할 때는 단도직입적이 아니라 에둘러 해야 한다. 상대방의 기분을 거스르지 않도록 지나치게 엄격해서는 안 되며 부드러운 말씨를 써야 한다. 결점만을 열거해서는 안 되고 장점도 말해 주어야 하며 오랫동안 장황하게 말하거나 말을 되풀이하지 말아야 한다.

실천하기

- 품위 있는 단어를 쓰면서 목소리의 톤을 높이지 않고 차분하게 말한다.
- 상대방의 귀를 솔깃하게 하는 말보다는 가슴과 마음을 흔드는 말을 한다.
- 내가 하고 싶어 하는 말보다는 상대방이 듣고 싶은 말을 한다.
- 이야기와 유머를 섞어 재미있게 말한다.
- 혀로만 말하지 말고 눈과 표정으로도 말한다.
- 상대방의 연령층에 맞는 말을 한다.
- 한마디 말이 상대방의 인생에 영향을 미칠 수 있으므로 신중을 기한다.
- '말이 입힌 상처는 칼이 입힌 상처보다 깊다'는 속담을 명심한다.
- '말은 깃털처럼 가벼워 주워담기 힘들다'는 교훈을 명심하고 쓸데없는 대화는 피한다.
- '말'을 독점하지 않고 잘 듣는 사람이 되어 적게 말하고 많이 듣는다.
- 긍정적인 말을 하고 앞에서 할 수 없는 말이라면 뒤에서도 하지 않는다.

생각하기

- 나는 말을 제대로 잘하는 편인가?
- 말을 제대로 잘하는 것은 어떻게 하는 것인가?

지혜로운 하인 요리사에게 주인이 어느 날, 손님을 초대하려고 하니 세상에서 제일 좋은 요리만을 만들라고 명령했다.

그러자 요리사는 시장에 가서 짐승의 혓바닥만을 사서 온통 혓바닥 요리를 만들었다. 첫 번째 요리도 혀, 두 번째 요리도 혀, 마지막 요리도 혀였다.

손님들은 처음엔 칭찬했으나 마지막에는 모두 기분이 상했다. 어떻게 된 일이냐고 주인이 꾸짖자, 요리사가 대답했다.

"세상에 혀보다 좋은 것이 있습니까? 인간은 혀가 있어서 말을 할 수가 있고, 또 지식을 전달하고 교양을 높일 수 있는 것이 아니겠습니까?"

말문이 막혀 더욱 화가 난 주인은 다음 날 다시 손님을 초대하기로 했다. 이번에는 제일 나쁜 요리를 만들라고 명령했다.

그러자 이번에도 전날과 똑같은 요리가 나왔다. 화가 난 주인에게 요리사는 다시 이렇게 말했다.

"혀는 모든 말싸움의 근원입니다. 다툼의 어머니죠. 그뿐 아니라 거짓말과 중상모략의 그릇이란 말입니다."

말이란 혀를 어떻게 사용하느냐에 따라 달라진다. 혀를 잘 쓸 때는 미덕이 되지만, 잘못 쓸 때는 그 무엇보다 악한 무기가 된다. 말 한마디가 힘든 사람의 마음에 불을 지필 수도 있고 비수가 되어 평생의 적을 만들기도 한다. 지혜로운 말은 마음을 통합시키고 용기를 갖게 하지만 잘못된 말은 분노와 불신을 불러일으켜 절망에 빠뜨린다. 일단 내뱉은 말은 지우개로 지울 수 없고, 공중으로 날려버려 없앨 수 없으므로 말할 때는 신중에 신중을 기해야 한다.

경청

●● 경청의 의미

소통이 강조되는 현대 사회에서 경청을 잘하는 것은 주요한 인성덕목이다. 현대 사회에서 말을 잘하는 것이 경쟁력이라고 여기고 너도나도 자신의 의견을 말하기에 급급할 뿐, 남의 이야기를 들어주려는 사람은 많지 않다. 그러다 보니 오히려 적게 말하고 많이 듣는 사람이 주변 사람들로부터 호감을 얻으므로 경청을 잘하는 것이 처세의 비결이다.

경청이란 단순히 말을 하지 않고 듣는 것이 아니라 상대방의 진심을 믿고 받아들인다는 의미이며 마음의 중심이 상대방으로 향하는 것이다. 경청의 원칙은 상대방을 소중한 인격으로 받아들이는 것으로서 그 자체가 존중과 격려이며 가치를 인정해 주는 것이다. 경청은 상대방에게 할 수 있는 최고의 찬사 중 하나로써 상대방을 지지한다는 의사 표현과 같다. 다른 사람과 대화할 때 그 사람의 이야기에 귀를 기울이지 않는다면, 그건 상대방을 무시하는 태도이다. 경청할 때는 상대방을 존중하고 있다는 모습을 보여주어야 한다.

자신이 하는 말은 자신에게 아무것도 가르쳐주지 않는다. 말하고 있을 때는 아무것도 배울 수가 없다. 새로운 것을 배우려 한다면 귀담아들어야 한다. 다른 사람의 말을 주의 깊게 들으면 많은 것을 배울 수 있고 독단에 빠지지 않도록 해주는 계기가 된다.

어떤 결단을 내릴 때는 여러 사람으로부터 골고루 의견을 청취해야 한다. 상대방의 말을 잘 들어주고 이견을 조율하는 것은 생각보다 매우 어려운 일이다. 여러 사람의 말을 잘 듣는 사람은 상황을 조율할 수 있고 문제를 해결할 수 있다. 경청하는 사람만이 바른 판단과 결정을 내릴 수 있다.

위징

당 태종이 신하 위징에게 "군주가 어찌하면 훌륭한 명군이 되고 어찌하면 어리석은 임금이 되오?" 하고 묻자 "두루 들으면 명군이 되고, 한쪽 말만 믿으면 어리석은 임금이 됩니다兼聽則明 偏信則暗."라고 대답했다. 고루 듣는 것은 상황 파악을 제대로 할 수 있는 절대적 조건이므로 귀를 크게 열어야 한다.

●● 경청의 효과

링컨

1864년 미국의회에서 노예제도를 폐지하는 헌법 수정안이 통과되기 전에 링컨 대통령과 인터뷰를 한 기자는 링컨에 대해서 "그는 급진적인 노예제폐지

론자들과 보수주의자들에게 둘러싸여서 반대자들과 추종자들 간의 서로 상충하는 주장 모두를 진지한 태도로 경청하고 깊이 생각했습니다. 나는 그 모습을 보면서 정치가의 필수적인 조건은 다른 여러 의견에 기꺼이 귀를 기울이는 자세라는 생각이 들었습니다."라고 말했다.

'이청득심以聽得心'이란 말이 있다. '귀 기울여 듣는 것이 마음을 얻는 지혜'라는 뜻이다. 데일 카네기도 "2주 동안 남의 말에 귀를 기울이기만 하면 남의 관심을 끌기 위해 2년 동안 노력한 것보다 더 많은 친구를 얻을 수 있다"고 했다. 내가 상대방에게 어떤 달콤한 말을 한다고 해도 상대방으로서는 자기가 말하고 싶어 하는 얘기의 절반만큼도 흥미롭지가 않은 법이다. 상대방에게 다가서는 지름길은 혀를 내미는 것이 아니라 귀를 내미는 것이다.

데일 카네기

신이 인간에게 한 개의 혀와 두 개의 귀를 준 것은 말하는 것보다 말을 두 배 더 많이 들으라는 뜻이다. 들을 청聽자를 자세히 뜯어보면, '다른 사람의 말을 듣는 귀耳가 으뜸王이며, 들을 때는 열 개+의 눈目을 움직여 하나의一 마음心을 주시하라'는 메시지를 담고 있다. 경청을 잘하는 것이 원만한 인간관계의 비결이다. 서로 간에 감정이 융합되어 친숙의 단계를 뛰어넘어 절친한 단계로 진입할 수 있다.

말하는 능력보다 듣는 능력이 중요하다. 말하는 사람의 입장에 서서 하는 말을 정확하게 듣고 이해하고 해석할 수 있어야 하고, 그렇게 할 수 없으면 다시 물어보는 것이 좋다. 듣지 않고 말 잘하는 것보다 말을 못하더라도 잘 듣는 것이 중요하다. 자신의 견해와 감정에 치우쳐 말하기보다는 상대방이 말하는 것을 먼저 경청해야 한다. 자신의 논리를 전개하기보다는 상대방의 생각을 들어주고 이해하고 존중해주어야 한다.

무엇을 말할 때 보다는 상대방의 말을 경청하고 무엇을 물을 때 더 많은 영향력을 행사한다. 이처럼 경청을 통해 상대방이 말하는 핵심을 파악하여 질문한다면 상대방에게 감동을 주면서 자신이 하고자 하는 말도 할 수 있다.

●● 경청하는 방법

경청의 첫 규칙은 많이 듣는 것이다. 상대방보다 적게 말하겠다는 인내심을 발휘해야 한다. 남의 말을 가로막지 말고 다 듣지도 않고 대답하지 말아야 한다. 상대방의 말속에는 원인과 결과, 문제와 해답이 있다. 말하는 바를 귀담아듣고, 말하고자 하나 차마 말로 옮기지 않는 바를 구분하여 들어야 한다. 세심한 주의를 기울이면서 제대로 들어야 의도를 오해하지 않고 받아들일 수 있다.

말하기는 요령과 기술이지만 듣기도 자세이며 기술이다. 다른 사람과 대화하는 것은 하프를 연주하는 것에 비유할 수 있다. 하프를 잘 연주하려면 현을 하나 켜는 일도 중요하지만, 현을 누르고 그 진동을 억제하는 것도 그에 못지않게 대단한 기술이다.

말을 들을 때는 언제나 상대방의 눈을 보아야 한다. 마음으로부터 나오는 말이 있고, 혀끝으로 나오는 말도 있다. 마음으로부터 짓는 표정이 있고 겉으로 보여주는 표정도 있다. 상대방이 말하는 내용은 물론 말을 하게 된 동기와 정서적 상황까지도 이해하려는 마음으로 잘 새겨들어야 한다. 특히 말하는 사람의 표정과 눈빛, 음성의 강약, 동작 등 신체적 언어까지도 신경을 써서 들어야 한다.

상대방이 말을 할 때 무덤덤해서는 안 되며 상대방이 하는 말의 내용에 따라서 표정을 짓고 때로는 맞장구를 치면서 감동하는 모습을 보인다면 감동한 자세에 대해 상대방도 감동된다. 맞장구는 '대화의 하이파이브'이며 상대방의 말에 귀를 기울이고 있음을 드러내고, 대화에 깊은 유대와 공감의 분위기를 형성한다. 맞장구를 할 때는 진심을 담아서 해야 한다. 과장하거나 건성으로 마지못해 하지 말고 듣는 사람이 기쁘게 해주어야 한다.

위징(魏徵, 580~643)
중국 당의 정치가. 당 태종을 섬긴 신하로서 직간(直諫)으로 이름이 높았고 당 태종과의 문답은 대부분 ≪정관정요≫에 실려 있다.

실천하기

- 상대방의 말을 진지하게 듣고 있다는 느낌을 주는 행동을 한다.
- 상대방이 말을 할 때 눈을 쳐다보고 때로는 맞장구를 친다.
- 상대방의 이야기를 중간에 끊지 않는다.
- 상대방보다 말을 많이 하지 않는다.
- 상대방의 말을 귀 기울여 들으면서 때때로 질문을 한다.

생각하기

- 나는 경청을 잘하는 사람인가?
- 대화할 때 상대방보다 말을 많이 하는 편인가, 적게 하는 편인가?

J.에인젤1829~1916은 38년간이나 미국 미시간대학 총장을 지냈다. 대개 총장 직책은 길어야 10년 내외로 30년이 넘도록 총장직을 수행한다는 건 매우 드문 경우이다. 에인젤이 이렇게까지 오랫동안 총장직을 수행할 수 있었던 것은 교직원들과 학생들의 요구사항을 잘 받아들여서 학교의 형편과 조율하는 행정을 펼쳤기 때문이다.

에인젤이 총장 업무를 훌륭하게 수행하고 물러나기로 했을 때 기자들이 몰려와 질문을 던졌다. "총장직에 이렇게 오랫동안 유임될 수 있었던 비결은 무엇입니까?"

그러자 에인젤이 거침없이 답변했다. "나팔보다 안테나를 높이 세운 것이 비결입니다."

말하기보다 듣기를 더 중요하게 생각했다는 뜻이다. 그는 자신이 먼저 나서서 말하기보다 많은 사람의 말을 듣고 난 후 말했다.

에인젤의 경청에 대한 중요성 인식과 경청 습관은 아들에게도 이어져 심리학자인 아들도 16년 동안 예일대학 총장직을 훌륭하게 수행하여 존경을 받았다.

인간관계

● ● 인간관계의 의미

인간은 사회적 동물로 인생에서의 모든 일은 인간관계에 의해서 이루어지므로 인간관계에 대한 가치관 정립은 필수불가결한 인성덕목이다. 인간은 자기 자신으로만 존재할 수 없으므로 다른 사람들과 상호 교류하며 살아가야 한다. 기쁨, 슬픔, 성공, 실패를 함께 나눌 수 있는 가족, 친구, 애인, 동료가 필요하고 중요하다.

인간관계에 있어서 가족과의 관계는 선택의 여지가 없는 필연적인 관계이지만 대부분의 인간관계는 만남이라는 인연에 의해서 이루어진다. 진정한 만남은 상호 간의 눈뜸이다. 영혼의 진동이 없으면 그건 만남이 아니라 한때의 마주침이다. 살다 보면, 걷다 보면, 스치다 보면 아주 짧은 순간 서로 알아보고 운명적인 만남이 되어 삶 전부를 나누는 인연이 된다.

인간관계를 원숙하게 하는 길은 변화와 성장의 여정이다. 처음에는 단순한 시선의 교환, 솔직한 대화, 변화된 태도, 손을 내뻗침 등으로 시작하지만, 자신을 열리게 하고 깨이게 하면서 삶에 즐거움과 활력을 주고 성장시키는 축복이 된다. 인간관계를 맺는다는 건 그 사람의 과거 경험과 현재 위치와 다가올 미래 위상과 함께 만나는 것으로 그 사람의 일생을 만나는 것이다. 한순간의 섬광 같은 인연이 삶의 방향과 인생을 결정할 수 있다.

인생을 살아가면서 어떤 사람과의 인간관계를 맺는 것은 중요하다. 작은 인연을 소중히 하는 것이 어쩌면 인생을 풍요롭게 하는 결정적인 계기가 될 수도 있다. 함께 있어서 즐겁고 뭔가 얻고 배울 수 있는 사람과 인간관계를 맺어야 한다.

● ● 인간관계와 사회자본

슈바이처 박사는 유년 시절의 우연한 사건 하나가 인생의 특별한 전환점이 되었다. 슈바이처 박사가 14살이던 때에 동네 아이를 마구 때려서 쓰러뜨렸다. 이때 맞은 아이가 유복하게 자란 슈바이처에게 울부짖었다. "내가 만약 너처럼 매일 잘 먹을 수 있었다면, 이렇게 얻어맞지 않았을 거야!" 자신에게 향한 이 한마디는 슈바이처의 뇌리에 충격과 함께 각인되었다. 그는 마음속으로 '자신보다 약하고 어려운 사람들을 도와야겠다'는 결심을 했다. 24년 후 안락이 보장

슈바이처

된 삶을 버리고 아프리카로 떠났다. 어린 나이에 그 순간의 관계에서 던져진 말에 대한 깊은 성찰을 통

해 위대한 삶을 사는 전환의 계기로 삼은 것이다.

인생의 중요한 전환점은 다른 사람들과 관계에서 생긴다. 누군가의 작은 참여, 한마디 충고, 한 가지 행동 등으로 인생행로가 바뀌어 버리는 경우가 허다하다.

물은 어떤 그릇에 담느냐에 따라 모양이 달라지지만, 사람은 어떤 사람을 만나느냐에 따라 운명이 결정된다. 인간관계가 꿈을 실현하는 핵심이며 열쇠다. 사람은 아무리 재능이 많아도 누군가 뒷받침이 되어주지 않으면 제대로 능력을 발휘하지 못한다. 개인적으로만 노력하여 꿈을 실현하기란 어려우므로 인간관계를 질적 양적으로 좋게 가져야 한다. 인간관계의 질적 수준, 양적 규모, 다양성 수준은 정체 성을 구성하며 인생을 결정한다.

제임스 콜만은 인간관계를 또 다른 형태의 자본인 '사회자본Social Capital'이라고 칭했다. 인간관계라는 사회자본은 돈처럼 당장 환급되지는 않지만, 차츰 축적되는 자본이다. 건강한 인간관계를 통한 사회 자본의 축적은 어느 사회에서나 절실하다. 인간관계가 꿈을 이루는 핵심이자 열쇠이기 때문이다. 개인 적으로만 노력하여 꿈을 이루기는 쉽지 않다. 인간관계를 질적 양적으로 좋게 갖는 것이 결정적인 요인 이 되는 경우가 많다. 인간관계는 사회생활에서 돈보다도 더 중요한 자본의 구실을 할 수도 있다.

누군가를 알고 자신에 대해 긍정적으로 생각하는 사람이 늘수록 꿈의 실현에 다가간다. 원대한 목 표를 이루고 싶다면, 다른 사람들과 많이 접촉하고 협력해야 한다. 인간관계를 많이 가질수록 그리고 도움이 되는 사람을 많이 알아둘수록 가능성은 더욱 커진다.

프랑스의 대표적인 지성이라 불리는 자크 아탈리는 "가난함이란 지금까지는 '갖지 못한 것'을 의미했 으나, 가까운 장래에는 '소속되지 못한 것'이 될 것이다. 미래에는 첫째가는 자산이 네트워크에의 소속 이 될 것이다. 이것은 '주도적으로 성취해가는 삶'을 살아갈 수 있는 우선적 조건이 될 것이다."라고 말 했다.

현대 사회는 누구를 아느냐, 즉 Know Who의 시대로 아는 사람들과 그들에게 비치는 이미지가 중 요하다. 삶은 인간관계에 따라 결정되는 경우가 많다. 그러니 좋은 감정을 가지고 허물없이 지내는 좋 은 인간관계를 나누는 사람들을 많이 만나야 한다.

좋은 사람을 만나는 것은 인생에서 중요한 일이다. 좋은 인간관계를 맺으면 잘되지만, 잘못된 인간 관계를 맺으면 평생 헤어날 수 없는 늪에 빠지기도 한다. 누군가 앞길에 재를 뿌리는 사람이 있다면 꿈 이 날아갈 수 있으므로 멀리해야 한다. 인간관계를 할 때 인생 항해에 순풍 역할을 할 사람인지, 움직 이지 못하게 하는 닻의 역할을 할 사람인지 생각해 보아야 한다.

● ● 인간관계를 잘하는 방법

먼저 가까운 사람에게 잘해야 한다. 가까이 있는 사람을 제대로 인정해 주면서 최선을 다해야 한다.

행복도 불행도, 자신을 세우는 사람도 무너뜨리는 사람도 가까운 사람을 통해 다가온다. 가까운 사람을 사랑하는 기술을 터득해야 한다. 시간을 내어 가까운 사람에게 애정을 표현하고 소중한 사람이라고 표현해야 한다. 표현하지 않아도 사랑하는 줄 상대방이 알 것이라고 단정하지 말고 사랑한다는 말은 아무리 많이 해도 지나치지 않으므로 직접 자주 표현해야 한다.

인간관계에 있어서 많은 사람이 뭔가를 얻기 위해 시작하지만, 인간관계를 지속하기 위해서는 무언가를 얻는 것이 아니라 무언가를 주는 것으로 바라봐야 한다. 단지 무언가를 얻을 목적으로 인간관계를 맺으면 유지되기가 어렵다. 인간관계는 서로의 진정한 교감의 결과로 이루어지는 것이지 목적으로 추구한다고 이루어질 수 있는 것이 아니다. 인간관계는 자신이 한만큼 되돌아온다. 먼저 관심을 가지고 다가가고, 공감하고, 칭찬하고, 웃으면, 그 따뜻함이 자신에게 다시 돌아오는 것이다.

인간관계는 춤을 추듯 리듬을 타고 상대방을 배려해야 한다. 상대방의 스텝에 자신을 맞추어야 원활하게 잘 이루어진다. 상대방에 대한 존중과 배려로 훈훈한 인간관계를 유지해야 한다.

인간관계를 깨트리는 요소는 비판과 경멸, 변명과 책임회피다. 상대방의 장점보다 단점이 먼저 보이면 인간관계에서 실패한다. 상대방의 장점을 먼저 보는 연습은 좋은 인간관계의 씨앗이다. 인간관계가 좋지 않다면 자신에게 물어보라. 비판을 많이 하고 자주 비웃거나 경멸하는 태도는 없는지, 변명으로 일관하거나, 책임을 회피하는지 살펴보아야 한다.

사람의 인간관계는 등산길이다. 발길을 자주 하면 길이 만들어지지만 줄이거나 끊기면 사라지듯이 정성으로 만나면 건강한 인간관계인 등산길이 되지만 정성을 다하지 않으면 잡풀이 길을 덮어버려 인간관계가 끊기므로 좋은 인간관계를 지속시키기 위해 노력해야 한다.

실천하기

- 인간관계의 중요성을 인식한다.
- 먼저 가족 등 가까이 있는 사람에게 성심을 다한다.
- 상대방에게 무언가를 먼저 주기로 마음먹고 실천한다.
- 인간관계를 맺고 있는 사람을 존중하면서 예의를 지킨다.
- 진취적이고 긍정적인 사람과 인간관계를 맺는다.

생각하기

- 인간관계를 더욱 돈독히 하기 위해 어떻게 해야 한다고 생각하는가?
- 아무런 원칙 없이 그때그때 부딪치는 사람들과 인간관계를 맺는 것은 아닌가?

어느 날, 고흐가 창가에 앉아 지나가는 사람들을 보고 있는데, 한 사람이 물건을 포장하는 천으로 만든 옷을 입고 있는 게 보였다. 그 사람의 가슴에는 포장용 천의 흔적이 뚜렷이 남아 있었는데 바로 천에 새겨진 글자였다. 'Breakable잘 깨짐.' 그 단어를 보고 고흐는 깨달았다. '아하! 사람은 깨지기 쉬운 존재로구나!'

그리고 그 사람이 걸어가는 뒷모습을 보았는데 등에도 포장지 천의 흔적이 있는 글씨가 새겨져 있었다. 'Be Careful취급 주의.' 이를 보고서는 다시 한 번 깨달았다. '맞아, 사람은 조심스럽게 다뤄야 하는 거야!'

유리잔은 깨지기 쉬운 물건이다. 한 번 깨진 유리잔은 쓸 수가 없으며 깨진 유리 조각은 사람을 다치게도 한다. 어쩌면 사람의 마음은 유리잔보다도 더 약한지도 모른다. 예의에 벗어난 조그마한 행동이나 서운한 말 한마디에도 상처를 입고 마음이 무너져 내린다. 그 상처 입은 마음은 깨진 유리 조각처럼 가까이 있는 사람들에게 상처를 준다. 한 번 놓치면 떨어져서 깨지는 유리잔처럼 평소에 예의를 발휘하면서 조심하지 않으면 깨지는 것이 인간관계이다.

빈센트 반 고흐(Vincent van Gogh, 1853~1890)
네덜란드의 인상파 화가. 강렬한 색채와 격렬한 필치를 사용하여 독자적인 화풍을 확립하여 서양미술사에서 위대한 화가 중 한 사람으로 꼽힌다. 879점의 그림을 남겼으며 생전에 팔린 그림은 단 1점이었다.

빈센트 반 고흐

리더십

●● 리더의 역할

현대 사회는 개인이 아니라 조직에 의해 성과가 창출되므로 리더십은 긴요한 인성덕목이다. 리더십이란 조직의 목적을 달성하려고 구성원을 일정한 방향으로 이끌어 성과를 창출하는 능력이다. 리더십은 국가나 기업 등 거대한 조직에서만 발휘되는 것이 아니다. 학교에서 학급이나 동아리 등에서도 리더가 있고 몇 사람이 모인 경우에도 자연히 거기에 리더십을 발휘하는 사람이 있다. 가족 간에, 심지어 자신에 대해서도 리더십을 발휘해야 하는 경우도 있다.

리더란 자기가 하고 싶은 일만 할 수는 없으며, 해서도 안 되는 사람이다. 자기보다는 조직에 이로운 방향을 선택하고 행동해야 한다. 조직 이익과 개인의 이익이 상충할 때는 기꺼이 개인의 이익을 던져버리는 것이 리더의 역할이다. 효과적으로 일하는 리더는 '나'보다는 '우리'를 먼저 생각한다. 구성원들에게 믿음을 주면서 조직을 위하겠다는 신념을 지니고 일한다. 조직이 제 기능을 다 하게 하는 것이 자신의 임무라는 것을 알고 있다. 권한 행사보다는 책임지는 자세를 취하면서 책임은 '내'가 지지만 성과는 '우리'가 얻도록 한다. 이 때문에 구성원들은 믿음을 가지고 열심히 일한다.

오케스트라 지휘자는 정작 자신은 아무 소리도 내지 않고 연주자들이 소리를 잘 내게 하는가에 따라 능력을 평가받는다. 리더도 자기가 한 일로 평가받지 않고 구성원들이 한 일로 평가받는다. 구성원에게 해야 할 일을 하도록 하고, 성장할 수 있도록 지도해야 한다.

리더는 무엇보다 조직의 문화와 가치와 규범을 이해한 바탕 위에서 비전을 제시하는 능력을 갖추고 있어야 한다. 비전 없는 조직은 치열한 경쟁 속에서 뒤처지거나 도태될 수밖에 없다. 리더는 구성원들에게 비전을 명확히 제시하면서 공감과 자부심과 동기를 유발하게 해야 한다.

비전은 거창한 구호가 아니다. 조직이 가야 할 방향이 어디인지, 조직과 구성원이 해야 할 일이 무엇인지, 구성원들이 어떻게 행동해야 하는지에 대한 메시지를 담고 있어야 한다. 부분보다는 전체를 보아야 하며 단기적인 시각이 아니라 장기적인 시각으로 보아야 한다. 눈앞에 보이는 이익에 연연하기보다는 장기적인 관점에서 판단하고 차근차근 실행해 나가는 것이 조직 발전의 기본이 되어야 한다.

《성학집요》

●● 리더의 자질

율곡 이이는 《성학집요》에서 "정치는 인재를 얻는 데 달려있다. 현명한 자를 임용하지 않으면서 정치를 잘하는 자는 없다. 임금과 신하는 서로를 잘 만나야만 이내 정치를 잘할 수 있기 때문이다. 임금의 직책은 오직 현명한 자를 알아보고서 마땅한 직책을 잘 맡기는 것을 급선무로 삼아야 한다."고 했다. 리더는 인재를 잘 쓰고 능력을 발휘하게 하는 것이 최우선 자질이다.

리더십은 도덕성에 기초한 인격을 갖추는 데서 나온다. 도덕성이 무너져 인격을 갖추지 못하면 리더십은 흔적도 없이 사라진다. 리더는 자만심과 분노를 극복하는 자제력을 발휘해야 한다.

리더십은 리더에 대한 구성원의 신뢰가 근간이므로 겸손한 자세를 취하면서 정직과 성실로 구성원들로부터 신뢰를 얻어야 한다. 리더가 구성원들로부터 신뢰를 얻으려면 진정성을 가지고 조직을 위해 봉사하겠다는 자세가 선행되어야 한다.

리더는 일관성 있는 원칙을 가지고 구성원과의 약속을 지켜야 한다. 원칙은 수시로 변경 가능한 것이 아니라 누구나 이해할 수 있는 불변의 것이다. 원칙을 지키기 위해서는 용기가 필요하다. 리더 자신에게 원칙을 적용하면 불리한 상황이 왔을 때, 변칙을 해서는 안 된다. 원칙을 지켜야 구성원들에게 신뢰를 얻을 수 있다.

리더의 마인드는 미래지향적이어야 한다. 미래 환경에 대해 전망을 할 수 있어야 하며 변화를 감지하고 해석하면서 변화에 대한 적응력과 창의성을 발휘해야 한다. 글로벌 시대에 국제적인 감각을 가져야 한다. 리더는 현실에 안주하지 않는 도전 정신과 몸을 사리지 않는 혁신 정신, 시대를 보는 통찰력을 가져야 한다. 리더십은 권위나 말에서 나오는 것이 아니라 구성원들의 지지에서 나오는 것이다.

리더는 솔선수범해야 한다. 정약용은 "부하를 단속하려면 먼저 자기 행실을 올바르게 가져야 한다. 자신이 올바르게 행동하면 엄명을 내리지 않아도 지시대로 들을 것이요. 자신이 부정한 행동을 하면 아무리 엄명을 내려도 듣지 않을 것이다."라고 했다. 리더십은 말이 아니라 행동에서 나오므로 구성원들은 리더의 행동을 기준으로 삼는다. 구성원들은 리더가 솔선수범하면 감동하여 신이 나서 최선을 다한다. 조직이 어려울 때 리더가 앞장서서 모범을 보이면 구성원들은 고통을 감내하며 분발한다.

다산 정약용

이해관계와 갈등을 조정하면서 합의를 끌어내어 건강한 조직으로 만들어나가야 한다. 구성원이 원하는 것에 민감하게 반응해야 하며, 기분을 맞춰주는 역량을 발휘해야 한다. 구성원에게 진심으로 조언하는 시간을 투자해야 하며, 토론 등을 통해 소통하는 능력과 참여 유도 및 협력을 도모하는 역량을 가져야 한다. 리더는 비판받기 마련이다. 건설적인 비판을 받아들이지 않는 리더는 칭찬받기도 어려운 법이다. 비판에 익숙해야 한다. 비판 내용을 분석하여 건설적인 비판은 받아들여 반영해야 한다.

리더는 구성원들을 가슴에 품으면서 사랑하고 섬겨야 한다. 사명감을 심어주고 사기를 높여야 한다. 최상의 리더십은 자신보다 나은 능력을 갖춘 구성원들의 역량을 최대화시키는 것이다. 구성원들에게 능력을 마음껏 펼칠 수 있도록 기회를 만들어주어야 한다. 그래야 동기부여가 되어 책임의식을 가지고 진정으로 공동체를 위해 최선을 다할 것이다.

●● 리더와 포용력

유교 경전 사서四書 중의 하나로 유학의 이상을 담은 정치사상서인 ≪맹자≫에 나오는 맹자와 제나라의 선왕과의 대화 내용이다.

"맹자가 제나라 선왕에게 말했다. 군주가 신하를 보는 것이 자신의 손과 발처럼 소중히 여긴다면 신하는 그 임금을 자신의 배와 심장처럼 마음을 다하여 모실 것입니다. 군주가 신하를 개와 말처럼 본다면 신하는 그 임금을 평범한 사람으로 보게 될 것입니다. 군주가 신하를 흙과 티끌처럼 하찮게 여긴다면 신하는 그 군주를 도둑이나 원수처럼 보게 될 것입니다."

≪맹자≫

세종대왕

세종대왕도 "남을 너그럽게 받아들이는 사람은 항상 사람들의 마음을 얻게 되고, 위엄과 무력으로 엄하게 다스리는 자는 항상 사람들의 노여움을 사게 된다."라고 했다.

링컨의 리더십은 포용과 관용으로 요약된다. 링컨은 대통령에 당선된 후 '포용력이 진정한 권력을 만든다'는 것을 인식하고 정치적인 라이벌들을 내각에 임명했다. 공화당 대선후보 경쟁 과정에서 격렬하게 싸웠던 세 명의 거물 정적을 국무장관, 재무장관, 법무장관에 임명하고 반대당인 민주당 출신 세 명을 해군장관, 우정장관, 육군장관에 낙점함으로써 세상을 놀라게 했다.

장관에 임명된 이들은 초등학교 졸업에 연방하원의원 경력이 고작인 링컨보다 더 많은 교육을 받았고 공직 경력도 더 풍부했다. 그들은 처음에 링컨을 우습게 여겼다. 하지만 링컨은 인내심을 가지고 그들을 통솔하면서 재능을 결집해 최고의 능력을 발휘하게 하였다.

링컨

국무장관인 슈어드는 3개월 뒤 "용기와 실천력을 가졌다"고 링컨을 재평가했고, 남북전쟁 때 북군의 방대한 군사조직을 통괄했던 육군장관 스탠턴은 어느 날, 링컨의 명령을 받고 사무실로 돌아와 "그런 명령을 내리다니 바보구먼." 하고 말했다. 이를 보고받은 링컨은 "스탠턴이 나를 바보라고 했다면 정말 바보일 거요. 유능한 그 사람의 의견은 옳은 경우가 많으니까요." 하고 태연하게 말하면서 자신의 명령을 거둬들였다. 나중에 스탠턴은 링컨의 죽음 앞에서 "여기 시대를 초월한 가장 위대한 대통령이 죽었으니 이 얼마나 큰 불행인가!"라고 고백하면서 오열했다.

리더는 다양한 성격의 구성원들을 이해하는 포용력을 발휘해야 한다. 행동할 때 소심해서는 안 되며 넓은 마음을 가져야 한다. 의도적으로 매사에 따지는 것은 장점이 아니다. 유리와 유리가 부딪치면 깨어지고 돌과 돌이 부딪히면 부서진다. 깨진 유리처럼 날카로운 말들이 들어와도, 다듬지 않은 돌처럼 상처 주는 말들이 들어와도 스펀지처럼 흡수해서 감싸 안아야 한다. 구성원의 실수에 관대함을 보여 품위를 유지해야 한다.

≪성학집요 聖學輯要≫(1575)
율곡 이이가 역사서에 담긴 성현의 말씀 중 학문과 정사에 필요한 말을 가려 뽑아 자신의 주석을 붙여 선조 임금에게 올린 책이다. 성학'이란 성인이 되기 위한 학문이고, '집요'란 요점을 모은 것이라는 의미이며 율곡의 정치개혁을 향한 강한 신념이 집대성되어 있다.

정약용(丁若鏞, 1762~1836)
호는 다산(茶山)이며 조선 후기의 실학자이다. 저서에 ≪경세유표≫, ≪목민심서≫, ≪흠흠신서≫, ≪여유당전서≫ 등 500여 권을 저술하였다.

실천하기

- 소속된 조직의 핵심 가치를 존중하고 따른다.
- 나보다는 조직에 이로운 방향으로 행동한다.
- 솔선수범하면서 권한보다는 책임지는 자세를 취한다.
- 정직과 성실, 절제와 친절 등 도덕성으로 무장하여 신뢰받는 사람이 된다.
- 비전을 제시하면서 원칙을 지킨다.
- 소통과 포용력을 발휘한다.
- 건설적인 비판을 받아들인다.

생각하기

- 나는 리더의 자질을 가지고 있는가?
- 현대 사회에서의 바람직한 리더십은 무엇이라고 생각하는가?

마셜과 아이젠하워

미국 육군참모총장이었던 마셜이 아이젠하워를 중용하고 그를 키우지 않았다면 대통령은커녕 평범한 장군으로 끝났을 것이다. 마셜은 아이젠하워의 청렴성과 능력을 높이 평가해 제2차 세계 대전 당시 그를 북아프리카 지역 사령관으로 보내 전선을 지휘하게 했다. 그리고 마침내 루스벨트 대통령에게 아이젠하워의 대장 진급을 강력히 요청하여 성사시키고 유럽 주둔 연합군 최고사령관으로 임명하여 전쟁을 승리로 이끌었다. 마셜은 전쟁이 끝난 후 "내가 한 것은 승리할

조지 C. 마셜

수 있는 사람을 선택한 것뿐이다."라고 하면서 아이젠하워에 대한 인정과 배려와 함께 인사의 중요성을 강조하였다.

아이젠하워

아이젠하워도 마찬가지였다. 그는 최측근 사람부터 감동하게 하는 것을 원칙으로 정했다. 1942년 12월 유럽 주둔 연합군 최고사령관 아이젠하워와 부지휘관 클라크 장군이 전선을 시찰하기 위해 군용 비행장으로 가던 중이었다. 종군 기자들이 몰려와 전쟁 상황에 대해 질문하자 이에 대해 대답은 하지 않고 "나는 지금 이 순간 오직 한 가지 일에만 시간을 할애할 수 있습니다."라고 말한 뒤, 호주머니에서 별 계급장을 꺼내 앞에 있던 클라크 장군에게 달아주면서 "나는 자네에게 이

세 개의 별을 달아줄 순간을 오랫동안 기다려왔네. 그리고 머잖아 네 개의 별도 달아주고 싶네." 이 얼마나 부하에게 감동을 주는 행동인가! 이렇게 한다면 따르지 않을 구성원이 누가 있겠는가?

조지 C. 마셜(George C Marshall, 1880~1959)
제2차 세계 대전 중에 미국 육군 참모총장을 지내고 그 후 국무장관과 국방장관을 지냈다. 1947년 그가 제안한 유럽 부흥계획은 마셜 플랜으로 알려졌다. 1953년 노벨평화상을 수상했다.

드와이트 데이비드 아이젠하워(Dwight David Eisenhower, 1890~1969)
미국의 군인이자 정치가이다. 제2차 세계 대전 중에는 유럽 연합군 최고 사령관으로서 노르망디 상륙 작전에 성공해 이름을 떨쳤다. 그 후 미국의 제34대 대통령(1953~1961)으로 재임했다.

아이젠하워(왼쪽)와 마셜

治人事天 莫若嗇치인사천 막약색

백성을 다스리는 것은 하늘을 섬기는 일이며, 아끼고 소중히 해야 한다.

夫唯嗇 是以早服부유색 시이조복

아끼고 소중히 한다는 것은 먼저 섬기는 것이다.

早服 謂之重積德조복 위지중적덕

먼저 섬기면 끊임없이 덕을 쌓게 된다.

重積德則 無不克중적덕즉 무불극

끊임없이 덕을 쌓으면 이기지 못할 것이 없으니

無不克則 莫知其極무불극즉 막지기극

이기지 못할 것이 없다는 것은 그 끝이 없다는 뜻이다.

莫知其極 可以有國막지기극 가이유극

그 끝이 없어야 나라를 다스릴 수 있다.

有國之母 可以長久유국지모 가이장구

나라에 어머니가 있다는 것은 오래도록 장성하게 유지할 수 있다.

是謂深根固柢시위심근고저

이것이 뿌리가 깊고 근간이 확고하다는 것이며

長生久視之道장생구시지도

영원히 변하지 않고 살아있는 진리다

하늘을 귀중하게 여기듯이 사람을 다스린다는 것은 도를 따르는 것이며, 도를 따른다는 것은 덕을 거듭하여 쌓아나가는 것이다. 덕은 모두를 극복하는 힘이다. 덕의 근본이며 어머니 격인 도까지 갖춘다면 뿌리가 깊고 기본이 튼튼하여 오랫동안 장성할 것이다.

≪도덕경 道德經≫

기원전 4세기경에 중국 도가 철학의 시조인 노자(老子)가 지었다고 전해지는 도가의 대표적인 경전이다. 약 5,000자, 81장으로 되어 있으며, 상편 37장의 내용을 <도경 道經>, 하편 44장의 내용을 <덕경 德經>이라고 한다.

≪도덕경≫

가족

●● 가족의 의미

현대 사회가 빠르게 변하면서 가족의 형태와 가족 구성원 간의 관계도 많은 변화를 겪고 있다. 이런 상황에서 가족 간에 자신의 위치를 인식하고 의무를 다하는 것은 기본적인 인성덕목이다. 가족은 부모와 자녀가 함께 만들어가는 훌륭한 운명공동체이다. 인간이 태어나서 맨 처음 관계를 맺는 것은 부모님이며 접하는 공동체는 가족이다. 가족은 삶을 시작하는 출발점이다. 가족은 소중한 존재이며 삶의 큰 의미 중 하나가 바로 '가족을 위해'이다. 가족을 생각하는 마음이 삶의 커다란 동력이며 희생과 인내심을 발휘하게 한다.

가족의 의미는 단순한 사랑이 아니라 힘과 정신적인 안정감의 원천이다. 가족Family이란 단어는 '아버지, 어머니, 나는 그대를 사랑합니다. Father, Mother, I love you.'라는 문장에서 각 단어의 첫 글자를 합성한 것이다.

아무리 사람 사는 방식이 달라진다고 해도 일과를 마치고 집으로 돌아와 가족들과 함께 지내는 시간이 삶에 온기를 불어넣어 준다는 사실은 변할 수가 없을 것이다. 사랑과 웃음이 집안의 공기가 되는 가족이야말로 행복한 가족이다. 서로서로 이해하고 아껴 주는 가족이야말로 행복한 보금자리의 주인들인 것이다.

몸이 아프거나, 남으로부터 상처를 받거나, 어려운 일이 닥치면 가족이 커다란 울타리가 되고 용기의 샘물이 된다. 가족은 절망에서 삶의 방향을 밝혀주는 희망의 등불이다. 아무리 사는 것이 힘들어도 가족의 연대감이 축소되거나 변질하여서는 안 된다. 가족이야말로 희망임을 명심하고 가족 간의 유대를 더욱 단단히 다져나가야 한다.

바쁜 일상 속에서 친구나 외부 사람들에게는 관심과 배려를 아끼지 않으면서 정작 가족에게는 타성에 젖어 소홀히 대하는 경우가 많다. 예의를 갖추기는커녕 함부로 대하면서 무시한다. 가족에 대한 무관심은 죄악이다. 이 세상에서 가장 소중한 사람은 가족이므로 다른 누구보다도 가족에게 더 많은 친절과 배려를 행동으로 보여야 한다.

●● 가족 사랑하기

행복한 가족관계를 형성하기 위해서는 "사랑한다. 고맙다. 미안하다."는 말을 적극적으로 자주 해야 하며 때때로 작은 선물을 하는 게 좋다. 가족의 꿈, 희망, 행복과 건강, 일, 취미에 관심을 가져야 하며 시간을 내어 함께 하고, 대화하고, 하는 말을 들어주고, 가정에서 하는 일을 도와야 한다.

부모가 베풀어주는 사랑을 당연하다고 생각해서는 안 되며 소중한 은혜로 받아들이고 효심을 다해야 한다. 부모님의 손을 잡아보거나, 안아드리거나, 손톱을 깎아드리거나, 발을 씻겨드리거나, 등을 밀어드리거나, 어깨를 주물러 드리거나 한 적이 있는지, 있다면 언제 했는지 생각해 보자. "너무 바빠요, 피곤해요, 내키지 않아요, 싫어요, 못 가요."라고 하면서 가족들과 보낼 수도 있는 시간에 대하여 냉정하게 굴고 있지는 않은지 반성해 보자. 부모님과 더 많은 시간을 함께하고 대화를 통해 활발한 소통을 해야 한다.

결혼했다면 배우자에게 "여보 사랑해, 당신 힘들지?"를, 자녀를 포용하며 "너를 사랑한단다."를 하고 있는지를 생각해 보자. 가족의 등 뒤에서 살짝 안아보면 형용할 수 없는 기쁨과 감동이 서로의 가슴에 물결칠 것이다.

가족이 내일도 곁에 남아 줄지는 아무도 모른다. 인생은 짧고 소중한 사람과 함께할 시간은 더 짧다. 멀리 떠나기 전에 시간 있을 때마다 함께 하며 즐기고 사랑해야 한다. 오늘이 지나면 다시 못 볼 사람처럼 가족을 대해야 한다. 인생의 길목에서 가장 오래, 가장 멀리까지 배웅해주는 사람은 가족이다. 가족은 사랑과 나눔의 시작인 동시에 끝이다.

●● 가정의 의미

가정은 세상 어느 곳에서도 찾아볼 수 없는 따뜻함과 편안함을 제공하는 곳이다. 특히 자식에 대한 부모님의 사랑은 헌신적이어서 자녀가 홀로 설 수 있을 때까지 키워주고 보살펴주는 역할을 감당한다. 가정은 부모님과 자식이 사랑의 관계로 맺어진 곳으로 자식이 배우고 익히는 교육의 장으로서 인격 형성의 모태이며 시초가 되는 곳이다.

행복한 가정이야말로 최고의 학교이며 사랑이 가득 넘치는 가족보다 더 위대한 교사는 없다. 나무가 자랄수록 나무껍질에 새겨진 글자가 커지고 넓어지듯, 어릴 적 받은 사소한 본보기와 마음속에 새겨진 생각은 성장할수록 점점 영향력이 확대되므로 가정의 역할은 중요하다.

가정은 생명의 산실이며 행복의 원천이다. 행복한 가정에서 상처와 아픔은 싸매지고 슬픔은 나누고 기쁨은 배가 된다. 가정은 구성원 간의 희생이 없이는 영위되지 못한다. 행복한 보금자리는 그저 되는 것이 아니라 구성원인 가족들이 스스로 만들어가는 것이다. 가정의 화목을 이루는 지혜를 발휘해야 한다.

행복한 가정을 이루기 위해서는 부모는 자식을 사랑하고, 자식은 부모에게 효도하며, 형제자매 간에는 우애 있게 지내야 한다. 호화주택에 살면서 다투며 사는 가정이 있는가 하면 오막살이 안에 웃음과 노래가 가득한 가정이 있다. 비록 가진 것은 많지 않아도 사랑이 있고, 꿈이 있고, 내일의 희망이 있으면 행복한 가정이다. 가정을 행복하게 만드는 것은 건물이나 가구에 있지 않고 오직 마음에 있고 정신 속에 있으므로 좋은 집에 살려고 하기보다 행복한 가정을 이루는 데 성심을 다하는 것이 올바른 인성이다.

●● 원만한 가정의 조건

건강하고 원만한 가정이 되기 위해서는 여섯 가지 조건을 갖추고 있어야 한다.

첫째, 가족 간에 고마움이나 사랑을 말이나 행동으로 표현하는 감사 Appreciation 가 있어야 한다. 둘째, 가족의 유익과 명예를 위하여 사는 헌신Commitment 하는 태도가 있어야 한다. 셋째, 가족 간의 잦은 대화와 의논하는 소통Communication 이 있어야 한다. 넷째, 가족과 함께 갖는 시간Time Together)을 되도록 많이 가지면서 유대를 강화해야 한다. 다섯째, 낙관주의, 윤리적 가치관, 박애정신 등 가족의 정신적 건강Spiritual Wellness 이 있어야 한다. 여섯째, 가족이 어려운 문제에 부닥쳤을 때 극복의 능력Coping Ability 을 갖추어야 한다.

실천하기

- 부모는 자애로 자녀를 사랑하고 자녀는 효로써 부모를 공경한다.
- 부모는 자녀의 자율성과 사생활을 존중한다.
- 자녀는 부모의 헌신에 감사하며 경륜을 존중한다.
- 형제자매는 서로를 존중하면서 우애 있게 지내며 바른 말씨를 사용한다.
- 서로에게 고마움을 자주 표현한다.
- 가족 간에 가벼운 스킨십의 빈도를 높인다.
- 문제가 생기면 온 가족이 함께 의견을 나눈다.
- 어려운 일이 생기면 서로 의지하면서 해결한다.
- 당연히 해야 할 일을 했다 하더라도 감사를 표현한다.
- 가족이 함께 여행, 외식 등을 하면서 함께 하는 시간을 자주 가진다.

생각하기

- 나는 가족의 우애와 행복한 가정을 위해 최선을 다하고 있는가?
- 가족에 대한 나의 의무는 무엇이라고 생각하는가?

같은 마을에 살면서도 가정의 분위가 상반되는 두 가족이 있었다. 한 가족은 서로 의지하고 협력하면서 오순도순 행복하게 살아가는 데 반해, 다른 한 가족은 하루가 멀다고 가족끼리 아옹다옹 다투며 살았다.

하루는 늘 다투는 가족이 이대로는 안 되겠다고 생각했던지 다정한 가족을 본받기 위해 그 집을 방문하여 "우리는 가족끼리 다투는데, 어떻게 하면 이 집처럼 웃음이 가득한 행복한 가정이 될 수 있습니까?" 하고 묻자 "글쎄요, 우리는 평생 다툴 일이 없는데요."라는 대답을 들었다.

이때 마침 행복한 가정의 딸이 방문한 손님들을 대접하기 위해 차를 내오다가 그만 접시를 깨뜨리고 말았다. "어머, 죄송해요. 제가 조심하지 못해서 이런 일이 일어났어요." 옆에서 지켜보고 있던 엄마가 접시 조각을 주워 담으며 말했다.

"괜찮아. 이 엄마가 하필이면 그런 곳에 접시를 둔 탓이야." 그 말을 들은 아버지가 말했다. "아니요, 내가 그만 제자리에 둔다는 걸 깜박 잊어버렸소. 미안하오."

늘 다투는 집의 가족들은 그들의 대화를 듣고는 뭔가 깨달은 듯이 고개를 끄덕이며 조용히 일어나면서 말했다.

"정말 행복은 가까이 있었군요. 우리는 그동안 나 자신보다는 상대방의 탓만 하고 지냈습니다. 하지만 이제부터는 그런 일이 없을 겁니다. 우리도 사랑이 무엇인지 알게 되었으니까요."

'가족'이라는 이름

아버지는 뒷동산의 바위 같은 이름이다. 시골 마을의 느티나무처럼 무더위에 그늘의 덕을 베푸는 크나큰 이름이다. 어쩌면 아버지는 끝없이 강한 불길 같으면서도 자욱한 안개와도 같은 그리움의 이름이다.

아버지의 최고의 자랑은 자식들이 반듯하게 자라 주는 것이며 이러한 모습을 바라보고 기대하면서 삶의 보람을 느낀다. 자기가 기대한 만큼 아들, 딸이 성장하지 않을 때 겉으로는 "괜찮아, 괜찮아" 하지만 속으로는 몹시 안타까워하는 사람이다.

〈가족 풍경〉
앙리 마티스(Henri Matisse, 1869~1954)

어머니는 누구에게나 뭉클함과 포근함으로 다가오는 이름이다. '신은 모든 곳에 있을 수 없기에 어머니를 만들었다'는 말이 있듯이 어머니는 자식들이 풍덩 빠져 헤엄칠 수 있는 평온하고 안온한 바다이다.

어머니 자신은 '간섭은 곧 사랑'이라고 생각하는 데 반하여 자식은 '간섭은 반갑지 않은 참견'이라고 생각할 때 일종의 배반감이 든다. 서서히 자기를 내세우고 나설 때 대견스럽기도 하지만 서운함을 느끼기도 하는 두 갈래 마음을 가지고 있다. 기르는 역할에서 지켜보는 자리로 물러설 수밖에 없을 때 허전함을 느낀다.

부부란 사랑의 감정으로 인연을 맺어 함께 삶을 영위하는 동반자이다. 삶을 전쟁에 비유한다면 부부는 전쟁터에서의 전우이다. 삶 속에는 많은 시련과 어려움이 있는데 그것을 뚫고 한 걸음 한 걸음 함께 나아가는 전우와 같은 존재이다.

부부는 사슬로 결합한 벗이다. 그러니 발을 맞추어 걸어야 한다. 원만한 부부는 상호 간의 희생이 없이는 영위되지 못한다. 이 희생은 실행하는 사람을 아름답게 한다. 가정생활에서 가장 소중한 것은 인내이다. 인내야말로 부부 사이에서의 생활 조건이다.

형제자매는 혈연관계로 맺어진 숙명적인 관계이다. 형제자매의 사랑은 부모의 핏줄을 나눈 사랑이며 조건 없이 있는 그대로를 용납하고 이해하는 관계이다.

형제자매는 삶과 운명의 한 부분이지만, 가족이라는 익숙함으로 종종 무심하거나 소홀히 대할 수도 있다. 형제자매는 부모와 자식의 관계처럼 일방적인 사랑과 헌신을 전제하지 않는다. 형제자매는 가장 스스럼없는 관계이며, 그래서 배려하지 않는 관계이기 쉽지만 이해하고 존중하는 마음을 지녀야 한다.

스승

스승의 의미

삶을 영위하면서 스승의 존재는 중요하므로 스승에 대한 존경심은 주요한 인성덕목이다. 예전에는 군사부일체君師父一體라 하여 스승을 임금, 부모와 동격의 높은 존재로 여겼다. 스승은 지식과 지혜의 전달과 전인격적인 모범을 보이는 인생의 사표로 여겼지만 요즈음 학교에서의 스승은 치열한 입시 경쟁을 이기게 하는 지식 전달자로 한정되곤 한다. 스승을 존경하는 미덕은 앞으로도 계속 전승되어야 할 좋은 문화적 전통이다.

스승은 단순히 지식만을 전수하는 사람이 아니라 스스로 인격과 인품을 다듬어 모범을 보이는 사람으로 참다운 인간이 되도록 도와준다. 스승은 비단 학교에서의 선생님만을 지칭하는 것은 아니며 현대 사회에서는 스승을 광범위하게 적용하여 '멘토'라고 부른다.

불교 경전으로서 부처의 윤리적인 가르침을 짧은 경구로 적어 놓은 ≪법구경≫에는 '나 외에는 모두 스승이다.'라고 되어 있는 데 누구나 스승이 될 수 있다는 뜻이다. 좋은 사람을 보면 본받고 나쁜 사람을 보면 '저렇게 해서는 안 되겠다'고 생각하면서 자신을 되돌아보고 반성하는 계기로 삼아야 한다.

인간은 태어나 부모로부터 가정교육을 받고, 자라면서는 스승으로부터 삶을 보람 있게 살아가는 방법을 배운다. 스승은 삶을 영위하는 방법과 지식과 지혜와 인간으로 해야 할 도리를 전수해주는 사람이다. 바르게 살아가는 길을 안내하고 인생에서 겪어야 할 수많은 어려움을 해결할 방향을 제시해 준다. 상상력을 고취해 창의성을 자극하고 기운을 북돋워 준다.

스승은 촛불과 같아서 자신을 불태우면서 제자를 위해 불을 밝히는 사람이다. 스승이 제자의 운명을 좌우한다. 스승의 조언 한마디에 자극받아 진로를 결정하기도 하고, 인격에 감화되어 자신의 인격을 갈고닦기도 한다. 예를 들어 셜리번 선생님이 없었다면 위대한 헬런 켈러의 탄생은 없었을 것이다.

스승은 인생에서 중요한 의미를 가진다. 새로운 출발선에 서 있거나, 도전에 나서거나 어려움에 봉착하여 두려움에 떨고 있을 때, 지치고 힘들 때 자기를 이해하고 고민을 들어줄 사람이 필요하다. 진학이나 취업 등 인생의 갈림길에서 스승의 조언에 따라 삶이 완전히 달라질 수 있다.

스승의 가르침과 존경심

스승을 존경하면서 참다운 가르침을 받아야 한다. 나의 앞길을 밝혀주시는 분이라는 생각을 가지고 감사하면서 존경심을 가져야 한다. 감사와 존경하는 마음이 없는 상태에서 진정으로 배우려는 의지를 갖추기는 어렵다. 스승을 존경할 때 더 열심히 가르침을 받고 싶은 마음이 저절로 들 것이다.

스승의 가르침을 이해하기 어려우면 질문을 통해 완벽하게 이해하도록 해야 하며 자신의 능력이 부족하기 때문이라는 생각이 들면 스승의 가르침을 믿고 따르면서 더욱 열심히 노력하여 가르침을 이해할 수 있도록 해야 한다.

스승은 언제나 내 곁에 있으며 친근하게 상의할 수 있는 분으로 생각하고 조언을 받을 일이 있거나 고민이 있을 때는 스스럼없이 상담하여 해답을 구해야 한다. 스승의 조언은 메마른 땅에 내리는 빗방울과 같다. 현명한 조언을 구하지 않거나 무시하는 사람은 비가 내리지 않은 풀잎과 같아서 곧 시들어 버린다. 스승과 상의하는 것은 지혜와 지식과 경험을 빌려오는 것과 마찬가지다. 스승의 조언에 귀를 기울이면 꿈의 실현 가능성이 크게 높아진다.

스승의 충고와 질책을 달게 받아야 한다. 스승이 충고와 질책을 할 때는 나에게 자극을 주어 개선하게 하기 위함이라고 생각해야 한다. 나무에 가위질하는 것은 나무를 사랑하기 때문이다. 무조건 부드럽게 대하는 것이 인간미라고 착각해서는 안 된다. 인간미의 본질은 충고를 통해 아끼고 보살피는 마음이다. 충고와 질책을 진정한 사랑과 인간미의 발로라고 생각하고 감사한 마음을 가져야 한다. 감정적 대응을 해서는 안 되며 반성의 계기로 삼아야 한다. 좋은 충고를 잘 받아들이는 것이 인생의 전기가 될 수 있다.

청출어람靑出於藍이란 말이 있는 데 '쪽에서 뽑아낸 푸른 물감이 쪽보다 더 푸르다'는 뜻으로, 제자가 스승보다 나음을 비유적으로 이르는 말이다. 참다운 스승은 제자를 사랑하면서 제자가 자신보다 더 훌륭한 사람이 되기를 원하며 제자가 그렇게 되었을 때 그런 제자를 둔 것을 보람으로 생각한다. 제자가 청출어람이 되는 것은 스승에 대한 누가 아니라 자랑이므로 그렇게 되도록 노력해야 한다.

실천하기

- 지금까지 만났던 스승님들의 은혜에 감사하는 마음을 가진다.
- 스승을 만났을 때는 존경심을 가지고 공손하게 인사 한다.
- 스승과 함께 걸을 때는 예의를 지켜 반걸음 정도 뒤에 걸어간다.
- 스승이 계시는 곳에 들어갈 때는 옷차림을 단정히 한다.
- 스승과 가능한 많은 대화 기회를 얻도록 한다.
- 대화할 때는 공손하면서도 어려워하지 말고 스스럼없이 활달한 자세를 취한다.

생각하기

- 내 삶에 큰 영향력을 끼친 스승을 생각해 보자.

16세기 독일의 한 마을에 10여 명의 학생이 있는 학교에 교사가 새로 부임하여 학생들에게 이렇게 말했다. "공부를 잘하기 위해서는 먼저 품행이 단정해야 한다. 내일부터 등교할 때는 목욕을 하고 깨끗한 옷을 입고 머리를 단정히 해야 한다."

그런데 다음 날, 학교에는 단 한 명의 학생도 오지 않았다. 이 마을에 사는 학생들의 가정형편이 모두 어려워 아이들은 품행을 단정히 할 수 없었다. 마을의 사정에 크게 실망한 교사는 곧 다른 마을로 옮겼고 새로운 교사가 부임했다.

새로 부임한 교사는 아이들을 모두 불러 모아놓고 직접 아이들의 얼굴을 깨끗이 씻겨주고 미리 준비해 온 똑같은 옷을 교복으로 나눠주었다. 그리고 마을의 이발사를 불러 머리도 단정하게 잘라주었다. 아이들의 얼굴엔 미소가 환하게 번졌고 기쁜 마음으로 등교하여 공부에 몰두하기 시작했다.

이러한 소문이 옆 마을로 알려지면서 비슷한 일들이 계속 일어났고 이로 말미암아 문예부흥이 일어나면서 독일 교육의 획기적인 전환점이 되어 문맹이 퇴치되고 국가가 발전하는 커다란 원동력이 되었다.

지식에 밀린 인성, 참교육은 무엇인가

〈죽은 시인의 사회〉

'죽은 시인의 사회'는 열린 교육을 실천하려는 한 교사의 몸부림과 일류 대학 진학을 위한 틀 속에서 자신의 희망과 꿈을 펼치려는 학생들의 삶을 그리고 있다.

1959년 미국의 명문 웰튼 고등학교의 입학식에서 학생들은 교장으로부터 '전통Tradition, 명예Honor, 규율Discipline, 최상Excellence'이라는 교육 방침을 전해 듣는다. 새로 부임한 영어교사 존 키팅로빈 윌리암스 분 역시 이 학교 출신이다.

키팅은 학생들에게 전통과 규율에 도전하고 자유정신을 강조하는 '카르페 디엠Carpe Diem'을 주지시킨다. 라틴어인 이 단어는 '이날을 붙잡아라Seize The Day' '오늘을 즐겨라Enjoy The Present' '삶을 특별하게 만들어라 Make Your Lives Extraordinary.'라는 뜻이다.

또 수업 시간에 교과서의 서문을 찢게 하고 "내 수업에서 다른 사람이 평가한 것을 보는 것이 아니라, 너희 자신이 생각한 것을 배우라."고 말한다. 이 괴상한 선생에게 관심과 호감을 느낀 학생들은 졸업연감에서 키팅이 재학 시절 활동한 동아리가 '죽은 시인의 사회'였음을 알고 7명의 학생이 모여 이를 부활시킨다. 학생들은 동아리 활동을 통해 자작시를 낭송하고 짓눌렸던 낭만과 정열을 발산시키며 변화하기 시작한다. 키팅 선생의 독특한 수업 방식은 계속 이어진다. 때로 책상 위로 올라가 수업을 진행하면서 "이 위에서 보면 세상이 다르게 보인다는 것을 알게 될 것이다. 획일화된 시각으로 사물을 보지 말고, 자유롭게 사고하고 느끼라."고 강조한다.

학생들은 키팅이 말한 '카르페 디엠'을 실천하려고 안간힘을 다한다. 닐로버트 숀 레오나드 분은 연극이 전부라고 생각하지만, 의사로 만들려는 아버지의 격렬한 반대에 부딪히자 권총으로 스스로 목숨을 끊는다. 이 사건의 원인 규명에 나선 학교 측은 키팅을 희생양으로 만들어 학교를 그만두게 한다.

키팅이 학교를 떠나는 날, 토드이단 호크가 "오, 캡틴! 마이 캡틴!"을 외치면서 책상 위에 오르자 학생들이 하나둘씩 책상 위에 오른다. 물기 어린 눈으로 이 광경을 지켜보던 키팅이 웃음을 지으며 "Thanks boys. Thank you."라고 말하며 교실에서 떠나는 장면으로 영화는 끝난다.

친구

인생에서의 친구

친구에 대한 주관을 확립하고 좋은 친구를 사귀는 것은 주요한 인성덕목이다. 친구는 인생에서 소중한 보물이며 좋은 친구 한 사람 만나는 것이 인생의 축복이며 행운이다. 만남으로 친구가 되는 것이지만 만남이 꼭 친구로 연결되지는 않는다. 좋은 친구를 만나는 것은 더욱이나 어렵다.

좋은 만남을 위해서는 자신을 가꾸고 다스려야 하며 자신이 먼저 좋은 친구가 되어야 한다. 좋은 친구라고 생각이 들면 다가오기를 기다리지 말고 따뜻한 가슴과 밝고 쾌활함으로 먼저 다가가야 한다. 친구란 부름에 대한 응답이므로 먼저 손을 내밀어야 상대방도 마음을 열어 좋은 친구 관계를 맺을 수 있다.

좋은 친구를 만나느냐 나쁜 친구를 만나느냐에 따라 인생이 결정되는 경우가 많다. 마이크로소프트사의 빌 게이츠와 폴 앨런, 애플의 스티브 잡스와 스티브 워즈니악, 페이스북의 마크 저커버그와 더스틴 모스코비츠, 크리스 휴스는 모두 진한 우정을 바탕으로 20대 초반에 공동 창업하여 오늘날 세계적인 기업으로 발전시켰다.

마크 저커버그

이와 반대로 나쁜 친구 때문에 인생 자체를 망가뜨린 경우도 있다. 전도유망했던 국가대표 축구선수가 친구의 꾐에 빠져 승부 조작에 가담하고 결국 발각되어 영구 제명되었고 그 후 사업을 벌이다가 실패하자 그 친구와 함께 부녀자 납치 사건을 저질러 감옥에 갔다.

인생을 좋은 방향으로 바꿔놓을 수 있을 정도로 영향을 끼치는 영혼의 친구를 사귀어야 한다. 영혼의 친구는 평생에 한두 번 나타날까 말까 한 특별한 친구다. 좋은 꿈을 가지고 열심히 살거나, 모든 일에 기쁜 마음으로 최선을 다하다 보면 어느 날 선물처럼 만날 수 있다.

우정의 의미

우정은 친구 사이에 나누는 따뜻한 정으로서 많은 시간을 함께 한다고 해서 저절로 생기는 것이 아니라 교유하면서 깊은 유대 관계를 맺을 때 생겨난다. 이 과정에서 사랑과 성실함과 인내가 필요하다. 진정한 우정이란 물과 기름이 아니라 서로 섞이고 녹아들어 하나가 되는 것으로 오랫동안 서로를 이해한 후에 이루어지고 쉽게 뜨거워지지 않고 쉽게 식지 않는 것이다.

진정한 우정 발휘는 즐거움과 괴로움을 함께 나누는 것이며 친구가 좋은 일이 있을 때 진심으로 축하해 주는 것을 보면 알 수 있다. 왜냐하면, 상대 친구가 좋은 일이 있으면 자칫 시기나 질투의 감정이 생길 수 있기 때문이다.

친구 관계를 맺고 나면 친구니까 우정이 당연하다고 생각해서는 안 된다. 우정에 대한 감사의 표현을 하면서 우정에 자양분을 수시로 주어야 한다. 친구 사이에도 예의가 중요하다. 친해지면 자칫 소홀해지기 쉽다. 가까워질수록, 익숙해질수록 더 조심하고 배려해야 한다. 그래야 친한 사이가 더 오래간다. 친구 사이에 적절한 거리를 유지하는 것에 신경을 써야 한다. 누구나 침범당하지 않았으면 하는 개인적인 영역이 있기 때문이다. 아무리 가까운 친구라고 해도 '선을 넘으면' 관계가 오래가지 못한다.

●● 어떤 친구를 사귀어야 하나?

학교에서 1~2등을 경쟁하는 친구가 있었다. 두 사람은 선의의 경쟁을 펼치면서 서로가 열심히 공부하는 데 큰 자극제가 되었다. 그런데 2등 하는 학생이 조그마한 점수 차이로 항상 2등을 하자, 주위 학생들은 "너 1등 좀 한번 해봐라." 하고 놀리기도 했다. 한 번은 늘 1등만 하는 학생이 교통사고를 당해 며칠 동안 등교하지 못하고 입원했다. 그래서 학우들은 2등 하는 학생에게 "이제는 네가 1등 하겠구나." 하고 말했다.

나중에 학기가 끝나고 성적이 발표되었는데 이상하게도 오랫동안 출석하지 못했던 그 학생이 또 1등을 했고 항상 2등을 했던 학생이 또다시 2등을 했다. 학우들이 어리둥절하면서 웅성거리자 1등을 한 학생이 일어나서 "내가 입원해 있을 때 2등을 한 친구가 꽃다발을 들고 위문해 주었어. 그리고 수업을 필기한 노트를 들고 찾아와 가르쳐 주었어. 그래서 내가 입원해 있었어도 공부할 수 있었던 거야. 난 성적은 좋지만 진정한 우정을 베풀어준 저 친구가 나보다 인격적으로는 훨씬 훌륭해."라고 말했다.

친구가 많다는 것을 자랑할 일은 못되며 얼마나 많으냐가 아니라 어떤 사람이냐가 중요하다. 친구를 사귀는 데 있어서 중요한 건 질이지 양이 아니며 신뢰할 수 있고 의지할 수 있고 본받을 수 있는 친구가 있느냐가 관건이다.

'지위 친구'와 '인생 친구'를 혼동하지 말아야 한다. '지위 친구'는 지위나 성공을 보고 찾아온 사람이고 '인생 친구'는 꿈을 함께 하며 미지의 먼 길을 같이 걸어가는 사람이다. 좋은 친구는 '지위 친구'가 아닌 '인생 친구'이며 마음이 통하고, 함께 있으면 더욱 빛이 난다.

동물은 같은 종류끼리 모이고, 사람은 같은 무리끼리 나뉜다. 누구를 친구로 사귀고 있는지를 보면 그 사람을 알 수 있듯이 부도덕하거나 어리석은 자의 친구라면 같은 평가를 받는다. 이런 자와 어울려 인생을 망치지 말아야 한다.

잠깐 뜨겁다가 식어버리는 이름만의 친구가 있는데 오늘의 이름만의 친구가 내일의 적이 될 수 있으며 가장 나쁜 적이 될 수 있다. 또 예전에 가까웠던 사람이 가장 나쁜 적이 되는 경우가 많은데 사전에 조심해서 사귀어야 한다.

친구라면 나이가 비슷한 사람들로 한정되기 쉽지만 젊고 새로운 생각과 생동감 넘치는 행동을 하는 '젊은 친구'가 필요하다. '젊은 친구'는 나이로 구분되는 것이 아니다. 나이가 어려도 고리타분한 생각과 행동을 하는 사람이 있고, 나이가 많아도 젊고 발랄한 생각과 행동을 하는 사람이 있다 '젊은 친구'를 두어야 흥미나 말투나 표현하는 방법이 어떻게 자신과 다른지를 알고 배울 수 있다. 세대를 떠나 생동감 넘치는 친구들과도 즐겁게 교제해야 한다.

마크 저커버그(Mark Elliot Zuckerberg, 1984~)
페이스북의 공동 설립자이자 회장 겸 CEO. 하버드 대학교 학부 재학 중, 같은 대학 친구들이었던 더스틴 모스코비츠, 크리스 휴즈와 함께 페이스북을 설립하였다.

실천하기

- 신뢰할 수 있고 의지할 수 있고 본받을 수 있는 친구를 사귄다.
- 친구를 소중히 여기고 친구에게 일어나는 일에 관심을 가진다.
- 의견을 잘 들어주고, 인격을 존중해 주며 약속과 신의를 지킨다.
- 기쁜 일과 좋은 일은 서로 격려하고 칭찬한다.
- 나쁜 일과 슬픈 일은 경계하고 나눈다.
- 바르고 고운 말로 언어 예절을 지킨다.
- 친구 집을 방문할 때 방문 예절을 지킨다.
- 친구와의 돈이나 물건 거래는 정확하게 한다.
- 친구의 장점을 칭찬한다.
- 친구의 고민을 능력껏 해결해 준다.
- 친구가 잘못을 저지르면 충고하여 바른길로 이끈다.
- 친구가 나에게 잘못을 저질렀을 경우에는 지적하고 관용한다.
- 친구가 열등감을 느끼는 허물이나 사생활은 거론하지 않는다.
- 친구가 싫어하는 별명은 부르지 않는다.

생각하기

- 나에게 진정한 친구가 있는가?
- 우정을 돈독하게 하려고 어떤 노력을 기울이고 있는가?

관포지교管鮑之交, 수어지교 水魚之交

●● **관포지교(管鮑之交)**

관포지교는 아주 친한 친구 사이를 일컫는 말로, 중국 춘추 시대의 관중과 포숙아의 우정이 아주 돈독하였다는 고사에서 유래한다.

관중   포숙아

관중과 포숙아는 어릴 때부터 친한 친구였으며 둘은 서로의 재능을 인정하면서 성장해나갔다. 두 사람은 벼슬길에 올라 관중은 공자公子 규糾를 섬기게 되고 포숙아는 규의 아우 소백小白을 섬기게 되었다. 그런데 얼마 후 두 공자는 왕위를 둘러싸고 격렬히 대립하게 되어 관중과 포숙아는 본의 아니게 적이 되었다. 이 왕위 쟁탈전에서 소백이 승리하여 제나라의 새 군주가 되어 환공桓公이라 일컫고, 형 규를 죽이고 그 측근이었던 관중도 죽이려 했다. 그때 포숙아가 환공에게 진언했다. "관중의 재능은 신보다 몇 곱절 낫습니다. 제나라만 다스리는 것으로 만족하신다면 신으로도 충분합니다만 천하를 다스리고자 하신다면 관중을 기용하셔야 하옵니다."

환공은 포숙아의 진언을 받아들여 관중을 대부大夫로 중용하고 정사政事를 맡겼다. 재상宰相이 된 관중은 기대에 어긋나지 않게 마음껏 수완을 발휘해 환공으로 하여금 춘추시대의 패자覇者로 군림하게 했다. 성공한 후 관중은 포숙아에 대한 고마운 마음을 다음과 같이 회고했다.

"내가 젊은 시절 가난하여 포숙아와 함께 장사했는데 언제나 포숙아보다 더 많은 이득을 취했다. 그러나 그는 나에게 욕심쟁이라고 말하지 않았는데 내가 가난한 것을 알고 있었기 때문이다. 나는 또 몇 번씩 벼슬에 나갔으나 그때마다 쫓겨났는데도 그는 나를 무능하다고 흉보지 않았다. 내게 아직 운이 안 왔다고 생각한 것이다. 싸움터에서 도망쳐 온 적도 있으나 그는 나를 겁쟁이라고 하지 않았다. 나에게 늙은 어머니가 계시기 때문이라고 생각한 것이다. 공자 규가 후계자 싸움에서 패하여 동료 소홀召忽은 싸움에서 죽고 나는 묶이는 치욕을 당했지만, 그는 나를 염치없다고 비웃지 않았다. 내가 작은 일에 부끄러워하기보다 공명을 천하에 알리지 못함을 부끄러워한다는 것을 알고 있었기 때문이다. 나를 낳아준 이는 부모이지만 나를 진정으로 알아준 사람은 포숙아다."

관중(管仲, 기원전 725~ 기원전 645)
중국 춘추 시대 초기 제(齊)나라의 정치가이자 사상가. 환공을 춘추오패의 첫 번째 패자로 만드는 데 큰 역할을 했다.

포숙아(鮑叔牙, 기원전 723~기원전 644)
중국 춘추 시대 제(齊)나라의 정치가이자 사상가. 공자(公子) 소백(小白)의 사부였다.

●● 수어지교(水魚之交)

수어지교水魚之交는 물과 물고기와 같은 관계로 떨어질 수 없는 특별한 친분이 있는 사귐을 이르는 말이다. 촉한의 유비가 자신과 제갈량의 관계를 빗대서 한 말이다.

유비가 삼고초려 끝에 제갈량을 책사로 모셨다. 제갈량의 지략에 힘입어 유비는 촉한蜀漢을 건국하였으며, 삼국정립三國鼎立의 형세를 이룰 수 있었다. 유비는 제갈량을 매우 존경하였으며, 제갈량 또한 유비의 극진한 대우에 충성을

유비   제갈량

다했다. 두 사람의 정은 날이 갈수록 깊어졌다. 유비는 모든 일에서 제갈량에게 가르침을 받은 다음에 결정을 내렸다.

그러나 유비와 결의형제를 맺은 관우와 장비는 제갈량에 대한 유비의 태도가 지나치다고 생각하고 종종 불평했다. 그러자 유비가 다음과 같이 말했다. "내가 제갈량을 얻게 된 것은 물고기가 물을 얻은 것과 같다네. 자네들은 다시는 말을 하지 않도록 하게." 이처럼 수어지교는 물과 물고기의 관계와 같이 떨어질 수 없는 운명적인 관계이다.

유비(劉備, 161~223)
중국 삼국시대 촉한의 초대 황제(재위 221~223)이며 자는 현덕(玄德)이다. 어려서 가난하여 모친과 함께 신발을 팔고 돗자리를 짜는 일을 업으로 삼았다. 184년 황건적의 난이 일어나자, 군사를 일으켜 진압에 참여하여 평정한다. 군벌들의 혼전 중에 점차 두각을 드러냈고 의성정후(宜城亭侯)로 봉해진다. 207년 제갈량의 보좌를 얻게 되고 다음 해 손권과 연합하여 적벽에서 조조를 대파하여 형주를 점거한다. 214년 익주를 점거하여 익주목이 됐으며 219년 한중(漢中)을 탈취하고 한중왕이 된다. 220년 동한이 망하자, 그다음 해에 황제의 자리에 오르고 성도(成都)를 도읍으로 정하여 국호를 한(漢), 연호를 장무(章武)라 했다. 장무 3년(223), 병이 들어 제갈량에게 자식을 부탁하고 죽는다. ≪삼국지연의≫에서는 그를 '인군(仁君)'의 전형으로 묘사하고 있다.

제갈량(諸葛亮, 181~234)
중국 삼국시대 촉한의 모신(謀臣)이며 자는 공명(孔明)이다. 유비(劉備)를 도와 촉한(蜀漢)을 건국하는 대업을 이루었다. 221년 유비가 제위에 오르자, 승상에 취임하였고, 유비 사후 유선(劉禪)을 보좌하여 촉한의 정치를 관장하였다. 중국 역사상 지략과 충의의 전략가로 많은 이들의 추앙을 받았다. 그가 북벌을 시작하면서 유선에게 올린 출사표(出師表)는 현재까지 전해 내려오며, 이를 보고 울지 않으면 충신이 아니라고 평하는 명문으로 꼽히고 있다.

칭찬

●● **칭찬의 효과**

인간은 인정받기를 갈구하는 존재로 칭찬은 깊숙이 자리한 인간 본성이므로 칭찬하는 것은 주요한 인성덕목이다. 칭찬은 영혼에 주는 산소와 같으며 삶에서 느끼는 최고의 순간은 칭찬을 받을 때이다. 칭찬은 귀로 먹는 보약으로 아무리 많이 받아도 신물이 나지 않으며 인생을 춤추게 한다. 누군가에게 칭찬하는 말 한마디는 자신의 양동이에서 한 국자를 떠서 남의 양동이를 채워주는 것과 같은 데 아무리 칭찬을 많이 해도 자신의 양동이는 전혀 줄어들지 않는다.

데일 카네기는 "누구나 잘못을 저지르기 쉽다. 아홉 가지의 잘못을 찾아 꾸짖는 것보다는 단 한 가지의 잘한 일을 발견하여 칭찬해 주는 것이 그 사람을 올바르게 인도하는 데 큰 힘이 될 수 있다."고 했다.

데일 카네기

칭찬은 삶의 버팀목이 되는 자존감 형성에 영향을 미쳐 자신감과 자긍심을 불어넣어 동기를 부여하며 창의적 사고와 행동을 일으키고 지속시키는 에너지이다. 칭찬하면 긍정적인 면이 강화되고 더 잘하고 싶다는 마음이 들면서 잠재력이 발휘되지만 비판하면 변명하면서 방어적이 되고 회피한다. 칭찬받지 못하는 사람은 훌륭한 일을 해낼 수 없다. 타인의 긍정적인 면을 발견하기 위해 노력하면서 칭찬하다 보면 자신이 부족한 점이 무엇인지를 깨닫게 되고 채우기 위해 노력하게 될 것이다.

위대한 물리학자 아인슈타인은 초등학교 성적이 엉망이었다. 아인슈타인이 받아온 성적표에는 이렇게 적혀 있었다. '이 학생은 장차 어떤 일을 해도 성공할 수 없을 것으로 판단됨' 짤막한 의견을 읽은 어머니는 어린 아들에게 이렇게 말했다. "너는 남과 아주 다른 특별한 능력을 갖추고 있단다. 남과 같아서야 어떻게 성공하겠니?"

인간은 누구나 칭찬 듣고 인정받기를 원한다. 꿈의 실현은 재능과 노력도 중요하지만, 인간관계를 맺은 사람들로부터 칭찬과 격려가 필요하다. 칭찬은 자동차 타이어 속에 들어 있는 공기와 마찬가지로 삶의 고속도로를 쌩쌩 달릴 수 있게 하는 도구로 동기를 유발하게 한다.

믿어주는 것이 최고의 칭찬이며 사람을 움직이는 큰 힘이다. "믿음이 가게 해야 믿어주지!"라고 할 수 있겠지만 믿어주는 것이 먼저이며 믿어주면 믿음이 가게 행동하려고 노력한다. 믿기로 했으면 긍정적인 자세로 장점을 보면서 격려와 칭찬을 아끼지 말아야 한다. 믿음에는 참고 기다림이 따라야 하므로 인내심이 필요하다.

●● 칭찬하는 방법

아인슈타인 어머니
폴란 아인슈타인
(1858~1920)

위대한 물리학자 아인슈타인은 초등학교 성적이 엉망이었다. 아인슈타인이 받아온 성적표에는 이렇게 적혀 있었다. '이 학생은 장차 어떤 일을 해도 성공할 수 없을 것으로 판단됨'. 이 짤막한 의견을 읽은 어머니는 어린 아들에게 이렇게 말했다. "너는 남과 아주 다른 특별한 능력을 갖추고 있단다. 남과 같아서야 어떻게 성공하겠니?"

칭찬을 많이 하는 것보다 잘하는 것이 중요하다. 능력과 결과에 대한 칭찬보다는 노력과 과정에 대한 칭찬이 바람직하다. 칭찬을 받고 싶어 하는 것을 칭찬하는 것이 중요하다. 즐겨 화제로 삼는 것을 주의하여 관찰하면 우수한 부분과 인정받고 싶은 부분을 칭찬할 수 있으며 우수한 부분보다 인정받고 싶은 부분을 칭찬하는 것이 호의를 갖게 한다. 뒤에서 칭찬하는 것이 더 큰 기쁨을 줄 수 있다. 즉 다른 사람을 통하여 칭찬한 말이 칭찬의 대상자에게 전달되도록 하는 것이다.

칭찬은 인간의 영혼을 따뜻하게 하는 햇볕과 같아서 칭찬 없이는 인간이 자랄 수도 꽃을 피울 수도 없다. 그런데도 우리 대부분은 다른 사람에게 비난이란 찬바람을 퍼붓기만 하고 칭찬이라는 따뜻한 햇볕을 주는 데는 인색하다. 불평을 늘어놓으며 비판하는 건 쉬운 일이지만 칭찬할만한 점을 찾아내어 칭찬해주는 것은 어렵다. 왜냐하면, 인간은 칭찬보다는 비판하는 걸 좋아하기 때문이다.

비판에 익숙해서는 안 된다. 누군가가 의견을 물어오면 좋은 점이 있음에도 불구하고 나쁜 점만을 부각하여 말하는 것이 버릇이 되어서는 안 되며 좋은 점을 찾아내 칭찬하기 위해 노력해야 한다. 아마도 칭찬하는 말을 들은 사람은 칭찬한 사람에게 호감을 느낄 것이며 주변을 밝게 만드는 매력적인 인물이 될 것이다.

칭찬하는 것이 몸이 배게 하는 것이 좋지만 무조건 칭찬만 하는 것은 바람직하지 않다. 상대방의 결점이나 좋지 않은 면까지 칭찬할 필요는 없으며 칭찬해서도 안 된다. 때로는 비판할 수 있어야 하며 그럴 경우에 상대방이 이해할 수 있도록 부드럽게 지적하고 설득해야 한다.

●● 칭찬과 비판

서머싯 모음은 "사람들은 곧잘 따끔한 비평의 말을 바란다고는 하지만 정작 그들이 마음속으로는 기대하고 있는 것은 비평 따위가 아닌 칭찬의 말이다."라고 했다.

서머싯 모음

칭찬과 비판은 양날의 칼로 한쪽으로 너무 치우치면 대상을 다치게 하는 무기가 된다. 칭찬은 삶의 활력소이지만 지나친 칭찬은 자만 속으로 빠뜨려 추진력을 잃게 만들 수 있다. 비판은 잘못된 상황을 바로잡게 하지만 지나친 비판은 상처를 입히고 좌절하게 한다. 자만에 빠진 사람에게는 정직한 지적을, 좌절에 빠진 사람에겐 일어설 수 있는 격려를 해야 한다.

칭찬은 인간관계의 윤활유이며 상처를 낫게 하는 치료제이지만 비난은 상대방의 열정과 꿈을 짓밟는 행위다. 비난이 배어있는 사람은 날카로운 칼을 쥐고 있어 칼에 아픔을 당한 사람은 함께 하지 않으려 한다.

비난은 상대방의 자존심에 상처와 손상을 입혀 원한을 불러일으키므로 위험한 짓이며 불행을 자초하는 행위이다. 비난 내용의 사실 여부를 떠나 사람은 비난보다 인정을 받을 때 더욱 노력하고 훌륭한 성과를 거둔다. 그러므로 비난하기 이전에 이해하려고 노력하고 비난이 아니라 인정하고 격려하고 칭찬해야 한다.

데일 카네기(Dale Carnegie, 1888~1955)
미국의 작가이자 컨설턴트. 대표 저서로 ≪카네기 인간관계론≫ ≪카네기 성공대화론≫ 등이 있다.

서머싯 모음(Somerset Maugha, 1874~1965)
영국의 작가. 대표작으로 ≪인간의 굴레≫ ≪달과 6펜스≫ 등이 있다.

실천하기

- 진심에서 우러나온 칭찬하는 말을 자주 한다.
- 아부가 아닌 좋은 점을 찾아서 칭찬한다.
- 남의 결점을 보기보다는 장점을 보려고 노력한다.
- 남을 헐뜯는 말을 하지 않는다.

생각하기

- 나는 칭찬을 잘하는 편인가?
- 칭찬할 때나 들을 때 어떤 기분이 드는가?

한 어머니가 유치원 모임에 참석하자 유치원 선생님이 어머니에게 말했다. "아이가 산만해서 단 3분도 앉아 있지를 못합니다." 이 말을 듣고 어머니는 집으로 돌아오는 길에 아들에게 말했다. "선생님께서 네가 전에는 의자에 1분도 못 앉아 있었는데 이제는 3분이나 앉아 있다면서 칭찬하셨어." 이 말을 들은 아들은 평소와 달리 책상에 30분 이상 앉아서 동화책을 읽었다.

시일이 흘러 아들은 초등학교에 입학했다. 어머니는 선생님과의 면담을 위해 학교를 찾아갔다. 선생님은 어머니에게 말했다. "아이가 지능지수가 낮아 성적이 아주 안 좋아요." 어머니는 눈물이 핑 돌만큼 속상했지만, 집으로 돌아가서 아들에게 말했다. "선생님께서 머리도 괜찮으니 조금만 노력하면 성적이 오르겠다고 하더구나." 이 말을 들은 아들은 환한 표정을 지었다.

이제 아들이 중학교에 입학했다. 고등학교 진학상담을 위해 학교에 찾아간 어머니에게 담임선생님이 이렇게 말했다. "이 성적으로 명문고 진학은 좀 어려울 것 같습니다." 어머니는 교실에서 기다리던 아들과 함께 집으로 돌아가며 또 이렇게 전했다. "네가 조금만 더 노력하면 네가 원하는 명문고에 들어갈 수 있다고 하셨어." 용기백배한 아들은 열심히 노력하여 명문고에 들어갔고, 우수한 성적으로 졸업하고 자신이 원하는 대학에 입학했다. 아들은 합격통지서를 어머니 손에 쥐여 드리며 엉엉 울면서 말했다. "어머니, 제가 머리가 좋은 아이가 아니라는 건 알고 있었어요. 그동안 어머니의 칭찬과 격려가 오늘 이렇게 원하던 대학에 합격하는 기쁨을 맞이했어요. 어머니 감사합니다."

웃음

●● 웃음의 효과

삶을 영위하면서 웃음은 필수불가결한 인성덕목이다. 인간에게만 있는 웃음은 영혼의 음악이다. 얼굴은 마음의 움직임과 상태를 예민하게 반영하는 부분으로 웃는 얼굴은 보석이며, 찡그린 얼굴은 오염 물질이다. 웃음은 인생이라는 토스트에 바른 잼이다. 잼이 빵의 풍미를 더 해주고, 빵을 마르지 않게 하며, 삼키기 쉽게 해주듯이 웃음은 삶에 맛을 더해주고 메마르지 않게 하며 즐겁게 살만한 세상이 되게 해준다. 행복하므로 웃는 것이 아니라 웃기 때문에 행복해진다. 웃음은 삶에 화를 쫓아내고 복을 부르는 기적을 가져오는 열쇠다.

웃음은 자신과 상대방을 밝게 만들고 긴장까지 풀어주어 평정심을 갖게 하는 마술이다. 매력적으로 아름답게 웃는 얼굴은 자신과 상대방의 마음마저 행복하게 만든다. 웃음은 사람을 다가오게 하는 마력이 있다. 웃는 사람은 개방적인 사람이며 친절한 사람이며 즐겁고 행복한 사람이라는 좋은 이미지를 주면서 상대방 마음의 문을 열게 한다.

웃음은 내면에 있는 긍정 에너지가 발현되는 것으로 엔도르핀을 분비시켜 건강에도 좋다. 엔도르핀은 기분을 좋아지게 해줄 뿐만 아니라 삶을 보다 긍정적으로 바라보게 한다. 삶의 어려움을 이겨내게 하는 처방전으로 인생이 아무리 힘겹게 느껴지더라도 웃을 수 있다면 무엇이든 이겨낼 수 있다. 웃지 않는 하루는 그냥 하루를 낭비하는 것이다. 삶과 자신에 대해 웃을 수 있는 사람이 되어야 한다.

●● 적절한 웃음

웃음이란 무조건 밝고 좋은 것이란 고정관념을 갖지 말아야 한다. 웃음에도 품위라는 게 있다. 볼품 없이 지나치게 큰 소리로 웃거나 툭하면 껄껄대고 웃는 것은 천박하다는 것을 내보이는 짓이니 보기 싫게 박장대소하지 말아야 한다. 쓸데없는 이야기를 하면서 실실 웃으면 상대방에 대한 비웃음으로 오인된다. 천한 장난이나 시시한 일을 보고 깔깔거리고 웃지 말아야 한다. 이런 습관은 마음을 먹고 약간의 노력만 기울이면 고칠 수 있다.

분별 있는 사람은 천박하게 웃기지도 않고, 웃지도 않는다. 웃더라도 될 수 있는 한 소리를 줄이고 미소 짓는다. 웃을만한 가치가 있을 때 마음이 풍요롭고 표정이 밝은 자연스러운 웃음을 지어야 한다.

인간관계에 있어서 상대방이 미소 짓기를 기다리지 말고 먼저 환한 웃음을 건네려고 노력해야 한다. 웃는 얼굴로 먼저 인사를 건네면 상대방도 따라서 환하게 웃게 되어있다.

●● 유머 감각

유머는 원활한 대화와 좋은 인상을 남길 수 있게 함으로써 긍정의 에너지를 발산하면서 감정의 거리를 좁혀준다. 삶의 여정에는 곳곳에 웃음거리가 놓여있음에도 그런 측면을 간과해버리고 있다. 매사에 재미있고 즐거운 웃음 요소를 찾아내도록 해야 한다. 삶에서 유머 감각을 발휘해야 한다. 유머 감각이 있는 사람은 유머를 발휘하여 자신을 주목하게 하고 온화한 느낌을 주면서 사랑받는다. 유머 감각은 조금만 다르게 보고, 조금만 관심을 기울이며 노력하면 가질 수 있는 재능이다.

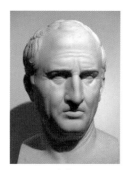

키케로

키케로는 ≪의무론≫에서 "농담을 할 수 있지만, 음담패설이나 부적절한 것은 피하고, 고상하고 재치 있는 것들을 택해서 하도록 해야 한다. 농담 자체에도 그 어떤 도덕적으로 선한 재치의 빛이 번뜩여야 한다."고 했다.

유머는 개방적이고 유연한 내면에서 배어 나와 사고의 창의성과 유연성을 보여주어야 한다. 남을 기쁘게 하려고 사용하되, 마음을 상하게 하기 위해서는 사용하지 말아야 한다. 잘 담근 간장이나 소스도 그것만 먹으라면 괴로워지므로 유머는 어디까지나 양념이 되어야 한다. 품격 있는 유머가 아닌 분별없는 익살을 많이 떨면 진지하게 말할 때도 믿지 않는다. 항시 농담만 하거나 말장난만 즐겨서 익살꾼이라는 평판을 듣지 말고 품위 있는 유머감각의 소유자가 되어야 한다.

실천하기

- 웃어야 할 때 웃음을 아끼지 않으며, 품위 있게 웃는다.
- 미소 짓는 표정을 한다.
- 유머 감각을 가지도록 노력하고 격조 있는 유머를 익힌다.
- 평소 유머의 소재를 익혀서 대화 시에 적절히 활용한다.

생각하기

- 나는 자주 웃는 편인가?
- 나는 유머 감각이 있는가?

처칠, 레이건의 유머

훌륭한 정치가로 소통 능력이 뛰어났던 처칠과 레이건은 유머 감각도 남달랐다.

처칠은 의회에서 자신이 저지른 실수에 대해 반복하지 않을 수 있느냐는 질문을 받자 이렇게 대답했다. "그때의 실수는 다시 저지르지 않을 것이 확실합니다. 다른 실수를 저질러야 하니까요."

원스턴 처칠

제2차 세계 대전 초기에 처칠이 미국의 루스벨트 대통령과 회담을 하려고 한 호텔에 머물렀다. 욕실에서 목욕한 뒤 허리에 수건을 두르고 있었는데 마침 루스벨트 대통령이 정장을 하고 나타났다. 그때 처칠의 허리에 감고 있던 수건이 스르르 흘러내렸다. 처칠은 루스벨트를 향해 양팔을 넓게 벌리며 말했다. "보시다시피 영국은 미국과 미국 대통령에게 아무것도 감추는 것이 없습니다. 걱정하지 마세요."

로널드 레이건

레이건은 미국 대통령으로 취임한 지 몇 달 만인 1981년 3월 30일 저격을 당했고, 심장에서 불과 1인치 떨어진 곳을 관통한 총알은 폐를 손상했다. 간호사들이 지혈하기 위해 레이건의 몸을 만졌다. 레이건은 아픈 와중에도 간호사들에게 이렇게 농담을 했다. "우리 낸시에게 허락을 받았나?"

수술이 끝난 후에 찾아온 아내 낸시에게 조크를 던졌다. "여보 미안해. 총알이 날아왔을 때 영화에서처럼 납작 엎드리는 걸 깜빡 잊었어."

자신의 생명이 어떻게 될지 모르는 긴박하고 참담한 상황에서 보여준 여유와 용기는 대통령인 그의 생사와 나라를 염려하는 국민의 걱정을 덜어주었다.

원스턴 처칠(Winston Churchill, 1874~1965)
영국의 제42대(1940-45), 44대(51-55) 총리를 지낸 정치가. 2002년 BBC의 설문 조사에서 영국의 가장 위대한 인물로 선정되었다.

로널드 레이건(Ronald Wilson Reagan, 1911~2004)
미국의 제40대 대통령(임기 1981~1989)으로 미국 경제의 활성화를 위해 레이거노믹스를 채택했고 소련과의 중거리핵전력(INF) 조약에 서명하여 외교적 성과를 올렸다.

한 병사가 전투 중에 적에게 포로가 되어서 감방에 갇히자 극도로 신경이 곤두섰으며 고통을 참기 어려웠다. 목이 말라서 물을 먹고 싶었지만, 감방 안에는 마실 물이 없었다. 그는 창살 사이로 간수를 바라보았으나 간수가 곁눈질도 주지 않자 간수에게 "물이 있으면 좀 주시오."라고 말했다. 그러자 간수는 가까이 다가와 물을 건네려고 했다.

그 순간 시선이 마주쳤는데 그때 포로는 자신도 모르게 무심코 간수에게 미소를 지어 보였다. 그런데 이 미소가 창살을 넘어가 간수의 입술에도 미소를 머금게 했다. 간수는 물을 건넨 후에도 자리를 떠나지 않고 포로의 눈을 바라보면서 미소를 지었다. 이렇게 두 사람은 서로에게 미소를 지으면서 서로가 살아 있는 인간임을 깨달았다.

이때 간수가 포로에게 말을 건네면서 대화가 시작되었다. "당신에게 자식이 있소?" "그럼요. 있고말고요." 포로는 대답하면서 얼른 지갑을 꺼내 자신의 가족사진을 보여주었다. 간수 역시 자기 아이들의 사진을 꺼내 보여주면서 앞으로의 계획과 자식들에 대한 희망 등을 얘기했다. 가족의 얘기가 나오자 포로의 눈에는 눈물이 맺혔고, 그는 다시는 가족을 만나지 못하게 될 것과 내 자식들이 성장해 가는 모습을 지켜보지 못하게 될 것이 두렵다고 말했다.

그러자 간수는 갑자기 아무런 말도 없이 일어나 감옥 문을 열고는 조용히 포로를 밖으로 끌어냈다. 그리고 말없이 함께 감옥을 빠져나와 뒷길로 해서 마을 밖에까지 포로를 안내해 주었다. 그리고는 한 마디 말도 남기지 않은 채 뒤돌아서서 마을로 급히 가버렸다. 한 번의 미소가 목숨을 구해준 것이다.

생텍쥐페리(Saint-Exupery, 1900~1944)
프랑스의 소설가이자 비행사이다. 북서 아프리카와 남아메리카 항로 개척에 참가하였다. 비행사 경험을 살려 ≪야간 비행≫ 등을 발표하여 위험한 상황에서의 인간 행동을 묘사하였다. 그는 1939년 육군 정찰기 조종사로 복무하다 프랑스가 독일에 함락되자 미국으로 탈출해 연합군에 합류했다. 1943년 ≪어린 왕자≫ 등을 발표했다. 1944년 정찰 임무를 위해 프랑스 남부 해안을 비행하다 행방불명되었다.

의무로서의 인성

의무 | 애국심 | 효도 | 솔선수범
책임감 | 질서 | 환경보호

의무

의무의 의미

인간이 공동체의 일원으로서 의무감을 느끼는 것은 지극히 당연한 것으로 공동체의 유지 발전을 위해서 반드시 갖추어야 할 인성덕목이다. 인간은 혼자 사는 존재가 아니므로 더불어 살면서 마땅히 해야 할 일이 의무이다. 삶의 고차원적인 목적지이고 목표이며 옳은 일을 행하게 하는 원천이다.

인간은 이 세상에 태어나서 가족과 사회와 국가 등 공동체와 구성원들의 도움을 받으면서 살아가고 있다. 이제 삶을 영위하면서 이 세상에 진 빚을 갚는다는 생각으로 자신의 여건과 형편과 능력에 따라 가족과 사회와 국가에 이바지해야 하는 사회 규범이 의무이고 이를 느끼는 개인의 감정이 의무감이다.

의무감은 고결한 태도로서 일시적인 감정이 아니라 생활 전반에 널리 퍼져 있는 원칙이다. 행동과 행위로 나타나고 인간의 양심과 자유의지에 의해 결정된다. 일상생활에서 단호히 행동하고 자발적으로 노력해야 갚을 수 있는 것이 의무인 것이다.

의무감은 정신을 구성하고 있는 요소들을 하나로 접합시키는 접착제이다. 의무감을 느끼고 있지 않으면 지성, 진실, 행복, 사랑 등 자체가 점점 사라지게 될 것이다. 정신을 구성하고 있는 기존의 요소들 모두가 무너져 황폐해진 자신에 놀라움을 금치 못할 것이다.

의무는 인생 전체를 둘러싸고 있으며 출생과 동시에 시작되어 죽음과 함께 끝난다. 의무의 영역은 끝이 없으며 삶의 단계마다 존재한다. 자신의 위치에서 자신의 의무를 정확히 이해하고 충실히 수행해야 한다. 의무에는 인간에 대한 의무, 인류에 대한 의무, 국가에 대한 의무, 사회에 대한 의무, 가족에 대한 의무, 이웃에 대한 의무, 윗사람에 대한 의무, 아랫사람에 대한 의무 등이다. 이러한 의무 중 많은 것이 사적으로 이루어진다.

공적인 의무는 규정되어 강제되어 있으나 사적 의무는 규정되어 있지 않고 자의적인 판단에 따르다 보니 드러나지 않고 당사자 외는 알지 못한다. 따라서 올바른 의무 수행으로 고결한 인격의 소유자가 되느냐 무가치한 사람이 되느냐는 자신이 처한 상황과 위치에서 양심에 거리낌 없이 의무를 다하느냐에 달려있다.

의무 수행의 의미

의무를 다하는 것은 삶의 본질이다. 인생의 진정한 기쁨은 의무를 깨닫는 데서 비롯되어 의무를 다할 때 느낀다. 어떠한 상황에 부닥치든 어떤 대가가 따르든 의무를 다한 사람은 결코 후회하거나 실망하지 않는다.

의무를 수행한다는 것은 자신을 헌신하는 것이다. 특히 성공한 사람은 자신이 속한 공동체가 기회를 준 것이므로 성공을 너무 개인화하지 말고 자신이 할 수 있는 의무를 다해서 돌려주어야 한다. 개인적인 성공만을 추구하는 것이 아니라 사명감을 가지고 공동체에 도움이 될 수 있는 일을 해야 한다. 특정한 효과를 노리고 의무를 수행해서는 안 된다. 명예나 영광, 보상을 생각하지 말고 마땅히 해야 할 일을 최선을 다해 수행해야 한다.

의무감이 강한 사람은 무엇보다 말과 행동이 진실하다. 옳은 것을 옳은 방법으로 옳은 시기에 말하고 행한다. 의무를 이행하지 않는 행동은 진실할 수 없다. 의무감은 옳은 일을 행하고 그릇된 일을 하지 못하게 하여 인생길을 평탄하게 한다. 인격과 학습 및 권위에의 순종을 돕고, 정직하고 친절하며 진실하게 살아갈 힘을 준다. 유혹에 저항하면서 악을 행하지 않고 선을 행하고자 노력할 때 조금씩 자신이 되고자 하는 사람이 되어간다.

의무감은 삶의 버팀목 역할을 한다. 어려움을 극복할 힘과 목표한 바를 이루어낼 힘, 쓰러지지 않도록 지탱해주며 사람을 강하게 만든다. 의무감이 없으면 시련이나 유혹이 닥치는 순간 흔들리게 되고 결국에는 쓰러지게 된다. 반면 의무감으로 무장하고 있으면 나약한 사람도 강해질 수 있고 용기를 발휘할 수 있다.

다음과 같은 문제들을 자문하면서 살아가야 한다. '나는 가족과 사회와 국가, 그리고 인류를 위해 조금이라도 이바지하고 있는가?' '나는 누군가의 인생에 긍정적인 변화를 주고 있는가?' 자신이 살아가는 세상을 위해 의무를 다한다는 마음으로 살아가야 한다.

실천하기

- 나는 공동체의 일원으로서 역할과 의무를 인식한다.
- 나에게 주어진 의무를 성실히 수행한다.
- 자신이 맡은 일을 충실히 한다.

생각하기

- 나는 공동체의 일원으로서 의무를 다하고 있는가?
- 나는 누군가의 인생에 긍정적인 변화를 주는가?

대기업 사장이 해외 출장을 위해 아침에 공항으로 가려고 막 차를 타려는데 밤샘 경비를 한 회사 근무자가 헐레벌떡 뛰어와서 말했다.

"사장님, 제가 꿈을 꾸었는데 사장님이 타고 가실 비행기가 사고가 났습니다. 아무래도 다음 기회에 가시는 것이 좋을 것 같습니다."

평소 미신을 잘 믿는 사장은 이 말을 듣고 찝찝하게 느껴져서 해외 출장을 미루었다. 그런데 오후 뉴스에 타고 가려고 했던 비행기가 사고가 났다는 보도가 나왔다. 사장은 경비원을 불러 큰 사례금을 주는 것과 동시에 해고를 통보했다. 경비원은 깜짝 놀라며 그 이유를 물었다.

"아니, 어떻게 상을 주시면서 저를 해고하십니까?"

그러자 사장은 태연한 표정을 지으며 말했다.

"사례금은 내 목숨을 구해 준 대가이지만 밤새 경비를 해야 함에도 자면서 꿈을 꿨으니, 본연의 의무를 망각한 것으로 해고는 당연하지 않은가?"

해고된 경비원은 대오각성하고 다시 그 회사에 이력서를 제출하고 새로 입사하여 근무하면서 회사에서 본연의 의무를 다하고 나중에 경비 분야의 책임자가 되었다.

노블레스 오블리주(Noblesse Oblige)

'노블레스 오블리주'는 사회적으로 가진 자, 누리는 자들에게 더 많은 도덕적 의무를 요구하는 용어로 한 사회의 상층부가 솔선수범하는 것을 말한다. 프랑스어에서 파생한 이 말은 '고귀한 신분에 따른 윤리적 의무'를 뜻한다.

우리 사회는 지난 반세기 동안 급속한 산업화의 결과로 상층 집단인 엘리트층이 형성되어왔다. 하지만 '오블리주 없는 노블레스', 즉 의무를 망각한 사람들이 많다. 존재의 고귀함보다 권력이나 재산 등 소유물을 추구한다. 인간의 가치가 오직 소유물로 평가되는 사회에서 자기 성찰과 의무의 상실은 당연한 귀결이다.

존재의 고귀함을 추구하지 않는 사회, 자신의 사회 문화적 소양을 높이기 위해 긴장하지 않는 사회, 자기 성숙과 의무를 다하기 위해 노력하지 않는 사회, 이런 사회에서는 노블레스 오블리주는 요원하다. 이런 분위기에서 최근 기부 활동을 포함해 엘리트 집단 일부에서 부의 사회적 환원이 점차 늘어나고 사회적 책임에 대한 관심이 높아지고 있는 것은 주목할 만하다. 더욱이 소박한 자선 행위를 넘어서서 재단 창립과 기부 문화 정착 등으로 제도화되어 가고 있는 점은 바람직한 현상이다.

어느 사회든 엘리트층은 양성되고 형성된다. 문제는 그들에게 엘리트가 지녀야 할 능력과 사회적 책임 의식을 가지고 있는가 하는 점이다. 시민의 비판과 견제를 수용한 엘리트들이 그에 상응하는 능력과 사회적 책임 의식을 보여줄 때, 노블레스 오블리주는 가능한 것이며 그에 상응하는 사회적 위상을 줄 것이다.

현대 사회에서의 엘리트인 전문 지식인은 시대적 상황에 대한 전문적인 지식을 가지고 인간 삶의 가치와 사회가 나아갈 방향을 제시해야 한다. 특히 지식인의 사회적 역할로서 실천적 영역에서 이바지해야 한다. 현대 사회에서 진정한 지식인이 되기란 쉽지 않다. 왜냐하면, 사회가 급변하고 갖가지 모순이 복합적으로 뒤엉켜져 있으며 가치관의 굴절마저 일어나기 때문이다. 이런 상황 속에서 현대 사회의 바람직한 지식인은 시대에 대한 통찰력을 갖고 주어진 상황을 정확히 진단해야 한다. 그리하여 동시대인에게 나아가야 할 올바른 방향을 제시하는 것이 시대적인 의무이다.

애국심

●● 애국의 의미

국민으로서 조국을 사랑하고 헌신하려는 마음인 애국심을 가지는 것은 의무이자 필수불가결한 인성 덕목이다. 자신을 낳고 길러준 터전이자 삶의 근거지인 나라를 조국이자 모국이라고 한다. 바로 조상 대대로 살아온 나라이자 어머니 품과 같은 나라라는 뜻이다. 조국이자 모국인 이 나라는 우리 민족 모두가 함께 살고 있고 앞으로 후손들이 함께 살아가야 할 '우리나라'이다. 그러므로 우리나라에 정성을 다해 이로운 일을 해야 한다.

나라를 위해 정성을 다한다는 애국을 뜻하는 '충忠'은 무조건 복종을 뜻하는 것이 아니라 마음에서 우러나온 자발적인 행동이어야 한다. 누가 시키거나 강제에 의해서가 아니라 마땅히 해야 한다는 생각으로, 힘들고 불편하더라도 기꺼이 참으면서 즐거운 마음으로 해야 한다.

이순신 장군은 "장부가 세상에 나서 쓰일진대, 목숨을 다해 충성을 바칠 것이요, 만일 쓰이지 않으면 물러가 밭가는 농부가 된다 해도 또한 만족할 것이다."라고 했다.

애국은 조국을 위해 자신을 희생하는 것을 말하는데 자신의 목숨이나 명예나 재산과 같은 희생이나 기부가 아니더라도 지식, 문화 예술, 스포츠 등으로 자신의 능력을 발휘하고 국위 선양을 하는 것도 애국이다. 조그마한 손해나 불편함을 감수하여 공동체의 화목과 질서에 이바지하는 것도 애국이 될 수 있으며 평소 자신의 생업을 위해 열심히 노력하여 성과를 거두는 것도 애국이다.

이순신

애국심은 우리나라 국토에 대한 사랑과 국민에 대한 사랑, 그리고 조국이 지향하는 국가 정신에 대한 사랑을 포함한다. 애국심은 조국의 어려움을 극복하고 유지하고 발전시키는 원동력이다. 역사적으로 우리나라는 국난 등 여러 가지 어려움을 겪어왔다. 그때마다 애국심으로 무장한 국민이 있었기에 오늘날 자랑스러운 대한민국에서 삶을 영위하고 있다.

●● 애국하는 방법

우리는 역사를 통해 나라가 침략을 당하거나 빼앗기는 고통을 여러 차례 겪었으며 나라가 튼튼해야 안정된 삶을 누릴 수 있음을 뼈저리게 느꼈다. 조국은 숭고하고 신성하다. 조국이 위기에 처해 있을 때, 조국을 위해, 민족을 위해 자신이 무엇을 해야 하며 어떻게 하는 것이 희망이요 목표가 되어야 한다. 나라를 잃거나 쇠해지면 국민은 비참해지므로 나라를 지키고 번영하도록 하는 데 이바지해야 한다.

애국을 실천하기 위해서는 조국에 대한 긍지와 자부심을 가져야 한다. 아무 근거 없이 조국에 대해 우월감을 느끼거나 광신적 애국심을 가지는 것은 잘못된 것이지만 열등감을 가지거나 부끄럽게 여겨서는 애국심이 발휘될 수 없다. 긍정적인 자세로 조국을 바라보면서 좋은 점과 훌륭한 점을 생각하고 발견해야 한다.

조국의 지속적인 발전을 위해서 건전한 비판을 하되 불평불만을 늘어놓거나 무관심해서는 안 된다. 관심을 가지고 후원하고 이바지하면서 발전적인 방향으로 변화시키려고 노력해야 한다. 케네디 대통령이 말한 것처럼 '국가가 국민인 자신을 위해 무엇을 할 수 있는가를 묻지 말고, 먼저 자신이 국가를 위해 무엇을 할 수 있는가?'를 생각하고 행동해야 한다.

조국이라는 공동체의 일원으로서 강한 일체감과 소속감, 공동체 의식을 가져야 한다. 개인은 태어남과 동시에 국민으로서 국가와는 불가분의 관계를 맺는다. 국가라는 공동체의 구성원으로서 국가가 작동되는 원리를 학습하고 활동하게 된다. 그러면서도 개인은 개별적 독자성과 창의성을 가지고 다른 구성원들과 상호 조화 속에서 나라 발전을 위해 이바지해야 한다. 국가는 개인 간의 갈등을 최대한 억제해 공동의 발전을 끌어낼 수 있는 구심점이 되어야 한다. 국가의 발전이 개인의 발전과 병행되어야 하며 개인 발전의 총합이 국가 발전으로 이루어질 수 있도록 국가의 원리가 작동되어야 한다.

조국에 대한 주인의식을 가져야 애국심이 발휘된다. 가족이든 사회에서의 어떤 조직이든 주인의식이 있어야 소속된 공동체를 위하여 최선을 다하게 되며 국가에서도 마찬가지다. 대한민국의 주인은 바로 국민인 자신이다. 대한민국의 주권은 국민에게 있으며, 권력은 국민에게서 나온다는 것은 헌법에도 명시된 대원칙이지만 개인주의에 묻혀 주인의식은 희박하다.

한 가정의 주인은 가족 구성원 모두인 것처럼 국가의 주인도 국민 모두이다. 가족 구성원이 집안의 화목과 발전을 위해 정성을 쏟아야 하는 의무와 함께 가정의 안락함을 누리는 권리를 가지는 것처럼 국민도 나라의 평화와 지속적인 발전을 위해 최선을 다해야 하는 의무와 함께 국가에서 베푸는 복지와 혜택을 누릴 권리를 가지고 있다. 그러므로 국가에 대한 투철한 주인의식을 가지고 조국에 대한 간절한 마음과 활발한 관심과 참여로 발전에 이바지해야 한다. 나아가 글로벌 시대에 인류를 위해 정성을 다해 노력하고 실천한다면 세상을 바꾸고 바람직한 미래를 창조하는 주역이 될 수 있다.

이순신(李舜臣, 1545~1598)
조선 선조 때의 장수. 임진왜란 때 왜군을 물리쳐 나라를 구한 명장이다.

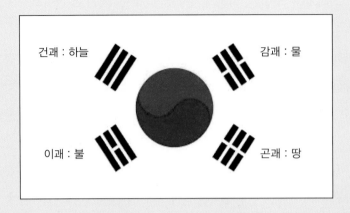

건괘 : 하늘
감괘 : 물
이괘 : 불
곤괘 : 땅

태극기의 바탕색인 흰색은 맑고 밝은 마음과 평화를 사랑하는 마음을 나타낸다. 태극은 붉은색과 파란색이 어우러져 있는 모양을 나타내고 있는데 이것은 이 세상에 있는 서로 다른 것들이 함께 어울려 행복하게 살아가기를 바라는 마음을 담고 있다.

실천하기

- 우리나라에 대한 주인의식으로 일체감과 소속감을 느끼고 사랑한다.
- 긍지와 자부심을 가지고 의무와 정성을 다한다.
- 애국심과 호국정신을 가진다.
- 자발적인 마음과 행동으로 충성을 다한다.
- 우리나라가 어려움에 부닥쳤을 때 극복하기 위해 노력한다.
- 우리나라의 지속적인 발전과 바람직한 변화에 이바지한다.
- 국경일이나 현충일 등의 기념일에는 국기를 단다.
- 애국가를 4절까지 가사 전체를 정확히 알고 의미를 이해한다.

생각하기

- 나는 애국심을 가지고 있는가?
- 우리나라의 자랑스러운 점에는 어떤 것이 있는가?
- 나라의 주인의식과 애국심은 같은 것인가?

1908년 충남 예산에서 태어난 윤봉길 의사는 여섯 살 때부터 큰아버지가 가르
치는 서당에서 글을 배운 후 고향에서 농촌 계몽운동을 하다가 1930년 3월 6일
'장부출가 생불환丈夫出家生不還; 사나이가 뜻을 세워 집을 나가면 그 뜻을 이루지
않고서는 살아서 돌아오지 않는다.'라는 글을 남긴 채 조국 독립에 몸을 바칠 뜻
을 세우고 집을 떠나 대한민국 임시정부가 있는 중국으로 향했다.

윤봉길

1932년 1월 한인애국단의 이봉창 의사가 일왕 히로히토에게 폭탄을 투척했으나
실패했다는 소식을 접한 이후 상하이에서 임시정부를 이끄는 김구 선생을 찾아가 민족의 광복을 위해
신명을 바치겠다는 결의를 밝혔다.

김구 선생은 일제가 상하이 훙커우 공원에서 일왕의 생일인 천장절天長節에 전승축하기념식을 개최할
계획을 세우고 있음을 탐지하고 폭탄 투척 거사를 준비했다. 이 거사에 선발된 윤봉길 의사는 1932년
4월 26일 '조국의 독립과 자유를 회복하기 위하여 한인애국단의 일원이 된다'는 내용의 입단 선서를 하
고 채소 상인으로 가장하여 미리 기념식에 대한 정확한 정보를 탐지했다. 윤봉길은 다음날 유서를 써
서 김구에게 건넸다.

고향에 계신 부모 형제 동포여!

더 살고 싶은 것이 인정입니다. 그러나 죽음을 택해야 할 오직 한 번의 가장 좋은 기회를 포착했습
니다. 백 년을 살기보다 조국의 영광을 지키는 기회를 택했습니다. 안녕히, 안녕히 들 계십시오."

청년 제군에게

피 끓는 청년 제군들은 아는가 모르는가. 무궁화 삼천리 내 강산에 왜놈이 왜 와서 왜 광분하는
가. 피 끓는 청년 제군들은 모르는가. 되놈이 되 와서 되 가는데 왜놈은 와서 왜 아니 가나. 피 끓는
청년 제군들은 잠자는가. 동천에 여명은 밝아지려 하는데 조용한 아침이나 광풍이 일어날 듯 피 끓는
청년 제군들아 준비하세. 군복 입고 총 메고 칼 들면서 군악 나팔에 발맞추어 행진하세.

강보에 싸인 두 병정에게 (두 아들에게 남긴 유서)

너희도 만일 피가 있고 뼈가 있다면 반드시 조선을 위해 용감한 투사가 되어라. 태극 깃발을 높이
드날리고 나의 빈 무덤 앞에 찾아와 한 잔의 술을 부어놓아라. 그리고 너희는 아비 없음을 슬퍼 말아
라. 사랑하는 어머니가 있으니 어머니의 교양으로 성공자를 동서양 역사상 보건대 동양으로 문학가

맹자가 있고 서양으로 불란서 혁명가 나폴레옹이 있고 미국에 발명가 에디슨이 있다. 바라건대, 너희 어머니는 그의 어머니가 되고 너희는 그 사람이 되어라.

역사적 의거 일인 1932년 4월 29일, 아침 일찍 교포의 집에서 김구 선생과 함께 식사한 다음에 수통으로 위장된 폭탄 1개와 도시락으로 위장된 폭탄 1개를 김구 선생으로부터 받아 하나는 어깨에 메고 하나는 손에 들었다. 그리고 윤봉길 의사는 자기가 찬 새 시계와 김구 선생이 찬 헌 시계를 바꾸었으며, 사용하고 남은 의거 준비금을 김구 단장에게 돌려주었다.

그 후 그는 김구 선생의 전송을 받으며 택시를 타고 홍커우 공원으로 갔다. 오전 7시 50분경 공원 안으로 들어가 미리 정해 두었던 지점에 이르러 폭탄을 투척할 순간을 기다리고 있었다.

드디어 역사적인 11시 50분경 식이 한창 진행 중일 때, 윤봉길 의사는 도시락으로 된 자살용 폭탄을 땅에 내려놓고 어깨에 메고 있던 수통형 폭탄의 덮개를 벗겨 가죽끈이 붙은 그대로 오른손에 쥐고 왼손으로 안전핀을 빼면서 앞사람을 헤치고 2m 가량 전진하여 17m 내외 떨어진 중앙 단상 위로 힘껏 투척하였다. 천지를 진동하는 굉음을 내면서 식장은 순식간에 아비규환의 아수라장으로 변하면서 일본군 수뇌부가 폭살되었고 중상을 입었다.

윤봉길 의사는 얼른 정신을 차리고 땅에 잠시 내려놓았던 자폭용 도시락 폭탄을 들어 올려 안전핀을 뽑으려는 순간, 부근 경비를 맡았던 일제 군경의 제지를 받았고 집중 구타를 당하여 혼절하고 말았다.

현장에서 일본군에게 체포된 윤봉길은 혹독한 고문과 심문에 시달리면서도 담대한 자세를 잃지 않았다. 그러나 윤봉길 의사는 1932년 5월 28일 상해 파견 일본 군법회의에서 사형 선고를 받고 "이 철권으로 일본을 즉각 타도하려고 상해에 왔다."고 떳떳이 주장했다.

사형이 확정된 후 윤봉길 의사의 유서가 나돌자 헌병대에서 다시 윤봉길 의사를 호출했다. 그 자리에서 윤봉길 의사는 자신이 쓴 유서를 확인해 주며 "현재는 우리나라가 힘이 약하지만, 세계 대세에 의해 반드시 우리는 독립한다. 일본은 지금 열강이지만 시든 나뭇잎같이 항복할 것이다."라고 말했다.

윤봉길 의사는 1932년 12월 19일 오전 7시 15분 헌병의 호위 아래 형장에 도착했다. 일제는 무릎을 꿇어앉힌 채 처형함으로써 기개를 꺾으려 했지만, 윤봉길 의사는 미소 띤 얼굴로 최후까지 의연한 자세로 총살을 당하여 스물네 살의 젊은 나이에 순국하였다.

일본군은 사체를 공동묘지의 쓰레기처리장에 평평하게 극비리에 암매장하였으나 해방 후 김구 선생의 노력으로 재일동포들이 유해를 발굴하여 1946년 고국의 품에 돌아와 해방 후 첫 국민장이 엄수되었고 효창공원에 안장되었으며 1962년 건국훈장 대한민국장이 추서되었다.

윤봉길(1908-1932)
의사가 거사에 앞서 태극기 앞에서 양손에 폭탄을 들고 절명시를 가슴에 붙인 채 촬영한 모습이다.

유관순 열사와 이회영 선생

유관순 열사의 유언

내 손톱이 빠져나가고, 내 귀와 코가 잘리고, 내 손과 다리가 부러져도 그 고통은 이길 수 있사오나, 나라를 잃어버린 그 고통만은 견딜 수가 없습니다. 나라에 바칠 목숨이 오직 하나밖에 없는 것만이 이 소녀의 유일한 슬픔입니다.

유관순(柳寬順, 1902~1920)
독립운동가. 이화학당 재학 당시 3·1 운동이 일어나자 병천 장터 시위를 주동하고 수감된 뒤에도 옥중 투쟁을 계속하다가 죽었다.

이회영 선생이 후손들에게 쓴 편지

사랑하는 나의 후예들에게

대한민국 아들딸들이여 다들 잘들 있는가?

내가 이 세상으로 넘어온 지도 어느덧 80년이 다 되어 가고 있는데 사랑하는 그들에게 내 얘기 좀 들려주고자 이렇게 몇 자 적어보았네. 그대들도 알다시피 나는 우리의 자유를 위해 어렵고 위험한 독립운동을 많이 도맡아 하였네. 사실 난 양반댁 자손으로서 아주 편안하고 풍족한 삶을 살 수 있었네. 그런 위험한 일들 따위 하지 않아도 상관없었네. 그런데 그대들은 내가 왜 그걸 포기하고 그런 험한 일들을 하였다고 생각하나? 용감한 사내대장부라서? 다른 이보다 나라를 지극히 사랑하여서? 난 그저 내가 해야 할 일을 했을 뿐이네. 손발이 찢길 정도로 찬 만주 땅으로 간 것도 그 많은 가산 모두 털어 독립운동에 보탰던 것도, 일본군 사령관 죽이려다 맞게 된 나의 최후까지 나는 이런 것들이 억울하지도 자랑스럽지도 않아. 그저 조선의 백성으로서 나라를 지켜내야 하는 당연한 애국을 했을 뿐이네. 애국함을 자랑하는가? 애국함을 과시하는가? 애국함을 우러러보는가? 국민 된 도리로서 당연히 해야 하는 것. 그것이 바로 애국일세.

이회영(李會榮, 1867~1932)
호는 우당(友堂)이며 교육자이자 독립운동가. 신민회의 창립 회원으로 교육 사업에 힘쓰다가 일곱 형제 중에 여섯 형제 가족이 함께 유산을 처분하고 만주로 망명하여 신흥무관학교를 설립하고 독립군을 양성하였다. 그 뒤 상하이에서 항일구국연맹 등의 창설을 주도하여 독립운동을 펼치다가 일제에 체포되어 옥사하였다. 대한민국 초대 부통령을 지낸 이시영의 형이다.

효도

효도의 의미

자식은 마땅히 어버이께 효도해야 한다는 것은 불변의 진리이므로 효도는 필수불가결한 인성덕목이다. 부모와 자식의 관계는 천륜으로서 사랑과 효가 바탕이며 기본이다. 자식이 자신의 존재를 귀하게 여기고 의미 있는 삶을 영위하려면 자신이 태어난 근본을 알고 사랑해야 한다. 자식이 어머니의 뱃속에 잉태되는 순간부터 부모는 온 마음을 다해 자식을 아끼고 보살핀다. 사람이 세상에 태어나 맨 처음 관계를 맺는 사람이 부모이다. 자신의 삶은 부모로부터 물려받아 시작된 것이다.

≪효경≫에서 공자는 "효는 덕의 근본이다. 우리의 몸은 양 팔, 양다리를 비롯하여 머리카락과 피부에 이르기까지 모두 부모로부터 받은 것이다. 결코, 이를 상하지 않게 하는 것이 효의 시작이요, 몸을 세우고 도를 행하여 후세에 이름을 떨침으로써 부모를 빛나게 하는 것이 효의 끝이다."라고 했다.

≪효경≫

부모는 효도를 받을 자격이 있으며 효도를 해야 하는 이유는 낳아주고 길러주었기 때문이다. 부모가 자식을 사랑하고 자식이 부모를 공경하며 효도하는 것은 지극히 자연스럽고 당연한 행위이다. 때로는 부모가 자식을 키우면서 이런저런 잘못을 했을 수도 있겠지만 이해하고 효도에 최선을 다해야 한다. 어린아이에게 부모가 필요한 것처럼 나이 드신 부모에게는 돌봐줄 자식이 필요하며 책임감과 의무감을 가지고 세심하게 보살펴야 한다.

"효는 모든 행동의 근본이다"는 말이 있듯이 모든 예절의 시초는 효도에서 시작된다. ≪논어≫에는 "사람됨이 효성스럽고 공손하면서도 윗사람에게 대들기를 좋아하는 사람은 드물다. 효성스러움과 공손함은 인(仁)을 실행하는 근본이다."라고 했다. 효를 실천하는 것은 곧 자신의 인격을 수양하는 좋은 방법이므로 효성이 지극한 사람은 훌륭한 인격을 가지고 있다.

효도하는 방법

효도에는 부모를 정신적으로 편안하고 기쁘게 해드리는 것과 부모를 육체적으로 편안하게 해드리는 것이 있다. 부모에게 효도할 때는 정성과 공경을 으뜸으로 해야 한다. 아무리 좋은 집에 좋은 음식과 좋은 옷으로 부모를 봉양하는 것도 좋지만, 부모가 자식에게 원하는 것은 마음에서 우러나오는 미소 짓는 얼굴과 공손한 말씨와 따뜻한 손길이다. 부모를 쓸쓸하고 허전하게 만드는 것은 집이나 음식이나 옷이 아니라 마음이 담겨있지 않은 태도이다.

부모가 나이가 들면 어린아이처럼 아주 작은 일에도 기뻐하고 슬퍼하고 노여워하므로 자식은 세심한 주의를 기울여서 이러한 마음을 잘 헤아려 모셔야 한다. 그러므로 큰 잔치를 베풀고 좋은 것을 해드리는 것만이 아니라 비록 작은 것이나 아무런 물질을 베풀지 않더라도 정성을 다한다면 그것이 바로 효도로 부모가 기뻐하는 것이다. 부모가 기뻐하면 집안이 화목해지면서 집안일이 잘 이루어진다.

부모의 마음이 진정으로 편안하고 즐거운 것은 자식이 건강한 신체와 올바른 심성을 가지고 올바른 태도로 세상을 살아가는 것이다. 많은 돈을 벌고 출세하여 명예를 높이는 것도 좋지만, 무엇보다도 신체와 정신이 건강하기를 바란다.

효도는 부모에 대한 사랑의 표현이지 주고받는 계약이 아니므로 마음에서 우러나와서 해야지 억지로 할 수 있는 것이 아니며 억지로 해서도 안 된다. 부모가 자식을 사랑할 때는 마음에서 우러나와 몸에 배어 자연스럽게 하는데 자식이 부모에 대한 관심과 사랑은 어렵게 나오는 경우가 많다. 부모는 자식에게 베풀고 주는 것에 익숙하고 자식은 부모에게 인색하다.

치매 증상이 있는 아버지가 창밖을 바라보다가 까치 한 마리를 보고 아들에게 "아들아, 저 새가 무슨 새냐?"라고 묻자 아들이 "까치네요." 하고 대답했다. 아버지는 조금 있다가 아들에게 "아들아, 저 새가 무슨 새냐?"라고 또다시 묻자 약간 언성을 높여 "까치라고요!"라고 대답했다. 잠시 후 아버지는 아들에게 "아들아, 저 새가 무슨 새냐?"라고 또 묻자 이제 아들은 짜증 섞인 목소리로 "까치라니까요! 아 정말 왜 자꾸 그러세요!"라고 대답했다. 그때 이 모습을 옆에서 지켜보고 있던 어머니가 한숨을 쉬며 아버지의 낡은 일기장을 들고 나와 아들에게 보여주었다. 오래된 아버지의 일기장에는 다음과 같은 글이 적혀 있었다.

'오늘은 우리 아이가 세 살이 되는 날이다. 아침에 까치 한 마리가 창가에 날아와 앉았다. 어린 아들은 "저게 뭐야?" 하고 내게 물었다. 나는 까치라고 대답해 주었다. 그런데 아들은 연거푸 열 번도 넘게 똑같이 물었다. 나는 귀여운 아들을 안아주며 다정하게 똑같이 대답해 주면서도 즐거웠다. 아들이 새로운 것에 호기심을 가지는 것에 감사했고 아들에게 사랑을 준다는 게 즐거웠다.'

흔히 '내리사랑'이란 말을 한다. 이는 위로 효도하는 데는 어렵고 아래로 자식 사랑은 쉽다는 뜻이다. 사랑의 강도가 아래로 강하다는 뜻이기도 하지만 위로 효도를 하지 않는 자식들에 대한 탄식의 뜻이기도 하다.

《명심보감》

● ● 《명심보감》의 교훈

《명심보감》에는 부모가 자식을 대하는 것과 자식이 부모를 대하는 것에 대하여 비교하는 여러 글이 있는데 자식으로서 새기고 반성해야 할 내용이 많다.

'어린 자식들은 아무리 말이 많아도 그대가 듣기에 늘 싫지 않고, 부모가 어쩌다 한 번 입을 열면 참견이 많다 한다. 참견이 아니라 부모는 걱정되어 그러느니라. 흰 머리가 되도록 긴 세월에 아시는 게 많으니라. 그대에게 권하노니, 늙은이의 말씀을 공경하여 받들고, 젖내 나는 입으로 옳고 그름을 다투지 마라.'

'어린 자식의 오줌과 똥 같은 더러운 것도 그대 마음에 거리낌이 없고, 늙은 어버이의 눈물과 침이 떨어지면 도리어 미워하고 싫어하는 뜻이 있다. 여섯 자나 되는 몸이 어디서 왔는가. 아버지의 정기와 어머니의 피로 그대의 몸이 이루어졌네. 그대에게 권하노니 늙어가는 어버이를 공경하여 모시라. 젊었을 때 그대를 위하여 힘줄과 뼈가 닳도록 애쓰셨느니라.'

'어린 자식이 혹 나를 욕하면 내 마음에 기쁨을 느끼고, 부모가 화내어 나를 꾸짖으면 내 마음은 도리어 언짢아진다. 한쪽은 기쁘고, 한쪽은 언짢으니 자식을 대하는 마음과 어버이를 대하는 마음이 어찌 이리도 다른가. 그대에게 권하노니 오늘 어버이가 화를 내시면 자식 대하는 마음으로 어버이를 볼 지니라.'

'어버이의 사랑은 십분 가득 하나 그대는 그 은혜를 생각하지 않고, 자식이 조금이라도 효도함이 있으면 그대는 곧 그 이름을 자랑하려 한다. 어버이를 모시는 것은 어두우면서도 자식 대하는 것은 밝으니 어버이가 자식 기른 마음을 누가 알 것인가. 그대에게 권하노니 부질없이 자식들의 효도를 믿지 마라. 자식들이 어버이 사랑하기는 그대에게 달렸다.'

'부모를 봉양하는 것은 오직 두 분뿐인데도 늘 형과 동생이 못 모시겠다고 다투고, 자식 기르는 것은 열 명이라도 모두 혼자서 맡느니라. 자식이 배부르고 따뜻한 것은 항상 물어보면서도 부모가 배고프고 추운 것은 마음에 두지 않는다. 그대에게 권하노니, 부모를 받들고 섬기기에 힘을 다하여라. 그대를 기를 때 입는 것과 먹는 것을 그대에게 빼앗겼다네.'

'그대가 새벽에 저자로 나가 떡을 사는 것을 보는데, 부모에게 드린다는 말은 듣지 못하고 자식에게 준다는 말만 들었다. 부모는 아직 먹지도 않았는데 자식이 먼저 배가 부르니 자식의 마음은 부모의 마음이 좋아하는 것에 비하지 못하리라. 그대에게 권하노니, 떡 살 돈을 많이 내어 사실 날도 얼마 안 남은 늙은 부모님을 잘 봉양하라.'

부모에게 효도하면 자식이 본받아서 효도하지만 효도하지 않으면 자식의 효도를 바라서도 안 된다. 자식들이 자신에게 해 주기 바라는 것과 똑같이 자신의 부모에게 행해야 한다.

≪효경 孝經≫
공자와 그의 제자 증자가 문답한 것 중에서 효도에 관한 것을 추린 책.

- 부모님의 은혜에 감사하는 마음을 가지고 사랑한다.
- 부모님을 공경하고 세심하게 보살피고 협력하며 살아간다.
- 부모님이 오랜 세월을 통해 경륜과 지혜를 축적한 분임을 인정한다.
- 부모님에 대하여 자부심을 가지고 부모님의 좋은 점을 말한다.
- 부모님의 건강에 관심을 가지고 돌본다.
- 부모님 앞에서는 항상 밝은 표정을 지으며, 긍정적이고 고운 말씨를 쓴다.
- 형제자매 간에 우애 있게 지내어 부모님을 기쁘게 한다.
- 부모님과 상의해야 할 일은 상의하고 가능한 한 많은 대화를 한다.
- 부모님의 의견을 존중하고 다를 때는 부드러운 말씨로 잘 말씀드린다.
- 부모님이 장황하게 말을 해도 짜증 내지 않고 인내심을 가지고 귀 기울여 듣는다.
- 부모님의 취미와 좋아하는 일과 음식을 안다.
- 부모님을 모시고 가끔 외식과 여행을 한다.
- 부모님께 자주 휴대전화 문자메시지를 보낸다.
- 부모님 생일과 결혼기념일 등에 선물한다.
- 부모님과 함께 생활하는 경우에는 부모님이 잠자리에 들 때와 일어난 뒤 문안 인사와 외출할 때와 귀가했을 때 배웅 인사를 한다.
- 부모님과 떨어져 생활하는 경우에는 가능한 한 자주 찾아뵙는다. 부모님이 오시면 기쁜 마음으로 정성을 다해 대접하고, 계시는 동안 마음 편하게 지낼 수 있도록 최선을 다한다.
- 바른 마음을 가지고 바르게 행동하면서 올바르게 성장한다.
- 부모님을 기쁘게 하고 자랑스러워 할 수 있는 일을 한다.
- 부모님을 슬프게 하고 부끄러워할 수 있는 일을 저지르지 않는다.

- 나는 자식으로서 부모님에게 효도하고 있는가?
- 내 아버지에 대한 자랑거리를 생각해 보자.
- 내 어머니에 대한 자랑거리를 생각해 보자.
- '내리사랑'에 담긴 뜻을 곰곰이 생각해 보자.

　　정원이 넓은 이층집에 예순이 넘은 부부와 아흔 가까이 된 노모가 세를 들었다. 주인집 내외가 엄청난 실수를 저질렀다는 것을 알게 된 건 그로부터 채 2주일도 지나지 않아서였다. 노모가 치매에 걸린 분이란 걸 전혀 알지 못했기 때문이다.

　　노모는 정원수 가지를 가위로 싹둑싹둑 잘라 버리기도 하고, 한밤중에 아들과 며느리를 향해 고래고래 악을 써 대며 욕을 하기도 했다. 심할 때는 현관 쪽으로 화분이 날아들기도 했다. 노모가 2층 베란다에서 화분을 던져버린 것이다. 한 번은 집에 도둑이 들어왔다고 난리를 피우는 바람에 주인집 부부까지 잠에서 깨어 함께 소란을 떤 일이 벌어지기도 했다. 주인집 아내는 이사 오기 전에 미리 노모가 치매에 걸린 사실을 밝히지 않아 낭패를 보게 되었다며 2층에 따지러 올라갔다. 전세를 든 부부는 무조건 머리를 조아리며 양해를 구했다.

　　회갑이 지난 아들은 아침마다 노모를 휠체어에 앉히고 산책을 했다. 아침 산책을 빠뜨리지 않는 주인집 남자는 세든 남자와 자주 마주쳤고, 어느 날은 함께 산책하러 가기도 했다. 그러면서 차츰 그 집 형편에 대해 조금씩 알게 되었다. 어머니가 치매를 앓게 된 지난 5년 동안 그들 부부는 급기야 집까지 팔고 전셋집으로 옮기게 되었다고 했다. 2층에서는 날마다 노모 때문에 벌어지는 크고 작은 소란이 끊이지 않았다. 2층 부부의 딱한 사정을 잘 알게 된 주인집 부부는 고민 끝에 방음 시설을 설치했다.

　　그토록 어려운 생활을 하는 가운데에도 얼굴 한 번 붉히지 않고 노모를 보살피는 2층 부부에게 존경심을 갖게 된 주인집 남자는, 어느 날 아침 산책길에 세 든 남자에게 물었다. "그 모진 상황에서도 자식 된 도리를 다할 수 있는 비결이 대체 무엇입니까?" 그러자 2층 남자는 진지하게 대답했다. "제가 죽을 때까지, 아니 어쩌면 죽어서도 잊을 수 없는 어머니의 은혜가 있기 때문이지요." 그러면서 세 든 남자는 자신의 어머니에 얽힌 이야기를 들려주었다.

　　어머니는 콩 몇 톨을 낡은 편지 봉투에 싸서 소중하게 품고 다녔습니다. 어려운 일이 있을 때마다 콩을 꺼내어 들고 새로운 용기와 희망을 되찾고는 했지요.

　　당시 어머니 슬하에는 초등학교 3학년, 1학년인 두 사내아이가 있었습니다. 아버지는 마흔도 되지 않은 나이에 바다에서 사고를 당해 세상을 떠났습니다. 고깃배를 타며 식구들의 생계를 책임지던 아버지가 돌아가시자 가정 형편은 매우 어려웠습니다. 어머니는 주위 사람들로부터 자식들을 부잣집에 양자로 보내라는 말까지 들어야 했습니다. 그럴 때 어머니는 "제 뱃속으로 나은 자식을 누구에게 준다는 말입니까? 아이들 아버지가 저승에서 그 사실을 알면 제대로 눈을 감지도 못할 것입니다."라면서 다시는 그런 말을 꺼내지도 못하게 했습니다.

　마침내 어머니는 고향을 떠나 아이들과 함께 도시로 떠나왔습니다. 아무런 연고도 없는 도시로 떠나온 세 식구는 무허가 판자촌에 자리를 잡았습니다. 어머니는 생계를 잇기 위해 험난한 생활 전선에 뛰어들었습니다. 새벽에 집을 나서서 회사 사무실 청소를 하고, 낮에는 재래시장에서 좌판을 펼쳐놓고 장사를 했으며, 밤이 되면 식당에 나가 설거지를 했습니다.

　그러다 보니 집안일은 자연히 초등학교 3학년인 맏이가 맡게 되었습니다. 고달픈 생활을 지속하는 가운데, 어머니는 잠잘 겨를도 없이 열심히 일했습니다. 그렇지만 생활은 여전히 어렵기만 했고, 어머니는 하루에도 열두 번씩 삶을 포기하고 싶은 생각이 들었지만 어린 자식들의 얼굴을 보며 마음을 다잡고는 했습니다.

　도시 생활에 지친 어머니는 어린 자식들을 데리고 고향으로 돌아갔습니다. 어머니는 배가 들어오는 부두로 나가 생선을 받아 파는 일을 시작했습니다. 돈벌이는 역시 신통치 않았습니다. 어머니는 생선이 담긴 함지박을 머리에 이고 이 동네 저 동네 돌아다니며 억척스럽게 생선을 팔았습니다. 그것은 몸이 왜소한 어머니에게는 정말이지 너무나 힘겨운 일이었습니다. 자식들이 보기에도 어머니가 그 무거운 함지를 머리에 이고 다니는 게 신기할 정도였습니다.

　어머니가 갖은 고생을 하며 벌어들이는 수입으로 생활할 수밖에 없었으니 끼니를 때우기도 힘든 형편이었습니다. 식사를 하면서 한 번도 제대로 양껏 먹어 보지 못한 어린 동생은 먹을 것만 보면 체면차리지 않고 달려들기 일쑤였습니다. 맏이도 겉으로 드러내지 않았을 뿐 배가 고픈 건 동생이나 마찬가지였습니다. 아무리 철이 들었다지만 배고픈 것까지 참을 수는 없었습니다.

　형제가 생각하기에 참 이상한 일이 있었습니다. 어머니는 식사 때마다 언제나 밥을 반 그릇씩 남기는 것이었습니다. 자식들 밥그릇과 크기도 같고 밥을 퍼 담은 분량도 똑같은데 말입니다. 더 이상한 건 그렇게 남긴 밥을 절대로 자식들에게 주지 않는다는 것이었습니다. 동생이 그렇게 먹고 싶어서 숟가락을 들고 달려들어도 조상님을 위해 뿌릴 것이라며 얼른 상을 치워 버렸습니다. 그때마다 숟가락을 들고 어머니 앞으로 달려갔던 동생은 소리 높여 울음을 터뜨리곤 했습니다.

　그러던 어느 날 아침이었습니다. 평소보다 조금 적

은 양의 식사를 하던 때였습니다. 어머니께서 남긴 밥을 절대로 주지 않는다는 것을 잘 알고 있던 동생이 그날은 유난히 악착을 떨며 어머니가 남긴 밥을 탐하는 것이었습니다. 어머니는 여느 때처럼 급히 상을 들고 일어났습니다. 동생도 만만찮았습니다. 동생은 상다리를 죽기 살기로 붙들며 어머니의 밥그릇을 낚아채려 발버둥을 쳤습니다. 그 바람에 상을 든 어머니의 몸이 한쪽으로 기우뚱하면서 밥그릇이 엎어져 버렸습니다. 그런데 어머니의 밥그릇 속에서 쏟아져 나온 건 밥이 아니라 큼지막한 무 토막이었습니다. 방바닥으로 튕겨 나온 무 토막을 본 어머니의 얼굴에 낭패감이 어렸습니다. 밥그릇 깊숙한 곳에 쑥 들어가 밥이 많아 보이게끔 모양을 내어 깎은 그 무 토막 위에는 밥알이 몇 알만 붙어 있었습니다.

어머니는 형제를 부둥켜안고 한참 동안 눈물을 흘렸습니다. 어머니는 "이 지긋지긋한 가난을 벗어나기 위해서는 어떤 일이 있어도 열심히 공부해야 한다"고 당부를 했습니다. 어머니는 생선 장사 외에도 과일 장사, 고추 장사, 마늘 장사 등을 닥치는 대로 하며 자식들 뒷바라지를 했습니다.

맏이가 중학교를 졸업하자 외할아버지는 "먹을 것도 없는데 공부가 다 뭐냐? 고생하는 네 어머니 생각도 좀 해라." 하며 철공소로 데려갔지만, 뒤늦게 이 사실을 알고 득달같이 달려온 어머니는 어떤 일이 있어도 자식들을 공부시킬 것이라며 맏이의 손을 이끌고 철공소를 나왔습니다. 맏이를 고등학교에 진학시킨 뒤에도 어머니는 행상과 삯바느질과 온갖 일을 닥치는 대로 했습니다.

그렇게 두 자식을 도시에 있는 대학으로 보낸 어머니가 고향에서 홀로 지내던 때였습니다. 맏이가 방학을 맞아 고향으로 내려갔는데 어머니가 계셔야 할 단칸방이 텅 비어 있었습니다. 친척과 동네 사람들 누구도 어머니의 행방을 몰랐습니다.

백방으로 수소문한 끝에 찾아낸 어머니는 아무도 모르는 곳에서 식모살이하고 있었습니다. 다달이 부쳐준 학비는 어머니가 허리가 휘도록 남의 집 식모살이를 하고 받은 한숨이며 고통이었습니다. 이렇게까지 하면서 없는 살림에도 불구하고 두 아들을 남부럽지 않게 키운 강인한 어머니였습니다.

대화를 나누던 두 사람의 눈가에 뜨거운 눈물이 흘러내렸다. "이런 어머니를 제가 어떻게 잊을 수 있겠습니까? 제가 치매에 걸린 어머니를 이렇게 보살피는 것은 어머니의 은혜에 조금이라도 보답하라는 하늘의 뜻이라고 생각합니다."

햇살이 따스하게 내리쬐는 봄날, 휠체어에 앉은 아흔을 앞둔 어머니와 머리에 희끗희끗하게 서리가 내린 아들이 도란도란 이야기하는 모습은 마치 정다운 연인이 대화를 나누는 것 같았다. "어머니 봄이 한창이네요. 화창한 날씨처럼 어서 어머니 병이 나아 예전의 인자하고 자상한 모습으로 돌아왔으면 좋겠어요." 아들은 어머니가 이 세상에 머무는 시간이 다할 때까지 어머니를 보살피는 일을 마다치 않으리라 다짐한다.

사람이 부모님께 효도해야 한다는 것을 모르는 이는 없으나, 실제로 효도를 하는 이가 매우 드문 것은 부모님의 은혜를 깊이 알지 못해서이다. ≪시경 詩經≫에 이런 말이 있다. "아버지는 나를 낳으시고 어머니는 나를 기르셨으니, 이 은혜는 하늘과 같이 넓고 끝이 없도다父兮生我 母兮鞠我 欲報之德 昊天罔極." 자식이 태어날 적에 성명性命과 혈육血肉이 모두 부모님이 남겨 주신 것이다. 숨을 쉬어 호흡할 때에 기氣와 맥脈이 서로 통하니 이 몸은 내 사사로운 것이 아니며, 바로 부모가 남긴 기氣이다. 그러므로 ≪시경≫에 "슬프도다. 부모께서 나를 낳

≪시경≫

아 기르시느라 수고하셨네.哀哀父母 生我劬勞"라고 하였으니, 부모의 은혜가 어떠한가. 어찌 감히 부모에게 효孝를 다하지 않을 수 있겠는가. 사람마다 항상 이 마음을 가진다면 스스로 부모님을 섬김에 성실할 것이다.

부모를 섬기는 사람은 한 가지 일이나 행동이라도 감히 제 뜻대로 하지 말고 반드시 부모님의 뜻에 따라 행해야 한다. 해야 할 일이라 하더라도 부모님이 허락하지 않는다면 반드시 상세히 설명해 드려서 승낙을 얻은 후에 행해야 한다. 만약 끝내 허락하지 않는다면 제 의사대로 곧장 밀고 나가서는 안 된다.

날마다 밝기 전에 일어나서 세수하고 머리를 빗고 의관을 갖춘 후에 부모님의 침소寢所에 나아가 기색을 낮추고 음성을 부드럽게 하여 더우신지 추우신지 안부를 여쭈어야 한다. 날이 저물어 어두워지면 부모님의 침소에 가서 이부자리를 보아 드리고 따뜻한지 서늘한지를 살펴야 한다. 평소 모실 때는 항상 화평하고 기쁜 안색으로 공경스럽게 응대하고 곁에서 봉양할 때는 정성을 다하며 출입할 때는 반드시 절하고 인사를 드려야 한다.

지금 사람들은 대부분 부모님에게 의지하고 자기의 능력으로 부모를 봉양하지 못하니, 만약 이렇게 세월만 보내다 보면 끝내 부모를 모실 날이 없을 것이다. 반드시 집안일을 맡아 스스로 맛있는 음식을 장만한 연후에야 자식의 직분을 닦는 것이다. 만일 부모님이 굳이 듣지 않으시면 비록 집안일을 맡지는 못한다 하더라도 마땅히 뒤를 보살펴 드려야 한다. 부모님께 잡수실 것을 장만해 드리는 데 최선을 다해 입맛에 맞도록 해 드리는 것이 좋다. 만약 모든 생각을 부모 봉양에 쏟는다면 맛있는 음식을 구할 수 있을 것이다. 왕연王延이 엄동설한에 성한 옷 한 벌도 없으면서 부모님에게는 맛있는 음식을 다해 드렸음을 생각할 때마다 사람이 감탄하여 눈물이 흐르게 한다.

아버지와 자식 사이에는 사랑이 공경보다 지나친 경우가 많다. 철저히 구습舊習을 씻어 버리고 존경

함을 극진히 하여 부모님이 앉거나 누워 계시던 곳에 자식이 감히 앉거나 눕지 않아야 하며, 부모님이 손님을 맞이하던 곳에서 자식이 감히 제 손님을 맞이해선 안 되며, 부모님이 말을 타고 내리는 곳에서 자식이 감히 말을 타고 내려서는 안 된다.

부모님의 뜻이 의리義理를 해치는 것이 아니라면 말씀하시기 전에 먼저 받들어 털끝만큼이라도 어기지 말아야 할 것이요, 의리를 해치는 것이라면 화평한 기색과 부드러운 말소리로 간하고 반복해서 아뢰어 반드시 따라 주시도록 해야 할 것이다.

부모님이 병환이 있으시면 근심스러운 마음과 염려하는 기색으로 다른 일을 제쳐 놓고 오로지 의사에게 묻고 약을 지어 오는 것에만 힘써야 하며 병이 나으시면 다시 평소대로 한다.

일상생활에 있어 한순간이라도 부모님을 잊지 않은 연후에야 효도라고 이름할 수 있으니, 제 몸가짐이 근실하지 못하고 말하는 것에 법도가 없으며 놀면서 세월을 보내는 자는 모두 부모님을 잊은 자이다.

세월은 흐르는 물과 같아 부모님을 오래 섬길 수 없으므로 자식 된 자는 모름지기 정성과 힘을 다해야 한다. 옛사람의 시에, "하루의 부모 봉양은 삼공三公의 부귀와도 바꾸지 않겠다. 一日養 不以三公換"고 하였으니, 이른바, "날을 아낀다愛日"는 것이 이와 같은 것이다.

≪시경 詩經≫ (기원전 470)
고대 중국의 시가를 모아 엮은 오경(五經)의 하나로, 본래는 3,000여 편이었다고 전하나 공자에 의해 305편으로 간추려졌다. 한시와 고대 가요에 큰 영향을 끼쳤다.

솔선수범

솔선수범의 의미

삶을 영위하면서 앞장서서 모범을 보이는 솔선수범은 주요한 인성덕목이다. 인간은 어떤 공동체이든 속해 있기 마련이므로 공동체의 일원으로서 자신이 할 수 있는 일을 솔선수범하는 자세는 공동체 유지와 발전을 위해 필요불가결하다. 자신이 하는 일을 소중하게 생각하고, 자신이 갖춘 모든 능력을 발휘해야 한다.

슈바이처

슈바이처에게 친구가 "성공적인 자녀 교육방법 세 가지를 말해 달라"고 부탁하자 "첫째는 본보기요, 둘째 역시 본보기요, 셋째도 본보기이다."라고 했다. 자녀 교육은 물론이고 인간관계나 일의 효율성을 위해서 솔선수범은 필수 조건이다.

말만 해서는 안 된다. 솔선수범만 한 가르침은 없다. 행동이나 실천 없이 말로만 해서는 아무 소용이 없다. 자신이 하는 행동은 주위 사람에게 영향을 미치므로 올바른 행동 기준을 마련하고 지켜야 한다. 자신이 최선을 다하는 행동을 하면 상대방도 최선을 다하고, 헌신하는 모습을 보이면 상대방도 헌신한다. 도덕적이고 관대하며 정직하고 신뢰할 수 있는 사람이 되어야 한다.

솔선수범은 특히 앞장서는 사람에게 필요한 덕목이다. 인간 사회에서는 큰 조직이든 작은 조직이든 앞장서는 사람이 있게 마련이다. 국가, 기업, 가정, 학교, 심지어 동우회, 동아리까지 모범을 보여야 하는 리더가 있기 마련이다. 리더는 권한보다는 책임이 더 큰 것을 알고 실천하는 사람으로 '솔선'보다 적정한 좌우명은 없다. 권한을 행사하기보다는 솔선수범하고 책임지는 자세를 취해야 한다. 인격과 성품, 도덕성에 기초하여 책임감, 정직과 성실, 절제, 포용력 등에서 모범을 보여야 한다.

솔선수범하는 방법

솔선수범은 사람들이 신뢰하고 자발적으로 따르게 하는 원동력이다. 솔선수범하면 사람이 따르지만, 하지 않으면 따르지 않는다. 솔선수범을 보여야 신뢰를 쌓을 수 있다. 사람은 말보다는 행동을 주시하면서 감동적인 행동을 보고 마음이 움직인다. 말이 아닌 행동이 사람을 움직인다. 행동이나 실천 없이 구호만 내세우는 사람에 대해서는 진정성이 없는 사람으로 치부해버린다. 인간관계에 있어서 미사여구만 남발해서는 안 되며 좋은 말만 하지 말고 언행이 일치해야 한다. 사람들은 저 사람이 과연 저런 말을 할 자격이 있는지를 따져본다. 아무리 좋은 말도 행동과 일치하지 않는 사람의 입에서 나오는 말은 잔소리에 지나지 않거나 위선자의 거짓부렁처럼 들린다.

　스스로 단속하여 자신의 행실을 올바르게 가져야 한다. 헌신하고 노력하고 정직한 모습을 보이는 사람에게는 그 비슷한 사람이 모이고 그렇지 못한 사람에게는 잘못된 생각이나 행동을 하는 사람이 모인다. 자신이 올바르게 행동하면 주위가 따르겠지만, 자신이 부정한 행동을 하면 아무리 좋은 말을 해도 따르지 않을 것이다.

　어떤 말이나 글보다도 몸소 행동으로 실천하는 솔선수범이 큰 가르침이며 영향력도 크다. 해 보이고, 들려주고, 시키고, 책임져야 한다. 평소 바른 마음, 바른 말씨, 바른 행동을 보이면 주위 사람들도 그런 사람들이 모이고 따라서 그렇게 하게 되어 있다. 힘든 일이 생길 때마다 직접 나서서 모범을 보이면서 그들을 격려해야 한다.

　솔선수범으로 모범을 보이는 사람은 주위 사람에게 힘든 일이 생기면 나서서 격려와 도움을 줄 뿐 아니라, 설령 자신에게 어려움이 닥치더라도 가족이나 주위 사람들과 함께 어려움을 감내하면서 극복해 나간다.

실천하기

- 도덕적이고 관대하며 정직하고 신뢰할 수 있는 사람이 되도록 노력한다.
- '나' 보다는 '우리' 라는 표현을 더 많이 사용한다.
- 하는 일을 소중하게 생각하고 즐기면서 최선을 다한다.
- 안주하려 하지 않고 항상 배우는 자세로 임한다.
- 자신의 발전과 함께 친구나 동료도 발전할 방법을 생각한다.
- 힘든 일이 생기면 직접 나서서 모범을 보인다.
- 어려움을 겪고 있거나 부당하게 피해를 본 사람을 도와준다.
- 항상 친절하도록 노력한다.
- 진심에서 우러나온 칭찬을 한다.
- 다른 사람을 헐뜯지 않는다.
- 시간을 효율적으로 사용한다.
- 품위있고 단정하게 옷을 차려입고 좋은 인상을 주려고 노력한다.

생각하기

- 나는 솔선수범하는 사람인가?
- 나는 말과 행동을 일치하려고 노력하는가?

세종 대왕의 솔선수범

세종 대왕

세종이 1418년 즉위한 뒤 무려 7년간 극심한 가뭄이 계속됐다. 기아로 인한 백성들의 고통은 이루 헤아릴 수 없었다. 세종 3년 구휼 사업의 목적으로 광화문 네거리에 큰 가마솥이 걸렸다. 세종이 임금의 양식인 내탕미를 꺼내 죽을 쑤라고 명령했기 때문이었다.

어느 날 현장에 나갔던 세종은 피골이 상접한 몰골로 죽을 먹는 백성들을 보고 눈물을 흘렸다. 궁궐에 돌아온 뒤 경회루 옆에 초가집을 짓되 궁궐 안의 낡은 재목을 사용하라고 지시했다. 세종은 초가집에서 2년 4개월 동안 먹고 자며 정무를 살폈다. 백성들과 고통을 함께하겠다는 의지의 표현이었다.

신하들과 왕비는 건강을 해칠 것을 우려하여 정전에서 집무할 것을 애원했지만, 세종은 거절하면서 말했다.

"백성들이 굶어 죽어 나가는 데 임금이 어찌 기와집 구들장을 지고 편한 잠을 잘 수가 있더냐. 나는 나가지 않을 것이니라."

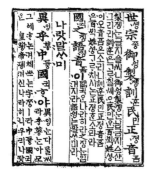

세종(世宗, 1397~1450)
조선의 제4대 왕 (재위 1418~1450). 유교 정치의 기틀을 확립하고, 공법을 시행하는 등 각종 제도를 정비해 조선 왕조의 기반을 굳건히 했다. 한글 창제를 비롯하여 문화의 융성에 이바지하고 과학기술을 발전시켰으며, 축적된 국력을 바탕으로 국토를 넓혔다. 단군 이래 최고 성군으로 칭송받고 있다.

≪세종어제훈민정음≫
목판본 월인석보 제1권

책임감

●● 책임감의 필요성

인간이 자신에게 주어진 몫의 책임을 다하는 것은 고결한 행위이며 개인과 공동체 유지와 발전을 위한 기본 핵심가치이므로 책임감은 주요한 인성덕목이다. 책임감은 자신의 임무에 대하여 자신이 해야 할 일이라고 여기는 마음가짐이며 잘못된 경우에는 "내 탓이요." 하면서 자신의 책임으로 돌리는 자세이다.

사회는 더불어 사는 공동체이므로 만약 사람들이 각자 책임감 없이 행동한다면 사회 발전은 커녕 혼란에 휩싸일 것이다. 예를 들어 소방관이나 경찰이 아무런 책임감을 느끼지 않고 행동한다면 사회는 몰락할 것이다. 이들이 자신의 위치에서 생명을 걸고 책임을 다하기에 사회가 유지되고 발전하는 것이다. 누구나 각자의 위치에서 큰일이든 작은 일이든 소명의식에서 비롯된 책임감을 느끼고 최선을 다해야 한다.

인간은 책임을 다하려는 자세와 행동을 통해 성장한다. 자신의 인생에 대한 책임감을 통해서 최선을 다하며, 학생은 본분인 공부에 대한 책임감에서 열심히 노력하며, 가장은 가족에 대한 책임감에서 열심히 일하고 저축하며, 경영인은 회사 발전과 직원들에 대한 책임감에서 최선을 다하고, 위정자는 국민을 편안하게 해야 한다는 책임감에서 좋은 정책을 펴기 위해 노력하는 것이다

책임감을 느낀 것과 가지지 않은 것은 천양지차이다. 책임감을 느끼고 임무에 임하면 꼭 해내야 하며 해내고야 말겠다는 자세로 완수하지만 가지지 않으면 대충대충 일을 처리하고 만다. 책임감을 느낀 사람은 일이 잘못되면 자신의 잘못이 무엇인가를 반성하면서 다시는 같은 실수를 반복하지 않지만 아무런 책임도 느끼지 않는 사람은 자신의 잘못을 인정하거나 반성하지 않고 남의 탓으로 돌리므로 또다시 같은 실수를 반복하게 된다.

●● 책임지는 자세

중국 고전 《중용》*에 '활쏘기는 군자의 태도와 비슷함이 있으니 그 정곡을 맞히지 못하면 돌이켜 그 원인을 자신에게서 찾는다. 나를 먼저 바르게 하고 남에게 책임을 구하지 마라. 그러면 누구에게도 원망을 사지 않을 것이다. 위로는 하늘을 원망하지 말고, 아래로는 남을 허물하지 마라.'라고 했다. 궁수가 화살을 명

《중용》

중시키지 못한 것은 과녁 탓이 아니므로 제대로 맞히고 싶으면 실력을 쌓아야 한다. ≪명심보감≫에도 '남을 책망하는 마음으로 자기를 책망한다면 허물이 작을 것이다.'라고 했고 공자도 "군자는 제 잘못을 생각하고 소인은 남을 탓 한다."고 했다.

　일하다 보면 잘 되는 경우도 있고 잘못되는 경우도 있다. 잘못되는 경우에는 그 원인이 분명히 있을 것이다. 판단을 잘못하여 그런 결과가 빚어진 경우도 있고 여건이나 상황이 그런 결과를 초래했을 수도 있다. 책임을 져야 할 상황이 발생했을 때는 일단 책임지는 자세를 보여야 한다. 자신이 관여한 일이라면 설사 객관적으로 책임이 없다고 하더라도 일정 부분 책임지는 자세가 필요하다. 이런 자세는 자신이 고칠 점은 없는지를 고민하고 노력하는 계기가 된다.

●● 책임감이 강한 사람

　러시아 속담에도 '성공은 아버지가 많지만, 실패는 고아다.'는 말이 있다. 보통 사람들은 성공은 자기의 공으로, 실패는 타인에게 돌리는 것이 일반적이다. 하지만 '책임은 나에게'라는 정신으로 책임질 때는 자기 몫 이상을 지고, 공을 세웠을 때는 자기 몫 이상을 주위에 돌려야 한다. 그렇게 하면 주변으로부터 신망을 얻을 수 있다.

　"책임감이 있는 이는 역사의 주인이요, 책임감이 없는 이는 역사의 객이다."라는 도산 안창호 선생의 말을 가슴속에 깊이 새겨야 한다.

　책임감을 느끼지 않고 사는 삶은 진실한 삶이 아니다. 삶을 영위하면서 어떤 상황이나 어느 위치에 있든 주어지는 권한을 누리기보다는 책임감을 강하게 느껴야 한다. 책임져야 할 상황이 발생했을 때는 책임을 회피하지 말고 져야 한다. 특히 영향력이 있는 사람이 권한만 행사하고 막상 문제가 생기면 주변 사람이나 아랫사람의 책임으로 돌리는 것은 비겁한 행위이며 공동체 발전의 저해 요인이다. 영향력이 있는 일을 할수록, 중요한 일을 할수록 더욱 무거운 책임감을 느껴야 한다.

　고대 중국 전국시대에 유방이 항우와 싸울 때의 일이다. 유방의 부하 장수인 번쾌가 이끄는 부대가 항우의 부대에 포위되어 일촉즉발의 위기에 처해 있었다. 번쾌는 전령에게 상급 부대에 구원 요청을 하도록 명령했다.

　책임을 진 전령은 미치광이로 가장하고, 발각되었을 때의 안전과 비밀보장을 위하여 스스로 자기 입속에 불덩어리가 된 숯덩이를 집어넣어 벙어리가 되게 했다. 전

항우　　　　　유방

령은 얼마 가지 않아서 적에게 체포되어 심문을 받게 되었는데 미친 벙어리로 인정되어 무사히 석방되었다. 그는 마침내 맡은 바 임무를 완수하였고, 번쾌는 원군을 받아 그 전투에서 크게 승리하여 열국

을 통일시키는 데 큰 역할을 했다.

　책임감이 강한 사람이 되기 위해서는 책임감 있는 행동과 말하는 습관을 지녀야 하며 공과 사를 구분하여 사적인 이익을 추구하지 않아야 하며 해야 할 일을 미루지 않아야 한다. 자신의 임무를 주변에 알리는 것도 좋은 방법이다. 이는 스스로 주변의 관심을 의식하면서 자신의 책임에 관해 확인하고 완수에 대한 사명감으로 더욱 열심히 하게 된다.

≪중용 中庸≫
어느 한쪽에 치우침이 없는, 즉 지나치거나 모자람이 없으며(中), 항상 변함이 없는 도리(庸)를 설명한 책이다. 공자의 손자 자사가 지었다는 설이 있다. 유학의 사서(대학, 중용, 논어, 맹자) 중 하나이다.

유방(劉邦, 기원전 247~기원전 195)
고대 중국 한(漢)의 초대 황제(재위: 기원전 202~기원전 195)이다. 기원전 202년 항우를 토벌하고 전한(前漢)을 세워 태조(太祖) 고황제(高皇帝)가 되었다.

항우(項羽, 기원전 232~기원전 202)
고대 중국 진(秦) 말기의 군인으로 진왕 자영을 폐위시켜 주살한 후로 서초 패왕(西楚 覇王)에 즉위함으로써 왕이 되었고 그 후 유방의 도전으로 싸우다 패하고 스스로 목숨을 끊었다.

실천하기

- 나에게 주어진 책임을 다하려는 자세로 행동한다.
- 내가 선택한 행동에 대해 책임을 진다.
- 나에게 주어진 임무는 완수한다.
- 나 때문에 잘못되었을 때는 인정하고 반성한다.
- 책임져야 할 때는 책임을 진다.

생각하기

- 나는 책임감이 강한 사람인가?

영국의 해군 제독이었던 넬슨Nelson, 1758~1805은 1770년 해군에 입대하고 1777년 대위 시험에 합격해 식민지 미국과 가장 치열하게 싸우고 있던 서인도제도에서의 전쟁에 참전했다. 1779년 21세의 젊은 나이에 함장으로 승진하고 1793년 64문의 포를 갖춘 '아가멤논호'의 지휘를 맡았으며 이때부터 넬슨은 열성적인 직업군인에서 차츰 천재적인 지휘관으로 변해갔다.

넬슨

넬슨은 전투에 나갈 때마다 '영국은 제군들이 각자의 임무를 다할 것으로 믿는다.'라는 신호기를 달았을 정도로 책임감을 강조했고 스스로 실천했다.

프랑스와의 코르시카 기지에서의 전투에서 프랑스군이 쏜 포탄의 파편으로 오른쪽 눈을 다쳐 실명 상태가 되었다. 그 후 나일 강 전투에서 승리를 거두는 등 여러 전투에서 혁혁한 공을 세워 작위를 받고 승진했다. 그는 테네리페를 공격하다 포도 탄에 맞아 오른쪽 팔꿈치가 부서져 팔을 잘라내야 했다. 건강을 회복한 그는 1801년 코펜하겐 전투에서 승리를 거두고 총사령관이 되었다.

1805년 프랑스와 재개된 전쟁에서 빅토리호를 타고 트리팔가르 전투에 출전했다. 장교들과 수병들의 숭배를 받고 있던 그는 함대를 둘로 나누어 프랑스─스페인 연합 함대로 진격해 전열을 깨고 분쇄한다는 전술의 윤곽을 설명했다. 이것은 전열을 지어 싸우는 전통적 전술을 벗어난 작전 계획이었다.

영국군은 각각 넬슨과 콜링우드의 지휘를 받는 두 개의 함대로 나뉘었다. 적 함대가 접근해오자 그는 다시 한 번 '영국은 제군들이 각자의 임무를 다할 것으로 믿는다.'는 신호기를 높이 올렸다. 전투는 빅토리호 주위에서 가장 치열하게 전개되어 승리를 거두었다. 하지만 넬슨은 프랑스 저격병의 총탄에 맞아 가슴과 어깨에 관통상을 입고 군의관에게로 옮겨졌으나, 가망이 없음을 알게 되었다. "승리는 우리 쪽입니다. 적선 15척을 나포했습니다." 하는 승전 상황 보고를 들은 그는 "잘했다. 그러나 나는 20척으로 기대했다."고 말하기도 했다. 기함 함장이 그의 이마에 작별 키스를 하자, 넬슨은 마지막으로 "이제 저는 만족합니다. 주여 감사합니다. 저는 제 임무를 다했습니다."라는 말을 남기고 전사했다.

넬슨의 장례식은 세인트폴 대성당에서 장엄하게 치러졌으며, 그의 명성은 수많은 기념비·거리·호텔 이름으로 기록되었고, 그림·판화·흉상·액자가 만들어졌으며 마침내 빅토리호가 포츠머스에 보존되었다.

　1945년 1월 6일, 독일은 미국에 선전포고하고 루스벨트 미국 대통령은 병석에 눕게 된다. 부통령으로서 임시 대통령이 된 트루먼은 자신의 책임으로 제2차 세계 대전을 이끌었다. 1945년 4월 루스벨트 대통령의 타계 후 대통령직을 물려받게 된 트루먼은 백악관 집무실 책상에 늘 '최종 책임은 내가 진다. The BUCK STOPS here'는 문구가 적힌 호두나무 받침을 붙인 채색유리로 만든 명패를 놓아두었다. 미국 정부가 결정하는 문제에 대해 최종적으로 책임지는 자세를 가지고 세계사에 커다란 발자취를 남겼다.

　트루먼은 책임감을 갖고 일본에 원폭 투하 결정 등으로 제2차 세계 대전을 승리로 이끌었으며 세계 최고 국제기구인 UN 창설 주역이었고, 냉전 시대 서방 진영의 방향을 정하는 트루먼 독트린을 탄생시켰다. 당시 국무장관인 마셜에게 '마셜 플랜'을 수립하도록 했으며, 서방 세계를 수호하기 위한 NATO북대서양조약기구를 창설했다.

트루먼

　한국전쟁이 일어나자 트루먼은 책임감을 가지고 의회의 승인을 받지 않고 한국에서의 미군 개입 성명을 발표하고 유엔에 북한을 제소했다. 1950년 6월 26일 밤 10시에 일본에 주둔 중이던 맥아더에게 "즉시 출동하라"는 명령을 내렸다. 7월 7일 유엔안전보장이사회는 유엔군사령부를 설치하고 미국이 최고사령부를 구성한다는 결의안을 통과시켜 유엔 창설 이후 최초로 유엔군이 조직 창설되었다. 동원된 유엔군은 대부분이 미군이었으며 트루먼은 맥아더를 유엔군 총사령관에 임명했다.

　그는 정치적으로 루스벨트처럼 능숙하지는 않았지만, 자신이 해야 할 바를 명확히 알고 있었고 실리적인 정신을 가지고 있었다. 책임지는 자세로 결단을 내리고 실행에 옮겨 미국 국민과 세계 사람들에게 감동을 줄 줄 아는 대통령이었다.

　트루먼은 1953년 1월 이임 연설에서 이렇게 말했다.

　"대통령은 그가 누구든지 결정을 해야만 합니다. 누구에게도 책임을 전가할 수 없습니다. 그 밖의 누구도 그를 대신해서 결정할 수 없습니다. 그것이 바로 대통령의 할 일입니다. 책임을 질 수 없으면 책임을 맡지도 말아야 합니다."

해리 S. 트루먼(Harry S. Truman, 1884~1972)
미국의 제33대 대통령(1945~1953)

질서

질서를 지켜야 하는 이유

개인의 생명과 재산을 지키고 공동체의 유지와 발전을 위한 사회적 약속인 질서는 주요한 인성덕목이다. 질서는 지켜야 할 규범으로 함께 살아가는 공동체 생활의 기반으로서 반드시 지켜야만 하는 공공의 약속이다. 가정, 학교, 직장, 나라 등 각 공동체는 나름대로 질서가 정해져 있으며 개인은 공동체의 일원으로서 질서를 지키는 것은 의무다.

가정에는 가정의 질서가 있고, 학교에는 학교의 질서가 있으며, 사회에는 사회의 질서가 있다. 마찬가지로 나라에도 나라의 질서가 정해져 있다. 나라의 국민으로서 나라에서 정해 놓은 질서를 잘 알고 지켜야 한다. 그것은 내가 국가에 대해서 의무적으로 지켜야 하는 법과 같은 강제 규정일 수도 있고, 자율적으로 규정된 예의일 수도 있다. 그것이 법이건 예의이건 간에 정해 놓은 질서를 잘 알고 엄격하게 지켜야 한다.

장 자크 루소는 《사회 계약론》에서 "인간은 자연 상태에서 사회 계약을 통해 사회와 국가를 형성하면서 시민적 신분을 갖게 되고 사회 질서 속에서 살아갈 수밖에 없는 존재가 되었다. 사회 질서는 신성한 권리로서 다른 모든 것의 기초를 이룬다. 사회 질서 속에서 산다는 것은 속박이 아니라 인간만의 신성한 권리이다. 법은 각자의 이익을 보호하는 차원을 뛰어넘어 모든 사람의 보편적 의지로 공공선을 실현하려는 일반 의지의 행위이며 사회적 결합의 계약 조건이다."라고 했다.

자유 민주주의 기본 질서

나라 질서는 자유 민주주의 기본 질서가 전제된다. 자유 민주주의란 개인의 자유와 권리를 보장하는 자유주의와 정치적 평등을 지향하는 민주주의 이념이 서로 조화를 이룬 개념이다. 자유 민주주의는 기본적으로 인간으로서의 존엄과 가치를 인정하고 자유와 평등을 실현하는 것을 이념으로 한다. 그러므로 국민은 자유 민주주의 기본 질서를 침해해서는 안 되며 침해할 경우 법적 제재를 받을 수 있으며 기본권도 제한될 수 있다.

질서가 지켜져야 자유롭고 평화로운 생활이 보장되지만 무질서한 상황에서는 혼란과 불안이 가중된다. 높은 질서 의식을 갖는 것이 공동체의 유지와 발전을 위한 중요한 요체다. 성숙된 질서의식으로 행복한 사회생활을 영위해야 한다.

질서는 단순히 순서나 차례를 지키는 것이 아니라 타인을 의식하고 배려할 줄 아는 마음가짐으로 자신이 스스로 행동을 삼가고 다스리는 것이다. 사회생활에서 질서와 공중도덕이 지켜지지 않고 무너지는 것은 타인을 의식하지 않고 자신의 이익을 앞세우기 때문이다. 개인의 삶이 곧 공동체의 삶이라는 의식을 가지고 상생 공동체 사회를 위한 행동을 실천에 옮겨야 한다.

질서는 생활의 뿌리이며 질서를 잘 지키는 것이 바로 인격과 직결된다. 사회가 복잡해질수록 질서는 필수적이므로 질서 있게 행동해야 한다. '나부터 먼저'와 '자신을 위해'라는 마음가짐으로 질서에 대한 높은 의식 수준을 갖추고 걸맞은 행동을 해야 한다.

●● 질서와 준법

현대 사회에서는 타인을 침해하지 않고 자신의 욕구와 능력을 조화시켜 나가야 한다. 그 방안은 사회 구성원 전체의 합의로 도출된 '법과 질서'의 확립이다. 자신의 가치와 자유의 추구는 공공의 이익을 위해 규정한 강제적인 제한을 기꺼이 수용할 수 있는 능력을 키워나감으로 가능해진다.

법과 질서가 무시되었을 때, 자기 자신뿐만 아니라 사회 공동체 구성원 모두에게도 결코 이익이 되지 않는다. 참된 자유는 자신의 욕망이나 충동을 방임함으로 형성되는 것이 아니라, 공동선 추구를 위해 합의된 규범인 법에 따라야 한다.

법을 지켜야 하는 이유는 첫째, 개인의 자유와 권리를 지킬 수 있기 때문이다. 법이 자유를 제한하는 것으로 생각하기 쉽지만, 법이 없다면 혼란 상황이 되어 개인의 자유와 권리가 지켜질 수 없다. 그러므로 법을 지켜야 법이 규정한 범위 내에서 자유와 권리를 보호받을 수 있다.

둘째, 사회 질서를 유지하여 평화로운 삶을 살 수 있게 한다. 다양한 가치관과 경쟁이 심화한 현대 사회에서 갈등이 야기되면 혼란에 빠질 수 있다. 그러므로 법의 규정에 의하여 갈등을 해소하고 평화를 유지하게 한다.

셋째, 정의로운 사회를 만들어 갈 수 있게 한다. 법을 지키지 않고 부당한 이익을 추구하거나 공정하지 못한 기회를 얻게 된다면 정의롭지 못한 사회가 된다. 법을 지킴으로써 공정한 분배와 기회를 얻는 정의로운 사회가 될 수 있다.

●● 질서를 지키는 방법

공동체 질서 유지를 위한 방법은 각자 스스로 양심에 의해 자율적으로 질서를 지키는 것이 가장 이상적이며 바람직하다. 하지만 현대 사회에서의 복잡다단함과 개인주의와 이기주의로 인하여 단순히 양심에만 의지해서는 질서 유지에 한계가 있으므로 이를 보완하기 위해 법, 명령 등 강제 규범이 있는 것이다.

이기심과 편의주의, 빨리빨리 문화는 결과지상주의를 낳아 엄청난 문제를 일으킨다. 조그마한 질서를 지키지 않은 것이 대형사고와 사건으로 연결되어 생명과 재산을 잃기도 하고 불법이나 탈법을 저질러 평생 지울 수 없는 수치와 삶의 나락으로 떨어지므로 질서와 법을 지키는 것은 결국 자신을 위한 것이다. 잠시의 편안함이나 사리사욕을 위해 질서를 지키지 않거나 불법 행위를 해서는 안 된다. 결과보다 과정을 중시하는 건전한 도덕성과 준법정신을 갖추고 질서를 지키고 법을 준수해야 한다.

질서 의식은 아주 작은 공중도덕 실천과 기초질서를 지키는 것에서부터 출발한다. 공중도덕은 모든 사람이 지켜야 할 사회도덕이며 기초질서란 쓰레기 무단 투기 하지 않기, 음주 소란 피우지 않기, 담배꽁초 함부로 버리지 않기, 무단횡단하지 않기 등으로 살아가면서 가장 기본적으로 지켜야 하는 질서다.

공중도덕과 기초질서는 생활의 뿌리로 잘 지키는 것이 인격과 직결된다. 공중도덕과 기초질서는 기본 질서임에도 불구하고 '나 하나쯤이야' 하는 안이한 생각으로 잘 지켜지지 않는 데, 지키는 것이 다소 불편할 수는 있겠지만 쾌적하고 몸에 배어 익숙해져 있으면 자연스럽게 실천할 수 있다. 나아가 준법정신으로 법을 지켜야 불행을 겪지 않을 것이다. 공중도덕과 질서와 법 준수는 자신과 공동체의 안전과 행복을 위한 지름길이다.

실천하기

- 자유민주주의 기본 질서를 지킨다.
- 안전 의식을 확고히 한다.
- 특권의식을 가지지 않는다.
- 탈법이나 불법을 저지르지 않는 준법정신을 생활화한다.
- 질서 의식을 가지고 선량한 풍속과 기초질서, 사회질서를 지킨다.
- 바른 생활 습관 정착을 위해 노력한다.
- 교통신호를 잘 지킨다.
- 불법주차를 하지 않는다.
- 줄서기에 동참한다.
- 휴지나 담배꽁초를 함부로 버리지 않는다.
- 고속도로에서 갓길 운전을 하지 않고 쓰레기를 무단 투척하지 않는다.
- 공공장소의 시설물을 고장 내거나 더럽히지 않는다.
- 모든 물건은 제자리에 정돈한다.

생각하기

- 나는 질서를 잘 지키고 있는가?
- 지켜야 할 질서에는 어떤 것이 있는가?

≪페르시아인의 편지≫ 　　　　　　　　　　　　　　　　　몽테스키외

옛날 아라비아에 트로글로다이트라고 하는 작은 부족이 있었다. 역사가들의 말에 따르면 이 부족은 인간보다는 동물에 더 가까웠던 이전 시대 트로글로다이트의 후손들이라고 한다. 그러나 내가 지금 말하는 이 부족은 그들의 선조들처럼 그렇게 이상하게 생기지도 않았고 곰처럼 털이 나지도 않았다. 그들은 끽끽거리지도 않았으며 눈도 둘이 달려 있었다. 하지만 그들은 아주 사악하고 잔인하여 자기들 사이에 어떤 공정성이나 정의의 원칙도 없었다.

≪페르시아인의 편지≫
원본 표지

그들에게는 외국 태생의 왕이 있었다. 왕은 부족의 타고난 사악함을 고치기 위하여 사람들을 엄하게 다스렸다. 그러자 사람들은 음모를 꾸며서 왕을 죽이고 왕족들까지도 모두 없애버렸다. 그리고 나서 그들은 통치 기구를 만들기 위해 모임을 가졌고, 많은 의견 다툼을 한 뒤에 행정관들을 뽑았다. 얼마 지나지 않아 사람들은 행정관들을 부담스러워 하여 참을 수가 없게 되었다. 그리하여 새로 뽑힌 행정관들마저 죽임을 당하고 말았다. 새로운 통제에서 벗어나자 이 부족 국가는 타고난 사악함만이 지배하는 나라가 되었다. 이제 사람들은 각기 누구의 말도 따르지 않을 것이며, 자신의 이해만을 돌볼 뿐 다른 사람에 대해서는 상관하지 않기로 합의했다. 이 만장일치의 결정은 부족 구성원 각자의 마음에 꼭 드는 것이었다. 그들은 이렇게 말했다.

"나와 아무 상관없는 사람들을 위해 죽도록 일할 이유가 무엇인가? 이제 나는 나만을 생각할 것이다. 나만 행복하면 되지 다른 사람이 어떻게 사는지 나와 무슨 상관이란 말인가? 나에게 필요한 것을 모두 가질 수 있다면, 다른 사람들이 불행하다고 해도 내가 상관할 바가 아니다."

때는 바야흐로 곡식을 수확해야 하는 계절이었다. 마른 산악지대의 경작지가 있는가 하면, 수로水路가 잘 갖추어진 낮은 경작지도 있었다. 그 해는 몹시 가물어서 높은 지대의 농사는 완전히 실패했지만 물 공급이 잘 된 낮은 땅은 큰 풍년이 들었다. 많은 수확을 한 사람들이 추수한 곡식을 나누기를 거부했기 때문에 많은 산악지대 거주자들이 굶어 죽었다. 다음 해에는 비가 많이 내렸다. 높은 지대의 땅은 이례적으로 비옥해졌고 낮은 지역은 홍수가 났다. 또다시 인구의 반이 굶주림으로 아우성쳤지만, 작년에 홀대를 받았던 사람들이 이번에는 굶주린 사람들을 거들떠보지도 않았다.

비옥한 땅을 갖고 부지런히 경작했던 한 사람이 있었다. 두 이웃이 결탁해서 그를 집에서 내쫓고 땅을 가로챘다. 두 사람은 혹시 있을지도 모를 또 다른 강탈자를 막기 위해 상호 연맹 관계를 맺었고, 여러 달 동안 실제로 서로를 보호해 주었다. 그러나 혼자 차지할 수 있는 것을 나누기가 아까웠던 동업자 중 하나가 다른 하나를 죽이고는 땅을 독차지했다. 그러나 그의 소유 기간은 그리 길지 않았다. 또 다른 두 사람이 와서 공격했고, 혼자서 두 사람을 방어하기에는 힘이 너무 약했기 때문에 죽임을 당하고 말았다.

그러는 동안 이 지역에 몹쓸 병이 창궐했다. 이웃 나라에서 유능한 의사가 와서 그에게 오는 모든 환자의 병을 치료해 주었다. 병이 다 지나간 뒤에 의사는 환자들 집을 돌며 치료비를 요구했지만, 모두에게서 거절당했다. 의사는 오랜 여독에 지쳐 빈손으로 자기 나라로 돌아갔다. 오래지 않아 같은 병이 전에 보다 더한 기세로 그 지역을 휩쓸었다. 이번에는 트로글로다이트 부족 사람들이 직접 그에게로 와서 병을 고쳐 주기를 빌었다. 그러나 의사는 냉정하게 대답했다.

"돌아들 가시오. 당신들은 정의롭지 못합니다. 당신들의 영혼 안에는 당신들이 치유 받고자 하는 병보다 더한 독이 있습니다. 당신들에게는 아무런 인간성도 없고 공정한 규칙도 없으므로 이 세상에 살 자격이 없습니다. 당신들을 벌하고 있는 신의 정당한 분노를 어기고 당신들을 치료한다면 나는 신을 거역하는 일을 하게 될 것입니다."

* ≪페르시아인의 편지≫에서는 규율과 규제가 거부되는 무질서와 이기심의 극단과 비인간적 심성이 팽배해 있는 모습을 보여주면서 법과 질서가 없는 사회의 문제점을 지적하고 있다. 무질서한 삶의 극복 방안은 사회 구성원 전체의 합의로 도출된 '법과 질서'의 확립이다. 이것은 개인적 차원의 노력과 사회적 차원의 노력이 병행되었을 때 그 실효를 거둘 수 있다.

≪페르시아인의 편지≫(1721)
계몽주의 사상가 몽테스키외가 당시의 프랑스를 풍자적으로 비판한 서간체 소설이다. 출판 당시에는 익명으로 발표되었다고 한다.

몽테스키외(Montesquieu, 1689~1755)
프랑스의 사상가이며 그의 사상은 ≪법의 정신 L'Esprit des lois≫(1748)으로 집약된다. '타인의 자의적인 지배로부터 독립된 상태로서의 자유'를 확보하는 공화주의적 자유를 실현하는 것이 '법의 정신'이며 핵심 내용은 '법의 지배'와 '삼권분립'이다.

≪사회 계약론
Du contrat social≫
(1762)

인간은 자유인으로 태어났다. 그럼에도 불구하고 인간은 도처에서 질곡에 매여 신음한다. 개개인은 타인의 지배자로 자처하지만, 사실은 그 타인보다 못지 않게 노예적 상태에 있는 것이다. 이 변동은 어디에서 오는 것일까? 나는 그것을 설명할 수가 없다. 왜 그것이 정당한 것처럼 되어 버렸을까? 이 문제에는 해답을 줄 수가 있다고 나는 생각한다.

만일 내가 폭력과 또 그 폭력에 따르는 결과만을 고려한다면, 이렇게 말할 수 있을 것이다. '어떤 인민이 복종을 강요받은 대로 복종을 하고 있는 한, 그 인민은 현명하다. 그러나 그 인민이 그 속박으로부터 벗어날 힘이 생기자 곧 그 구속을 몸소 제거해버리고 자유의 몸이 될 수 있다면, 그 인민은 더욱 현명하다 할 것이다. 왜냐하면, 인민으로부터 자유를 빼앗아간 것과 바로 그 같은 권리로써 그도 또한 그 자유를 도로 찾은 것인 이상, 이렇게 해서 자유를 회복한 인간의 행위가 정당하다고 보거나 그렇지 않으면 반대로 애초에 자유를 폭력으로 빼앗아 갔던 그네들이 부정당했었다고 보거나 해야 하기 때문이다.' 그러나 사회 질서라는 것은 다른 모든 질서의 기초가 되는 신성한 법이다. 하지만, 이 법은 결코 자연에서 발생하는 것이 아니고, 계약에 의해서 성립이 되는 것이다. (중략)

올바르고 질서에 적합한 것은 또한 사물의 본성으로 보아도 그러한 것이며 인간 상호간의 약속 행위와는 무관하게 그러한 것이다. 모든 정의는 신으로부터 나오는 것이며 신만이 정의의 원천인 것이다. 그러나 이 정의를 그와 같이 높은 곳에서부터 우리들이 받아들일 줄을 알았던들 우리에게는 정부도 법률도 필요 없었을 것이다. 아마도, 이성에만 기반을 둔 보편적인 정의가 있을는지도 모른다. 그러나, 이러한 정의가 우리들 사이에서 인정을 받으려면 상호적이어야 한다. 인간적인 견지에서만 사물을 판단한다면, 정의의 율법은 자연의 상벌賞罰이 뒤따르지 않는 고로 인간에게는 유명무실한 것이다. 그것은, 그것을 지켜 나가려는 이가 아무도 없음에도 불구하고 선인만이

모든 사람에 대해서 그것을 지켜나가려고 할 때, 악인에게는 이익을 주고 선인에게는 손실을 주게 마련이기 때문이다. 그러므로 권리를 의무와 결합시키고 정의를 그 목적에 적응케 하려면 협약이나 법률이 필요케 되는 것이다.

루소

* 인간의 야만적인 폭력과 전쟁의 상태로서의 자연 상태로부터 상호 합의를 통한 평화적 질서의 체계를 확립하는 사회 상태로 이행할 수밖에 없는 불가피성을 제시하고 있다.

환경보호

●● 풍요로운 삶과 환경 파괴

환경은 삶과 직결되므로 환경에 대한 인식은 주요한 인성덕목이다. 인간이나 동식물의 생존이나 생활에 영향을 미치는 자연이 오염되거나 파괴되지 않도록 환경을 잘 지키고 보호하는 일은 특정 국가만의 문제가 아니라 인류 전체의 과제라 할 수 있다.

환경오염은 문명의 발전에 따른 필연적 결과로 성장의 욕구와 이기심, 그리고 환경에 대한 인식의 결여에서 비롯되고 있다. 깨끗한 환경 보전은 인간의 삶의 질과 직결되므로 환경에 대한 철저한 인식의 바탕 위에서 해결의 실마리를 찾아야 한다.

인간은 자연과 함께 살아가는 존재이므로 환경을 보호해야 한다. 환경이 오염되고 파괴되면 그 악영향은 고스란히 인간에게 되돌아오며 후손은 지속 가능한 삶을 위협받을 수밖에 없다. 자신이 사는 환경은 조상들이 피와 땀으로 일구어낸 결과물이므로 자신도 역시 환경을 보전하는 데 이바지하여 후손에게 물려주어야 한다. 이제 중요한 것은 현재의 풍요가 아니라 건강한 삶이다. 그러기 위해서는 인간과 자연의 공존이라는 인식을 공유하고 확산시켜 나가는 것이 환경 보호의 밑거름이다.

인간은 자신의 자연 지식과 법칙을 밝혀냄으로써 자연에 대한 공포에서 벗어나 인간다운 삶을 누릴 수 있었다. 나아가 자연에 대한 지배와 자연으로부터 획득한 물질적 풍요를 공동선으로 여기게 된 것이다. 이 과정에서 인간은 자연스럽게 자연을 물질적 대상으로 인식하여 자연과 인간의 상호 관계성을 간과, 무시하는 이원론적 세계관을 확립하게 되었다. 이 이원론적 세계관은 물질 개발주의와 결합하여 자연을 최대한 분석하고 조작, 응용하려는 기계론적 세계관을 팽창시켜 자연 파괴를 가속했다.

환경과 관련하여 지구 온난화 문제는 심각한 수준이다. 지구 온난화란 온실 효과를 말하는데 지구 대기 중에 포함된 수증기나 이산화탄소와 같은 대기 성분이 지구에 도달한 태양 에너지가 외부로 복사되는 것을 차단하여 지구 온도가 지속해서 상승하는 것을 의미한다. '온난화'라는 순화된 표현과는 달리 폭서와 가뭄, 예측 불가능한 태풍과 홍수를 몰고 오는 기후 재앙이다. 그것도 단순한 자연 현상 때문이 아니라 석탄과 석유 등 화석 연료를 많이 써서 생긴 인간이 만든 재앙이다.

●● 자연 회복의 방법

문제의 해결을 위해서는 산업 자본주의적 과학만능주의의 사고에서 벗어나 인간성 회복과 생명 존중 사상을 가져야 한다. 이제 우리는 물질 만능주의를 좇다가 잃어버린 인간성을 찾고 파괴된 자연을 회복시켜야 한다. 그러기 위해서는 소비주의적인 생활 문화를 버리고 무분별한 개발을 멈추어야 한다. 물질적으로 풍요로운 삶을 영위하는 것보다는 기본적인 삶의 토대를 회복시키는 일이 더 중요하기 때문이다.

항상 깨어 있는 정신으로 자신의 행위가 환경에 미치고 있는 영향들을 자각하고 자신이 할 수 있는 범위 내에서 환경보호에 이바지할 수 있도록 행위에 변화를 주어야 한다. 어떤 행위에 변화를 줄 경우에 먼저 그 변화하는 행위가 환경을 보다 낫게 하는 것인지, 오히려 악화시키는 것인지를 정확하게 알아야 한다. 이미 환경보호를 위해 노력하고 있어 행위에 변화를 줄 필요가 없는 경우에는 더욱더 이를 꾸준히 지키겠다는 결심을 하고 실천을 유지해야 한다.

지구 위에 사는 수십억의 인간이 각각 환경에 어느 정도 영향을 미치고 있다. 사실 환경오염과 파괴를 완전히 막는다는 것은 불가능하며 어느 정도의 환경오염과 파괴는 어쩔 수 없는 것이라 해도 우리가 할 일은 환경파괴의 규모를 최대한 줄여 이상적인 환경이 지속 가능하게 만드는 것이다. '나 하나쯤이야.' '그런 건해서 뭐해?'라고 생각해서는 안 된다. 환경 문제에 더욱 많은 관심을 기울이고 각자가 환경 파괴를 최소화하기 위해 생활 속에 작은 실천을 해야 한다.

자신이 완벽한 친환경주의자가 될 필요까지는 없지만 가능한 한 재활용하고 친환경 제품을 사는 것이 좋다. 에너지를 낭비하지는 않는지, 재활용할 수 있는 물품을 마구 버리지는 않는지, 자신이 운전하는 자동차가 지나치게 매연을 발생하지는 않는지, 합성세제나 일회용 제품을 과다하게 사용하지는 않는지, 폐수를 지정된 방법으로 버리고 있는지 등을 살피고 환경 보호에 도움이 되도록 행위를 개선해야 한다.

●● 절제하는 삶

지속 가능한 지구 생태계가 되기 위해서는 무엇보다 원활한 물질 순환이 이루어져야 한다. 물질 순환은 자연 속에서 물질이 도는 것을 말하는데 그중에서도 물의 원활한 순환이 이루어져야 지구 생태계가 온전히 유지된다.

물은 증발한 후 구름이 되어 비를 내리는 반복 작용으로 생태계가 유지된다. 하지만 지나친 물의 소비나 물질에 탐닉하여 과도한 자원 개발로 인한 자연 파괴는 이러한 물질 순환의 흐름을 깨뜨려 생태계에 문제를 일으키고 있다. 가뭄이나 폭설, 폭우 등 자연재해를 일으켜 삶에 커다란 위협이 되는 것이다.

한정된 자연 자원을 무분별하게 사용하거나 개발할 것이 아니라 지속 가능한 사용과 개발을 해야 한다. 이는 욕구를 줄이는 절제하는 삶의 자세가 선행되어야 한다. 이것은 자신의 삶을 안전하게 하는 것이며 미래 세대를 위한 것이기도 하다. 절제하는 태도는 삶의 지혜로서 삶의 기준이 되어야 한다.

실천하기

- 절제하고 절약하는 삶을 산다.
- 가능한 대중교통을 이용한다.
- 석탄과 석유 등 화석 연료 사용을 줄인다.
- 물, 불, 전기, 종이 등 물자를 아껴 쓴다.
- 분리수거를 생활화한다.
- 쓰레기를 줄이고 재활용한다.
- 일회용 제품과 합성 세제 사용을 줄인다.
- 음식물 쓰레기는 최대한 물기를 빼고 부피를 줄여서 버린다.
- 전기 제품을 올바르게 사용하고 에너지를 절약한다.
- 실내온도를 적정하게 유지한다.
- 나무를 심고 가꾼다.
- 환경마크가 있는 제품을 사용한다.

생각하기

- 나는 자신이 할 수 있는 범위 내에서 환경보호에 앞장서고 있는가?
- 자연이 인간에게 주는 혜택에 대해 생각해 보자.
- 지구 온난화에 따른 환경 재앙에 대하여 생각해 보자.
- 거대한 자연 재앙을 보고 어떤 느낌이 드는가?
- 환경 파괴로 인한 삶의 위기를 극복하는 방안에 대해 생각해 보자.

인류 위협하는 '지구 온난화' 어떻게 대처해야 하나

〈투모로우〉

영화 '투모로우'는 지구 온난화로 인한 기상 이변으로 위협받는 인류의 투쟁을 그린 블록버스터 작품이다. 21세기 가장 큰 과제로 대두하고 있는 환경 문제에 대한 이슈를 제기하고 '깨어있어라, 그 날이 다가온다!'라며 인류의 각성을 촉구한다.

국립해양기상청의 기후학자인 잭 홀데니스 케이드 분 박사는 남극의 '라슨 B 빙하'를 탐사하던 중 빙하에 금이 가면서 무너져 내리는 것을 경험하고 기상 이변의 조짐을 발견한다. 얼마 후 기상센터에서는 조지스 뱅크의 기온이 13도나 내려가는 이상 현상이 관측되고, 인공위성에서 내려다본 지구의 기상에도 이상 징후가 나타난다. 또 일본 도쿄에 야구공만 한 우박이 떨어져 사람이 죽고 미국 로스앤젤레스에서는 사상 최악의 토네이도가 발생하는 등 지구 곳곳에서 재앙이 벌어진다.

잭은 자신이 예견했던 빙하기가 곧 닥치리라는 것을 짐작하고 미국 정부에 경고의 메시지를 보낸다. 처음에는 잭의 의견을 무시하던 미국 정부도 이상 현상이 계속되자, 국민들을 남쪽으로 이동시키라는 대피령을 내린다.

한편 퀴즈대회에 참석하기 위해 뉴욕에 와 있던 잭의 아들 샘과 친구 로라는 공항이 봉쇄되는 바람에 뉴욕에서 발이 묶인다. 뉴욕은 사흘째 엄청난 폭우가 내려 하수구의 물이 역류하고 도로가 마비되는 것은 물론 정전 사태까지 벌어진다. 그리고 거대한 해일이 몰려와 뉴욕을 뒤덮는다. 샘을 비롯해 해일에서 살아남은 사람들은 도서관으로 피신한다. 불안에 몸을 떨던 로라가 샘에게 이렇게 말한다. "난 미래를 위해 열심히 살았어. 그런데 그 미래가 사라지게 됐어."

도서관에 피신해 있다는 샘의 전화를 받은 잭은 방한 장비를 갖추고 아들을 구하기 위해 뉴욕으로 떠난다. 해일이 휩쓸고 지나간 뉴욕에는 눈이 내리고 무시무시한 추위가 몰려와 모든 것을 얼려버렸다. 폭설과 한파 속을 지나는 위험한 여정 끝에 잭은 도서관에 도착해 아들과 극적인 포옹을 나눈다. 이들은 헬기를 타고 무사히 제3국으로 떠난다.

영화의 마지막 부분, 제3국으로 피신한 미국 대통령이 TV를 통해 국민에게 담화문을 발표한다. "지난 몇 주간 자연의 분노 앞에 인간은 무력함을 배웠습니다. 인류는 착각해 왔습니다. 지구의 자원을 마음껏 써도 될 권리가 있다고. 하지만 그것은 오만이었습니다."

읽기자료 지구 온난화

　지구 온난화 현상이 심화되면, 급격한 기후 변화가 나타난다. 몹시 더운 날과 옵시 추운 날의 빈도가 증가하게 되며, 지구 기온의 상승으로 물의 순환을 촉진해, 특정한 일정 지역에서의 심각한 가뭄과 홍수를 발생시킨다. 또한, 온도 상승으로 극지방 빙하가 녹아 높아진 해수면은 해류의 생성을 막고 지구의 자전과 공전 주기에 커다란 영향을 끼쳐, 제2의 빙하기가 도래하게 된다. 농업과 산림에서의 피해도 심각해진다. 열대와 적도 지역에서는 온도 상승으로 인한 증발량 증가로 곡물을 재배할 수 없을 정도로 토양의 수분 함량이 낮아져 곡물의 생산량이 감소하게 되지만, 러시아 북미 지역에서는 곡물 생산량이 증가하게 된다. 또한, 유럽 서부, 미국 남부, 호주 서부, 남부 아프리카 등지에서는 곡물 생산량이 감소하여 세계 곡물 가격에 막대한 영향을 미칠 것으로 예상한다.

　지구 온난화는 현재 인류 문명을 가장 위협하는 환경 문제이다. 우리나라는 매년 태풍으로 엄청난 재산 피해를 보고 있고, 남태평양의 섬나라 투발루는 빙하의 붕괴로 인한 해수면 상승으로 국토를 포기했다. 유럽에서는 혹서로 인한 사망자 수가 수만 명에 달했다. 이것은 지난 100년 동안 지구 평균 기온이 겨우 0.6도 올랐기 때문에 발생한 재난이다. 앞으로는 지구 평균 기온이 1.4~5.8도 더 오른다고 하니 지구 온난화로 인한 재앙은 현실로 다가올 수도 있을 것이다. 우리는 환경의 중요성을 생각하면서 대체에너지 이용과 신기술 개발 등 만반의 태세를 갖추면서 인류의 현재와 미래를 고민해야 한다.

PART

V

꿈의 실현을 향한 인성

꿈 | 목표 | 선택 | 기회 | 결단 | 용기 | 도전
열정 | 자신감 | 자긍심 | 긍정 | 실행 | 끈기
근면 | 성실 | 섬세함 | 협동 | 변화 | 창의성
지식 | 정보 | 독서 | 기록

꿈

꿈의 의미

인간으로서 꿈을 품고 실현하기 위해 노력하는 것은 당연하고 바람직한 일로 꿈은 필수불가결한 인성덕목이다. 꿈은 이루고 싶은 간절한 소망이나 이상, 포부를 말하며 미래에 대한 통찰력과 장기 목표를 갖는 것이다. 꿈의 실현을 위해 끈기와 용기를 가지고 힘을 한 군데로 결집해 나가야 한다.

인간은 누구나 삶을 살면서 이루고 싶은 꿈을 가지고 있으며 인생이란 꿈을 향해 노력하는 과정이다. 꿈은 인생의 밑그림으로 꿈을 꾸고 품고 노력하는 것은 매우 중요하다. 꿈을 꾸지 않는 사람은 인생을 그저 그렇게 의미 없는 삶을 보내는 사람으로 어쩌면 살아있어도 죽은 사람이나 마찬가지다.

꿈은 언젠가 이루고 싶어 하는 소망이고 목표는 현실성을 가지고 노력하면 이루어질 수 있다. 많은 사람이 자신의 꿈을 억누르고 사는데 꿈꾸는 것을 두려워해서는 안 된다. 꿈을 꾸는 건 누구도 간섭할 수 없는 자신만의 세계이므로 꿈을 억누르지 말고 꾸어도 된다.

목표와 계획은 현실적이어야 하지만 꿈은 그렇지 않다. 꿈에 한계를 두어 억누르지 말고 뭐든지 꿈꿔도 되지만 꿈꾸는 것에 대해 매우 신중해야 한다. 왜냐하면, 비현실적으로 보이던 꿈이 실현될 수도 있기 때문이다. 꿈을 실현한 사람은 꿈꾸는 것에서 시작하여 그 꿈을 현실로 탈바꿈시켰다.

인생은 꿈의 소산으로 사람의 크기는 바로 붙들고 씨름하는 꿈의 크기다. 위대한 사람은 인생을 걸 수 있는 큰 꿈을 가지고 있고 평범한 사람은 평범한 꿈을 가지고 있다. 꿈이 크다고 해서 가치가 있는 것은 아니지만, 너무 작은 꿈을 가지고 있으면 피를 들끓게 하는 열정을 발휘하지 못하는 법이다. 자신을 변화시키고 싶다면 꿈의 내용과 크기를 바꿔야 한다.

자신이 품고 있는 꿈을 생생하게 상상하고, 간절하게 소망하고, 진정으로 믿고, 열정적으로 실천하면 반드시 이루어진다. 꿈을 계속 두드리면 실현되므로 원대한 꿈을 세우고 드높은 이상과 희망을 향해 나아가야 한다.

꿈을 품고 멀리 바라보기

사회적으로 성공한 저명인사가 어렸을 때 시골에서 그의 친구들과 기차가 다니지 않는 버려진 철길 위에서 놀던 얘기를 했다.

"한 친구는 보통 몸집이었고, 또 다른 한 친구는 태어나서 한 끼도 거르지 않은 듯 매우 뚱뚱한 친구였어요. 우리는 철길 위에서 떨어지지 않고 누가 더 멀리 갈 수 있는지 내기를 하곤 했지요. 나와 보통 몸집인 친구는 얼마 못 가서 떨어지곤 했는데 뚱뚱한 친구는 아무리 걸어도 떨어지지 않았어요. 이러한 결과는 번번이 계속되었지요. 나는 몸이 뚱뚱한 친구가 체중 덕으로 떨어지지 않는가도 생각했지만, 몸이 둔해 오히려 불리할 것이라는 생각이 들었습니다. 매우 약이 올랐지만 호기심이 생겨 그 비결을 물었지요. 그러자 뚱뚱한 친구가 대답했습니다. '너희 둘은 발밑을 보고 걷기 때문에 그렇게 떨어질 수밖에 없어. 나는 너무 뚱뚱해서 발밑을 볼 수 없어서 먼 앞쪽의 철길을 바라보면서 그곳을 향해 걸어간다. 내가 바라본 지점에 가까워지면 또 더 멀리에 있는 또 다른 지점을 정해서 그곳을 향해 계속 걸었어.' 나는 이 친구의 말을 가슴에 새기고 바로 눈 아래 보이는 현실에 급급함이 아니라 꿈을 품고 꿈을 바라보면서 앞으로 나아갔지요."

만약 철길 위에서 발밑을 보고 걸으면 녹과 잡초와 자갈만을 보고 걷는 것이다. 하지만 철길의 앞쪽을 바라보고 걸으면 진짜 도달하고자 하는 지점을 향해 걷는 것이다. 볼 수 있는 한도까지 걸어가고, 그 지점에 도달하면 더 먼 곳을 볼 수 있다.

미래지향적으로 산다는 것은 꿈의 실현을 위해 노력하는 삶이라는 뜻으로 명확한 목표를 가지고 살아야 한다. 삶에 확실한 목표가 있다는 것은 확실한 목표를 가슴에 품고 있기 때문이다. 자신의 꿈에 대하여 현실적 상황만으로 판단하지 말고 열린 사고로 무장된 넓은 시야로 전체와 미래를 조망하면서 설계해야 한다.

●● 꿈을 실현하는 방법

존 고다드
(John Goddard, 1924~2013)
미국의 세계적인 탐험가.

미국의 세계적인 탐험가 존 고다드는 오늘날 개인의 목표와 목적을 가장 극적으로 성취한 기록을 가진 사람이다.

존 고다드는 15세 되던 해인 1940년, 노란 색종이 맨 위쪽에 '나의 인생 목표'라고 제목을 적었다. 그리고 제목 밑에다 127개의 인생 목표들을 적었다. 꿈 많고 상상력 풍부한 엉뚱한 소년의 '꿈의 목록'이었다.

'보이 스카우트 가입' 등 단순한 꿈에서부터 '이집트 나일 강 탐험하기', '비행기 조종술 배우기', '브리태니커 백과사전 전권 읽기', '에베레스트 등정' 등 어려운 꿈과 '달 탐험' 등 불가능해 보이는 꿈도 있었다.

존 고다드는 자신이 적은 '꿈의 목록'을 끈기 있게 이루어 나갔다. 1972년 미국 잡지 〈라이프〉는 존 고다드를 '꿈을 성취한 미국인'으로 대서특필했으며, 1980년에는 우주비행사가 되어 달에 갔다. 현재까지 111개의 꿈을 이루었으며 남아 있는 16가지의 목표에 하나씩 표시를 해 나가는 중이며 이후 추가한 500여 개의 꿈

도 거의 실현하였다.

존 고다드는 이렇게 말했다.

"꿈을 이루는 가장 좋은 방법은 목표를 세우고, 그 꿈을 향해 모든 것을 집중하는 것입니다. 그렇게 하면 단지 희망 사항이었던 것이 '꿈의 목록'으로 바뀌고, 다시 그것이 '해야만 하는 일의 목록'으로 바뀌고, 마침내 '이루어 낸 목록'으로 바뀝니다. 꿈을 가지고 있기만 해서는 안 됩니다. 꿈은 머리로 생각하고 가슴으로 느끼는 것에서 출발합니다. 하지만 거기서 머물러서는 안 됩니다. 손으로 적어 발로 뛰어야 꿈이 실현됩니다."

꿈을 품는 것에서 꿈의 실현이 시작된다. 꿈은 바로 앞에 놓여 있는 상황이나 현실에 좌우되어서는 안 되며 어떤 조건도 생각하지 말고 뭐든지 될 수 있고, 할 수 있고, 가질 수 있고, 이룰 수 있다고 여기고 꿈을 품어야 한다. 무엇이 가능한지를 따지지 말고 인생을 멀리 내다보면서 간절히 원하는 것이 무엇인지가 바로 품어야 할 꿈이다.

주어진 현실이나 환경에 주눅이 들어 꿈을 품는 것을 방해받지 말아야 한다. 꿈을 품는 것은 자신만의 세계이며 누구도 간섭하거나 방해할 수 없다. 어떤 꿈이라도 좋으니 꿈을 꾸는 것을 주저하거나 두려워해서는 안 되며 억누르지 말고 꿈을 꾸고 그 꿈을 펼칠 수 있도록 노력하면서 준비해야 한다.

꿈을 가지고만 있고 노력을 기울이지 않으면 아무 소용이 없다. 꿈은 머리로 생각하고 가슴으로 느끼는 것에서 출발하지만 거기서 머물지 말고 실행하면서 노력해야 이룰 수 있다. 꿈은 아무 생각 없이, 아무 준비 없이 기다리는 사람에게 주어지는 것이 아니며 실현을 간절히 희망하며 노력하는 사람에게 다가오는 것이다.

꿈은 있으나 실행력이 없는 사람은 몽상가이며 실행력은 있으나 꿈이 없는 사람은 맹목적 실행자이므로 꿈과 실행이 결합하여야 한다. 뜻이 있는 곳에 길이 있듯이 꿈을 품고 실행해 나가면 잠재능력이 일깨워지면서 기회를 창조하여 꿈의 실현에 다가간다. 꿈의 실현은 어려운 일이지만 확신과 신념을 지니고 실행해 나가면 이룰 수 있다. 위대한 꿈은 하루아침에 이뤄지지 않으며 끈기와 인내를 가지고 시련을 통과하고 장애물을 극복해야 한다.

꿈을 품고 이루고자 하는 청사진을 그려보아야 한다. 자신이 어떤 사람이고, 어떤 목적을 가지고 있으며, 어떠한 사람이 되고자 하는가에 관한 명확한 목표를 세우고 열정을 다해야 한다.

●● 꿈의 목적

영화 〈누구를 위해 종을 울리나〉 〈카사블랑카〉의 여주인공으로 알려진 스웨덴 출신의 잉그리드 버그만 Ingrid Bergman, 1915~1982 이라는 유명한 여배우가 있었다. 그녀는 배우의 꿈을 안고 20세에 데뷔하여 빼어난 미모와 뛰어난 연기력으로 스웨덴을 넘어 할리우드까지 알려졌다. 할리우드로 건너가 아카데미 여우주연상을 받을 정도로 세계적인 명성을 얻었고, 결혼하여 딸을 낳아 꿈의 실현과 함께 안정적인 생활을 영위하는 듯했다.

잉그리드 버그만

하지만 갑자기 이탈리아 명감독 로베르토 로셀리니의 영화에 감동하여 남편과 딸을 버리고 로셀리니와 결혼했다. 비난 여론으로 할리우드에서는 활동하지 못하고 이탈리아로 건너가 로셀리니와 영화를 여러 편 만들지만, 번번이 흥행에 실패하여 경제적인 파산과 결혼생활에 파경을 맞는다. 그녀는 다시 할리우드로 돌아와 영화에 출연하여 아카데미 여우주연상을 또다시 받고 세 번째 결혼한다. 하지만 그녀가 60세 때 또다시 이별하고 67세에 암으로 쓸쓸하게 죽었다.

이처럼 꿈을 실현했지만 굴곡진 삶을 산 것은 꿈을 이루고 난 다음에 '어떻게 의미 있는 삶을 살 것인가?' 하는 목적이 없었다. 꿈을 통해 의미 있는 삶을 산 것이 아니라 자신의 감정에 따라 살았다. 꿈은 이루었지만, 의미 있는 목적이 없었다. 꿈과 삶의 목적은 다르다. 예를 들어 의사가 되겠다는 것은 꿈이고 의사가 되어 가난하고 헐벗은 사람들을 치료하겠다는 것은 삶의 목적이다. "왜 꿈을 이루려고 하는가?" 하고 자신에게 물으면서 꿈의 실현을 통한 의미 있는 삶을 살아야 한다.

실천하기

- 나의 특성과 환경을 객관적으로 바라보고 꿈을 정한다.
- 미래 사회의 직업 세계를 예측하고 나의 직업과 진로를 설계한다.
- 꿈을 실현하기 위해 적극적으로 도전하고 노력한다.
- 꿈을 실현할 수 있는 구체적인 수단을 취한다.
- 꿈을 실현하는 데 도움이 될 지식을 쌓는다.
- 나의 불리한 여건에 대해서는 극복하는 방안을 찾는다.

생각하기

- 나의 꿈이 무엇인지 알고 있는가?
- 삶에서 추구하는 가치는 무엇인가?
- 꿈을 향한 목표와 계획은 가지고 있는가?
- 꿈을 실현하기 위해 지금 무엇을 실천하고 있는가?

마틴 루터 킹이 1963년 8월 28일 워싱턴 링컨 기념관 앞에서 열린 인종차별 반대 집회에서 "나에게는 꿈이 있습니다."라는 명연설 내용이다.

마틴 루터 킹

[전략]

나는 오늘, 현재의 어려움과 좌절에도 불구하고 나의 친구인 여러분에게 말하려고 합니다. 나에게는 꿈이 있습니다. 그것은 아메리칸 드림에 깊이 뿌리를 둔 꿈입니다.

나에게는 꿈이 있습니다. 언젠가는 이 나라가 일어나 다음과 같은 신조의 참뜻을 실현할 것이라는 꿈이 있습니다. "모든 인간이 평등하게 창조되었다는 것을 우리는 자명한 진리로 여긴다."라는 신조 말입니다.

나에게는 꿈이 있습니다. 언젠가 조지아의 붉은 언덕 위에, 농장 노예의 자식들과 농장 주인의 자식들이 형제애로서 함께 식탁에 앉을 수 있는 꿈입니다.

나에게는 꿈이 있습니다. 언젠가는 학대와 불공평의 열기의 무더움으로 황폐한 미시시피주조차도 자유와 정의의 오아시스로 변화될 것이라는 꿈입니다.

나에게는 꿈이 있습니다. 언젠가는 나의 네 자녀가 이 나라에 살면서 피부색으로 평가되지 않고 인격의 내용으로 평가받게 되는 날이 오는 꿈입니다.

오늘 나에게는 꿈이 있습니다. 언젠가는 앨라배마 주지사 입에서 주권우위설과 연방법의 시행 무효화 선언으로 흑인과 백인 어린아이들이 함께 손을 잡고 형제자매처럼 함께 걸을 수 있는 날이 오는 꿈입니다.

오늘 나에게는 꿈이 있습니다. 언젠가는 모든 계곡이 솟아오르고, 모든 언덕과 산이 낮아지며, 거친 곳이 평탄해지고, 굽어진 곳이 곧게 펴지며, 하느님의 영광이 나타나 모든 인간이 함께 그것을 볼 수 있는 날이 오는 꿈입니다.

이것은 우리의 희망입니다. 이것이 내가 남부로 돌아갈 때 가지고 갈 믿음입니다. 이 믿음으로 우리는, 절망의 산을 깎아 희망의 바위를 만들 수 있을 것입니다. 이 믿음으로 우리는, 우리나라의 소란스러운 불협화음을 아름다운 형제애의 교향곡으로 바꿀 수 있을 것입니다.

이 신념으로 우리는 함께 일할 수 있고 함께 기도할 수 있고 함께 투쟁할 수 있고 함께 감옥에 갈 수 있고 함께 자유를 위해 인내할 수 있습니다. 언젠가는 우리가 자유를 얻으리라는 것을 알기 때문입니다.

이날은 하느님의 모든 자녀가 새로운 의미로 다음의 노래를 부를 수 있는 날이 될 것입니다.

"나의 조국, 나는 그대를 노래 부르네. 자유의 달콤한 땅, 나는 그대를 노래하네. 우리 조상들이 돌아가신 땅, 순례자의 긍지가 서린 땅, 모든 산기슭으로부터 자유가 울려 퍼지게 하라."

그리고 미국이 위대한 나라가 되려면 이 노래의 내용이 반드시 실현되어야 합니다. 그리하여 뉴햄프셔주의 장엄한 산꼭대기로부터 자유가 울려 퍼지게 합시다. 뉴욕주의 거대한 산들로부터 자유가 울려 퍼지게 합시다. 펜실베이니아주의 높은 앨리게니 산맥으로부터 자유가 울려 퍼지게 합시다. 콜로라도주의 눈 덮인 로키 산맥에서부터 자유가 울려 퍼지게 합시다. 그뿐만 아니라 조지아주의 바위산에서부터 자유가 울려 퍼지게 합시다. 테네시주의 룩아웃 산에서 자유가 울려 퍼지게 합시다. 미시시피의 높고 낮은 언덕으로부터 자유가 울려 퍼지게 합시다. 모든 산기슭에서부터 자유가 울려 퍼지게 합시다.

이 일이 일어날 때, 우리가 자유를 울려 퍼지게 할 때, 크고 작은 마을마다 모든 주와 모든 도시에서 자유가 울려 퍼지게 할 때, 우리는 그날을 앞당길 수 있을 것입니다. 그날은 하느님의 모든 자녀가, 흑인이든 백인이든, 유대인이든 이방인이든, 개신교도이든 가톨릭교도이든, 함께 손을 잡고 옛날 흑인 영가의 노랫말을 따라 이렇게 노래 부를 수 있는 바로 그날을 말입니다.

마틴 루터 킹은 평소 이런 유언을 했다.

"내가 이 세상을 떠난다면, 거창한 장례식을 하지 말고 긴 찬사도 하지 마세요. 또 내가 노벨상 수상자라는 것도 말하지 말아 주시오. 내가 바라는 것은 마틴 루터 킹은 다른 사람들을 위해 살다가 갔다고 말하여 주는 것입니다. 나는 가난한 사람들에게 빵을 주기 위해, 헐벗은 사람들에게 옷을 주기 위해 살다가 갔다고 말해 주시오. 내 생애에서 뭇 사람을 섬기고 사랑하다가 세상을 떠났다고 말해 주기를 나는 바랄 뿐입니다."

마틴 루터 킹(Martin Luther King, 1929~1968)
흑인 목사로서 1950년대 중반부터 암살당할 때까지 미국 흑인들을 위한 민권 운동을 이끌어 미국 역사상 가장 위대한 흑인 중 한 사람으로 평가받고 있다. 1964년 노벨평화상을 수상했다. 1986년 미국 의회는 그를 기리기 위하여 1월 셋째 주 월요일을 '마틴 루터 킹의 날'로 하여 국경일로 지정했다.

원하고 노력하면 꿈은 이루어진다

〈빌리 엘리어트〉

영화 '빌리 엘리어트'는 한 소년이 어려운 현실을 딛고 꿈을 실현해 나가는 과정을 그리고 있다. 파업 중인 광산을 배경으로 권투와 발레, 현실과 예술, 검은 석탄과 하얀 발레복의 대위법을 통해 감동을 전한다.

영국 북부의 작은 탄광촌 마을에서 자라는 11살의 빌리 엘리어트제이미 벨 분는 파업시위에 앞장선 광부인 아버지와 형, 그리고 치매 증세가 있는 할머니와 살고 있다. 아버지는 빌리를 권투 체육관에 보낸다. 권투를 배워 씩씩하고 사내답게 자라라는 뜻에서였다. 그러던 어느 날, 권투 연습을 하던 빌리는 우연히 체육관 한 귀퉁이에서 열린 발레 수업에 참여하게 된다. 빌리는 발레 수업의 평화로운 분위기와 아름다운 음악에 정신없이 빠져든다. 그러나 빌리의 권투 연습을 보기 위해 체육관을 찾은 아버지는 아들이 발레 연습을 하는 것을 보고 당장 그만두라고 외치며 화를 낸다. 형도 마찬가지였다.

가족의 반대에도 불구하고 발레 교사인 윌킨슨 부인은 빌리를 헌신적으로 가르치며 왕립발레학교에 보내려고 한다. 하지만 이 역시 아버지의 격렬한 반대에 부딪힌다. 엎친 데 덮친 격으로 형이 파업 농성 도중 경찰에 체포되는 바람에 빌리는 입학 오디션조차 보지 못한다. 발레리노의 꿈이 수포가 된 상황에서도 빌리는 춤으로 모든 고통을 이겨낸다.

시간이 흘러 크리스마스가 다가왔다. 자신의 발레 솜씨를 친구에게 보여주고 싶었던 빌리는 텅 빈 체육관에서 춤을 춘다. 근처를 지나던 중 우연히 그 모습을 보게 된 아버지는 그제야 아들이 진정으로 원하는 것이 무엇인지 깨닫는다. 빌리의 재능을 이대로 썩힐 수 없다고 생각한 그는 윌킨슨 부인을 찾아가 "내 아들은 내가 책임지겠다."고 말하며 각오를 밝힌다. 그리고 영국 왕립발레학교 오디션 비용을 마련해주기 위해 동료들의 달걀 세례를 받으면서까지 탄광으로 들어가는 버스를 탄다.

드디어 아버지는 빌리를 데리고 런던에 있는 왕립발레학교의 오디션에 참석한다. 며칠 후 학교로부터 합격 통지서가 도착하고 빌리는 런던으로 떠난다.

세월이 흘러 아버지와 형이 빌리가 주연을 맡은 '백조의 호수' 공연장에 와 있다. 아버지는 눈물이 고인 눈으로 아들의 등장을 기다린다. 같은 시간, 무대 뒤에서 공연 스태프로부터 "가족이 와 있다."는 말을 듣고 빌리는 미소를 짓는다. 마침내 한 마리의 백조처럼 공중을 향해 힘차게 비상하는 빌리. 그 모습을 보고 감격해 숨을 들이켜는 아버지의 모습을 비치며 영화는 끝을 맺는다.

목표

삶과 목표

삶이란 꿈을 향해 목표를 가지고 살아가는 것으로 목표 의식은 주요한 인성덕목이다. 배가 떠날 때는 가야 할 항구가 있듯이 인생에서 무엇을 할 것인가를 결정해야 한다. 목표는 가는 방향을 잃지 않게 하는 '북극성'이다. 인생이란 낯선 곳에서 목표라는 나침반이 없다면 아무 데도 갈 수 없다. 의욕적인 목표가 인생을 즐겁게 한다.

인간은 누구나 자신의 잠재력과 능력을 발휘할 목표를 갈망한다. 목표는 삶을 이끌어나가는 원동력으로 잠재능력을 일깨우고 도전의식을 자극하여 성취를 향한 큰 발걸음을 내딛게 한다. 목표라는 채찍이 기회를 창조하므로 하고 싶거나, 되고 싶은 목표가 무엇인지 정해야 한다. 뇌는 목표 지향적인데 목표를 설정하면 맹목적일 정도로 신체의 관련된 부분이 목표를 추진하기 위해 노력한다.

목표가 없는 자에게는 거친 파도가 보이고, 목표가 있는 자에게는 그 너머 대륙이 보인다. 명확한 목적이 있는 사람은 가장 험난한 길에서조차 앞으로 나아가고, 아무런 목표가 없는 사람은 가장 순탄한 길에서조차 앞으로 나아가지 못한다.

인생에 목표가 없다면 삶의 길에서 방향을 잃고 헤매게 될 것이다. 꿈을 실현하는 열쇠는 목표 설정이다. 목표를 명확하게 설정하면 달성 시한을 정해놓고 달성을 위한 힘을 발휘하여 목표에 다가간다. 목표가 있는 사람은 운전석에 앉아 자기 인생의 핸들을 쥐고 자신이 원하는 방향으로 가면서 더 멀리, 더 빨리, 더 많은 것을 할 수 있으며 험난한 길에서조차도 앞으로 나아간다. 목표 없이 인생이라는 달리기를 질주할 수 없다. 목표 없는 사람은 방향타나 나침반이 없는 배와 같아서, 바람 부는 대로 이리저리 표류하게 된다.

목표 설정의 마력

한 추장이 나이가 들어 세 아들 중에서 한 아들에게 추장을 물려주기로 하고 사냥을 떠났다. 사냥을 나선 지 얼마 후에 멀리 떨어져 있는 나뭇가지에 커다란 독수리 한 마리가 앉아 있는 것이 보였다. 추장은 세 아들에게 "저 앞에 무엇이 보이는가?" 하고 각각 물었다. 장남은 "파란 하늘과 나무가 보입니다.", 차남은 "거대한 나무와 나뭇가지에 앉은 독수리가 보입니다."라고 대답했다. 추장은 실망스러운 표정을 지으며 막내에게 "너는 뭐가 보이느냐?" 하고 물었다. 막내는 "독수리의 두 날개와 그 사이의 가슴이 보입니다." 대답을 들은 추장은 "그러면 그곳을 향해 화살을 쏘아라." 막내의 화살은 독수리의 가슴에 명중했다. 집으로 돌아온 추장은 아들들에게 "막내가 '목적'과 '목표'를 정확하게 보았다. 우리가 산에 간 목적은 사냥이었다. 사냥감을 발견한 후에는 독수리의 가슴을 목표로 삼았고 그다음에 화살을 쏘았다. 그러니 막내를 다음 추장으로 지명한다."라고 선언했다.

자신의 목표를 알고 있다는 것은 자신의 꿈과 미래에 대해 소망을 갖는 것을 의미한다. 목표를 설정하면 성취를 위해 현실적으로 어떤 노력을 기울여야 할 것인지를 심사숙고한다. 가령 원하는 상급학교 진학을 목표로 한다면 어떤 과목을 더 열심히 해야 할지, 공부하는 방식을 바꾸어야 할지, 어떤 자질과 조건을 갖추어야 할지 등을 생각하면서 실천해 나갈 것이다. 또한, 성취에 도움이 되는 중요한 것과 중요하지 않은 것을 구분하여 효율적인 노력을 기울일 수 있다.

사람은 자신이 어떤 사람이 되려고 하든, 어떤 일을 하려고 하던지 자기가 원하는 만큼 이루게 된다. 목표를 너무 높게 잡아서 달성하지 못할 것을 염려하기보다는 너무 낮게 잡아서 거기에 만족하는 것을 염려해야 한다. 목표는 높게 잡아야 지속적인 동기부여가 된다. 쉽게 달성할 수 있는 목표를 잡으면 달성 후 안주하게 되어 내리막길로 곤두박질칠 가능성이 크지만, 목표를 높게 잡으면 목표를 향해 지속적인 노력을 기울이게 된다.

목표는 늘 현실보다 높은 곳에 있으며 목표를 달성한 사람도 더 큰 목표가 있기 마련이므로 목표는 영원히 달성할 수 없다. 하나의 목표를 달성하고 나면 다음 목표를 설정해서 도전에 나서야 한다.

목표를 정하고 달성될 수 있다고 믿으면 달성할 수 있다. 목표를 달성하기 전에 목표가 달성된 후의 자신의 모습을 생생하고도 구체적으로 상상해 보아야 한다. 시각화한 모습을 공상이나 백일몽으로 끝나지 않도록 구체적인 계획을 세워야 한다.

●● 목표를 달성하는 방법

한 마라톤 선수가 있었다. 그는 한 번도 완주하지 않은 경우가 없으며 자주 우승을 차지했다. 언론에서는 그를 타고난 마라톤 선수라며 격찬했다. 권위 있는 마라톤 대회에서 우승한 그에게 기자가 물었다. "매번 마라톤 코스 42.195km를 완주하는 것조차 힘들지 않습니까? 그런데도 결승테이프를 끊는 비결은 무엇입니까?" 그는 미소를 지으며 대답했다. "비결은 간단합니다. 바로 출발점부터 결승점까지를 몇 단계로 나누어 뜁니다. 첫 번째 단계를 마칠 무렵 '첫 번째 단계는 성공했어! 이제 다음 단계로 가는 거야!' 하고 나 자신을 격려합니다. 각 단계를 다 뛰었을 때마다 성취감을 느끼면 지치지 않습니다. 이렇게 뛰다 보면 어느새 결승점에 와 있지요."

하나의 목표를 달성하고 더 높은 목표를 설정하게 되더라도 자신감이 늘고 능력이 향상되고, 더 많은 일을 하게 되고, 그 과정에서 더 많은 즐거움을 느끼게 된다. 단기적인 목표 달성은 장기적인 목표 달성을 낳는다.

계획은 목표의 전체적인 구조와 틀로서 목표를 향한 지도이자 지침서이며 설계도다. 현재 있는 위치에서 목표로 올라가는 길을 연결하는 사다리와 같다. 계획은 목표 실현을 위한 출발점이며 지름길이며 어디로 가고, 무엇을 하고, 정해진 시간에 어디에 도착해 있을 것인지를 알려준다.

목표로 가는 단계마다 구체적인 계획에 따라 실행에 나서야 하며 열정을 다해 몰입해야 한다. 높은 계단을 걸어 오를 때는 도착할 계단을 한꺼번에 올라가는 것이 아니라 발아래 한 계단에 초점을 맞추어 오르듯 목표 달성도 하나씩 실행해 나가는 것이다. 마라톤도 마찬가지로 완주하기 위해서는 구간별로 계획을 세워 차근차근 뛰다 보면 완주하게 되는 것이다.

괴테는 "목표에 다가갈수록 고난은 더욱 커진다. 성취라는 것은 우리 곁으로 가까이 올수록 더 큰 고난을 숨기고 있다. 처음에는 깨닫지 못했던 여러 문제가 선명하게 보이는 이때가 바로 목표가 현실로 다가오는 시기이다." 라고 했다.

괴테

목표를 추진하는 과정에서 수많은 어려움을 겪을 수 있지만, 신념과 의지를 갖추고 목표에 집중하면서 지속적인 노력을 기울여야 한다. 강한 의지가 목표를 달성하는 지름길이므로 한눈팔지 말고 목표를 향해 전진해야 달성할 수 있다.

실천하기

- 장기적인 목표인 꿈의 실현을 위한 단기적인 목표를 하나씩 정한다.
- 목표를 구체적이고 명확하게 정한다.
- 성취 가능한 현실적인 목표를 정한다.
- 목표 달성 기한을 정하고 나를 채찍질하면서 노력한다.
- "어떻게 목표를 달성할 수 있을 것인가?"를 스스로 자신에게 묻는다.
- 목표 달성을 향한 구체적인 계획을 세운다.
- 목표 추진에서의 문제점과 방해 요소를 극복할 계획을 세운다.
- 목표를 달성하는 데 있어서 필요한 네트워크를 활용한다.

생각하기

- 나에게 지금 구체적인 목표가 있는가?
- 목표 달성에 도움에 되는 나의 특질은 무엇인가?

　세계적인 미국 여자 수영 선수 플로렌스 채드윅은 미국 캘리포니아 남부 카탈리나 해협 횡단에 도전했다. 섬과 해안에 이르는 바다 위에는 안개가 자욱했다. 안개가 어찌나 짙은지 상어들의 접근으로부터 그녀를 호위하는 보트들마저 시야에 들어오지 않았다. 그녀는 뼛속까지 얼어붙게 할 정도로 차가운 바다에 대항해 헤엄쳐나갔다. 한 시간, 한 시간이 그렇게 흘러갔다. 백만 명이 넘는 사람들이 텔레비전 중계를 지켜보고 있었다. 보트 위에서 어머니와 트레이너가 그녀에게 기운을 불어넣었다. 그들은 그녀에게 이제 얼마 남지 않았다고 소리쳤다. 하지만 그녀의 눈앞에 보이는 것은 자욱한 안개뿐이었다. 15시간을 멈추지 않고 물살을 가르며 나아가던 플로렌스가 마침내 수온을 견디지 못하고 자신을 호위하던 배를 불렀다. 그녀는 차디찬 물속에서 보트로 끌어올려 졌다.

　나중에 그녀는 자신이 포기한 지점이 목표 지점에서 겨우 반 마일밖에 떨어지지 않은 곳이었다는 사실을 알게 되었다. 그녀는 자신이 멈춘 지점이 목표 지점으로부터 그토록 가까웠다는 사실을 알고는 반사적으로 말을 꺼냈다. "후회하진 않아요. 다만 제가 목표 지점인 육지를 눈으로 볼 수만 있었다면 나는 결코 거기에서 포기하지 않았을 거예요!" 그녀를 패배시킨 것은 추위나 피로감이 아니었다. 그것은 안개였다. 안개 때문에 그녀는 자신의 목표를 볼 수가 없었다.

　두 달 뒤에 그녀는 다시 도전했다. 이번에도 똑같은 짙은 안개가 시야를 가렸지만, 그녀는 상상을 통해 마음에 분명히 그려서 가지고 있는 자신의 목표, 그리고 강한 확신을 하고 헤엄쳐나갔다. 그녀는 저 안개 뒤편 어딘가에 육지가 있음을 상상했으며, 이번에는 해낼 수 있는 자신감이 있었다. 그리하여 플로렌스 채드윅은 카탈리나 해협을 헤엄쳐서 건넌 최초의 여성이 되었다.

윌리엄 윌버포스의 삶의 목표

윌리엄 윌버포스

윌리엄 윌버포스 William Wilberforce, 1759~1833 는 영국의 정치가로 노예제 폐지 운동을 이끌었다. 그는 부유한 집안에 태어나 케임브리지 대학을 졸업하고 21살에 하원의원에 당선되었다. 그는 25살에 친구와의 여행과 책을 통해 크게 깨닫고 방탕했던 생활을 접고 '노예무역의 폐지와 노예해방'을 삶의 목표로 설정하여 평생을 바쳤다.

18세기 당시 영국은 세계 최대의 노예무역국이었다. 아프리카에서 유럽 식민지로 팔려가는 흑인 노예의 절반가량을 영국 노예선이 실어 날랐다. 영국 경제의 주된 원동력은 노예제도였다. 주요 항구 도시들은 노예무역으로 먹고살았고, 선원 일자리와 선박 건조와 유지 수요를 창출하였다. 노예무역상과 농장주들은 벌어들인 돈으로 하원의원이 되거나 하원의원을 매수하였다.

이런 상황에서 노예무역을 금지하고 노예제 폐지를 주장하는 것은 영국 전체의 기득권 세력을 상대로 싸우는 형국이었다. 윌버포스는 명예와 권력을 추구할 수 있음에도 인류 공영의 시대적 소명을 선택했다. 다행인 것은 대학 시절부터의 평생 친구인 윌리엄 피트가 총리여서 반대파들의 공격을 방어해 주는 든든한 후원자였다.

윌리엄 윌버포스는 1789년 5월 12일, 처음으로 노예무역 폐지를 하원에서 역설했고, 동지들과 함께 '클래펌 섹트 Clapham Sect'로 불리는 공동체 마을을 결성하여, 노예제 폐지 전략을 세우고 먼저 노예무역 폐지 운동을 전개했다.

1791년에 노예무역 폐지 법안을 냈으나 부결되었다. 1798년부터 다시 노예무역 폐지의 목소리를 높였다. 1805년까지 노예무역 폐지 법안은 무려 11번이나 좌절을 겪었고 윌버포스는 두 번의 암살 위기를 겪었다. 그는 굴하지 않았고, 거듭되는 법안 통과 실패로 실의에 빠진 동지들을 격려하며 끈질기게 폐지 운동을 이어나갔다.

노예무역 폐지 운동 포스터
'나는 한 인간이며 동시에
한 형제가 아닌가?'

마침내 1806년 선거에서 윌버포스를 비롯한 노예제 폐지파가 압승하여 1807년 2월 23일, 노예무역 금지 법안이 통과되었다. 이제 윌버포스는 노예 해방을 위한 운동을 벌이다가 건강이 악화되어 1825년 의원직을 사퇴하고 동지들을 돕는 역할에 힘썼다. 마침내 1833년, 그가 뜻을 세운 지 50여 년 만에 영국 의회는 영국의 모든 노예를 1년 이내에 영원히 해방한다는 노예 해방 법령을 통과시켰다. 윌버포스는 이 소식을 들은 지 열흘 후에 세상을 떠났고, 이듬해에 무려 80만 명의 노예들이 자유인이 되는 영국 역사상 가장 감동적인 사건이 일어났다.

선택

●● **선택과 인생**

삶은 선택의 연속이므로 선택의 능력은 주요한 인성덕목이다. 인간은 동물과 달리 삶의 방향을 스스로 선택할 수 있다. 자기 삶의 방향을 어떻게 선택하느냐에 따라 삶을 영위하게 된다. 삶은 순간순간 내리는 선택으로 이루어지며 인생은 주어지는 것이 아니라 선택하는 대로 이루어진다.

장 폴 사르트르

프랑스의 실존주의 철학자 장 폴 사르트르는 "인생은 B와 D 사이의 C이다."라고 했는데 B는 Birth태어남이고, D는 Death죽음이며 그 과정인 삶에 C인 Choice선택가 있다는 것이다.

삶은 끊임없는 선택의 순간을 요구하면서 무수히 많은 선택을 한다. 우리의 일상생활은 선택의 연속이다. 어떤 옷을 입고, 무엇을 먹을 것인지와 같은 일상적이고 사소한 선택에서부터 어떤 학교에 진학할 것인지, 전공은 무엇을 할 것인지, 어떤 직업을 선택할 것인지, 누구와 결혼할 것인지, 자녀들을 어떻게 양육할 것인지와 같은 인생에 중대한 영향을 미치는 선택이 있다. 삶은 곧 선택의 집합체이며 선택이 모여 인생이 된다.

●● **선택의 갈림길**

크고 작은 선택들이 삶의 방향을 결정한다. 삶 앞에는 다른 길들이 놓여 있고, 그중 하나의 길을 선택해야 한다. 인생에는 정답이 없으며 다만 선택이 있을 뿐이다. 신중하고도 현명한 선택을 한 뒤에는 정답이 되도록 최선을 다해야 한다.

인생은 주어지는 것이 아니라 선택하는 대로 사는 것이다. 로버트 프로스트의 시 〈가지 않은 길〉처럼 숲을 걷다 보면 두 갈래 길과 마주칠 수 있다. 그중 한길을 택하면 나머지는 '가지 않은 길'이 된다. 인생에서도 그 같은 선택의 기로가 있게 마련이고 우리는 한길을 택함으로써 '가지 않은 길'들을 지나친다. 인생이란 끝없이 갈라지는 두 갈래 길의 숲이다.

인생이란 의도한 대로 이루어지기보다는 주어진 상황에 따른 선택을 강요당하면서 결정되는 경우가 대부분이다. 인생은 어떤 선택을 하고 어떻게 행동했는가에 달려 있다. 인생의 여러 길 중에서 하나를 택했을 때, 각각의 선택이 만들어 줄 결과에 대해 알 수 없으므로 '택하지 않은 다른 길을 선택했을 때 어떤 인생이 되었을까?' 하는 아쉬움과 궁금증을 항상 지니고 다닐 수밖에 없다.

지금까지 살아온 오늘의 모든 것이 선택의 결과다. 지금 무엇을 선택하고 붙잡느냐에 따라 인생이 결정된다. 좋은 씨앗이 좋은 열매를 맺듯이 좋은 선택이 좋은 결과를 낳는다. 좋은 선택으로 행복해지기도 하고 빗나간 선택으로 불행해지거나 후회하기도 한다. 현재의 삶은 선택에 의한 결과이므로 후회 없는 인생을 위해서는 후회 없는 선택을 해야 한다.

●● 선택하는 능력

대학교 수학과 수업에서 교수가 칠판에 '2, 4, 8'이라고 적은 뒤 "바로 뒤에 적을 답은 무엇이라고 생각하는가?" 하고 학생들에게 물었다. 학생들은 앞 다투어 손을 들고 "14입니다. 앞에서부터 더했습니다.", "제가 보기엔 수열 같습니다. 답은 16입니다.", "수열에 곱하기를 응용한 문제 같습니다. 답은 64입니다."

교수는 학생들의 대답을 모두 듣고 나서 "모두 답을 구하는 데만 급급한 데, 중요한 것은 '문제의 내용이 무엇인가?' 하는 것이네. 그런데도 문제가 무엇인지 질문하는 학생이 왜 한 명도 없는 것인가? 문제를 모르는데 어떻게 답을 구할 수가 있겠는가?"라고 말했다.

답을 구하기 전에 문제를 먼저 알아야 하듯이 올바른 선택을 하기 위해서는 선택해야 할 내용이 무엇인지 선택의 본질을 알아야 한다. 선택의 기준을 마련하고 그 선택을 했을 때 인생에 어떤 의미가 있는지를 생각해야 한다. 선택은 개인의 신념이 반영된 행동으로 인간은 선택을 자율적으로 하여 실행에 옮기고 결과에 대해 책임을 진다. 선택의 메커니즘은 '의지의 자유'라는 인간의 내부적인 요소들에 의해서만 작용하는 것이 아니라 외부적인 여러 환경적인 요인에 의하여 영향을 받는다. 그러므로 우리는 어떤 선택을 할 때 자신의 자유 의지와 함께 인과 관계가 양립하는 입장에서 어떤 선택을 하게 되는 것이다.

인생에서의 선택을 우연이나 흘러가는 대로 맡겨서는 안 된다. 스스로 자신의 미래를 책임지고 인생을 값지게 만들어가야 한다. 선택의 몫은 다른 사람이 아닌 자신의 몫이므로 선택하는 능력을 갖춰야 한다. 선택하는 능력은 학식이나 지성만으로는 충분치 않으며 좋은 분별력과 올바른 판단이 필요하다.

주어진 모든 선택에 대해 개방적인 태도를 보이고 융통성을 발휘해야 한다. 자신의 관점에서 새로운 시각으로 바라보면 남들이 간 길에서도 내가 갈 길이 보이고 옛길에서도 새 길이 보일 것이다. 현재 상황 파악과 미래 예측이 이루어져야 하며 자료를 동원하여 불확실성을 최소화시켜야 한다.

좋은 선택을 하기 위해서는 이성과 감정을 잘 조화시켜야 한다. 자신이 내리는 결정 배경에 어떤 심리 작용이 자리 잡고 있는지 곰곰이 생각해야 한다. 감정을 이성보다 우선해서는 안 된다. 이성적으로 옳고, 감정적으로 좋은 선택이 최상이다. 이성적으로 옳지 않고 감정적으로도 좋지 않은 선택은 해서는 안 된다.

선택을 반드시 해야 할 상황에서 이성적으로는 옳은데 감정이 따르지 않을 경우와 이성적으로는 옳지 않은데도 감정이 따르는 경우에는 이성적인 판단을 따르는 것이 나은 경우가 많다. 이성이 뒷받침되지 않은 상황에서 감정에 따른 선택을 하면 감정의 파도가 지나가면 후회하는 경우가 많은 것이다.

선택 기준을 갖는 것이 중요하다. '무엇이 옳은 것인가?, 미래를 향한 것인가?, 밝은 쪽인가?, 나와 다른 사람을 함께 행복하게 하는 일인가?'이다. 특히 중요한 선택 기준이 있다. 하지 말아야 할 것을 선택하지 않는 것이다. 무엇을 해야 할까를 결정하는 것은 간단하지만 진정 어려운 것은 하지 말아야 할 것을 결정하는 것이다.

잘 폴 사르트르(Jean Paul Sartre, 1905~1980)
프랑스의 작가 · 철학자. 실존주의의 대표적 사상가로 현상학적 존재론을 전개하였다. 1964년에 노벨 문학상 수상자로 결정되었으나 수상을 거부하였다.

실천하기

- 인생에서 선택의 중요성을 인식한다.
- 나름대로 선택의 기준을 가진다.
- 나의 의지에 따른 선택을 한다.
- 개방적인 태도로 다양한 선택의 장단점을 체계적으로 저울질한다.
- 선택에 따른 결과를 두려워하지 않는다.
- 이성과 감정을 조화시키고 때로는 본능과 직관에 따른 선택을 한다.
- 선택할 때 독단과 자만에 빠지지 않도록 조심한다.
- '하지 말아야 할 것'을 선택하지 않기 위해 노력한다.

생각하기

- 나는 선택 능력을 갖추고 있는가?

세계적인 테너였던 루치아노 파바로티는 어렸을 때부터 성악에 천부적인 재능이 있었다. 그는 고등학교를 졸업할 무렵에 진로를 결정해야 했다. 성악가가 되고 싶기도 했고 수학을 잘했기 때문에 수학 교사가 되고 싶기도 했다. 둘 다 하고 싶었지만 하나를 선택해야 했다. 교사는 안정적이지만 활동적인 직업은 아니고, 성악가가 되는 것은 성공이 보장되지 않는 불안정하지만, 활동적이며 매력적인 직업이었다.

루치아노 파바로티

고민에 빠진 그에게 아버지가 와서 의자 두 개를 가져다가 멀리 떼어놓고 "얘야, 너는 이렇게 떨어져 있는 의자에 동시에 앉을 수 있겠니? 앉기는커녕, 바닥에 떨어지고 말 거야."라고 하면서 앉으려면 반드시 한 의자만을 선택해야 한다는 상황을 비유하여 설명해 주었다.

파바로티는 "30세가 되어도 성악가가 되지 못하면 다른 길을 모색하겠습니다."라고 성악가의 길로 뛰어들어 세계 최고의 성악가가 되었다. 성악가로서의 선택이 자신의 인생을 결정한 것이다.

루치아노 파바로티(Luciano Pavarotti, 1935~2007)

이탈리아의 세계적인 테너 성악가. 테너의 음역으로 낼 수 있는 최고의 음을 훌륭하게 구사했다. 당대 최고의 벨칸토 오페라 가수로서 최고 음역에서도 맑은 음색을 내는 것으로 유명했다. 세계 3대 테너로 불리는 플라시도 도밍고, 호세 카레라스와 함께한 '3테너' 공연을 비롯해 세계 각국에서 수많은 공연을 벌였다. 잘 알려진 오페라 역으로는 〈리골레토 Rigoletto〉에서 만토바 공작 역과 〈연대의 딸 La Fille du Régiment〉에서 토니오 역, 〈아이다 Aida〉에서 라다메스 역 등을 꼽을 수 있다.

〈가지 않은 길〉

로버트 프로스트

노란 숲 속으로 길이 두 갈래로 났었습니다.

나는 두 길을 다 가지 못하는 것을 안타깝게 생각하면서,

한동안 서서 한 길이 굽어 꺾여 내려간 데까지.

바라다볼 수 있는 데까지 멀리 바라다보았습니다.

그리고 똑같이 아름다운 다른 길을 택했습니다.

그 길에는 풀이 더 있고 사람이 걸은 자취가 적어,

아마 더 걸어야 할 길이라고 나는 생각했던 게지요.

그 길을 걸으므로, 그 길도 거의 같아질 것이지만.

그 날 아침 두 길에는

낙엽을 밟은 자취는 없었습니다.

아, 나는 다음 날을 위하여 한 길을 남겨두었습니다.

길은 길에 연하여 끝없으므로

내가 다시 돌아올 것을 의심하면서….

훗날에 나는 어디선가

한숨을 쉬며 이야기할 것입니다.

숲 속에 두 갈래 길이 있었다고,

나는 사람이 적게 간 길을 택하였다고,

그리고 그것 때문에 모든 것이 달라졌다고.

〈가로수로 갈라진 거리〉
빈센트 반 고흐(Vincent Van Gogh, 1853~1890)

기회

●● 기회의 선용

삶을 영위하면서 기회인 것을 알아보고 선용할 줄 아는 것은 주요한 인성덕목이다. 인생에서 기회가 바로 눈앞에 왔는데도 주저하거나 망설이다가 놓치는 일도 많다. 한 번 놓친 기회는 다시는 오지 않을 수 있다. 기회는 열리고 닫히는 창문과 같아서 순식간에 닫혀버릴 경우가 많다. 지금 기회보다도 나은 기회가 나중에 찾아올 것으로 생각하고 미적거리다가 기회를 놓  쳐서는 안 된다. 기회가 왔을 때 기회의 주변에서 머뭇거리지만 말고 기회의 창문을 활짝 열고 뛰어들어야 한다.

카를로 다운스는 은행원으로 안정된 생활을 영위했지만, 새로운 일에 도전하고자 사표를 내고 윌리엄 듀랜트가 경영하는 제너럴 모터스로 옮겼다. 그는 6개월 후에 듀랜트에게 편지를 썼다. 회사 발전을 위한 제안과 함께 편지 끝 부분에 '저는 능력을 발휘하여 지금보다 더 높은 위치에서 더 중요한 일을 하고 싶습니다.'라고 썼다.

듀랜트는 편지를 보고 다운스를 불러 "지으려고 하는 새 공장의 기계 설치를 감독하기 바라며 승진이나 급여 인상은 결과를 보고 결정하겠네."라고 했다. 시공 도안을 넘겨주며 "도안대로 시공이 되도록 잘 감독해 주게. 자네의 능력을 보겠네." 하며 일을 맡겼다.

다운스는 이 방면에 경험은 없었지만 좋은 기회라고 직감하고 전문가를 찾아다니며 세밀하게 검토하고 분석하면서 열심히 도안을 연구했다. 충분한 지식을 습득한 후 맡은 업무를 완벽하게 해냈다. 듀랜트는 다운스를 사장으로 임명하고 급여를 대폭 인상해 주면서 왜 다운스에게 기회를 주었는지 말했다.

"내가 자네에게 그 일을 맡겼을 때 자네가 도안조차 읽을 줄 모른다는 것을 알았네. 자네가 해내는 걸 보고 어떤 일을 맡겨도 능력을 발휘할 인재임을 알았어. 자네가 내게 편지로 능력을 발휘할 테니 더 높은 월급과 직위를 요구했는데, 그것은 쉬운 일이 아니지. 난 그런 자네의 도전 정신을 높이 샀다네. 왜냐하면, 기회는 늘 도전하는 사람에게 주어진다는 사실을 알기 때문이야."

삶에 안전하기만을 바란다면 큰 기회는 오지 않는다. 기회가 오기만을 기다리지 말고 때로는 도전에 나서서 스스로 기회를 만들어야 한다. 기회는 용기를 가진 자만이 잡을 수 있다. 용기가 없는 사람은 기회가 바로 앞에 다가와도 놓치고 만다. 우리 주위에 기회는 참 많이 있지만, 기회라고 알기는 쉽지 않으며 매 순간 열정을 가지고 노력하는 사람의 눈에만 기회가 보인다. 그런 사람은 기회를 볼 수 있는 눈을 가졌기 때문이다. 지금 하는 일에 최선을 다한다면, 누구나 그런 눈을 가질 수 있다. 기회는 끊임없이 넘어지고 다시 일어서는 사람이 얻을 수 있는 황금 열쇠와도 같다.

●● 가까이 있는 기회

아프리카의 한 농부가 농장을 팔아 다이아몬드가 매장되어있다는 광산을 사서 떠났다. 그는 몇 년 동안 그 광산을 캤지만, 다이아몬드를 발견하지 못한 채 좌절과 실패에 몸부림치다 자살하고 말았다. 한편 그의 농장을 산 다른 농부는 그 농장의 밭에 다이아몬드 원석이 깔린 것을 발견했다. 거친 원석이었기 때문에 다이아몬드로 보이지 않았을 뿐이었다. 이 원석을 가공하면 질 좋고 값비싼 다이아몬드가 되었다. 죽은 농부는 다이아몬드 밭을 밟고 살고 있었지만 알아차리지 못했던 것이다.

러셀 콘웰의 유명한 우화 ≪다이아몬드 밭≫은 기회와 가능성 그리고 그것을 끝까지 추구해야 한다는 것을 풍자한 이야기처럼 인생에서 기회라는 다이아몬드 밭도 바로 발밑에 있다. 멀리 있는 잔디밭이 더 푸르게 보이는 법이지만 기회는 서 있는 바로 그곳에 있다. 지금 서 있는 곳에서 시작해야 한다.

"인생에서 세 번의 기회가 주어진다"는 말이 있다. 기회는 직업이나 사업, 하고자 하는 일. 재능이나 능력, 교육 배경과 경험을 발휘하거나 친구나 지인을 활용하는 데에서 올 수 있다. 기회는 어렵고 힘든 일로 위장하고 나타나기도 한다.

"내게는 기회가 오지 않아."라는 말을 하지만 기회를 몰라보거나 저버리는 경우가 많다. 인생에서 기회가 적은 것이 아니다. 기회가 찾아오지만 볼 줄 아는 눈을 가지고 있지 않아 기회인 줄도 모르고 지나쳐버리는 것이다. 기회인지 판단하는 분별력을 가져야 한다. 분별력은 사안의 핵심을 꿰뚫어보는 능력으로 양식 있는 판단을 토대로 타당함, 정당함을 식별하는 실용적인 지혜이다. 분별력은 지식으로 얻을 수 있는 것은 아니며 경험으로부터 배우는 것이며 분별력을 높여야 한다. 기회를 접했을 때는 가능한 한 빨리 시도하되 서두르지는 말아야 한다. 기회가 목표를 이루는 데 도움을 주는 것인지 확인해야 한다.

●● 준비된 기회

옛말에 '양병십년 용병일일養兵十年 用兵一日'이란 말이 있다. 병사를 훈련하여 키우는 데는 10년이 걸리지만, 병사가 훈련으로 익힌 것을 전쟁 등에 활용하는 데는 하루밖에 걸리지 않는다는 뜻이다. 즉 하루를 위하여 10년을 준비한다는 뜻이다. 올림픽 육상 100m에 출전하는 선수는 불과 10초 정도를 뛰기 위하여 오랫동안 고된 훈련으로 준비한다.

사람이 인생에서 성공하는 비결은 기회가 다가올 때 그것을 받아들일 준비가 되어 있는지, 그렇지 않은지에 달려 있다. 준비를 소홀히 해서는 안 된다. 준비되지 않은 사람에게 찾아오는 기회는 오히려 화가 되므로 최선을 다해 준비해야 한다.

'기회'를 뜻하는 영어 'opportunity'는 라틴어 '옵 포르투^{ob portu}'에서 유래했는데 밀물 때를 기다리며 항구 밖에서 대기하고 있는 선박을 뜻한다. 이처럼 밀물 때가 왔음에도 선박의 선원들이 미리 준비하지 않으면 또다시 밀물 때를 기다려야 하듯이 기회는 준비된 사람과 준비가 안 된 사람에게도 다가오지만, 준비가 안 된 사람에게는 기회가 오더라도 잡는 것이 불가능하다. 기회를 감당할 능력이 없기에 안타까움만 더해질 뿐이다. 준비가 안 된 상황에서 기회가 오는 것은 오히려 불행이다. 기회를 잡으려면 붙잡을 준비가 되어 있어야 한다. 준비와 기회가 만나서 행운을 만드는 것이다.

미국의 제16대 대통령인 에이브러햄 링컨은 "나는 기회가 올 것에 대비하여 배우고, 언제나 닥칠 일에 착수할 수 있는 태도를 갖추고 있다."고 했다.

에이브러햄 링컨

많은 사람이 "나에게도 그런 기회가 주어졌더라면, 꼭 성공했을 텐데" 하고 말을 하지만 준비되지 않은 사람에게는 무용지물이 되고 만다. 기회가 다가왔을 때 준비되어 있다면 자신의 것으로 만들 수 있다.

성공한 사람을 보고 운이 좋아서 기회를 잡았다고 치부해 버리는 것은 그 사람이 기회를 잡기 위한 땀과 노력을 간과하는 것이다. 기회가 다가왔을 때 준비가 되어 있는 사람만이 기회라는 행운을 활용할 수 있다. 성공은 기회를 잘 포착하여 재능을 발휘했기 때문이다.

실천하기

- 기회 포착 능력을 계발하기 위해 노력한다.
- 기회라고 판단될 때 과감하게 도전한다.
- 기회 판단에서 분별력과 융통성을 발휘한다.
- 기회에 대하여 뛰어들 때와 뛰어들지 말아야 할 때를 구분하기 위해 노력한다.
- 기회가 왔을 때 선용할 준비를 한다.

생각하기

- 나는 기회를 포착할 능력을 갖추고 있는가?
- 나는 기회가 왔을 때 기회를 맞이할 준비는 되어 있는가?

프로야구에서 홈런 타지로 유명한 선수가 하루는 스포츠 기자로부터 이런 질문을 받았다.

"이토록 유명한 선수가 되기까지에는 어떤 계기가 있었으리라 생각되는데, 그것이 무엇이었습니까?"

이에 그는 다음과 같이 대답했다.

"저는 대학 때는 잘하는 선수였습니다. 그런데 막상 프로야구단에 입단한 이후에는 주전선수로 뛰지 못하고 가끔 대타나 대주자로 출전하는 등 별다른 성적을 내지는 못했습니다."

"그런데 어떻게 주전선수로 출장하게 되었나요?"

"프로야구에서 제 실력의 부족함을 느끼고 누구보다도 열심히 훈련했습니다. 합숙훈련장에서 밤늦게까지 운동장에 나가서 혼자서 배트를 휘두르는 것이 일상이었습니다. 그런데 주전으로 출전할 기회가 왔습니다. 제 포지션과 같은 주전선수가 부상으로 결장하게 되었기 때문입니다."

"주전선수로 출장한 경기에서 어떤 활약을 했나요?"

"저는 첫 주전선수로 출장한 경기에서 3연타석 홈런을 쳤습니다. 감독님은 몹시 기뻐하시면서 저를 계속해서 주전선수로 기용해 주셨습니다. 저는 감독님의 기대에 부응하기 위해 더욱 열심히 연습했습니다. 그 후로 제 타격 실력은 점점 향상되었고 홈런왕까지 차지하게 되었지요. 기회가 주어졌을 때 열심히 훈련하여 실력을 준비해 놓았기 때문이라고 생각합니다."

기회의 신

그리스 시라쿠사 거리에는 '기회의 신'인 카이로스의 이상하고 우스꽝스러운 동상이 하나 서 있다.

앞머리 이마의 윗부분에만 머리가 돋아나 있고 뒷머리는 반들반들한 대머리이고 발에는 날개가 달린 모습이다. 동상 밑에는 이런 글이 적혀있다.

'앞머리가 무성한 이유는 사람들이 나를 보았을 때 쉽게 붙잡을 수 있도록 하기 위함이고 뒷머리가 대머리인 이유는 내가 지나가면 사람들이 다시는 붙잡지 못하도록 하기 위함이며 발에 날개가 달린 이유는 최대한 빨리 사라지기 위함이다. 그의 이름은 기회이다.'

그리고 조각상의 왼손에는 저울이 있는데 기회가 왔을 때 옳고 그름을 판단하여 빨리 결단을 내리라는 뜻이다.

지금 기회가 지나가고 있는데도 앞머리를 붙잡지 않고 그냥 보내고 있는지도 모른다. 기회라는 앞머리를 붙잡으려 했으나 놓친 채 뒷머리만 아쉬운 눈초리로 바라보고 있는지도 모른다. 지금이 바로 기회인데도 다음에 더 좋은 기회를 기대하며 늘 머뭇머뭇하면서 행동을 취하지 않고 있는지도 모른다. 기회가 왔을 때 주저한다거나 머뭇거려서는 안 된다. 우유부단은 귀중한 시간을 허비하는 것이나 마찬가지이므로 기회를 포착하고 활용해야 한다.

기회의 신 '카이로스'

결단

●● 결단의 중요성

삶은 헤아릴 수 없이 많은 결정의 연속이므로 합리적인 결단은 주요한 인성덕목이다. 인생은 늘 끊임없는 결단의 순간을 요구하고 있다. 삶은 정답을 맞히는 게임이 아닌 불확실성 속에서 성과를 만들어내는 게임이므로 합리적으로 과감한 결정을 적시에 하는 것이 중요하다.

물건을 집으려고 할 때는 손을 부드럽게 활짝 펴지만, 위험한 적을 만났을 때는 재빨리 단호하게 주먹을 꼭 쥔다. 인생이란 이처럼 손을 펴거나 주먹을 쥐는 순간의 연속이다. 마음도 마찬가지다. 부드럽게 활짝 펴는 것과 같이 마음을 열어야 할 때도 있고, 주먹을 쥐는 것과 같이 단호하고 단단하게 마음을 동여매야 할 때도 있다. 부드럽게 펼 때와 단단하게 닫을 때를 결단해야 한다.

한순간의 올바른 결단으로 인생이 달라진다. 꿈을 실현한 사람은 명확하고 확실한 결단을 내리며 길을 걸어간 사람이다. 올바른 결단을 차마 내리지 못하는 사람은 꿈을 실현하지 못한다. 올바른 결정으로 승승장구하기도 하지만 빗나간 결정으로 불행해지기도 한다.

힘은 결단력과 민첩성으로 나타나므로 신속한 결단, 과단성 있는 행동을 해야 한다. 결심이 서면 결정한 것을 과감하게 밀고 나아가야 한다. 결단이 섰을 때 의구심과 혼란은 사라지고 에너지가 샘솟으며 마음을 가다듬으면서 인생에 대한 통제력을 발휘했다는 느낌이 들고 창조력을 발휘하게 된다. 긍정적 사고방식과 자신감만 가지고 결단해서는 안 되며 지혜와 직관까지 동원해야 한다.

●● 신속한 결단

밀턴 프리드먼

미국 경제학자 밀턴 프리드먼은 "샤워장에 한 바보가 들어갔다. 처음에 수도꼭지를 틀었더니 샤워기에서 찬물이 쏟아져 나왔다. 바보는 놀라면서 조금만 기다리면 더운물이 나올 텐데 기다리지를 못하고 뜨거운 물이 나오도록 수도꼭지를 왼쪽 끝까지 틀었다. 갑자기 너무 뜨거운 물이 나오자 다시 오른쪽 끝까지 수도꼭지를 돌렸다. 그러자 이번엔 아주 차가운 물이 쏟아져 나오자 바보는 결국 샤워를 하지 못하고 발만 동동거렸다." 이것은 좌충우돌하는 경제 정책을 빗댄 것이지만 삶에서 이처럼 상황을 정확히 몰라서 제때 결단을 내리지 못하고 우왕좌왕하는 일이 비일비재하다.

지금 시대는 생각의 속도까지 다툰다. 조금 불완전하더라도 신속하게 결단하는 것이 완벽을 기다리면서 늦게 결단하는 것보다 낫다. 과단성 있는 신속한 결단이 중요하다. 결단은 가능한 신속해야 한다. 꿈을 실현하는 사람은 신속한 결단력의 소유자다. 실패한 결정 열 개중 여덟 개는 판단을 잘못해서가 아니라 '제때' 결정을 못 내렸기 때문에 실패한 것이다. 실패한 사람은 결단이 매우 느리다.

끊고 맺음이 분명한 사람은 바쁜 것처럼 보여도 여유가 있다. 우물쭈물하는 사람은 한가한 것처럼 보여도 항상 바쁘다. 유능한 사람은 결정을 미루지 않는다. 재능 있는 사람이 가끔 무능하게 행동하는 것은 우유부단에 있다. 망설임이나 우유부단은 여유도 아니며 유연성도 아니다. 무슨 일이든 여유를 가진다는 것은 중요하지만 망설임이나 우유부단은 마음이 나약하다는 증거다. 타이밍을 놓친 망설임이나 우유부단이야말로 꿈의 실현을 가로막는 최대의 적이다.

결단을 내리지 못하고 주저하면 어떤 일을 할 것인지 방향을 잡지 못하고 우왕좌왕하게 된다. 고민이란 어떤 일을 시작했기 때문에 생기기보다는 할까 말까 망설이는 데에서 더 많이 생긴다. 계속 망설이면 기회는 어느 순간 사라진다. 망설이지 말고 시작하는 것이 한 걸음 앞서는 것이다.

●● 심사숙고하는 결단

전 미국 뉴욕시장 루돌프 줄리아니는 결단의 가장 중요한 요소 중 하나는 내용이 아니라 시점임을 강조하면서 다음과 같이 말했다.

루돌프 줄리아니

"나는 중요한 결단을 할 때 더 늦춰서는 안 되는 마지막 순간이 올 때까지는 마음을 정하지 않습니다. 중요한 결정을 내리기 전에는 반드시 모든 대안의 결과를 상상합니다. 필요하다면 도중에 몇 번이라도 마음을 바꿉니다. 단순히 미결정 상황의 답답함이 싫어 성급히 결정을 내리는 사람들이 많습니다. 그러나 오래 생각할수록 더 성숙하고 합리적인 결정이 나오지요."

결단해야 할 타이밍을 놓치지 말아야 한다. 최종 확신을 기다려서 미루면 안 된다. 하지만 결단하기 전에 결과를 깊이 고민해야 한다. '심사숙고深思熟考'라는 말이 이런 때 해당하는 말이다. '30초 규칙'이란 것이 있다. 어떤 일을 결정해야 하는 순간에 30초만 더 생각하라는 것이다. 우유부단으로 망설이라는 것이 아니라 어떤 결단의 갈림길에 섰을 때 30초만 더 자신에게 겸허하게 물어보라는 것이다. 이 결정이 삶에 어떤 영향을 미칠 것인지 신중하게 판단해야 한다.

결단을 내리기 위해서는 정확하고 충분한 정보는 필수적인 요소다. 감정과 이성을 잘 조화시켜야 한다. 현재 상황을 파악하고 미래를 예측하기 위해서는 직관력으로 불확실성에 대처해야 한다. 높은 가능성과 경우를 꼼꼼히 따져본 후에 결단하고 최선을 다해야 한다.

항우   유방

초나라 항우는 초기에 백전백승하였으나 결국 한나라 유방에게 패했다. 항우는 전쟁 등 중대한 결단을 내릴 때 자기 생각을 정해 놓고 신하들에게 "어떠냐?"고 물었고, 유방은 자기 생각을 내세우지 않고 신하들에게 "어떻게 하지?"라고 물었다. 즉 항우는 일방적인 자기 생각대로 전쟁에 임했고, 유방은 여러 신하의 의견을 경청한 다음에 전쟁에 임했기 때문에 결국 승리하여 항우를 물리치고 천하를 통일하여 한나라를 건국했다.

올바른 결단을 위해서는 상황을 종합적으로 파악하는 능력이 있어야 한다. 흑백논리를 경계하면서 항상 열린 마음으로 폭넓은 의견을 들어야 한다. 자신만 옳다고 생각하는 독단은 잘못된 판단을 내리게 된다. 중요한 결정을 할 때는 단기적이 아니라 장기적으로 보아야 한다. 장기적 관점의 소유자는 미래 목표를 달성하는 데 도움이 될 결정을 한다. 장기적인 사고를 하면 단기적으로 내려야 하는 의사결정을 더 합리적으로 하게 한다.

결단할 때는 '뜨거운 가슴과 차가운 머리'를 가져야 한다. '뜨거운 가슴'은 어려운 상황에서도 긍정적인 생각을 가지고 열정을 불태우는 것이며 '차가운 머리'는 현실에 대한 냉철한 인식이다. 상반되는 이 두 가지를 동시에 작동해야만 올바른 판단을 내릴 수 있다.

밀턴 프리드먼(Milton Friedman, 1912~2006)
미국 경제학자이며 1976년 노벨 경제학상을 받았다. 자유주의 시장경제 옹호자로 거시경제학을 위시하여 미시경제학, 경제사, 경제통계학에 크게 이바지하였다. 저서에 ≪자본주의와 자유≫ ≪선택의 자유≫ ≪화려한 약속, 우울한 성과≫ 등이 있다.

실천하기

- 장기적인 관점으로 미래 목표를 달성하는 데 도움이 될 결정을 한다.
- 결단하기 전에 결과를 깊이 고민한다.
- 해야 할 일은 하기로 한다.
- 과감한 결단이 필요할 때는 과거의 실패와 성공을 잊는다.
- 결단할 때 주위 사람들의 이야기나 평가에 너무 연연하지 않는다.
- 감정이 격했을 때는 중요한 결정을 하지 않는다.

생각하기

- 나는 결단력이 있는 사람인가?

학식과 지혜가 출중하여 명성이 자자한 한 노인이 살고 있었다. 그 노인은 일생을 연구와 사색에 바친 후 노후에 전원생활을 하고 있었다. 그의 높은 학식과 지혜로 말미암아 많은 사람들이 조언을 얻고자 찾아오곤 하였다. 그의 조언은 언제나 정곡을 찔렀다. 그는 어떤 문제나 고민에 대해서도 단번에 핵심을 짚어냈다.

이웃 마을에는 때때로 노인과 말동무가 되는 아이들이 있었다. 때로는 그 아이들도 궁금한 것을 물어왔으며, 노인은 언제나 정확한 해답을 들려주었다. 그러다 보니 아이들끼리 노인이 대답할 수 없는 문제를 짜내려고 안간힘을 썼다.

하루는 아이들의 대장 격인 한 소년이 다른 아이들을 불러 놓고 이렇게 말했다.

"드디어 할아버지를 골탕 먹일 방법을 알아냈어. 여기 내 손에 새가 한 마리 있거든. 할아버지에게 가서 내 손의 새가 살아 있나, 죽었나를 물어보는 거야. 할아버지가 죽었다고 대답하면, 손을 펴서 새가 날아가도록 하는 거지. 살아 있다고 대답하면 주먹을 꼭 쥐면 돼. 그럼 새는 죽어버리겠지. 어떤 대답을 하든지 틀린 대답이 되도록 하는 거야."

마침내 노인이 틀린 답을 하게 만들 수 있다는 생각에 잔뜩 흥분한 아이들은 잔디밭에서 할아버지를 만났다. 마침내 대장 격인 소년이 앞으로 나서더니 노인에게 물었다.

"할아버지, 내 손에 새가 한 마리 있는데 살아 있을까요, 죽었을까요?"

노인은 기대와 장난기에 들떠있는 아이들의 얼굴을 찬찬히 둘러보았다. 그리고 조용히 말했다. "그건 네 손에 달려 있구나."

삶은 선택에 따른 결단에 달려있다. 삶은 결단의 연속이다. 매우 급한 현대 사회에서는 빠른 결단을 요구하는 순간이 다반사로 이어지고 있다. 그 한순간의 결단이 인생을 결정한다.

미국의 존 F. 케네디는 대통령 자리에 1,000일밖에 머물지 못하고 암살당했다. 하지만 그는 미국 역사상 손꼽히는 대통령의 반열에 올랐다. 어떻게 그렇게 되었을까? 미국 국민에게 꿈과 희망을 제시하면서 강력한 결단력을 보였기 때문이다.

당시 미국은 1950년대 물질적 행복을 구가하는 동안 권태와 무관심, 불안이 팽배하여 목적의식을 상실한 상태였다. 방심하거나 그대로 두면 1920년대의 참담한 공

존 F. 케네디

황의 전철을 밟을 판이었다. 거기에다 미국과 소련을 중심으로 냉전의 절정기였다. 케네디의 고민은 깊어갔다. 그는 자신이 행한 대통령 후보 지명 수락 연설에서 건국 당시의 '개척자 정신'을 다시 일깨웠다.

"지난날 선구자들은 새로운 세상을 이룩하기 위해 자신들의 안전과 안락과 때로는 목숨까지 내던졌습니다. 그분들은 회의에 사로잡혀 있지 않았습니다. 그분들의 신조는 '저마다 자기 자신을 위해서'가 아니라 '모두가 공동 목적을 위해서'였습니다. 오늘 우리는 뉴프런티어의 가장자리에 서 있습니다. 뉴프런티어는 첩첩이 도전을 요구하는 난관입니다. 공공의 이익이냐 아니면 개인의 안락이냐, 국가의 웅비냐 아니면 쇠락이냐 그 사이에서 선택해야 합니다."

이어서 그는 대통령에 당선되어 행한 취임 연설에서 '뉴프런티어' 정신을 다시 한 번 강조했다. "나라가 국민을 위해 무엇을 해줄 수 있는지 묻지 말고, 국민이 나라를 위해 무엇을 할 수 있는지 물으십시오."

대통령 취임 이후 그는 국가적 위기 상황을 겪으며 시험대에 올랐다. 쿠바의 미사일 배치에 따른 소련과의 대항에서 미사일을 이동하는 해상 봉쇄를 결단하여 당시 소련 수상인 흐루쇼프를 위압하고 소련과 '핵실험 금지 조약'을 성사시켰다. 특히 달 착륙 계획인 '아폴로 프로젝트'를 수립하여 우주 개발 주도권을 잡은 것은 미래를 내다본 비전 제시였다.

존 F. 케네디(John Fitzgerald Kennedy, 1917~1963)
미국의 제35대 대통령(1961~1963). 재임 중 쿠바 사태, 베를린 봉쇄 등 여러 가지 어려운 위기를 맞았으며 핵실험 금지 조약의 체결과 '진보동맹' 결성 등의 업적을 남겼다. 댈러스에서 자동차로 거리행진을 벌이던 중 암살당했다.

용기

●● 용기의 기능

삶을 영위하면서 용기를 발휘해야 할 일들이 무수히 많으므로 용기는 주요한 인성덕목이다. 용기는 인간의 영혼을 이루는 요소 중에서 고귀한 부분이다. 인간은 양면을 지니고 있다. 삶을 살아가면서 맞이하는 여러 상황에 대하여 두려움을 느끼면서도 용감하게 맞서고자 하는 용기도 함께 자리하고 있다.

용기는 위기나 변화에 봉착했을 때 솟구치는 에너지이며, 좌절하거나 흔들리지 않는 온전한 의지이다. 의지가 곧은 사람은 단단한 버팀목인 용기에 의지한다. 용기가 없으면 위기나 변화에 당황하고 겁을 먹는다. 용기를 갖춘 사람은 그 의연함에 주변 사람도 안정을 찾는다. 위기에 처하거나 변화에 직면했을 때, 성공을 추구할 때 용기를 발휘해야 한다. 그러면 일을 가치 있게 해낼 수 있으며 성장과 성취를 이룰 수 있다.

특히 시련을 당하거나, 실패했을 때 용기를 가지고 의지를 행동으로 옮겨야 한다. 용기는 시련이나 실패, 위기나 변화에 봉착했을 때 솟구쳐야 한다. 용기가 없으면 시련이나 실패를 당했을 때 당황하고 겁을 먹는다. 그 사람이 얼마나 의지가 강한가는 시련 속에서 얼마나 용기를 발휘하느냐의 여부에 달려있다.

시련의 상황에서 용기 있게 맞선다고 해서 시련 극복이 보장되는 건 아니지만 두려움에 굴복하여 용기를 발휘하지 못한다면 확실하게 시련의 나락으로 떨어지고 만다. 시련이 닥쳤을 때는 두려움을 떨치고 용감하게 맞서야 한다. 두려워하지 말고 용기를 가지고 늠름하게 앞으로 나아가야 한다.

●● 용기의 발휘

마하트마 간디는 용기에 대해 이렇게 역설했다. "용기는 말이 아니라 행동으로 보이는 것이다. 용기는 허세나 오만이나 광기와 다르다. 용감한 자는 정치적인 것이든, 사회적인 것이든, 혹은 개인적인 일이든 간에, 자신이 옳다고 믿는 것을 실천하며, 그 결과를 의연하게 감수해낸다."

용기를 발휘하지 못하는 으뜸 요인은 실패에 대한 두려움이다. 뭔가 새롭거나 어려운 일을 만나면, "난 안 될 것 같아." 하고 자신에게 말하기 시작한

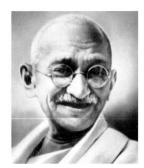

마하트마 간디

다. 그러면서 "변화에 적응할 수가 없어." "내 능력에는 부치는 일이야." "난 그 일을 할 만큼 창조력이 없어." "내 학벌 가지곤 안 되지." 하고 각종 이유를 떠올린다. 목표를 이루는 데 필요한 노력을 애초부터 기울이지 않고 그 에너지를 부정하는 데 쓴다. 이것은 인생의 법정에 서서 자기 자신에게 형을 선고하는 재판관을 맡는 격이다.

용기가 있는 곳에 승리가 있으며 용기 있는 사람만이 가슴 뛰는 삶을 살 수 있다. 시합에서 이기고 지는 것은 간발의 차이이며 한 발짝만 더 전진하거나 5분만 용감하게 버티면 이길 수 있으므로 용기를 가지고 전진해야 한다. 두려워하지 말고 늠름하게 한 걸음만 더 앞으로 나아가야 한다.

용기는 변화의 자극 요인이며, 아이디어를 창조한다. 용기로 무장한 열렬한 기대가 가능성을 현실로 변화시키며 불가능한 것처럼 보이는 일도 가능하게 만든다. 대담한 용기 속에 재능이 발휘되므로 꿈을 실현하려면 용기와 함께해야 한다.

삶에 용기 있게 맞선다고 해서 성공이 보장되는 건 아니지만 두려움에 굴복하고 삶을 외면한다면 확실하게 실패를 보장받는 셈이다. 실패를 두려워해서는 안 된다. 두려움을 떨쳐버리고 용기를 길러야 한다. 용기를 기르는 방법의 하나는 성취했을 때 누리게 될 보상과 혜택을 상상해 보는 것이다. 성취했을 때 얼마나 즐겁고 많은 것을 얻을지를 생각하면 할수록 에너지가 솟아나고 용기가 용솟음칠 것이다.

용기는 새로운 행동을 하는 것으로 실천을 통해 길러질 수 있는 덕목이다. 목표를 명확히 세우고, 구체적인 계획을 잡고, 과감히 실천하는 것이 용기를 발휘하는 출발점이다. 영웅적인 용기만이 아니라 일상에서도 용기를 발휘할 수 있다. 유혹에 맞설 수 있는 용기, 사실을 말할 수 있는 용기, 가진 부의 범위에서 정직하게 살아가는 용기이다.

●● 용감한 사람

키케로는 ≪의무론≫에서 용기에 대하여 "최전선에 뛰어들어 무기를 들고 적과 싸우는 것은 다소 비인간적이고 짐승과 흡사하다. 그러나 때와 처지가 매우 급하면 그때는 마땅히 무기를 들어야 할 것이며, 노예가 되는 수치를 당하기보다는 차라리 죽음을 택해야 할 것이다."라고 했다. 진정한 용기란 만용을 부리는 것이 아니라 상황을 직시하여 제대로 대처해야 한다.

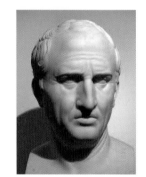

키케로

인생이란 말이 가지고 있는 의미는 외나무다리를 건너는 용기이다. 인생에서 삶을 뜻하는 생生이라는 한자는 소牛가 외나무다리一를 건너는 모습을 나타낸 것이다. 이처럼 삶의 외나무다리를 건너는 것은 용기가 있어야 한다.

용기는 두려움이 없는 게 아니고, 공포를 모르는 게 아니다. 두려움을 극복하고 공포를 억누르면서 행동하는 것이다. 용기를 가지고 일하면 일을 가치 있게 해낼 수 있고 성장할 수 있다. 용기는 빠르고, 강력하며, 공세적인 행동을 취하는 것이다. 삶이란 어떤 일이 생기느냐에 따라 결정되는 것이 아니라 어떤 태도를 보이느냐에 따라 결정되므로 무엇보다 해내겠다는 의지가 용기를 발휘하게 한다.

누구나 삶을 영위하면서 저마다의 두려움을 가지고 있다. 모두가 두려움을 가진 존재라면 용감한 사람과 겁쟁이의 차이는 무엇일까? 해답은 간단하다. 용감한 사람은 자신의 두려움을 이기고 행동하는 사람이고, 겁쟁이는 자신의 두려움이 자신을 삼키고, 생각·감정·행동을 휘어잡도록 놔두는 사람이다.

용감한 사람의 특질 중 한 가지는 공포감이 들 때마다 정면으로 맞서는 습관이다. 뭔가 자신을 두렵게 하는 것과 맞서고, 두려움의 대상을 향해 돌진하면, 두려움은 사라지고 그 힘은 희미해져 버린다. 그러나 두려움 앞에서 뒷걸음치면 그것은 점점 커져서 삶 전체를 사로잡는다.

용기는 하나의 습관이다. 두려움을 깨뜨리고 용기를 기르는 습관을 지녀야 한다. 사자는 두려움을 주지만 조련사는 두려워하지 않으며, 높은 곳에 올라가면 공포감을 느끼지만, 서커스에서 줄타기하는 사람은 공포를 느끼지 않는다. 두려움과 공포는 생각에서 비롯되는 것이므로 그런 생각을 떨쳐버리고 도전하고 훈련하다 보면 용기가 생기면서 멋진 기술을 익히게 되는 것이다. 용감하게 행동함으로써 용기를 키울 수 있다. 최고의 방법을 찾아 용기를 가지고 행동에 옮겨야 한다.

실천하기

- 첫발을 내딛는 것이 용기 발휘의 요체라고 생각하고 목표를 향한 발걸음을 내디딘다.
- 용기 발휘의 동기 부여를 위해 목표 달성 후의 결과를 생각한다.
- 나를 두렵게 하는 일과 정면으로 맞서기 위해 두려워하고 있는 일을 한다.

생각하기

- 나는 용기 있는 사람인가?

1347년 영국이 프랑스와 백년전쟁을 벌이면서 전략적으로 중요한 위치인 프랑스 북부의 항구 도시 칼레Calais를 공격했다. 하지만 시민들의 일치단결한 거센 저항에 부딪히게 되자 영국은 칼레를 포위하고 봉쇄하여 식량이 떨어질 때까지 기다렸다. 칼레는 11개월 동안 저항한 끝에 성안의 모든 식량이 떨어지자 결국 항복하기로 한다. 항복사절은 도시 전체가 불타고 시민 전체가 도살되는 사태를 막기 위해 영국 국왕 에드워드 3세에게 자비를 베풀어주기를 구하자 다음과 같은 최후통첩 조건을 받게 된다.

"그동안의 저항 대가로 내일까지 시민 대표 여섯 명이 모자와 신발을 벗고, 겉옷만 걸친 채 몸을 밧줄로 서로 묶어 영국 진영으로 와서 교수형을 당해야 한다. 그러면 모든 나머지 칼레 시민들의 생명을 보장하겠다."

소식을 들은 칼레 시민 중에서 칼레에서 가장 부유한 외스타슈 드 생피에르가 여섯 사람 중 하나가 되길 자청하며 외쳤다 "칼레의 시민들이여 나오라 용기를 가져라!" 그러자 시장인 장데르가 나섰고 이에 부자 상인인 피에르 드 위쌍이 나섰고 게다가 드 위쌍의 아들마저 아버지의 위대한 정신을 따르겠다며 나서는 바람에 이에 감격한 시민 세 명이 또 나타나 한 명이 더 많은 일곱 명이 되었다. 어떻게 한 명을 제외할 것인가를 의논한 결과 내일 아침 제일 늦게 오는 한 사람을 제외하기로 하였다.

다음 날 아침 여섯 명이 약속한 장소에 나왔으나 마지막 한 사람이 안 나왔다. 그는 처음에 자원한 생피에르였다. 이상하게 생각한 시민들이 그의 집으로 달려갔을 때 그는 이미 자살하여 죽어 있었다. 그는 다른 사람들을 구하기 위한 자신의 희생 의지를 보여주고 여섯 명에게 용기를 불어넣기 위해서였다. 그의 죽음에 큰 용기를 얻은 여섯 명은 목에 밧줄을 걸고 담대하게 영국 국왕 앞에 나아갔다.

이에 영국 왕비가 크게 감동하여 남편 에드워드 3세에게 자비를 베풀 것을 애원하였다. 당시 왕비는 임신 중이었기 때문에 왕비의 청원을 받아들여 처형을 취소했다.

그로부터 550년이 지난 1895년 칼레시는 이들의 용기와 헌신을 기리기 위해 조각상을 제작하기로 하고 로댕에게 의뢰했다. 여섯 명이 목에 밧줄을 감고 고통스러운 표정으로 걸어가고 있는 이 조각 작품이 〈칼레의 시민들〉이며 칼레시청에 전시되어 있다. 이 조각은 단순한 조각이 아니라 높은 신분에 걸맞게 개인의 희생을 통해 공동체를 구하겠다는 정신을 나타내는 '노블레스 오블리주'의 상징이다.

〈칼레의 시민들〉
로댕(Rodin, 1840~1917), 프랑스 조각가

드라마 〈쿵후〉에 이제 막 절에 들어온 행자가 있다. 그의 스승인 노스님은 시각장애인이다. 어느 날 스승은 어린 행자를 데리고 실내 연못이 있는 방으로 갔다. 폭이 6m쯤 되는 실내 연못 위에는 좁다란 널빤지 다리가 가로놓여 있었다.

스승은 어린 행자에게 "연못의 물은 그냥 물이 아니라 독성이 강한 염산이다. 넌 이 나무 널빤지 위를 걸어서 염산의 연못을 건너갈 수 있어야 한다. 앞으로 일주일 후에 너를 테스트할 것이다. 조심해라. 저 연못 밑바닥 여기저기에 널려 있는 뼈들이 보이는가? 저들도 한때는 너처럼 행자였다."라고 말했다. 어린 행자는 조심스럽게 다가가 널빤지 가장자리 너머를 내려다보았다. 그곳에 수많은 뼈가 흩어져 있었다.

어린 행자는 그 후 일주일 동안 모든 일에서 제외되어, 오로지 그 널빤지 위를 걷는 연습만 했다. 어려운 일이 아니었다. 사나흘 만에 눈을 가리고서도 완벽한 균형을 이루며 널빤지 위를 가로지를 수 있었다.

마침내 시험하는 날이 다가왔다. 스승은 어린 행자를 데리고 실내 연못으로 갔다. 연못 밑바닥에는 뼈가 하얗게 반짝이고 있었다. 어린 행자가 널빤지에 올라서서 스승을 바라보자 스승이 "자, 걸어가라."라고 말했다.

어린 행자가 걷기 시작했다. 앞으로 나아가는 발걸음이 왠지 불안정하고 흔들리기 시작했다. 아직 절반도 건너지 않았는데 심하게 다리가 후들거렸다. 연못으로 빠질 것처럼 위태로워 보였다. 그의 발걸음이 점점 불안해지는 것을 볼 수 있었다. 그러다가 몸이 휘청하더니 그대로 연못으로 떨어지고 말았다.

연못 속에서 허우적거리는 어린 행자를 바라보면서 스승은 웃음을 터뜨렸다. 그것은 염산이 아니라 그냥 물이었다. 물 밑바닥에 흩어져 있는 뼈들은 특수 효과를 위해 미리 던져 넣은 것이었다. 스승이 진지하게 말했다. "무엇이 너를 연못 속에 빠뜨렸는지 아느냐? 두려움이 너를 빠뜨린 것이다. 단지 두려움이!"

도전

●●● 도전의 의미

미래에 대한 희망을 품고 목표한 일을 실천에 옮기는 도전은 주요한 인성덕목이다. 인생은 도전의 연속으로 끝없이 도전하는 것이다. 인간은 어느 정도의 단계에 이르면 만족하여 안주하려는 속성을 지니고 있지만, 세상이 급속도로 변하면서 도전장을 자꾸 내민다. 한 단계에 이르면 다음 단계로 올라가기 위해 도전하라고 한다. 죽는 순간까지 인간은 도전하면서 살아가야 한다.

인생의 승자가 가지고 있는 특성은 도전 정신이다. 도전과 모험에 따르는 위험과 두려움을 회피하려 한다면 의미 있고 보람찬 삶을 회피하는 것이다. 편안한 곳에 머물러 위험을 피하려는 것이 인간 본성이지만 그렇게 하면 성장과 발전을 위한 전진을 하지 못한다. 인생에서 모험을 회피하는 것은 인생의 참된 발전을 포기하는 것이다.

인생의 도전 과정에서 즐거움을 얻고, 배우고, 다양한 경험을 쌓고, 시야를 넓힌다. 도전하지 않는 것은 자신의 껍질 속에 스스로 갇혀 있는 것이므로 도전할 기회가 나타나면 받아들이고 나서야 한다.

모험을 감수하고 도전하는 것이 꿈을 실현하는 첫걸음이다. 안전한 길만이 인생의 최선이 아니며 '모험'이라는 예측할 수 없는 길을 가다 보면 생각지도 못한 '보물'을 발견할 수 있다. 쉽고 편한 것, 해왔던 것에만 머물면 독이 되고 쇠사슬이 된다. 낯선 걸 거부하는 사람은 힘을 키우지 못하고 큰 것을 이룰 수 없다.

도전하여 시도하지 않으면 아무것도 이룰 수 없다. 도전하지 못하는 이유는 처음부터 지나치게 실패를 두려워하는 태도다. 실패를 방지하는 데 초점을 맞추면 안전을 추구하는 신중함이 정체와 쇠퇴를 불러올 수 있다. 꿈의 실현에 초점을 맞추어 과감함을 선택해야 하며 실패할 수 있다고 생각하고 도전하고 또 도전하여 끝장을 보아야 한다.

위험이 있는 곳에 기회가 있으며 기회가 있는 곳에 위험도 있다. 인생에서 큰 위험은 위험을 감수하지 않기 위해 아무것도 시도하지 않는 것이 오히려 더 큰 위험이다. 급변하는 현대 사회에서 위험으로부터 등을 돌리고 달아나려 하면 위험은 배로 늘어나지만 당황하지 않고 정면 돌파하면 위험은 절반으로 줄어든다.

•• 도전하는 삶

니체는 ≪권력에의 의지≫에서 "인생을 쉽게, 그리고 안락하게 보내고 싶다면 무리 짓지 않고서는 한시도 견디지 못하는 사람들 속에 섞여 있으면 된다. 언제나 군중과 함께 있으면서 끝내 자신이라는 존재를 잊고 살아가면 된다."라고 했다.

니체

인생을 쉽게 보내고 싶다면 도전하지 않고 자신이라는 존재를 잊고 살아가면 되지만 결과는 수동적인 사람, 특징 없는 삶, 나만의 차별화된 목표가 없어 경쟁력 부재로 귀결된다. 남들이 가지 않은 길을 가고자 하는 사람은 드물지만 과감하게 나만의 길을 가야만 진정으로 빛나는 인생을 살아갈 수 있다.

남들이 하지 않은 일에 처음 도전하는 것은 무모해 보이지만 시도해 보고자 하는 일이 있다면 주저하거나 망설이지 말고 가슴이 시키는 일에 도전해야 한다. 가슴 뛰는 삶은 도전을 통해 그 무엇을 좇는 삶이다. 쉽게 이룰 수 없는 도전 과제가 삶을 영위하게 하는 힘이며 도전 정신을 유발하고 에너지를 불러일으키는 촉매이다.

•• 도전은 처지가 아니라 의지다

에드먼드 힐러리

1952년에 에드먼드 힐러리는 세계 최고봉인 에베레스트 정복에 도전했지만, 정상에서 240m를 남기고 악천후로 인해 실패했다. 얼마 뒤 그는 강연에서 앞으로 걸어 나와서 주먹을 들어 벽에 걸린 에베레스트 사진을 향해 "에베레스트여, 처음에 네가 날 이겼다. 하지만 다음번에는 내가 널 이기겠다. 왜냐하면, 넌 이미 성장을 멈췄지만 난 계속해서 성장하고 있기 때문이다!"라고 큰소리로 외쳤다.

그는 한 해 뒤인 1953년 탐사대와 함께 다시 에베레스트 정상 정복 도전에 나서 캠프를 설치했다. 다음 날 아침 힐러리는 텐트 바깥에 둔 신발이 얼어버린 것을 발견하고 2시간 동안 얼어버린 신발을 녹이고 등정했다. 정상에서 91m 떨어진 지점에서 그는 셰르파 텐징과 함께 14kg의 배낭을 메고 정상으로 향했다. 마지막 장애는 12m 남은 바위 면이었다. 힐러리는 바위 면과 얼음 사이로 갈라진 틈에 쐐기를 박고 텐징을 따르게 하면서 마지막 등정을 시도했다. 1953년 5월 29일 오전 11시 30분 마침내 지상에서 가장 높은 에베레스트 산 정상 8,848m를 최초로 등정하였다. 그들이 정상에 머문 시간은 15분가량이었다.

에드먼드 경은 에베레스트 최초 등반자로 역사 속에 기록되었으며 뉴질랜드 5달러 지폐에 초상이 실렸다. 그의 사후 네팔 정부는 에베레스트 산과 가장 가까운 공항의 명칭을 에드먼드 힐러리와 텐징을 기념해 텐징 힐러리 공항으로 바꾸었다.

자신이 도전하지 않거나 못하는 이유를 처한 상황이나 환경 탓으로 돌리는 것은 변명에 불과하다. 자신이 처한 환경에도 불구하고 의지를 갖추고 과감하게 도전에 나서야 꿈을 이룰 수 있다. 처지나 환경을 탓하면 소극적으로 변하게 되고 자신감을 잃어 실패 확률을 높여 꿈을 실현할 수 없다.

도전에 나서서 도전 과제를 이루었을 때, '여기까지'라고 스스로 한계를 짓지 말아야 한다. 스티브 잡스는 애플 사옥에 다음과 같은 글을 인쇄해 놓았다. '당신이 뭔가를 시도하여 상당히 좋은 결과가 나오면 그 단계와 수준에 만족하지 마세요. 더 멋진 뭔가에 도전하세요. 더 멋진 다음 단계를 스스로 알아내세요.'

스티브 잡스

좋은 것은 위대한 것의 적이다(Good is the enemy of Great). 좋은 것을 뛰어넘어 '더 나은 목표' '더 높은 목표'를 정해 지속해서 도전에 나설 때 위대한 창조가 이루어진다.

에드먼드 힐러리(Edmund Hillary, 1919~2008)
뉴질랜드의 산악인이자 탐험가. 1953년 5월 29일 33세의 나이에 셰르파 텐징 노르가이와 함께 에베레스트 산을 최초로 등정한 인물로 기록되었다.

실천하기

- 도전에 대해 적극적이고 긍정적인 마음을 가진다.
- 안주하지 않고 도전을 두려워하지 않는다.
- 의미를 느낄 수 있는 일, 열정을 쏟을 수 있는 일에 도전한다.
- 환경을 탓하지 않고 도전한다.
- 기꺼이 위험을 감수하고 도전한다.
- '여기까지'라고 한계를 짓지 않는다.

생각하기

- 지금 현재 어떤 도전 과제가 있는가?

나는 다만 달릴 뿐이다

"나는 다만 달릴 뿐이다." 올림픽을 2연패 한 맨발의 마라톤 영웅 아베베 비킬라는 인간 승리의 전형이다. 그는 에티오피아의 해발 3,000m 고지대에서 태어나 초원에서 소를 몰아서 심장과 다리가 튼튼했다. 황제를 호위하던 친위대 부사관으로 근무하던 중에 1960년 로마올림픽 마라톤에 출전하기로 되어 있던 선수가 부상을 입어 대체 선수로 출전했다.

그는 갑작스러운 출전으로 맞는 신발이 없어 맨발로 42.195km를 달렸다. 무명의 아프리카 선수인 아베베를 주목하는 관중과 언론은 아무도 없었지만, 당시 인간의 한계로 여겨지던 2시간 20분대의 벽을 깨고 2시간 15분 16초의 세계 신기록을 세우며 우승하고 다음과 같이 말했다.

"나는 남과 경쟁하여 이긴다는 것보다, 자기의 고통을 이겨내는 것을 언제나 소중히 생각한다. 고통과 괴로움에 지지 않고 마지막까지 달렸을 때, 그것은 승리로 연결되었다."

아베베 비킬라

그는 그 후 1964년 도쿄 올림픽에서 맹장 수술 후유증 속에서도 2시간 12분 11초로 세계 신기록을 3분이나 앞당기며 우승하여 올림픽 사상 최초의 마라톤 2연패라는 화려한 타이틀을 얻었다. 전 세계의 이목은 그의 3연패를 기대했으나 1968년 멕시코 올림픽 출전을 앞두고 다리가 부러졌다. 하지만 완치되지 않은 상태로 출전하여 부상을 이기지 못하고 17km 지점까지 뛰면서 페이스메이커 역할을 다하여 팀 동료의 우승을 도왔다.

1969년 맨발의 영웅에게 불행이 찾아온다. 에티오피아 황제가 하사했던 폴크스바겐을 타고 가다 빗길에 사고를 당해 하반신이 마비됐다. 하지만 그는 절망하지 않았다. 이듬해인 1970년 휠체어를 탄 채 양궁을 들고 노르웨이에서 개최된 장애인올림픽에 출전해 다시 금메달을 따내며 인간 승리의 감동을 보여줬다. 시상대에 서서 "내 다리는 다시는 달릴 수 없지만, 나에게는 두 팔이 있다. 성공한 사람들도 비극과 만난다. 내가 올림픽에서 우승한 것도, 사고를 당한 것도 신의 뜻이었다. 나는 승리를 받아들였고 비극도 받아들였다. 나는 둘 다 삶의 진실로 받아들였기에 행복한 삶이 이어졌다."고 외치는 그의 모습은 전 세계의 팬들에게 깊은 감명을 남겼다.

1973년 교통사고 후유증으로 인한 뇌출혈로 41세의 나이로 세상을 떠났을 때 장례식장에는 6만 5,000여 명의 조문객들이 몰려와 그의 도전 정신과 불굴의 의지를 기렸다.

아베베 비킬라 (1932~1972)
에티오피아 마라톤 선수로 1960년 로마올림픽과 1964년 도쿄올림픽 마라톤을 2연패 했다.

열정

●● 열정의 기능

삶을 영위하면서 열정 없이는 어떤 일도 제대로 이룰 수 없으므로 열정은 필수불가결한 인성덕목이다. 열정이란 삶의 동력으로 목표를 향해 육체적·정신적으로 열과 성을 다하는 능동적인 힘이고 행동력이다. 산다는 것은 진정한 의미에서 열정적으로 행동하는 것으로서 하는 일에 큰 즐거움을 느끼고 추구하는 목표가 덧보태졌을 때 분출한다.

열정은 인생이란 기관차를 움직이는 힘이다. 물은 끓고 난 다음에 수증기를 발생시킨다. 엔진은 수증기가 발생하기 전에는 1인치도 움직이지 않는다. 열정이 없는 사람은 미지근한 물로 인생이라는 기관차를 움직이는 사람으로서 앞으로 나아갈 수 없다. 약간의 열정은 없으며 열정적이거나 않거나 둘 중 하나이다. 용암처럼 솟구치는 열정을 가지고 뜨겁게 살아가야 한다.

불타는 열정을 가진 사람은 어떤 어려움이 닥치든, 장래가 얼마나 암담하든, 늘 자신을 격려하면서 마음속에 간직한 꿈을 현실로 만들어낸다. 열정은 난관을 뚫고 나가게 하고, 변화를 창조하고 변화를 주도하는 원동력이다. 유익한 재능과 고무적인 자신감, 희망을 북돋우고, 기쁘고 즐거운 마음으로 꿈의 실현을 도와준다. 열정은 꿈을 가진 사람을 도와주는 힘이다.

삶은 용감히 맞서 싸울 것을 요구하는 전쟁이다. 올바르게 발산하는 열정은 삶의 전쟁을 승리로 이끈다. 꿈을 실현하려면 미칠 정도의 열정이 필요하다. '미치지 않으면 미치지 못한다. 미쳐야 미친다'는 불광불급不狂不及이라는 말처럼, 미칠 정도의 열정 없이 이루어진 위대한 성취는 없으므로 꿈의 실현은 미친 사람의 것이다. 미쳐야 아이디어가 나오고, 미쳐야 창조성이 발휘되고, 미쳐야 남과 다른 차이를 만들어낼 수 있다.

보통 사람은 자신이 가진 에너지와 능력의 25%를 일에 투여하면서 밋밋한 대접을 받지만, 세상 사람들은 능력의 50%를 쏟아 붓는 사람에게 경의를 표하고, 100%를 투여하는 극히 드문 사람에게 머리를 조아린다. 100% 자신의 에너지와 능력을 투여하면서 미칠 정도로 몰입하기 위해서는 단순히 '마음먹기'만으론 부족하며 좋아하고 잘하는 일을 해야 한다. 집중력이란 곧 기쁨을 발견하는 능력이다. 하는 일을 사랑하고 재미있으면 자연히 집중하게 된다.

●● 선택과 집중

인생은 선택과 집중의 싸움이다. 누구의 선택이 옳았고, 누가 더 집중했는지가 인생의 성패를 가른다. 시간과 재화의 유한함을 알고 선택과 집중을 해야 한다. 꿈을 실현한 사람은 열정과 패기와 적극성을 가지고 한 방향으로 꾸준하게 나아갔다. 자신이 할 수 있는 일에 관심과 에너지를 집중하고 자신이 할 수 없는 일에는 무관심하고 노력과 자원을 전혀 사용하지 않는다. 자신의 능력으로는 도저히 할 수 없는 일을 기웃거리는 것은 인생의 낭비다.

이것저것 다 잘하려고 하면 아무것도 잘하지 못하므로 우선순위를 정해 순서대로 집중해야 한다. 진정한 욕심쟁이는 많은 일이 아니라 한 가지 일에 집중하는 사람이다. 자신의 능력 한계를 이해하고 에너지와 시간을 집중해야 한다. 열 가지 일을 반쯤 하다가 마는 것보다 한 가지 일을 철두철미하게 완수해야 한다. 전부 이룰 수 있을 것으로 생각하면 한 가지도 하지 못하므로 어떠한 일이든 오직 한 가지 일에만 집중해야 한다. 자신의 능력으로 할 수 있는 일에 집중한다면 성과를 창출할 수 있으며 인생은 풍요로워진다.

집중의 상태에 빠져 몰입하면 바위도 뚫는다. 아무리 약한 사람이라도 단 하나의 목표에 자신의 온 힘을 집중시킴으로써 무엇인가 성취할 수 있지만, 아무리 강한 사람이라도 힘을 많은 목표에 분산하면 어떤 것도 성취할 수 없다. 꿈을 실현하는 길은 흔들림 없이 초점을 잡고 집중해 나가는 것이다.

일할 때 마음을 집중할 수 없거나 집중시키지 않는 사람, 다른 것을 뇌리에서 쫓아내지 못하거나 쫓아내지 않는 사람은 일이 아닌 놀이에서도 마찬가지 경험을 하게 되어 있다. 일도 제대로 할 수 없고 놀이에서도 만족감을 얻지 못한다. 꿈의 실현은 집중된 에너지에 의해 결정된다. 달성하려고 한다면 첫째도, 둘째도 집중, 또 집중해야 한다. 집중하지 못할 일은 과감하게 포기해야 한다. 한 번에 한 가지 일에 집중하여 전심전력을 쏟아야 한다.

실천하기

- 무슨 일을 하든, 그 일을 할 때는 즐기면서 열정을 다한다.
- 나의 핵심 역량에 집중한다.
- 마인드 컨트롤을 통하여 집중하는 능력을 키운다.
- 우선순위를 정해 한 가지씩 집중한다.

생각하기

- 나는 열정을 발휘하는 사람인가?
- 나는 지금 어떤 것에 미쳐 있는가?

스티븐 스필버그의 열정

스티븐 스필버그Steven Spielberg, 1946~는 세계적인 영화감독이자 영화제작자로서 예술성과 상업성이 뛰어난 여러 작품을 만들었다.

그는 어린 시절부터 영화에 관심을 가지고 영화감독이 되겠다고 마음먹었다. 고등학생 시절 여름방학이 시작되자 그는 영화 제작 과정을 배우려고 정장을 차려입고 아버지의 서류 가방을 들고 직원으로 가장하여 촬영장인 유니버설 스튜디오 안으로 들어갔다. 그렇게 하여 여름 내내 촬영장을 드나들면서 여러 감독과 시나리오 작가, 스태프들과 사귀면서 영화 제작 방법을 익혔다.

다음 해인 고등학교 졸업 무렵에 〈불꽃〉이라는 장편 영화를 감독하여 호평을 받았다. 1970년 대학을 졸업할 무렵에 제작한 단막 영화가 유니버설영화사의 관심을 끌어 그곳에서 텔레비전 연속물을 감독하는 일을 하게 되었다. 그 후 몇 편의 작품을 만들어 실패했지만 1971년 〈결투 Duel〉를 감독하여 대단한 성공을 거두었다.

이를 계기로 극장용 영화를 만들기 시작하여서 한 탈옥수의 이야기를 다룬 〈슈가랜드 특급〉을 만들어 본격적인 영화감독으로 데뷔했다. 이어 1975년 거대한 식인상어에 대한 추적을 다룬 공포모험영화인 〈조스〉를 내놓았는데 이는 사상 최대의 관객을 끈 영화 중 하나였다. 그는 이 영화로 젊은 나이에 세계적인 명성을 얻게 되어 그를 천재 감독이라고 불렀다.

그 후 그는 〈E.T.〉 〈쥐라기 공원〉 〈인디애나 존스〉 〈칼라 퍼플〉 등을 감독했다. 1993년에는 〈쉰들러 리스트〉로, 1998년에는 〈라이언 일병 구하기〉로 아카데미 감독상을 받았다.

그는 아침에 눈을 뜨면 영화에 관한 생각에 마음이 설레어 아침 식사를 거르기 일쑤였다. 출근 후 퇴근까지 온종일 영화에 관련된 일을 하는 것이 일상이었으며 며칠 동안 밤샘 촬영의 강행군을 펼치면서 오직 영화에 대한 열정으로 일관했다.

스티븐 스필버그

그는 배우들과 스태프들에게 촬영을 하는 동안에는 절대로 시계를 보지 말고 오직 촬영에만 집중하라고 했다. 그의 열정을 따라오지 못한 배우들과 스태프들 때문에 할 수 없이 집으로 퇴근하기도 했다. 스필버그가 감독하고 제작하여 관객들의 상상력을 자극한 수많은 창의적인 작품은 그의 끊임없는 열정에서 비롯된 것이다.

● 옛날 깊은 산 속에 세상을 등진 한 백발노인이 살고 있었다. 노인에게 생계를 이어갈 도구라고는 활 한 자루뿐이었다. 노인의 사냥 솜씨는 신기에 가까울 정도였다.

어느 겨울이었다. 눈이 엄청나게 쏟아져 사냥할 수가 없었다. 하지만 노인은 굶주림을 참다못해 활을 들고 사냥을 나갔다. 온종일 눈구덩이를 헤맸지만 꿩 한 마리 나타나지 않았다. 노인은 지칠 대로 지쳤다. 그때였다. 노인의 눈에 호랑이 한 마리가 저쪽 굴 앞에 앉아 있는 것이 보였다. 노인은 날렵하게 활시위를 당겼다. 화살은 호랑이에게 명중되었다.

노인은 기쁨에 차서 뛰어가 보았다. 그러나 굴 앞에 호랑이는 없었고 호랑이 형상을 한 커다란 바윗돌이 있을 뿐이었다. 그런데 바윗돌에 화살이 절반쯤 박혀 있었다. 노인은 이상하게 생각하면서 다시 한 번 바윗돌을 향해 활을 쏘았다. 화살이 바윗돌에 박히기는커녕 모두 두 동강이가 났다.

● 사자가 얼룩말을 사냥할 때 무리 속으로 무작정 뛰어드는 듯이 보이지만 미리 특정 표적을 갖고 있다. 앞에 여러 얼룩말이 이리저리 뛰어다니고 있어도 사자의 눈은 첫 목표물에 고정되어 있다. 첫 목표물에 비해 더 먹음직스러운 얼룩말을 발견하더라도 표적을 바꾸지 않는다.

● 돋보기로 햇빛을 모으는 과정을 상상해 보면 집중을 이해하기 쉽다. 돋보기를 이리저리 움직이면 햇빛의 힘은 분산되어 흐릿해진다. 그러나 돋보기를 고정하고 적당한 높이에서 정확히 초점을 맞추

면, 집중되고 분산되었던 그 빛은 갑자기 불을 일으킬 정도로 강해진다. 렌즈가 불을 일으키는 힘은 초점을 유지하는 집중에서 나온다.

자신감

● ● '할 수 있다'는 생각

자신의 능력을 믿고 해낼 수 있고 앞으로 나갈 수 있다는 믿음인 자신감은 삶을 영위하는 데 필수불가결한 인성덕목이다. 자신감은 자기라는 존재의 핵심에 자리 잡고 있는 자신에 대한 확신이다. 세상을 살면서 어떤 상황에 부닥치든 과감히 대처할 것이며, 필요한 일을 하겠다는 신념이며 할 수 있다고 생각하고 느끼는 것이다.

꿈의 실현으로 향하는 중요한 한 가지 열쇠는 자신감이다. 인생의 전쟁은 강한 사람이나 빠른 사람에게 항상 승리를 안겨주지는 않는다. 승리는 자신 있게 할 수 있다고 믿는 사람의 몫이다. 할 수 있다는 자신감과 해내고야 말겠다는 굳은 결심에서 나오는 강한 의지가 꿈을 실현하는 관건이다.

프란치스코 교황은 "용기와 열정을 방해하는 가장 심각한 유혹 중 하나는 패배주의이다. 어떤 일이든 자신감 없이 시작한다면 이미 절반은 진 것과 마찬가지며, 가진 재능을 묻어버리는 것이다. 자신의 나약함을 인지하면서도 자신감을 느끼고 나아가야 한다."라고 했다.

프란치스코(Franciscus, 1936~)
제266대 교황(재위: 2013.03~)
아르헨티나 출생

어떤 일을 시작할 때는 반드시 된다는 확신과 되게 할 수 있다는 자신감을 느껴야 한다. 꿈을 실현하는 데 있어서 큰 적은 의심과 두려움임을 명심하고 안 될 수도 있다는 회의나 불안은 끼워 넣지 말아야 한다. 할 수 있다고 생각하면 되고 할 수 없다고 생각하면 안 된다. 뭐든지 할 수 있다고 생각하는 사람이 새로운 세상을 만들어간다. 지금 꿈을 실현할 능력이 있고 앞으로 꿈을 실현할 것이라는 굳건한 믿음과 확신을 해야 한다.

꿈의 실현은 거울 속의 자신을 바라보고 미소를 지을 수 있을 만큼 자신감을 가진 사람을 따른다. 자신과의 싸움에서 이긴 사람이어야 진정한 자신감을 얻게 된다. 자신감에 넘치는 자기 이미지가 형성될 때 삶의 상황은 쉬워진다. 자기 이미지는 전적으로 자신에게 달려있다.

● ● 자신감과 사기

자신 있는 사람은 아이디어와 변화에 개방적인 태도를 가지고 있다. 자신의 의견이 도전받는 것을 두려워하지 않으며 배우는 기회로 삼아 아이디어를 더욱 풍성하게 만든다. 자신이 있으면 단순할 수 있지만, 자신이 없으면 복잡한 말을 하게 된다. 단순해야 빨리 내달릴 수 있다.

일이 어려워서 자신감을 잃는 것이 아니라 자신감을 잃었기 때문에 일이 어려운 것처럼 보이는 것이다. 인생에서 꿈의 실현을 방해하는 장애물이 많이 있지만, 그 장애물을 자신감을 키우는 씨앗으로 삼고 극복해야 한다. 넘어짐을 두려워 말아야 한다. 넘어지는 과정을 겪어야 자전거를 탈 수 있다. 실패를 거듭해도 자신 있게 지금 무엇을 할 것인지를 생각해야 한다.

자신감은 마음을 먹거나 결심한다고 해서 생기는 것이 아니며 실력도, 경험도 없다면 자신감이 없는 것은 당연한 일이다. 노력하여 실력을 쌓고, 경험이 있어야 자신감을 가질 수 있으므로 자신을 개선하기 위해 꾸준히 노력해야 한다. 몸을 일으켜 위를 바라보고, 실력과 경험을 쌓아 삶의 환경을 개선해야 한다.

자신감과 관련된 '사기士氣'는 인간으로서의 긍지다. '사기'는 자신과 타인의 차이를 깨닫고 올바른 길을 지켜 옳지 못한 사람과 영합하지 않도록 하는 힘을 지니게 한다. 사기는 강권으로 높아지는 것이 아니라, 성취동기와 자발적인 노력이 뒤따라야 한다.

'사기'는 없어서는 안 되는 것이지만 남을 업신여기는 마음인 '오기傲氣'는 있어서는 안 된다. '오기'는 높은 지위만 노리며 주어진 책임을 다하려고 하지 않는 잔꾀를 갖게 한다. 이런 사람은 자신의 경우에는 '오기'를 '사기'라고 착각하고, 타인은 '사기'를 '오기'라고 단정하는 못난 습성을 갖고 있다. 사기는 충만하되 오기는 피우지 말아야 한다.

실천하기

- '나에게 불가능은 없다'는 진취적이고 긍정적인 마음을 먹는다.
- 어떤 일을 하기 전에 꼭 해내고야 말겠다고 결심한다.
- 할 수 없는 변명을 만들지 않고 할 수 있는 이유를 생각한다.
- 해낼 수 있는 일부터 순서대로 시작하고, 성공하면 다음 단계로 넘어간다.

생각하기

- 나는 자신감이 넘치는 사람인가?
- 나는 걸핏하면 "자신 없다"고 말하지 않는가?

콜럼버스의 자신감

크리스토퍼 콜럼버스

아메리카 대륙을 발견한 크리스토퍼 콜럼버스Christopher Columbus, 1451~1506는 탐험가로 엄청난 자신감의 소유자였다. 그는 많은 사람이 신대륙의 발견을 의심했을 때도 "지구는 둥글다. 서쪽으로만 계속 가면 반드시 신대륙은 나온다. 다른 사람들은 두려워할지 모르지만 나는 그 일을 할 수 있다."고 항상 말했고 정말로 그 일을 이루어냈다. 콜럼버스의 이런 강한 자신감은 항해 도중에 만난 악천후와 파도 등 힘겨운 상황에서도 이를 극복하는 원동력이 되어 선원들의 의지를 불태우면서 앞으로 나아가게 했다.

콜럼버스의 자신감은 선천적인 것이 아닌 노력으로 이루어진 것이었다. 그는 자신감이 충만한 사람이 되고 싶었고 그렇게 될 것이라고 믿었고 그렇게 되기 위해 노력했다. 그는 하루도 빠짐없이 자신감을 기르는 책을 읽으며 자신감이 넘치는 삶을 살게 해달라고 기도했다. 그리고 틈만 나면 "나는 할 수 있다!"는 말을 계속해서 되뇌었다.

신대륙 발견이라는 인류 역사상 위대한 업적을 이룬 것은 콜럼버스가 꾸준한 노력으로 자신감을 기른 덕택이었다.

자긍심

●● '나는 나로서 좋다'

자신을 이해하고 믿고 사랑하는 마음인 자긍심은 삶의 동력으로 주요한 인성덕목이다. 자긍심은 자신의 현재 모습과 가치를 인정하여 어떤 일을 해낼 수 있는 유능한 존재로 여기는 것이다. 자신에 대한 존중과 사랑은 '나는 너보다 낫다'가 아니라 '나는 나로서 좋다'는 생각이며 자신에 대한 믿음과 자기 긍정, 자기 존중, 책임감을 포함한다.

누구나 세상에 하나밖에 없는 경이롭고 유일한 존재다. 누구도 똑같이 생긴 사람은 없으며 똑같은 생각이나 아이디어, 일을 처리하는 방식을 가지고 있지 않다. 명품은 비교할 수 없으므로 명품이다. 다른 사람과 비교하지 말고 자신을 있는 그대로 받아들이고 자신만의 존귀한 가치를 찾아야 한다. 먼저 자신만의 진정한 가치를 인식하고 인정해야 한다. 자신이 특별하고 유일하고 존경받을 만한 존재로 여기고 자신의 육체와 이성, 성격을 존중해야 한다.

자기 사랑은 모든 깊은 사랑의 첫걸음이다. 애기애타愛己愛他는 '나 자신을 사랑할 수 있어야 남도 사랑할 수가 있는 것'이라는 뜻이다. 자기 자신과 사랑에 빠질 수 없다면 다른 사람과 깊은 사랑에 빠질 수 없다. 다른 사람을 사랑하려면 우선 자신부터 사랑하는 법을 배워야 한다. 좋아하는 사람이 생기기 전에 먼저 자신에게 도취하여 자신과 사랑에 빠져야 한다. 좋아하는 사람과 함께 하고 싶은 일들을 먼저 자신과 함께 해보아야 한다.

자긍심은 자신을 바라보는 자기 이미지의 문제다. 자기 이미지는 자신이 오랫동안 만들어 온 자신에 대한 생각들로 구성된 것이다. 적극적이고 생기 넘치는 생각을 주입하여 밝고 건전한 자기 이미지를 가지도록 노력해야 한다. 자신에게 너무 까다롭게 굴지 말고 너그러워지고 친구가 되어야 한다. 자신을 괜찮은 사람이라고 생각하고 인정하고 신뢰하고 칭찬해야 한다. 자신의 좋은 점들을 긍정하고 자랑스럽고 귀하게 여겨야 한다.

●● '나는 나를 믿는다'

칭기즈 칸은 가진 것이 없었다. 글을 읽고 쓸 줄도 몰랐고 목숨을 부지하기 힘든 험난한 어린 시절을 보내야 했다. 그가 가진 땅 역시 비옥하지 않았다. 그러나 칭기즈 칸은 그것을 부정하지 않았다. 오히려 긍정했다. 그는 언제나 '내가 가야 할 길을 막는 사람은 바로 자신'이라고 생각했다. 끝없는 자기 부정이 아닌 끝없는 자기 긍정으로 세계를 점령하고 지배했다.

칭기즈 칸은 어려운 여건에서도 한없는 자긍심으로 20만 명밖에 안 되는 기마군단을 이끌고 나폴레옹, 히틀러, 알렉산더가 정복한 땅을 모두 합친 것보다 더 많은 땅을 다스렸다. 교통과 통신이 원시적일 수밖에 없었던 시절 유라시아 대륙 절반을 한 사람이 통치했다는 사실은 경이로운 일이다.

칭기즈 칸(Genghis Khan,
1162~1227)
몽골의 무사이자 통치자.

내연 기관이 휘발유에 의해 움직이듯이 사람은 자긍심에 의해 움직인다. 자긍심이 가득 차 있으면 오랫동안 가지만 반만 차 있으면 움직이는 것이 시원치 않고 비어있다면 곧 멈추고 말 것이다. 자신을 사랑하는 사람만이 인생을 열심히 앞으로 나아가게 하며 그 힘은 내면으로부터의 자기 사랑이다. 자신을 사랑하지 않는 한 변화하고 발전하기 어렵다.

아무리 재능을 가지고 있다고 하더라도 자신에 대한 믿음이 없다면 소용이 없다. 자신이 부족하다는 생각, 가치 없는 사람이라는 생각, 호감이 가지 않는 사람이라는 생각은 스스로 불안감을 불러일으키고 자신감을 떨어뜨린다. 자신의 중요성과 가치를 인식하지 못하고 능력을 과소평가해서는 절대로 꿈을 실현할 수 없다.

인간은 자신을 인정하는 것만큼 발전한다. 자신의 한계를 받아들이면 그저 그렇게 머무르고 말 것이다. 자신이 여러 면에서 충분하다는 생각을 가지고 자신을 믿어야 한다. 자신의 잠재력의 무한함을 믿고 도전하고 극복해야 꿈을 실현할 수 있다. 자신을 믿어야 자신감이 강력한 힘을 발휘하여 발전하는 삶, 꿈을 실현하는 삶, 행복한 삶으로 만든다.

●● '나를 객관적으로 본다'

모차르트

한 소년이 자신이 음악적인 재능이 출중하다고 자신만만하면서 모차르트를 찾아가 "어떻게 하면 교향곡을 작곡할 수 있습니까?" 하고 물었다. 모차르트는 이 소년을 테스트해보고 나서 "교향곡을 작곡하기에는 아직 이른 것 같아. 교향곡보다는 민요부터 작곡해 보게."라고 말해 주었다. 소년이 항의하듯이 "10대에 선생님도 교향곡을 작곡하지 않았습니까?"라고 반문하자 모차르트는 "나는 아무에게도 교향곡 작곡법을 묻지 않고 스스로 터득했다네. 작곡은 배워서 익힐 수 있는 것이 아니라 영감에 따른 경우가 많아."라고 대답해 주었다.

자기 사랑은 무턱대고 할 수 있는 일이 결코 아니다. 자기가 보기에도 능히 사랑할 수 있는 사람이 되어야 가능하다. 끊임없는 자기 관찰과 자기 계발이 선행되어야 진정한 의미의 자기 사랑에 흠뻑 빠질 수가 있다. 과연 사랑할 수 있는 사람인지 스스로 생각해 보아야 한다.

꿈을 실현하기 위해선 자신이 어떤 면에서 뛰어난지를 알아야 한다. 어떤 재능을 알게 되면 이를 더욱 육성하고 보완해야 한다. 많은 사람은 타고난 능력을 내버려두어 재능을 살리지 못하지만 탁월한 사람은 자신의 재능을 알고서 발휘하고 있다. 어떤 분야에서 능력을 발휘할 수 있는지 생각해 보아야 한다.

실천하기

- 나를 사랑한다.
- 나를 가치 있는 사람으로 여기는 건전한 자기 이미지를 가진다.
- '내 잠재력의 한계치는 무한하다'고 생각한다.
- 어려움이 있을 때라도 흔들리지 않고 자신을 믿는다.
- 수시로 "나는 내가 좋다! 나는 최고다!"라고 자기 확언을 한다.
- 자신에 대해 객관적이며 정직하고 솔직한 시각을 가진다.
- 자신의 능력을 과대평가하지 않는다.
- 자만하지 않는다.

생각하기

- 나를 사랑하는가?
- 나만이 가지고 있는 독창적인 재능과 능력이 무엇인가?
- 나를 자랑스럽게 만들기 위해 어떤 노력을 기울이고 있는가?

한 젊은 청년이 뉴욕에 있는 대기업의 하급직원으로 일하며 오피스텔 생활을 하고 있었다. 그는 자신에 대한 어떤 자긍심도 가지고 있지 않으면서 그저 하루하루 직장생활을 보내고 있었다. 어느 날, 한 노인이 오피스텔 옆방으로 이사해왔다. 노인은 유명한 작가로서 오피스텔에서 집필 활동을 했다. 노인과 젊은이는 자주 방을 오가며 이야기를 나누었다. 세월이 흐르면서 많은 대화를 하는 가운데 하루는 노인이 자신은 사람들의 전생도 알고 있고 미래도 점칠 수 있다고 말했다. 그러면서 젊은이에게 "나는 자네의 전생을 봤어. 자네의 전생은 나폴레옹 보나파르트야." 하고 말했다. 나폴레옹이 누구인가! 젊은이는 한편으로는 으쓱해지고 흥미가 일기도 했지만, 노인의 말을 믿지는 않았다.

몇 주가 지나가는 동안 노인은 젊은이에게 그의 전생이었던 나폴레옹에 관해 계속해서 상세하게 말해 주었다. 결국에는 노인의 확신에 찬 이야기로 인해 젊은이는 자신이 전생에 나폴레옹이었다는 사실을 점차 믿게 되었다. 그 이후로 젊은이는 나폴레옹에 관한 많은 책을 섭렵하면서 자신에게 있어 나폴레옹과 비슷한 자질을 찾기 시작했다. 그러면서 자신의 내면에 나폴레옹의 특질이 있음을 인식하게 되었다.

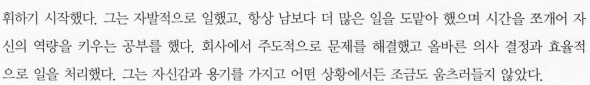

그리고 그가 자신이 가지고 있는 지도자적인 자질을 발휘하기 시작했다. 그는 자발적으로 일했고, 항상 남보다 더 많은 일을 도맡아 했으며 시간을 쪼개어 자신의 역량을 키우는 공부를 했다. 회사에서 주도적으로 문제를 해결했고 올바른 의사 결정과 효율적으로 일을 처리했다. 그는 자신감과 용기를 가지고 어떤 상황에서든 조금도 움츠러들지 않았다.

회사에서는 그에게 나타나는 변화를 느끼고 중요한 업무를 맡겼고 훌륭하게 해내었다. 얼마 지나지 않아 그는 높은 보수를 받게 되었으며 계속해서 승진했다. 몇 년 후 그는 소극적이고 수동적인 회사원에서 유능한 경영자로 탈바꿈했다.

인생에서 가장 중요한 대상은 바로 '자기 자신'이다. 자기 자신에 대한 사랑은 매우 중요하다. 자기 사랑은 자신에 대한 믿음과 자기 긍정, 자기존중, 책임감을 포함한다. 스스로 자신에게 힘을 주고, 인정하고, 사랑하는 자긍심으로 무장해야 한다.

긍정적인 자기 이미지

한 남자가 자신의 약혼녀와 함께 주말을 맞아 캐나다 삼림 지대를 거닐고 있었다. 그러던 중에 새끼를 낳은 어미 곰과 마주치게 되었다. 어미 곰이 새끼들을 보호하겠다는 일념에서인지 약혼녀를 공격하자 남자는 엉겁결에 어미 곰에게 달려들어 약혼녀를 구해내는 데 성공했다. 그 순간 어미 곰은 남자의 몸을 짓눌러 놓았다. 뼈가 드러날 정도로 잔인하게 물었으며 발톱으로는 얼굴을 이리저리 후려치며 짓이겨 놓았다. 남자가 목숨을 건진 건 기적에 가까웠다. 그 후 남자는 8년에 걸쳐 여러 차례 봉합 수술과 성형 수술을 받았지만, 자신이 바라봐도 여전히 끔찍한 얼굴이었다. 그는 다시는 사회에 얼굴을 내밀고 싶지 않았다. 그는 여러 차례 자살을 시도했지만, 번번이 발각되어 실패했다.

얼마 뒤 친구가 그에게 강연 테이프를 갖다 주었다. 그 테이프는 마흔두 살에 청력을 상실했지만, 세계에서 가장 뛰어난 세일즈맨이 된 폴 제퍼스에 관한 것이었다. "시련은 평범한 사람을 특별한 사람으로 만든다." 그 얘길 듣고 그는 자기 자신에게 말했다. "그것이 바로 나다. 난 특별한 사람이야!" 그는 사회로 나가서 보험 판매를 하기 시작했다. 그것은 날마다 많은 사람에게 자신의 모습을 드러내야 한다는 것을 의미했다. 그는 명함에다 아예 자신의 일그러진 얼굴 사진을 인쇄해 만나는 사람들에게 주면서 말했다. "내 겉모습은 흉하게 생겼지만 내면은 아름답습니다. 당신이 내게 관심을 가지면 금방 그것을 알게 될 겁니다."

그는 건전한 자기 이미지를 자신에게 불어넣으며 어려움을 극복하면서 꾸준히 활동해 나갔다. 몇 년 후 그는 캐나다에서 첫손가락에 꼽히는 보험 세일즈맨이 되었다. 그동안 그에게 문제가 되었던 것은 외모가 아니라 자신을 어떻게 바라보는가 하는 것이었다. 그는 자신의 흉측한 겉모습 때문에 열등감과 불건전한 자기 이미지에 사로잡혀 스스로 인생의 나락으로 떨어졌다. 하지만 자신의 내면의 아름다움을 깨달은 순간 건전한 자기 이미지를 갖게 되면서 가혹한 운명을 황금의 기회로 돌려놓은 것이다.

긍정

●● 긍정적 사고와 부정적 사고

삶을 영위하면서 잘 될 것이라고 믿는 긍정적인 자세는 주요한 인성덕목이다. 어떤 일을 대할 때 이건 된다고 생각하는 것과 안 된다고 생각하는 것과의 사이에는 엄청난 차이가 있다. 주어진 상황을 긍정적으로 보아야 긍정적 결과가 나온다. 일을 시작하면 잘 될 것이라고 낙관해야 잘 될 수 있다.

마음이란 밭 속에는 기쁨, 사랑, 즐거움 같은 긍정적인 씨앗이 있는가 하면 짜증, 우울, 절망 같은 부정적인 씨앗도 있다. 긍정을 심으면 긍정이 나오고 부정을 심으면 부정이 나온다. 긍정적 사고는 삶에 의욕과 활기를 불어넣지만, 부정적 사고는 삶의 폭과 속도를 감소시킨다.

경전인 ≪디아스포라≫에 '승자는 언제나 계획을 하고 있지만 패자는 언제나 변명을 하고 있다. 승자는 모든 문제에서 답을 찾아내지만 패자는 모든 답에서 문제를 찾아낸다. 승자는 어렵겠지만 가능하다고 말하나 패자는 가능한 일도 너무 어렵다고 말한다. 승자는 넘어지면 일어나 앞을 보고 패자는 넘어지면 일어나 뒤를 본다. 승자는 패자보다 열심히 일하지만, 시간의 여유가 있고 패자는 승자보다 게으르지만 늘 바쁘다고 말한다.'라고 했다.

긍정적인 사람은 부정적인 사람과 다르게 생각하고 행동한다. 긍정적인 사람은 느긋하고 낙관적인 자세로 마음을 열고 다양성을 추구하면서 기회를 만들어나가지만, 부정적인 사람은 걱정과 두려움이 많고 시야가 좁아 다양성을 피하고 기회를 놓쳐버린다.

●● 긍정적인 사고와 행동

닉 부이치치

닉 부이치치Nick Vujicic, 1982~ 는 호주에서 양팔과 양다리 없이 발가락 두 개가 달린 작은 왼발 하나만 가지고 태어났는데 밝고 긍정적인 사고와 태도로 절망을 희망으로 바꾸었다. 부모는 "너는 세상에서 가장 소중하고 다른 사람들보다 더욱 특별하단다. 없는 것 때문에 괴로워하지 말고 가지고 있는 것에 감사하고, 할 수 있는 것에 집중해라. 해보기 전에는 할 수 있는지 어떤지 모른다. 도전하는 걸 두려워 말고 최선을 다해라. 실패하더라도 포기하지 마라."라고 하면서 긍정적인 사고를 불어넣었다.

그는 두 개의 발가락으로 드럼을 치고 컴퓨터 자판기를 두드려 글을 쓰고, 팔다리가 없는 몸으로 축구, 골프, 줄넘기, 다이빙, 수영, 승마, 서핑을 한다. 대학에서 회계학과 경영학을 복수 전공했으며 결혼하여 아들이 있다. 세계를 돌며 희망전도사로 활동하면서 긍정적인 삶의 자세를 말한다. "아직도 내 옷장에는 신발 한 켤레가 있습니다. 팔다리가 다시 생기는 기적을 꿈꾸지요. 그런 기적이 일어나지 않는다 해도, 나는 다른 사람을 위해 스스로 기적이 되고 싶어요. 누군가 나로 인해 용기를 얻는다면, 세계 어디든 주저 없이 달려갈 것입니다."

진정으로 긍정적인 사람은 문제를 인식해도 해결책을 찾아내며 어려움을 당해도 극복할 수 있다고 믿으면서 최선의 결과를 만들어낸다. '할 수 있다'는 긍정적 생각을 하고 해낼 수 있는 실력을 갖추고 열정을 불살라야 한다. 믿음을 가지고 두려움 없이 미지의 세계를 향해 나아가야 한다.

긍정적인 사람은 열정을 되살려주는 활기찬 사람, 격려해주고 유익한 것을 깨닫게 해주는 사람, 대화를 나누면 즐겁고 행복하게 만드는 사람과 가까이한다. 매사에 불평불만을 늘어놓고 남을 헐뜯는 사람, 우울하게 만드는 사람, 계획에 찬물을 끼얹은 사람을 멀리한다.

긍정적 사고에서 쾌활한 행동이 나온다. 쾌활함은 바깥에서 오는 것이 아니라 자기 안의 기쁨, 긍정적 생각, 주어진 삶에 대한 감사와 만족에서 드러나는 것이다. 햇살이 꽃을 피어나게 하고 열매를 맺게 하듯이 쾌활함은 마음속에 좋은 씨를 심고 최고를 끌어낸다. 탁월함이란 쾌활함에서 길러진다.

쾌활함은 훌륭한 마음의 강장제로 쾌활함을 유지하는 한 절망하지 않으며 삶의 밝은 면을 볼 수 있다. 먹구름이 가득 낀 하늘 위에 빛나고 있는 햇빛이 있는 것처럼 아무리 힘든 상황이 오더라도 긍정적인 사고와 쾌활한 행동을 한다면 반드시 꿈을 실현할 수 있다.

●● 믿음의 힘

성 아우구스티누스는 "믿음은 아직 당장 눈에 보이지 않는 것을 믿는 것이다. 이 믿음에 대한 보상은 믿은 대로 보게 된다는 것이다."라고 말했다. 인간의 힘은 눈에 보이지 않는 믿음에 기인한다. 보이는 것을 믿기는 쉽지만 보이지 않는 것을 믿기는 어렵다. 하지만 보이지 않는 것에 대한 강한 확신은 행동으로 실행하게 하여 결과를 창출해낸다.

잘될 것이라는 믿음은 사람의 몸과 마음과 혼의 강력한 생명 에너지로 다가올 것이 무엇이든 기꺼이 받아들이게 한다. 믿음이 있는 사람은 어떤 상황에서도 일을 붙잡고 늘어지면서 잠재적 가능성을 찾아내어 기회를 맞이하고 새로운 길을 연다. 꿈의 실현은 믿음 없이 이루어지지 않으며 믿는 사람에게 안겨진다.

성 아우구스티누스

기대 법칙이란 어떤 결과를 기대하느냐에 따라서 그 기대가 이뤄진다는 것이다. 잠재의식에 따라 된다고 생각하면 되고, 안 된다고 생각하면 안 된다. 된다고 생각하는 사람은 될 수밖에 없는 이유를 찾고 안 된다고 생각하는 사람은 안 되는 이유를 열심히 찾는다. '할 수 있다, 될 수 있다'는 믿음을 가져야 한다.

확신과 신념으로 무장된 믿음은 꿈을 실현하기 위해 꼭 필요하다. 믿음은 좌절과 실패를 쉽게 극복하게 하는 위대한 힘이 있다. 실패로 종결되는 대부분은 부정적인 사고와 자신의 능력에 대한 의심 등 마음속에 심어놓은 한계 때문이다. 믿음으로 실패에 대해 두려워하지 않는 용기를 가지고 나아갈 때 꿈을 실현할 수 있다. 믿음은 어떤 장애물도 극복하게 하는 힘이다. 삶의 과정에서 난관에 부딪혔을 때 '안 해'나 '못 해'가 아니라 '할 수 있다'는 생각이 전혀 다른 결과를 가져온다. 힘든 상황이 오더라도 잘 되기 위한 과정으로 받아들여야 결국에 꿈을 이룰 수 있다.

성 아우구스티누스(Sanctus Augustinus, 354~430)
기독교 신학자이자 주교로, 로마 가톨릭교회 등 서방 기독교에서 교부로 존경하는 사람이다.

실천하기

- 부정적이고 방어적으로 생각하지 않고 긍정적으로 생각한다.
- 슬프게 하고 우울하게 만드는 생각을 하지 않는다.
- 기쁘게 하고 즐겁게 만드는 생각을 한다.
- 매일 아침 "난 오늘 기분이 좋다! 난 오늘 건강하다! 난 오늘 아주 멋있다!"라고 외친다.
- 부정적인 사람을 멀리하고 긍정적인 사람과 가까이한다.
- 안 좋은 일이 생기더라도 곧 좋아질 것이라고 믿는다.
- 항상 긍정적인 단어를 사용하여 말한다.
- 부정적인 메시지를 긍정적인 메시지로 바꾸어 말하는 습관을 들인다.
  "지각하고 싶지 않아." → "시간을 잘 지키고 싶어."
  "나는 할 수 없어." → "나는 할 수 있어."
  "네 방은 왜 그렇게 지저분해?" → "방을 깨끗하게 하면 좋겠어."
  "시끄럽게 떠들지 마." → "조금만 조용히 해주겠니?"

생각하기

- 나는 긍정적인 사람인가?

생김새는 똑같은 쌍둥이인데 성격은 정반대인 두 아이가 있다. 한 아이는 언제나 "모든 일이 잘되어 가고 있어!" 하면서 낙관적으로 보았는데, 한 아이는 아무리 좋은 상황이라도 비관적으로 보았다. 너무 극단적으로 반대되는 성향을 지니고 있어 균형감각을 찾아주기 위해 부모는 두 아이를 데리고 정신과 의사를 찾아갔다.

의사는 부모에게 한 가지 제안을 했다. "얼마 후에 있을 아이들 생일에, 비관적인 성격을 가진 아이에게는 사 줄 수 있는 최고의 선물을 사주고, 낙관적인 성격을 가진 아이에게는 개 사료를 선물하세요. 그리고 아이들을 각자 따로 선물을 열어보게 하세요."

의사의 제안대로 부모는 두 아이에게 선물을 준 다음 각자 따로따로 선물을 열어보게 하고 반응을 살폈다. 비관적인 아이에게는 최신식 노트북을 선물했는데 그는 노트북이 포장된 상자를 열자마자 불평을 늘어놓기 시작했다.

"이 노트북은 색깔이 마음에 안 들어요. 훨씬 디자인도 좋고 성능이 좋은 것이 있는데 바꿔야겠어요. 아니면 이 돈으로 내 맘에 드는 다른 것을 사야겠어요."

이제 부모는 낙관적인 성격을 지닌 아이에게 선물을 열어보게 하고 반응을 살폈다. 아이는 선물을 열어보고 처음에

는 개 사료인 줄 몰랐다. 부모가 설명을 해주자 반색을 하며 좋아했다. "날 놀리지 마요! 개 사료를 샀다면 나에게 애완견 한 마리를 사 주신다는 거죠?"

어떤 일에 직면하든 마음가짐만큼 중요한 것은 없다. 성공과 실패를 결정하는 것은 마음가짐에 달려 있기 때문이다. 긍정적인 생각을 하는 사람은 세상을 긍정적으로 활성화하고 긍정적인 결과를 자신에게 끌어들인다.

링컨의 긍정적 사고

에이브러햄 링컨은 무수한 시련과 실패를 거듭했다. 가난한 집에서 태어나 정상적인 학교 교육도 제대로 받지 못하고 시골에서 구멍가게를 열었지만 파산하였다. 연이어 사업에 실패했고, 주 의회 의원에 낙선했다. 그는 이런 상황을 겪으면서 주위 사람들에게 "내가 걷는 길은 험하고 미끄러웠다. 그래서 나는 자꾸만 미끄러져 길바닥에 넘어지곤 했다. 그러나 나는 곧 기운을 차리고 나 자신에게 '괜찮아. 길이 약간 미끄럽긴 해도 낭떠러지는 아니야.'라고 말했다."

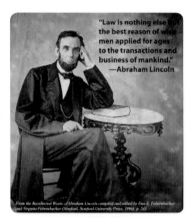

에이브러햄 링컨

또다시 사업에 실패했고, 약혼녀가 사망했고 그 후 결혼을 했지만, 악처를 만나 가정생활이 원만하지 못했으며, 신경쇠약으로 병원에 입원했다. 그 후 연이어 하원의원 선거에 두 차례 낙선했으며, 또다시 상원의원 선거에 두 차례 낙선했다. 그는 이렇게 시련과 실패를 겪을 때마다 절망과 두려움이 엄습했지만 굴하지 않고 극복하면서 미국 16대 대통령에 당선되어 전 세계적으로 존경받는 역사적인 인물이 되었다. 그는 대통령에 당선된 후 예전에 수차례에 걸친 낙선했을 때의 마음가짐과 행동을 회상했다.

"나는 울지 않기 위해 웃는다. 내가 만약 웃지 않았다면 나에게 닥쳐온 수많은 고통과 아픔 때문에 나는 벌써 죽었을 것이며 나에게 있는 소망은 사라졌을 것이다. 나는 낙선을 확인하고 음식점으로 가서 배가 부르도록 많이 먹었다. 그런 다음 이발소로 가서 머리를 곱게 다듬었다. 그때 누구에게도 당당한 모습으로 보였을 것이다. 단정한 모습에 걸음걸이도 곧았으며 배가 든든하니 목소리도 힘찼다. 나는 그때 속으로 외쳤다. 이제 나는 또다시 시작한다. 에이브러햄 링컨! 다시 힘을 내자. 승자는 구름 위의 태양을 보고 패자는 구름 속의 비를 본다. 나는 인생 막바지에 미국의 16대 대통령이 되었다."

계속되는 시련과 실패를 겪은 직후의 링컨의 긍정적인 모습이었다. 이런 긍정적인 사고가 수많은 위기를 돌파하고 역사에 남는 위대한 대통령이 될 수 있었던 원동력이었다.

실행

● ● 성취를 위한 실행

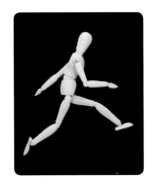

삶을 영위하면서 행동으로 옮겨야 성취할 수 있으므로 실행은 필요불가결한 인성덕목이다. 실행은 성취를 위한 필요조건으로 꿈의 실현은 지금 하는 행동에 따라 결정된다. 내일 무엇이 될 수 있는가에 대한 생각이 오늘 무엇을 할 수 있도록 인도해야 한다. 행동하는 사람이 가치 있는 사람이다.

인생에서의 먼 여행은 머리에서 가슴까지의 여행이며 머리로 이해할 수 있어도 가슴으로 절실히 느끼기는 어렵다. 이보다 더 먼 여행이 머리에서 발까지의 여행이며 머리로 이해하고 가슴으로 느꼈지만, 발로 실행하기는 어렵다.

성취를 위해서는 생각과 말로 그쳐서는 안 되며 실행해야 한다. 뿌린 대로 거두고, 뿌린 게 없으면 거둘 것도 없듯이 시도하지 않으면 아무것도 이룰 수 없다. 실행이 뒤따르지 않는다면 아무리 좋은 말도 생각도, 앎도 배움도 소용이 없다. 실행해야 성취할 수 있으며 진정한 힘이 생긴다.

어떤 기자가 유명 디자이너에게 '어떻게 그런 창의적인 아이디어의 디자인을 만들 수 있느냐'고 묻자 전혀 뜻밖의 대답이 나왔다. "아이디어는 별로 중요하지 않아요. 아이디어는 다섯 살짜리 아이도 얼마든지 낼 수 있어요. 중요한 것은 그 아이디어를 실행시키는 능력입니다."

실행이 없는 꿈은 몽상에 불과하여 꿈의 실현은 이루어지지 않는다. 많은 사람이 실행력 부족으로 희망차게 목표를 세우지만, 목표로 끝나고 말며 어떤 행동을 시도하려고 하지만 행하지는 않으며 계획을 세우지만 착수하지는 않는다. 실행이 뒤따르지 않는 사람의 말에는 형식적, 선언적, 이벤트성 말이 많다. 말과 실행을 일치시켜야 한다. 해야 할 일은 하기로 하고, 결심한 일은 반드시 행해야 한다.

존경받는 대학 총장이 학생들에게 삶의 자세에 대해 강의를 하게 되었는데 서두를 꺼낸 후에 웃음을 지으며 이렇게 말했다. "나는 여러분에게 도움이 될 만한 말을 하려고 했습니다만 문득 이런 생각이 떠올랐습니다. 지난해에 여러분은 얼마나 많은 조언을 들었으며 그 가운데 얼마나 많은 부분이 실행되지도 않은 채 남겨져 있는지 생각해 보셨나요? 아무리 좋은 말을 듣거나 생각을 가져도 실행하지 않으면 아무 소용이 없습니다. 젊은 열정을 가져도 행동해야 열정이 열매를 맺습니다. 해야 할 일을 느끼면서 행동을 취하지 않는다면 앞으로도 실행으로 옮길 가능성은 점점 낮아집니다."라는 말을 남긴 후 강의실을 떠났다.

거대한 만리장성이나 피라미드도 작은 벽돌 한 장을 쌓는 것에서 시작되었다. '아는 것'과 '하는 것'의 결과는 엄청난 차이다. 알고 깨닫기만 한 채, 행하지 않으면 그림의 떡과 같다. 위대한 사상도 작품도 한 줄의 글을 표현함으로써 시작되는 것이다.

작은 행동 하나가 꿈의 실현으로 연결되어 새로운 인생으로 이끈다. 모든 일에 있어서 가장 간결한 대답은 바로 '실행'이다. 적극적으로 행동해야겠다는 생각이 들 때까지 기다리지 말아야 한다. 행동이 이치를 따져 분석하는 것보다 꿈에 더 가까이 가도록 해준다는 사실을 명심하고 실행해야 한다.

사람들은 하는 말보다 행동에 더 주의를 기울인다. 마음먹지만 행동으로 옮길 시간을 찾지 못한다면 굶어 죽을 때까지 먹고 마시고 자는 것을 하루하루 미루는 것과 다를 바 없다. 꿈을 실현하는 출발점을 실행으로 삼고 지금 바로 시작해야 한다.

●● 미루지 않기

악마들이 인간을 가장 무능하게 만들 수 있는 것이 무엇인지 회의를 했다. "몸을 아프게 하는 병을 주는 것입니다." "어떤 일에나 실패하게 하는 것입니다."라는 말이 나오자 한 악마가 자신만만하게 "인간들 가슴에 미루는 마음을 심어두는 겁니다."라고 말했다.

철학자 임마누엘 칸트는 너무 논리적이고 신중한 나머지 매사에 쉽게 결정하지 못하는 약점이 있었다. 칸트와 서로 사랑하는 연인이 있었는데 어떤 영문인지 칸트가 먼저 프러포즈 하지 않자 여성이 사랑을 고백하고 청혼했다. 그러자 칸트는 "한번 생각해 보겠습니다."라고 대답하고 그때부터 도서관에 가서 결혼에 관한 글을 읽으면 결혼에 대해 생각하지 시작했다. 깊고 철저하게 연구한 후에 연인과 결혼을 결심하고 집을 찾아갔지만 이미 결혼하여 아이의 엄마가 되어 있었다.

칸트

여러 핑계를 대면서 "나중에 하지."라고 말을 하지만 그 나중이 꿈의 실현을 영영 멀게 하여 삶의 가치와 행복을 찾을 수 없게 할 수도 있다. '나중에'라는 말은 스스로 기회를 가로막으려고 세우는 장벽이며 스스로 꿈을 깨려고 휘두르는 망치다. 저녁에는 '내일은 이 일을 해야지.' 하다가 다음 날 아침이면 또다시 미루는 습성을 가져서는 안 된다. 실행하지 않는다면, 꿈이 현실로 될 기회를 얻지 못하게 된다. 꿈에 기회를 주어야 한다.

'시작이 반'이라는 말이 있듯이 일단 시작하면 길이 보이고 해결책이 모색된다. 할 수 있는 일이나 할 수 있다고 믿는 일이라면 일단 시작해야 한다. 실행에는 그 자체에 마법과 같은 힘을 가지고 있어 성취라는 은총을 내리게 되어 있다.

헨리 데이비드 소로는 "시도해 보고자 하는 일이 있다면 주저하지 말고 시도해라. 마음을 불편하게 하는 의혹은 품지 말라. 아무도 해줄 수 없는 일을 스스로 해라. 그 밖의 다른 일은 모두 잊어버려라."고 했다.

헨리 데이비드 소로

해야 할 일은 반드시 해야 하며 지금 해야 할 일을 뒤로 미루는 사람에게 꿈의 실현은 이루어질 수 없다. 미루는 사람은 무능한 사람이며 '때가 무르익으면…', '그럴 수 있는 상황이 오면…' 하고 미루다가 어느새 목표 자체가 사라져 버린다. 꿈을 실현한 사람은 '오늘'이라는 손과 '지금'이라는 발을 갖고 있지만 실패한 사람은 '내일'이라는 손과 '다음'이라는 발을 갖고 있다. 나중에 하지 않은 것을 후회할 것이 아니라 지금 시작해야 한다. 무언가 '되기be' 위해서는 지금 이 순간 여기서 무언가를 '해야do' 한다. 미루지 말고 지금 당장 실행에 옮겨야 한다.

현대 사회는 생각의 속도까지 다투는 무한경쟁의 세상이며 속도는 가치의 원천이다. 디지털 시대는 큰 것이 작은 것을 이기는 것이 아니라 빠른 것이 느린 것을 이기는 시대이다. 신속성을 자신의 경쟁 우위 요소로 만들어야 한다. 올바른 방향을 정하고 빠르지 않으면 실패의 나락으로 떨어진다. 꿈의 실현 여부는 직면하는 상황에 얼마나 빠르게 대처하느냐에 달려있다. 민첩성, 속도가 힘이며 경쟁력임을 명심하고 신속히 실행해야 한다.

실천하기

- 천 마디 말보다 하나의 행동이 더 값지다고 생각한다.
- 결심한 일은 반드시 실행한다.
- 일의 긴급함을 의식하여 곧바로 행동을 취한다.
- 완벽하게 준비하지 않았더라도 일단 실행한다.
- "어떻게 목표를 달성할 수 있을 것인가?"를 자문한다.
- 빨리 움직여서 일을 빠르게 처리한다.
- 해야 할 일을 미루지 않는다.

생각하기

- 나는 실행력이 있는 사람인가?
- '좋은 계획에서 좋은 행동으로 가는 길처럼 먼 것은 아무것도 없다' 는 격언을 음미해 보자.

에디슨이 발명왕으로서 명성을 얻고 있을 때 후원을 해주던 기업가가 도움을 주기 위해 한 수학자를 추천했다. 에디슨은 수학자의 능력을 시험해보기 위해서 아주 복잡한 구조의 병을 만들어 건네면서 말했다.

"일주일 이내로 이 병에 물을 얼마나 담을 수 있는지 계산해 주세요."

일주일이 지나고 에디슨이 결과를 물어보자 수학자가 말했다.

"이 병의 구조가 하도 복잡해서 단순한 수학 원리로는 계산할 수가 없어 조금 더 시간이 걸릴 것 같습니다."

그러나 다시 일주일이 지나도록 수학자는 해답을 내놓지 못했습니다. 에디슨은 수학자를 데려다 놓고 병에다 물을 부은 다음에 그 물을 비커에 옮겨 부은 뒤에 말했다.

"이것이 이 병의 부피입니다. 이론을 잘 아는 사람도 나에게는 필요하지만, 실행으로 연결해주지 못한다면 아무런 소용이 없지요."

토머스 에디슨(Thomas Alva Edison, 1847~1931)
미국의 발명가이자 사업가이다. 축음기, 현대 전화기의 전신인 탄소송화기, 백열전구, 가장 효율적인 혁신적 발전기, 최초로 상업화된 전등과 전력 체계, 실험적 전기철도, 가정용 영사기 등 1,300여 종류를 발명해 세계의 발명왕으로 불린다. 1,093개의 미국 특허가 에디슨의 이름으로 등록되어 있다. 어렸을 때 청각장애를 일으켰는데, 청각장애는 그의 활동과 작업에 막대한 영향을 미쳤고, 많은 발명품을 만들게 된 동기가 되었다. 그는 사망할 때까지 발명을 계속했으며 현재도 뉴저지의 에디슨 국립연구소는 그가 남긴 메모를 바탕으로 연구를 진행하고 있다.

에디슨

끈기

●● 끈기의 의미

끈기는 주어진 과제를 성실히 수행하며 목표 달성을 위해서 최선을 다하는 것으로 주요한 인성덕목이다. 끈기는 인격의 기초를 닦는 데 중요한 요소이며 중심적인 힘으로서 삶에 진정한 향기를 불어넣는 희망의 기반이다. 끈기는 지루하고 고된 일을 참고 견뎌내게 해주며, 인생의 여정에서 한 단계 한 단계 앞으로 나아가게 해준다.

끈기는 성공의 비결이다. 나폴레옹이 "승리하는 자는 자기 적보다 3분을 더 버티는 자이다."라고 했듯이 승리는 끈기 있는 사람에게 주어지는 신의 선물이다. 장애물에 꺾이지 말고 의지와 억척스러움으로 버틸 때 마침내 원하는 것이 이루어지는 것이다.

공자

끈기가 없거나 실패하는 사람이 통상적으로 하는 말은 "이 분야는 나랑 안 맞아.", "아무리 노력해도 결과가 안 좋았어.", "재미가 없어."이다. '작심삼일作心三日'을 해서는 안 된다. 어려움에 부닥쳤을 때 포기할 이유를 찾는 건 너무나 쉽다. 아무리 힘들어도 '중지' 버튼을 누르지 말고 끈기를 가지고 꾸준히 추진해야 한다.

공자는 '너무 빨리 무엇을 이루려 하지 마라. 무리하게 빨리 무엇인가를 이루려 하면 목표에 도달하지 못할 것이다. 조그만 이익에 연연하면 큰일을 이루지 못할 것이다. 無欲速 欲速則不達 見小利則大事不成'라고 했다.

●● 기다린다는 것

인생은 기다리고 또 기다리는 일이다. 산다는 건 시간을 기다리고 견디는 일이다. 기다림의 순리를 따라야 한다. 기다리는 것도 일이다. 일이란 꼭 눈에 띄게 움직이는 것만이 아니다. 기다리는 일에 익숙해야 한다. 준비하고 최선의 노력을 다하면서 자신이 활짝 필 날을 기다려야 한다.

한국과 중국, 일본에서 자생하는 종류로, 모죽毛竹이라 부르는 대나무가 있다. 이 대나무는 땅이 척박하든 기름지든 간에 4년 동안 하나의 죽순만 밖으로 나와 있을 뿐 자라지 않는다. 하지만 5년째 되면 하루 70~80cm씩 자라기 시작해 30m까지 자란다. 처음의 그 4년 동안은 숨죽인 듯 뿌리가 형성되어 땅속으로 깊고 넓게 퍼져나가면서 기다리다가, 당당하게 모습을 세상 밖으로 드러내는 것이다.

꽃이 저마다 피는 계절이 있듯이 인생도 활짝 피는 때가 있으니 너무 조급해하지 말아야 한다. 기다린 끝에 계절이 오고 감춰진 것을 무르익게 한다. 반개한 꽃봉오리를 억지로 피우려고 화덕을 들이대고 손으로 벌려도 소용이 없다. 이처럼 때를 기다려야 마침내 만개한 꽃봉오리를 볼 수 있듯이 수확을 하려면 씨를 심고 희망을 품고 기다려야 한다. 기다릴 만한 가치가 있는 좋은 열매는 천천히 익는 법이다.

끈기를 가지고 노력을 기울이면서 기다릴 줄 아는 것은 삶의 비결이다. 위대한 업적은 단번에 성취할 수 있는 것이 아니다. 최상의 진보는 늦은 속도로 천천히 진행된다. 기다리는 마음과 힘이 최상의 결과를 창조한다.

●● 참고 견디는 것

인내는 정신의 숨겨진 보배다. 인내할 수 있는 사람이 현명한 사람이다. 대담하고 용감무쌍하며 두려움 없이 참고 견딘다. 참고 견디는 힘이 없다면 명성을 얻을 수 없으며 인생의 승리자가 될 수 없다. 안 된다고 생각해 포기하지 않고 시도하는 사람이 승리자이다. 성공이란 남들이 끈을 놓아버린 뒤에도 계속 매달려 있는 사람에게 돌아가는 대가이다.

인내하는 사람은 중도 포기나 우유부단이 없이 이룰 때까지 한다. 안 된다고 좌절하는 것이 아니라 방법을 달리한다. 방법을 달리해도 안 될 때는 원인을 분석한다. 분석해도 안 될 때는 연구한다.

실패는 실패할 때 끝나는 것이 아니라 포기할 때 끝나는 것이다. 중도 포기할 만큼 힘든 상황에서 조금만 더 버텨야 한다. 대부분의 실패는 스스로 한계라고 느끼고 포기했을 때 찾아온다.

스스로 한계를 만들지 말아야 한다. 마음의 관념인 한계를 지나면 쉬워질 수도, 성사될 수도 있다. 마지막이라고 느껴질 때 인내를 발휘해야 한다. 인내는 불가능함을 가능하게, 가능함을 유망하게, 유망함을 확실하게 만든다. 인내를 가지고 원하는 목표를 향해 노력을 계속하는 것이 참다운 인성 발휘이다.

실천하기

- 삶에 끈기를 가지고 버티고 기다리면서 제 길을 간다.
- 일희일비하지 않고 인내하면서 꾸준히 노력한다.
- 중도 포기할 만큼 힘든 상황에서 조금만 더 버틴다.
- 마지막이라고 느껴질 때 인내를 발휘한다.

생각하기

- 자신이 끈기와 인내심을 가진 사람이라고 생각하는가?

한 여성이 기자로 일하다가 불의의 사고로 다리를 심하게 다쳐 실직했다. 그녀는 자신의 처지에 대해 원망하거나 낙심하지 않고 글을 쓰기 시작했다. 그녀는 10년 동안 심혈을 기울여 1,037페이지의 대작 소설을 완성했다. 하지만 어느 출판사에서도 출판하려고 하지 않았다. 3년 동안 번번이 퇴짜를 맞으면서 원고는 너덜너덜해졌다.

그러던 어느 날 애틀랜타 지방신문에 '뉴욕 맥밀란 출판사 사장 레이슨이 애틀랜타를 방문한다'는

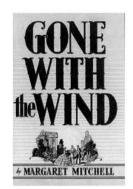

≪바람과 함께 사라지다≫
초판 표지

기사가 실렸다. 그녀는 애틀랜타를 방문한 후 기차 편으로 떠나는 레이슨에게 "제가 만든 원고예요. 부탁이니 한 번만 읽어 보세요!"라고 간곡히 부탁하면서 원고 뭉치를 건넸다.

레이슨은 장거리 여행을 하는 동안 무료함을 달래기 위해 원고를 읽기 시작했다. 처음에는 무심코 원고를 읽기 시작했지만, 얼마 지나지 않아 그는 원고에서 눈을 뗄 수 없었다. 그는 곧장 그 원고를 출판했는데, 출판된 책은 하루에 5만 권 이상 팔렸고, 12개 국어로 번역됐으며, 영화로도 제작돼 세계적 화제작이 됐다. 그 책이 바로 마거릿 미첼이 쓴 ≪바람과 함께 사라지다≫이다.

≪바람과 함께 사라지다 Gone With the Wind≫
남북전쟁과 전후의 재건을 배경으로 미국 남부의 귀족 사회가 붕괴해 가는 과정을 묘사한 작품이다. 기구한 운명을 지녔지만 강인한 주인공 스칼릿을 중심축으로 다양한 인물들의 사랑과 삶을 그리고 있다.

마거릿 미첼(Margaret Mitchell, 1900~1949)
미국의 소설가. 10년 동안 조사하고 집필하여 1936년 ≪바람과 함께 사라지다≫를 출간하여 세계적인 베스트셀러가 되었고 1937년에 퓰리처상을 받았고, 1939년에는 영화로 만들어져 같은 해 아카데미상 10개 부문을 휩쓸었다.

근면

●● 삶과 일

삶을 영위하면서 일과는 뗄 수 없는 관계이므로 일을 부지런히 하는 근면은 주요한 인성덕목이다. 인간은 누구나 삶의 목적으로 가치 있다고 생각하는 것을 이루고 싶어 한다. 일이란 삶의 목적을 달성하기 위하여 행하는 정신적·육체적 활동을 의미한다.

새가 날기 위해 태어난 것처럼 인간은 일하기 위해 태어났다. 일은 축복이며 일한다는 것이 인생의 가치이며 행복이다. 일하는 자는 힘을 갖고 있으며 게으른 자는 힘이 없다. 세상을 지배하는 자는 열심히 일하는 사람이다.

일은 인간의 삶에서 다양한 의미를 지니고 있다. 기본적으로 일을 통해 일상생활에 필요한 것을 만들어내고 그 대가를 받아서 생활한다. 일은 인격 수양에 도움이 된다. 일하면서 규칙적인 생활 습관을 할 수 있고, 절제와 성실 책임감과 같은 도덕적 가치를 배운다. 일하는 과정에서 겪게 되는 여러 가지 어려움을 극복하기 위하여 최선을 다하면서 몸과 마음을 단련한다. 일을 통해 공동체의 규범을 익히고, 더불어 살아가는 방법을 배운다. 함께 일을 하는 과정에서 협동과 나눔, 배려와 같은 공동체 생활에서 필요한 태도를 배우고 공동체 발전에 이바지한다.

누구나 머리나 손을 이용해서 일해야 한다. 일은 생활의 방편만이 아니라 목적이다. 일함으로써 삶에 보람과 가치를 느낄 수 있으며 건강하고 활기차게 살아간다. 인간은 할 일이 없어 빈둥대며 놀아서는 안 되며 부지런히 일해야 한다. 일에 잠재된 자신의 능력을 발휘하여 삶의 의미를 발견하고 보람과 기쁨을 느끼면서 꿈을 이루어 자아를 실현한다.

자아의 실현은 일이 중요한 역할을 하면서 직업에서의 일에 따라 삶의 모습이 달라진다. 직업職業은 사회적 지위나 역할을 나타내는 직職과 생계를 유지하는 노동을 뜻하는 업業이 합쳐진 말이다. 직업은 생계유지 수단일 뿐만 아니라 자아실현에 이바지하며 공동체에서의 역할을 분담할 수 있게 한다.

칼뱅은 "모든 직업이 신의 부름, 즉 소명에 따라 주어지는 것이므로 직업을 성실하게 수행하여 봉사를 적극적으로 실천해야 한다."라고 주장했다. 직업에 헌신하는 것은 각 개인의 위치에서 주어진 일에 최선을 다할 수 있는 진실한 정신적 자세와 태도를 기르는 것을 의미한다.

칼뱅

베버는 ≪프로테스탄티즘 윤리와 자본주의 정신≫에서 "인생의 목적을 부를 쌓는 데 두고 산다면, 그것은 종교적으로 죄악이다. 그러나 성실하게 직업 노동을 수행한 사람이 부를 획득한다면, 그것은 신의 축복이다. 직업에서의 노동은 신의 영광으로 장려되어야 한다."라고 했다. 직업 노동을 가장 좋은 금욕적 수단으로 보고 이로 인한 부의 획득을 신의 축복이자 구원의 증표로 보았다.

일은 육체뿐 아니라 정신에도 유익하다. 생명력, 건강, 기쁨을 얻으며 자제력, 주의력, 적응력을 키우고 단련시켜 인격적인 수양에서 최고의 스승이다. 일하지 않으면 정신적 혼수상태에 빠지게 되며 일을 함으로써 해악을 멀리할 수 있다. 놀고 있

막스 베버

는 두뇌는 악마의 놀이터로 공상의 문이 열려서 유혹이 쉽게 접근하고 사악한 생각이 떼 지어 들어온다. 일은 악마를 쫓아내는 데에 유익하다.

바다의 배에서 선원들이 할 일이 없어 불평을 늘어놓으면 노련한 선장은 닻이라도 닦으라고 명령한다. 빈둥거리며 지내는 것은 영혼을 망치므로 빈둥거리지 말고 유익한 일로 빈 시간을 꼭 채워야 한다.

●● 즐거워하는 일

에디슨은 자신이 하는 일에 대해 "나는 평생 단 하루도 일한 적이 없으며 늘 재미있게 놀았다. 돈이 발명가의 노력에 대한 보상으로 보이기 쉽지만 나는 발명하는 내내 엄청난 희열을 느낀다. 사실 나에게 돌아오는 가장 큰 보상은 일 자체가 주는 즐거움이다. 그리고 그것은 세상이 성공이라고 떠들기 전에 이미 이루어진다."라고 했다.

너무나도 하고 싶은 일을 하면 인생에서 힘든 '일'이 아니라 즐거운 놀이가 되는 것이다. 인생의 의미를 느끼면서 일하는 사람은 성공한 인생이지만 돈만 벌기 위해서 일하는 사람은 실패한 인생이다. 훌륭한 일자리는 삶에 활력을 주고 의미를 부여하지만 잘못된 일자리는 삶의 의미를 고갈시켜 버린다.

일을 어떤 마음과 태도로 하느냐가 삶의 보람과 행복을 결정한다. 하는 일이 지루하고 괴로우면 자신의 인생도 지루하고 괴로워지고, 하는 일이 기쁘고 즐거우면 자신의 인생도 덩달아 기쁘고 즐거워진다. 하는 일이 즐거울 때 인생은 기쁨이고 의무일 때 노예가 된다. 일이 즐거우면 세상은 낙원이지만 일이 괴로우면 세상은 지옥이다. 싫은 일에서 창조의 힘은 솟아나지 않으며 즐겁고 희망적인 일에 종사하는 것은 행복의 비결이다.

스티브 잡스가 말했다. "때로 세상이 뒤통수를 치더라도 결코 믿음을 잃지 말아야 한다. 내가 계속 나아갈 수 있었던 유일한 이유는 내가 하는 일을 사랑했기 때문이었다. 사랑하는 일을 찾아야 한다. 사랑하는 사람이 내게 먼저 다가오지 않듯. 일도 그런 것이다. 일이 인생 대부분을 차지한다. 그런 거대한 시간 속에서 진정한 기쁨을 누릴 방법은 스스로가 위대한 일을 한다고 자부하는 것이다. 자기 일을 위대하다고 자부할 수 있을 때는, 사랑하는 일을 하는 그 순간뿐이다. 지금도 찾지 못했다면, 계속 찾아야 한다. 안주하지 말아야 한다. 전심을 다 하면 반드시 찾을 수 있다. 일단 한 번 찾아낸다면, 서로 사랑하는 연인들처럼 시간이 가면 갈수록 더 깊어질 것이다. 그러니 그것들을 찾아낼 때까지 포기

하지 말아야 한다. 현실에 주저앉지 말아야 한다."

직업에서 삶의 의미를 찾을 수 있어야 한다. 일하는 시간을 잊을 정도로 집중할 수 있는 직업이 최고의 직업이다. 즐거운 마음으로 일을 잘하기 위해서는 열망하는 일을 해야 한다. 자신이 간절히 원하는 것이 무엇인지 자신에게 묻고 선택하여 열정과 에너지를 쏟아 부어야 한다.

●● 잘할 수 있는 일

자신이 할 수 있는 일과 할 수 없는 일이 무엇인지 알아야만 최선의 능력을 발휘할 수 있다. 할 수 없는 일을 알아야만 그 일에 발목이 잡히지 않으므로 할 수 없는 일이 무엇인지 파악해야 한다. 그것이 할 수 있는 일을 아는 것보다 훨씬 중요하다.

자신의 능력으로 잘할 수 있는 일이 있고, 아무리 노력해도 잘할 수 없는 일이 있다는 것을 깨닫고 인정해야 한다. 자신의 능력으로는 도저히 잘할 수 없는 일에 도전하거나 매달려 있다면 인생의 낭비다. 자신의 능력으로 잘할 수 있는 일에 집중한다면 인생은 풍요로워진다. 잘할 수 있는 일을 찾아야 한다. 최선을 다했다는 생각을 하고 생을 마감할 수 있도록 능력을 최대한 발휘할 수 있는 일에 종사해야 한다.

꿈을 실현하는 사람은 자신이 평생을 바쳐 할 수 있는 일을 찾아내고 그 일에 집중하여 성과를 내는 사람이다. 진정으로 좋아하면서 잘할 수 있는 일을 택하고 인생을 투자해야 한다.

칼뱅(Jean Calvin, 1509~1564)
종교 개혁을 이끈 프랑스의 기독교 신학자이다.

막스 베버(Max Weber, 1864~1920)
독일의 사회학자·정치경제학자. 프로테스탄티즘을 자본주의와 관련지어 규명한 '프로테스탄티즘 윤리'라는 주제와 관료제에 대한 사상으로 유명하다.

실천하기

- 좋아하는 일을 한다.
- 능력을 발휘하여 잘할 수 있는 일을 한다.
- 내가 하는 일을 사랑하면서 최선을 다한다.
- 지금 하는 일을 즐기면서 집중한다.

생각하기

- 내가 지금 하는 일이 좋아하는 일인가?
- 내가 지금 하는 일이 내 능력을 발휘하여 잘하는 일인가?
- 나는 지금 하는 일에 최선을 다하고 있는가?

대학을 졸업한 후 취직을 한 제자가 자신이 존경하는 교수를 찾아와 말했다.

"교수님, 저는 일이 중요하다는 걸 잘 알고 있습니다만 취직해서 일해 보니 제가 원하는 일이 아닌 것 같은데 어떻게 해야 합니까? 저는 지금 생계를 위해 어쩔 수 없이 일하고 있습니다."

제자의 말을 진지하고 듣고 있던 교수가 말했다.

"어쩔 수 없어서 일한다고? 비록 원하는 일이 아니라고 하더라도 열심히 최선을 다할 때 원하는 일을 할 기회가 주어질 것이며 그때 더욱 능력을 발휘할 수 있을 거야. 원하는 일이 아니라고 그저 그렇게 그럭저럭 지내다 보면 원하는 일을 할 기회가 주어지지 않을 뿐만 아니라 설사 그런 기회가 주어졌다고 하더라도 또다시 그럭저럭 보내면서 능력 발휘를 하지 않거나 못하게 될 거야."

묵묵히 듣고 있던 제자가 물었다.

"교수님, 그런데 인간은 평생 일을 해야만 하는데 일은 삶에 어떤 의미가 있습니까?"

교수는 좋은 질문이라고 생각했는지 흐뭇한 표정을 지으며 대답했다.

"일에는 일 자체 그 이상의 의미가 담겨 있어. 주어진 일에서 최선을 다한다면 근면과 인내와 의지와 같은 덕목을 익히고 키울 수 있을 거야. 아무리 하찮아 보이고 마음에 안 드는 일이라도 일을 하지 않는 게으른 상황에 비한다면 수많은 유익을 얻을 수 있어. 사람은 일을 통해 배우고 성장하는 거야. 그러니 주어진 일에 감사하면서 최선을 다해야겠지."

성실

● ● 성실의 결과

말과 행동에 일관성이 있으며 타인에게 믿음을 주는 성실은 삶을 영위하는 견인차로 주요한 인성 덕목이다. 삶은 땀을 먹고 자란다. 삶을 영위하면서 성실한 노력을 기울이지 않고는 어떤 것도 이룰 수 없다. 수확의 기쁨이 흘린 땀에 정비례하듯이 성실함의 결과로 얻어지는 성과의 기쁨 없이는 참된 행복을 누릴 수 없다. 떨어지는 물방울이 돌에 구멍을 내듯이 성취는 열심히 노력하는 성실함을 사랑한다.

도산 안창호

도산 안창호 선생이 미국에 건너가 청소부로 일하면서 공부할 때, 하루는 어느 미국인의 저택에서 한 시간에 1불씩 받고 여덟 시간 청소하게 되었다. 그는 사람의 손이 닿지 않는 구석까지 청소 도구를 만들어서 청소하였다. 집주인이 베란다에서 내려다보니 마치 자신이 거처하는 방을 청소하듯이 성실히 하는 것을 보고 감동하여 "어느 나라 사람이기에 이렇게 열심히 청소를 하나요?" 하고 물었다. 그때 도산 안창호 선생은 "대한제국 사람입니다."라고 대답했다. 청소가 끝난 후 주인은 흐뭇한 표정을 지으며 처음에 약속한 것보다 50센트씩 더하여 12불을 주면서 "당신은 성실함으로 이루지 못할 일이 없을 것입니다."라고 말했다.

사람은 어떤 상황이나 환경에서도 항상 자신에게 주어진 일에 최선을 다하며 살아야 한다. 지금 현재 주어진 상황에서 성실한 자세로 임하지 않는다면 아무리 좋은 상황이 오더라도 성실함을 보이지 못할 것이다. 비록 현재 상황이 어렵더라도 성실한 자세를 보이면 좋은 상황이 왔을 때 더 많은 성취를 거둘 수 있을 것이다.

어떤 일을 하는 것이 중요한 것이 아니라 그 일을 얼마나 열심히 하느냐가 중요하다. 지금 자신이 하는 일이 어떻게 쓰일 것인지가 중요한 것이 아니라 어떠한 자세로 일하고 있는지, 성실한 태도 여부가 중요하다. 매 순간을 성실한 자세로 최선을 다해야 한다. 매일 매일 잠들기 전에 하루의 일과를 돌아보면서 최선을 다해 만족스럽다고 스스로 칭찬할 수 있는 삶을 살아야 한다. 그렇게 하다 보면 꿈을 향한 길이 보일 것이다.

《중용》

● ● 땀은 배신하지 않는다

《중용》에 '남이 한 번에 능하면 나는 백번을 하고 남이 열 번에 능하면 나는 천 번을 한다(人一能之 己百之 人十能之 己千之). 과연 이 방법으로 한다면 비록 어리석다 하더라도 반드시 밝아지고 비록 유약하더라도 반드시 강해진다.'고 했다. 실력은 꾸준한 성실의 다른 이름이다.

성실함으로 반복적인 노력을 기울이는 것은 어떤 분야에서 탁월해지는 것이며 달인이 되는 비결이다. 인생을 살아가는 데는 재능보다도 성실한 노력이 있어야 한다. 재능이 있지만, 노력이 부족하면 재능이 꽃피지 못한다.

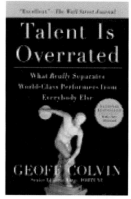

≪재능은 어떻게 단련되는가?≫

제프 콜빈은 ≪재능은 어떻게 단련되는가?≫에서 '위대함을 낳는 매직 넘버, 1만 시간의 법칙'을 주장하였다. 어느 분야에서든 세계 수준의 전문가가 되려면 1만 시간의 연습이 필요하며, 그 연습도 무턱대고 하는 연습이 아니라 '신중하게 계획된 연습deliberate practice'을 해야 한다고 했다. 1만 시간은 대략 하루 세 시간, 일주일에 스무 시간씩 10년간 연습한 것과 같다.

성실함이란 어떤 문제에 부딪히면 남보다 시간을 두세 곱절 더 투자하는 것이다. 땀은 배신하지 않으며 성실함을 이기는 천재는 없다. 평범하지만 꾸준히 노력하는 사람이 게으른 천재를 이긴다. 재능을 믿지 말고 노력을 믿어야 한다. 재능을 가진 사람은 많지만 중요한 사실은 재능을 갖는 것만으로는 충분하지 않으며 재능을 가꾸는 성실한 노력이 뒤따라야 한다.

천재를 만드는 것은 1%는 영감이요, 99%는 땀이란 말이 있다. 천재는 열심히 노력한 결과로 탄생한 것이다. 진정한 천재는 성실이라는 평범한 자질을 높이 사면서 무조건 열심히만 하는 것이 아니라 효율적인 노력을 기울인다. 유익한 일에 시간을 쓰고 필요 없는 행동을 하지 않는다. 현명하게 창의적으로 노력하여 성과를 창출해야 한다.

꿈을 실현한 사람에 대하여 운이 좋았다고 말하지만, 운은 우연이 아닌 노력의 필연적 결과로 노력의 절대량이 많아질수록 운은 좋아지게 마련이다. 기회라는 운은 성실히 노력하면서 준비한 사람에게 찾아온다. 성실의 효과는 언젠가는 어떠한 형식으로든지 거두어지게 마련이다.

바람과 파도가 유능한 항해사의 편이듯 행운은 성실한 사람 곁에 있다. 성실한 노력을 기울이지 않고서는 인생에서 열매를 맺을 수 없으므로 성실하지 못한 인생을 수치스럽게 생각해야 한다. 정신을 바짝 차리고 꾸준히 노력해야 한다. 인생은 노력하는 사람에게 아름다운 보상을 해준다. 태평하게 행운이 찾아오기만을 기다려서는 안 되며 성실한 노력을 기울여야 한다.

●● 한 걸음 한 걸음씩

1959년 티베트에서 중국의 침략을 피해 여든이 넘은 노인이 히말라야를 넘어 인도에 왔다. 그때 기자들이 놀라서 노인에게 물었다. "어떻게 그 나이에 그토록 험준한 히말라야를 아무 장비도 없이 맨몸으로 넘어올 수 있었습니까?" 그 노인이 대답했다. "한 걸음, 한 걸음, 걸어서 왔지요."

등산할 때는 정상을 향해 한 걸음 한 걸음 올라가야 하는 것처럼 꿈의 실현도 목표를 정하고 꾸준한 노력을 기울이는 것이다. 성실은 꾸준함이다. 10리도 한 걸음씩이고 1,000리도 한 걸음씩이다. 인생은 자고 쉬는 데에 있는 것이 아니라 한 걸음 한 걸음 걸어가는 속에 있으며 인생행로는 한 발 한 발 걸어가며 발전하는 것이다. 꾸준함을 이길 그 어떤 재주도 없다. 한 걸음 한 걸음 꾸준히 나아가는 것이야말로 목표에 도달하려는 분명한 자세다. 성실함으로 무장한 꾸준한 노력이 조그마한 성과를 만들고 그 조그마한 성과들이 큰 성과로 거듭되는 연쇄작용으로 마침내 꿈을 실현하게 되는 것이다.

꿈의 실현은 폭포처럼 갑자기 한꺼번에 오는 것이 아니라 한 번에 한 방울씩 떨어지는 물방울처럼 서서히 온다. 꿈을 실현한 사람은 단번에 자신의 위치에 뛰어오른 것이 아니라 다른 사람들이 밤에 단잠을 잘 적에 일어나서 괴로움을 이기고 일에 몰두한 사람이다. 행복이나 성공은 우연히 얻어지는 것이 아니라 성실한 자세로 꾸준히 노력해야만 이루어질 수 있다.

실천하기

- 노력하지 않고 이루어지는 일이 없음을 인식한다.
- 최선을 다해 노력하는 자세를 가진다.
- 항상 자신이 모자란다고 생각하고 노력한다.
- 꿈을 향해 한 걸음 한 걸음씩 꾸준히 노력한다.
- 어떤 일이든지 단숨에 큰 성과를 내려고 하지 않는다.
- 시간을 헛되이 쓰지 않는다.
- 필요 없는 행동은 하지 않는다.

생각하기

- 나는 성실한 사람인가?
- 지금 하는 일에 최선을 다하고 있는가?

영국의 유명한 사학자인 토머스 칼라일은 2년에 걸쳐 수천 페이지에 달하는 ≪프랑스 혁명사≫ 원고를 탈고한 후 이웃에 사는 절친한 친구이자 철학자인 존 스튜어트 밀에게 감수를 부탁했다.

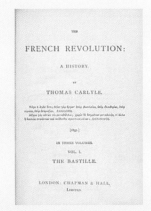

밀은 서재에서 원고를 검토하다가 피곤하여 원고를 그대로 놓아둔 채 침실로 가 잠을 잤다. 그런데 다음 날 아침 하녀가 서재를 청소하다가 방에 흩트려져 있는 원고지를 보고 쓰레기인 줄 알고 벽난로 속에 넣어 불태워 버렸다. 칼라일의 노력이 한순간에 물거품이 되고 만 것이다. 밀이 사색이 된 얼굴로 칼라일에게 가서 알렸다. 칼라일은 서너 달 동안을 실의에 빠져 아무런 일도 할 수 없었고 삶의 의욕을 잃었다.

1837년에 간행된
≪프랑스 혁명사≫
초판본 타이틀 페이지

어느 비 오는 날, 그가 하염없이 창밖을 바라보고 있을 때였다. 비가 그치자 자기 집 앞에 새로운 집을 짓는데 일꾼들이 하나둘 나타났다. 그들은 터를 닦고 줄을 놓은 후 벽돌을 하나하나 쌓아나갔다. 그러다가 벽돌이 조금이라도 맞지 않으면 다시 허물고 다시 쌓고 하였다. 허물고 쌓는 일을 반복하면서 차근차근 벽돌 쌓는 것을 보던 칼라일은 무릎을 치면서 깊이 깨달았다.

'집 한 채를 짓기 위해 벽돌공은 한 번에 한 장씩 벽돌을 쌓는다. 유럽의 역사를 다시 일으켜 세우기 위한 프랑스 혁명사를 쓰는 일에 다시 땀을 흘려야겠다.'

그는 지난번에 쓴 내용을 한 줄 한 줄 떠올리면서 원고 작성에 다시 매달려 마침내 오늘날 우리가 읽는 ≪프랑스 혁명사≫를 완성했다.

토머스 칼라일(Thomas Carlyle, 1795~1881)
영국의 평론가이자 역사가이다. 이상주의적인 사회 개혁을 제창하여 19세기 사상계에 큰 영향을 끼쳤다. 저서로는 ≪프랑스 혁명사≫ ≪영웅 숭배론≫ ≪과거와 현재≫ 등이 있다.

섬세함

●● 사소하고 작은 것의 중요성

현대 사회에서 극히 작은 일을 소홀히 하여 큰 사건이 생기며 작은 일에 신경을 써서 큰 성공을 거두는 일이 비일비재하므로 섬세함은 주요한 인성 덕목이다.

《법구경》에 이런 내용이 있다. '네가 지금 하는 현재의 일이 아주 사소하다 할지라도 소홀히 여기지 말아야 하느니라. 그 자체는 미미해 보일 수 있지만 다가올 미래에 보다 큰일을 하기 위한 밑거름이 되느니라.'

작은 일이 쌓이고 쌓여서 큰일이 된다는 사실을 알고 작은 일에 엄청난 노력을 기울여야 꿈을 실현할 수 있다. 작은 일을 어떤 자세로 하느냐에 따라 사람의 가치가 결정되며, 작은 일에 성실한 사람은 큰일에도 성실하고, 작은 일을 소홀히 하는 사람은 큰일에도 소홀히 한다.

미켈란젤로

미켈란젤로가 화실을 방문한 사람에게 자신이 그린 그림을 가리키며 "이 부분을 손봤고, 저 부분도 약간 다듬었고, 여긴 약간 부드럽게 만들어 근육이 잘 드러나게 했죠. 입 모양에 약간 표정을 살렸고, 갈빗대는 약간 더 힘이 느껴지게 바꿨습니다."라고 상세히 설명하자 방문자는 "하지만 이건 어디까지나 사소한 부분이지 않습니까?" 하고 물었다. 미켈란젤로는 태연한 표정을 지으며 말했다. "완벽한 그림은 사소한 부분들이 모여 완성됩니다. 하지만 완벽함은 결코 사소한 일이 아니죠."

작은 빗방울이 모여 내를 이루고 강을 이루고 대해를 이루듯이 꿈의 실현은 수많은 작은 일들이 모여 이루어진다. 작은 일을 이루지 못하면 큰일도 이루어지지 않으며 작은 일을 놓치면 큰일도 잃게 되어 꿈의 실현은 멀어진다.

●● 섬세함을 무시한 결과

15세기 영국 민요에 이런 가사가 있다. "못 하나가 없어서 말편자가 망가졌다네. 말편자가 없어서 말이 다쳤다네. 말이 다쳐서 기사가 다쳤다네. 기사가 다쳐 전투에서 졌다네. 전투에서 져서 나라가 망했다네."

요즘 말하는 '나비 효과'처럼 작은 일을 소홀히 취급하는 바람에 큰일을 그르치게 되는 것이 다반사다. 나비 효과는 어떤 일이 시작될 때 있었던 아주 작은 변화가 결과에서는 매우 큰 차이를 만들 수 있으며, 작고 사소한 사건 하나가 나중에 커다란 결과를 가져온다는 것이다.

커다란 강둑도 바늘구멍 하나로 무너진다. 벽돌 한 장이 부족하여 공든 탑이 무너진다. 섬세함에 관한 방정식은, 100-1은 99가 아니고 0이며 1%의 실수가 100% 실패를 가져온다. 큰일에는 진지하게 대하지만 작은 일에는 소홀히 하는 것에서 몰락은 시작된다. 어려운 일은 쉬운 데서 시작하고 큰일은 미세한 데서 일어난다. 섬세함의 위력은 결정적이므로 작은 일을 무겁게 생각하면서 꼼꼼히 챙기고 세부적인 사항에까지 집착해야 한다.

고갯마루보다는 넓은 대로에서 방심하다가 다리가 부러진다. 조그마한 부주의, 사소한 방심, 몸에 밴 타성을 경계해야 한다. 마지막 마무리가 중요하므로 모든 것을 다했다고 느껴질 때 한 번 더 챙겨보아야 한다.

●● 철저한 준비

세계적인 명지휘자 토스카니니는 원래 첼로 연주자였다. 오케스트라 단원인 그는 시력이 몹시 나빠 악보를 제대로 볼 수 없었기 때문에 평소 악보를 통째로 외워 철저한 준비를 했다. 19세 때 브라질 리우데자네이루 오페라 하우스에서의 연주회를 앞두고 지휘자가 입원하는 일이 발생했다. 오케스트라 단원 중 악보를 다 외우고 있는 사람은 토스카니니뿐이었으며 또한 음악원에 다닐 때 독학으로 지휘를 익혔기에 임시 지휘를 맡게 되었다. 그는 베르디의 〈아이다 Aida〉를

아르투로 토스카니니

훌륭하게 지휘하여 실력을 인정받고 지휘자로 데뷔하는 계기가 되어 세계적인 명지휘자가 되었다.

인생은 준비가 철저한 사람에게는 보상을 해주지만, 즉흥적으로 살아가는 사람에게는 기회를 보장해주지 않는다. 준비성이 없는 사람은 많은 시간을 허비함으로써 능력을 발휘할 기회도 능력을 발휘할 수 없어서 항상 주변인으로 머물고 마는 것이다. 꿈의 실현은 철저한 준비와 실행으로 이루어지는 것이다.

대패질을 제대로 하려면 대팻날을 잘 갈아야 하며 갈지 않고 대패질을 하면 나무를 반듯하게 깎을 수 없다. 장작을 패는 데 쓸 수 있는 시간이 8시간이라면, 그중 6시간 동안 도끼날을 날카롭게 세워야 한다. 준비 없이는 최선을 다할 수 없고 최선을 다하지 않고서는 좋은 결과를 기대할 수 없다. 큰일은 충분히 준비하지만 작은 일은 무작정 달려들기 쉽다. 아무리 쉬운 일도 철저히 준비하여 최선을 다해야 한다.

15:4의 법칙이 있다. 시작하기 전에 15분 동안 무엇을 할 것인지 생각하면, 나중에 4시간을 절약할

수 있다. 꿈을 실현하는 사람은 먼저 큰 그림을 그리지만, 실패하는 사람은 생각 없이 바로 일에 착수한다. 준비하여 체계적으로 일하는 사람은 생각 없이 일하는 사람보다 꿈을 실현할 가능성이 훨씬 높다.

미켈란젤로(Michelangelo, 1475~1564)
이탈리아의 화가 · 조각가 · 건축가 · 시인. 대표 작품으로 조각 〈다비드 상〉 그림 〈시스티나성당 천장화〉 〈최후의 심판〉이 있다.

나비 효과(Butterfly Effect)
미국의 기상학자 에드워드 로렌츠가 발표했다. 기상 현상을 분석하는 과정에서 초기 조건의 미세한 차이가 그 결과에 엄청나게 큰 차이가 난다는 것을 발견했다. 브라질에 있는 나비의 날갯짓이 미국 텍사스에 토네이도를 발생시킬 수도 있다는 것이다. 이렇듯 처음에는 과학이론에서 발전했으나 점차 경제학과 일반 사회학 등에서도 광범위하게 쓰이게 되어 미세한 차이가 엄청난 결과를 가져온다는 뜻으로 쓰인다.

아르투로 토스카니니(Arturo Toscanini, 1867~1957)
이탈리아에서 태어난 미국의 지휘자, 첼리스트, 작곡가이다. 밀라노 라 스칼라 음악감독, 뉴욕 필하모닉 상임 지휘자자, NBC 교향악단의 지휘자로 87세까지 지휘했다. 20세기 전반을 대표하는 세계적인 지휘자이다. 원곡을 해석하기보다는 작곡자의 의도에 충실했던 그는 항상 악보를 완전히 외워 연주하였다. 완벽주의 기질로 연습 도중 틀리는 부분이 있으면 정확히 연주할 때까지 몇 번이고 연습을 시킬 정도로 철저했다.

실천하기

- 아주 사소하고 작은 것, 섬세함의 중요성을 인식한다.
- 일하기 전에 준비를 철저히 한다.
- 체계적으로 일한다.
- 조그마한 일에도 방심하지 않고 주의를 기울인다.
- 아무리 익숙한 일에도 타성에 젖지 않는다.
- 마무리에 신경을 쓴다.

생각하기

- 나는 매사에 섬세한 사람인가?

1982년 미국의 사회심리학자 제임스 윌슨과 조지 켈링은 「깨진 유리창 이론Broken Window Theory」 발표 했다.

뉴욕의 어느 평범한 주택가에서 주인이 이사한 빈집에 한 아이가 장난으로 돌을 던져 유리창을 깼다. 마을 사람들이 대수롭지 않게 여기며 제지하지 않자 얼마 후 아이들의 장난 대상이 된 그 집 유리창은 전부 파손되었다. 깨진 유리 조각이 거리에 흩어졌으나 누구도 그것을 치우려 하지 않았다. 마을이 점차 음산하고 지저분해지자 주민들은 이런 곳에서 살 수 없다며 이사를 했다. 주인 없는 빈집은 늘어났고, 또다시 아이들은 빈집마다 돌을 던져 유리창을 깨부수었다. 이러한 과정이 반복되면서 어느새 마을은 걸인과 부랑자들만이 거주하는 슬럼가로 변해 버렸다. 결국, 깨진 유리창 하나를 내버려두다가 무법천지를 만든 것이다.

한편 미국의 저명한 홍보회사 사장인 마이클 레빈은 이 이론을 비즈니스 세계에 적용하여 ≪깨진 유리창 법칙≫이란 책으로 출간했다. 그는 이 책에서 "성공은 치열한 경쟁이나 값비싼 홍보 마케팅과 원대한 비전에만 의존하는 것이 아니라, 지금 하는 일의 작은 부분을 챙기는 데서 결정된다."고 강조하고 있다. 불친절한 전화 응대, 서비스의 지연, 지저분한 화장실 등 고객이 겪은 사소한 단 한 번의 불쾌한 경험이 기업의 앞날을 어둡게 만들 수 있다는 것이다.

기업은 물론이지만, 사람에 있어서도 대단한 용기나 사건들만이 성공과 실패를 가름하는 것은 아니다. 사소한 사건과 별것 아닌 것 같은 이유가 쌓이고 쌓여 성공도 되고 실패도 되며 행복이나 불행의 씨앗으로 싹트기도 한다. 대수롭지 않은 일이 쌓여 큰 사건이 되고 마는 것이다.

사소한 일에 매달려 고민하다가 행복을 잃은 사람을 많이 발견할 것이다. 그리고 사소한 일을 무시하여 인생의 소중한 기회를 잃어버린 사람도 많이 볼 수 있다. 아주 작은 일에 성실한 사람은 큰일에도 성실하고, 아주 작은 일을 간과하는 사람은 큰일도 간과하여 놓치고 만다. 작은 일, 바로 발밑에서 일어나고 있는 일을 끝까지 점검하고 거기에도 최선을 다해야 한다.

● 미국 콜로라도 롱 피크에 있었던 400년이 된 나무가 말라 죽었다. 이 나무는 오랜 생애 동안 14번이나 벼락을 맞았다. 수많은 홍수와 폭풍우와 눈사태에도 끈질기게 버티며 훌륭한 거목으로 자랐다. 그런데 어느 날 그 나무에 딱정벌레가 달라붙기 시작했다. 수많은 딱정벌레가 나무껍질을 벗겨 먹고 나무속으로 들어가서 조금씩, 조금씩 나무를 공격하기 시작하여 결국 나무의 생명력을 파괴하고 말았다. 벼락이나 거대한 폭풍우에도 꿈쩍하지 않았던 그 나무는 결국 두 손으로 눌러 죽일 수 있을 만큼 조그만 딱정벌레에게 무릎을 꿇고 만 것이다.

● 1986년 1월에 미국 우주 왕복선 챌린저호가 폭발했다. 챌린저호가 발사된 지 불과 몇 초 만에 공중에서 폭발했는데, 탑승 승무원 전원이 사망하는 끔찍한 결과가 초래됐다. 사고 원인은 지름 0.7cm밖에 안 되는 '오-링'이란 작은 부품의 결함 때문이었다.

● 2012년 11월에 세계 에어쇼에서 최고 기량을 선보이며 대한민국의 자랑으로 떠오른 블랙이글 비행기 추락이 담당 정비사의 황당한 실수로 조종사가 사망하고 정비사의 상관이 책임감을 느껴 스스로 목숨을 끊어 충격을 주었다. 사고 비행기의 추락 원인은 담당 정비사가 항공기의 상승·하강을 조종하는 장치의 정확한 계측을 위해 꽂았던 차단선을 뽑지 않은 과실 때문이었다.

● 2014년 세월호 침몰은 과적과 운항 미숙 등 가장 기본적인 주의를 기울이지 않아 일어난 재앙이었다. 엄청난 인명이 희생되고 물적 피해를 일으켰지만, 그 후의 과정에서 정치·경제·사회적으로 또한 개인적으로 상상조차 할 수 없는 나쁜 결과와 갈등을 낳았다.

● 2015년 메르스중동 호흡기 증후군가 창궐했다. 중동을 다녀온 한 사람에 의해 발단되고 병원에서의 격리 조치라는 단순한 관리 부실이 원인이었다. 장기간에 걸쳐 많은 사람이 사망하고 엄청난 사회적 혼란과 경제적 손실 등 나쁜 영향을 끼쳤다.

협동

●● 협동의 의미

개인주의가 팽배하여 협동심이 부족한 현대 사회에서 서로 힘을 합하여 과업을 해결하는 협동은 더불어 살아가는 데 필요한 기본적인 인성덕목이다. 협동이란 개인이나 집단이 공통의 목적과 목표를 달성하기 위해 활동을 결합하고 서로 도우면서 함께 일하는 것을 말한다. 협동은 나만의 이익과 요구보다는 남도 같이 생각하면서 공동의 가치를 추구하는 것이다. '나'보다는 '우리'를 먼저 생각하면서 자신만을 향상시키는 게 아니라 동료와 함께 발전해나갈 수 있는 수단을 취해야 한다.

백지장도 맞들면 가볍다는 말이 있듯이 옛날 우리 조상들은 두레 같은 공동 모임을 만들어 함께 농사를 지었고, 품앗이를 통해 서로 힘을 모으고 마음을 나누며 살아왔다. 이처럼 여럿이 함께 협동하면 혼자서는 할 수 없는 일을 쉽게 해낼 수 있다.

협동은 개인과 사회 발전의 기본 조건이다. 인간은 독불장군처럼 혼자서는 살 수 없는 '사회적 동물'이므로 서로 화합하고 협업하면서 살아가야 한다. 협동심이 없는 사람은 개인주의, 이기주의로 흐르기 쉽다. 협동심은 공동체를 통해서 가능한 데 자신의 인내심과 다른 사람에 대한 배려 없이는 협동심 발휘는 불가능하다. 협동심은 더불어 살아가야 하는 공동체 속에서 필요한 덕목이다.

인간은 사회적 동물로 인간관계에서의 협동은 공기만큼 중요하다. 누구나 독립적이면서도 동시에 의존적이므로 절대적인 자기 자신만으로는 존재할 수 없기에 다른 사람들과 상호 교류하며 살아가야 한다. 인간은 불완전한 존재라는 사실, 타인과의 협력으로 비로소 그 불완전함이 채워질 수 있다는 사실을 겸허하게 받아들이면서 가정이나 사회, 국가의 일원으로서 구성원과 협동하여 과제를 해결한다.

●● 협동해야 하는 이유

교만한 인간은 남과 나와는 전혀 별개의 존재이며, 나의 힘만으로도 무엇인가를 성취할 수 있다는 생각에 차 있는 사람이다. 이는 자신과 공동체를 위해서 바람직하지 않다. '나 혼자 잘하면 되지 뭘 복잡하게 여러 사람이 어울려서 힘들게 해야 하나?' 하고 생각할 수 있겠지만, 협동하면 각자의 능력에 따른 성과보다는 훨씬 큰 시너지 효과를 나타내며 각자로서는 이루어낼 수 없는 조화로운 성과를 거두게 된다.

협동은 오케스트라와 같은 것이다. 오케스트라는 각양각색의 악기들이 모여 하나의 아름다운 소리를 낸다. 각자의 악기에서 뿜어져 나오는 소리가 함께 어우러져 조화롭고 아름다운 음악이 되는 것이다. 협동을 통해 서로 마음을 나누면서 이해하고 양보하고 배려하는 마음을 배우고 익힐 수 있다.

협동은 평범한 사람들이 비범한 결과를 만들어내는 원동력이다. 합한 두 사람은 흩어진 열 사람보다 낫다. 복잡하고 전문화된 현대 사회에서 혼자서 이룰 수 있는 일은 없으므로 혼자만의 능력이 아닌 협동은 필수적이며 협력자의 질과 양이 자신의 경쟁력이다.

현대 디지털 사회에서 꿈을 실현하려면 '네트워킹 전략'을 활용해야 한다. 네트워킹 전략은 서로의 강점에 기초하고 있다. 서로가 경쟁하는 전략이 아니라 각자기 잘할 수 있는 분야를 맡아서 도와주고 보완해 주는 협동 전략이 필요한 것이다. 완성된 자동차를 두고 생각해 보자. 자동차 한 대를 만드는 데 있어서 한 사람의 힘만으로는 어림도 없는 일이다. 완성하기까지 각자가 맡은 전문 분야에서 수많은 사람의 협동이 있기에 기능한 일이다.

아프리카 밀림에 개미떼가 출몰하면 힘세고 사나운 동물인 코끼리와 사자도 개미떼를 피해 도망간다. 맹수들이 개미떼를 무서워하는 것은 개미의 힘이 아니라 협동심 때문이다. 개미는 지극히 작지만, 힘을 합쳐 공격하면 아무리 맹수라도 뼈만 남는다.

아무리 작은 능력이라도 협동하여 힘을 합하면 엄청난 힘이 발생한다. 벌들은 협동하지 않고는 아무것도 얻지 못한다. 사람도 마찬가지로 혼자서는 아무것도 할 수 없지만, 함께라면 따로 분리된 부분들의 힘을 합친 것보다 훨씬 능가하는 힘을 가진 어떤 것이 된다. 혼자가 아닌 여럿이 마음과 힘을 합쳐 협동하면 시너지 효과를 발휘하여 좋은 결과를 낳을 수 있다. 자신의 독특성과 개성인 주체성을 지키면서 자신과 공동체의 조화로운 발전을 위해 협동심을 발휘해야 한다. 누구나 협동심을 가지고 태어나는 것은 아니므로 살아가는 동안 배우고 키워야 한다.

실천하기

- 공동체 의식을 가지고 서로의 발전을 위해 협동한다.
- 협동할 때에 내 역할에 최선을 다한다.
- 함께 일할 때 "감사합니다.", "함께 일하는 것이 즐겁습니다.", "수고가 많습니다."라는 말을 입에 달고 다닌다.

생각하기

- 나는 협동하는 사람인가?

　　유명한 오케스트라에 성향이 다른 두 피아니스트가 있었다. 이들은 소위 말하는 더블캐스팅 되어 오케스트라 일정에 맞춰 번갈아 가며 연주를 했다. 한 명의 피아니스트는 피아노 독주 실력은 최고의 기량은 아니지만 다른 악기의 연주자들과 호흡이 잘 맞아서 잘 어우러진 연주를 하였다. 성악가나 다른 파트의 악기가 돋보이는 세션에 맞춰 최대한 자신을 절제하고 주인공이 주목받는 연주를 펼쳐 자신은 드러나지는 않지만, 전체 공연은 아름다운 하모니를 이뤄 좋은 평가를 받았다. 또 다른 피아니스트는 정상급 실력을 갖춘 연주자였다. 하지만 그의 연주는 자신의 기량을 뽐내는데 치중하기 때문에 다른 연주가나 성악가와의 조화가 잘 이루어지지 않았다.

　　오케스트라의 공연이 끝나고 나면 관객들은 연주에 대해 평가하는 이야기를 나누었다. 더블캐스팅 되는 피아니스트에 대하여 처음에는 기교를 부리는 피아니스트 연주를 선호했지만, 연주회가 거듭될수록 전체와 조화를 이루는 피아니스트를 높이 평가했다. 다른 연주자와 협동하면서 균형 잡히고 조화로운 연주를 하는 이 피아니스트가 연주할 때 관객이 훨씬 많았다.

천당과 지옥

천당과 지옥의 모습을 보고 싶어 하는 사람이 먼저 지옥으로 갔다. 지옥이라서 말할 수 없을 정도로 비참할 줄 알았는데 그렇지 않았다. 식당에 가보니 음식이 잘 차려져 있었고 사람들의 손에는 굉장히 긴 숟가락과 젓가락이 고정되어 있었다. 지옥의 사람들은 긴 수저로 밥을 떠서 자신의 입으로 가져가려 했지만 먹기는커녕 국과 밥을 온통 흘려버리고 계속해서 먹으려고 수저를 움직여보지만, 밥한 톨과 국 한 모금도 먹지 못하고 앞사람을 수저로 찌르게 되니 서로 싸우면서 아비규환을 이루고 있었다.

이번에는 천당으로 가보았는데 지옥과 똑같이 생겼으며 수저를 사용하는 것도 마찬가지였다. 천당의 사람들은 자신의 긴 수저로 밥과 국을 자기 입에 가져가는 것이 아니라 상대방 입에 넣어주는 것이었다. 서로에게 사이좋게 먹여주니 너나 할 것 없이 모두가 평화롭게 배불리 먹고 있었다.

변화

변화는 상수이다

현대 사회에서의 변화의 양상과 속도는 가공할 정도이므로 변화에 적응하고 대처하는 능력은 긴요한 인성덕목이다. 사물과 상황이 계속 변화하고 있는 상황에서 스스로 변화하려고 노력하지 않으면 쇠퇴하고 마는 것이다.

변화는 변수가 아니라 상수이며 변화는 전혀 예상치 못한 순간에 갑자기 몰아친다. 만약 자신이 변화에 속수무책인 채로 안주한다면 변화는 기다렸다는 듯 덮칠 것이다. 변화는 위기이자 기회다. 변화에는 위험이 따르지만 변화하지 않으면 위험이 더 크다. 변화에 적응하고 극복해야 꿈의 실현에 다가갈 수 있다.

열린 사고와 개방적인 태도

웨스트민스터 대성당의. 지하 묘지에 있는 한 영국 성공회 주교의. 무덤 앞에 적혀 있는 글이다.

'내가 젊고 자유로워서 상상력에 한계가 없을 때 나는 세상을 변화시키겠다는 꿈을 가졌었다 좀 더 나이가 들고 지혜를 얻었을 때 나는 세상이 변하지 않으리라는 것을 깨달았다. 그래서 내 시야를 약간 좁혀 내가 사는 나라를 변화시키겠다고 결심했다. 그러나 그것 역시 불가능한 일이었다. 황혼의 나이가 되었을 때 나는 마지막 시도로 나와 가장 가까운 내 가족을 변화시키겠다고 마음을 정했다. 그러나 아무도 달라지지 않았다. 이제 죽음을 맞이하기 위해 자리에 누운 나는 문득 깨닫는다. 만약 내가 나 자신을 먼저 변화시켰더라면 그것을 보고 내 가족이 변화되었을 것을,

웨스트민스터 대성당
지하 묘지의 한 비문

또한 그것에 용기를 얻어 내 나라를 더 좋은 곳으로 바꿀 수 있었던 것을, 그리고 누가 아는가? 세상까지도 변화되었을지! 모든 것은 나로부터 시작된다. 그리고 모든 것은 내 안의 문제다.'

급변하는 세상에서 꿈을 실현하기 위해서는 완고한 태도로 고지식하고 융통성 없는 사람이 되어서는 안 된다. 변화하는 상황에서 열린 생각을 하고 개방적인 자세를 취하고 융통성을 발휘해야 한다. 새로운 방식으로 생각하고, 새로운 마음가짐으로 일하면서 변화하는 환경에 적응하고 대처해야 한다.

열린 사고는 태권도의 동작과 비슷하다. 상대방의 빗발치는 공격을 피하고 공격하기 위해서는 일정한 패턴의 동작이 아니라 상대방의 공격 동작에 맞추어 유연하고 민첩한 동작을 취해야 한다. 이처럼 변화하는 상황에 맞춰 유연하게 대처해야 꿈을 실현할 수 있다. 항상 자신의 사고방식을 고집하지 말고 더욱 자유롭고 열린 마음으로 세상을 바라보려고 노력해야 한다.

꿈의 실현은 얼마나 예측을 잘하느냐에 달려 있지 않고 직면하는 변화에 대하여 얼마나 대처를 잘하느냐에 달려있다. 자신을 변화에 적응시켜 안전지대를 넓혀 나가기 위해서는 변화에 적응하고 변화를 즐겨야 한다. 아무리 상황이 급변한다고 해도 변화를 받아들이고 속도에 맞추어 전진할 각오와 준비를 하고 있어야 한다. 변화는 구호가 아니라 실천이다. 기존의 것을 바꾸거나 고쳐 면모를 일신시키고 낡은 습관과 낡은 방식을 버리고 새로움을 채택해야 한다.

●● 변화는 기회이다

찰스 다윈은 진화론에서 "살아남은 것은 가장 강한 종도, 가장 똑똑한 종도 아니다. 그것은 변화에 가장 잘 적응하는 종이다."라고 했다. '적자생존適者生存'이라는 자연의 법칙에서 적자適者는 변화할 수 있는 능력의 표현이다. 자연은 변하지 않는 개체에 대해 무자비하며 변화에 적응하지 못하면 죽음만이 있을 뿐이다.

찰스 다윈

빌 게이츠는 "나는 힘이 센 강자도 아니고, 두뇌가 뛰어난 천재도 아니다. 날마다 새롭게 변했을 뿐이다. 그것이 나의 성공 비결이다. 'Change변화'의 g를 c로 바꿔보라. 'Chance기회'가 된다."라고 말했다. 변화 속에 반드시 기회가 숨어있으며 '그냥 이대로'는 실패를 위한 주문이다. 변화는 불가피하며 현실에 안주하거나 자만하면 끝장이다.

빌 게이츠

●● 타성에서 벗어나기

에스키모는 들개를 사냥할 때 날카로운 창에 동물의 피를 발라 들판에 세워둔다. 냄새를 맡고 모여든 들개들은 피를 핥다가 추운 날씨 탓에 혀가 마비된다. 혀에서 피가 나와도 피인 줄 모르고 계속 창끝을 핥다가 죽어간다. 이처럼 죽지 않으려면 타성에서 벗어나야 한다.

타성에 젖으면 매너리즘에 빠지게 되고 망하게 된다. 매너리즘이라는 관습을 좇기만 해서는 뒷전으로 사라지게 된다. 급변하는 시대에 과거 지향적 사고와 행동은 곧 도태를 의미한다. 타성에 젖는 것은 위험과 실패를 뜻하므로 새로운 사고와 행동을 해야 한다.

니체는 "오늘의 나를 완전히 죽여야 내일의 내가 태어나는 것이다. 새로운 나로 변신하려면 기존의 나를 완전히 버려야 한다. 너는 너 자신의 불길로 너 자신을 태워버릴 각오를 해야 하리라. 먼저 재가 되지 않고서 어떻게 거듭나길 바랄 수 있겠는가?"라고 했다.

니체

순간순간 변화무쌍한 현대 사회에서 안정은 오랫동안 지속되지 않는다. 안정적이라고 느끼는 그때가 바로 변화가 요구되는 때라고 보아야 한다. 안정을 경고 사인으로 받아들이고 지속해서 변화를 추구해야 한다.

찰스 다윈(Charles Darwin, 1809~1882)
영국의 생물학자. 박물학자이며 철학자. ≪종의 기원≫에서 생물의 진화론을 내세워 세상을 놀라게 했다.

빌 게이츠(Bill Gates, 1955~)
마이크로소프트를 창립하여 회장을 역임하고 현재는 기술고문으로 있으며 세계 최고의 부자이다.

실천하기

- 변화되어야 함을 인식하고 나도 변화될 수 있다는 것을 믿는다.
- 변화하는 추세에 잘 대처한다.
- 열린 사고를 가지고 개방적인 자세를 취한다.
- 안주하여 타성에 젖지 않고 끊임없이 혁신한다.
- 끊임없이 변화하며 발전하기 위해서 노력한다.
- 장기적 과제와 당장 실천 가능한 혁신 과제의 목록을 작성한다.

생각하기

- 외부적인 영향에 의한 타율적인 변화가 아니라, 자발적인 변화를 모색하고 있는가?
- 현실에 안주하고 있지는 않은가?
- 나는 변화에 잘 적응하는가?

　'하늘의 제왕' 독수리는 70년이나 사는 장수하는 조류이다. 그런데 70살까지 살려면 40살쯤에 뼈를 깎는 자기 고통의 과정을 거쳐야 한다. 이때쯤이면 독수리의 날개는 무거워서 날기가 어려워지고 부리는 가슴 쪽으로 너무 깊이 굽어져서 먹이를 제대로 먹을 수 없게 되고 발톱도 역시 굽어져서 먹이 사냥을 할 수 없게 된다. 이때 못쓰게 된 날개와 부리와 발톱을 스스로 뽑고 깨어버리는 고통스러운 변화로 환골탈태換骨奪胎하는 결단을 해야 한다.

　고통이 두려워 변화를 시도하지 않고 무거워진 날개와 굽어져 버린 부리와 발톱으로 그럭저럭 사냥하면서 1년 정도 더 살다가 죽을 것인지, 아니면 날개와 부리와 발톱을 스스로 뽑는 고통을 통해 30년을 더 살 것인지를 선택해야 한다.

　날개와 부리와 발톱을 뽑기로 결단한 독수리는 절벽 꼭대기에 올라가 자신의 부리로 바위를 쪼아댄다. 완전히 부리가 부서지는 고통의 시간이 지나면 이전보다 더 날카로운 멋진 새 부리가 자라난다. 부리가 어느 정도 다시 자라면 또다시 고통을 감내하면서 그 부리로 휘어져 못쓰게 된 발톱을 하나하나 뽑는다.

　이제 발톱을 다 뽑아낸 독수리는 자신의 털을 하나하나 뽑는다. 빠진 발톱 자리에 새 발톱이 돋아나고, 날개에 새 털이 자라나면서 새 부리와 새 발톱과 새 날개를 가진 독수리는 제2의 삶을 시작하여 30년 정도 더 하늘의 제왕으로 군림하는 것이다.

변화에 따르지 않은 결과

1943년 성탄절, 세 살배기 어린 딸이 아버지에게 "왜 지금 바로 찍은 사진을 볼 수 없나요?"하고 의문을 제기하자 아버지 에드윈 랜드는 무릎을 쳤다. 신제품 아이디어가 떠올랐다. 역사상 가장 흥미로운 발명품 가운데 하나인 즉석 사진기는 이렇게 해서 탄생했다.

최초의 즉석 사진기인 미국 폴라로이드의 '모델95'는 4년 후인 1947년 첫선을 보였다. 셔터를 누른

후 잠시만 기다리면 바로 사진이 인화되어 나오는 '즉시성'에
대중은 열광했다. '모델95'는 발매하자마자 바로 동나는 큰
성공을 거뒀다. 랜드의 폴라로이드사는 즉석 사진기 시장에
서 승승장구했다. 소비자들은 '폴라로이드'라는 고유명사를
즉석 사진기라는 의미의 보통명사로 사용했다. 랜드 자신은
광학과 전기, 사진 분야에서 500여 건의 특허를 취득해 미
국 발명가 전당에 이름을 올렸다. 사업과 발명, 두 분야에
서 모두 이름을 날렸다.

폴라로이드 카메라

그러나 폴라로이드는 1990년대 들어 절체절명의 위기를 맞았다. 즉석 사진기 시장 전체를 위협할 만한, 새로운 기술로 무장한 신제품이 등장했다. 찍자마자 바로 화면에서 사진을 확인할 수 있고 자유자재로 편집할 수 있는 디지털카메라였다.

폴라로이드도 뒤늦게 디지털카메라 사업에 뛰어들었지만 역부족이었다. 2001년 10월 11일 법원에 파산 보호 신청을 해야 할 지경에 이르렀다. 한때 즉석 사진기의 대표 기업으로 성공하였던 폴라로이드는 '디지털 출현'이라는 신기술의 변화를 읽지 못하고 회사의 전략적 핵심 역량을 과감히 혁신하지 못해 실패하고 말았다.

디지털 카메라

창의성

● ● 현대 사회와 창의성

현대 사회에서 창의성은 필수불가결한 인성이다. 창의성이 시대의 화두로 어제의 불가능이 오늘은 가능한 현실을 맞이하고 있다. 불가능하다고 입증되기 전까지는 모든 것이 가능하다. 그리고 불가능한 것도 현재 불가능한 것일 뿐이지 언젠가는 가능해지는 시대다. 상상은 지식보다 더욱 중요하다. 지식은 한계가 있지만, 상상은 세상의 모든 것들을 끌어안기 때문이다.

창조는 상상이 현실로 눈앞에 출현하는 것이다. 모든 문명은 상상의 산물로서 상상은 창조의 시작이며 미래는 상상 속에 존재한다. 상상해야 꿈을 실현할 수 있다. 바라는 것을 상상하고 상상한 것을 의도하고 의도한 것을 창조하는 것이다. 처음에는 상상이 비현실로 보이지만 '상상의 세계'가 '현실의 세계'로 바뀐다.

창의성은 생각을 디자인하는 것이며 독창성으로 차별화하는 것이다. 세상에서 나만이 만들어낼 수 있는 가치, 내가 표현하지 않으면 다른 누구도 표현할 수 없는 그 무엇을 창조해야 한다. 남과 다른 것은 두려움의 대상이 아니라 추구해야 할 방향이다. 남들과 다르다는 이유만으로 꼭 필요한 사람이 되는 것은 아니지만, 꼭 필요한 사람이 되는 방법은 남들과 달라지는 것이다. 남들과 다를 것이 없다면 무수한 사람 중 한 명에 불과하므로 자신만의 독특한 색깔을 지닌 사람이 되도록 노력해야 한다.

창의성은 새로운 길을 내는 것으로 늘 다니던 길을 벗어나 다른 길을 가보아야 한다. 남들이 모두 가는 길이 언제나 바른길은 아니므로 때로는 남들과 다른 길을 선택하여 가야 한다. 익숙한 것에서 벗어날 때 비로소 새로운 길이 보이고 혁신적인 아이디어가 나온다. 낯선 것을 두려워하지 말고 익숙한 것을 두려워해야 하며 다수에 휘둘리지 말고 자신만의 가치를 지녀야 한다.

● ● 창의성은 반동의 축복이다

'경제에 디자인과 창의성을 도입한 인물' '세상에서 가장 창의적인 경영자' 전 세계 언론과 경영학자들이 애플 컴퓨터의 창업자이자 전 CEO인 고 스티브 잡스에게 헌상한 수식어다. 그가 창안한 제품과 서비스는 세상을 뒤흔들었다. 그는 '창조경영'으로 세계인의 생활양식과 문화 자체를 바꾼 디지털 혁명가였다.

스티브 잡스

다가올 시대에 대한 확고한 비전과 상상력, 비전을 설득하고 실현해내는 창조적 리더십이 그를 이 시대 가장 위대한 경영자로 만들었다.

그는 단순히 제품을 만들어 파는 사업가가 아니었다. 기성체제에 얽매이지 않고, 이루고자 하는 꿈에 매달리는 잡스의 집중력과 추진력은 기업경영에 고스란히 반영됐다. 그는 창의성과 상상력을 강조하면서 임직원들에게 끊임없이 '주문'을 걸었다. "다르게 생각하라!", "미칠 정도로 멋진 제품을 창조하라!", "단순한 제품을 넘어 시대를 상징하는 '아이콘icon:우상'을 만들자!", "즐기면서 일하자!"는 화두를 던지면서 직원들을 사로잡았다.

창조는 위대한 혁명이다. 진화의 시대는 가고 혁명의 시대가 도래되어 바야흐로 반역의 시대이다. 역발상이 창조와 상상력의 원천으로 세상 사람들이 옳다고 하는 것이 언제나 옳은 것은 아니므로 당연하고 옳다고 생각하는 것을 의심해야 한다. 때로는 진리를 의심하고 사물을 거꾸로 보고 물구나무서서 바라보아야 한다.

위대한 창조는 널리 인정받는 주장과 믿음에 의문을 제기하고 다른 길을 걷는 반동의 축복이다. 당연함을 당연하다고 생각하지 않는 것에서 창조가 시작된다. 창조를 위해서는 당연함을 벗어나야 하며 '왜?'라는 호기심이 발동되어야 한다.

착실하게 주어진 일만 열심히 수행하는 꿀벌과 같은 사고방식에서 탈피해야 한다. 틀에 박힌 성실한 꿀벌의 능력을 가진 사람보다는 파격적인 아이디어를 행동으로 옮기는 창의적인 게릴라가 되어야 한다. 누구도 상상하지 못한 창의력과 발상으로 무장한 게릴라처럼 일해야 한다.

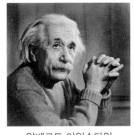
알베르트 아인슈타인

알베르트 아인슈타인은 "새로운 아이디어에 엉뚱한 구석이 없으면 그 아이디어는 별로 희망이 없다. 위대한 정신은 언제나 평범한 정신으로부터 격렬한 반대에 부딪힌다."라고 했다. 창조적인 사람이 되고 싶다면 '이상하다'는 소리쯤은 들을 각오를 해야 한다. 세상의 위대한 발명은 처음에는 이상하고 무모해 보이지만 현실이 되어 세상을 변화시켰다. 이성적인 인간은 세상에 적응하려고 하지만 때로는 비이성적인 인간은 세상을 자신에게 적응시키려고 발버둥치면서 세상을 바꾼다. 창조를 위해서는 남의 눈을 의식하지 말고 내면의 소리에 초점을 맞춰야 한다.

●● 새로운 눈으로 보고 새로운 틀을 만들기

헤르만 헤세

헤르만 헤세의 소설 데미안에 '새는 알을 깨고 나온다. 알은 새의 세계다. 태어나려는 자는 한 세계를 파괴해야만 한다. 하나의 세계를 파괴하지 않으면 새로운 세계로 나갈 수 없다'는 글이 있듯이 창조를 원하면 기존의 틀을 깨고 새로운 틀을 만들어야 한다. 기존의 틀에 도전하는 것이 위대한 창조의 첫걸음으로 파괴할 용기가 없으면 창조는 있을 수 없다.

자신이 창조적이라고 생각해야 창의력의 마술이 일어나며 열정으로 가득한 호기심을 가져야 한다. 적극적으로 상상력을 발휘하면서 끊임없는 탐구 정신으로 몰입해야 하며 규제와 울타리 금기가 없이 실험하고 혁신에 도전하고 매너리즘 타파와 발상의 전환을 넘어 발상을 파괴해야 한다.

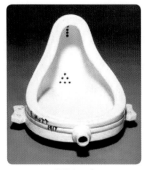

〈샘〉(1917)

마르셀 뒤샹은 기존의 화장실 변기를 새로운 관점으로 바라보고 〈샘〉이라는 제목을 붙였다. 진정한 발견은 새로운 것을 찾는 것이 아니라, 새로운 눈으로 보는 것이다. 관점을 변화시킴으로써 평범한 것을 비범하게 만들 수도 있고, 특별한 것을 새롭지 못한 것으로 만들 수도 있다. 보고 있으면서도 보지 못한 것이 무엇인지 찾아보아야 한다. 소소한 것에서 무언가를 포착하려고 해야 한다.

눈 속에 무엇이 끼어 있으면 무엇을 보더라도 잘못 본다. 귓속에 이명이 있으면 무엇을 듣더라도 잘못 듣는다. 새로운 것이 들어올 수 있으려면, 알고 생각하고 믿는 것을 치워버려야 한다. 마음은 비워두면 비워 둘수록 올바른 판단에 이른다.

창의성을 가로막는 장애물인 고정관념에 사로잡히지 않아야 창조할 수 있다. 어떻게 새롭고 혁신적인 생각을 떠올리느냐가 아니라 어떻게 낡은 생각을 떨쳐내느냐이다. 고정관념을 파괴하고 새로운 생각의 틀을 짜고 새로운 시각으로 세상을 바라보아야 한다.

헤르만 헤세(Hermann Hesse, 1877~1962)
독일계 스위스 출신이며, 시인 · 소설가 · 화가이다. 작품으로 ≪수레바퀴 밑에서≫ ≪유리알 유희≫ 등이 있다.

마르셀 뒤샹(Marcel Duchamp, 1887~1968)
프랑스의 미술가. 미술 작품과 일상용품의 경계를 허물었다. 관습적인 미적 기준을 무시하여 미술의 혁명을 예고하였다.

실천하기

- 창의성이 시대의 아이콘임을 인식한다.
- 나만이 할 수 있는 일이 무엇인지 늘 생각한다.
- 선입견이나 고정관념을 가지지 않고 열린 생각을 한다.
- 매사에 호기심을 가지며 상상력의 나래를 편다.
- 거꾸로 뒤집어놓고 사고하는 창조적 역발상을 하는 습관을 들인다.
- 아이디어 노트를 작성하며 단순 메모가 아니라 마인드 매핑 방식으로 작성해 본다.

생각하기

- 나는 창의적인 사람인가?

레오나르도 다 빈치 노트

5백 년 전 세계 미술의 중심지였던 이탈리아의 피렌체에 한 소년이 미술을 공부하러 왔다. 소년은 그림뿐 아니라 노래와 악기 다루는데도 남달리 뛰어났다. 이 천재 소년을 보고 사람들은 '피렌체 제일의 화가'가 될 것이라고 찬사의 입을 모았다.

세월은 흘러 소년은 청년으로 자라서 어느 교회 제단의 그림을 그리게 되었다. 사람들의 기대는 대단했다. 그런데 웬일인지 그는 날마다 산이나 바다를 돌아다니며 뭔가 열심히 노트에 기록만 할 뿐 좀처럼 그림을 완성하려고 하지 않았다.

그의 노트에는 이상한 그림들로 가득했다. 사람의 겉모양만이 아닌 근육과 뼈의 생김새, 새가 날고 앉는 모양새, 그밖에 별의별 모양들을 수백 장씩이나 그렸다. 이를 본 사람들은 머리를 갸웃거렸다.

"저 사람은 아무것도 그리지 못하고 말겠구나!"

이처럼 그의 참마음을 아는 사람은 아무도 없었다. 그러나 그는 무엇이든 그릴 대상에 대해 그 본질까지를 알기 전에는 절대로 그림을 그리지 않았다. 그가 수없이 그린 그림 가운데는 오늘날의 헬리콥터에 해당하는 날틀의 설계도와 낙하산, 접이식 사다리, 회전 무대의 설계안, 장갑차와 탱크, 잠수함의 원형설계도 등으로 가득 차 있었다.

이 청년은 다름 아닌 레오나르도 다 빈치였다. 그는 원근법과 명암 대조법을 도입한 걸출한 화가이자 발명가이며 과학자, 군사 기술자였다. 동시에 해부학자로서 인체의 각 부분을 단면으로 그려냈으며, 자궁 속 태아에 대한 전례 없는 연구를 해냈다. 그는 예술적 천재성과 과학적 천재성이 융합된 '크로스오버 천재'였다.

≪다 빈치 노트≫

많은 사람이 레오나르도 다 빈치의 걸작으로 〈모나리자〉와 〈최후의 만찬〉을 꼽지만 진정한 걸작은 바로 그의 뇌 속의 '창의성'이 발현된 그의 노트다. 레오나르도 다 빈치의 노트는 입체적으로 메모하여 오늘날 '마인드 매핑'의 원형으로 평가받고 있다.

마인드 매핑을 개발한 토니 부잔과 레이먼드 킬은 역사상 위대한 10대 천재를 조사해 발표한 바 있는데 그중 1위는 바로 레오나르도 다 빈치였다.

레오나르도 다 빈치(Leonardo da Vinci, 1452~1519)
이탈리아 르네상스를 대표하는 근대적 인간의 전형이다. 그는 화가이자 조각가, 발명가, 건축가, 기술자, 해부학자, 식물학자, 천문학자, 지리학자, 음악가였다. 그는 호기심이 많고 창조적인 인간이었으며, 어려서부터 인상 깊은 사물, 관찰한 것, 착상 등을 즉시 스케치하였다.

지식

지식 기반 사회

현대 사회는 브레인 파워의 시대 즉 지식 사회임으로 지식을 넓혀나가겠다는 마음은 삶의 필수불가결한 인성덕목이다. 지식이란 무엇을 해야 하고, 또 왜 하는지에 대한 이론적 패러다임이다. 훌륭한 삶은 지식을 길잡이로 삼는 삶이다. 지식은 삶을 즐겁고 강하게 만들고 재치 있는 언변과 고상한 행동이 나오게 하지만 지식을 쌓아놓지 않으면 매력 없는 인간이 된다.

지식 기반을 쌓지 않으면 인생을 의도하는 대로 살아가기가 힘들다. 지식 기반이 잘 준비되어 있어야 기회가 주어졌을 때 능동적으로 대처할 수 있다. 지식을 닦아놓지 않으면 기회가 오더라도 활용할 수 없으며 한정적인 좁은 삶을 살 수밖에 없다. 지식 기반을 다져서 인생을 폭넓고 풍부하게 지내야 한다.

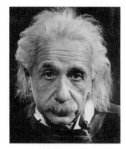

아인슈타인

아인슈타인은 "더 배울수록, 내가 무지하다는 것을 더욱더 깨닫는다. 또 그렇게 깨달을수록, 더욱더 배우고 싶어진다."라고 말했다. 지식을 얻을 때는 단편적인 지식이 아니라 하나의 지식을 얻더라도 깊이 있게 알아야 한다. 답을 알아도 이유를 모르면 진짜 아는 것이 아니고, 이유를 알아도 이해를 못 하면 제대로 아는 것이 아니다. 막연하거나 어설프게 아는 자세에서 벗어나 확실하게 이해하고 알아야 한다.

지식의 힘

스티브 잡스와 스티브 워즈니악은 브레인 파워를 밑천으로 애플 컴퓨터를 공동 창업했다. 처음에 그들에게는 두뇌밖에 없었다. 이 시대 최대의 성공 신화인 빌 게이츠의 마이크로소프트는 그와 폴 앨런이 대학교 때 고안했던 아이디어에서 시작되었다. 그는 세계 최고의 자수성가형 억만장자가 되었으며, 그 원동력은 오직 창의적인 지식이었다.

지식이 현대 사회를 지배하는 가치의 원천이며 꿈을 실현하는 열쇠이며 날개이다. 지식을 창출, 관리, 활용하는 능력이 경쟁력이므로 지식으로 무장된 실력을 갖추어야 한다. 권력, 지위, 영향력, 권위는 지식을 효과적으로 쓰는 사람의 몫이므로 지식을 적재적소에 활용할 수 있는 앎의 기술을 터득해야 한다.

인재는 문제의 핵심을 꿰뚫어보고 해결책을 찾아내는 사람이며 해결책을 찾기 위해서는 끊임없이 배우는 자기 계발을 해야 한다. 자기 계발에 힘쓰면 인생의 환희와 기쁨, 정열적인 삶을 맛볼 수 있다.

자기 계발을 하지 않으면 나태와 안일, 단조로움이 자리 잡는다. 지식의 획득과 축적을 위한 자기 계발에 노력을 기울여야 한다.

공부하는 시간은 미래가 들어오는 시간이다. 콩나물시루에 물을 부으면 밑으로 전부 빠져나가는 것 같지만, 시루에서 콩나물이 서서히 자라난다. 교육은 콩나물에 물을 주는 것과 같아서 교육을 비용이라 생각하지 않고 투자하면 현재의 작은 변화뿐만 아니라 후에 큰 성과를 가져온다.

해마다 〈포브스〉가 선정한 세계 갑부를 보면, 발표 당시 주가의 변동에 따라 순서 변화는 있어도 대체로 마이크로소프트 창업자 빌 게이츠, '투자의 귀재'로 불리는 워런 버핏 버크셔 해서웨이 회장, 멕시코의 통신재벌 카를로스 슬림 텔맥스 회장이 앞서거니 뒤서거니 하고 있다. 이들은 모두 지식을 매개로 하여 돈을 번 사람들이다. 부의 창출에서 지식의 중요성은 가히 혁명적이다.

앨빈 토플러는 "부의 미래를 형성하게 될 가장 강력하고 매혹적인 3가지 심층 기반은 시간, 공간, 지식이다. '보이는 부Visible Wealth'만이 아니라 '보이지 않는 부Invisible Wealth'를 주목하라." 하면서 지식이 부를 창출함을 강조하고 있다.

지식은 새로운 방식으로 결합할 때 새로운 시너지로 나타난다. 이전에 관련 없던 아이디어와 데이터 그리고 정보와 지식을 새로운 방식으로 결합하려면 상상력과 창의력이 필수적이다. 부의 심층 기반인 지식은 상상력과 창의력의 날개를 달고 사회 경제적 여건을 빠르게 변화시키고 있다.

앨빈 토플러

상상력과 융합된 지식인 정보재Information Goods의 가치는 폭발적이며 무궁한 것으로 미래 경제의 석유에 비견된다. 하지만 석유와 지식의 근본적인 차이점은 석유는 쓸수록 줄어들지만, 지식은 사용할수록 더 많이 창조된다는 것이다.

소득 수준을 높이고 싶다면 지적 자산의 수준을 높여야 한다. 지적 자산을 머리나 손에 넣었다면 이를 현장에서 활용할 수 있는 실천적인 지식으로 만들어야 한다. 사전에 실천적인 지식인지는 확인할 수 없다. 다양한 방법으로 일에 적용해 결과를 얻어 보아야 한다. 그래야 살아 있는 지식이 된다. 지식은 어떠한 목적에 활용되지 않는다면 가치가 없다. 꿈을 실현하는 사람은 끊임없이 지식을 활용한다.

●● 지속적인 학습

니체는 졸업을 앞둔 제자들에게 "너희는 나의 학설을 이해하고 소화해야 한다. 그래야 성장成長할 수 있다. 또한, 그것을 말도 안 되는 허튼소리로 생각해야 한다. 그래야 성숙成熟할 수 있다. 몇십 년이 흐른 후, 그때까지도 내가 가르친 것을 붙들고 있다면 너희는 이 시대의 큰 죄인이다. 기존의 지식을 부정하라."라고 말했다.

니체

새로운 지식이 급속도로 쏟아지는 오늘날에 과거의 지식을 고수한다는 것은 곧 경쟁에서 도태됨을 의미한다. 지식은 끊임없이 생산되며, 기하급수적으로 증가하고 있다. 작년에 익힌 새로운 지식은 올해에는 절반밖에 소용없고, 내년에는 4분의 1, 내후년에는 8분의 1로 줄어들고, 점점 더 줄어들어 아무 쓸모가 없어진다. 지속적인 학습은 생존과 경쟁의 원재료이며 핵심 원천이다. 지식사회에서는 가진 지식보다는 배울 수 있는 능력과 배우고자 하는 의지가 경쟁력의 척도다.

현대는 지식의 반감기임을 알고 지속해서 공부해야 한다. 학습 역량이 외부 지식 변화를 따르지 못하면 쇠퇴를 각오해야 한다. 시대를 풍미하는 새로운 것에 대해 알아야 하며 배워야 할 시기는 바로 지금이다. 학습을 통해 자신을 새롭게 해야 하며 그렇게 하지 않으면 현상유지조차 불가능함을 명심해야 한다. 지식의 양은 호기심의 양에 비례하므로 어린아이 같은 순수한 마음을 가지고 호기심을 발동하여 배워야 한다.

'부익부 빈익빈'이라는 말이 있다. 그러나 오늘날의 경쟁은 '더 많이 가진 자'와 '덜 가진 자' 사이에 벌어지는 것이 아니라 '더 많이 아는 자'와 '덜 아는 자' 사이에 벌어진다. 가장 중대한 빈부 격차는 계속해서 자신의 지식과 기술 수준을 높여 가는 사람들과 그렇게 하지 않는 사람들 사이에 존재한다. 지금 가진 지식과 기술 수준이 오늘 자신의 수준이다.

앨빈 토플러(Alvin Toffler, 1928~)
미국의 작가이자 미래학자이다. 고도 정보화 사회의 현상을 날카롭게 예측하고 지적하였다. 저서로는 ≪미래의 충격≫ ≪제3의 물결≫ ≪권력이동≫ ≪부의 미래≫ 등이 있다.

실천하기

- 무엇보다 책을 가까이한다.
- 자기 계발을 위한 투자를 아까워하지 않는다.
- 시간과 공간에 제약을 받지 않는 온라인 교육을 활용한다.
- 차 안이나 산책을 하면서 오디오 프로그램을 듣는다.
- 강좌와 세미나와 상품 전시회, 전람회, 음악회 등 각종 문화 프로그램에도 참가한다.
- 나의 일과 관련된 전문 분야 지식과 다른 분야에 대한 상식을 갖도록 노력한다.
- 자기 계발을 위한 공부하는 자세를 가진다.
- 시대에 부응하는 새로운 지식, 기술, 정보, 아이디어를 배운다.
- 지식을 확실하게 이해하기 위해서 질문을 자주 한다.

생각하기

- 자기 계발을 위해 노력하고 있는가?

존 듀이는 인생의 마지막까지 무언가를 배우고 성취하고자 노력했던 것으로 유명한 사람이다. 그는 93세의 나이로 생을 마감했는데, 90세가 되던 해에도 새로운 것을 배우려고 도전하고 있었고 왕성한 호기심을 지니고 있었다.

그는 노년에 들어 그간의 업적을 인정받아 많은 나라로부터 훈장을 받았는데, 수상한 뒤 가진 인터뷰에서 기자들의 질문을 받았다.

"선생님은 이미 나이가 많으신 데도 계속해서 새로운 것을 배우고 많은 시도를 하고 계십니다. 선생님에게 인생은 어떤 의미입니까?"

듀이는 한마디로 대답했다.

"인생은 계속해서 산에 오르듯이 계속해서 배워야 합니다."

"산이요? 선생님은 철학자지 등산가가 아니지 아니잖습니까?"

"산에 오르는 것은 무언가를 성취하는 것을 뜻합니다. 나이에 상관없이 이제는 산을 오르려고 하지 않는 사람의 인생은 이미 끝난 것이라고 저는 생각합니다."

존 듀이(John Dewey, 1859~1952)
미국의 세계적인 철학자이자 교육학자. 실용주의 철학학파의 창시자 가운데 한 사람으로 기능심리학의 선구자이자 미국의 진보적 교육운동의 대표자이다. 실험학교를 개발해 교육 분야에서 개척자적인 업적을 세웠으며 사회, 정치, 교육 등 많은 영역에서 활발한 학문 활동을 펼쳤다.

정보

● 정보화 사회

현대 사회는 정보화 사회로 정보 마인드를 갖는 것은 필요불가결한 인성이다. 정보화 사회에서는 정보의 가치를 가장 중요하게 생각하여 무수한 정보가 생산되고 유통되어 소비되면서 정보 관련 산업과 직업이 활성화되고 관련 종사자들이 사회의 중요한 위치를 차지하고 있다.

정보는 어떻게 세상을 보는가와 밀접한 관계가 있다. 정보의 지평을 넓힌다는 것은 더 넓은 세상과 마주한다는 것을 뜻한다. 세상에 관심을 가지는 것은 자신의 발전을 위한 것이다. '우물 안 개구리'가 되지 않고 자신의 경쟁력을 높이기 위해서는 정보에 관심을 기울여야 한다.

꿈을 실현하는 사람은 틀 속에 갇혀 자기 생각에만 매달리지 않는다. 다방면에 걸친 세상의 동향을 파악하려고 노력하여 유연한 사고로 시류에 맞는 의사 결정을 한다. 필요한 만큼 읽고, 듣고 대화를 통해 세상 돌아가는 상황을 알고 환경 변화에 대처할 수 있어야 한다. 자기 일과 관련된 이슈, 과학기술, 유행하는 문화까지 파악하기 위한 정보 획득을 꾸준히 해야 한다.

디지털 시대에 첫 번째 성패 요인은 정보 관리 능력이다. 쏟아지는 정보를 빠르고 정확하게 처리하는 것에서 승부가 난다. 정보의 전달 속도가 광속보다 더 빨라지고 있으며 빠른 정보가 생활 전반에 혁명적인 변화의 물결을 일으키고 있다. 세상의 변화 속도에 적응하지 못하면 정보화 사회의 미아가 될 수밖에 없다.

일상생활에서 정보화기기를 활용하지 못하면 문맹이나 다름없는 세상이 되었다. 컴퓨터는 생활양식, 가치관, 경제 패러다임을 급속히 변화시키고 새로운 개념의 '웹Web 생활양식'이 폭넓게 보급되면서 기능이 통합된 휴대용 디지털기기를 통해 정보를 얻을 수 있다.

● 정보 획득과 정보 관리

우리는 정보를 획득하는 데 '정보의 바다'라고 불리는 인터넷에 많이 의존한다. 그러나 수많은 정보 중에서 아무 정보나 얻으려고 해서는 안 되며 정보의 가치를 선별할 수 있는 능력이 중요하다.

인터넷상의 수많은 정보는 건전한 정보와 불건전한 정보가 혼재되어 있으므로 이를 나눌 수 있어야 한다. 건전한 정보는 유익하고 필요한 징

보이며 도덕적으로나 법적으로 문제가 없는 정보이다. 불건전한 정보는 나쁜 영향을 끼치는 해로운 정보로써 도덕적으로나 법적으로 문제가 제기될 수 있는 정보이다. 그러므로 건전한 정보 중에서 자신에게 필요한 정보를 검색하고 분별하는 능력이 중요하다.

정보가 재산이며 경쟁력이고 승리의 관건으로 정확한 정보가 질 높은 의사 결정 가능성을 높인다. 탁월한 사람은 의사 결정의 수준을 높이는 데 필요한 정보를 지속해서 축적한다. 모든 집단에서 가장 많은 핵심 정보를 흡수, 통합, 응용할 수 있는 개인이 다른 구성원들보다 우위에 선다.

정확한 작은 정보 하나가 승리를 가져오는 기회가 될 수 있다. 사소하고 예상치 못한 정확한 정보가 어떤 경우에는 현재 상황을 즉시 개선해 줄 뿐만 아니라 일하는 방식 자체를 완전히 바꿔 놓아 꿈을 실현할 수 있다.

정보를 수집하고 분석하는 마인드를 가져야 한다. 정보를 충분히 수집하고 수집한 정보가 왜곡되어 있는지 신뢰할만한 정보인지 옥석을 가려야 한다. 정보 제공자와 정보와의 관계, 정보 제공자의 수준, 획득 과정을 파악하기 위해 정보가 어떤 의도를 가지고 있는 것은 아닌지 자세하게 검토해야 한다. 자신의 사고와 시각을 새롭게 하도록 정보를 얻는 소스를 때때로 바꿀 필요가 있다.

정보를 보고할 때는 본 것은 본대로 보고하고 들은 것은 들은 대로 보고해야 하며 본 것과 들은 것을 구별해서 보고해야 한다. 보지 않은 것과 듣지 않은 것은 일언반구도 보고하지 말아야 한다.

자신이 가지고 있는 정보가 유출되는 경우에 엄청난 손해를 볼 수 있다. 정보를 얻는 것만이 아니라 자신의 정보가 새어나가지 않도록 정보 관리에 철저히 신경을 써야 한다.

실천하기

- 정보를 정확하게 알고 일을 한다.
- 정보를 얻는 소스를 다양하게 한다.
- 획득한 정보를 새로운 시각으로 참신하고 독창적인 정보로 만든다.
- 정보를 충분히 수집하고 정보의 옥석을 가린다.
- 인터넷 사이버 공간에서의 예절을 지킨다.
- 인터넷에서 건전한 정보를 선별하여 획득한다.
- 정보가 유출되지 않도록 한다.

생각하기

- 정보 관리 능력을 갖추고 있는가?
- 인터넷의 순기능과 역기능에 대하여 생각해 보자.

정보전의 승리

일본은 진주만 습격으로 태평양전쟁을 촉발했다. 1942년 6월, 야마모토 해군 제독이 이끄는 일본 함대는 태평양 중부의 미드웨이 섬에 있는 미국 함대를 공격하기로 했다. 하지만 미군은 일본군에 대한 암호 해독을 통해 이 사실을 미리 알고 있었다. 덕분에 미국 태평양함대 사령관 니미츠는 일본 함대가 계획을 세움과 동시에 이를 정확히 파악하고 있었다. 몇 주에 걸쳐 미국의 무전병들은 야마모토 제독이 여러 부대에 지시한 명령들을 도청했고, 미국 해군은 이를 바탕으로 전투 준비에 들어갔다.

전투가 시작되었을 때, 니미츠 장군은 일본군의 전투 계획을 순서대로 자세히 알고 있었기 때문에 결과는 일본군에게 치명적이었다. 미군은 일본군의 힘의 원천이던 항공모함 아카기와 카가, 소류 그리고 히류와 순양함 미쿠마 호를 침몰시켰다. 일본군은 322대의 전투기와 5천여 명의 해군을 잃었으나, 미군의 손실은 147대의 전투기와 3백여 명의 해군뿐이었다. 미국 해군의 승리는 정보력에 기인한 것으로 이 미드웨이 해전이 태평양전쟁의 전환점이 되어 미국이 승전하는 기반이 된다.

독서

● ● 독서의 의미

항상 책을 가까이하면서 폭넓고 깊이 있는 지식을 습득하는 자세는 주요한 인성덕목이다. 독서는 지식과 지혜의 원천이다. 책은 새로운 지식을 제공하며 참된 것과 착한 것과 아름다운 것을 안내하고 이끌어간다. '이쪽' 세계에만 머물면 시야가 좁아진다. '저쪽' 세계로 나가야 생각과 삶이 풍요로워진다. 책은 '이쪽' 세계에서 '저쪽' 세계로 통하는 길을 제시한다.

책은 지혜와 행동의 좋은 기준을 얻는 데 있어 유용한 도구로서 어떻게 살아가야 하는지, 어떻게 문제 해결을 해야 하는지를 가르쳐 준다. 책 한 권 한 권에 지식이 있고 지혜가 있고 재미가 있고, 휴식이 있고 용기가 있다. 독서는 두뇌의 체조로 집중과 머리의 유연성을 유지 발전시킨다. 고독하거나 힘들 때 마음에 위안과 평화와 용기를 가져다주어 인생을 견디도록 가르쳐준다.

안중근 의사는 "하루라도 책을 읽지 않으면 입속에 가시가 돋는다. 一日不讀書口中生荊棘일일부독서구중생형극"라고 했다. 독서 습관이 인생을 좌우한다. 책은 지쳐서 길을 잃고 방황하는 삶에 에너지를 선사하고 길을 안내하고, 마음에 불을 지피고, 노력을 쏟도록 이끌고 열정을 북돋워 인생을 송두리째 바꾸어 놓을 수도 있다. 깊은 인상을 남긴 책은 인생에 새로운 전기를 마련한다. 책을 읽다 보면 번쩍하는 순간이 찾아온다. 한 줄의 문장이 인생을 바꾸고 한 권의 책이 운명까지 바꾸어 놓는다.

안중근 의사 　　 안중근 유묵

좋은 책은 진실하고 고차원적인 친구이며 삶의 자극제이므로 인생의 멋진 여행은 독서와 함께 해야 한다. 좋은 책은 훌륭한 말씀과 사상의 보고이며 훌륭한 인물에게 안내한다. 훌륭한 인물이 작고했더라도 정신은 절대로 사라지지 않으며 책 속에 담겨있다. 독서는 과거와 현재, 시공을 뛰어넘어 훌륭한 인물들을 만나게 해주는 최상의 도구로 책은 살아 있는 목소리이며 걸어 다니는 정신이다.

데카르트는 "좋은 책을 읽는다는 것은 과거의 훌륭한 사람들과 대화를 하는 것과 같다."고 했다. 좋은 책을 읽는 것은 사고와 포부를 키워주어 성숙한 마음을 지니게 한다. 인생을 담고 있는 최고의 상자이며 삶을 살아가며 떠올릴 수 있는 생각들이 담겨있다. 좋은 책은 선과 정직과 진실을 가르쳐 나쁜 벗과 어울리는 것을 막아주는 울타리 역할을 하므로 좋은 책을 읽음으로써 인생에서 '조난'당하지 않도록 해야 한다. 쓸모없는 지루한 책에 시간을 허비하는 짓은 그만둬야 한다.

데카르트

●● 책을 읽는 방법

독서를 통해 생각의 근육을 단련해야 한다. 몸 근육은 일시적이지만 생각의 근육은 영원하다. 품위 있는 사람이 되려면 몸만이 아니라 다독으로 무장하여 사려 깊은 사람이 되어야 한다.

책은 세상의 정보와 지식을 알려준다. 책을 읽지 않으면 정확하고 깊이 있는 정보와 지식을 얻어내기가 어렵다. 미디어를 통해 단편적으로 얻은 정보와 지식은 편협할 수 있으며, 확대하여 해석하는 오류를 범할 수도 있다. 더 넓은 시야를 가지고 다양한 측면들을 알기 위해서는 독서가 필수적이다.

책을 통해 어떻게 사고하고, 어떻게 문제를 풀 것인지에 대한 시각을 얻어야 한다. 인간과 지식에 대한 근원적이고 보편적인 통찰과 호기심, 상상력을 자극받아야 한다. 감수성을 일깨우고 사고와 태도에 변화를 줄 수 있는 책을 읽어야 한다.

다양한 분야의 책들을 깊이 있게 읽어야 한다. 책이 가르치고 있는 것에만 얽매이지 말고 재해석할 수 있어야 한다. 때로는 독서 토론을 통해 서로의 관점을 나누면 지적·감성적 상상력을 넓혀갈 수 있을 것이다. 책은 장식품이 아니다. 책은 꽂아두기 위한 것이 아니라 읽기 위한 것이다. 책을 사놓고 읽지 않는 우를 범해서는 안 된다.

안중근(安重根, 1879~1910)
항일 독립투사의 표상. 1907년 이전에는 교육운동과 국채보상운동 등 계몽운동을 벌였고, 그 후 러시아에서 의병 활동을 하다가 1909년 초대 조선통감이었던 이토 히로부미를 조선 침략의 원흉으로 지목하여 하얼빈에서 1910년 2월 14일 사형선고를 받고 3월 26일 뤼순 감옥에서 사형당했다.

르네 데카르트(René Descartes, 1596~1650)
프랑스의 철학자로 근대 철학의 아버지로 불리며 물리학자, 수학자이기도 하다. 합리론의 대표주자로 저서 ≪방법서설≫에서 '나는 생각한다. 고로 존재한다. (Cogito ergo sum)'는 말이 유명하다.

실천하기

- 책을 항상 가까이한다.
- 다양한 책을 깊이 있게 정독한다.
- 책을 읽고 그 책에서 하고자 하는 핵심 내용을 찾아낸다.
- 책을 읽고 유용한 부분을 형광펜으로 표시한다.
- 소설을 읽을 때는 등장인물의 내면세계를 파고들어 인간을 깊이 이해한다.

생각하기

- 한 달에 책을 몇 권이나 읽는가?
- 실용서가 아닌 인생에 지침이 되는 독서를 하고 있는가?

스티브 잡스의 인생을 결정한 독서

스티브 잡스가 어릴 때, 스튜어트 브랜드란 사람이 쓴 ≪지구 백과≫란 유명한 책이 있었다. 저자의 시적인 감정을 불어넣은 책이었다. PC나 전자출판이 존재하기 전인 1960년대 후반이었기 때문에 타자기, 가위, 폴라로이드 카메라로 만든 책이며 대단한 생각과 아주 간단한 도구로 가득 찬 이상적인 책이었다.

스튜어트와 그의 팀은 ≪지구 백과≫의 몇 번의 개정판을 계속 내놓았고, 수명이 다할 때쯤에는 최종판을 내놓았다. 그때가 70년대 중반이었는데 스티브 잡스가 이 책을 정독했다. 최종판의 뒤쪽 표지에는 이른 아침 시골길

≪지구 백과≫

사진이 있었는데, 아마 모험을 좋아하는 사람이라면 히치하이킹을 하고 싶다는 생각이 들 정도였다. 그 사진 밑에는 이런 말이 있었다. "늘 배고파라, 늘 어리석어라" 그리고 책 마지막에도 "늘 배고파라, 늘 어리석어라(Stay hungry, Stay foolish)."를 마지막 작별인사로 대신했다.

그는 그 후 항상 이 짤막한 경구警句를 가슴에 새기고 "끊임없이 갈망하고 끊임없이 우직스러움을 유지해야 한다."는 인생관을 가지고 천재적인 창조성을 발휘하여 인류사회에 미치는 영향이 어느 정도인가를 똑똑히 보여주었다.

젊었을 때 읽은 독서에서의 감명 받은 바로 'Stay'라는 한 단어를 통해 수많은 어려움에도 지속성·항구성·끊임없는 투혼을 발휘할 수 있었던 것이다. 그가 절대 좌절하지 않고 끝까지 버티며 끝내는 세계적인 창조자의 한 사람으로 우뚝 설 수 있었던 힘은 바로 독서의 힘에 있었다.

≪격몽요결 擊蒙要訣≫ 독서장(讀書章)

율곡 이이

1577년 조선 시대에 이이李珥가 일반 학도들에게 부모를 봉양하고 남을 대접할 줄 알며, 몸을 닦고, 독서의 방향을 교육하기 위해 저술하였다. 내용은 10장으로 되어 있으며 제4장 〈독서〉에 다음과 같은 글이 있다.

이치를 밝히기 위해 독서를 해야 하며, 책 한 권을 선택한 후 뜻을 헤아리며 읽어 충분히 마음으로 체득한 뒤에 실행에 옮겨야 하며 그 뒤에 다른 책을 읽어야 한다. 다독에 빠져서 쓸데없이 노력을 분산하는 것을 경계하였다.

≪격몽요결≫ 독서장

책을 읽는 순서는 먼저 ≪소학 小學≫을 읽어 부모를 섬기고 형을 공경하며, 나라에 충성하고 웃어른에게 순종하며, 스승을 높이고 벗과 친해지는 도리를 배워서 행할 것을 강조하였다.

그다음에는 ≪대학 大學≫ 및 ≪대학혹문 大學或問≫을 읽어서 몸과 마음을 바르게 하여 사람을 다스리는 도리를 배운다. ≪논어 論語≫를 읽고 인仁을 구하고 학문의 이치를 함양하라고 하였다.

다음에는 ≪맹자 孟子≫를 읽어서 의리를 밝게 분별하여 인욕을 막고 천리天理를 보존하는 설說을 밝게 살피며, ≪중용 中庸≫을 읽어서 성정의 덕을 익힐 것을 권하였다.

다음에는 ≪시경 詩經≫을 읽어서 성정의 그릇됨과 올바름, 선악을 가려 따를 것과 경계할 것을 분명히 하며, ≪예경 禮經≫을 읽어서 사람이 갖추고 지켜야 할 것을 분명히 알아야 한다. 다음에는 ≪서경 書經≫을 읽어 요·순과 우왕·탕왕·문왕이 천하를 다스린 경륜과 요령을 익혀야 한다고 가르쳤다.

다음에는 ≪역경 易經≫을 읽어서 길흉·존망·진퇴·성쇠의 기미를 관찰할 것과 ≪춘추 春秋≫를 읽어서 착한 것은 상을 주고 악한 것은 벌하며, 어떤 이는 높여주고 어떤 이는 억누르는 화법과 심오한 뜻의 깨달음을 가르쳤다.

이 밖에도 선현들이 지은 ≪근사록 近思錄≫ ≪가례 家禮≫ ≪이정전서 二程全書≫ ≪주자대전 朱子大全≫ ≪주자어류 朱子語類≫와 ≪성리학설 性理學說≫을 정독할 것을 강조하였다.

기록

●● 기록은 창조다

정보와 아이디어가 쏟아지는 현대 사회에서 기록은 주요한 인성덕목이다. 현재의 지식 정보 사회에서 정보와 지식이 삶의 필수 에너지로 작용한다. 매일 수많은 정보와 지식을 입력하고 처리하면서 의사를 결정하고 그에 따라 행동하지만, 그 수많은 정보와 지식을 기록하지 않으면 마냥 기억할 수가 없어서 내 것이라고 할 수 없다.

현대인이 정보 전쟁에서 승리하는 비결은 간단하다. 남보다 두뇌를 활성화하는 것이다. 두뇌를 잘 활용하려면 두뇌를 기억과 저장 기능으로 쓰지 말고 창조적으로 써야 한다. 일상에서 떠오르는 생각들을 메모하는 습관으로 귀중한 아이디어를 놓치지 말아야 한다.

가장 생산성이 높은 사람들은 기록하고 생각한다. 꿈을 실현한 사람들의 공통점은 '메모광'이며 한마디로 손이 부지런한 사람이다. 대뇌 과학자들은 '손은 제2의 뇌' 또는 '손은 밖에 나와 있는 뇌'라고 표현한다. 기억을 지배하는 것은 기록이다.

현대 사회는 '얼마나 많이 기억하고 알고 있는가?'가 아니라 '얼마나 많이 창조할 수 있는가?'가 '잘 나가는 청춘'을 결정하는 시대다. 무엇인가를 기억하기 위해 고민하는 사람보다는 무엇인가를 창조하기 위해 노력하는 사람이 성공한다.

●● 기록의 효용성

≪난중일기≫

성웅 이순신 장군은 전쟁의 와중에서 전쟁 상황을 기록하여 ≪난중일기≫를 남겼다. 이 기록을 통해 후세들이 임진왜란의 참상을 이해하고 애국심을 본보기로 삼고 있다. 그는 평소 번뜩이는 생각을 메모하는 습관이 있었기에 거북선을 만들어 나라를 구할 수 있었다. 백범 김구 선생도 목숨을 건 독립운동을 하면서도 기록하는 일을 게을리 하지 않아 ≪백범일지≫를 남겨 위대한 애국심과 독립정신을 본받고 있다. 조선 시대 명의 허준許浚, 1539~1615은 전국 팔도를 돌아다니며 약초를 캐어 실험하면서 터득한 의학 지식을 꼼꼼하게 적어 ≪동의보감≫을 남겨 지금도 한의학의 원전으로 활용되고 있다.

≪백범일지≫

≪동의보감≫

"총명聰明이 불여둔필不如鈍筆"이란 말이 있다. 뛰어난 기억력이 서투른 기록보다 못하다는 뜻이다. 사람은 시간이 지나면 기억을 잊어버리기 때문이다. 생각이나 사실이 망각의 어둠 속으로 달아나지 않게 꼭 붙잡아놓으려고 기록해놓는 습관을 지녀야 한다. 기록은 잊지 않기 위해서가 아니라 잊기 위해서 하는 것이므로 자신을 자유롭게 한다. 기록하고 잊어라. 안심하고 잊을 수 있는 기쁨을 만끽하면서 항상 머리를 창의적으로 써야 한다.

《다 빈치 노트》

기록은 정확한 사람을 만든다. 기록은 시신경과 운동 근육까지 동원하는 뇌리에 강하게 각인되어 행동을 지배한다. 해야 할 일을 기록해 놓으면 심리적으로 실천을 강요당하게 하여 성취하게 한다. 단 한 줄의 번뜩이는 아이디어의 기록이 인생을 바꾸어 놓을 수도 있다. 기록하는 습관을 지녀야 한다. 아이디어와 수행한 일의 분석과 교훈을 기록해야 한다.

'레오나르도 다 빈치의 노트'는 유명하다. 그는 찰나를 스치는 아이디어나 관찰을 기록하기 위해 늘 노트를 갖고 다녔다. 아직 정리되지 않았더라도 순간순간의 생각과 느낌들을 기록해 놓으면 이것이 자산이 된다. 500년 전 기록된 레오나르도 다 빈치의 노트에서 오늘날에도 활용되는 수많은 아이디어와 창의성이 발견되었듯이 말이다.

단 한 줄의 기록이 자신의 인생을 바꾸어 놓을 수도 있다. 지식이나 귀한 체험, 떠오르는 통찰을 모두 기록하고 자기 생각을 넣어 기록하는 일은 유익을 준다. 정보를 얻거나 아이디어가 떠오를 때마다 즉시 기록해야 한다. 항상 기록할 수 있는 도구를 휴대하여 기록해야 한다.

실천하기

- 항상 기록 도구를 휴대하고, 정보를 얻거나 아이디어가 떠오를 때마다 즉시 메모한다.
- 짧고 명료하게 기록한다.
- '처리할 일'과 '기억해야 할 일'로 나누어 기록한다.
- 자신이 하는 일을 분석하고 얻은 교훈도 기록한다.
- 필요에 따라 화이트보드, 붙임쪽지, 휴대전화나 IT기기의 수첩 기능을 활용하고 급한 경우에는 눈에 잘 띄는 손 등 다양한 도구를 활용한다.
- 기록하는 내용은 한 곳으로 모은다.
- 수시로 기록한 것을 본다.

생각하기

- 나는 기록하는 습관을 지니고 있는가?

아인슈타인의 기억력

기자가 아인슈타인과 인터뷰 중에 질문했다.

"소리의 속도인 음속의 값은 얼마입니까?"

금세기 최고의 천재로 알려진 아인슈타인의 즉각적 대답을 기대하는 기자에게 아인슈타인은 담담하게 대답했다.

아인슈타인

"저는 책에서 쉽게 찾을 수 있는 정보는 머릿속에 담아두지 않습니다."

전혀 생각지 못한 대답에 기자는 겸연쩍은 표정을 지었다. 이어서 다양한 질문과 대답을 나눈 후에 앞으로 연락할 일이 있으면 필요하다고 하면서 집 전화번호를 물었다. 그러자 아인슈타인은 주머니를 뒤적여 수첩을 꺼내어 전화번호를 알려주었다.

기자는 아인슈타인이 자신의 집 전화를 기억하지 못하는 것에 대해 깜짝 놀라면서 물었다.

"박사님, 설마 댁 전화번호를 기억하지 못하시는 건 아니시죠?"

이 말을 듣고 아인슈타인은 태연하게 말했다.

"집 전화번호 같은 건 잘 기억을 안 합니다. 적어두면 쉽게 찾을 수 있는 걸 왜 머릿속에 기억해야 합니까? 나는 사소한 것은 기록하고 잊어버리는 것을 생활 원칙으로 하고 있습니다. 그렇게 사소한 것을 채우는 머릿속 공간을 비워둬야 창의적인 생각으로 채우면서 두뇌를 효율적으로 활용할 것 아닙니까? 두뇌 활용은 단순히 정보를 기억하는 것이 아니라 창의적인 사고를 하는 것이 본질이지요."

그는 천재이면서도 엄청난 '메모광'이었다. 아이디어는 영원히 기억될 수 없기에 메모를 통해 위대한 업적을 이루어냈다.

PART

VI

관리해야 할 인성

자기관리 | 순간관리 | 건강관리 | 습관관리 | 시간관리
경제관리 | 욕망관리 | 쾌락관리 | 성윤리 | 갈등관리
분노관리 | 걱정관리 | 불안관리 | 위기관리 | 시련관리
실패관리 | 성공관리

자기관리

●● 왜 자기관리를 해야 하나?

자신이 전혀 인식하고 있지 않았던 일이 드러났을 때 낭패를 당하는 상황이 비일비재한 현대 사회에서 홀로 있을 때조차 신중한 자세로 삼갈 줄 아는 자기관리는 주요한 인성 덕목이다. ≪채근담≫에 '간장에 병이 들면 눈이 보이지 않게 되고, 신장에 병이 들면 귀가 들리지 않게 된다. 병은 남이 보지 못하는 곳에서 생기지만, 남들이 볼 수 있는 곳에서 드러난다. 그러므로 군자는 밝은 곳에서 죄를 얻지 않으려면, 먼저 어두운 곳에서 죄를 짓지 말아야 한다'고 했다.

≪채근담≫

≪중용≫

≪중용≫에도 '어두운 곳보다 더 잘 드러나는 곳은 없고, 미세한 곳보다 더 잘 나타나는 곳은 없다. 그러므로 군자는 자신이 홀로 있을 때 삼간다.'라고 하면서 신독愼獨의 중요성을 강조하고 있다.

유교에서는 자기관리를 위해 '경敬'을 강조했다. 경은 경건한 자세로 마음을 한 곳에 집중하여 바람직하지 않은 욕망이 침입하지 않도록 하는 것이다. 이러한 '경을 통해서 한순간도 방심하지 않고 흔들리지 않는 바른 마음가짐을 가지고 옳은 행동을 할 수 있다.

인간은 누구나 유혹에 현혹당하기 쉽다. 소위 말해 사회에서 잘 나가는 많은 사람이 부정부패를 저질러 감옥에 가거나 불행한 상황을 맞이하고 있다. 이처럼 자기 수양에 철저하지 못하고 외부의 유혹을 다스리지 않으면 무서운 결과를 낳는 것이다. 자기 자신을 스스로 경계하면서 유혹을 떨쳐낼 수 있어야 한다.

남을 의식하지 말고 항상 의義를 염두에 두고 두려워할 외畏를 마음에 새겨 스스로 삼가야 한다. 마음에 언제나 두려움을 간직하면, 자만에 빠져 방자하게 되지는 않아 허물을 적게 할 수 있을 것이다. 자신에게 엄격해야 문제를 일으키지 않아 명성을 잃지 않고 개인의 발전을 가져오고 사회가 성숙해진다.

●● 자기관리를 어떻게 하나?

노자는 '누군가를 정복할 수 있는 사람은 강한 사람이지만, 자신을 정복할 수 있는 사람은 위대한 사람이다.'라고 말했듯이 자신을 이기는 사람이 진정으

노자

로 강한 사람이다. '대인춘풍 지기추상 ^{待人春風 持己秋霜}'이라는 말도 '남을 대할 때는 봄바람처럼, 자신을 대할 때는 가을 서리처럼' 하라는 뜻이다.

타인보다 자신에 대한 잣대를 보다 엄격하게 적용해야 한다. 자신에게 엄격함을 유지하려면 '교만하거나 자만하거나 방만하지는 않았는지?', '비겁한 행동은 없었는지?', '이기적인 언동은 없었는지?' '남을 불쾌하게 하지는 않았는지?'를 수시로 뒤돌아보고 반성하는 삶을 살면서 인간으로서 바른길을 가야 한다.

자신을 스스로 다스리려면 자신을 객관적으로 평가할 수 있어야 한다. 자신에 대한 분별력을 발휘하여 자신을 돌이켜보아야 하며 남이 평한 것을 들어보아야 하고 더 나아가 자신을 비판의 대상으로 할 줄 알아야 한다. 때때로 주위와 자신을 돌아보면서 많은 사람이 얼마나 열심히 살고 있는지, 또 자신이 얼마나 부족한지를 깨닫고 더욱 노력하는 자세를 가져야 한다.

자신이 스스로 관리되어 있지 않으면 감언이설이나 유혹, 부정에 휘말려 평생 지울 수 없는 수치를 당하거나, 영어의 몸이 되거나, 삶의 나락으로 떨어지는 불행을 겪는다. 허황한 상상은 현실에 직면하면 고통의 근원이 되므로 현명한 사람은 부질없는 혼란에 빠지지 않는다. 사람들에게 만만한 상대로 보여 그들의 유혹에 이용당하지 않아야 한다.

호메로스의 저서 ≪오디세이아 Odyssey≫의 주인공인 율리시스^{Ulysses}는 그리스 신화에 나오는 영웅으로 오디세우스^{Odysseus}의 라틴어 이름이다. 율리시스가 시실리 섬 근처를 지나게 되었는데 이곳에는 세이렌이라는 생물체가 살고 있었다. 세이렌은 밤에 나와 아름다운 노래로 사람을 현혹해 배를 암초가 있는 곳으로 몰게 하여 난파시키고 선원들을 물로 뛰어내리게 했다. 그러다 보니 대부분의 선원은 시실리 섬을 지나지 않고 돌아갔지만, 율리시스는 이곳을 지나가기로 했다.

호메로스

율리시스는 이곳을 지나가기 전에 선원들을 불러 귀에 양초를 녹여 굳힘으로써 아무 소리도 못 듣게 하였다. 하지만 율리시스는 양초가 모자라서 자신의 귀는 막지 못했다. 밤이 되자 세이렌의 아름다운 노래가 들리기 시작했다. 율리시스는 홀로 노래에 유혹되어 선원들에게 세이렌의 소리가 나는 곳으로 배를 돌리라고 고함을 쳤지만, 귀를 막은 선원들은 듣지 못했다. 율리시스의 손은 매듭으로 키에 묶어놨기 때문에 바다로 뛰어들 수도 없었다. 결국, 닥칠 위험을 지혜롭게 대비한 율리시스 때문에 배는 무사히 시실리 섬을 지나갈 수 있게 되었다.

유혹은 누구에게나 찾아오지만 철저한 자기관리를 통해 유혹을 이겨내야 한다. 거절해야 할 때 거절할 줄 아는 것은 자기관리의 지혜이다. 당연히 거절해야 할 일을 거절하지 않고 받아들여서 나중에 큰 낭패를 보는 경우가 비일비재하다. 거절해야 할 때는 부드러우면서도 단호한 태도로 거절해야 하며 그 거절의 결과가 어떨지 예측해야 한다.

승낙할 것인가 거절할 것인가를 선택하기 전에 도덕적으로나 법적으로 문제가 없는지, 나중에 공개되더라도 괜찮은지, 해낼 수 있는 일인지, 해야 할 가치가 있는지를 판단해야 한다. 부적당한 일에 몰두하는 것은 귀중한 시간을 좀먹는 일이다. 남이 자신에게 부당한 일을 강요할 수 없도록 처신하지 않으면 패가망신한다. 거절을 두려워 말고 거절해야 할 때는 거절해야 한다.

행복의 비결은 불필요한 일에서 자유로워지는 것이므로 일이 아닌 것을 일거리로 만들지 말아야 한다. 현명한 사람은 복잡한 일에 말려들지 않고 점잖게 슬쩍 등을 돌림으로써 복잡한 미로에서 벗어나며 분쟁의 한가운데에서 노련하게 빠져나온다.

하루하루를 뒤돌아보고 바른 언행을 했는지 반성하고 자문해 보아야 한다. 그러면 나쁜 마음은 억누르고 좋은 마음이 키워질 것이다. 좋은 마음을 가지고 인간으로서의 가장 기본적 가치관인 정직함, 성실함, 겸손함, 상냥함 등 선한 행실을 보여야 한다. 뛰어난 장점에 맞먹는 결점을 갖고 있지 않은 사람은 없으므로 자신의 주요 결점을 확실하게 알고 고치도록 노력해야 한다.

호메로스(Homeros, 기원전 8세기경)
고대 그리스의 시인으로 유럽 문학의 효시인 ≪일리아스≫와 ≪오디세이아≫의 작가이다.

실천하기

- 자신을 스스로 지키기 위해 노력한다.
- 나에 대한 잣대를 엄격하게 적용한다.
- 나를 객관적으로 평가한다.
- 도덕적인 인간이 되기 위해 노력한다.
- 스스로 옳다고 생각하는 일을 실천한다.
- 손해를 감수하더라도 바른 행동을 한다.
- 유혹 앞에서 단호히 NO라고 말한다.
- 늘 신중하게 생각하고 판단하려고 노력한다.
- 항상 바른 언행을 한다.
- 게으름 피우지 않고 최선을 다한다.

생각하기

- 나는 자기관리를 하고 있는가?

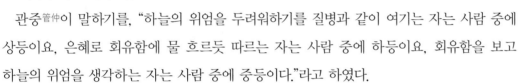

≪소학≫ 경신(敬身; 몸가짐을 조심하라)   주자

공자가 말씀하시기를 "거처함을 공손히 하며, 일을 집행함을 조심해서 하며, 남에게 성실하게 하는 것을 비록 미개한 땅에 가더라도 버려서는 안 된다. 말이 성실하고 믿음성이 있고, 행실이 착실하고 조심성이 있으면 비록 오랑캐 나라에 가더라도 뜻이 행해질 수 있거니와 말이 성실하지 않고 믿음성이 없으며, 행실이 착실하지 않고 조심성이 없다면 비록 제가 사는 고을이나 마을이라도 뜻이 행해질 수 있겠는가?

공자

증자가 말씀하시기를, "군자는 도를 귀하게 여기는 것이 세 가지이니, 용모를 움직임에는 거칠고 게으른 태도를 멀리하며, 얼굴빛을 바로 함에는 신실하게 하여야 하며, 말을 할 때는 비루함과 도리에 어긋남을 멀리한다."고 하셨다.

관중管仲이 말하기를, "하늘의 위엄을 두려워하기를 질병과 같이 여기는 자는 사람 중에 상등이요, 은혜로 회유함에 물 흐르듯 따르는 자는 사람 중에 하등이요, 회유함을 보고 하늘의 위엄을 생각하는 자는 사람 중에 중등이다."라고 하였다.

관중

≪예기≫ 〈곡례 편〉에 이르기를, "(몸과 마음을) 조심하지 않음이 없어 (얼굴빛은) 엄숙히 생각하는 듯이 하며, 말을 안정되게 하면 백성을 편안하게 할 것이다. 오만한 마음을 키워서는 안 되며, 욕심을 멋대로 부려서는 안 되며, 뜻하는 바를 가득 채우지 말아야 하며, 즐거움을 극도로 해서는 안 된다. 현명한 사람은 친하면서도 공경하고 두려워하면서도 사랑하며, 사랑하면서도 그 악함을 알고, 미워하면서도 그 선함을 알며, 재물을 쌓되 능히 베풀 것이며, 편안함을 편안히 여기되 옳은 일을 위해 (편안하지 않은 것에) 옮길 줄 알아야 한다. 재물에 임하여 구차히 얻으려 하지 말며, 어려움에 임하여 구차히 면하려 하지 말며, 싸움에 이기려 하지 말며, (재물을) 나눌 때 많이 가지려 하지 마라. 의심스러운 일을 자신이 바로잡아 결정을 내리려고 하지 말고, 자신의 의견을 정직하게 개진할 뿐 선입견을 두지 말라."고 하였다.

≪예기≫ 〈악기 편〉에 이르기를, "군자는 간사한 소리와 어지러운 빛깔을 귀와 눈에 머물러 두지 않으며, 음란한 음악과 사특한 예절을 마음에 받아들이지 않는다. 게으르고 사악하고 편협한 기운을 몸에 베풀지 아니하여, 귀와 눈과 코와 입과 마음의 지각과 몸의 온갖 기관이 모두 순하고 바름으로 말미암아 그 옳은 도리를 행하여야 한다."라고 하였다.

≪예기 禮記≫

중국 고대 유가(儒家)의 경전인 오경(五經)의 하나로, 예법(禮法)의 이론과 실제를 풀이한 책이다.

≪예기≫

≪대학≫은 ≪예기≫ 중 제42편에 해당하는 2천 자에도 미치지 못하는 짧은 글이다. ≪대학≫은 3강령 8조목을 핵심 단어로 하고 있다. 8조목은 3강령의 행동 지침이다.

≪대학≫

[3강령]

명명덕明明德: 밝은 덕을 밝히는 것

신민新民: 백성을 새롭게 하는 것, 백성과 친하는 것

지어지선止於至善: 지극히 선함에 머무르는 것

[8조목]

격물格物: 사물을 연구함

치지致知: 앎을 이룸

성의誠意: 뜻을 정성스레 함

정심正心: 마음을 바르게 함

수신修身: 자신을 수양함

제가齊家: 집안을 평안하게 함

치국평천하治國平天下: 나라를 다스리고, 나아가 천하를 화평하게 함

증자(曾子, 기원전 505~기원전 436경)
중국의 철학자. 자는 자여. 공자의 문하생이며 ≪대학≫의 저자로 알려졌다. ≪대학≫은 ≪예기≫의 한 편이지만 4서 가운데 하나로, 특히 3강령 8조목으로 유교의 가르침을 설명하고 있다. 그는 유교에서 강조하는 '효(孝)'를 재확립하여 효경(孝經)까지 지어 "부모를 기리고, 부모를 등한시하지 않으며, 부모를 봉양한다."라고 하여 효를 3단계로 열거했다.

순간관리

●● 삶과 순간

순간에 최선을 다하여 영광을 누리기도 하고 순간에 저지른 실수로 평생 치욕을 당하는 것을 볼 때 순간관리는 주요한 인성덕목이다. 삶이란 순간순간이 이어지는 나날들의 연주로 시간 속에서 기쁨과 슬픔, 평화와 탄식, 상처와 치유를 경험하며 하루하루를 만들어나간다. 자신에게 주어진 이 순간을 어떻게 보내느냐에 따라 인생이 행복할 수도 불행할 수도 있다.

순간을 지배하는 사람이 인생을 지배한다. 순간을 잘 관리하여 잘나가는 인생이 되기도 하고, 잘못 관리하여 흔들리는 인생이 되기도 한다. 순간순간에 정신을 바짝 차리고 바른 마음을 가지고 바른말과 바른 행동을 해야 하며 말실수나 행동실수를 하지 않아야 한다. 그 찰나적인 순간에 올바른 행동으로 영광을 얻기도 하고 실수 하나로 지울 수 없는 상처와 패가망신을 당하는 경우가 비일비재하므로 순간을 잘 관리하여 삶의 환희가 넘치는 원동력이 되도록 해야 한다.

지금 이 순간으로부터 자신을 분리할 수 없고, 지금 이 순간만이 주어진 유일한 소중한 시간이며 자신이 무언가를 할 수 있는 때이다. 순간! 순간! 정말로 중요하다. 삶의 놀이가 일어나는 지금 이 순간을 삶의 중심으로 삼고 소중하게 관리해야 한다. 세상에서 가장 중요한 시간은 '지금 이 순간'이고, 세상에서 가장 중요한 사람은 '지금 함께 있는 사람'이며, 세상에서 가장 중요한 일은 '지금 하는 일'이므로 지금 이 순간의 상황에 충실해야 한다.

지금 이 순간 할 수 있고 해야 하는 일이면 5분 뒤에 하거나 내일로 미루지 말고 지금 해야 한다. 아이디어가 떠올랐다면 즉시 메모하고, 악상이 떠올랐다면 지금 바로 오선지에 그리고, 주변 사람에게 "사랑한다."라고 말하거나 "미안하다."라고 말해야겠다고 마음먹었다면 바로 지금 해야 한다. 기회는 다시 오지 않을지 모르니 지금 이 순간을 붙잡아야 한다.

●● 지금 이 순간의 중요성

스티브 잡스는 "지금은 미래를 알 수 없으며 다만 현재와 과거의 사건들만을 연관 지어 볼 수 있을 뿐이다. 하지만 현재의 순간들이 미래에 어떤 식으로든지 연결된다는 것을 믿어야 한다. 현재의 순간이 미래와 연결될 것이라는 믿음이

스티브 잡스

생각을 따라갈 수 있는 자신감을 줄 것이다."라고 했다.

삶은 소유물이 아니라 순간순간의 있음이며 마무리이자 새로운 시작이다. 지나간 모든 순간과 작별하고, 다가올 미래에 연연하지 말고 지금 이 순간에 최선을 다해야 한다. 과거에 묶이거나 미래를 서두르다 보면 지금 이 순간을 놓치고 만다. 과거에 대한 동경이나 후회, 오지 않은 미래에 대한 기대나 걱정을 하지 말고 지금 현재에 집중해야 한다.

삶의 모든 것은 지금을 중심으로 펼쳐져 있으며 연결되어 있다. 지금은 일생 중에 가장 중요한 순간이며 다른 모든 날을 결정해 주는 순간이다. 삶은 순간순간의 행동으로 이루어진다. 인생은 어제 한 일에 의해서도, 내일 하는 일에 의해서가 아니라 오늘, 지금 이 순간에 생각하여 행동하는 바에 따라 정해진다.

미래는 지나간 경험이 아니라 지금 하는 생각이나 행동이 결정한다. 지금 이 순간에 무엇을 생각하며 하고 있는가? 되돌릴 수 없는 순간들 앞에서 최선을 다하는 것이 인생을 떳떳하게 하며 후회 없는 행복한 삶을 만드는 것이다. 지금 하는 일에 집중해야 한다.

순간순간마다 항상 깨어 있는 의식으로 자신의 모습을 자각하고, 하지 말아야 할 일은 하지 않아야 하고, 해야 할 일은 하겠다는 결심을 하고 올바르게 행동하는 것이 중요하다.

순간이 영원으로 이어진다. 순간순간의 충실함이 인생을 충실하게 만들고 순간순간의 허술함이 인생을 허술하게 만든다. 순간의 생각과 행동이 운명을 결정하고 순간의 선택이 일생을 좌우함을 명심하고 순간을 관리해야 한다.

실천하기

- 나에게 가장 중요한 때는 지금 이 순간임을 인식하고 매 순간 최선을 다한다.
- 순간적인 말실수나 행동실수를 하지 않도록 조심한다.
- 나에게 가장 중요한 사람은 지금 대하고 있는 사람임을 인식한다.
- 나에게 가장 중요한 일은 지금 하는 일임을 인식한다.
- 과거의 회상에 매달리지 않는다.
- 미래의 상상에 사로잡히지 않는다.

생각하기

- 나는 이 순간을 삶의 중심으로 삼고 충실하게 살아가고 있는가?

　톨스토이의 작품 중에 ≪세 가지 의문≫이라는 단편이 있는 데 내용은 다음과 같다.

　한 왕이 인생에서의 세 가지 의문을 가지고 답을 구하고 있었다. '가장 중요한 때는 언제이며, 가장 중요한 사람은 누구이며, 가장 중요한 일은 무엇인가?'

　왕은 이 세 가지 의문을 가지고 있었기 때문에 국사에 전념할 수 없어서 많은 신하와 학자들이 갖가지 해답을 제시했으나 마음에 와 닿지 않았다. 급기야 왕은 답을 얻기 위해 은둔하고 있는 현자를 찾아가 기다리는데 현자는 답을 제시하지 않고 밭만 갈고 있었다.

톨스토이

　그때 갑자기 숲 속에서 한 청년이 피투성이가 되어 달려 나왔다. 왕은 자기의 옷을 찢어서 청년의 상처를 싸매 주고 정성껏 돌보다 주었다. 그런 다음에 왕은 현자에게 세 가지 의문에 대한 답을 요구하자 현자는 해답을 이미 실천했다고 하면서 다음과 같이 말했다.

　"조금 전의 순간에 피투성이가 된 사람을 정성껏 간호했듯이 세상에서 가장 중요한 때는 바로 지금 이 순간입니다. 사람이 지배하고 사용할 수 있는 시간은 바로 지금뿐이기 때문입니다. 그리고 가장 중요한 존재는 지금 대하고 있는 바로 이 사람이며 가장 중요한 일은 지금 하는 일입니다."

1849년 12월 22일, 영하 50도나 되는 추운 날씨에 여러 명의 사형수가 형장으로 끌려 나왔다. 한 청년이 다른 두 사람과 함께 형장의 세 번째 기둥에 묶였다. 사형 집행까지는 5분 남아있었다. 청년이 이제 단 5분밖에 남지 않은 시간을 어디에다 쓸까 생각해 보았다. 옆 사람과 마지막 인사를 하는데 2분, 오늘까지 자신의 삶을 생각해 보는데 2분, 그리고 남은 1분은 주위를 한 번 둘러보는 데 쓰기로 했다. 그는 옆의 두 사람과 최후의 키스를 했다.

"거총!" 소리와 함께 병사들이 총을 들었다. 조금만, 조금만 더 살고 싶은 욕망과 함께 죽음의 공포가 몰려왔다. 바로 그때 말발굽 소리와 함께 한 병사가 나타나서 "사형 중지, 황제가 특사를 내리셨다!"고 소리쳤다.

28세의 나이로 총살 직전에서 살아난 사형수. 그는 19

〈감옥 마당에서 죄수들의 운동시간〉
빈센트 반 고흐(Vincent Van Gogh, 1853~1890)

세기 러시아 문학을 대표하는 세계적 문호 도스토옙스키였다. 농노제의 폐지, 검열 제도의 철폐, 재판 제도의 개혁을 요구하는 사회주의 모임에 가담했다가 1847년 체포되어 사형이 선고되었으나 사형 집행 직전, 황제의 특사에 의해 감형되어 시베리아에 유배되었다.

도스토옙스키는 형장에서 '신의 가호가 있어 살 수 있게 되었는데, 1초라도 허비하지 않겠다'고 다짐했다. 그는 이 다짐대로 4년 동안 시베리아에서 5kg의 쇠고랑을 차고 유배 생활을 하면서 머릿속으로 소설을 쓴 뒤 모조리 외웠다. 도스토옙스키는 주어진 순간순간을 마지막처럼 살았기 때문에 대문호가 될 수 있었다.

도스토옙스키(Dostoevskii 1821~1881)
제정 러시아의 소설가. 톨스토이와 함께 러시아가 자랑하는 세계적인 문호이다. 인간 심리의 내적 모순을 밀도 있게 해부하여 근대 소설의 새로운 면을 개척하였다. 대표작으로 ≪죄와 벌≫ ≪백치≫ ≪카라마조프의 형제들≫ 등이 있다.

건강관리

●● 건강의 원칙

건강은 삶의 전제조건이자 필수조건이므로 건강관리는 주요한 인성덕목이다. 건강을 잃으면 꿈도 소용없고 앞으로 이루어 나갈 계획도 아무 의미가 없다. 건강해야 활력이 넘쳐나며 삶에 기쁨과 보람을 느낀다. 건강하지 않으면 바른 생각을 하지 못하며 여러 상황에 휘둘리게 된다. 몸이 아프면 강건한 의지를 갖췄다고 해도 나약해질 수밖에 없다. 건강이 허락하지 않으면 행복한 삶을 영위할 수 없다.

건강의 기본 원칙은 잘 먹고, 잘 자고, 충분한 휴식을 취하고, 적당한 운동을 하는 것이다. 좋은 물, 좋은 공기를 마시고, 심호흡과 명상도 하고, 열심히 사랑하고 감사하는 마음을 품고, 좋아하는 일을 하는 것이 건강을 관리하는 방법이다.

흔히 병이 들고 나서야 건강의 고마움을 깨닫는다. 건강할 때 건강의 고마움을 깨닫지 못하는 것은 불행한 일이며 건강을 과신하는 것은 오히려 생명을 갉아먹는 결과를 가져온다. 스스로 자신의 몸을 돌보고 챙겨야 한다. 병이 발생하고 나서 고치려 하지 말고 병을 예방하도록 해야 한다.

건강에 위기를 맞으면 세심한 관심과 보살핌이 필요하다. 병에 걸리면 자신의 몸으로 느낀다. 몸은 처음에는 미세한 느낌으로, 나중에는 아픈 느낌으로, 그래도 응답이 없으면 몸 상태가 큰 고통을 느끼게 한다. 건강에 위기가 오기 전에 조심하고 절제하고 돌보고 챙겨야 한다. 신체를 깨끗이 하고 정기적으로 건강검진을 받고 스트레스를 풀기 위해 노력하여 사전에 잠재적인 위험을 제거해야 한다.

●● 건강을 지키는 방법

히포크라테스는 건강에 대하여 "인생에서 가장 귀중한 것은 건강이다. 우리가 먹는 것이 곧 우리 자신이 된다. 음식이란 약이 되기도 하도 독이 되기도 한다. 식생활로 고칠 수 없는 병은 어떠한 요법으로도 고칠 수 없다. 최고의 운동은 걷기이다. 적당한 양의 식사와 운동은 건강을 위한 가장 훌륭한 처방이다. 최고의 양약은 웃음이다. 웃음이야말로 몸과 마음을 치료하는 명약이다. 발은 따뜻하게 머리는 차갑게 하는 것이 가장 좋은 건강비결이다."라고 했다.

히포크라테스

신체는 음식과 물을 원재료로 신진대사를 하며 유지되고 있다. 음식은 신체와 정신 활동을 하는 데 필요한 생명력을 공급해주지만, 과식은 육체와 정신에 큰 해가 되므로 양보다 질을 중시하여 적당량의 식사를 해야 한다. 필요한 영양소를 지닌 몸에 이로운 음식을 골고루 먹어야 하며 인스턴트 음식 등

해로운 음식을 멀리해야 한다. 물은 노폐물을 배설시켜 건강과 체중 감량에 도움을 줌으로 하루 2ℓ 물을 충분히 마시는 게 좋으며 담배는 백해무익이니 피우지 말아야 한다.

적당한 수면이 건강에 중요하다. 잠이 부족하면 피로가 쌓이며 너무 많이 자도 피로가 쌓이고 무기력해진다. 적당히 잠을 자면 몸과 마음이 상쾌해진다. 또한, 적당한 휴식이 필요하다. 일만 열심히 하다 보면 신체적으로 정신적으로 피로가 쌓여 면역력이 떨어져 질병을 불러온다. 적당한 수면과 휴식은 보약과 같은 것이므로 낭비하는 시간이 아니라 삶에서 필요한 시간이라고 여기고 실천해야 한다.

인간의 기능은 신체 기관에 의해 유지되고 보호된다. 신체 기관을 활발히 움직여야 건강할 수 있다. 운동에 시간을 할애하는 것은 인생을 경제적으로 보내는 것이다. 운동에 시간을 투자하지 않으면 병에 걸려서 더 많은 시간을 병상에서 보내야 하기 때문이다. 적당한 운동을 통해 신체를 단련해야 한다.

건강은 신체뿐만 아니라 정서와 정신, 영적인 존재를 좌지우지하는 엄청난 힘을 발휘한다. 몸 상태가 좋지 않으면 곧 마음에 갈등, 긴장, 근심 등을 가져온다. 신체의 모든 움직임도 정신 상태와 밀접하게 연관되어 있다. 마음속의 억압된 감정이 질병을 부르므로 신경은 적게 쓰도록 해야 한다. 신경을 너무 쓰면 건강을 잃으므로 정신적인 긴장이 계속되지 않도록 주의해야 한다. 마음이 평안해야 건강이 유지되므로 분노와 격정과 같은 격렬한 감정의 혼란을 피해야 한다.

몸과 마음과 정신과 영혼이 균형 잡혀 있어야 건강한 상태이며 만족스럽고 보람 있고 성숙한 삶을 살 수 있다. 몸과 마음과 정신을 돌보는 일이 건강을 지키는 첩경이다. 건강의 튼튼한 기초를 닦고 유지하기 위해 자신을 단련해야 한다.

히포크라테스(Hippocrates, 기원전 460~기원전 375)
고대 그리스의 의학자. 서양의학의 아버지라고 불린다. 인체와 정신에 해박한 지식을 갖추고 있었고 훌륭한 인격까지 겸비했다고 알려진다. 의술에 대한 그의 고결한 선언문인 '히포크라테스 선서'는 오늘날까지도 수많은 의사에게 훌륭한 본보기가 되고 있다.

실천하기

- 건강한 신체와 건강한 정신을 지닐 수 있도록 노력한다.
- 건강에 좋은 음식을 먹고 꾸준히 운동한다.
- 적당한 수면 시간을 확보하고 숙면한다.
- 과식과 과음을 삼가며 담배는 피우지 않는다.
- 마음과 정신이 안정되도록 한다.
- 항상 몸 상태에 관심을 기울이고 주기적으로 건강검진을 받는다.

생각하기

- 건강을 위한 식생활과 운동 계획을 수립하여 실천하고 있는가?

공인회계사인 후배가 보고 싶다고 하여 만났다. 그는 대뜸 "형, 의사가 그러는데 2년밖에 살지 못한다고 해요."라고 말했다. 내가 놀라며 "왜?"라고 묻자 "뇌에 종양이 생겼는데 위치가 좋지 않고 너무 자라서 수술도 할 수 없는 상태라고 하네요. 조금 빨리 발견했더라면 손을 써 볼 수 있다고 하는데…"라고 했다.

나는 몇 년 전 그와 술잔을 기울이던 당시가 생각났다. 그는 술잔을 받으면서 손을 떨고 있었는데 업무상 술을 자주 마셔서 그런 것 같다고 하면서 대수롭지 않게 생각하는 것 같았다.

그런 상태가 몇 년 동안 지속되다가 몸이 균형 감각을 잃고 쓰러지자 부랴부랴 병원에 가서 진찰한 결과 말기 뇌종양이라는 판정을 받은 것이었다. 그는 공인회계사 업무를 접고 공기 좋은 시골로 갔다. 판사인 아내는 서울에서 근무하다가 남편이 요양 중인 시골에서 출퇴근이 가능한 지방법원으로 전근을 신청하여 부임을 준비하고 있었다.

한동안 연락을 하지 않다가 5개월여가 지난 후에 나는 그가 '요양을 잘하고 있겠지.' 생각하고 그의 휴대전화로 전화를 걸었다. 고등학생인 그의 딸이 전화를 받는 것 같았다.

"제 아빠 전화번호인데요."

"아버지가 잠시 바깥에 나간 모양이구나."

내가 말한 후 잠시 아무 말이 없었다.

잠시 후 "아빠 돌아가셨어요." 하면서 울먹이는 목소리가 들려왔다.

"언제 그랬는데?"

"두 달 전쯤 되었어요."

의사가 말한 것보다 훨씬 빨리 사망한 것이었다. 본인이 사망하다 보니 경황이 없어 그랬는지 주위에는 사망 소식을 알리지 못한 것 같았다.

나는 "그래, 힘들겠구나. 힘내라." 하고 전화를 끊었다.

이처럼 중병이 걸렸는데도 조기 검진을 하지 않아서 죽음에 이른다면 가정이나 직장은 어떻게 되겠는가? 스스로 건강을 챙기는 건 지극히 당연한 일인데도 말이다.

건강을 지키는 방법

첫째, 잘 먹는다. 먹는 것과 건강은 직결된다. 특히 일이나 공부는 건강한 체력이 있어야 잘할 수 있다. 체력이 떨어지지 않고 쉽게 피로해지지 않도록 건강식을 섭취해야 한다. 지나치게 몸매에 관심을 기울여 다이어트 하느라 아침을 거르고 영양 섭취에 소홀히 해서는 안 된다. 균형 있는 식사를 해야 건강한 신체가 된다. 잘 먹는다고 해서 기름진 음식을 푸짐하게 먹는 것은 바람직하지 않다. 위에 부담을 주지 않을 정도로 먹어야 한다. 너무 맵고 짠 자극적인 음식은 피해야 한다. 몸에 좋은 영양소를 지닌 음식을 꾸준히 섭취해야 한다.

둘째, 잠을 잘 자야 한다. 잠을 잘 자야 건강을 유지할 수 있다. 잠은 보약이다. 잠은 피곤한 몸을 회복하도록 해 주고 새로운 기분이 들게 하면서 에너지를 보충해 준다. 잠자는 시간을 확보하여 숙면해야 한다. 평소 자는 시간을 놓치면 숙면하기가 힘들 수가 있다. 정해진 시간에 올바른 자세로 잠을 자야 한다.

셋째. 운동해야 한다. 운동하면 육체적인 건강뿐만 아니라 정신 건강에도 좋다. 자주 스트레칭, 맨손 체조를 하고, 주변 공원을 걷거나, 가까운 거리는 걸어 다니는 것이 좋다. 운동은 자신이 좋아하고 즐기는 종목을 선택하여 무리하지 않고 적당하게 꾸준히 하는 것이 좋다. 운동과 식사 조절로 적정 체중을 유지해야 각종 질병을 예방할 수 있다.

넷째. 몸을 깨끗이 한다. 청결이 질병을 예방하는 첩경이다. 손은 수시로 깨끗이 씻고 자주 목욕을 하며 속옷을 갈아입어야 한다.

다섯째, 병원에 가는 것을 두려워하지 않는다. 정기적인 신체검사를 통하여 사전 예방과 질병을 조기에 발견하여 치료해야 하며. 몸이 아프거나 증상이 있을 때는 즉시 병원에 가서 진찰을 받아야 한다. 대수롭지 않게 생각하여 병원에 가는 것을 미루다가 병을 키워 치명적인 병으로 진행되기도 한다.

여섯째, 마음을 편안하게 가진다. 몸과 마음이 함께 건강해야 정말 건강한 것이다. 마음은 신체와 직결되어 있다. 마음이 편안하지 못하면 신체에 좋지 않은 영향을 미친다. 지나친 스트레스를 받지 않고 정신적인 안정을 유지해야 한다. 항상 긍정적인 생각을 해야 하며 휴식과 취미 생활로 기분을 전환하면서 즐거운 일상생활을 영위해야 한다.

습관관리

●● 습관은 반복적인 행동이다

"습관이 운명을 결정한다"는 말이 있듯이 습관을 다스리는 것은 주요한 인성덕목이다. 습관은 제2의 천성이며 운명의 연결고리다. 습관은 거의 무의식적으로 행해지며 선천적이기보다는 후천적인 행동이다. 먹고 자는 것에서부터 생각하고 반응하는 것에 이르기까지 어떤 행동이든 습관이 될 수 있다. 습관을 어떻게 길들이느냐에 따라 인간의 모습은 달라진다. 좋은 습관을 가질 수도 있고 나쁜 습관을 지닐 수도 있다.

좋은 성격이나 단점은 습관의 결과이다. 습관을 길에 비유하는 데 사람들은 모르는 길보다는 자주 다녀서 익숙한 길로 다닌다. 그렇게 되면 그 길로 다니는 것이 자연스럽게 몸에 배게 된다. 한 번 접힌 종이는 그쪽으로만 접히며 논에 물길을 내어놓으면 물은 그쪽으로 흐르듯이 사람에게 있어서 습관이 되면 자연스럽게 습관에 따른 행동을 하게 되는 것이다.

습관은 행동이 무수히 지나다닌 마음의 길이다. 마음의 길인 습관이 바람직한 습관이 아니라면 새로운 습관을 길들여야 한다. 새로운 습관을 길들이다 보면 옛 습관은 희미해지고 사라지고 말 것이며 새로운 습관은 점점 더 몸에 배면서 자연스럽게 행동하게 될 것이다.

행동은 한 번 하면 두 번째 하기는 너무 쉽다. 습관이 되면 밥 먹고 잠드는 일처럼 자연스러워진다. 인사하는 습관, 옷 입는 습관, 책 읽는 습관, 돈 쓰는 습관, 상대방의 이야기를 진지하게 듣는 습관, 상대방의 입장을 배려할 줄 아는 습관, 아이들이나 어려움에 부닥친 사람을 보면 감싸고 도와주는 습관, 사물의 이면을 관찰하는 습관 등 헤아릴 수 없이 많은 습관이 모여서 인격을 만든다.

원래 윤리학Ethics은 습관Ethos에서 파생된 단어이다. 윤리학은 사회와 연결이 강한 도덕률이고 도덕은 한 개인이 가져야 할 아름다운 내면의 언행이다. 도덕은 습관에서 형성된다. 높은 도덕률을 가지고 행복을 얻으려면 좋은 습관을 길러야 한다. 부모에게 효도해봄으로써 효자가 되고, 약자를 도와줌으로써 정의로운 사람이 된다. 이렇게 천성이라는 것도 행위로써 실천하고 그 실천의 반복이 습관으로 뿌리내려야 한다.

●● 습관이 운명이 된다

버릇은 처음에는 보이지도 않는 거미줄처럼 가볍지만 머지않아 습관이 되어 생각과 행동을 묶는 밧줄이 된다. 습관의 사슬은 거의 느낄 수 없을 정도로 가늘지만, 깨달았을 때는 이미 끊을 수 없을 정도로 완강하다. 처음에는 자신이 습관을 만들지만, 그다음에는 습관이 자신을 만든다.

아리스토텔레스

아리스토텔레스는 "탁월함은 훈련과 습관이 만들어낸 작품이다. 탁월한 사람이라서 올바르게 행동하는 것이 아니라, 올바르게 행동하기 때문에 탁월한 사람이 되는 것이다. 자신의 모습은 습관이 만든다."고 했다. 생각이 말이 되고, 말이 행동이 되고, 행동이 습관이 되고, 습관이 인격이 되고, 인격이 운명이 된다. 생각하고 행동하고 성취하는 모든 것들이 습관의 결과이다.

평범한 습관이 모여 비범한 운명을 만들며 작은 습관의 차이가 인생을 가른다. 꿈의 실현은 작은 습관이 쌓여 이루어진 건축물이다. 작은 것, 쉬운 것부터 시작하면서 행동을 다스려야 한다. 새로운 습관은 새로운 운명을 열어준다. 사소한 작은 습관이 누적되어 대단한 습관을 얻게 된다. 대단한 습관은 하루아침에 얻게 되는 것이 아니므로 매일 조금씩 좋은 습관을 단련시켜야 한다. 좋은 습관을 길러 몸에 배게 해야 한다.

습관이 가진 위대한 힘의 진가를 알아야 한다. 좋은 습관은 성공의 열쇠이지만 나쁜 습관은 실패로 가는 문이다. 좋은 습관은 어렵게 형성되지만 꿈의 실현으로 이끌고, 나쁜 습관은 쉽게 형성되지만, 실패의 나락으로 떨어뜨린다. 어떤 습관이냐에 따라 삶을 결정짓게 되므로 인생을 보다 낫게 변화시키고 싶다면 나쁜 습관을 버리고 좋은 습관을 길러 나가야 한다. 좋은 습관을 확고하고 강력하게 자신의 몸에 배게 해야 한다.

●● 좋은 습관을 길들이는 방법

나쁜 습관은 처음에는 '이래서는 안 되지.' 의식하면서도 스스로 자기 합리화를 하게 되고, 한 번, 두 번 횟수를 거듭하면서 그다음부터는 무의식적으로 자연스럽게 받아들인다. 나쁜 습관은 느리게 점차 진행하여, 자신이 알기도 전에 이미 습관화되고, 습관의 지배를 받게 되는 것이다. 나쁜 습관에 지배 당하지 않고 정복해야 한다. 자신의 미래를 망가뜨릴 나쁜 습관을 미리 깨뜨려야 한다. 그리고 꿈을 실현하는 데 도움이 될 좋은 습관을 길러야 한다.

파스칼

파스칼은 "누구나 결점이 그리 많지는 않다. 결점이 여러 가지인 것으로 보이지만 근원은 하나다. 한 가지 나쁜 습관을 고치면 다른 습관도 고쳐진다. 한 가지 나쁜 습관은 열 가지 나쁜 습관을 만들어낸다는 것을 잊지 말아야 한다."고 했다.

습관은 습관으로만 정복되므로 나쁜 습관은 경쟁이 되는 새로운 습관을 길러야 하며 훈련을 통해 길들일 수 있다. 옛 습관의 반복을 중단하고 새로운 방식의 행동을 훈련할 때 오래된 습관은 약해지고 무의식 세계에서 물러난다. 새로운 좋은 습관을 익히면 그 결과는 훨씬 더 많은 즐거움과 보상을 가져다준다.

좋은 습관을 길들이기 위해서는 억지로라도 집중력과 인내를 발휘해야 한다. 예를 들어 운동을 처음 시작하면 얼마 동안은 온몸이 쑤시고 아프지만, 그 고비만 잘 이겨내면 의식적인 노력 없이도 운동이 자연스러워지고 점차 운동하지 않으면 못 견딜 정도로 습관화된다.

새로운 습관을 개발하는 데는 눈 깜짝할 사이에서부터 몇 년에 이르기까지 다양하다. 새 습관이 형성되는 속도는 특정 방식의 행동을 결심하게 한 감정의 깊이와 농도에 따라 결정된다.

평소 생활을 지배하고 있는 습관 대부분을 좋은 습관으로 몸에 배게 하는 데는 21일 동안 꾸준히 의식적으로 노력해야 한다는 '21일 법칙'이 있다. 이는 인간의 뇌는 충분히 반복되지 않은 행동은 받아들여지지 않는데, 생체리듬으로 자리를 잡는 데 최소한 21일이 소요되기 때문이라는 것이다. 21일은 생각이 대뇌피질에서 뇌간까지 내려가는 데 걸리는 최소한의 시간이다. 생각이 뇌간까지 내려가면 그때부터 의식하지 않아도 행하는 습관화가 이루어진다는 것이다.

실천하기
_____

- 습관이 내 인생을 결정함을 인식한다.
- 새로운 좋은 습관 형성을 결심하고 실행한다.
- 새 습관의 형성기에 핑계를 대어 예외를 만들지 않고 꾸준히 실천한다.
- 나쁜 습관에 물드는 환경에서 벗어난다.
- 나쁜 습관의 목록을 작성하고, 좋은 습관으로 바꾸어 나간다.
- 나쁜 옛 습관의 반복을 중단하고 좋은 새로운 습관을 들이는 행동을 훈련한다.

생각하기
_____

- 나는 좋은 습관을 기르기 위해 어떤 노력을 기울이고 있는가?

첫째, 마음가짐을 게을리하고 몸가짐을 함부로 하고, 다만 편하게 놀기만을 생각하고 절제하기를 매우 싫어하는 것

둘째, 항상 돌아다닐 생각만 하고 조용히 안정하지 못하며, 분주히 드나들면서 쓸데없는 말로 세월을 보내는 것

셋째, 무리와 함께 휩쓸려 이상한 짓을 즐기고 나쁜 유행에 빠지다가 자기 행동을 조심하려고 해도 무리와 어울리지 못할까 두려워하는 것

넷째, 문장이나 보기 좋게 꾸며 세상의 명예나 취하려 하고, 경전의 글을 따다가 자기 문장인양 화려하게 꾸미는 것

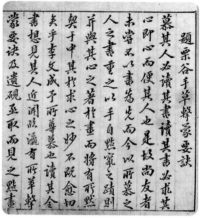

≪격몽요결(擊蒙要訣)≫ 혁구습

다섯째, 편지나 글씨에 공을 들이고, 음악이나 술 마시기를 일삼으며, 일없이 세월을 보내면서 자기만이 맑은 운치를 가지고 사는 체하는 것

여섯째, 한가한 사람들을 모아 놓고 바둑이나 장기 두기를 즐기며 종일토록 배불리 먹고 내기를 다투는 것

일곱째, 부귀를 부러워하고 빈천을 싫어하여 좋지 못한 옷을 입고 좋지 않은 음식을 먹는 것을 심히 부끄럽게 여기는 것

여덟째, 즐기는 것과 욕망을 절제하지 못하여 완전히 끊을 수 없으며, 금전의 이익과 노래와 색을 꿀맛처럼 달게 여기는 것

이와 같은 나쁜 습관 여덟 가지를 통절히 끊지 않으면 아무리 학문에 정진하려고 해도 앞으로 나아갈 수 없으며 배워도 아무 소용이 없다.

≪니코마코스 윤리학≫

아리스토텔레스

우리는 건축가가 된 다음에 집을 짓거나, 거문고 연주가가 된 다음에 거문고를 타게 되는 것은 아니다. 집을 지어봄으로써 건축가가 되고, 거문고를 타봄으로써 거문고 연주가가 되는 것이다. 마찬가지로 우리는 옳은 행위를 함으로써 옳게 되고, 절제 있는 행위를 함으로써 절제 있게 되며, 용감한 행위를 함으로써 용감하게 되는 것이다.

1566년 간행된 ≪니코마코스 윤리학 (Nicomachean Ethics)≫ 첫 페이지

그러나 한 마리 제비가 날아왔다고 봄이 오는 것이 아니고, 어느 하루가 무더웠다고 여름이 시작되는 것도 아니다. 실천은 성향이 되고 성향은 습관이 될 때 비로소 성품이 탄생하게 되는 것이다. 남과 사귀는 가운데 우리가 늘 행하는 행위로 우리는 올바른 사람이 되거나 옳지 못한 사람이 되며, 또 위험에 부딪혀서 무서워하거나 태연한 마음을 지니거나 하는 습관을 얻게 됨으로써 혹은 용감하게 되고 혹은 겁쟁이로 된다. 욕망이나 노여움 같은 것의 경우도 이와 마찬가지이다. 즉 자기가 당한 처지에서 어떻게 행동하는가에 따라, 절제 있고 온화한 사람이 되기도 하고 혹은 방종하고 성미 급한 사람이 되기도 한다.

이렇게 보면 우리가 아주 어렸을 적부터 어떠한 습관을 지니는가 하는 것은 결코 사소한 차이를 낳는 게 아니다. 아주 결정적인 차이, 아니 모든 차이가 거기서 비롯된다. 좋은 습관을 지님으로써 좋은 인간이 된다.

* 천성을 습관이 될 때까지 행동으로써 거듭 실천하는 노력이 필요함을 강조하고 있다.

≪니코마코스 윤리학(Nicomachean Ethics)≫

1566년 간행된 ≪니코마코스 윤리학(Nicomachean Ethics)≫은 도덕에 관한 아리스토텔레스의 철학을 담은 책이다. 니코마코스는 아리스토텔레스의 아들 이름이다. 전 10권으로 이루어진 세계 최초의 체계적인 윤리학 책이다. 도덕적 행동의 습관화를 통해 도덕적 성품을 고양하여 좋은 삶을 삶의 목표로 보고 있다.

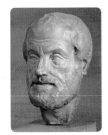

아리스토텔레스(Aristoteles, 기원전 384~기원전 322).
고대 그리스 최대의 철학자. 플라톤의 제자이며, 알렉산더 대왕의 스승이다. 물리학, 형이상학, 시, 생물학, 동물학, 논리학, 수사학, 정치, 윤리학, 도덕 등 다양한 주제로 책을 저술하였다. 소크라테스, 플라톤과 함께 고대 그리스의 가장 영향력 있는 학자였으며, 그리스 철학이 현재의 서양 철학의 근본을 이루는 데에 이바지하였다. 아리스토텔레스의 글은 도덕과 미학, 논리와 과학, 정치와 형이상학을 포함하는 서양 철학의 포괄적인 체계를 처음으로 창조하였다.

시간관리

● ● ● 시간 가치

삶은 시간과 더불어 영위되므로 시간을 관리하는 것은 인성의 주요한 덕목이다. 시간은 삶을 구성하는 기본적인 중요한 재료로 인간은 시간에 의해 살고, 시간 속에서 살아가고, 생을 마친다. 시간이 삶을 지배하며 시간은 곧 인생이다.

시간이 배급되어 있다는 것은 기적이며 누구에게나 공평하게 주어진 자본금이다. 아침에 눈을 뜨면 마술과 같이 24시간이 가득 차 있는데 1,440분, 86,400초를 매일 선물 받는다. 시간은 여분의 재산 중에서도 가장 소중한 재산이다.

시간은 빌릴 수도, 고용할 수도, 구매할 수도 혹은 더 많이 소유할 수도 없는 독특한 자원으로 한번 가버리면 다시는 돌아오지 않는다. 이 세상에서 가장 정확하고 엄격한 것이 시간의 흐름으로 멈추지 않고 흘러간다. 시간은 과속으로 달리는 법도 없고 속도를 늦추거나 지체하는 일도 없다. 세상이 어떻게 변하건 인간이 어떤 인생을 영위하건 시간은 어김없이 흘러간다. 살아 있는 한 시간은 흐르고 모든 것은 지나간다.

인생은 단 한 번뿐이며 인생이란 흘러가는 시간을 어떻게 보내느냐에 달려있다. 덧없이 보낸 시간은 아무리 후회해도 다시 오지 않으므로 시간은 체계적으로 사용함으로써 아낄 수 있다. 시간을 철저하게 활용하지 못하는 습성에 물들지 말아야 한다. 시간의 낭비는 인생의 낭비이므로 인생을 사랑한다면 시간을 낭비하지 말아야 한다.

오늘은 어제 하직한 이들이 그토록 갈망했던 내일이다. 주어진 삶의 시간은 한정되어 물처럼 바람처럼 흘러간다. 나이를 먹을수록 주어진 삶의 시간은 계속해서 줄어들고 이에 반비례하여 시간의 가치는 점점 더 높아진다.

시간 가치를 소중히 여겨야 한다. 1년의 소중함을 알고 싶으면 1년 동안 시험 준비해 낙방한 사람한테 물어보고, 한 달의 소중함은 한 달 부족한 미숙아를 난 산모에게, 1주일의 소중함은 주간지 편집장에게, 하루의 소중함은 하루 벌어서 하루 먹고사는 가장에게, 한 시간의 소중함은 애인을 위해서 한 시간을 기다려야 하는 사람에게, 1분의 소중함은 1분 차이로 비행기를 놓친 사람에게, 1초의 소중함은 1초 차이로 대형 참사를 모면한 사람에게, 1/10초의 소중함은 올림픽에서 은메달을 딴 사람에게 물어보면 될 것이다.

친구가 돈을 꾸어 달라고 하면 주저하면서, 놀러 가자면 쉽게 응하는 경우가 많은데 돈보다 시간을 빌려주는 편은 아주 관대하다. 돈을 아끼듯 시간을 아끼면 많은 일을 할 수 있다. 낭비하는 시간을 자기 발전에 바치면 꿈을 실현할 수 있을 것이다. 어떤 사람은 꿈을 실현하고 어떤 사람은 낙오자가 되는 것은 시간을 잘 활용했느냐 허송세월하였느냐에 달려있다.

●● 시간 활용

아버지와 대학입시에 합격한 아들이 진지한 대화를 나누었다. "너에게는 훌륭한 자질이 있다. 꿈을 향해서 꾸준하게 끈질기게 접근해가는 힘이 있다. 너의 인생 목표가 무엇이냐?" "아버지! 저는 남을 돕는 일을 하고 싶어요." "남을 도우려면 네게 뭔가 가진 것이 있어야 하잖니. 재산이 있다든가 지식이 많다든가…" "아버지, 저에게는 시간이 있잖아요! 시간이야말로 저의 소중한 재산이에요." 아버지와 아들의 손과 손이 굳게 쥐어졌다.

칸트

독일의 철학자 칸트는 일상생활이 시곗바늘처럼 정확했다. 그가 산책하는 것을 보고 동네 사람들은 정확한 시간을 알 수 있었다. 어느 날 밤 취침 시간까지 3분 정도 빠르다고 해서 그동안 침대 주위를 거닐었다는 에피소드도 있다.

시간을 잘 이용한 사람이 꿈을 실현한다. 기쁘고 행복한 하루, 반면에 덧없는 하루는 시간 관리의 결과다. 시간을 재미있게 느끼게 하는 것은 활동이며 시간을 견딜 수 없이 지루하게 하는 것은 게으름이다.

해야 할 일을 앞에 두고 하품을 하면서 "뭘 시작하기엔 시간이 좀 부족하고…" 하면서 빈둥거려서는 안 된다. 만약 이런 태도를 가진다면 시간이 충분히 있어도 뭔가를 시작하지 않을 것이며, 공부에서나 일에서 아무런 성과를 거둘 수 없을 것이다.

'시간 부족'이란 말은 없으며 하고자 하는 것을 하기에 충분한 시간은 있다. 너무 바쁘다고 한다면 더 바쁘면서 더 많은 것을 해내는 사람이 아주 많다는 것을 떠올려야 한다. 그들은 더 많은 시간을 가진 것이 아니라 시간을 더 효과적으로 사용하는 것뿐이다. 효과적으로 시간을 사용하는 것은 배우고 습관화할 수 있는 기술이다.

●● 시간 약속

웰링턴은 영국의 군인이며 정치가였다. 어느 날 웰링턴이 관리 한 사람과 만날 약속이 있었다. 그런데 그 관리가 5분 늦게 나타나자 웰링턴은 이렇게 말했다. "단 5분이라고? 하지만 그사이에 우리 군대가 전쟁에서 졌을지도 모르지 않소?" 다음

웰링턴

약속 시각에는 그 관리가 5분 일찍 와서 기다렸다. 정각에 나타난 웰링턴이 이번에는 이렇게 나무랐다. "시간의 가치를 모르는군요. 5분씩이나 낭비를 하다니 그 시간이 아깝지 않소?"

시간 엄수는 의무이며 시간 약속은 상대방의 시간을 존중하는 것이며 지키지 않으면 신뢰가 깨진다. 상습적으로 지각하는 사람에게 규칙적인 것은 지각밖에 없으며 꿈의 실현에서도 상습적으로 뒤처진다. 조금 늦게 도착하여 허둥대며 준비가 덜 된 상태에서 일을 시작해서는 안 되며 시간 안에 도착하여 당황하지 않고 일을 처리해야 한다.

웰링턴(Wellington, 1769~1852)
나폴레옹 전쟁 때 활약한 영국군 총사령관으로 워털루에서 나폴레옹을 무찔러 세계의 정복자를 정복한 사람이 되었다. 후에 영국의 총리(1828~30)가 되어 훌륭한 정치를 펼쳤다.

실천하기

- 시간의 소중함을 인식하고 최대한 선용한다.
- 낮은 가치의 활동을 줄이고 높은 가치의 활동에 많은 시간을 투자한다.
- 일을 시작하기 전에 철저한 준비를 하여 시간을 효율적으로 사용한다.
- 오직 자신만이 할 수 있는 일에 더 많은 시간을 활용한다.
- 시간을 창조적이고 효율적으로 사용한다.
- 자투리 시간을 활용한다.
- 해서는 안 될 일, 필요가 없는 일은 하지 않는다.
- 당장 해야 할 일은 미루지 않고 곧바로 한다.
- 긴급성과 중요성을 따져서 우선순위를 정한다.
- 복잡한 일을 단순화시켜 처리한다.
- 순서에 따리 일을 한다.
- 모든 일에서 정해진 시간을 지킨다.

생각하기

- 나는 평소 시간을 선용하고 있는가?
- 나에게 지금 무엇을 하는 것이 가장 가치 있게 시간을 사용하는 것일까?

벤저민 프랭클린

책 읽기를 좋아했던 벤저민 프랭클린이 서점을 운영할 때의 일화이다.

어느 날, 한 손님이 서점에서 책을 고른 다음에 "이 책이 얼마입니까?"라고 책값을 묻자 프랭클린은 "2달러입니다."라고 대답했다.

그러자 손님이 조금 싸게 해달라고 하자 프랭클린은 "그렇다면 그 책값은 2달러 30센트입니다."라고 말했다.

어리둥절해진 손님이 "책값을 싸게 해달라고 했는데 더 비싼 게 말이 됩니까?" 하자 프랭클린은 태연하게 "손님이 지금 이 책을 사려면 3달러를 주셔야 합니다."라고 말했다.

손님은 어이가 없는 표정을 지으며 화가 난 목소리로 "왜 물을 때마다 오히려 점점 더 비싸지는 거요?" 하자 프랭클린은 "시간은 돈보다 귀중한 것입니다. 처음에 정직한 가격을 제시했는데 왜 자꾸 쓸데없이 시간을 낭비하게 합니까? 값이 더 비싸지는 것은 시간 낭비에 대한 대가입니다."

선생님이 학생들에게 강의를 시작하면서 운을 뗐다.

"자, 실험을 한 번 해볼까요?"

선생님은 준비된 커다란 항아리를 테이블 위에 올려놓았다. 그리고 주먹 크기의 돌을 꺼내 항아리 속에 하나씩 넣기 시작했다. 항아리에 돌이 가득하자 그가 물었다.

"이 항아리가 가득 찼습니까?"

학생들이 이구동성으로 "예" 하고 대답했다.

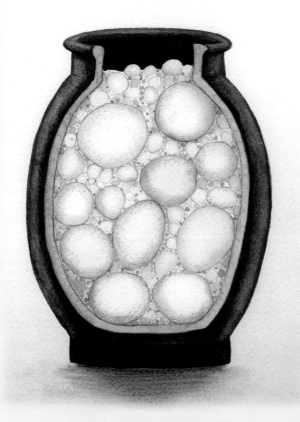

그러자 교사는 "정말?" 하고 되묻고 나서, 미리 준비된 자갈을 항아리에 넣고 흔들었다. 돌 사이에 자갈이 가득 차자, 다시 물었다.

"이 항아리가 가득 찼습니까?"

눈이 동그래진 학생들이 "글쎄요"라고 대답하자, 이번에는 모래주머니를 풀고 나서는 돌과 자갈의 빈틈을 모래로 가득 채운 후에 다시 물었다.

"이 항아리가 가득 찼습니까?"

뭔가를 알아차린 듯 학생들은 "아니요."라고 대답하자, 교사는 "그렇습니다."라고 말하면서 물을 항아리에 부었다. 그리고 나서 학생들에게 물었다.

"이 실험은 어떤 의미가 있다고 생각합니까?"

학생들은 서로가 눈치만 볼뿐 아무도 대답하지 못하자 선생님이 말을 이어갔다.

"이 실험의 의미는 큰 돌을 먼저 넣지 않는다면, 큰 돌을 넣을 수 없다는 것입니다. 일에는 우선순위가 있다는 것을 강조하고 있습니다."

그렇다. 명확한 우선순위를 설정하는 것은 시간 관리의 핵심이다.

경제관리

●● 돈의 의미

현대 자본주의 사회에서 돈에 대한 확실한 관점을 정립하
는 것은 주요한 인성덕목이다. 오늘날 돈은 단순한 교환수단
이나 재화 축적수단 이상의 복합적 의미를 가지면서 그 힘과
위력은 엄청나다. 돈을 벌고, 쓰고, 저축하고, 남과 주고받
고, 빌려주거나 빌리고 후손에게 물려주는 기준과 방식을 올
바르게 확립해야 한다.

돈은 인간이 필요로 하는 각종 재화를 가질 수 있게 해주어 편안함과 행복한 생활을 영위하게 하는
필요조건이다. 현대 사회에서 인간은 '돈'이 없이는 하루도 제대로 살 수 없다. '돈'은 문화적인 생활을
누리게 해주며, 원하는 일을 가능하게 해주는 기초적인 수단이다. 현대 사회에서 '돈'이 삶의 목적은
될 수 없을지 몰라도 행복한 삶을 실현하는 데 있어서 필요충분조건임은 분명하다.

하지만 돈을 삶의 목적으로 생각하고 '돈'을 벌기 위해 수단과 방법을 가리지 않음으로써 비인간화의
길을 걷고 있다. 현대 사회의 온갖 범죄의 근원도 사실상 '돈'이라는 욕망의 응달과 같다. 가진 자들은
과소비에 탐닉해 있고 가지지 못한 자들은 굶주림에 허덕이며 제대로 치료를 받을 수 없어 삶의 고통
에 시달리고 있어 빈부 격차에 따른 사회 격리 현상이 심화하고 있다.

돈의 많고 적음에 따라 그 인격적 가치나 노력에 무관하게 부자와 빈자가 규정되고 상반된 생활을
하고 있다. 돈을 통해 인간 행위가 저울질 되고 인간과 인간의 직접 관계가 점점 사라지고 있다. '돈'은
생존을 위해 필요하며 삶의 질을 높이기 위한 수단이다. 하지만 '돈'이 우리 삶에서 사랑과 평화 같은
가치를 제치고 최고의 가치가 될 수는 없다.

돈은 삶의 영양소이자 윤활유이지만 탐닉하면 탐욕, 사기, 부정과 같은 악습이 나타난다. 악의 뿌리
는 돈 그 자체가 아니라 돈에 대한 집착으로 돈이 삶의 목적이 되면 노예처럼 돈에 종속되어 너그러운
삶과 행실을 갖지 못하고 돈을 쫓아다니게 된다. 돈을 벌기 위해 삶에서 돈으로 살 수 없는 귀중한 것
을 잃어버리지 않도록 돈을 우상으로 받들지 않고 유용한 수단으로 생각해야 한다.

많은 사람이 물질적인 풍요를 누리고 있으면서도 욕망의 결핍에 사로잡혀 있다. 이것은 돈이 짠 바
닷물과 같아서 마시면 마실수록 목이 마른 것처럼 끝없이 돈에 대한 갈증을 일으키고 있다. 돈에 종속
되거나 노예가 되지 않으려면 가진 돈에 자족해야 한다.

•• 합리적 소비

돈을 버는 것도 중요하지만 번 돈을 잘 쓸 줄 알아야 한다. 현대 사회는 소비 사회이다. 소비는 현대인의 삶을 규정하는 가장 핵심적인 요소가 되었다. 특히 자본주의의 발달과 대량생산, 대량소비 체제의 확립으로 소비는 더욱 촉진되었다. 이에 더하여 유행과 광고는 소비 욕구를 자극하여 현대인들이 끊임없이 소비하게 한다. 잘못된 소비는 올바른 삶의 목표를 상실하게 하고 자기 성찰을 힘들게 하며 사회적 위화감을 조성할 뿐만 아니라 자원 낭비와 환경오염의 주된 원인이므로 과소비로 인한 문제점 인식과 올바른 소비태도를 확립해야 한다.

올바르게 소비하는 태도를 가져야 한다. 물질적인 소비에서 만족을 찾을 것이 아니라 정신적인 가치를 중요시하는 태도를 가져야 한다. 하지만 물질적인 바탕이 없는 정신적인 가치 추구는 실현 불가능하므로 주체적인 소비 철학을 가져야 한다. 유행이나 광고에 현혹되는 것이 아니라 과소비를 억제하고 삶을 풍요롭게 하는 소비 태도를 확립해야 한다.

돈을 올바로 사용할 수 있는 능력은 훌륭한 자질이다. 인간의 좋은 품성인 관대함, 자비심, 공정함, 정직함, 준비성은 돈을 잘 쓰는 결과이며 반대로 나쁜 품성인 탐욕, 인색함, 무절제, 방탕함은 돈을 잘못 쓰는 데서 비롯된다.

현명한 사람은 돈을 제대로 알고 쓰지만 어리석은 사람은 필요하지도 않은 것에 돈을 쓴다. 필요하지도 않은 물건을 싸다고 하여 사는 것은 아끼는 게 아니라 낭비하는 것이다. 그리고 형편이 되지 않는 데도 자존심을 세우기 위해 비싼 명품을 사는 것도 바람직한 소비는 아니다. 돈의 사용 내용을 점검하고 평가하여 바람직한 소비습관이 정착되도록 해야 한다.

•• 검약의 의미

워렌 버핏

워렌 버핏과 골프를 치게 된 지인이 버핏에게 "이번 라운딩에서 당신이 홀인원 하면 내가 10,000달러를 주고 하지 못하면 당신이 2달러만 나에게 주는 내기를 걸면 어떻겠습니까?" 하고 제안했다. 하지만 버핏은 고개를 저으며 "하지 않겠습니다. 나는 확률이 거의 없는 데는 돈을 쓰지 않습니다."라고 했다. 지인은 "재미로 고작 2달러를 거는 것인데 왜 거절하십니까?"라고 반문했다. 그러자 버핏은 "2달러를 소홀하게 생각하고 함부로 쓰는 사람은 억만금도 소홀하게 생각하고 날려버릴 수 있습니다. 이길 확률이 없는데 요행을 바라는 것은 투기꾼이나 할 짓이지 투자가가 할 일이 아니지요."라고 응수했다

검약이란 검소하고 절약하는 것으로 돈이 있지만 절제하는 것이다. 돈이 없으면서 있는 것처럼 허풍 떠는 것은 검약과 상극이다. 검약의 기본은 인색함과 궁색을 떠는 것과는 엄연히 다르며 돈을 쓰지 않

는 것이 아니라 제때, 제대로 쓰는 것이다. 검약은 자기 한도 내에서 절약하는 가운데 꼭 필요한 곳에 쓰고 저축할 줄 아는 삶의 자세이다.

검약은 미래를 위해 현재의 욕구를 참는 능력을 의미하며 미래는 검약으로 준비할 때 아름답다. 검약의 실천은 타고난 본능에 의한 것이 아니라 경험하고 남을 본받고 예측하는 가운데 생겨나는 것으로 지혜롭고 생각이 깊어야 실천할 수 있다.

검약해야만 남에게 아낌없이 베풀 수 있는 여력이 생기므로 검약은 선행의 토대이자 평화의 밑거름이다. 궁핍하면 남을 도울 수 없으므로 베풀기 위해서는 검약을 실천하여 여유가 있어야 한다.

워렌 버핏(Warren Buffett, 1930~)
미국의 기업인으로 투자회사인 버크셔 해서웨이 회장이자 자선 사업가이다. 세계에서 손꼽히는 부자이지만 검소한 생활을 하면서 재산의 80% 이상을 자선 재단에 기부하기로 했으며, 부유층에게 유리한 정부의 과세 정책을 비판했다.

실천하기

- 합리적이며 합법적인 방법으로 돈을 벌기 위해 노력한다.
- 소득을 소비와 저축으로 합리적으로 배분한다.
- 과도한 소비를 하지 않는다.
- 지나치게 유행을 따르지 않고 광고에 의지하지 않는 건전한 소비생활을 한다.
- 부채를 관리하여 신용을 잃지 않도록 한다.
- 다양한 지급 방법과 저축 수단의 장단점을 알아본다.

생각하기

- 나는 돈을 벌고 쓰고 저축하는 관리를 잘하고 있는가?
- 나는 소비에서 유행이나 광고에 어느 정도의 영향을 받는가?

록펠러는 미국의 석유산업을 독점하여 엄청난 부를 축적하면서 당시 세계 최고의 부자가 되었다. 하지만 암에 걸려 1년 시한부 인생을 통고받은 후 자선사업을 시작했다. 그는 의사의 선고에도 불구하고 그 후 무려 40년이나 더 산 97세까지 살면서 록펠러 재단을 설립하여 사회를 위해 많은 돈을 기부했다.

그런 록펠러가 지방 도시로 출장을 가서 호텔에 묵게 되었다. 록펠러는 호텔에서 자신의 방까지 짐을 들어다 준 호텔 종업원에게 감사의 표시로 5센트의 팁을 주었다. 당시 평범한 손님도 1달러의 팁을 주는 게 관례였기에 종업원이 불만스런 목소리로 말했다.

"세계 최고의 부자가 주는 팁으로 5센트는 너무 적은 것 아닙니까? 아무리 못해도 1달러는 주실 줄 알았습니다."

그러자 록펠러가 대답했다.

"나를 도와준 종업원들에게 모두 1달러씩 팁으로 준다면 나는 아마도 지금과 같은 부자가 되지 못했을 걸세. 어쩌면 자네와 같은 일을 하고 있었을 수도 있겠지."

그는 근검절약이 몸에 밴 사람이었고 큰돈을 쓸 데는 쓰지만 적은 돈을 아껴야 할 때는 아끼는, 돈을 쓰는 데 일정한 원칙이 있었다.

존 데이비슨 록펠러(John Davison Rockefeller, 1839~1937)

미국의 석유사업가. 자선사업가. 스탠더드석유회사를 설립하여 미국 내 정유소의 95%를 지배하면서 세계 최대의 부자가 되었다. 독점 기업가로서 많은 비판을 받았지만, 점차 자선사업에 관심을 기울였고 1897년 이후로는 전적으로 자선사업에 전념했다. 그는 1892년 시카고대학교 설립에 이바지했고, 8,000만 달러 이상을 기부했다. 아들인 존 D. 록펠러 2세와 함께 훗날 록펠러대학교로 이름을 바꾼 록펠러 의학 연구소를 1901년 뉴욕 시에 세웠다. 1902년에는 일반교육원을, 그리고 1913년에는 록펠러 재단과 같은 주요 자선기관들을 설립했다. 일생을 통해 그가 기부한 금액은 총 5억 달러를 넘었고, 1955년까지 아들의 기부금을 합하면 총 25억 달러가 넘었다.

욕망관리

•• 인간과 욕망

인간은 누구나 욕망을 가지고 있으므로 욕망을 어떻게 추구하고 다스리는 것은 주요한 인성덕목이다. 욕망은 무엇을 가지고자, 누리고자, 하고자 간절히 바라는 마음이다. 욕망에는 식욕이나 성욕과 같은 본능적 욕망과 명예욕이나 성취욕, 소유욕 같은 사회적 욕망이 있다.

욕망을 품는다는 것은 자연스럽고 필연적이다. 인간의 삶을 행복하고 유익하게 하려는 노력과 성취는 기본적 욕구 이상의 것이다. 인간은 욕망이 이루어지면 만족감이나 행복감을 느끼고, 이루어지지 않으면 불쾌감, 좌절감, 번뇌 등을 느낀다.

사람은 욕망을 본능적으로, 무의식적으로 추구하기도 하고 분별력과 지혜를 발휘하여 의식적으로 추구하기도 한다. 삶의 근본적인 힘은 꿈을 이루고자 하는 욕망이 있기 때문이다. 꿈을 실현하기 위해서는 자신이 바라는 욕망의 씨앗을 마음에 심어야 한다.

욕망의 추구는 삶을 풍요롭게 하므로 바람직한 욕망을 가져야 한다. 바람직한 욕망은 자신이 원하는 일에 대한 순수한 열정과 구체적인 행동을 통해 자신의 인생을 더 나은 방향으로 이끄는 힘이다. 더 나은 인생을 위해 자신을 발전시키고자 하는 현명한 욕심이며 원동력이다. 행복하게 살고 싶어 하는 욕망 때문에 사회는 지금의 모습으로 발전할 수 있었고 더 많이 소유하고 싶은 욕망이 자본주의 사회를 활성화했다.

인간의 노력은 욕망의 성취와 관련되어 있다. 욕망은 삶의 원동력으로 어떤 특정한 행동을 하도록 추진하는 요인이다. 욕망이란 인간의 삶의 안정과 행복의 증진을 위하여 꼭 있어야 하며 지속해서 다듬어 나가야 한다. 인간의 욕망을 계발함으로써 창의적이고 개성적인 인간의 창조와 사회 발전이 가능하므로 욕망을 억제할 것이 아니라 인정하고 발산시켜야 한다.

•• 소유의 욕망

오늘날 인간의 삶은 단지 '더 많이 가지기 위한' 삶인 것처럼 보인다. '소유'는 생활의 정상적인 기능이다. 자본주의 사회는 개인의 사적 소유와 물질적 재산 축적을 보장하는 사회이며 물질적 대상들은 삶을 구성하는 중요한 의미가 되고 있다. 그러나 이러한 소유에 대한 개념이 윤리적 차원의 성찰이 수반되지 않을 때는 여러 가지 문제점이 나타난다. 상업적인 자본주의 사회가 점점 심화하는 현대 사회에서 소유에 대한 집착과 욕망은 점점 강해져 가고 있다. 그러므로 소유의 본질과 특성,

그리고 소유에 대한 합리적이고 건강한 인식을 하는 것은 오늘날 현대인에게 필요한 덕목이라 할 수 있다.

욕망의 추구가 무한정 허용될 수는 없다. 인간은 추구하던 욕망이 채워지면 거기에 만족하는 것이 아니라 또 다른 욕망을 추구한다. 인간의 욕망은 무한하므로 적절히 억제하지 않으면 개인만이 아니라 주위나 조직, 사회까지도 큰 피해를 준다.

인간이 욕망을 무절제하게 분출하면 약육강식의 논리가 판을 치게 된다. 수많은 전쟁과 살육, 개인과 집단의 이기주의, 자연환경의 파괴, 마약, 도박, 사치, 충동, 향응과 수뢰 등 타락 현상의 근원에는 욕망의 무절제라는 문제가 내재하여 있다. 욕망의 과도한 추구로 인한 타락과 파멸의 가능성을 경계해야 한다.

●● 욕망의 조절

인간의 욕망을 제거하는 것만이 능사가 아니다. 욕망을 완전히 제거한다면 가난과 질병의 퇴치, 안락한 물질적 조건의 획득과 향상을 통한 사회적 환경의 개선이 이루어질 수 없다. 욕망이 있으므로 사회적 환경이 개선되고 발전된다. 욕망을 절제하여 함께 공존하면서 나갈 수 있는 공동선을 추구해야 한다. 사회가 유지될 수 있는 것은 개인의 내적 욕망이 타인과의 관계 속에서 절제되고 조화를 이루는 쪽으로 승화되기 때문이다.

오늘날 욕망과 관련하여 우려되는 추세에 비추어 볼 때 욕망의 억제, 욕망의 추구라는 두 가지 관점 중에서 어느 한쪽을 견지하는 것보다는 적절한 조화를 통해 행복을 찾는 것이 인간 사회의 고상하고 진정한 발전을 위해 바람직한 방법이라고 할 것이다.

법정 스님은 소욕지족少欲知足을 강조하면서 "작은 것과 적은 것으로 만족할 줄 알아야 한다. 우리가 누리는 행복은 크고 많은 것에서보다 작은 것과 적은 것 속에 있다. 크고 많은 것만을 원하면 그 욕망을 채울 길이 없다. 작은 것과 적은 것 속에 삶의 향기인 아름다움과 고마움이 스며있다."고 했다.

욕망은 잘 조절하여 활용하면 삶의 동력이 될 수도 있고, 조절하지 못한 상태로 탐닉하면 괴로움의 뿌리가 될 수도 있다. 욕망이란 인간의 삶의 안정과 행복의 증진을 위해 꼭 있어야 할 뿐 아니라 절제하고 다듬어 나가야 한다.

법정 스님

법정(法頂, 1932~2010)
승려 · 수필가. 수십 권의 수필집을 통해 진정한 사유의 기쁨과 마음의 안식을 제공했으며 '무소유'를 실천했다. 대표 저서로 ≪무소유≫ ≪오두막 편지≫ ≪텅 빈 충만≫ ≪아름다운 마무리≫ 등이 있다.

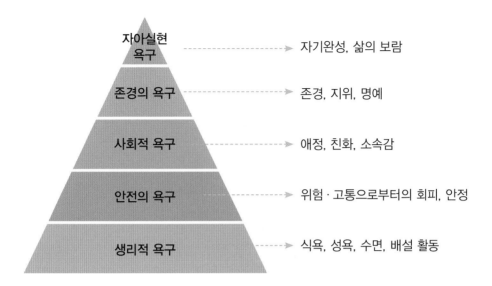

애브라함 매슬로우의 욕구 5단계

자아실현 욕구	자기완성, 삶의 보람
존경의 욕구	존경, 지위, 명예
사회적 욕구	애정, 친화, 소속감
안전의 욕구	위험·고통으로부터의 회피, 안정
생리적 욕구	식욕, 성욕, 수면, 배설 활동

실천하기

- 인간에게는 욕망 추구의 본능이 있으며 당연한 것으로 인식한다.
- 줄여야 할 욕망은 줄이면서 욕망을 잘 조절한다.
- 하지 말아야 할 잘못된 욕망은 아예 갖지 않는다.
- 절제하면서 안분지족한 마음을 갖고 생활한다.

생각하기

- 욕망이 인간의 삶에 어떤 의미가 있는지 생각해 보자.
- 인간 본연의 욕망에는 어떠한 것이 있는지 알아보자.
- 인간에게 있어 소유가 어떤 의미가 있는지 생각해 보자.

옛날 중국의 한 임금이 나라가 강성부국이 되자 자신이 누리고 있는 것들이 너무 소박하다고 느껴졌다. 하루는 식사하다가 신하를 불러 말했다.

"내가 임금이 되고 나서 나라가 부강해졌음에도 그에 걸맞은 대접을 받지 못하고 있다고 생각하오. 그러니 이제부터 나무젓가락이 아니라 상아로 만든 젓가락을 대궐에서 사용할 수 있도록 하시오."

이 말을 듣고 몇몇 신하들이 몹시 걱정하자 다른 신하들은 "젓가락 하나 바꾸는 것이 뭐 그렇게 문제가 됩니까?"라고 묻자 "욕심이 시작되면 끝이 없습니다. 상아 젓가락으로 시작했지만 이제 곧 금 그릇을 찾을 것이고 각종 진귀한 보석들을 찾을 것입니다. 그리고 머지않아 궁궐이나 자신이 묻힐 무덤을 새로 꾸미겠다고 백성을 노역에 동원할 것인데 이 일이 어찌 큰 문제가 아니겠습니까?"

얼마 후 왕비가 병에 걸려 세상을 떠나자 임금은 왕비의 무덤을 매우 화려하게 꾸몄다. 일 년이 지난 후에 임금이 무덤에 찾아가 보니 주변이 허전하게 보여 여러 동물상을 조각하여 세워 놓게 했다. 그리고 또 일 년이 지나고 왕비의 무덤을 찾은 임금은 이번에는 무덤 주변에 성곽을 쌓은 다음에 병사들이 지키게 했다.

그리고 또다시 일 년이 지난 삼 년째 무덤을 찾은 임금은 성곽에 성문이 있으면 좋겠다고 하면서 자신이 때때로 와서 머물 집까지 지었다. 그런데 집을 짓고 성곽에 올라 왕비의 무덤을 바라보니 너무나 초라하게 느껴졌다. 왕은 신하들에게 명령했다.

"저 무덤을 여기서 치워버려라. 볼품없는 무덤 때문에 주위의 아름다움이 모두 좀먹는구나."

쾌락관리

●● 삶과 쾌락

현대인들이 갈수록 쾌락을 지향하는 상황에서 쾌락이 목적이 될 때 문제가 있으므로 쾌락에 대한 뚜렷한 주관을 설정하고 관리하는 것은 주요한 인성덕목이다. 쾌락은 감성의 만족이나 욕망의 충족에서 오는 유쾌한 감정이다. 쾌락은 단순히 말초적 감각기관에 대해 느껴지는 감정만이 아니라 자아를 실현하거나 어떤 일에 성공하거나 만족했을 때 느껴지는 지적·정신적 성취감을 포괄한다.

아리스토텔레스는 ≪니코마코스 윤리학≫에서 "우리는 보는 것이나 듣는 것에 대해서 즐겁다고 말한다. 모든 감성에서 거기에 대응하는 쾌락이 생긴다. 또한, 감성이 최선의 상태에 있으면서 최선의 대상에 대해서 활동할 때에 두드러지게 쾌락이 생긴다. 가령 음악가는 음률에 관해서 청각으로 활동하고, 학문을 사랑하는 사람은 이론으로 활동한다. 쾌락은 이러한 활동들을 완전케 하므로 쾌락을 찾는 것은 당연한 일이다."라고 하면서 쾌락을 긍정적으로 보고 있다.

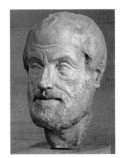

아리스토텔레스

쾌락을 추구하는 것은 인간 본연의 모습이다. 인간은 행복 추구를 삶의 목적으로 삼으며 행복은 즐거움을 느끼는 상태이고 달리 표현하면 쾌락이 충족된 상태다. 그러므로 인간은 쾌락을 통해 행복감을 느끼려고 하는 것이며 인간의 행위는 쾌락의 증가와 고통의 감소를 목적으로 한다. 이처럼 쾌락이 행위를 유발하는 동기로서 해야 할 역할을 한다. 쾌락을 추구하는 태도와 행위는 자신의 감정에 솔직하고 자신에게 충실하며 활동을 완전하게 한다.

쾌락은 삶의 요소로서 삶을 의미 있게 해주며 활기찬 생명의 감각을 부여하여 열정적 활동을 연출케 한다. 하지만 어떤 행동을 할 때 성취되는 느낌이 바로 쾌락이기 때문에 쾌락은 행동의 부산물로서 자체가 목적이 되어서는 안 되며 행동의 결과로써 쾌락을 느낄 때 진정한 보람과 의미를 느낄 수 있다.

쾌락 지향적 사회인 현대 사회에서 쾌락을 절대적인 선으로 보는 것은 문제가 있지만, 절대적인 악으로 부정적으로만 보는 것도 바람직하지 않다. 건전하고 생산적인 쾌락은 장려되어야 하며 쾌락 자체를 부정적으로 보는 사고는 지양되어야 한다. 문제는 쾌락의 진정성과 역동적 활용을 통한 창조적 생산성의 모색이다. 문화 예술뿐만 아니라 삶의 전 영역에서 쾌락의 생산성으로 활력이 생겨야 한다.

●● 쾌락 추구

에리히 프롬

에리히 프롬은 ≪소유냐 존재냐≫에서 "쾌락이란 능동성의 충족과는 무관한 욕망의 충족이다. 사회적 성공을 거두거나 돈을 많이 버는 데서 느끼는 쾌락, 성적 쾌락, 먹는 데서 느끼는 쾌락, 사냥하거나 경주에서 이기는 쾌락, 음주·환각·약품 등에 의해 고양된 상태 등에서 느끼는 쾌락은 진정한 기쁨을 주지 못해 새롭고 더 자극적인 쾌락을 추구한다."라고 하면서 쾌락을 부정적으로 보고 있다.

쾌락은 삶에서 필요한 것이지만 무절제에 빠져 버리거나 편협하고 잘못된 형태의 쾌락을 추구하면 안 된다. 나아가 자신의 진정한 정체성을 찾지 못하고 내적으로 쌓인 불만과 공허감을 다른 대상을 통해 해소하게 함으로써 쾌락에 중독되어서는 안 된다. 쾌락적인 소비문화로 정신이 황폐해져서는 안 된다. 개인의 보람된 삶과 공동체의 질서를 유지하기 위해서 요청되는 많은 선이 피해를 보거나 희생당하기 때문이다.

뇌에는 쾌락을 일으키는 '쾌락 중추'라는 부분이 있는데 정신적 혹은 육체적 행위로 자극하면 기쁨, 흥분, 환희 같은 기초적인 감정부터 전율, 오르가슴, 무아지경에 이르는 황홀감까지 느낀다. 쾌락은 오랫동안 유지되는 것이 아니라 순식간에 왔다가 사라지므로 인간은 끊임없이 쾌락 중추를 자극하려고 시도한다. 맛있는 음식을 먹고, 운동하고, 사랑하는 사람과 스킨십하면서 오감을 자극한다. 쾌락은 육체적인 것만이 아니다. 문화 공연을 관람하고 예술 작품을 감상하면서 온몸에 전율을 느끼기도 하고 심오한 지식을 쌓고 어려운 문제를 풀며 흥분하기도 하고 아름다운 풍경을 보며 황홀경에 빠진다.

지금 우리 사회는 물신숭배주의에 입각한 과도한 물욕의 추구, 극히 순간적인 환각류에 대한 탐닉, 말초신경의 자극에만 치중한 오락 산업의 번창 등으로 혼란을 겪고 있다. 이는 편협하고 잘못된 형태로 쾌락을 추구하는 과정에서 나타난 문제들이다. 이런 진정한 기쁨이 없는 순간적이고 향락적 쾌락은 금기되어야 한다. 하지만 쾌락 추구 자체를 나쁜 것으로 매도하거나 부정적으로 보아서는 안 된다. 육체적인 쾌락이나 물질적인 쾌락보다는 정신적인 쾌락을 지향하여 몸과 마음이 건강해지고 삶을 보다 풍성하고 행복하게 만들어야 한다.

실천하기

- 쾌락 추구는 인간의 본성임을 인식한다.
- 건전한 쾌락은 추구하되 잘못된 쾌락은 추구하지 않는다.
- 쾌락에 탐닉하지 않으며 과도한 소비 등 무절제에 빠지지 않는다.

생각하기

- 인간의 삶에 있어서 쾌락의 의미에 대해 생각해 보자.

에피쿠로스학파와 스토아학파

에피쿠로스학파

에피쿠로스학파는 쾌락주의를 내세우면서 쾌락 추구에서 행복을 찾았다. 하지만 무조건적이거나 적극적인 쾌락주의가 아니라 자연적이고 필수적인 최소한의 욕구만을 충족하면서 몸의 건강과 마음의 평온함을 유지할 것을 강조하였다. 이들이 주장한 쾌락은 정신적이고 지속적인 쾌락이다. 감각적이고 순간적인 쾌락을 추구하면 할수록 점점 더 강도가 높은 쾌락을 원하게 되어 결국에는 자신들이 주장하는 고통과 근심의 원인이 가중되는 쾌락주의의 역설에 빠지게 되므로 고통과 근심을 제거하여 평온한 상태를 추구하는 소극적 쾌락주의를 지향하였다.

에피쿠로스

참된 쾌락은 몸의 고통이나 마음의 혼란에서 벗어날 때 얻을 수 있으며 이를 위해서 욕구에 대한 분별과 절제가 필요하다고 했다. 에피쿠로스학파가 주장하는 쾌락주의는 감정적 동요나 혼란이 없는 평온한 마음 상태인 아타락시아Ataraxia를 삶의 궁극적인 목표로 삼았다.

스토아학파

스토아학파는 금욕주의를 내세우면서 쾌락, 욕구, 고통의 정념에 사로잡히지 않고 이성에 따르는 삶에서 행복을 찾았다. 이성을 통해 자연의 질서를 이해하고 그에 순응하며 삶을 강조하였다. 쾌락의 정념은 이성과 갈등을 일으키므로 이러한 정념에서 벗어나 이성에 따르는 삶을 살아야 한다고 했다. 도덕적인 삶은 욕구나 정념에 흔들리지 않고 보편적인 이성에 따르는 삶이며 도덕적인 사람은 이성의 명령을

제논

의무로 여기고 실천하는 사람이라고 했다.

인간을 어지럽히는 것은 일어나는 일이 아니라 이에 대한 관념 때문이라고 하면서 이를 깨달으면 인간은 어떤 상황에서도 동요하지 않는 정신 상태를 갖게 된다고 했다. 이와 같은 정념에 흔들리지 않는 삶, 순수한 이성적인 마음의 상태인 아파테이아apatheia를 삶의 궁극적인 목표로 삼았다.

* 에피쿠로스학파는 자연적이고 필수적인 최소한의 쾌락을 추구하는 삶을, 스토아학파는 정념에서 벗어난 이성에 따르는 삶을 통해 행복에 이를 수 있다고 주장하였다. 하지만 두 학파는 궁극적인 삶의 목표로서 흔들리지 않는 평화로운 마음의 상태를 제시했다는 공통점이 있다.

에피쿠로스(Epicouros, 기원전 341~기원전 270) 고대 그리스 윤리철학자. 에피쿠로스학파를 창시했다.

제논(Zenon, 기원전 335~기원전 263) 고대 그리스 윤리철학자. 스토아학파를 창시했다.

성윤리

성윤리의 의미

현대 사회에서 스토킹, 성희롱, 성추행이나 성폭행 등으로 여러 사회 문제가 발생한다. 개인적으로는 성범죄를 저질러 한순간에 삶의 나락으로 떨어지는 상황에서 성에 관한 가치를 정립하는 성윤리는 마땅히 갖추어야 할 인성덕목이다. 성윤리는 성에 대한 올바른 가치관을 갖는 것으로 인간의 성의 특성이 무엇인지, 삶에서 성이 갖는 가치가 무엇인지, 성의 가치 실현에 요구되는 규범이 무엇인지를 알고 실천하는 것이다.

현대 사회에서는 시시각각 수많은 성범죄가 저질러지면서 사회 문제가 되고 있고 성범죄 피해자에게는 엄청난 육체적·정신적 상처를 안기고 있다. 성추행이나 성폭행은 본능만을 따르는 동물적인 행동으로 이와 같은 행위를 절대로 저질러서는 안 된다. 이는 범죄 행위로 한순간에 그동안 쌓은 인간적인 자존심과 명예를 잃게 된다. 그동안 사회에서 일어난 여러 성범죄 행위의 결과로 유명 인사들이 삶의 나락으로 떨어진 많은 경우에서 잘 알 수 있을 것이다. 그러므로 건전한 성윤리를 확립하여야 한다.

성에 대한 태도

현대 사회에서는 쾌락을 얻기 위한 수단이라는 생각이 퍼지면서 도덕과 순결 의식이 약화되고, 성의 상품화 현상이 급증하고 있다. 오늘날 성과 관련된 주제들이 공공연하게 폭발하고 있는 것은 긍정적인 면과 부정적인 면을 함께 내포한다.

부정적인 면을 살펴보면 다음과 같다. 첫째, 성 혁명을 잘못 이해하면 인간의 존재 의미를 이해하는 데 문제가 생긴다. 둘째, 성 혁명을 잘못 이해하는 사람들은 성 경험이 없는 동정이나 처녀를 오히려 경멸하고 있다. 이들은 개인의 성을 서로 간의 관심이나 친교의 표현이라고 보기보다는 쾌락의 표현이라 보기 때문이다. 예를 들면, 사람들이 만난 지 얼마 되지도 않아 부담 없이 성관계를 갖고 곧 헤어진다든지, 진정으로 사랑한다면 성관계를 해야 하고 그렇지 않으면 사랑하는 것이 아니라고 생각하는 방식이다. 이들은 성을 사랑과 친교가 아닌 성적으로 극치감에 도달하게 만드는 기술이라고만 이해한다.

이처럼 인간의 사랑을 성기에 의한 표현으로만 국한한다면 지루해하거나 강박 관념에 쌓여 마침내 파괴적인 인간이 되어 버릴 것이다. 한마디로 성 혁명을 잘못 이해하면 성적인 자유분방함에 젖어 무책임한 행동을 하기 쉽다.

그러나 성 혁명의 진보적인 면도 간과할 수 없다. 성관계의 목적은 단순히 생식이 아니라 쾌락이라는 문화적으로 용납된 새로운 규준이 되었다. 우리나라에서는 전통적으로 남녀가 성을 함께 즐긴다고 생각할 수 없었다. 서양에서도 여성은 성을 즐길 수 없고 남성만이 자유롭게 자신의 성을 표현할 수 있다는 생각이 강했다. 그러나 성 혁명으로 인해 성이란 남녀 모두의 사랑, 정감, 보살핌, 자비를 표현할 수 있는 가장 좋은 방법이라는 인식을 하게 되었다. 특히 여성들도 그들의 주체성을 확인하기 시작했고 오늘날에는 남녀가 동등하게 처우를 받을 수 있는 사회로 진보하게 되었다.

인간에게 있어 성이란 신비의 영역이면서도 불확실성의 영역이다. 인간의 성 행동에 대한 정상과 비정상에 대한 사회적인 정의나 개념은 시대에 따라 조금씩 변하고 있다. 그런데도 성인들 간의 정상적인 성 행동은 자발적인 행위이고, 서로의 동의로 이루어지므로 기쁨을 얻는 것이며, 서로의 자존심도 높여주고, 죄의식을 느끼지 않는다. 그 반면에 수동적이거나 충동적인 상태에서 발생하는 성 행동은 상대방에게 일방적으로 이용당하는 느낌을 주며, 기쁨보다는 죄의식을 불러일으킬 수도 있고, 또한 자존심을 떨어뜨릴 수도 있으며 비정상적인 것으로 간주한다.

과연 어떤 사람이 성숙한 성을 소유하고 있는가? 성적으로 건강한 사람은 누구일까? 진정한 성 혁명에서 목표하는 것은 모든 사람을 성적으로 건강한 사람으로 만드는 것이다.

●● 성에 대한 생각

성에 대해 우리가 갖는 기본적인 생각은 성은 식욕과 마찬가지로 본능이라는 것이다. 종종 인간이 지닌 성욕을 동물의 그것처럼 생각하여 동물적인 것으로 생각하는 경우가 있는데 그렇지 않다. 성욕은 그것을 충족하고 표현하는 방식이 사람에 따라 다르다. 성욕은 성행위를 함으로써만 해소되는 것이 아니다. 성 에너지는 우리의 무의식의 세계에 묻혀 있으면서 삶의 에너지로 작용한다.

한 개인이 자신의 성욕을 어떻게 표현하고 해소하는가는 그가 살아가는 동안 자신도 모르게 몸에 익힌 성에 대한 태도이자 삶에 대한 태도에 달려 있다. 그러므로 성에 대한 태도는 그 사람의 인격 형성에 중요한 부분을 차지하게 된다.

인간의 성욕은 식욕과는 다른 중요한 측면이 있다. 즉 인간의 성욕은 나만의 필요와 욕구에 의해서만 실행될 수 있는 것이 아니라 상대방의 필요와 욕구도 중요하다. 더구나 인간의 성은 식욕과는 달리 생리적인 면만이 아니라 정신적인 사랑과 정서적인 배려가 큰 부분을 차지한다. 성욕은 발산으로 끝나는 것이 아니라 이성과의 더 깊은 인간관계와 애정이 있어야 한다. 성은 단순히 육체적인 것이 아니라 전 인간의 일부이기 때문에 성을 도구화하거나 수단화하는 것은 인간 자체를 수단화, 도구화하는 것이 된다. 이처럼 성행위는 남자와 여자 사이의 전 인간적인 사랑의 표현이기 때문에 자연스럽고 아름다운 것이다.

●● 바람직한 성윤리

성에 대한 보수주의자는 성 자체를 위한 성이 아니라 성을 신성한 대상으로서 사랑, 결혼, 생식과 관련된 것이며 이러한 성에 대한 인식이 사회 안정감을 준다고 보고 있는데 이는 성을 도덕적인 관점에서만 보는 단점이 있다. 반면에 자유주의자는 성의 중심 가치를 쾌락으로 보면서 성은 인간 상호 간의 욕구와 동의에 따른 신체적 호응으로서 출산이나 사랑에 국한하는 것은 성을 억압하는 것으로 보고 있는데, 이는 성 문란으로 이어질 수 있는 단점이 있다.

성은 성인 간에 서로 합의하여 사적으로 이루어져야 하고, 상대방이나 타인에게 해를 끼쳐서는 안 된다. 자신의 욕구를 남에게 강요하거나 심리적, 생리적 고통을 유발하는 행위는 타락한 성이다. 타인을 성의 수단으로 이용하면서 존엄성을 짓밟는 성행위를 해서는 안 된다. 성추행, 성폭력과 특히 미성년자를 상대로 음란 행위를 하는 것은 중대한 성범죄이다.

미국의 사회생물학자 에드워드 윌슨 Edward Wilson, 1929~ 은 "성은 생식을 위한 기제와 함께 친밀감을 통해 결합을 튼튼하게 하는 장치이다."라고 했다. 이처럼 성을 출산, 쾌락의 가치를 인정하면서도 생물학적 측면에서만 바라보아서는 안 된다. 성은 전인격적인 것으로서 책임감, 자존감, 윤리성이 수반되는 것이다. 그러므로 성이 출산이나 쾌락이라는 생리적 기능을 긍정하면서 성윤리를 확립하여 올바른 성

에드워드 윌슨

생활을 영위해야 한다.

실천하기

- 성에 대한 올바른 가치관을 정립한다.
- 성윤리를 지키면서 어긋나는 행위를 저지르지 않는다.
- 성에 대한 책임 의식을 가진다.
- 성범죄로 한순간에 나락으로 떨어진 사람을 반면교사로 삼아 행동한다.

생각하기

- 나는 성윤리를 확립하고 있는가?

어떤 젊은이가 한 아가씨를 깊이 사랑하다 그만 병이 들어 자리에 눕게 되었다. 의사가 젊은이를 진찰해보더니 이렇게 말했다.

"이것은 당신의 소망이 이루어지지 못하여 상사병이 된 것이므로, 그 여인과 성관계를 하면 나을게요."

그래서 젊은이는 랍비를 찾아가 의사의 말을 전하면서 어떻게 하면 좋겠냐고 상담했다.

랍비는 절대로 그와 같은 성관계를 가져서는 안 된다고 말했다.

젊은이는 그렇다면 그 여자가 옷을 벗고 자기 앞에 서서, 자신의 우울한 마음을 풀어 병을 낫게 할 수 있다면 어떻겠냐고 물었다.

랍비는 그것도 역시 안 된다고 말했다.

젊은이는 다시, 그렇다면 자신과 그 여자가 울타리를 사이에 두고 마주 서서 이야기라도 하는 것은 어떠냐고 물었다.

그러나 랍비는 그것조차도 안 된다고 말했다.

물론 탈무드에는 그 여인이 결혼한 여인인지, 처녀인지는 나타나 있지 않다.

그러나 그 젊은이와 다른 사람들까지도, 어째서 랍비께서는 모든 것을 강경하게 반대만 하느냐고 묻자, 랍비는 다음과 같이 말했다.

"인간은 마땅히 정숙해야 하므로 순결한 사람이 서로 사랑한다고 하여 성관계를 해도 좋다고 한다면, 사회의 규율은 무너지고 말 것이오."

≪탈무드≫ 초판본의
첫 페이지

≪탈무드≫
기원전 300년경 로마군에 의해 예루살렘이 함락된 이후부터 5세기까지 약 800년간 구전되어 온 유대인들의 종교적, 도덕적, 법률적 생활에 관한 교훈을 집대성한 책이다.

갈등관리

●● 갈등에 대한 시각

삶을 영위하면서 갈등은 있기 마련인 보편적인 상황이므로 갈등을 관리하는 능력은 주요한 인성덕목이다. 인간은 여러 종류의 갈등에 직면하면서 살아간다. 서로 다른 이해관계를 추구하는 개인과 집단이 이해관계의 충돌과 의견 차이로 갈등을 겪고 갈등관리를 통해 슬기롭게 해결하면서 서로 공존하고 있다.

현대 사회는 다양한 가치관이 공존하는 사회이기 때문에 갈등이 생기기 쉽다. 갈등으로 인한 불화로 갈등이 표면화되면 공동체의 효율성이 떨어지며 문제 해결이 어려워진다. 개인의 경우에는 심리적인 타격을 받아 개인 생활까지 영향을 미친다. 갈등 당사자는 갈등의 잠재력이 있는 부분을 사전에 감지하고 갈등으로 인한 소모적인 요소를 감소시키는 노력을 해야 한다.

갈등은 무조건 나쁜 것이 아니라 긍정적인 시각으로도 보면서 관리하는 것이 중요하다. 갈등은 변화와 성장을 자극한다. 갈등이 생기면 대결과 경쟁이 생기고 스스로 변화하면서 성장의 동력이 생긴다. 갈등을 해결하기 위해 변화해야 하고 갈등관리들 통해 원만하게 해결하면 성장을 가져온다. 그러므로 갈등에 직면하면 지나친 스트레스를 받지 말고 자신의 발전을 위한 계기로 삼아야 한다. 갈등을 해결하려면 문제를 새로운 시각으로 보아야 하고 해결을 위해서 고민하고 공부하는 과정에서 자신의 능력도 성장시킬 수 있다.

갈등관리를 인격을 수양하는 과정으로 생각해야 한다. 갈등을 해결하는 과정에서 여러 감정이 교차하기 마련이다. 분노와 원망과 미움의 감정이 생기기 마련이지만 감정을 잘 조절해야만 문제가 해결될 수 있으므로 마음을 다스려야 한다.

●● 갈등관리 방법

《논어》의 자로子路 편에는 '화이부동和而不同'이라는 말이 있다. 화和는 다양성과 차이를 인정하는 관용과 공존의 논리이며 질적 발전을 가능하게 하지만, 동同은 다양성을 인정하지 않고 획일적 가치만을 용인하는 것으로서 지배와 흡수 합병의 논리이다. 갈등을 해소하기 위해서는 동이불화同而不和가 아니라 화이부동이 요구된다. 군자는

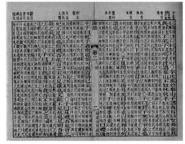

《논어》

다름을 인정하면서 함께할 줄 알고 소인은 끼리끼리 놀 뿐 함께 할 줄 모른다. 남과 사이좋게 지내되 의義를 굽혀 좇지는 아니한다는 뜻으로서 남과 화목하게 지내지만 자기의 중심과 원칙을 잃지 않음을 의미한다.

갈등을 잘못 관리하면 불화와 반목의 늪에 빠져서 정체와 후퇴를 가져오지만, 관리를 잘하면 발전을 가져온다. 갈등은 서로 다른 목표를 바라보고 있어 생기는 것으로 갈등관리를 위해서는 목표를 한 군데로 모아야 한다.

먼저 갈등의 원인과 내용이 무엇인지를 알아야 한다. 겉으로 드러난 원인뿐만 아니라 내재적인 요인이 있을 수 있으므로 진정한 갈등 원인과 내용을 파악하는 것이 중요하다. 갈등의 원인이 반감 때문인지 가치관 대립인지, 방법이나 기호나 취미의 대립인지, 이해관계 대립인지, 감정 대립인지, 심지어 오해에서 비롯된 것인지를 파악하고 분석해야 한다.

다음으로 갈등관리의 핵심인 "서로 다른 목표"에 대한 소통이다. 자신의 의견을 주장할 것이 아니라 먼저 상대방의 의견을 들어야 한다. 자신의 관점이 아니라 상대방의 입장에서 듣고 이해하려는 노력이 중요하다. 듣는 과정에서 수시로 질문하는 것이 소통을 강화한다. 상대방의 기본 입장과 의도는 무엇인지, 그런 입장과 의도에는 어떤 배경과 가치관을 따르고 있는지를 파악하게 되면 상대방의 주장을 폭넓고 깊이 있게 이해할 수 있다.

●● 갈등의 예방과 해결

에이브러햄 링컨은 어떤 사람과 피치 못할 갈등이 발생하면 "갈등이 생긴 그 문제에 대해 더 많이 알아야겠다."라고 결심하면서 해결책 모색에 골몰했다.

에이브러햄 링컨

갈등의 예방과 바람직한 해결을 위해서는 관용과 포용력을 발휘해야 한다. 두 물건이 부딪치면 소리를 내듯이 두 사람이 부딪치면 다툰다. 소리를 내는 것은 두 가지가 모두 단단하기 때문이며 모두 부드러우면 소리가 나지 않으며 하나만 부드러워도 소리가 나지 않는다. 다툼이 일어나는 것은 두 사람 모두 욕심을 부리기 때문이며 모두 양보하면 다툼이 일어나지 않으며 한 사람만 양보해도 다툼은 일어나지 않는다. 바람직한 일은 부드러운 쪽이 단단한 쪽을 부드럽게 만들고, 양보하는 사람이 욕심 많은 상대방을 감화시키는 것이니 유연하게 대처해야 한다.

관용은 자신과 다른 견해나 행동을 인정하고 허용하는 것이며 상대방의 생각과 주장을 이해하고 받아주는 포용적인 자세를 뜻한다. 하지만 상대방에 대해 무조건 관용과 포용을 해서는 안 된다. 자신의 존엄성이 지켜지며 사회 질서와 공동선이 지켜질 수 있는 범위 내에서 행사되어야 한다.

상대방에게 자기 의견을 전달하면서 공감대 형성에 노력해야 한다. 공감대 형성은 쉽지 않지만 잘하면 갈등이 완화되고 해결될 수 있다. 차이를 좁히려 노력하기보다는 일단 공통점을 공유하여 다름을 보기보다는 같음을 봐야 한다. 이어서 공정한 기준과 원칙으로 대안을 도출한다. 이때 모두를 아우르는 대안을 창출해 내는 것이 어려울 수 있지만, 서로에게 이롭도록 하겠다는 마음으로 충분한 대화를 통하여 합리적인 결론을 끌어내야 한다.

소통을 뜻하는 커뮤니케이션의 어원은 라틴어의 '나누다'를 의미하는 'communicare'다. 소통은 나누는 것이므로 효과적인 갈등관리를 하기 위해서는 서로가 이기는 방향이 되어야 한다. 한쪽이라도 패배감이 든다면 제대로 해결된 갈등관리가 아니다. 이를 위해서는 서로가 이해할 수 있는 대안을 마련해야 한다.

실천하기

- 상대방의 처지에서 생각하고 행동하는 역지사지易地思之 자세를 발휘한다.
- 나는 옳고 상대방은 틀렸다는 일방적인 단정을 경계한다.
- 상대방과의 차이를 인정한다.
- 인내심을 발휘하여 지나친 경쟁심이나 분노를 스스로 통제한다.
- 상대방에 대한 편견이나 선입견을 품지 않는다.
- 소통하는 자세로 용서와 화해, 대화와 타협의 자세를 가진다.
- 지루하고 장황한 설명보다 간결하게 주장한다.
- 주장을 뒷받침할 수 있는 적절한 근거를 댄다.
- 필요한 경우 중재를 요청한다.

생각하기

- 나는 갈등을 관리할 능력을 갖추고 있는가?

미국의 루스벨트 대통령은 4번이나 대통령에 당선된 훌륭한 지도자였다. 1929년 경제위기인 대공황을 뉴딜 정책으로 극복했고 제2차 세계 대전에선 연합군으로 참전하는 결단을 하여 전쟁을 승리로 이끌었으며 UN을 창설하는데 결정적인 역할을 했다. 이런 탁월한 리더십은 갈등을 해결하는 능력에서 나왔다.

프랭클린 루스벨트

대통령 재직 시절 제출한 법안에 강력히 반대하는 야당 의원을 설득하기 위해 그의 취미를 알아보니 우표 수집을 광적으로 좋아한다는 사실을 알았다. 루스벨트 대통령은 그 야당 의원에게 연락을 취해 자신이 모으던 우표 정리를 도와달라고 요청했다. 의원은 달갑지 않았지만, 우표 수집이란 말에 마지못해 만났다.

루스벨트는 우표에 대한 그의 지식을 인정하며 많은 조언을 구했다. 함께 있는 동안 우표에 대한 화제와 함께 자연스럽게 법안에 대한 대화도 나누었다. 얼마 후 법안 심사에서 그 의원이 찬성함으로 큰 갈등 없이 법안이 통과되었다.

프랭클린 루스벨트(Franklin Roosevelt, 1882~1945)
미국의 제32대 대통령(1933~1945). 미국 최초의 4선 대통령이며 소아마비 장애를 가졌다. 뉴딜 정책으로 미국이 대공황에서 벗어나도록 했으며 제2차 세계 대전 때 연합국을 지도하여 승리로 이끌어 이후 미국이 세계평화에 이바지하는 토대를 마련했다.

볼테르

갈등을 해소하기 위해서는 관용의 정신이 필요하다. 프랑스어 톨레랑스 Tolérance는 관용이라는 뜻으로 타인의 차이를 받아들이고 용인하는 것이다. 이 말은 16세기 프랑스의 대표적인 계몽사상가인 볼테르Voltaire, 1694~1778가 "당신의 사상에 반대하지만, 그 사상 때문에 탄압받는다면 나는 당신의 편에 서서 싸울 것이다."라고 한 말에서 유래한다.

톨레랑스는 처음 종교에 대한 자유 개념에서 시작되었다. 종교계에 관련된 사람들은 자신이 믿고 있는 진리의 절대성과 우월성을 주장하기 때문에 자기와는 다른 종교를 거부하거나 배격하기 쉽다. 하지만 칼뱅, 루터의 종교개혁 이후 다른 종교에 대한 관용 정신이 생겨났으며, 이후 이어진 시민혁명으로 서로의 차이를 인정하는 민주주의의 기본 정신으로 자리 잡게 되었다. 즉 피부 색깔, 신체, 종교, 사상, 성 등 여러 차이에 대해서 차별이나 무관심이 아닌, 서로 다른 점으로 받아들이는 정신을 말한다.

다른 사람이 생각하고 행동하는 방식의 자유 및 다른 사람의 정치적, 종교적 의견의 자유에 대한 존중이다. 정치, 종교, 도덕, 학문, 사상, 양심 등의 영역에서 의견이 다를 때 논쟁은 하되 물리적 폭력에 호소하지는 말아야 한다는 이념을 말한다. 차이를 긍정하는 논리일 뿐만 아니라 극단을 부정하는 논리이기도 하다. 톨레랑스는 자신의 주장이나 보편타당성을 일방적으로 내세우지 않고 진리에 다가설 수 있도록 다름과 차이를 인정하며 함께 어울리자는 뜻을 담고 있다.

분노관리

분노 폭발

분노는 일상적으로 맞부딪치는 감정으로 인간의 삶은 분노의 밥을 먹으면서 이루어지므로 분노관리는 주요한 인성덕목이다. 분노의 감정은 삶의 여정에서 자연스러운 감정이다. 삶을 영위하면서 분노하지 않고 살 수는 없으며 때때로 일이나 사람 때문에 분노가 끓어오를 때가 있다. 분노의 격정을 다스려야만 마음의 평화를 유지할 수 있고 행복해질 수 있다. 분노하는 것은 그만한 이유가 있겠지만, 분노를 다스리고 풀어야 한다.

분노는 마음속에 숨겨져 있다가 자극을 받으면 분출한다. 분노를 분출하면 자신이나 상대방의 정신 깊은 곳에 파고들어 문제를 일으키며 마음에 좌절과 고통과 상처를 남기고 삶의 평화를 한순간에 앗아가 버릴 수 있다. 분노를 참지 못하면 오랫동안 노력했던 일이 한순간에 허사로 돌아가고 잘 지내던 인간관계가 서먹서먹해지거나 관계가 단절되어 버린다. 정당한 분노, 상대방을 채찍질하는 분노가 아니라 감정이 실려 화를 잘 내는 성격은 꿈을 실현하는 과정에서 커다란 걸림돌이다. 분노 폭발은 불행이 시작되는 출발점으로 심지어 살인까지 저지르는 등 씻을 수 없는 재앙이 될 수 있다.

분노를 폭발시키는 순간 분노가 자신을 지배하게 된다. 분노에 굴복하는 순간 분노의 노예가 되고 말며 분노에서 깨어나면 초라함과 어리석음과 비참함에 괴로워한다. 미련한 사람은 분노를 분출하는데 학교폭력, 군대폭력, 가정폭력, 사회폭력 등은 잘못된 분노의 분출에 기인하는 것이다. 분노를 다스리는 법을 터득해 사는 것이 삶의 지혜다. 분노를 어리석게 다루어서 자신과 주변에 상처를 남기고 화를 입지 않도록 해야 한다. 분노를 조절할 수 있어야 분노에서 벗어나 행복한 생활을 할 수 있다.

분노에는 묘한 쾌감과 함께 중독성이 있다. 문제는 분노하면 그 결과가 쾌감의 정도를 능가해 해악을 끼친다는 점이다. 분노는 상대방과의 다름을 강조하여 분리 심리를 강화하고, '내가 옳다'는 태도를 만들어내고, 나아가 관계를 파괴하고 더 나아가 주위 사람들로부터 소외당한다. 분노가 일어날 때는 일단 숨을 고르고 마음을 추슬러 감정을 다스려야 한다.

분노란 불길과 같아서 부채질하면 더욱 거세게 타오르며 반대로 참으면 참을수록 잦아들므로 잠재워야 한다. 분노에 깔린 슬픔, 고통, 증오와 상처를 헤아리고 풀어주어서 분노를 일으키게 한 감정적인 고리를 끊어야 한다.

분노 다스리기

분노란 마음속의 일이므로 다스리는 것도 마음속의 일이다. 분노가 일어나면 분노를 폭발하기 전에 한 번 더 신중해야 한다. 섣부르게 입을 열거나 행동하여 분노를 표출하기보다는 잠시 뜸을 들여 생각하는 것만으로도 나중에 당혹스런 상황을 모면할 수 있다.

분노의 찌꺼기를 계속 가지고 있으면 불행한 것은 자신이다. 때로는 분노를 숨기지 말고 그대로 받아들이면서 호흡을 깊게 하고 마음을 추스른 다음에 분노가 일어난 이유에 대해 "왜?"라고 자문해보아야 한다. 무엇이 나를 분노하게 했는지, 상대방이 분노하는 이유가 무엇인지, 무엇 때문에 다투게 되었는지 헤아려 분노를 다스리고 용서와 화해로 풀어주면 분노는 삶에 활기를 불어넣어 주는 계기가 될 수 있다.

사막에 갇힌 차의 타이어에 바람을 빼 접지 면적을 넓혀주듯 천천히 숫자를 세거나 노래를 부르거나 운동이나 기도로 분노를 뽑아내야 한다. 엔진 오일을 교환하듯 분노의 에너지를 긍정적인 사랑의 에너지로 재충전해야 한다.

몹시 화가 났을 때는 상대방에게 화가 나지 않은 척하지 말아야 한다. 상대방이 나에게 소중한 사람이라면 더욱 솔직해야 한다. 가능한 한 차분하고 침착한 말투로 왜 화가 났으며 고통스러워하고 있는지를 말해야 한다.

분노는 영혼의 원동력 가운데 하나로 생존해 있으며 건강하다는 신호이기도 하다. 분노는 살아있는 정신의 징조다. 분노해야 할 때 분노하지 않는 사람의 마음은 불구이다. 보편타당한 행동의 범주를 벗어난 상황에서 생기는 정당한 분노는 필수적인 것이다. '정당한 표출'은 적절한 때와 적절한 정도와 합당한 방식과 타당한 목적이 수반되어야 한다.

정당한 분노의 표출은 상황을 개선하도록 활기를 넣어준다. 최선을 다하지 못했을 때 자신에 대한 적절한 분노는 더 잘하도록 하는 촉매 역할을 해 주며 사회 부정에 대한 분노는 세상을 향상하도록 해 준다.

실천하기

- 우발적인 분노와 복수심을 참을 수 있는 인내심을 기른다.
- 화가 나 있을 때는 말하는 것을 자제한다.
- 마음에 상처를 당하면 여러 번 생각하고, 되도록 화를 내지 않는다.
- 화가 나면 신체를 움직이는 운동을 하거나 이로 과일을 꽉 물거나 소리를 지른다.
- 분노가 치밀어오를 때는 천천히 숫자를 열까지 센다.

생각하기

- 화를 잘 내는 편인지 생각해 보자.
- 분노가 치밀어오를 때는 어떻게 하는가?

칭기즈 칸은 사냥을 할 때는 자신이 키우는 매를 데리고 다녔다.

하루는 사냥을 마치고 먼저 매를 날려 보내고 집으로 돌아가는 길이었다. 목이 말라 바위틈에서 떨어지는 물에 수통을 대고 있는데 갑자기 자신의 매가 쏜살같이 날아와 손을 쳐서 수통이 땅에 떨어지고 말았다.

화가 치밀어 오른 칭기즈 칸은 칼로 매를 내리쳐 죽이고 나서 무심코 바위 위를 바라보는데 죽은 독사가 바위의 물길 위에서 썩고 있었다.

칭기즈 칸은 잠시 마음을 다스리지 못하여 독사의 독에서 자신의 목숨을 구해 주려던 애지중지하던 매를 죽이는 어리석음을 범한 것이었다. 순간적인 분노가 생각과 판단을 흐리게 한 것이다.

칭기즈 칸(Genghis Khan · 成吉思汗, 1162~1227)
본명은 보르지긴 테무친. 몽골의 무사이자 통치자. 유목민 부족들로 분산되어 있던 몽골을 통일하여 몽골 제국을 창업하고 제위(帝位: 칸)에 올라 출신이 아닌 능력주의에 의한 강한 군대를 이끌어 역사상 가장 성공한 군사, 정치지도자가 되었다. 몽골의 영토를 중국에서 아드리아 해까지 확장해 세계 역사상 가장 넓은 대륙을 점유하여 역사상 가장 유명한 정복왕 가운데 한 사람이다. 그의 손자 쿠빌라이(忽必烈)가 원(元)을 세운 후 원의 태조(太祖)로 추증되었다. 오늘날 그의 이름은 몽골 칭기즈 칸 국제공항으로 남아 있다.

　　퇴계 이황은 저서 ≪활인심방 活人心方≫에서 분노가 치밀어오를 때 무형의 정신적인 약재인 화기환和氣丸을 복용하여 화를 누그러뜨리라고 하고 있다. 그는 만병의 근원은 마음에 있음을 깨닫고, 화가 부글부글 끓어오르거나, 마음이 답답하거나, 갑작스럽게 충동이 생길 때 마음을 다스리기 위해 이 화기환을 만든 것이다.

≪활인심방 活人心方≫ 본문

　　화기환은 기운氣을 조화롭게和 하는 약이라는 뜻이다. 이 화기환은 눈에 보이는 약이 아니라 무형의 정신적인 약으로 참을 '인忍'이라는 글자이다. 즉 화기환은 단 하나의 약재로 만드는데 바로 참을 인忍이다. 글자 인忍은 마음心 위에 칼날刃이 있는 모양이다. 만약 마음이 화가 나서 참지 못하고 펄쩍 뛴다면 바로 위에 있는 칼날에 찔려 다치게 될 것이다.

　　퇴계 이황은 화기환을 복용하는 방법에 대해 "이 약은 참아야 할 때 먹는 것이다. 사람의 병은 화를 참지 못해서 마음으로 생긴 것이 많으므로 이 화기환으로 마음을 다스려야 한다. 이 약을 먹을 때는 말을 삼가고, 알약을 먹는 것처럼 입에 넣고 입을 꼭 다물고 침으로 참을 '인忍'자를 녹여서 천천히 씹어서 삼키면 즉시 효과가 나타나면서 낫게 한다."라고 했다.

　　소인은 분함을 참지 못해 자신을 망치지만 군자는 참음으로써 덕을 이룬다는 것이다.

忍

걱정관리

●● 걱정은 있게 마련이다

삶을 영위하면서 걱정거리는 없을 수 없으므로 걱정을 어떻게 바라보고 관리하는가는 주요한 인성 덕목이다. 삶을 살면서 걱정은 늘 있게 마련으로 시시각각 어떤 걱정거리가 날아올지 알 수 없다. 살아 있는 사람은 걱정거리가 있으며 걱정거리가 없는 것이야말로 문제이다. 걱정거리가 있다는 것은 그만큼 생기 있게 살고 있다는 방증이다.

걱정은 일어나지 말았으면 하는 일이 일어날 것이라고 부정적인 상상을 하는 것으로 우유부단함과 의심에서 비롯되는 불안함의 일종이다. 걱정은 흔들의자와 같아서 마음을 흔들어 놓으며, 엔진을 공회전하는 것과 같아서 앞으로 나아가지 못하게 한다.

걱정은 에너지를 소모하며 심신을 해친다. 특히 시련이 닥쳤을 때 걱정하는 것은 진취적 사고를 막으면서 마음에 고통을 준다. 마음의 고통이란 현재 상태와 자신이 바라는 상태의 차이에서 오는 것이다. 하지만 걱정에 따른 고통이 언제까지나 지속할 것 같은 두려움이 들겠지만 언젠가는 지나가게 되어있다.

노먼 빈센트 필

어느 날, 세계적인 베스트셀러 ≪적극적 사고방식≫의 저자 노먼 빈센트 필 박사에게 한 청년이 찾아와 "박사님, 제 삶에 왜 이리 문제가 많은지 모르겠습니다."라고 푸념하자, 빈센트 박사는 "그래요? 그러면 내가 당신에게 아무런 문제가 없는 평화로운 곳을 소개해줄까요?"라고 말했다. 귀가 번쩍 뜨인 청년은 "그곳이 어디죠? 당장 가르쳐 주세요."라고 채근하자 다음과 같이 대답했다. "여기서 두 블록 떨어진 곳에 공동묘지가 있는데, 그곳에는 15만 명의 사람이 아무런 문제 없이 평화롭게 누워 있다오."

그렇다. 걱정이 있다는 것 자체가 아직 살아 있으며 무엇인가를 하고 있다는 것을 의미한다. 그러므로 삶 자체가 걱정의 연속임을 인정하면서 살아있다는 증거임을 알고 감사해야 한다.

걱정하는 것은 인간 본능이다. 인간의 마음은 걱정을 내려놓지 못하며 내려놓으려 하지 않는다. 생각 속에서 상황을 내려놓지 않으면서 마음속에 걱정거리를 쌓아간다. 걱정이 쌓이면 쉴 수도, 잠을 깊이 잘 수도 없게 된다. 마음에 평화와 행복을 앗아간다.

누구나 자신이 처한 위치와 상황에서 이런저런 걱정을 한다. 중요한 일을 걱정하기도 하지만 그렇지 않은 일을 걱정하기도 하며 때로는 일어나지도 않은 미래의 일에 대해 걱정을 사서 하기도 한다. 걱정을 통해 일을 해결할 수 있는 유익한 걱정이면 괜찮지만 쓸데없는 걱정은 마음만 힘들게 할 뿐이다.

●● 걱정을 줄이는 방법

걱정은 해결할 생각이 없을 때 나타나는 현상일 수도 있다. 걱정만 한다고 문제가 해결되는 것이 아니다. 걱정만 하고 아무런 노력을 기울이지 않으면 상황은 더욱 힘들어지고 불행해진다. 사소한 일, 일상적인 사고, 불가피한 사고에 불안해하지 말아야 한다. 닥친 일 중에서 해결할 수 있는 일에 국한해서만 생각해야 한다.

걱정거리 대부분은 절대 현실로 일어나지 않는 상상의 산물이거나 이미 일어난 일에 대한 것이거나 사소한 문제를 확대해석하여 걱정거리로 만든 것이거나 걱정해도 어쩔 도리가 없는 일이다. 걱정거리의 약간만 걱정을 통해 해결할 수 있다. 걱정할 것과 걱정하지 않을 것을 구분해야 한다.

삶에서 걱정이 없을 수 없지만 지나친 걱정은 자신을 더욱 곤경에 빠뜨린다. 부정적인 생각으로 인한 걱정의 짐을 덜어야 한다. 걱정거리가 생길 때마다 지금 이 순간에 간절히 바라는 것을 자신에게 물어보면서 부정적인 생각을 무력화시켜야 한다. 자신이 바라는 것들만 생각하고, 말하고, 상상해야 한다. 지혜로운 사람은 걱정에 노예가 되지 않으며 자신을 에워싸고 있는 우울한 생각을 차단한다. 편안한 마음을 가지는 방법을 배워야 한다.

일단 걱정거리에 직면하면 해결을 위해 할 수 있는 일이 있는지 없는지 판단하고 시도해 볼 가치가 있는 일이 있다면 정보를 수집하고 조언을 구하고 도움을 요청하는 등 모든 힘을 모아 실행에 옮겨야 한다. 만약 걱정거리에 대해 아무런 해결책이 없다면 걱정해도 소용없으므로 걱정거리를 떨쳐내고 기분을 전환하기 위해 다른 일에 몰입하는 것이 좋은 방법이다.

노먼 빈센트 필(Norman Vincent Peale, 1898~1993)
미국의 목사이자 작가. 저서에 ≪적극적 사고방식≫ 등이 있다.

실천하기

- 삶에 걱정은 으레 있는 것으로 인식한다.
- 걱정할 상황이 발생하면 걱정하는 것이 아니라 문제 해결에 몰두한다.
- 걱정해도 아무 소용없는 걱정은 하지 않기로 마음먹는다.
- 지나친 걱정은 하지 않는다.
- 항상 긍정적인 생각을 한다.

생각하기

- 걱정할 일이 생기면 어떻게 대처하는가?

　신혼부부가 시골에 살림을 차리고 감자 농사를 지었다. 결혼한 뒤 곧 첫아기가 태어났는데 아내는 아기가 걱정되어 마음을 놓을 수 없었다. 아기가 잠을 자는 도중에 조금 칭얼대기만 해도 곧바로 남편을 깨웠다.

　"여보, 우리 애가 깬 것 같아요. 어서 가서 왜 그런지 좀 알아봐요."

　밤마다 잠을 설치는 아이 때문에 남편도 잠을 제대로 잘 수가 없어서 육아 전문가를 찾아가니 마사지를 해 주면 잘 잘 것이라는 조언을 들었다. 남편은 아이에게 마사지했고, 아이는 편안하게 잠을 잤다. 그런데 갑자기 아내가 또다시 남편을 깨웠다.

　"여보, 맨날 울던 애가 울지를 않아요. 어서 가서 좀 알아봐요."

　이들 부부가 감자 수확 철이 되어 풍작을 하고 나서도 아내가 걱정스러운 얼굴로 남편에게 말했다.

　"여보, 썩은 감자가 없어서 걱정이네요. 작년에는 농사가 잘되지 않아서 썩은 감자가 많았는데 올해는 썩은 감자가 없으니 돼지 사료 때문에 걱정이 되네요."

불안관리

●● 불안의 원인

불안은 삶의 조건이므로 불안을 어떻게 받아들이며 처리하는가는 주요한 인성덕목이다. 불안은 다양한 사회제도 속에서 발현되는 보편적 현상이다. 과거의 개인사나 역사를 돌이켜보면 시대의 흐름은 불안으로 점철됐지만, 그 불안은 우리의 무의식 속에서, 혹은 주관적인 의식세계 속에서, 때로는 종교 속에서, 심지어 불안을 해소하기 위한 과학 속에서 다양하게 발견된다.

삶은 하나의 욕망을 또 다른 욕망으로, 하나의 불안을 또 다른 불안으로 바꿔가는 과정이다. 인간이 불안에 빠지는 근본적 이유는 삶의 목적과 사명을 잃을 때, 자신이 이루고 싶은 것에 대해 조급함을 느낄 때, 자신과 다른 사람과 비교하여 열등감을 느낄 때, 대인기피증 등이다.

현대 사회는 '불안의 시대'라고 지칭될 만큼 개인적·사회적으로 다양한 불안 현상이 나타나고 있다. 인간적인 존재 자체로부터 오는 개별화와 사회 구조적으로 강요되는 인간소외 현상에서 오는 고립감, 심지어 예측하기 어려운 경제 위기, 노동으로부터의 소외나 환경 및 생태 위험, 건강에 대한 지나친 염려 등 수 많은 불안 요인이 있다.

인간은 자신의 '내던져짐'에 대해서, 그리고 모든 것이 자신에게 '맡겨져 있음'에 대해 불안해한다. 인간이 완벽하게 행복할 수 없는 이유는 불안을 의식해야 하기 때문으로 참된 행복을 이루는 것은 불안에서 자유로운 순간들뿐이다. 불안에서 벗어나는 방법은 '실존하는 것'으로 스스로 자신의 가능성을 기획하고 살아가는 것이다. 인간은 자기 삶의 수준을 개선하려는 기대가 높으면 높을수록 피할 수 없는 불안과 함께 가야 하는 운명이므로 생존에 가장 적합한 사람은 불안에 떠는 사람일 수도 있다.

〈불안〉
뭉크(Edvard Munch, 1863~1944)

●● 불안의 역동성

인간에게 주어진 불안은 신을 찾게 하는 도구라는 관점에서 긍정적인 기능이 있다. 인간이 실존의 유한성을 인정하고 신 앞에 경건한 삶을 살 수 있도록 한다. 인간에게 내재하여 있는 궁극적인 불안감은 하이데거가 주장한 바와 같이 죽음이다. 인간은 죽음이라는 불안을 가지고 삶을 영위하는 존재이다. 불안감을 가지고 삶의 유한함을 깨달으면 깨달을수록 의미 있는 삶을 살아가는 것이다.

삶의 배후에 죽음이라는 불안이 받쳐주고 있으므로 삶이 더욱 충실할 수 있다. 이런 불안감을 해소하기 위하여 종교 활동을 통하여 마음의 안정을 얻고 바르게 살아가는 자세를 얻는다. 그러나 무조건 불안을 해소하기 위하여 신에 의존하는 자세는 현실 도피와 기복적 신앙으로 흐를 수 있다.

어린아이가 어머니로부터 분리될 수 있다는 불안은, 인간이 가지고 있는 불안의 원초적인 형태다. 어른이 되어서도 사람들은 누가 곁에 있느냐 없느냐에 따라 민감하게 반응하는데, 이것은 어린아이 때 지닌 '대상 상실의 불안'을 여전히 가지고 있기 때문이다. 그러므로 인간은 '사회적 동물'로서 혼자가 아닌 여러 사람이 화합하고 협업하면서 더불어 사는 공동체를 형성하여 살아가는 것이다. 즉 이와 같은 '대상의 불안'이 화합을 끌어내는 촉매제 역할을 하는 것이다.

인간은 자연 현상에 대한 불안을 해소하기 위하여 끊임없는 연구를 거듭해 왔다. 과학의 진보를 통해 삶의 질을 향상할 수 있었으며 역사의 진보를 거듭하고 있다. 하지만 과학만능주의로 흘러간다면 삶의 진정한 행복을 이룰 수 없다는 사실을 인식해야 한다.

불안은 인간의 끊임없는 욕구와 결핍, 경쟁과 강박, 내재적인 소외를 불러일으키는 병리 현상이기도 하지만 개인이나 문명의 진보를 불러일으키는 역동적 에너지로 작용하기도 한다. 불안은 인간에게 환경을 변형시키고, 자원을 동원하게 하며 새로운 욕구로 도전하게 하는 촉매로 작용하기도 한다. 불안에 대한 긍정적인 해결 방법은 불안을 인정하면서 그 속에서 화합과 협동의 도리를 찾아 나가는 것이 중요하다. 불안을 부정적인 시각에서 볼 것이 아니라, 해소하기 위한 노력을 통하여 개인의 발전과 사회적인 역동성을 이룩해야 한다.

불안은 말끔히 해소되는 것이 아니라 여전히 존재하면서 해소를 위한 새로운 도전을 불러일으킨다. 인간은 끊임없이 시대의 불안을 성찰하고, 해결하려는 노력을 계속해 오고 있다. 인간에게 불안이 자살, 알코올 중독, 마약, 중독 등 부정적으로 작용하기도 하지만 스포츠 참여, 신앙생활, 과학 탐구 등으로 역동적이고 경건한 삶과 역사의 진보를 가져온다. 불안을 긴장과 갈등, 소외 등 병리 현상으로 바라보는 시각을 전환하여 개인이나 역사 발전의 에너지로 작용하도록 긍정적인 응전을 해야 한다.

실천하기

- 근원적인 불안인 죽음에 대하여 삶에 최선을 다하면서 해소한다.
- 불안에 대하여 불안을 해소하기 위한 창조적 역동성의 계기로 삼는다.
- 불안 해소를 위해 불건전한 행위가 아니라 건전한 행위를 한다.

생각하기

- 나는 매사에 대범한 편인가?

《억압, 증후 그리고 불안》

우리는 어린아이들에게 나타나는 불안의 현상 가운데 몇 가지만을 알고 있으므로 우리의 관심을 그런 현상들에 국한해야 한다. 예를 들자면 그런 현상들은 아이가 혼자 있거나 어두운 곳에 있거나 어머니처럼 아이가 잘 알고 있는 사람 대신 알지 못하는 사람과 함께 있을 때 나타난다. 이 세 가지 예들은 단 한 가지의 조건, 즉 아이가 좋아하고 갈망하는 누군가가 없다는 느낌에 사로잡히는 경우로 축약할 수 있다. [중략] 좀 더 깊이 생각해 보면, 대상상실의 문제 외에도 더 고찰할 것이 있다. 어린아이가 어머니의 존재를 확인하고 싶어 하는 이유는 단지 어머니가 자기의 모든 욕구를 바로 만족하게 해 준다는 사실을 경험으로 알고 있기 때문이다. 그러므로 아이가 위험으로 느끼고 보호받고 싶어 하는 상황은 욕구로 인해 긴장이 증가하고 있지만 스스로는 아무 해결도 할 수 없는 만족스럽지 못한 상황이다. [중략]

자극이 심리적으로 해소되지 못한 채 불쾌감을 유발하는 만족스럽지 못한 상황이 아이들에게는 마침내 태어날 때의 경험과 유사할 것이고, 따라서 위험 상황의 되풀이로 받아들여질 것이다. [중략] 해소되어야 할 자극이 축적되는 것, 이것이 위험의 진정한 본질이다. 이로부터 불안의 반응이 나타난다. 불안은, 출생 시 이 반응이 체내의 자극을 해소하기 위해 폐를 활성화했던 것과 마찬가지로, 어린아이 또한 축적된 자극을 호흡 기관과 발성 기관으로 돌려 엄마를 부르게 되는 과정을 유도한다.

* 어린아이가 어떤 상황에서 불안에 사로잡히는가를 다루고 있다. 프로이트는 아이가 혼자 있는 등의 긴장이 증가하지만 해소되지 않을 때 불안을 느끼는 상황이 된다는 것이다. 불안은 어떤 긴장 상태가 해소되지 않고 있음을 알리는 경계 신호라는 것이다.

지그문트 프로이트 (Sigmund Freud, 1856~1939)
오스트리아의 정신과 의사. 정신분석학의 창시자. 무의식과 억압의 방어 기제에 대한 이론, 꿈을 통해 무의식적 욕구를 관찰하는 등 치료 기법으로도 알려졌다. 그리고 뇌성마비를 연구한 초기 신경병 학자이기도 하였다.

위기관리

●● 위기는 상수이다

현대 사회에서 위기는 특별한 상황이 아닌 상수이므로 위기를 바라보고 극복하는 위기관리는 필요불가결한 인성 덕목이다. 삶을 영위하면서 개인이나 공동체에 위기는 있게 마련이며 곳곳에 도사리고 있다. 복잡다단한 현대 사회에서 위기는 특별한 상황이 아닌 매 순간 존재하는 상수이며 언제 어디서 어떻게 올지 알 수 없으며 어떤 대상도 가리지 않는다. 가장 튼튼한 것, 가장 견고한 것이라고 믿었던 것을 향해 덮쳐오기도 하며 어떤 정해진 패턴에 안주하는 순간, 위기는 기다렸다는 듯이 몰려온다. 위기를 예상하고 대비해야 한다.

위기는 항상 존재하므로 위기와 사는 법을 배워야 하고, 위기 속에서 편안해져야 생존할 수 있고 번영할 수 있으므로 위기에서 스스로 안정감의 영역을 만들어 나아가야 한다. 위기 상황 속에서 정신적으로 냉정함을 잃지 않고 침착성과 자제력을 유지해야 한다.

일상의 한 부분으로 '위기 예측'을 연습해야 한다. 끊임없이 다양한 경우의 최악의 상황을 상정해 보고 그런 일이 일어나지 않도록 하기 위해서는 무엇을 할 것인지 고민해야 한다. 그러면 자신에게 일어날 수 있는 위기에 대한 파악과 이에 대한 대처 방법에 대한 선택의 폭을 넓혀줄 것이다. 위기에 대한 선택의 폭을 넓혀나가는 것은 위기 돌파를 하는 데 필수적이다.

위기 상황에서의 전략은 단순 명료해야 하며 타이밍이 중요하다. 위기에 신속히 대응하고, 잘못된 결정은 수정해야 한다. 생각의 속도까지 다투는 현대 사회에서 미적거리다가 대응 시기를 놓치면 어려움을 겪게 된다. 위기가 몰려와도 이를 극복하고 목표를 달성하고 꿈을 실현할 준비를 항상 갖추고 있어야 한다. 위기를 맞이하여 어떻게 대처하느냐에 따라 상황은 얼마든지 달라질 수 있다.

위기 극복을 위해서는 자신감이 있어야 당황하지 않고 진정으로 필요한 행동을 취할 수 있다. 자신감과 관련하여 감정적 안정을 통한 강한 정신력을 가져야 한다. 위기에 처했을 때 위축되어서는 안 되며 그렇다고 해서 허세를 부려서도 안 된다. 위기에 움츠러들지 말고 위기 대처에 집중하면서 성장과 도약의 기회로 삼아나가야 한다.

프랭클린 루스벨트

●● 유비무환 有備無患

대공황이라는 위기가 루스벨트를 위대한 대통령으로 만들었다. 그는 "우리가 두려워해야 할 것은 두려움 그 자체이다."라고 하면서 국민의 불안 심리를 잠재웠고 뉴딜 정책으로 대공황을 극복했다. 대공황 직후 맥아더를 참모총장으로 임명하고 전시에 대비해 육군의 현대화를 추진했다. 야전군 상시 동원 체제를 확립하고, 비상시 미국의 모든 산업체계를 군수체계로 전환할 수 있도록 발판을 마련했다. 1941년 12월 진주만 폭격을 당하고 태평양전쟁을 치러야 했을 때 이른 시일 안에 많은 군인을 동원하고 산업을 군수물자를 생산하는 체계로 바꿀 수 있었던 것은 바로 그의 선견지명 있는 대비 덕분이었다. 그는 가장 어려울 때, 가장 위험할 때, 다시는 전쟁이 일어나지 않을 것이라고 믿고 있을 때, 미래를 준비하여 역사적으로 탁월한 위기관리 리더십을 발휘했다.

당 태종

위기가 오지 않을 것이라고 낙관하다가 막상 조그만 위기라도 닥치면 당황하여 좌절하고 마는 경우가 허다하다. 위기가 닥쳤을 때 대비를 하지 않은 사람은 불안과 혼란에 휩싸여 침몰하지만, 미리 위기를 예측한 사람은 침착함과 의연함과 자신감으로 흔들리지 않고 슬기롭게 극복해 나간다.

당 태종이 신하 위징으로부터 "보통의 황제는 나라가 위기일 때는 인재를 등용하여 의견에 귀를 기울이지만 나라의 기반이 튼튼해진 후에는 마음이 해이해집니다. 성군은 안전할 때 위태로운 경우를 생각하는 거안사위居安思危를 명심하십시오."라는 간함을 듣고 위대한 군주가 된 데서 유래한 거안사위居安思危라는 사자성어가 있다.

≪서경 書經≫에도 '편안한 가운데서도 항상 위험한 때를 생각하고 준비해야 위험에 대비할 수 있다(居安思危 思則有備 有備無患).'며 거안사위居安思危와 유비무환有備無患의 구절이 있다. 위기가 왔을 때 해결하는 데 급급할 것이 아니라 거안사위居安思危의 정신으로 예측하고 어떻게 할 것인지 준비해야 한다.

≪서경 書經≫

●● 위기의식과 대응

위기 상황이 오면 위험을 예측하는 동시에 기회를 살펴야 한다. 위기는 '이미 발생한 일(What happened)' 자체가 아니라 '발생한 일에 대한 대응(What you do with what happened)'에 따라 기회로 반전된다. 성공과 실패는 불가피한 위기 상황에서 어떻게 대응하느냐에 달려있다. 위기에서 드러난 악재는 더는 악재가 아니며 위기를 느낄 수 있는 정도라면 더는 위기가 아니다. 위기에 움츠러들지 말고 위기 대처에 집중하면서 위기 속에서 기회를 찾아야 한다. 위기 상황에는 위협만큼이나 기회도 다양하게 찾아오므로 담대한 낙관주의와 긍정적 사고로 위기를 기회로 반전시켜야 한다.

마키아벨리는 "고대의 군사지휘관들은 절박함의 강력한 힘과 그것이 병사들이 필사적으로 싸울 용

마키아벨리

기를 발휘하게 한다는 것을 잘 알고 있었다."라고 하면서 위기에 대비한 위기의식을 가질 것을 강조하였다.

위기가 실제로 닥치는 것은 바람직하지 않지만, 위기의식은 필요하다. 위기의식이 없이는 온실의 화초처럼 안주하여 변화하지 않으려는 것이 인간 속성이다. 위기의식은 변화와 혁신의 원동력이므로 뭔가 이루었다고 생각하는 순간부터 위기의식을 가져야 한다. 위기는 기회이며, 벼랑 끝에 서면 온 힘이 발휘되는 법이다. 그야말로 절체절명의 순간이라는 위기의식이 반전의 기회를 만드는 것이다. 빌 게이츠가 "마이크로소프트는 파산까지 18개월밖에 남지 않았다고 생각하면서 위험에 대비하라."고 위기의식을 강조하는 것처럼 수시로 급변하는 상황에서 안주하면 살아남을 수 없으므로 자만심과 무사안일을 버려야 한다.

마키아벨리

르네상스 시대 이탈리아 정치사상가. 29세에 정부 서기관으로 들어가 정치 · 군사 · 외교 분야에서 활약했으며 다방면의 저서를 남겼다. 특히 ≪군주론≫에서 '목적이 수단을 정당화한다.'고 하여 권모술수의 개념인 마키아벨리즘으로 알려졌으나, 이는 당시 많은 소국으로 난립해 있던 이탈리아를 통일시키기 위해 군주가 도덕관념에 얽매이지 않고 정치의 기술에 따라 권력을 강화해야 한다고 주장한 것이다. 정치 현실을 객관적으로 분석했다는 점에서 근대 정치학의 기반을 정립했다는 평가를 받고 있다.

실천하기

- 위기는 언제 어디서라도 올 수 있다는 것을 인식한다.
- 의사결정 과정에서 위기를 염두에 둔다.
- 수시로 다양한 경우의 위기 상황을 상정해 놓고 '위기 예측'을 연습한다.
- 위기에 대비하여 끊임없이 개선한다.
- 위기가 발생하면 당황하지 않고 진상을 파악하고 결정을 내린다.
- 문제 해결 및 개선 능력을 기른다.

생각하기

- 나는 위기관리 능력을 갖추고 있는가?

칸나에 전투

제2차 포에니 전쟁 중인 기원전 216년 6월 칸나에 평원에서 8만 7,200명의 로마군과 5만 명의 카르타고군은 치열한 전투를 벌였다. 이 전투에서 한니발이 지휘한 카르타고군은 병력의 열세에도 불구하고 완벽한 포위 작전으로 압도적인 승리를 거두었다. 이 칸나에 전투에서 보인 한니발의 용병술과 전술은 지금도 전사戰史의 모범으로 꼽힌다. 하지만 로마는 칸나에 전투에서의 패배에도 불구하고 전쟁 의지를 꺾지 않고 위기의식으로 무장하여 다시금 한니발이 이끄는 카르타고군과 싸웠다.

로마는 시민권자 8분의 1이 전투에 나서는 등 결사 항전으로 한니발의 부대를 고립시켰다. 게다가 한니발은 본국 카르타고로부터 어떤 지원도 받지 못하고 있었다. 부족한 병사를 현지에서 용병으로 고용해야 했지만, 이것도 여의치 않았다. 더구나 신생제국 로마는 새로 점령한 지역을 속주화해서 시민권을 폭넓게 부여하는 등 유연한 접근을 해왔던 탓에 한니발의 부대가 민심을 얻는 것은 극히 어려운 일이었다.

즉 한창 성장하던 로마에 닥친 칸나에 전투 패배의 위기는 로마를 더 강하게 만들었을 뿐, 망하게 하지는 못했다. 이와 같은 힘을 바탕으로 로마는 카르타고를 쳐부수어 한니발이 독배를 들이켜 자살하게 하였으며 그 후 제3차 포에니 전쟁을 일으켜 700여 년을 이어온 해양 제국 카르타고를 완전히 사라지게 하고, 이탈리아 전역을 통일했으며 지중해의 해상권마저 장악했다.

포에니 전쟁

포에니 전쟁(Punic War)

기원전 264년에서 기원전 146년 사이에 로마와 카르타고(포에니)가 벌인 세 차례의 전쟁. 이탈리아 반도 대부분을 정복한 로마는 지중해로 진출해 당시 지중해 패권을 잡은 카르타고 제국과 충돌했다. 1차 전쟁은 기원전 264년 전략 요충지였던 코르시카 섬과 시칠리아 섬의 통제권 때문에 일어났다. 결국, 카르타고는 항복하고, 시칠리아와 아이올리아 제도를 로마에 넘겨주었다. 2차 전쟁은 7년에 걸쳐 벌어졌는데, 한니발의 선전으로 중반까지 카르타고가 우세했으나 결국, 로마의 스키피오 등에게 패하고 지중해에 있는 섬들과 스페인을 로마에 넘겨주었다. 두 차례에 걸친 포에니 전쟁으로 카르타고는 사실상 힘을 잃었다. 로마는 마지막으로 기원전 149년 3차 전쟁에서 카르타고를 정복하고 수도를 파괴하여 세 차례에 걸친 전쟁에 종지부를 찍으면서 서부 지중해의 최강자가 되었고 세계 제국으로 발전했다.

≪대지≫로 노벨문학상을 받은 펄 벅 여사는 어린 시절 선교사인 아버지를 따라 중국에서 생활했다. 어느 해 심한 가뭄이 들었는데 마을에서는 누군가가 "백인인 펄 벅 가족들이 신을 분노하게 하여 그렇게 되었다."는 마녀사냥식의 소문을 퍼뜨렸다. 불안에 휩싸인 마을 사람은 분노로 변하여 몽둥이를 들고 펄 벅의 집으로 몰려갈 기세였다.

펄 벅의 아버지는 장기간 지방 출장 중이었고 소식을 들은 펄 벅의 어머니는 펄 벅에게 집 안에 있는 찻잔을 모두 꺼내놓고 차를 끓이고 케이크와 과일을 접시에 담게 했다. 그리고는 대문과 집안의 모든 문을 활짝 열어놓았으며, 어린 펄 벅에게 장난감을 가지고 놀게 하고 자신은 바느질하고 있었다.

잠시 후 몽둥이를 든 마을 사람들이 단숨에 집으로 몰려왔다. 굳게 잠겨 있을 것이라고 여겼던 문이 활짝 열려 있자 어리둥절한 표정이었다. 그때 펄 벅의 어머니가 "이웃 여러분들 어서 들어오셔서 차 한 잔 드세요." 하면서 정중한 자세로 다과를 권했다. 그러자 마을 사람들은 차를 마시면서 구석에서 놀고 있는 어린 펄 벅을 바라보고는 아무 말 없이 그냥 돌아갔다. 며칠 뒤 기다리던 비가 억수같이 내렸다.

펄 벅이 어른이 되어 그 당시의 일을 떠올리며 어머니에게 묻자 이렇게 대답했다. "그때 두려웠지만, 도저히 피할 수 없는 상황이었기 때문에 그런 용기와 지혜가 발휘된 것이다. 용기와 지혜는 위기 상황에서 생기는 것 같다."

펄 S. 벅

펄 S. 벅(Pearl Sydenstricker Buck, 1892~1973)
미국의 소설가. 어릴 때 선교사인 아버지를 따라 중국에서 어린 시절을 보냈고 미국에서 대학을 졸업한 후 다시 중국에서 생활하면서 불후의 명작 ≪대지≫를 발표하여 1932년 퓰리처상과 1938년 노벨문학상을 받았다. 미국 내 인종 차별 개선을 위한 운동을 펼쳤으며 민족 간 편견을 극복하기 위한 동서협회를 설립하였고 고아를 미국으로 입양시키는 웰컴 하우스를 창설하였다. 펄 벅 재단을 설립하여 전쟁 중 미군으로 인해 아시아 여러 국가에서 태어난 사생아 입양 알선 사업을 벌였다.

시련관리

●● 삶과 시련

　　삶을 영위하는 과정에는 시련이 있게 마련이므로 시련을 견디고 극복하는 마음가짐인 시련관리는 필요불가결한 인성덕목이다. 인간은 다양한 환경 속에서 그 영향 아래 삶을 영위하고 있는 존재이다. 이 환경은 작게는 가족, 학교, 지역 사회에서 크게는 국가, 세계 등으로 끊임없이 변화하고 있다. 외부 환경의 변화는 그 안에서 살아가는 개인에게 이상적이고 긍정적인 방향으로 흘러가기도 하지만, 반대로 개인을 억압하고 삶을 고통스럽게 만드는 등 바람직하지 못한 방향으로 진행되어 개인과 갈등을 일으키기도 한다.

　　현대 사회에서 급격한 경제 상황의 악화와 전염병이나 재해는 인간을 생존의 위협에 처하게 한다. 또한, 정보화와 과학기술의 발달은 삶의 방식에서 새로운 패러다임을 요구하고 있다. 이처럼 인간은 사회적 동물로서 외부 환경에서 벗어날 수 없으며 급속한 사회 변동과 자연재해, 경제 불황 등의 시련은 개인에게 커다란 영향을 미친다.

　　인류의 역사는 토인비가 말한 것처럼 외부적인 환경의 '도전에 대한 응전'이다. 인간의 삶도 마찬가지이다. 인간의 삶에 있어서 여러 가지 시련과 마주치게 되며 새로운 변화에 적응해야 하는 삶을 끊임없이 요구받고 있다. 이러한 시련과 변화에 대하여 용기를 가지고 능동적으로 대처해 나가야 한다. 인생은 합리적이고 적극적으로 대응한 개인들이 행복한 삶을 누리게 되는 것이다.

아놀드 토인비

　　삶에 절대적인 안정은 없다. 인생은 잔잔한 호수가 아니라, 끊임없이 파도가 몰아치는 바다와 같다. 바다의 파도처럼 시련은 예측불허로 수시로 다가온다. 내리막과 오르막이 있듯이 시련 사이사이에 안식기가 있다. 시련과 안식의 연속, 이것이 삶이요 인생이다.

●● 시련의 은총

《채근담》

　　《채근담》에 '시련에 처했을 때는 둘러싼 환경 하나하나가 모두 불리한 것처럼 생각된다. 그러나 사실은 그것들이 몸과 마음의 병을 고치는 힘이요, 약이 된다.

약이 몸에 쓰듯이 시련은 잠시 몸이 괴롭고 마음이 아프지만, 그것을 참고 잘 다스린다면 몸을 위하여 많은 소득을 기약할 수 있다'고 했다.

생텍쥐페리의 ≪어린 왕자≫에도 이런 내용이 있다. "문제를 해결하는 가장 좋은 방법이나 자세는 문제를 그저 어렵게만 보지 말고 헤쳐 나가야 할 도전쯤으로 받아들이는 거야. 물론 그렇게 여겨도 여전히 장애물인 것은 변함이 없겠지만, 긍정적인 시선으로 볼 수 있을 거야. 그러니 매 순간 우리가 어려움을 겪도록 한 신의 섭리에 감사해야 한단다." 그러자 "어려움에 감사하라고

≪어린 왕자≫

요?"라는 반문에 "그럼, 그런 태도나 자세가 널 성장시켜서 완벽에 한 걸음 더 다가갈 수 있게 해주거든. 만약 우리 삶에 놓인 장애물을 호의적으로 바라보면 그것들에 대해 불평하면서 허비하는 시간의 낭비도 줄이고, 더 알찬 삶을 살 수 있을 거야."

독수리가 더 빨리, 더 쉽게 날기 위해 극복해야 할 장애물은 날개에 저항을 주는 공기이다. 하지만 공기가 없는 진공 상태에서는 아예 날 수조차 없다. 공기는 비행하는데 저항이 되는 동시에 비행의 필수조건인 것이다. 모터보트도 극복해야 할 장애물은 프로펠러에 부딪히는 물이지만 물이 없이는 보트가 움직일 수조차 없다. 마찬가지로 인간의 삶에서도 시련이라는 장애물을 꿈을 실현하기 위한 디딤돌로 여겨야 한다.

●● 시련 극복

스캇 펙

스캇 펙은 저서 ≪아직도 가야 할 길≫에서 "산다는 것은 어렵다Life is difficult. 삶이란 문제의 연속인 것을 자각하라. 인생이 시련이라는 사실을 알고 이를 용납하면, 오히려 시련의 문제를 해결해 나갈 수 있다."라고 했다.

인생에 시련이 전혀 없다면 시련에 단련되지 못해 발전할 기회도 강해지는 기회도 변화할 기회도 줄어들 것이다. 시련은 약한 것을 강하게 하고 두려운 것에 용감하게 맞서고, 지혜로 혼란을 극복하라고 가르친다. 시련은 사람을 강하게 만드는 도구로 단련의 기회다. 시련은 꿈을 실현하는 과정에서 겪는 경험이자 단련으로 담금질하여 역량을 키우는 것으로 생각해야 한다. 시련에 굴복하면 강물에 떠내려가는 죽은 물고기 신세처럼 되고 만다. 시련에 강해져야 하며 시련을 극복해야 한다.

시련이 닥칠 때 감당치 못할 시련은 없다는 확신을 하고 주저앉아서는 안 되며 자신의 한계를 시험한다고 여기고 일어서야 한다. 짓밟힘을 당해야 윤이 나는 자갈이 되는 것과 같이 시련을 통해 꿈이 더욱 분명하게 되고 실현하는 힘이 더욱 강해진다. 쉽고 편안한 환경에선 강한 인간이 만들어지지 않으며 시련을 통해서만 강한 영혼이 탄생한다. 시련은 두려워하고 피해야 할 대상이 아니라, 담대하게

마주해야 할 귀중한 선물이다.

시련은 사람의 진가를 알 수 있는 시금석이다. 강인한 사람과 나약한 사람의 구분은 시련이 왔을 때 극복하기 위한 의지를 갖추고 행동하느냐의 여부다. 시련을 당하면 생각나는 것은 '이미'와 '비록'이다. 나약한 사람은 비관론자로 '이미' 일어난 일이니 어쩔 수 없다고 하면서 굴복하여 극심한 고통의 나락으로 떨어지지만 강인한 사람은 낙관론자로 비록 일어나긴 했지만, 잠재력을 발휘하여 극복하면서 꿈을 향해 나아간다.

시련은 삶을 흔들면서 극복을 위한 영감이 떠오르게 하고 통찰력이 생기고 용기와 지혜와 잠재력이 일깨워지고 재능을 발현시킨다. 시련을 없게 할 수 없으며 통제할 수 없으므로 불평, 불만, 변명하지 않고 극복하기 위해 앞으로 나아가야 한다.

아놀드 토인비(Arnold Toynbee, 1889~1975)
영국의 역사가. 저서 ≪역사의 연구 A Study of History≫에서 문명은 창조적 소수자가 도전에 성공적으로 응전함으로써 발전한다고 했다.

M. 스캇 펙(Morgan Scott Peck, 1936~2005)
정신과 의사, 심리학자, 작가이다. 저서 ≪아직도 가야 할 길≫ (1978)은 '심리학과 영성을 매우 성공적으로 결합한 중요한 책'으로 평가된 베스트셀러였다. '자기 훈육'의 중요성을 강조하면서 자기계발서 장르를 구축했다.

실천하기

- 삶에는 으레 시련이 있음을 인식한다.
- 시련이 발전의 기회가 될 수 있음을 인식한다.
- 시련이 찾아오면 긍정적인 생각을 하고 최선을 다한다.

생각하기

- 삶에서 시련의 의미와 극복하기 위한 자세는?

시련의 은총

강영우 박사는 1944년 경기도 양평에서 태어나 13살 때 아버지가 사망하고, 이듬해 축구공에 눈을 맞아 망막이 손상되어 병원에서 2년간 투병 생활을 했다. 아들이 시각장애인이 된다는 이야기를 들은 어머니는 8시간 만에 뇌졸중으로 세상을 떠났다. 거기에다 생계를 책임지던 큰누나마저 과로로 사망했다. 그는 4년이라는 짧은 기간에 인간이 겪을 수 있는 가장 큰 고난을 겪었다. 그는 실명하여 공장에 취직도 할 수 없어 동생들을 부양할 수 없게 되자 두 동생과 헤어져 각자 살게 되었다. 그가 6년 후 연세대학교에 입학하고 나서야 두 동생과 만나 다시 함께 살게 되었다.

강영우 박사

그는 연세대학교에서 교육학 석사 학위를 받은 후에 단돈 200불을 들고 1972년에 한국의 장애인으로서는 처음으로 미국에 유학을 가게 되었다. 피츠버그대학교에서 철학박사 학위를 취득하고 2001년 미국 백악관 국가장애위원회 정책자관보가 되어 아메리칸 드림을 이루었다. 유엔 세계장애위원회 부의장, 루스벨트재단의 고문 등을 역임했다.

아내는 장애 교육을 공부하여 관련 분야의 전문가가 되었고, 큰아들은 아버지의 실명을 보고 안과 의사가 되었으며, 작은아들은 변호사가 되었다. 두 동생도 미국으로 초청하여 잘 살고 있다. 그는 말했다. "축복은 저절로 이루어지는 것이 아닙니다. 시련 속에서도 감사하는 조건을 찾아 어려움을 극복하는 데서 영광으로 가는 자양분을 얻을 수 있습니다. 시련은 기회의 축복입니다."

그는 췌장암으로 투병하던 중인 2012년 1월에 국제로터리재단 평화센터 평화장학금으로 25만 달러를 기부하고 한 달 후인 2월 23일 향년 68세로 별세하였다.

백악관에서 강영우 박사와 부시 미국 대통령

시련을 이겨내고 찾아온 행복은 찬란하다

〈칼라 퍼플〉

거장 스티븐 스필버그 감독의 걸작 휴먼 드라마인 영화 '칼라 퍼플'의 시대적 배경은 1900년대 초 미국 사회이다. 1863년 링컨 대통령의 노예해방 선언으로 흑인은 표면적으로는 신분의 자유를 얻었지만, 인종차별 문제는 여전히 심각했다.

1909년 겨울, 셀리우피 골드버그 분가 출산의 고통을 겪으면서 딸을 낳는다. 의붓아버지와의 사이에서 난 둘째 애다. 의붓아버지는 아이를 낳자마자 데려가 목사 부부에게 입양시켜 버린다. 셀리의 첫째 아이 역시 그렇게 입양 보내졌다. 그리고 셀리를 아이가 셋이나 딸린 홀아비 앨버트대니 글로버 분에게 시집보낸다. 셀리는 앨버트로부터 학대를 받으며 하녀처럼 묵묵히 가사노동에 매달린다.

어느 날, 여동생 네티가 의붓아버지의 성폭행을 피해 셀리의 집으로 도망쳐 온다. 그러나 흑심을 품고 있던 형부 앨버트는 네티를 겁탈하려다 실패하자 그녀를 집에서 내쫓아버린다. 앨버트는 셀리에게 우편함에 절대 손을 대지 말라고 협박하면서 네티로부터 오는 편지를 가로채 숨긴다. 몇 년이 지나도록 편지 한 장 없자 셀리는 네티가 죽은 것으로 여긴다.

1922년 여름, 앨버트의 옛 애인인 떠돌이 가수 셕마가렛 에이버리 분이 공연을 왔다가 병으로 쓰러져 앨버트의 집으로 찾아오자 마음 착한 셀리는 따뜻하게 보살핀다. 정성에 감동한 셕은 셀리에게 자신의 삶을 개척해 나가는 정신을 가르쳐주고 떠난다. 1936년 봄, 결혼한 셕이 남편과 함께 다시 앨버트의 집으로 찾아와 묵는다. 자신의 편지를 기다리던 셕은 우편함에서 네티의 편지를 발견한다. 편지를 받은 셀리는 기쁨의 눈물을 글썽이며 봉투를 열어본다.

"수년 동안 언니에게 편지를 썼지만, 답장이 없는 걸 보니 앨버트만 우편함에 손을 대나 봐. 언니의 아들딸은 입양되어 사랑으로 자라났어. 이건 기적이야. 안 그래? 언니의 아들딸은 나와 함께 한 가족으로 자라고 있어. 사랑하는 동생 네티가."

셀리는 동생 네티의 편지를 수십 년 동안이나 숨긴 앨버트에게 분노한다. 그리고 집을 나와 새로운 삶을 향해 떠난다. 1937년 가을, 셀리가 집을 나가고 혼자 사는 데 지친 앨버트는 술에 찌들어 있다. 셀리는 의붓아버지가 죽자 본래 어머니의 재산이었던 땅과 집 등 많은 재산을 유산으로 상속받아 부자가 된다. 아프리카에 있던 네티와 셀리의 아이들이 미국을 방문해 셀리의 집에서 감동적인 만남의 순간을 가진다. 셀리와 네티가 뜰에서 환한 달빛을 받으며 옛날에 불렀던 노래를 함께 부르는 모습이 비치면서 영화는 끝난다.

실패관리

●● 삶에는 실패가 있게 마련이다

삶을 영위하면서 실패하지 않는 사람은 없으므로 실패를 어떻게 받아들이고 극복하는가는 주요한 인성덕목이다. 인간은 실패가 허락된 유일한 창조물이다. 인생에서 꿈을 향해 최선을 다해도 실패할 때가 있다. 실패는 무의미한 상처가 아니라 열심히 행동한 삶의 흔적이다.

인생은 달리기와 같은 것으로 달리다가 넘어질 수 있으며 넘어질 때마다 일어나야 한다. 실패의 현장에서 일어나기만 하면 바로 꿈을 향한 재출발점이 될 것이다. 삶에서 중요한 것은 실패하지 않는 것이 아니라 실패해도 좌절하지 않고 다시 일어나는 데 있다. 실패에 굴복하는 것만이 실패이다. 실패에 고개를 떨어뜨리고 주저앉아서는 안 되며 일어나서 다시 달려야 한다.

인간이 가끔 잘못된 결정을 내리는 것은 자연스러운 현상이며 언제나 옳은 결정을 하는 사람은 아무도 없다. 실수나 실패한 것을 스스로 비난하고 자학해서는 안 되며 족쇄가 되지 않게 해야 한다. 실패를 자학하는 사람은 새로운 것을 배우기 힘들다. 실수에 의한 실패는 할 수 있지만 똑같은 실수를 되풀이해서는 안 된다. 실수에서 교훈을 얻고 배워서 실패가 성공의 디딤돌이 되어야 한다. 실패를 실패로 받아들이고 인정하면서 상처받지 말아야 실패를 딛고 일어설 수 있다.

꿈을 실현한 사람의 삶의 과정에는 실패가 자리하고 있다. 작은 성공은 실패 없이도 가능하지만 꿈의 실현 뒤에는 쓰라린 실패가 있게 마련이다. 실패 후에 좌절하느냐 다시 일어서느냐 하는 것이 꿈의 실현을 결정한다. 실패에 굴복하는 것만이 실패이므로 실패하면 다시 일어나 뛰어야 한다. 목표를 이루지 못하더라고 영원한 실패라고 생각하지 말고 이번에 이루지 못했을 뿐이며 실패에서 지혜를 얻어 다시 도전하면 된다.

에디슨

●● 실패는 배움이자 투자이며 실험이다

발명왕 에디슨에게 젊은 기자가 오랫동안 연구해 왔으나 아직 발명에 성공하지 못한 전구에 대하여 질문했다. "지금까지 그 발명을 1만 번이나 실패했는데 어떤 기분이신가요?" 그러자 에디슨이 대답했다. "젊은이, 자네의 장래에 큰 이익이 될 수 있는 사고방식을 하나 일러주겠네. 나는 1만 번 실패한 것이 아닐

세. 나는 전구가 잘 만들어지지 않는 이치를 발견해 내는 데 성공했다네."

에디슨은 거듭되는 실패를 절대로 포기하지 않고 1만 4000번의 실험을 통해 전구를 발명했다. 에디슨은 하나의 발명을 위하여 수백 배가 넘는 실패를 했다.

헬렌 켈러와 앤 설리번

헬렌 켈러가 위대한 사람이 된 것은 앤 설리번 선생의 헌신 덕분이었다. 헬렌 켈러의 손바닥에 알파벳을 쓰는 방법으로 사물의 단어와 문장을 익히게 하여 세상과 소통하게 하였다. 말하는 법을 가르치고 대학을 졸업하게 하고, 많은 영감을 주었다. 오랜 기간에 걸친 시도와 인내의 과정에서 헬렌 켈러에게 다음과 같은 말을 반복하였다. "시작하고 실패하는 것을 계속하라. 실패할 때마다 무엇인가를 배울 수 있다. 네가 원하는 것은 성취하지 못할지라도 가치 있는 무엇인가를 얻게 된다. 시작하는 것과 실패하는 것을 계속하라 Keep on beginning and failing."

실패란 아무것도 성취하지 못했다는 걸 의미하는 것이 아니라 뭔가를 새로 배웠음을 의미할 뿐이라고 여겨야 한다. 새로운 내일을 계획하고 지금 할 일을 찾아야 하며, '하지 못했던 것'을 후회하기보다는 자신이 '할 수 있는 것'을 해야 한다.

실패하지 않는 유일한 길은 아무런 시도도 하지 않는 것이다. 시작하지 않으면 아무 일도 일어나지 않는다. 도전해야 성취할 수 있다. 꿈을 실현하는 사람은 실패하지 않는 사람이 아니라 포기하지 않고 또다시 도전하는 사람이다.

실패는 꿈을 실현하는 과정에서의 투자이며 꿈의 실현은 실패라는 시행착오를 겪으며 넘어질 때마다 일어나는 사람에게 오는 것이다. 실패는 상처나 좌절이 아니라 실험이라고 생각하고 무엇이 잘못되었는지 반성하고 도약의 발판으로 삼아야 한다. 실패가 자신을 약하게 만드는 것이 아니라 더 강하게 만들어 발전의 기회가 되게 해야 한다.

●● 포기해야 할 때는 포기해야 한다

19세기 초에 미국에서 골드러시가 일어나 금을 캐어 벼락부자가 속속 탄생하자 뒤늦게 젊은 청년이 금을 캐러 나서서 캘리포니아 금광 단지에 갔지만 이미 금광 대부분이 개발되었고, 많은 사람이 일하고 있어서 성공 가능성이 없어 보였다. 하지만 청년은 포기하지 않고 어떤 기회라도 찾아보려고 마음을 먹었다. 그는 금광 단지에서 일하는 사람들을 유심히 관찰한 결과 험한 일을 하기에 적합한 작업복이 필요할 것으로 판단하고 천막을 만드는 천으로 청색 물감을 들인 튼튼한 청바지를 만들어서 팔기 시작했다. 시일이 지나면서 골드러시는 끝이 났지만, 골드러시에 실패한 청년이 만든 리바이스 청바지는 지금까지 전 세계인이 입는 인기 제품이 되었다.

실패에서 다시 일어나라는 것은 계속 매달리라는 것이 아니다. 산산이 조각난 항아리를 다시 붙일 수 없듯이 어쩔 도리가 없거나 결론이 난 일은 다시 시도할 필요가 없다. 버리는 것은 시도하는 것만큼 중요하므로 버려야 할 때는 버려야 한다. 버린다는 것은 포기하는 것이 아니라 움직이는 것이며 꿈을 실현하기 위한 방향 전환이다. 삶의 방향키를 바꾸는 새로운 도전의 시작으로 용기이며 결단이다.

버리고 비어야 새것이 들어설 수 있다. 버리고 비우는 일은 적극적인 삶의 자세이며 지혜로운 선택이며 단순한 포기가 아니라 더 큰 것, 더 나은 길로 가기 위해 감수하고 희생해야 할 부분이다. 지금까지 기울인 노력이 아까워서, 실패를 인정하기 싫어서 과거와의 단절을 해내지 못하는 경우가 많다. 가망 없는 일은 진작 그만둘 줄 알아야 한다. 넘어진 그 자리를 전환점이라고 생각하고 완전히 방향을 틀어 새로운 발상으로 숨어있었던 능력을 발휘해야 한다.

헬렌 애덤스 켈러(Helen Adams Keller, 1880~1968)
미국의 작가, 교육자이자 사회운동가이다. 생후 19개월 때 앓은 뇌척수염으로 인해 시각장애인, 청각장애인, 언어장애인의 삼중고를 가지게 되었다. 6살 때 가정교사 앤 설리번 선생을 만나 언어적 문제를 극복하고 대학교를 졸업한다. 집필과 강연 활동과 장애인을 위한 복지와 인권 운동을 펼쳤다.

앤 설리번(Anne Sullivan, 1866~1936)
불우한 가정환경 속에서 시력 장애로 맹아학교를 졸업하고 시력을 회복한 후 헬렌 켈러의 가정교사로 들어가 맹아학교에 함께 등교하고 래드클리프 대학에도 함께 진학하여 헬렌 켈러가 대학을 졸업할 수 있도록 공부를 도와주었으며 활발한 사회 활동을 펼치는 데 큰 역할을 했다.

실천하기

- 실패를 했을 때 삶에는 으레 있게 마련이라고 생각하고 실패를 두려워하지 않는다.
- 실수나 실패를 중요한 배움의 기회로 삼는다.
- 실패에 대해 변명과 상황 논리를 내세우지 않고 책임을 인정한다.
- 실패를 반성하고, 원인을 분석하고, 개선책을 내어 실천한다.
- 자주 실수하는 부분에 대해서는 같은 실수를 반복하지 않도록 노력한다.
- 재기의 가망이 전혀 없는 실패는 과감하게 포기한다.
- 때로는 과거의 손해를 아까워하지 않고 포기한다.

생각하기

- 실수나 실패한 경험을 나중에 전화위복시킨 사례가 있는가?
- 똑같은 실수를 반복한 적은 없는가?

소년들이 운동장을 몇 바퀴 도는 중거리 달리기 시합이 시작되었다. 선수들이 출발선에 섰다. 운동장 양쪽에선 가족들이 자기 아들을 응원하고 있었다. 소년들은 저마다 가족에게 자신이 1등 하는 모습을 보여주고 싶었다. 드디어 출발 신호가 울리고 선수들은 앞으로 달려나갔다.

그중 한 소년이 선두를 달리고 있었다. 소년의 아버지 역시 많은 학부형 속에서 응원하고 있었다. 그런데 그 소년이 속도를 내어 힘차게 달리다가 그만 발을 헛디뎌 미끄러졌다. 중심을 잡으려고 하다가 두 팔을 헛짚으며 넘어지고 말았다. 관중들이 웃음을 터트렸다.

이제 그는 우승할 수 없는 것 같았다. 창피한 나머지 그는 어떻게든 그 자리에서 달아나고 싶었다. 하지만 소년이 넘어지는 순간 그의 아버지가 확신에 찬 얼굴로 일어섰다. 그 얼굴은 소년에게 분명한 목소리로 말하고 있었다. "일어나서 달려라!"

소년은 벌떡 일어났다. 다친 데는 없었다. 조금 뒤처진 것뿐이었다. 그는 뒤처진 것을 따라잡기 위해 온 힘을 다해 뛰었다. 얼른 다른 선수들을 따라잡아 우승해야겠다는 생각이 너무 강한 나머지 마음이 다리보다 더 빨리 달렸다. 그래서 그는 또다시 넘어지고 말았다. 그 순간 아까 포기했더라면 한 번밖에 창피를 당하지 않았을 것이라는 생각이 들었다. '이게 무슨 창피야. 다신 경주에 참가하지 말아야 해.'

하지만 군중의 웃음소리 속에서 소년은 아버지의 얼굴을 발견했다. 그 확신에 찬 얼굴이 다시 말하고 있었다. "일어나서 어서 달려라!"

그래서 소년은 또다시 벌떡 일어났다. 맨 꼴찌였다. 바로 앞에 달리는 선수보다 열 걸음 정도 뒤처져 있었다. 소년은 생각했다. '일단 꼴찌를 면하려면 정말 빨리 달려야 하겠어.' 온 힘을 다해 달린 끝에 소년은 금방 앞 사람을 따라잡았다.

하지만 선두까지도 따라잡으려고 애쓴 나머지 또다시 미끄러져 넘어지고 말았다. 소년은 그곳에 엎어져 있었다. 눈물이 볼을 타고 흘러내렸다. '또다시 일어나 계속 달리는 건 무의미해. 세 번이나 넘어졌으니 이젠 가망이 없어. 다시 뛴다는 건 쓸데없는 짓이야.' 너무 뒤처져서 일어나고 싶은 의지가 사라지고 모든 희망이 달아났다. 그는 생각했다. '난 졌어. 마음만 앞서서 실수를 거듭했어.'

그때 소년은 곧 마주칠 아버지의 얼굴을 생각했다. "일어나라!" 낮게 메아리치는 소리가 들리는 듯했다. "넌 여기서 포기해선 안 돼. 일어나서 어서 달려라." 그 목소리는 소년에게 새로운 의지를 심어주고 있었다. "일어나라. 넌 절대 패배하지 않았어. 승리한다는 것은 다른 게 아니야. 넘어질 때마다 일어나는 것이 진정한 승리이지."

　소년은 또다시 일어났다. 이기든 지든 최소한 중단하진 않겠다고 소년은 새롭게 결심했다. 이제 다른 아이들에 비해 너무 뒤처져 있었다. 그래도 그는 자신이 가진 온 힘을 다해 마치 우승을 노리는 사람처럼 달렸다. 세 번이나 그는 넘어졌지만 세 번 모두 일어났다. 우승의 희망을 품기에는 너무 뒤처져 있었으나 그래도 끝까지 달렸다.

　우승자가 결승선을 통과하는 순간 관중은 환호의 박수를 보냈다. 1등을 한 선수는 자랑스럽게 고개를 쳐들고 행복한 미소를 지었다. 넘어지지도 않았고 창피를 당하지도 않았다.

　한참 후 세 번이나 넘어졌던 소년이 맨 꼴찌로 결승선에 들어서는 순간 관중은 일제히 일어나서 더 큰 환호를 보냈다. 소년이 비록 고개를 숙이고 자신감을 잃은 채 마지막으로 들어오긴 했지만, 관중의 박수 소리로 따지면 소년이 곧 우승자였다.

　아버지에게로 다가간 소년은 풀이 죽어서 말했다. "잘 해내지 못해서 죄송해요." 소년의 아버지가 말했다. "나한테는 네가 우승자다. 넌 넘어질 때마다 일어났어."

스티브 잡스의 실패관리

스티브 잡스Steve Jobs, 1955~2011의 친어머니는 대학원생인 젊은 미혼모였기 때문에 그는 입양되어 양부모 밑에서 성장하면서 대학에 입학했으나, 학비 조달이 어려워 6개월 만에 자퇴했다. 당시는 참으로 끔찍한 순간이었지만, 스티브 잡스에게는 인생 최고의 결정 중 하나였다. 자퇴하자 평소에 흥미 없던 필수 과목 대신 훨씬 흥미 있어 보이는 강의만 들을 수 있었다. 그는 호기심과 직감만을 믿고 좌충우돌하면서 다양한 경험을 했다. 특히 서체 수업을 듣고 멋진 글씨체의 매혹에 빠졌는데 후에 정말 값진 것이 되었다. 그는 이처럼 1년 6개월 동안 도강하다가 완전히 자퇴했다.

스티브 잡스

그때만 해도 이런 것이 스티브 잡스의 인생에 실질적인 적용이 될지는 상상도 못했다. 그는 20살 때, 양부모의 집 차고에서 스티브 워즈니악과 함께 애플을 창업하고 29살 때 매킨토시를 출시했다. 그가 매킨토시를 구상할 때 도강 수업에서 배운 서체를 고스란히 되살려 아름다운 서체를 가진 최초의 컴퓨터를 만든 것이다.

애플이 점점 성장하면서, 그는 유능한 경영자를 고용했다. 처음 1년은 그런대로 그와 잘 맞았지만 1년 후 서로 어긋나기 시작했고, 결국, 둘 사이에 싸움이 일어났다. 그때 이사회는 고용 경영자의 편을 들었고, 그는 30살에 자신이 세운 회사에서 쫓겨나야 했다. 그는 인생의 초점을 잃어버렸고, 그것은 말할 수 없는 참담한 심정을 안겨주었다.

그는 몇 개월 동안 아무것도 할 수가 없었다. 마치 달리기 계주에서 배턴을 놓친 선수처럼, 선배 기업인들을 실망하게 했다는 마음이 들었다. 그는 완전히 실패자로 전락했고, 실리콘 밸리에서 도망치고 싶었다. 그러나 그의 마음속에는 뭔가가 천천히 다시 일어나기 시작했다. 그는 여전히 그가 했던 일을 사랑했고, 애플에서 겪었던 일들조차도 그런 마음들을 꺾지 못했다. 그는 해고당했지만, 여전히 일에 대한 사랑은 식지 않았다. 그래서 그는 다시 시작하기로 마음먹었다.

당시에는 몰랐지만, 애플에서 해고당한 것은 그의 인생에서 최고의 사건으로 드러났다. 그 사건으로 인해 그는 성공이란 중압감에서 벗어나 초심자의 마음으로 돌아가 자유를 만끽하며, 인생 최고의 창의력을 발휘하는 시기로 갈 수 있게 되었다.

이후 5년 동안 그는 〈넥스트〉 〈픽사〉를 창업했고 사랑하는 아내를 만났다. 〈픽사〉는 세계 최초의 애니메이션 '토이 스토리'를 시작으로, 가장 성공한 애니메이션 제작사가 되었다. 세기의 사건으로 평가되는 애플의 〈넥스트〉 인수와 그의 애플로 복귀 후, 〈넥스트〉 시절 개발했던 기술들은 애플의 르네상스에 중추적인 역할을 했다.

애플에서 해고당하지 않았다면, 이런 일들은 일어날 수 없었을 것이다. 정말 지독한 경험이었지만, 그에게는 필요했고 효과가 높은 쓰디쓴 실패의 약이었다.

성공관리

●● 자신감과 자만심

인간은 누구나 성공을 꿈꾸면서 달려간다. 삶에 성공을 이루는 것도 중요하지만, 세상에는 성공을 이룬 후에 관리를 잘하지 못해 패가망신하는 일이 비일비재하므로 성공관리는 주요한 인성덕목이다. 성공하기를 바란 사람이 막상 성공하고 나면 어떻게 해야 할지 모르는 경우가 많다. 성공을 추구할 때보다 성공한 다음의 성공관리가 오히려 힘든 법이다. 성공을 잘 관리하지 않으면 권태의 제물이 되고 만다. 성공을 거둠에 따라 자신감과 더불어 자만심에 빠지게 되며, 자신감과 자만심 사이에 균형을 유지하기란 어려운 일이기 때문이다.

성공은 여행이지 목적지가 아니며 일순간의 대박을 뜻하는 것이 아니라 평생에 걸쳐 노력하는 과정이다. 진정한 성공은 성공을 위해 노력하는 과정에서 느끼는 희열이므로 성공을 향한 과정을 잘 관리해야 하며 성공한 후에도 또 다른 성공을 위해 최선을 다해야 한다.

가령 원하는 대학 입학을 목표로 하여 합격했다고 하자. 입학을 성공의 종착지로 생각해서는 안 되며 거기에서 열심히 공부해야 자신이 원하는 곳으로 사회 진출을 할 수 있다. 만약 합격 자체에 도취해 어영부영 대학 생활을 하면 인생 자체가 엉망이 되고 마는 것이다. 이런 경우 자신이 원하지 않았던 대학에 입학하여 열심히 공부한 사람이 인생에서 성공할 확률이 훨씬 높다.

하나의 목표 달성에 머무르고 지킬 생각만 한다면 지켜지지도 않을 뿐만 아니라 몰락이 시작된다. 성공은 더 큰 성공을 낳을 수 있지만, 성공에 만족하지 않는 경우만 그렇다. 일순간의 성공이 자신을 죽일 수 있다. 중요한 것은 지금 성공했느냐가 아니라, 더욱더 큰 성공을 위해 무엇을 하고 있느냐이다. 정한 목표를 달성하고 나면 해이해지는 마음을 경계하면서 더 높은 목표를 정하고 도전해 나가야 한다.

●● 긴장과 자만

≪채근담≫에 '안락함에 도취하면 고통스러운 상황이 재빨리 따라와 마주하고, 좋은 환경에 안주하면 금세 좋지 않은 환경이 쫓아와 나란히 한다.'고 되어 있다. 성공에 결코 만족하여 안주하지 말아야 한다. 만족과 안주는 쇠퇴의 시작

≪채근담≫

이자 지름길이므로 성공 자체를 경계하면서 더 높은 목표를 설정하여 지속적인 노력을 기울여야 한다.

성공에서 안전함이라는 환상과 싸워야 한다. 자부심에 빠져 변화를 꺼리면서 안주하면 급변하는 세상에서 살아남을 수 없다. 만족과 안주가 쇠퇴의 시작임을 명심하고 성공을 안착시켜야 한다. 뭔가 이루었다고 생각하는 순간부터 위기의식을 가져야 한다. 위기의식은 변화와 혁신의 원동력이다.

잠깐만 승리를 기뻐한 뒤, 무엇을 더 잘할 수 있었는지, 무엇을 할 수 있고 해야 하는지를 생각해야 한다. 긴장을 늦추지 않고 겸허한 자세로 자신을 통제하면서 새로운 도전과 변화에 부응해야 한다.

성공을 잘 관리하지 못하면 위험해진다. 과거의 성공이 오늘도 내일도 통할 것이라고 생각한다면 자만이며 과거의 성공이 오늘날의 경쟁에서 가장 큰 장애 요소가 될 수 있다. 과거에 성공한 방식을 고수하고 반복함으로써 변화와 혁신에 눈감는다면 패배의 나락으로 떨어지고 말 것이다.

성공한 사람은 자신의 성공 비결을 모방하기 시작한다. 자기 모방은 다른 사람을 모방하는 것보다 훨씬 위험하다. 더 이상의 혁신이나 창조가 없는 자기 모방은 고인 물처럼 썩게 마련이므로 끝없이 갈구하고 혁신하고 창조해야 한다.

자만이 생기면 자신감과 만용이 구별되지 않고 주의력이 떨어지고 근거 없이 상황을 낙관한다. 자만심에 빠지면 변화를 꺼리고 관료주의적 태도를 보이면서 자신을 완전무결한 존재로 믿기 시작한다. 세상 변화를 외면하고 역행하여 쇠퇴의 길을 걷게 되는 것이다.

자만이 전략상의 실책보다 더 많은 위기를 불러일으킨다. 위대한 성공을 이루는 조직이나 사람은 항상 자신에 대해 냉정한 자세를 유지한다. 성공가도를 달릴 때, 성공했을 때 긴장을 늦추지 않고 자신을 낮추고 겸허해야 한다.

실천하기

- 조그만 성공에 만족하여 안주하지 않고 꿈의 실현을 위해 정진한다.
- 앞으로 무엇을 할 수 있고 해야 하는지를 생각한다.
- 자만과 방심을 경계한다.
- 스스로 채찍질하면서 변화하고 혁신한다.

생각하기

- 나는 조그마한 성취에 만족하여 자만하지는 않는가?

✎ 스토리텔링 창업과 수성

당나라 태종 이세민은 수나라 양제를 몰아내고 자기 아버지가 당나라를 세우는데 결정적인 역할을 하고 아버지의 뒤를 이어 제2대 황제에 오른 인물이다. 재위 시 태평성대를 이루었으며 중국 역사에 가장 위대한 왕 중의 한 명으로 기록되고 있다.

태종이 제왕이 되고 나서 어느 날 중신들에게 물었다. "제왕의 사업 중 창업과 수성 어느 쪽이 더 어려운가?" 중신들의 생각은 엇갈렸다. 대신 방현령은 "창업이 어렵습니다."라고 했고, 대신 위징은 "수성이 어렵습니다."라고 말했다.

신하들의 토론을 듣고 있던 태종은 이렇게 말했다. "방현령은 짐을 도와 천하를 평정하면서 구사일생의 고비를 수차례에 걸쳐 이겨내고 오늘에 이르렀다. 이런 점에서 그대가 창업이 어렵다는 것은 당연하다. 한편 제위에 오른 짐과 더불어 천하의 안정을 도모하면서 조금만 방심하면 대업이 다시 허물어질 수 있는 틈을 주지 않도록 힘쓴 위징이야말로 수성이 어렵다고 하는 것도 맞는 말이다. 그런데 이제 와서 돌이키면 창업의 어려움은 과거지사가 됐다. 앞으로는 경들과 더불어 수성의 어려움을 극복해 나가겠으니 이를 명심토록 해라."

당 태종(唐 太宗, 599~649)
본명은 이세민이며 중국 당나라의 2대 황제 (재위 626~649). 이름인 '세민'의 본래 뜻은 제세안민(濟世安民), 즉 세상을 구하고 백성을 편안케 하라는 뜻이다. 그는 실제로 뛰어난 장군이자, 정치가와 전략가와 예술가이기까지 했으며, 중국 역대 황제 중 최고의 성군으로 불리어 전 세계에서 몇 안 되는 뛰어난 군주로 평가받는다. 그가 다스린 시기를 정관의 치라고 일컫는다.

정관의 치(貞觀之治)
당나라의 2대 황제 태종 이세민의 치세를 일컫는 말. 명재상 위징을 등용하여 중국을 번영시키고 안정시켰다. 농민들에게 균등히 토지를 나누어 주어 조용조 제도로 세금을 걷어 국가는 풍족해지고 민생은 안정되었다. 과거제도를 실시하여 인재를 양성했고, 군사 제도는 부병제인 징병제를 택하여 인근 나라를 정복하여 영토를 넓혔다. 적의 장수라도 능력이 뛰어나면 등용하였다. 아무리 신하들이 자기에게 독설을 퍼부어도 역정을 내지 않고, 그 간언을 잘 받아들여 언제나 국가와 백성들을 위해 좋은 정책을 만들 수 있었다.

카이사르

카이사르는 젊은 시절 여러 관직을 지내면서 대정치가로서의 기반을 구축하였다. 기원전 60년 폼페이우스, 크라수스와 함께 삼두동맹을 맺고, 이것을 배경으로 하여 공화정부 로마의 최고 관직인 집정관인 콘술에 취임하였다. 콘술로서 국유지 분배 법안을 비롯한 각종 법안을 제출하여 민중의 인기를 크게 얻었다.

기원전 58년부터는 속주 갈리아의 여러 지역 총독이 되어 이른바 갈리아 전쟁을 치러 갈리아를 평정하였다. 오랜 갈리아 전쟁은 그의 경제적 실력과 정치적 영향력을 증대시켰다.

기원전 53년 크라수스가 메소포타미아 전투에서 죽자 삼두정치는 붕괴하고 원로원 보수파의 지지를 받은 폼페이우스와도 관계가 악화하여 마침내 충돌하기에 이르렀다. 군대를 해산하고 로마로 돌아오라는 원로원의 결의가 나오자 기원전 49년 1월, 그 유명한 "주사위는 던져졌다!"라는 말과 함께 갈리아와 이탈리아의 국경인 루비콘 강을 건너 로마로 향하여 진격을 개시하였다.

우선 폼페이우스의 거점인 에스파냐를 제압한 다음 동쪽으로 도망친 폼페이우스 군대를 추격하여 그리스에서 격파하였다. 패주하는 폼페이우스를 쫓아 이집트로 향했으나 그가 알렉산드리아에 상륙하기 전에 폼페이우스는 암살을 당했다. 카이사르는 그곳 왕위계승 싸움에 휘말려 알렉산드리아전쟁이 발발하자 전쟁에서 승리를 거두고 클레오파트라 7세를 왕위에 오르게 하여 그녀와의 사이에 아들 카이사리온을 낳았다.

카이사르는 이어서 소아시아와의 전쟁에서 승리하고, 이때 "왔노라, 보았노라, 이겼노라veni, vidi, vici"의 세 마디로 된 유명한 보고를 원로원으로 보냈다. 이어서 스키피오가 이끄는 폼페이우스의 잔당을 소탕하고 다시 폼페이우스의 두 아들과 싸워 승리함으로써 5년 동안의 내전에 종지부를 찍었고 오랫동안 공화정의 실권을 쥐고 있던 원로원 지배에서 벗어났다.

종신 독재관에 올라 1인 지배자가 된 카이사르는 로마는 물론 당시의 서방 세계 전체를 호령하게 되었다. 식민·간척·항만·도로건설·구제사업 등 각종 사회정책과 율리우스력으로의 역서 개정

〈카이사르의 암살〉(1798)
빈첸조 카무치니(Vincenzo Camuccini)

등 진정한 개혁을 펼쳐 명성이 높아지고 칭송이 자자했다. 하지만 이와 더불어 그가 로마의 공화제를 무너뜨릴지 모른다는 불안감에 사로잡힌 세력들은 비수의 칼날을 날카롭게 갈았다.

기원전 44년 3월 15일 원로원 회의에 참석하러 온 그는 브루투스와 카시우스 롱기누스를 주모자로 하는 원로원의 공화정 옹호파에게 스물세 차례나 칼에 찔렸다. 그 자리에 있었던 브루투스는 갈리아 전장에서부터 그의 심복이자 아들과 같은 존재였다. 그를 본 카이사르는 "브루투스 너마저!"라는 외마디 외침을 남기고 최후를 맞았다.

거대한 진짜 위기는 항상 정상에 섰을 때 오는 법이다. 카이사르는 승리 후 주변 상황에 방심한 나머지 자신에게 겨누어진 칼끝마저 의식하지 못했던 것이다.

승리만큼 사람을 도취하게 하는 것도 없고 승리만큼 위험한 것도 없다. 위기는 자만의 빈틈을 노린다. 자신감을 느끼는 것은 성공의 필수요건이지만 성공이 계속되다 보면 과욕을 부리게 되고 자만하기 쉽다. 자신감은 절대 필요하지만 적절한 경계가 있어야 한다. 자신감과 자만심은 종이 한 장 차이에 불과하다.

카이사르(Gaius Julius Caesar, 기원전 100~기원전 44)
로마의 유명한 장군이자 정치가. 영어로는 시저라고도 읽는다. 탁월한 전략가이자 실전 영웅이며, 대정치가로서 뛰어난 웅변술과 함께 정적을 받아들이는 유화적 자세를 취하면서도 단호할 때는 단호함을 보였으며 민심의 향방을 정확하게 파악하여 사회개혁의 실효를 거두었다. 저서인 ≪갈리아 전기 戰記≫ ≪내란기≫는 간결한 문체와 정확한 현실 파악 등으로 라틴 문학의 걸작이라고 일컬어진다.

갈리아 전쟁(Gallic Wars, 기원전 58~50)
로마 공화정과 갈리아 부족 간의 전쟁이다. 기원전 58년 율리우스 카이사르는 갈리아의 여러 지역 총독으로 임명되었으나 부족 간에 다툼이 일어나자 전쟁을 일으켰다. 카이사르는 자기가 참전했다는 독특한 표시로 진한 붉은색 망토를 입고 전투에 나갔다. 이후 7년 동안 전쟁을 치러 연전연승했고 갈리아 족장 베르킨게토릭스가 이끄는 군대를 무찌르면서 갈리아 전역을 장악하고 로마의 속주로 만들었다. 갈리아 전쟁에 대한 기록은 카이사르가 직접 쓴 ≪갈리아 전쟁기≫에 담겨 있다.

갈리아 전쟁에서 카이사르에게 항복하는 베르킨게토릭스

감수진

■ **송희연**

미국 시라큐스대학교 대학원 경제학 박사

(전) KDI(한국개발연구원)원장 · 인천대학교 동북아통상대학 학장 · 송도글로벌대학운영재단 대표

(현) KDI(한국개발연구원) 국제정책대학원 초빙교수 · 아시아개발연구원 이사장

■ **김도형**

서울대학교 일반대학원 경제학과 석사 · 일본 히또츠바시대학 대학원 경제학 박사

(전) KIET(산업연구원) 일본연구센터 소장 · 계명대학교 국제학부 교수

(현) 한림대학교 일본학과 겸임교수

■ **신성호**

동국대학교 일반대학원 철학박사

(전) 무학여자고등학교 교장

(현) 윤리 및 철학 강의

■ **차광진**

성균관대학교 대학원 철학박사

(전)동덕여자고등학교 윤리 교사 · 성균관대학교 박사 후 연구원 및 교양유학 강의

(현) 동양 고전 및 철학 강의

■ **정순영**

서울대학교 행정대학원 행정학 석사 · 성균관대학교 대학원 정책학 박사

(전) 국회 정무위원회 수석전문위원

(현) 국회 의정연수원 겸임교수

■ **서원동**

한양대학교 행정대학원 행정학 석사

(현) 월드커뮤니케이션스 대표

■ **안희동**

연세대학교 법과대학 법학과 졸업 · 서울대학교 인문대학 최고지도자과정(AFP) 수료

(현) 아크홀딩스 대표 · 대한민국 고교동문 연합합창단 대표

■ **김기호(진섭)**

명상 · 기공 · 검도 지도자

(전) 지리산 청학동 청림서당 훈도

(현) 인성교육원 〈나디〉 원장